**2024** 中财传媒版
年度全国会计专业技术资格考试辅导系列丛书·注定会赢®

# 中级会计实务
## 精讲精练

财政部中国财经出版传媒集团　组织编写

中国财经出版传媒集团
经济科学出版社
·北京·

图书在版编目（CIP）数据

中级会计实务精讲精练/财政部中国财经出版传媒
集团组织编写. --北京：经济科学出版社，2024.4
（中财传媒版 2024 年度全国会计专业技术资格考试辅
导系列丛书. 注定会赢）
ISBN 978 - 7 - 5218 - 5753 - 5

Ⅰ.①中…　Ⅱ.①财…　Ⅲ.①会计实务 - 资格考试 -
自学参考资料　Ⅳ.①F233

中国国家版本馆 CIP 数据核字（2024）第 068620 号

责任校对：杨　海
责任印制：邱　天

中级会计实务精讲精练

ZHONGJI KUAIJI SHIWU JINGJIANG JINGLIAN

财政部中国财经出版传媒集团　组织编写

经济科学出版社出版、发行　新华书店经销

社址：北京市海淀区阜成路甲 28 号　邮编：100142

总编部电话：010 - 88191217　发行部电话：010 - 88191522

天猫网店：经济科学出版社旗舰店

网址：http://jjkxcbs.tmall.com

固安华明印业有限公司印装

787×1092　16 开　28 印张　850000 字

2024 年 4 月第 1 版　2024 年 4 月第 1 次印刷

ISBN 978 - 7 - 5218 - 5753 - 5　定价：89.00 元

（图书出现印装问题，本社负责调换。电话：010 - 88191545）

（打击盗版举报热线：010 - 88191661，QQ：2242791300）

# 前　言

  2024 年度全国会计专业技术中级资格考试大纲已经公布，辅导教材也已正式出版发行。与上年度相比，新考试大纲及辅导教材的内容发生了较大变化。为了帮助考生准确理解和掌握新大纲和新教材的内容、顺利通过考试，中国财经出版传媒集团本着对广大考生负责的态度，严格按照新大纲和新教材内容，组织编写了中财传媒版 2024 年度全国会计专业技术资格考试辅导"注定会赢"系列丛书。

  该系列丛书包含"精讲精练""通关题库""全真模拟试题""要点随身记""速刷 360 题"等 5 个子系列，共 15 本图书，具有重点把握精准、难点分析到位、题型题量贴切、模拟演练逼真等特点。本书属于"精讲精练"子系列，为考生提供复习指导，突出对教材变化及知识点的解读，配以例题点津，并精选典型习题帮助考生巩固知识。

  中国财经出版传媒集团为购买本书的读者提供线上增值服务。读者可通过扫描封面下方的"注定会赢"微信公众号二维码下载"中财云知"App，免费享有题库练习、模拟测试、每日一练、学习答疑等增值服务。

  全国会计专业技术资格考试是我国评价选拔会计人才、促进会计人员成长的重要渠道，也是落实会计人才强国战略的重要措施。希望广大考生在认真学习教材内容的基础上，结合本丛书准确理解和全面掌握应试知识点内容，顺利通过考试，不断取得更大进步，为我国会计事业的发展作出更大贡献！

  书中如有疏漏和不当之处，敬请批评指正。

财政部中国财经出版传媒集团

2024 年 4 月

# 目　录

## 第一部分　复习指导

## 第二部分　考点解读及巩固练习

## 第四章　无形资产

## 第五章　投资性房地产

## 第六章　长期股权投资和合营安排

## 第七章　资产减值

# 第一部分 复习指导

# 复 习 指 导

## 一、考试政策

### （一）考试时间

2024 年中级会计资格考试时间见下表：

| 考试日期 | 中级资格 | |
|---|---|---|
| 2024 年 9 月<br>7 ~ 9 日 | 8：30 ~ 11：15 | 中级会计实务 |
| | 13：30 ~ 15：45 | 财务管理 |
| | 18：00 ~ 20：00 | 经济法 |

### （二）考试形式

中级会计资格考试采用无纸化考试（机考）方式。即，在计算机终端获取试题、作答并提交答题结果。

### （三）要求

中级会计资格考试每门满分 100 分，各科考试成绩合格标准均以考试年度当年标准确定，一般为 60 分及格。

### （四）中级会计职称成绩管理

中级会计资格考试以两年为一个周期，参加考试的人员必须在连续的两个考试年度内通过全部科目的考试。

## 二、教材变化情况

与上年相比，2024 年度教材由 26 章减少至 25 章：调换了第五章"长期股权投资和合营安排"和第六章"投资性房地产"的顺序，增加了第十章"股份支付"，删去了第二十四章"公允价值计量"；原先的第二十章"企业合并"和第二十一章"财务报告"精简合并为"企业合并与合并财务报表"（第二十一章）一章。其他变化主要有："存货"（第二章）中增加了受托方代收代缴的委托加工物资的消费税的会计处理内容；"金融资产和金融负债"（第八章）对金融资产核算的科目进行了调整；"持有待售的非流动资产、处置组和终止经营"（第二十章）删除了持有待售类别的列报相关内容；"政府会计"（第二十四章）删除了 PPP 项目合同相关内容；"民间非营利组织会计"（第二十五章）删除了一些基本概念内容；"固定资产"（第三章）、"投资性房地产"（第五章）、"借款费用"（第十一章）、"或有事项"（第十二章）等进行了微调。其他章节教材内容无实质性变化。

从各年考试分值分布情况来看，可以将 25 章内容按重要程度由高到低，分为 4 个层次。具体见下表：

| 层次 | 学习难度 | 考试分值 | 考试频率 | 具体章节 |
|---|---|---|---|---|
| 第一层次（6 章） | 高 | 高 | 高 | 第六章长期股权投资和合营安排<br>第八章金融资产和金融负债<br>第十三章收入<br>第十七章所得税<br>第十九章租赁<br>第二十一章企业合并与合并财务报表 |

续表

| 层次 | 学习难度 | 考试分值 | 考试频率 | 具体章节 |
|---|---|---|---|---|
| 第二层次（8章） | 中 | 高 | 高 | 第二章存货<br>第三章固定资产<br>第四章无形资产<br>第五章投资性房地产<br>第十一章借款费用<br>第十六章债务重组<br>第二十二章会计政策、会计估计变更和差错更正<br>第二十三章资产负债表日后事项 |
| 第三层次（8章） | 低 | 中 | 中 | 第七章资产减值<br>第九章职工薪酬<br>第十章股份支付<br>第十二章或有事项<br>第十四章政府补助<br>第十五章非货币性资产交换<br>第十八章外币折算<br>第二十章持有待售的非流动资产、处置组和终止经营 |
| 第四层次（3章） | 中 | 低 | 低 | 第一章总论<br>第二十四章政府会计<br>第二十五章民间非营利组织会计 |

中级会计实务几乎每章均有考查，这就说明了各知识点与各章节需要考生全面把握。

### 三、命题规律

2023年考试题目整体难度不高，中规中矩。通过三场考试可以看出，中级会计实务更侧重于基础性内容的考察，并秉持着"重者恒重、逢新必考"的原则，考点比较分散，涉及面比较广，综合性比较强，所有章节都有照顾到。

（一）题型、题量及难度分析

2023年《中级会计实务》考试与2022年相比，题型、题量、分值均未发生变化，具体题型和分值分布见下表：

| 题型 | | 题量 | 分值 |
|---|---|---|---|
| 客观题 | 单项选择题 | 10 | 15 |
| | 多项选择题 | 10 | 20 |
| | 判断题 | 10 | 10 |
| | 小计 | 30 | 45 |
| 主观题 | 计算分析题 | 2 | 22 |
| | 综合题 | 2 | 33 |
| | 小计 | 4 | 55 |
| 合计 | | 34 | 100 |

总体来看，难度适中，相较于2022年，2023年的试题难度有所提升，客观题题干文字描述明显增多，计算比重大，部分考点细节要求较高；主观题形式多样，比如收入结合差错更正

要求判断会计处理是否正确并说明理由,资产负债表日后事项结合收入、债务重组、所得税章节均有出题,综合性较强。

(二)考题范围

均在考试大纲要求范围内。

(三)考点相关概述

固定资产、无形资产、长期股权投资和合营安排、投资性房地产、金融资产和金融负债、收入、所得税和企业合并与合并财务报表仍然是考试重中之重,其他章节在客观题也几乎全部涉及,内容全面广泛,需要全面掌握。对于2022

年教材新增的第十四章非货币性资产交换、第十五章债务重组、第十八章租赁、第十九章持有待售的非流动资产、处置组和终止经营,仍属于比较新的章节,三场考试也对此进行了重点考查,占比较高。其中第一场考试中单独考查了10分的租赁计算分析题;第二场考试中将固定资产与债务重组结合考查了综合题;第三场考试中将投资性房地产与非货币性资产交换结合考查了计算分析题,同时还结合资产负债表日后事项考查了债务重组的有关内容。

(四)2023年考试各章分值分布占比

| 章节 | 第一场 | | 第二场 | | 第三场 | |
|---|---|---|---|---|---|---|
| | 客观题 | 主观题 | 客观题 | 主观题 | 客观题 | 主观题 |
| 第一章概述 | 2 | | 1 | | 1 | |
| 第二章存货 | 1 | | 1 | | 1 | |
| 第三章固定资产 | 1 | | | 1 | 3 | |
| 第四章无形资产 | | 1 | 1 | | 1 | |
| 第五章长期股权投资和合营安排 | 3 | | 3 | | | |
| 第六章投资性房地产 | 1 | | | 1 | 1 | |
| 第七章资产减值 | 2 | | | | | |
| 第八章金融资产和金融负债 | | | 1 | 1 | 2 | |
| 第九章职工薪酬 | 2 | | 1 | | 2 | |
| 第十章借款费用 | 2 | | 1 | | | 1 |
| 第十一章或有事项 | 1 | | 1 | | 1 | |
| 第十二章收入 | | | 3 | | | |
| 第十三章政府补助 | 1 | | 2 | | 2 | |
| 第十四章非货币性资产交换 | | | 2 | | | 1 |
| 第十五章债务重组 | | | | 1 | 1 | |
| 第十六章所得税 | | 1 | 3 | | | |
| 第十七章外币折算 | 1 | | | 1 | 2 | |
| 第十八章租赁 | | 1 | 2 | | 2 | |
| 第十九章持有待售的流动资产、处置组和终止经营 | 2 | | 2 | | 1 | |
| 第二十章企业合并 | 1 | | 1 | | | |
| 第二十一章财务报告 | 3 | | | 1 | | 1 |
| 第二十二章会计政策、会计估计变更和差错更正 | 1 | | 1 | | 2 | |

续表

| 章节 | 第一场 | | 第二场 | | 第三场 | |
|---|---|---|---|---|---|---|
| | 客观题 | 主观题 | 客观题 | 主观题 | 客观题 | 主观题 |
| 第二十三章资产负债表日后事项 | 1 | 1 | 1 | | 1 | 1 |
| 第二十四章公允价值计量 | 2 | | 1 | | 2 | |
| 第二十五章政府会计 | 1 | | | | 1 | |
| 第二十六章民间非营利组织会计 | 1 | | 1 | | 1 | |

注：上述数据均根据收集"考生回忆版"题目信息整理，仅供参考。

## 四、高效复习技巧

### （一）基础要打好

你的备考基础打得如何，直接影响着后面的强化和冲刺阶段的学习效果。如果你前期学习基础不扎实，那么别人在大量练题、查漏补缺的时候，你再学基础，会严重地拖累你的备考进度。所以在前面的基础学习阶段，要踏实学基础，后面才能走得更稳。所以，现在开始备考2024年的中级，刚刚好。

### （二）网课很重要

考中级会计资格的考生往往都有家庭、有工作，学习时间较少，那么，高效地学习是备考的关键。选择一个适合自己的网课，跟着网课老师的教学进度来学习，会减轻备考压力。

### （三）习题不可少

学习的目的是学会知识点，练习的目的是检查学习情况。学知识要与练题相结合，通过做题检查自己的学习漏洞，能够帮你更高效地找出知识体系当中的缺漏。不管是随堂小测还是章节练习，都要重视起来，做错的题目要回归教材，反抠知识点。

想要在2024年中级会计资格考试中一举成功，就必须踏实地走好每一步，其中，基础阶段最重要！

## 五、本科目复习方法

《中级会计实务》共25章，是难度最大、内容最多的一科，这个科目打好基础非常重要。

考试时长：165分钟

考试题型：单项选择题、多项选择题、判断题、计算分析题、综合题

考试特点：

（1）考查难度较大、内容较多，复习时间较长。

（2）中级会计实务属于较基础的一个科目，很多章节知识点与财务管理和经济法相关联。

（3）中级会计实务需要考生有一定的数学计算能力和记忆能力，要求考生针对不同知识点使用不同的学习技巧。

总之，中级会计实务的25章内容较多，备考时间建议占总时长的1/2。

但是，多并不代表着难，近几年中级会计实务的考试都偏向于对基础内容的考查，各位考生无须太担心。

## 六、本书的体例和使用建议

本书每章内容包括考情分析、教材变化、考点提示、本章考点框架、考点解读及例题点津、本章考点巩固练习题和本章考点巩固练习题参考答案及解析。

建议先学习每章知识点后，及时完成每章对应的考点巩固练习题，然后对照答案查缺补漏。

第二部分　考点解读及巩固练习

# 第一章 总 论

本章不涉及会计分录的相关知识。预计考试题型主要为单项选择题、多项选择题和判断题，考试的分值预计在2~3分。

## 教材变化

本章删除了《会计基础工作规范》中关于会计人员职业道德的要求，调整了会计信息质量要求的举例内容。

## 考点提示

本章篇幅较短，知识点较少。请考生重点掌握会计职业道德概述、会计法规体系概述、会计目标、会计要素和会计信息质量要求的相关内容。

## 本章考点框架

总论
- 会计职业道德概述
  - 会计人员从事会计工作的基本要求
  - 会计人员职业道德规范
- 会计法规制度体系概述
  - 会计法规制度体系的构成
  - 国家统一的会计制度体系概述
- 企业会计核算相关基础知识
  - 财务报告目标
  - 会计要素
  - 会计信息质量要求

# 考点解读及例题点津

## 第一单元　会计职业道德概述

### 1 会计人员从事会计工作的基本要求

#### 一、考点解读

（一）会计人员的范围

会计人员是根据《会计法》规定，在单位中从事会计核算，实行会计监督等会计工作的人员，包括从事下列具体会计工作的人员：（1）出纳；（2）稽核；（3）资产、负债和所有者权益（净资产）的核算；（4）收入、费用（支出）的核算；（5）财务成果（政府预算执行结果）的核算；（6）财务会计报告（决算报告）编制；（7）会计监督；（8）会计机构内会计档案管理；（9）其他会计工作。

提示　担任单位会计机构负责人（会计主管人员）、总会计师的人员，属于会计人员。

（二）会计人员从事会计工作应当符合的基本要求

会计人员从事会计工作，一般应当符合下列要求：

（1）遵守《会计法》和国家统一的会计制度等法律法规；

（2）具备良好的职业道德；

（3）按照国家有关规定参加继续教育；

（4）具备从事会计工作所需要的专业能力。

（三）会计机构负责人（会计主管人员）和总会计师应当具备的基本条件

会计机构负责人（会计主管人员）应当具备下列基本条件：

（1）坚持原则，廉洁奉公；

（2）具备会计师以上专业技术职务资格或者从事会计工作不少于三年；

（3）熟悉国家财经法律、法规、规章和方针、政策，掌握本行业业务管理的有关知识；

（4）有较强的组织能力；

（5）身体状况能够适应本职工作的要求。

提示　大、中型企业、事业单位、业务主管部门应当根据法律和国家有关规定设置总会计师。

（四）会计人员任用（聘用）管理相关规定

1. 单位负责人对本单位的会计工作和会计资料的真实性、完整性负责。单位应当根据《会计法》等法律法规规定，结合会计工作需要，自主任用（聘用）会计人员。

2. 因发生与会计职务有关的违法行为被依法追究刑事责任的人员，单位不得任用（聘用）其从事会计工作。因违反《会计法》有关规定受到行政处罚五年内不得从事会计工作的人员，处罚期届满前，单位不得任用（聘用）其从事会计工作。

#### 二、例题点津

【例题1·单选题】下列各项中不属于会计人员的是（　　）。

A. 从事会计核算的人员

B. 实行会计监督的人员

C. 会计机构负责人

D. 从事会计教学的人员

【答案】D

【解析】会计人员包括从事下列具体会计工作的人员：（1）出纳；（2）稽核；（3）资产、负债和所有者权益（净资产）的核算；（4）收入、费用（支出）的核算；（5）财务成果（政府预算执行结果）的核算；（6）财务会计报告（决算报告）编制；（7）会计监督；（8）会计机构内会计档案管理；（9）其他会计工作。从事会计教学的人员不属于会计人员。

【例题2·单选题】下列关于会计人员从事会计工作的基本要求的说法中，错误的是（　　）。

A. 担任单位会计机构负责人和总会计师的人员属于会计人员

B. 会计机构负责人对本单位的会计工作和会计资料的真实性、完整性负责

C. 大、中型企业、事业单位、业务主管部门应当根据法律和国家有关规定设置总会计师

D. 单位应当结合会计工作需要自主任用会计人员

【答案】B

【解析】担任单位会计机构负责人（会计主管人员）、总会计师的人员，属于会计人员，选项A正确。单位负责人对本单位的会计工作和会计资料的真实性、完整性负责，选项B错误。大、中型企业、事业单位、业务主管部门应当根据法律和国家有关规定设置总会计师，选项C正确。单位应当根据《会计法》等法律法规规定，结合会计工作需要，自主任用（聘用）会计人员，选项D正确。

【例题3·多选题】下列各项中，属于会计工作的有（　　）。

A. 出纳

B. 会计机构内会计档案管理

C. 资产、负债和所有者权益（净资产）的核算

D. 内部审计

【答案】ABC

【解析】会计人员包括从事下列具体会计工作的人员：（1）出纳；（2）稽核；（3）资产、负债和所有者权益（净资产）的核算；（4）收入、费用（支出）的核算；（5）财务成果（政府预算执行结果）的核算；（6）财务会计报告（决算报告）编制；（7）会计监督；（8）会计机构内会计档案管理；（9）其他会计工作。故选项A、B、C正确。

【例题4·判断题】会计机构负责人（会计主管人员）应当具备会计师以上专业技术职务资格或者从事会计工作不少于两年。（　　）

【答案】×

【解析】会计机构负责人（会计主管人员）应当具备会计师以上专业技术职务资格或者从事会计工作不少于三年。

## 2 会计人员职业道德规范

### 一、考点解读

财政部于2023年1月12日制定印发了《会计人员职业道德规范》。这是我国首次制定全国性的会计人员职业道德规范。

（1）**坚持诚信，守法奉公**。要求会计人员牢固树立诚信理念，以诚立身、以信立业，严于律己、心存敬畏；学法知法守法，公私分明、克己奉公，树立良好职业形象，维护会计行业声誉。

（2）**坚持准则，守责敬业**。要求会计人员严格执行准则制度，保证会计信息真实完整；勤勉尽责、爱岗敬业，忠于职守、敢于斗争，自觉抵制会计造假行为，维护国家财经纪律和经济秩序。

（3）**坚持学习，守正创新**。要求会计人员始终秉持专业精神，勤于学习、锐意进取，持续提升会计专业能力；不断适应新形势新要求，与时俱进、开拓创新，努力推动会计事业高质量发展。

详见图1-1。

| 自律要求 | 履职要求 | 发展要求 |
| --- | --- | --- |
| ·坚持诚信，守法奉公 | ·坚持准则，守责敬业 | ·坚持学习，守正创新 |

图1-1 会计人员职业道德规范

### 二、例题点津

【例题1·单选题】下列各项中，属于"坚持诚信，守法奉公"内容的是（　　）。

A. 树立诚信理念

B. 保证会计信息真实完整

C. 始终秉持专业精神

D. 与时俱进、开拓创新

【答案】A

【解析】坚持诚信，守法奉公。要求会计人员牢固树立诚信理念，以诚立身、以信立业，严于律己、心存敬畏；学法知法守法，公私分明、克己奉公，树立良好职业形象，维护会计行业声誉。因此，选项A正确。

**【例题2·多选题】**下列有关"三坚三守"的说法中，错误的有（　　）。

A. "坚持诚信，守法奉公"是对会计人员的履职要求

B. "坚持准则，守责敬业"是对会计人员的自律要求

C. "三坚三守"是对会计人员职业道德要求的集中表达

D. "坚持学习，守正创新"是对会计人员的发展要求

**【答案】**AB

**【解析】**"三坚三守"是对会计人员职业道德要求的集中表达。第一条"坚持诚信，守法奉公"是对会计人员的自律要求；第二条"坚持准则，守责敬业"是对会计人员的履职要求；第三条"坚持学习，守正创新"是对会计人员的发展要求。故选项A、B错误。

**【例题3·判断题】**会计人员在任何情况下都不能向外界提供或者泄露单位的会计信息。（　　）

**【答案】**×

**【解析】**会计人员除法律规定和单位领导人同意外，不能私自向外界提供或者泄露单位的会计信息。

# 第二单元　会计法规制度体系概述

## 1 会计法规制度体系的构成

### 一、考点解读

会计法规制度是指国家权力机关和行政机关制定的，用以调整会计关系的各种法律、法规、规章和规范性文件的总称。目前，我国已经形成了以《会计法》为主体，由会计法律、会计行政法规、会计部门规章和规范性文件有机构成的会计法规制度体系。具体内容如表1-1所示。

表1-1　会计法规制度体系

| 项目 | 内容 | 举例 |
|---|---|---|
| 会计法律 | 指由全国人民代表大会及其常务委员会经过一定立法程序制定的有关会计工作的法律，属于会计法律制度中层次最高的法律规范，是制定其他会计法规的依据，也是指导会计工作的最高准则 | 《会计法》《中华人民共和国注册会计师法》等 |
| 会计行政法规 | 指由国务院制定并发布，或者国务院有关部门拟定并经国务院批准发布，调整经济生活中某些方面会计关系的法律规范 | 《总会计师条例》《企业财务会计报告条例》等 |
| 会计部门规章 | 指由国家主管会计工作的行政部门即财政部根据法律和国务院的行政法规、决定、命令制定的、调整会计工作中某些方面内容的法律规范，通常以部令的形式公布 | 《会计基础工作规范》《企业会计准则——基本准则》《政府会计准则——基本准则》《会计人员管理办法》《会计档案管理办法》等 |
| 会计规范性文件 | 是除会计行政法规以及部门规章外，由国务院财政部门依照法定权限、程序制定并公开发布，涉及公民、法人和其他组织权利义务，具有普遍约束力，在一定期限内反复适用的公文，通常以财会字文件印发 | 《内蒙古自治区会计条例》《陕西省会计管理条例》《山东省实施〈中华人民共和国会计法〉办法》等 |

## 二、例题点津

**【例题1·单选题】** 下列有关会计法律制度的有关说法中，错误的是（  ）。

A. 会计法律是指导会计工作的最高准则

B. 我国的法规制度体系以《中华人民共和国注册会计师法》为主体

C. 会计规范性文件包括企业会计准则制度、政府及非营利组织会计准则制度等

D. 《企业财务会计报告条例》属于会计行政法规

**【答案】** B

**【解析】** 会计领域最基本的法律是《会计法》。目前，我国已经形成了以《会计法》为主体，由会计法律、会计行政法规、会计部门规章和规范性文件有机构成的会计法规制度体系，选项B错误。

**【例题2·多选题】** 下列各项中，属于会计行政法规的有（  ）。

A. 中华人民共和国注册会计师法

B. 总会计师条例

C. 内蒙古自治区会计条例

D. 企业财务会计报告条例

**【答案】** BD

**【解析】** 《中华人民共和国注册会计师法》属于会计法律，选项A错误。会计行政法规主要包括1990年12月31日国务院发布、2011年1月8日国务院修正的《总会计师条例》，2000年6月21日国务院发布的《企业财务会计报告条例》，选项B、D正确。《内蒙古自治区会计条例》属于会计规范性文件，选项C错误。

**【例题3·判断题】** 目前，我国已经形成了以《中华人民共和国注册会计师法》为主体，由会计法律、会计行政法规、会计部门规章和规范性文件有机构成的会计法规制度体系。（  ）

**【答案】** ×

**【解析】** 目前，我国已经形成了以《会计法》为主体，由会计法律、会计行政法规、会计部门规章和规范性文件有机构成的会计法规制度体系。

## 2 国家统一的会计制度体系概述

### 一、考点解读

根据《会计法》规定，国家实行统一的会计制度。国家统一的会计制度，是指国务院财政部门根据本法制定的关于会计核算、会计监督、会计机构和会计人员以及会计工作管理的制度。

我国统一的会计核算制度体系如表1-2所示。

表1-2　　　　　　　　　　　我国统一的会计核算制度体系

| 分类（根据会计主体的不同） | 组成 | 适用 | 内容 |
|---|---|---|---|
| 企业会计准则制度 | 企业会计准则 | 上市公司、金融机构及大中型、国有企业等 | 1项基本准则、42项具体准则和17项企业会计准则解释等。此外，《企业会计准则——应用指南》（财会〔2006〕18号）中仍然有效的具体准则应用指南也属于企业会计准则体系的有机组成内容 |
|  | 小企业会计准则 | 符合《中小企业划型标准规定》所规定的小型企业标准的企业，但以下三类小企业除外：（1）股票或债券在市场上公开交易的小企业；（2）金融机构或其他具有金融性质的小企业；（3）企业集团内的母公司和子公司 | 《小企业会计准则》等 |
|  | 企业会计制度 | 执行《企业会计准则》、《小企业会计准则》的企业以外的其他企业 | 《企业会计制度》等 |

续表

| 分类（根据会计主体的不同） | 组成 | 适用 | 内容 |
|---|---|---|---|
| 政府及非营利组织会计准则制度 | 政府会计准则制度体系 | 政府会计主体。政府会计主体主要包括各级政府、各部门、各单位* | 基本准则、具体准则及应用指南、会计制度、会计准则制度解释等 |
| | 非营利组织会计制度 | 我国境内依法设立的符合该制度规定特征的民间非营利组织（适用《民间非营利组织会计制度》）、各级工会（适用《工会会计制度》） | 《民间非营利组织会计制度》《工会会计制度》 |
| 其他会计制度 | 基金（资金）类会计制度 | 要求以某项基金或资金作为独立的会计主体进行核算，核算基础一般采用收付实现制 | 《住房公积金会计核算办法》《土地储备资金会计核算办法（试行）》《社会保险基金会计制度》《住宅专项维修资金会计核算办法》《机关事业单位职业年金基金相关业务会计处理规定》《道路交通事故社会救助基金会计核算办法》等 |
| | 农村集体经济组织和农民专业合作社会计制度 | 《农村集体经济组织会计制度》适用于在我国境内依法设立的农村集体经济组织，包括乡镇级集体经济组织、村级集体经济组织、组级集体经济组织。依法代行农村集体经济组织职能的村民委员会、村民小组参照执行本制度。《农民专业合作社会计制度》适用于依照《中华人民共和国农民专业合作社法》设立，并取得法人资格的农民专业合作社和农民专业合作社联合社 | 《农村集体经济组织会计制度》《农民专业合作社会计制度》 |

注：*各级政府指各级政府财政部门负责的财政总会计。各部门、各单位是指与本级政府财政部门直接或者间接发生预算拨款关系的国家机关、军队、政党组织、社会团体、事业单位和其他单位。但是，军队、已纳入企业财务管理体系的单位和执行《民间非营利组织会计制度》的社会团体，其会计核算不适用政府会计准则制度体系。

## 二、例题点津

【例题 1·单选题】下列有关国家统一的会计核算制度体系的说法中，错误的是（    ）。

A. 根据《会计法》规定国家实行统一的会计制度

B. 企业会计准则主要适用于上市公司、金融机构、国有企业等大中型企业

C. 基金（资金）类会计制度要求以某项基金或资金作为独立的会计主体进行核算，核算基础一般采用权责发生制

D. 我国的政府会计准则制度体系主要由基本准则、具体准则及应用指南、会计制度、会计准则制度解释等组成

【答案】C

【解析】与企业、政府和非营利组织会计准则制度不同的是，基金（资金）类会计制度要求以某项基金或资金作为独立的会计主体进行核算，核算基础一般采用收付实现制，选项 C 错误。

【例题 2·多选题】下列各项中，属于我国统一的会计核算制度体系的有（    ）。

A. 企业会计准则制度

B. 政府及非营利组织会计准则制度

C. 农村集体经济组织会计制度

D. 基金（资金）类会计制度

【答案】ABCD

【解析】根据会计主体不同，我国统一的会计核算制度体系主要包括企业会计准则制度、政府及非营利组织会计准则制度和农村集体经济组织、基金（资金）类会计制度等。故选项 A、

B、C、D均正确。

**【例题3·判断题】**符合《中小企业划型标准规定》且具有金融性质的小企业适用于小企业会计准则。（　　）

**【答案】**×

**【解析】**小企业会计准则主要适用于符合《中小企业划型标准规定》所规定的小型企业标准的企业，但以下三类小企业除外：（1）股票或债券在市场上公开交易的小企业；（2）金融机构或其他具有金融性质的小企业；（3）企业集体内的母公司或子公司。

**【例题4·判断题】**军队、已纳入企业财务管理体系的单位和执行《民间非营利组织会计制度》的社会团体，其会计核算适用于政府会计准则制度体系。（　　）

**【答案】**×

**【解析】**军队、已纳入企业财务管理体系的单位和执行《民间非营利组织会计制度》的社会团体，其会计核算不适用政府会计准则制度体系。

# 第三单元　企业会计核算相关基础知识

## 1 财务报告目标

### 一、考点解读

财务报告的目标是向财务报告使用者提供与企业财务状况、经营成果和现金流量等有关的会计信息，反映企业管理层受托责任履行情况，有助于财务报告使用者作出经济决策。财务报告使用者包括投资者、债权人、政府及其有关部门和社会公众等。

### 二、例题点津

**【例题1·多选题】**下列各项中，属于财务会计报告使用者的有（　　）。

A. 投资者　　　　　B. 债权人

C. 政府　　　　　　D. 社会公众

**【答案】**ABCD

**【解析】**财务会计报告使用者包括投资者、债权人、政府及其有关部门和社会公众等，故选项A、B、C、D均正确。

**【例题2·判断题】**财务报告的目标是向财务报告使用者提供与企业财务状况、经营成果和现金流量等有关的会计信息，反映企业管理层受托责任履行情况。（　　）

**【答案】**√

**【解析】**该说法正确。

## 2 会计要素

### 一、考点解读

企业会计要素按照其性质分为资产、负债、所有者权益、收入、费用和利润，其中，资产、负债和所有者权益要素侧重于反映企业的财务状况，收入、费用和利润要素侧重于反映企业的经营成果。具体内容如表1–3所示。

表1–3

| 要素 | 定义 | 确认条件 |
|---|---|---|
| 资产 | 指企业过去的交易或者事项形成的、由企业拥有或者控制的、预期会给企业带来经济利益的资源 | 将一项资源确认为资产，需要符合资产的定义，还应同时满足以下两个条件：（1）与该资源有关的经济利益很可能流入企业；（2）该资源的成本或者价值能够可靠地计量 |
| 负债 | 指企业过去的交易或者事项形成的，预期会导致经济利益流出企业的现时义务 | 将一项现时义务确认为负债，需要符合负债的定义，还应当同时满足以下两个条件：（1）与该义务有关的经济利益很可能流出企业；（2）未来流出的经济利益的金额能够可靠地计量 |

续表

| 要素 | 定义 | 确认条件 |
|------|------|----------|
| 所有者权益 | 指企业资产扣除负债后，由所有者享有的剩余权益。公司的所有者权益又称为股东权益 | 所有者权益的确认主要依赖于其他会计要素，尤其是资产和负债的确认；所有者权益金额的确定也主要取决于资产和负债的计量 |
| 收入 | 指企业在日常活动中形成的、会导致所有者权益增加的、与所有者投入资本无关的经济利益的总流入 | 企业收入的来源渠道多种多样，不同收入来源的特征有所不同，如销售商品、提供劳务、让渡资产使用权等。对于企业销售商品、提供劳务等取得的收入，企业应当在履行了合同中的履约义务，即在客户取得相关商品或服务控制权时确认收入。对于企业让渡资金使用权取得的收入，如利息收入，企业应当在资产负债表日，按照他人使用本企业货币资金的时间和实际利率计算确定利息收入金额 |
| 费用 | 指企业在日常活动中发生的、会导致所有者权益减少的、与向所有者分配利润无关的经济利益的总流出 | 费用的确认至少应当符合以下条件：（1）与费用相关的经济利益应当很可能流出企业；（2）经济利益流出企业的结果会导致资产的减少或者负债的增加；（3）经济利益的流出额能够可靠计量 |
| 利润 | 指企业在一定会计期间的经营成果。利润包括收入减去费用后的净额、直接计入当期利润的利得和损失等 | 利润的确认主要依赖于收入和费用以及利得和损失的确认，其金额的确定也主要取决于收入、费用、利得、损失金额的计量 |

## 二、例题点津

**【例题1·单选题】** 下列关于企业会计要素的说法中，错误的是（　　）。

A. 资产、负债和所有者权益要素侧重于反映企业的经营成果

B. 利润指企业在一定会计期间的经营成果

C. 公司的所有者权益又称为股东权益

D. 利润包括收入减去费用后的净额、直接计入当期利润的利得和损失等

**【答案】** A

**【解析】** 企业会计要素按照其性质分为资产、负债、所有者权益、收入、费用和利润，其中，资产、负债和所有者权益要素侧重于反映企业的财务状况，收入、费用和利润要素侧重于反映企业的经营成果，选项A错误。

**【例题2·单选题】** 下列事项或交易中，将影响企业利润总额的是（　　）。

A. 产生的外币财务报表折算差额

B. 其他权益工具投资公允价值发生变动

C. 收到股东投入资本

D. 计提存货跌价准备

**【答案】** D

**【解析】** 选项A，外币财务报表折算差额，归属于母公司应分担的部分在合并资产负债表和合并所有者权益变动表中所有者权益项目下"其他综合收益"项目列示，归属于子公司少数股东的部分应并入"少数股东权益"项目列示，不影响利润总额；选项B，其他权益工具投资公允价值变动计入其他综合收益，不影响利润总额；选项C，收到股东投入资本，记入"股本和资本公积——股本溢价"等科目，不影响利润总额；选项D，计提存货跌价准备，计入资产减值损失，影响利润总额。

**【例题3·多选题】** 下列关于利润的表述中，正确的有（　　）。

A. 收入减去费用后的净额反映的是企业日常活动的经营业绩

B. 直接计入当期利润的利得和损失反映的是企业非日常活动的业绩

C. 企业发生的所有利得和损失均应当影响利润

D. 向所有者分配利润将导致利润减少

【答案】AB

【解析】选项 C，直接计入当期利润的利得和损失，是指应当计入当期损益、最终会引起所有者权益发生增减变动的、与所有者投入资本或者向所有者分配利润无关的利得或者损失，该部分利得和损失会影响利润；而直接计入所有者权益的利得和损失，不影响利润。选项 D，向所有者分配利润会导致所有者权益减少，但不影响利润本身的计算。

【例题 4·多选题】下列各项中，属于费用的确认条件的有（　　　）。

A. 与费用相关的经济利益应当很可能流出企业

B. 经济利益流出企业的结果会导致资产的减少

C. 经济利益流出企业的结果会导致负债的增加

D. 经济利益的流出额能够可靠计量

【答案】ABCD

【解析】费用的确认至少应当符合以下条件：（1）与费用相关的经济利益应当很可能流出企业；（2）经济利益流出企业的结果会导致资产的减少或者负债的增加；（3）经济利益的流出额能够可靠计量，故选项 A、B、C、D 均正确。

【例题 5·判断题】所有者权益的来源包括所有者投入的资本、直接计入所有者权益的利得和损失、留存收益等，通常由实收资本（或股本）、资本公积（含资本溢价或股本溢价、其他资本公积）、其他综合收益、盈余公积和未分配利润等构成。（　　　）

【答案】√

【解析】该说法正确。

## 3 会计信息质量要求

### 一、考点解读

企业会计信息质量要求包括可靠性、相关性、可理解性、可比性、实质重于形式、重要性、谨慎性和及时性等。具体内容如表 1-4 所示。

表 1-4　　　　　　　　　　　企业会计信息质量要求

| 企业会计信息质量要求 | 具体内容 |
| --- | --- |
| 可靠性 | 要求企业应当以实际发生的交易或者事项为依据进行确认、计量和报告，如实反映符合确认和计量要求的各项会计要素及其他相关信息，保证会计信息真实可靠、内容完整 |
| 相关性 | 要求企业提供的会计信息应当与投资人等财务报告使用者的经济决策需要相关，有助于投资人等财务报告使用者对企业过去、现在或者未来的情况作出评价或者预测（反馈价值、预测价值） |
| 可理解性 | 要求企业提供的会计信息应当清晰明了，便于投资人等财务报告使用者理解和使用 |
| 可比性 | 要求企业提供的会计信息应当相互可比。主要包括两层含义：<br>(1) 同一企业不同时期可比；<br>(2) 不同企业相同会计期间可比 |
| 实质重于形式 | 要求企业应当按照交易或者事项的经济实质进行会计确认、计量和报告，不应仅以交易或者事项的法律形式为依据 |
| 重要性 | 要求企业提供的会计信息应当反映与企业财务状况、经营成果和现金流量有关的所有重要交易或者事项（从项目的性质和金额两方面判断重要性） |

续表

| 企业会计信息质量要求 | 具体内容 |
| --- | --- |
| 谨慎性 | 要求企业对交易或者事项进行会计确认、计量和报告应当保持应有的谨慎，不应高估资产或者收益、低估负债或者费用 |
| 及时性 | 要求企业对于已经发生的交易或者事项，应当及时进行确认、计量和报告，不得提前或者延后 |

## 二、例题点津

**【例题1·单选题】**下列各项中，体现实质重于形式质量要求的是（　　）。

A. 应当采用一致的会计政策，不得随意变更

B. 长期租入的一栋厂房，应当确认为企业的一项资产

C. 购买的办公用品，金额较小，可以一次性计入当期损益

D. 期末存货的可变现净值低于成本，应当计提存货跌价准备

**【答案】** B

**【解析】**选项A体现的是可比性；选项C体现的是重要性；选项D体现的是谨慎性。

**【例题2·单选题】**下列各项中，关于会计信息质量可靠性要求表述正确的是（　　）。

A. 企业进行核算应与报告使用者的经济决策需要相关

B. 企业应当以实际发生的交易或事项为依据进行会计核算

C. 不同企业同一会计期间发生相同的交易，应当采用一致的会计政策

D. 企业进行核算应便于报告使用者理解和使用

**【答案】** B

**【解析】**选项A体现的是相关性；选项C体现的是可比性；选项D体现的是可理解性。

**【例题3·单选题】**下列各项会计信息质量要求中，对相关性和可靠性起着制约作用的是（　　）。

A. 可比性　　　　B. 及时性

C. 谨慎性　　　　D. 实质重于形式

**【答案】** B

**【解析】**在实务中，为了及时提供会计信息，可能需要在有关交易或者事项的信息全部获得之前进行会计处理，这样就满足了会计信息的及时性要求，但可能会影响会计信息的可靠性；反之，如果企业等到与交易或者事项有关的全部信息获得之后再进行会计处理，这样的信息披露可能会由于时效性问题，对于投资者等财务报告使用者决策的有用性将大大降低。这就需要在及时性和可靠性之间作相应权衡，以最好地满足投资者等财务报告使用者的经济决策需要。

**【例题4·多选题】**下列各项中，体现谨慎性质量要求的有（　　）。

A. 计提存货跌价准备

B. 对售出商品很可能发生的保修义务确认预计负债

C. 对很可能承担的环保责任确认预计负债

D. 低值易耗品作为周转材料合并列入资产负债表存货项目

**【答案】** ABC

**【解析】**企业对可能发生的资产减值损失计提资产减值准备、对售出商品可能发生的保修义务等确认预计负债等，体现的是会计信息质量的谨慎性要求，选项A、B、C正确。选项D体现的是重要性要求。

**【例题5·判断题】**重要性的应用需要依赖职业判断，企业应当根据其所处环境和实际情况，从项目的性质和金额大小两方面加以判断。（　　）

**【答案】** √

**【解析】**该说法正确。

**【例题6·判断题】**判断某一事件是否具有重要性，主要取决于会计准则的规定，而不是取决于会计人员的职业判断，所以同一个事项如果

在某一企业具有重要性，则在其他企业也具有重要性。（　　）

【答案】×

【解析】重要性的应用需要依赖职业判断，企业应当根据其所处环境和实际情况，从项目的性质和金额大小两方面加以判断。同一事项不一定在所有企业都具有重要性。

# 本章考点巩固练习题

## 一、单项选择题

1. 下列关于会计人员从事会计工作的基本要求的表述中，不正确的是（　　）。

A. 会计机构负责人应当具备会计师以上专业技术职务资格或者从事会计工作不少于 3 年的基本条件

B. 会计人员从事会计工作应当按照国家有关规定参加继续教育

C. 事业单位可以不用设置总会计师

D. 因违反《会计法》有关规定受到行政处罚五年内不得从事会计工作的人员，处罚期届满前，单位不得任用（聘用）其从事会计工作

2. 下列有关"三坚三守"的说法中，错误的是（　　）。

A. "坚持诚信，守法奉公"要求会计人员牢固树立诚信理念，以诚立身、以信立业

B. "坚持准则，守责敬业"要求会计人员严格执行准则制度，保证会计信息真实完整

C. "坚持诚信，守法奉公"要求会计人员自觉抵制会计造假行为

D. "坚持学习，守正创新"要求会计人员始终秉持专业精神

3. 下列关于会计法律的说法中，错误的是（　　）。

A. 会计法律属于会计法律制度中层次最高的法律规范

B. 主要会计法律包括《会计法》和《中华人民共和国注册会计师法》

C. 《中华人民共和国注册会计师法》是会计领域最基本的法律

D. 会计法律是制定其他会计法规的依据

4. 下列关于会计目标的说法中，错误的是（　　）。

A. 会计目标是要求会计工作完成的任务或达到的标准

B. 企业会计目标也称企业财务会计报告目标

C. 企业财务会计报告的目标反映企业管理层受托责任的履行情况

D. 会计目标是企业实现利润最大化

5. 下列关于会计要素的表述中，正确的是（　　）。

A. 负债的特征之一是企业承担潜在义务

B. 收入是所有导致所有者权益增加的经济利益的总流入

C. 利润是企业一定期间内收入减去费用后的净额

D. 资产的特征之一是预期能给企业带来经济利益

6. 下列各项中，符合资产会计要素定义的是（　　）。

A. 筹建期间发生的开办费

B. 正在加工中的在产品

C. 约定 3 个月后购入的存货

D. 已霉烂变质没有转让价值的存货

7. 下列各项中，不属于企业收入要素范畴的是（　　）。

A. 销售商品收入

B. 提供劳务取得的收入

C. 出租固定资产取得的收入

D. 出售无形资产取得的收益

8. 同一企业在不同会计时期对于相同的交易或事项，应当采取统一会计政策，不得随意变更，该表述体现的会计信息质量要求是（　　）。

A. 可理解性　　　　B. 可比性

C. 重要性　　　　　D. 谨慎性

9. 下列各项中，符合谨慎性会计信息质量要求的是（　　）。

A. 在存货的可变现净值低于成本时，按可变

现净值计量

B. 确认收入时不考虑很可能发生的保修义务

C. 采用年限平均法计提固定资产折旧

D. 金额较小的低值易耗品采用分次摊销法摊销

## 二、多项选择题

1. 下列各项中，属于会计人员的有（　　）。
   A. 会计监督岗位人员
   B. 总会计师
   C. 出纳岗位人员
   D. 会计机构负责人

2. 下列有关会计人员从事会计工作的基本要求中，表述正确的有（　　）。
   A. 从事会计工作的会计人员，应按照国家有关规定参加继续教育
   B. 单位应当根据有关法律法规、内部控制制度要求和会计业务需要设置会计岗位，明确会计人员职责权限
   C. 因发生与会计职务有关的违法行为被依法追究刑事责任的人员，处罚期届满后 5 年内，单位不得任用（聘用）其从事会计工作
   D. 单位负责人对本单位的会计工作和会计资料的真实性、完整性负责

3. 下列关于会计机构负责人的说法中，正确的有（　　）。
   A. 会计机构负责人应当有较强的组织能力
   B. 会计机构负责人的身体状况应当能够适应本职工作的要求
   C. 会计机构负责人对本单位的会计工作和会计资料的真实性、完整性负责
   D. 会计机构负责人应当掌握本行业业务管理的有关知识

4. 下列各项中，属于会计法规制度体系组成部分的有（　　）。
   A. 会计部门规章　　B. 会计法律
   C. 会计行政法规　　D. 会计规范性文件

5. 下列各项中属于我国企业财务会计报告目标的有（　　）。
   A. 向财务报告使用者提供与企业财务状况、经营成果和现金流量等有关的会计信息
   B. 实现利润最大化
   C. 为财务报告使用者作出经济决策提供帮助

D. 反映企业管理层受托责任的履行情况

6. 下列关于所有者权益的表述中，正确的有（　　）。
   A. 所有者权益是指企业资产扣除负债后由所有者享有的剩余权益
   B. 企业的利得和损失可能引起所有者权益增减变动
   C. 所有者权益金额应单独计量，不取决于资产和负债的计量
   D. 所有者权益项目应当列入利润表

7. 下列各项关于会计要素的相关说法中，正确的有（　　）。
   A. 会计要素包括资产、负债、所有者权益、收入、费用和利润六大类
   B. 会计要素的界定和分类可以使财务会计系统更加科学严密
   C. 资产、负债和所有者权益要素侧重于反映企业的财务状况，是动态的要素
   D. 收入、费用和利润要素侧重于反映企业的经营成果

8. 下列各项中，符合谨慎性会计信息质量要求的有（　　）。
   A. 一项租赁属于融资租赁还是经营租赁取决于交易的实质
   B. 及时收集、处理、传递会计信息
   C. 对很可能承担的环保责任确认预计负债
   D. 固定资产预期可收回金额低于其账面价值的差额确认资产减值损失

9. 下列有关会计信息质量要求的表述中，正确的有（　　）。
   A. 会计信息要有用不一定以可靠为基础
   B. 可比性要求企业提供的会计信息应当相互可比
   C. 可靠性要求企业应当以实际发生的交易或事项为依据进行确认、计量、记录和报告
   D. 同一企业不同时期发生的相同或者相似的交易或者事项，如果按照规定或者在会计政策变更后能够提供更可靠、更相关的会计信息，企业可以变更会计政策

10. 下列各项中，属于相关性要求的有（　　）。
    A. 会计信息与使用者的决策需要相关
    B. 有助于决策或者提高决策水平
    C. 能够有助于信息使用者评价企业过去的

决策，证实或者修正过去的有关预测

D. 可以根据会计信息预测企业未来的财务状况、经营成果和现金流量

### 三、判断题

1. 担任单位会计机构负责人（会计主管人员）、总会计师的人员，不属于会计人员。（ ）

2. 财政部于2023年1月12日制定印发了《会计人员职业道德规范》，这是我国首次制定全国性的会计人员职业道德规范。（ ）

3. 我国主要会计法律包括《会计法》和《企业财务会计报告条例》。（ ）

4. 我国的非营利组织会计制度主要包括《民间非营利组织会计制度》和《住房公积金会计核算办法》。（ ）

5. 财务会计报告使用者包括投资者、债权人等，不包括政府及其有关部门。（ ）

6. 出售无形资产取得收益会导致经济利益的流入，所以它属于《企业会计准则》所定义的"收入"范围。（ ）

7. 会计信息质量的可比性要求同一企业不同时期发生的相同或者相似的交易或者事项，应当采用一致的会计政策，不得变更会计政策。（ ）

## 本章考点巩固练习题参考答案及解析

### 一、单项选择题

1. 【答案】C

【解析】大、中型企业，事业单位，业务主管部门应当根据法律和国家有关规定设置总会计师。

2. 【答案】C

【解析】会计人员自觉抵制会计造假行为是"坚持准则，守责敬业"的具体内容，选项C错误。

3. 【答案】C

【解析】会计法律属于会计法律制度中层次最高的法律规范，也是指导会计工作的最高准则。主要会计法律包括《会计法》和《中华人民共和国注册会计师法》。故选项A、B、D均正确。会计领域最基本的法律是《会计法》，选项C错误。

4. 【答案】D

【解析】会计目标，是要求会计工作完成的任务或达到的标准，选项A正确。企业会计目标也称企业财务会计报告目标，选项B正确。企业财务会计报告的目标是向财务会计报告使用者提供与企业财务状况、经营成果和现金流量等有关的会计信息，反映企业管理层受托责任履行情况，有助于财务会计报告使用者作出经济决策，选项C正确，选项D错误。

5. 【答案】D

【解析】选项A，负债是企业承担的现时义务；选项B，收入是指企业在日常活动中形成的、会导致所有者权益增加的、与所有者投入资本无关的经济利益的总流入；选项C，利润是指企业在一定会计期间的经营成果，包括收入减去费用后的净额、直接计入当期利润的利得和损失等；选项D，资产预期给企业带来经济利益，属于资产的特征。故选项D正确。

6. 【答案】B

【解析】选项A、D，预期不会给企业带来经济利益。选项C，不是由企业过去的交易或事项形成。

7. 【答案】D

【解析】收入是指企业在日常活动中形成的、会导致所有者权益增加的、与所有者投入资本无关的经济利益的总流入。其中，日常活动是指企业为完成其经营目标所从事的经常性活动以及与之相关的活动。例如，工业企业制造并销售产品、商业企业销售商品、咨询公司提供咨询服务、软件企业为客户开发软件、安装公司提供安装服务、建筑企业提供建造服务等，均属于企业的日常活动。选项A、B、C均正确。选项D，是企业在偶发事件中产生的，它与企业日常活动无关，不

属于收入的内容，而属于直接计入当期利润的利得。

8.【答案】B

【解析】同一企业不同时期发生的相同或相似的交易或事项，应当采用一致的会计政策，不得随意变更，体现的是可比性，选项B正确。

9.【答案】A

【解析】谨慎性要求企业对交易或事项进行会计确认、计量、记录和报告应当保持应有的谨慎，不应高估资产或者收益、低估负债或者费用。企业对售出商品很可能发生的保修义务确认预计负债，体现的是谨慎性要求，选项B错误；对固定资产加速计提折旧，体现的是谨慎性要求，选项C错误；金额较小的低值易耗品采用分次摊销法摊销，体现的是重要性要求，选项D错误。

## 二、多项选择题

1.【答案】ABCD

【解析】会计人员包括从事下列具体会计工作的人员：（1）出纳；（2）稽核；（3）资产、负债和所有者权益（净资产）的核算；（4）收入、费用（支出）的核算；（5）财务成果（政府预算执行结果）的核算；（6）财务会计报告（决算报告）编制；（7）会计监督；（8）会计机构内会计档案管理；（9）其他会计工作。担任单位会计机构负责人（会计主管人员）、总会计师的人员，同样也属于会计人员。故选项A、B、C、D均正确。

2.【答案】ABD

【解析】选项A，按照国家有关规定参加继续教育是会计人员从事会计工作的基本要求。选项C，因发生与会计职务有关的违法行为被依法追究刑事责任的人员，单位不得任用（聘用）其从事会计工作；因违反《会计法》有关规定受到行政处罚五年内不得从事会计工作的人员，处罚期届满前，单位不得任用（聘用）其从事会计工作。

3.【答案】ABD

【解析】会计机构负责人应当具备下列基本条件：（1）坚持原则，廉洁奉公；（2）具备会计师以上专业技术职务资格或者从事会计工作不少于三年；（3）熟悉国家财经法律、法规、

规章和方针、政策，掌握本行业业务管理的有关知识；（4）有较强的组织能力；（5）身体状况能够适应本职工作的要求。选项A、B、D均正确。单位负责人对本单位的会计工作和会计资料的真实性、完整性负责，选项C错误。

4.【答案】ABCD

【解析】我国已经形成了以《会计法》为主体，由会计法律、会计行政法规、会计部门规章和规范性文件有机构成的会计法规制度体系。选项A、B、C、D均正确。

5.【答案】ACD

【解析】企业财务会计报告的目标是向财务会计报告使用者提供与企业财务状况、经营成果和现金流量等有关的会计信息，反映企业管理层受托责任履行情况，有助于财务会计报告使用者作出经济决策。因此，选项A、C、D正确。

6.【答案】AB

【解析】选项C，所有者权益金额的确定主要取决于资产和负债的计量；选项D，所有者权益项目列入资产负债表，不在利润表中反映。选项A、B均正确。

7.【答案】ABD

【解析】资产、负债和所有者权益属于反映企业特定时点财务状况的静态要素，故选项C不正确。收入、费用和利润是反映特定时段经营成果的动态要素。

8.【答案】CD

【解析】选项A符合实质重于形式的要求，选项B符合及时性的要求，选项C、D均符合谨慎性的要求。

9.【答案】BCD

【解析】会计信息要有用，必须以可靠为基础，如果财务报告所提供的会计信息是不可靠的，就会给投资人等使用者的决策产生误导甚至损失，选项A错误。

10.【答案】ABCD

【解析】相关性要求企业提供的会计信息应当与投资人等财务报告使用者的经济决策需要相关，有助于投资人等财务报告使用者对企业过去、现在或者未来的情况作出评价或者预测。选项A、B、C、D均正确。

## 三、判断题

1. 【答案】×

　　【解析】担任单位会计机构负责人（会计主管人员）、总会计师的人员，属于会计人员。

2. 【答案】√

　　【解析】该说法正确。

3. 【答案】×

　　【解析】我国主要会计法律包括《会计法》和《中华人民共和国注册会计师法》。《企业财务会计报告条例》属于会计行政法规。

4. 【答案】×

　　【解析】我国的非营利组织会计制度主要包括《民间非营利组织会计制度》和《工会会计制度》。《住房公积金会计核算办法》属于基金（资金）类会计制度。

5. 【答案】×

　　【解析】财务会计报告使用者包括投资者、债权人、政府及其有关部门和社会公众等。

6. 【答案】×

　　【解析】出售无形资产取得收益属于非日常活动，而收入是企业日常活动产生的，因此出售无形资产取得收益不属于收入，而应通过资产处置损益核算。

7. 【答案】×

　　【解析】会计信息质量的可比性要求同一企业不同时期发生的相同或者相似的交易或者事项，应当采用一致的会计政策，不得随意变更。但是，满足会计信息可比性要求，并非表明企业不得变更会计政策，如果按照规定或者在会计政策变更后可以提供更可靠、更相关的会计信息的，可以变更会计政策。有关会计政策变更的情况，应当在附注中予以说明。

# 第二章 存 货

本章在考试中处于一般的地位，分数一般在 3 分左右，近几年涉及的考试题型为单项选择题、多项选择题、判断题和计算分析题。

## 教材变化

2024 年本章教材新增了受托方代收代缴的委托加工物资的消费税的会计处理。

## 考点提示

本章复习重点是存货期末计量，特别是存货跌价准备的核算。

## 本章考点框架

存货
├ 存货的确认和初始计量
│  ├ 存货的确认条件
│  └ 存货的初始计量
└ 存货的期末计量
   ├ 存货的期末计量原则及方法
   └ 存货跌价准备的核算

# 考点解读及例题点津

## 第一单元 存货的确认和初始计量

### 1 存货的确认条件

#### 一、考点解读

存货同时满足下列条件的，才能予以确认：

**(1) 与该存货有关的经济利益很可能流入企业。**

通常，拥有存货的所有权是与该存货有关的经济利益很可能流入本企业的一个重要标志。例如，受托代销商品，由于其所有权并未转移至受托方，因而，受托代销的商品不能确认为受托企业存货的一部分。

**(2) 该存货的成本能够可靠地计量。**

#### 二、例题点津

**【例题1·多选题】**关于存货的确认条件，以下说法正确的有（　　　）。

A. 与该存货有关的经济利益很可能流入企业

B. 该存货的成本能够可靠地计量

C. 判断与该项存货相关的经济利益是否很可能流入企业，主要通过判断与该项存货所有权相关的风险和报酬是否转移到了企业来确定

D. 取得存货的所有权是与存货相关的经济利益很可能流入本企业的一个重要标志

**【答案】**ABCD

**【解析】**本题考核存货确认条件相关知识点。选项A、B、C、D说法都正确。

### 2 存货的初始计量

#### 一、考点解读

存货应当按照成本进行初始计量。存货成本包括采购成本、加工成本和其他成本。详见表2－1。

**表2－1　　　存货成本的构成**

| 存货来源 | 举例 | 成本构成 |
|---|---|---|
| 购买而取得 | 商品、原材料、低值易耗品等 | 采购成本 |
| 进一步加工而取得 | 产成品、在产品、半成品和委托加工物资等 | (1) 采购成本；(2) 加工成本；(3) 为使存货达到目前场所和状态所发生的其他成本 |

**（一）外购存货成本的构成**

**(1) 购买价款：**发票中的金额；包括现金折扣，不包括商业折扣。

**(2) 相关税费：**消费税、资源税等价内税计入成本；价外税（增值税）可以抵扣的不计入成本，不可以抵扣的要计入成本；关税计入成本。

**(3) 其他可直接归属于存货采购成本的费用：**

①运杂费：运输费、装卸费、保险费等费用（注：采购人员差旅费不计入成本）。

②运输途中的合理损耗：**运输途中的合理损耗应计入存货的采购成本**。需要注意的是：对于不合理的损耗，根据发生损耗的具体原因分别处理：如果是由责任人、保险公司赔偿的，应计入其他应收款中，冲减存货的采购成本；如果是由于自然灾害原因（地震、台风、洪水等）导致存货发生的损耗计入营业外支出。如果尚待查明原因的，首先要通过"待处理财产损溢"科目核算，查明原因报经批准后再作相

应处理。

③入库前的挑选整理费用：入库前的挑选整理费用应计入存货的入账价值。需要注意的是，入库以后发生的挑选整理费用、保管费用应计入管理费用。

（4）商品流通企业在采购商品过程中发生的运输费、装卸费、保险费以及其他可归属于存货采购成本的费用等进货费用，应当计入存货采购成本，也可以先进行归集，期末根据所购商品的存销情况进行分摊。对于已售商品的进货费用，计入当期损益；对于未售商品的进货费用，计入期末存货成本。企业采购商品的进货费用金额较小的，可以在发生时直接计入当期损益。

（二）委托加工的存货成本的确定

委托加工物资的入账成本＝委托加工的材料费＋加工费＋运费＋装卸费＋相关税费等

（1）发出材料的实际成本或实耗成本。

（2）加工费用、运费和装卸费等。

（3）增值税：一般纳税人的增值税不计入委托加工物资成本；如果是小规模纳税人发生的增值税，就要计入收回的委托加工物资的成本。

（4）受托方代收代缴的消费税：

①如果收回后直接用于对外销售，消费税就应该计入存货成本；

②如果收回后继续用于生产应税消费品，消费税不计入存货成本而应记入"应交税费——应交消费税"科目的借方，待以后环节抵扣。

（三）自行生产的存货成本的确定

自行生产的存货的初始成本包括投入的原材料或半成品、直接人工和按照一定方法分配的制造费用。

（四）投资者投入存货成本的确定

投资者投入存货的成本，应当按照投资合同或协议约定的价值确定，但合同或协议约定价值不公允的除外；协议不公允时，存货应按公允价值入账。

（五）通过提供劳务取得的存货

通过提供劳务取得的存货，其成本按从事劳务提供人员的直接人工和其他直接费用以及可归属于该存货的间接费用确定。

## 二、例题点津

【例题1·单选题】甲公司为增值税一般纳税人，本期购入一批商品，进货价格为80万元，增值税进项税额为10.4万元，所购商品验收后发现商品短缺30%，其中合理损失5%，另25%的短缺尚待查明原因，该商品应计入存货的实际成本为（　　）万元。

A. 70.2　　　　B. 56
C. 80　　　　D. 60

【答案】D

【解析】尚待查明原因的存货短缺记入"待处理财产损溢"科目，合理损耗部分计入材料的实际成本，则应计入存货的实际成本 = 80 - 80×25% = 60（万元）。

【例题2·多选题】下列各项关于企业存货会计处理的表述中，正确的有（　　）。

A. 收回用于直接销售的委托加工存货时，支付的消费税应计入存货的成本

B. 存货采购过程中发生的合理损耗应从购买价款中予以扣除

C. 采购的存货在入库前发生的必要仓储费应计入存货成本

D. 以前计提存货减值的影响因素消失后，存货跌价准备应在原已计提的金额内转回

【答案】ACD

【解析】选项A正确，收回用于直接销售的委托加工存货时，支付的消费税不能抵扣，应计入存货的成本。选项B错误，存货采购过程中发生的合理损耗计入存货采购成本，非合理损耗才需要从购买价款中扣除。选项C正确，采购的存货在入库前发生的必要仓储费应计入存货成本，入库后发生的仓储费一般计入当期损益。选项D正确，以前减记存货价值的影响因素已经消失的，减记的金额应予以恢复，并在原已计提的存货跌价准备金额内转回。

【例题3·多选题】下列费用应当在发生时确认为当期损益，不计入存货成本的有（　　）。

A. 存货在生产过程中为达到下一个生产阶段所必需的仓储费用

B. 已验收入库原材料发生的仓储费用

C. 购入存货签订购货合同支付的印花税

D. 非正常消耗的直接材料、直接人工和制造费用

【答案】BCD

【解析】选项A，存货在生产过程中为达到

下一个生产阶段所必需的仓储费用，计入存货的采购成本。选项B，已验收入库原材料发生的仓储费用，应计入管理费用，不计入存货成本。

选项C，支付的印花税应计入税金及附加，借记税金及附加，贷记银行存款等。选项D，应根据实际情况计入管理费用或营业外支出。

# 第二单元 存货的期末计量

## 1 存货的期末计量原则及方法

### 一、考点解读

**（一）原则**

**资产负债表日，存货应当按照成本与可变现净值孰低计量。**期末存货的成本低于其可变现净值，期末存货按成本计价；期末存货的可变现净值低于成本，期末存货按可变现净值计价，这时应计提存货跌价准备，计入当期损益。

**（二）概念**

**可变现净值，是指在日常活动中，存货的估计售价减去至完工时估计将要发生的成本、估计的销售费用以及相关税费后的金额。**

提示 企业预计的销售存货现金流量，并不完全等于存货的可变现净值。

**（三）存货期末计量方法**

1. 存货减值迹象的判断

存货存在下列情况之一的，通常表明存货的可变现净值低于成本：

（1）该存货的市场价格持续下跌，并且在可预见的未来无回升的希望。

（2）企业使用该项原材料生产的产品成本大于产品的销售价格。

（3）企业因产品更新换代，原有库存原材料已不适应新产品的需要，而该原材料的市场价格又低于其账面成本。

（4）因企业所提供的商品或劳务过时或消费者偏好改变而使市场的需求发生变化，导致市场价格逐渐下跌。

（5）其他足以证明该项存货实质上已经发生减值的情形。

存货存在下列情形之一的，通常表明存货的可变现净值为零：

（1）已霉烂变质的存货。

（2）已过期且无转让价值的存货。

（3）生产中已不再需要，并且已无使用价值和转让价值的存货。

（4）其他足以证明已无使用价值和转让价值的存货。

2. 可变现净值的确定

企业确定存货的可变现净值，应当以取得的确凿证据为基础，并且考虑持有存货的目的、资产负债表日后事项的影响等因素。

（1）确定存货的可变现净值时应考虑的因素。

①存货可变现净值的确凿证据。如外来原始凭证、生产成本资料、生产成本账簿记录；市场销售价格、与产成品或商品相同或类似商品的市场销售价格、销售方提供的有关资料等。

②持有存货的目的。

③资产负债表日后事项等的影响。在确定资产负债表日存货的可变现净值时，应当考虑：一是以资产负债表日取得最可靠的证据估计的售价为基础并考虑持有存货的目的；二是资产负债表日后发生的事项为资产负债表日存在状况提供进一步证据，以表明资产负债表日存在的存货价值发生变动的事项。

**（2）可变现净值的确定公式。**

**①产成品、商品和用于出售的材料等直接用于出售的商品存货：**

可变现净值 = 估计售价 – 估计销售费用及税金

**②需要经过加工的材料存货：**

可变现净值 = 估计售价 – 估计完工成本 – 估计销售费用及税金

**（四）存货估计售价的确定**

**原则：有合同的存货以合同价为基础，没有合同的存货以市场销售价格为基础。**

（1）为执行销售合同或者劳务合同而持有的存货，通常应以产成品或商品的合同价格作为其可变现净值的计量基础。

①如果企业持有存货的数量多于销售合同订购的数量，超出部分的存货可变现净值，应以产成品或商品的一般销售价格作为计量基础。

②如果企业持有存货的数量少于销售合同订购数量，实际持有与该销售合同相关的存货应以销售合同所规定的价格作为可变现净值的计量基础。

（2）没有销售合同约定的存货（包括加工后再出售的材料，但不包括直接用于出售的材料），其可变现净值应以产成品或商品一般销售价格（即市场销售价格）作为计量基础。

（3）直接用于出售的材料等，应以市场价格作为其可变现净值的计量基础。这里的市场价格是指材料等的市场销售价格。

提示 确定存货可变现净值时，应当以资产负债表日取得最可靠的证据估计的售价为基础并考虑持有存货的目的，资产负债表日至财务报告批准报出日之间存货售价发生波动的，如有确凿证据表明其对资产负债表日存货已经存在的情况提供了新的或进一步的证据，则在确定存货可变现净值时应当予以考虑，否则，不应予以考虑。

（五）为生产产品而持有的材料期末计量（重点）

（1）首先判断其生产的商品或产成品是否发生减值。如果其生产的商品或产成品未发生减值，则说明该存货（材料）也不存在减值，无论该存货（材料）市价是多少，高于成本还是低于成本，都不需要确定其可变现净值，该存货（材料）期末按成本计价。

（2）如果其生产的商品或产成品发生减值，则按"其生产的商品或产成品估计售价－其生产的商品或产成品估计销售费用及税金－将原材料加工成商品或产成品的估计完工成本"来确定可变现净值。这时，该存货（材料）可变现净值肯定低于成本，应计提跌价准备，期末该存货（材料）按可变现净值计价。

提示 为生产产品而持有的材料存货的可变现净值的计算和材料的市场价格无关，如果考试题目中出现，它只是个干扰条件。

提示 材料存货期末计量如图2-1所示。

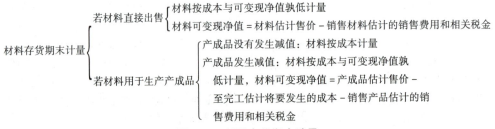

图2-1 材料存货期末计量

## 二、例题点津

【例题1·单选题】甲公司期末存货采用成本与可变现净值孰低计量，甲公司12月31日库存配件100套，每套配件的账面成本为12万元，市场价格为10万元。该批配件专门用于加工100件A产品，将每套配件加工成A产品尚需投入17万元。A产品12月31日的市场价格为每件30.7万元，估计销售过程中每件将发生销售费用及相关税费1.2万元。该配件此前未计提存货跌价准备，假定不考虑其他因素，甲公司12月31日该配件的账面价值为（ ）万元。

A. 1 000　　　　B. 1 080

C. 1 200　　　　D. 1 750

【答案】C

【解析】该配件所生产的A产品成本＝100×（12＋17）＝2 900（万元），其可变现净值＝100×（30.7－1.2）＝2 950（万元），A产品没有发生减值。该配件不应计提跌价准备，其账面价值为其成本1 200万元（100×12）。

## 2 存货跌价准备的核算

### 一、考点解读

（一）存货跌价准备的计提
1. 计提方法（见表2-2）

表2-2

| 序号 | 类型 | 存货跌价准备的计提 |
|---|---|---|
| 1 | 通常情况下的存货 | 应当按照单个存货项目计提存货跌价准备 |
| 2 | 数量繁多、单价较低的存货 | 可以按照存货类别计提存货跌价准备 |
| 3 | 与在同一地区生产和销售的产品系列相关、具有相同或类似最终用途或目的，且难以与其他项目分开计量的存货 | 可以合并计提存货跌价准备 |

2. 计算方法

（1）资产负债表日，先确定期末存货的可变现净值，将可变现净值低于其成本的差额，确定为"存货跌价准备"账户的期末贷方余额。

（2）将"存货跌价准备"账户的期末贷方余额与"存货跌价准备"账户调整前余额比较，调整本账户，并确认资产减值损失。

计提存货跌价准备的金额 = 期末存货可变现净值低于其成本的差额 - 计提前"存货跌价准备"账户的期末贷方余额

调整方法是：

①当期末余额大于该账户调整前余额时，补记差额，会计分录：

借：资产减值损失
　　贷：存货跌价准备

②当期末余额小于该账户调整前余额且符合转回条件时，按差额转回处理，会计分录：

借：存货跌价准备
　　贷：资产减值损失

（二）存货跌价准备转回的条件

（1）原先对该类存货计提过跌价准备。

（2）影响以前期间对该类存货计提跌价准备的因素已经消失；而不是在当期造成存货可变现净值高于成本的其他影响因素。

（3）在原先计提的跌价准备金额范围内转回。

提示　非流动资产的减值准备一般不允许转回，但存货跌价准备、坏账准备以及金融资产计提的减值准备允许转回。

（三）存货跌价准备的结转（转销）

企业计提了存货跌价准备，如果其中有部分存货已经销售，则企业在结转销售成本时，应同时结转对其已计提的存货跌价准备，即按存货账面价值转账。

**1. 结转销售商品成本**
　借：主营业务成本
　　　贷：库存商品

**2. 同时结转存货跌价准备**
　借：存货跌价准备
　　　贷：主营业务成本

**3. 合并起来的会计分录**
　借：主营业务成本（或其他业务成本）
　　　存货跌价准备
　　　贷：库存商品

### 二、例题点津

【例题1·单选题】2×22年1月1日，甲公司存货跌价准备的余额为零。2×22年12月31日，甲公司M商品的成本为500万元，市场售价为480万元，预计销售费用为5万元，专门用于生产P产成品的N原材料的成本为400万元，市场售价为380万元，P产成品没有发生减值。不考虑其他因素，2×22年12月31日，甲公司对存货应计提的跌价准备金额为（　　）万元。

A. 25　　B. 45　　C. 20　　D. 40

【答案】A

【解析】M商品可变现净值为480－5＝475（万元），小于成本500万元，计提25万元（500－475）跌价准备。N原材料专用于生产P产成品，由于P产成品未发生减值，无须计提跌价准备。由于期初存货跌价准备的余额为零，所以应计提跌价准备金额25万元。

【例题2·单选题】2×21年12月1日，甲、乙公司签订了不可撤销合同，约定以205元/件的价格销售给乙公司1 000件商品，2×22年1月10日交货。2×21年12月31日，甲公司该商品的库存数量为1 500件，成本200元/件，市场销售价格191元/件，预计产生销售费用均为1元/件，2×21年12月31日甲公司应计提的存货跌价准备为（　　）元。

A. 15 000　　　　　　B. 0

C. 1 000　　　　　　D. 5 000

【答案】D

【解析】已签订销售合同的商品，应以合同价格为基础确认可变现净值，未签订合同的商品，应以市场价格为基础确认可变现净值。有合同的1 000件产品可变现净值＝1 000×（205－1）＝204 000（元），成本为200 000元（1 000×

200），可变现净值高于成本，不需要计提跌价准备；无合同的500件产品可变现净值＝500×（191－1）＝95 000（元），成本为100 000元（500×200），可变现净值低于成本，应计提存货跌价准备＝100 000－95 000＝5 000（元）；因此，选项D正确。

【例题3·多选题】下列关于存货跌价准备的结转的表述中，正确的有（　　）。

A. 对于存货中部分对外销售的情况，结转成本时应当仅结转所销售部分对应的存货跌价准备

B. 结转主营业务的商品销售成本时，需要将相对应的存货跌价准备冲减资产减值损失

C. 结转非主营业务的商品销售成本时，需要将相对应的存货跌价准备结转至营业外支出

D. 对于按类别计提了存货跌价准备的存货，结转成本时也应按比例结转相应的存货跌价准备

【答案】AD

【解析】结转主营业务的商品销售成本，需要将相对应的存货跌价准备结转至主营业务成本，选项B错误。如果是非主营业务（比如销售原材料），需要将相对应的存货跌价准备结转至其他业务成本，选项C错误。

# 本章考点巩固练习题

## 一、单项选择题

1. 2×22年11月15日，甲公司与乙公司签订了一份不可撤销的商品购销合同，约定甲公司于2×23年1月15日按每件2万元向乙公司销售W产品100件。2×22年12月31日，甲公司库存该产品100件，每件实际成本和市场价格分别为1.8万元和1.86万元。甲公司预计向乙公司销售该批产品将发生相关税费10万元。假定不考虑其他因素，甲公司该批产品在2×22年12月31日资产负债表中应列示的金额为（　　）万元。

A. 176　　B. 180　　C. 186　　D. 190

2. 下列关于存货的各项业务中，会计处理错误

的是（　　）。

A. 由于管理不善造成的存货净损失计入管理费用

B. 非常原因造成的存货净损失计入营业外支出

C. 以存货抵偿债务结转的相关存货跌价准备冲减管理费用

D. 为特定客户设计产品发生的可直接确定的设计费用计入相关产品成本

3. 下列各项支出中，不应计入存货成本的是（　　）。

A. 小规模纳税人采购时支付的增值税进项税额

B. 生产车间管理人员的薪酬

C. 入库后的挑选整理费

D. 运输过程中的合理损耗

4. 甲公司为增值税一般纳税人。2×21 年 1 月 1 日，甲公司发出一批实际成本为 240 万元的原材料，委托乙公司加工应税消费品，收回后直接对外出售。2×21 年 5 月 30 日，甲公司收回乙公司加工的应税消费品并验收入库。甲公司根据乙公司开具的增值税专用发票向乙公司支付加工费 100 万元、增值税 13 万元，另支付消费税 28 万元。假定不考虑其他因素，甲公司收回该批应税消费品的入账价值为（    ）万元。

A. 368   B. 348   C. 381   D. 340

5. 甲公司委托乙公司加工材料一批（属于应税消费品），原材料成本为 20 000 元，支付的加工费为 7 000 元（不含增值税），消费税税率为 10%，材料加工完成并已验收入库，加工费用等已经支付。双方适用的增值税税率为 13%。甲公司按照实际成本核算原材料，将收回的加工后的材料直接用于销售，则收回的委托加工物资的实际成本为（    ）元。

A. 23 000        B. 27 000

C. 30 000        D. 33 000

6. 2×21 年 12 月 1 日，甲公司与乙公司签订了一项不可撤销的销售合同，约定甲公司于 2×22 年 1 月 12 日以每吨 2 万元的价格（不含增值税）向乙公司销售 M 产品 200 吨。2×21 年 12 月 31 日，甲公司库存该产品 300 吨，单位成本为 1.8 万元，单位市场销售价格为 1.5 万元（不含增值税）。甲公司预计销售上述 300 吨库存产品将发生销售费用和其他相关税费 25 万元。不考虑其他因素，2×21 年 12 月 31 日，上述 300 吨库存产品的账面价值为（    ）万元。

A. 425        B. 501.67

C. 540        D. 550

7. 甲公司期末存货采用成本与可变现净值孰低法计价。本年 9 月 26 日甲公司与乙公司签订销售合同：由甲公司于次年 3 月 6 日向乙公司销售电子设备 10 000 台，每台 1.52 万元。本年 12 月 31 日甲公司库存电子设备 13 000 台，单位成本 1.4 万元。本年 12 月 31 日市场销售价格为每台 1.4 万元，预计销售税费

均为每台 0.1 万元。本年 12 月 31 日前结存的电子设备未计提存货跌价准备。根据上述资料，不考虑其他因素，本年甲公司应计提的存货跌价准备为（    ）万元。

A. 300   B. 0   C. 100   D. 200

8. 2×21 年 12 月 10 日，A 公司与 B 公司签订了一份不可撤销的销售合同。合同约定，A 公司应于 2×22 年 2 月 10 日以每台 20 万元的价格向 B 公司交付 6 台甲产品。2×21 年 12 月 31 日，A 公司库存的专门用于生产上述产品的乙材料账面价值为 100 万元，市场销售价格为 80 万元，预计将乙材料加工成上述产品尚需发生加工成本 30 万元，与销售上述产品相关的税费 15 万元。不考虑其他因素，2×21 年 12 月 31 日，乙材料的可变现净值为（    ）万元。

A. 100   B. 70   C. 80   D. 75

9. 2×23 年 1 月 1 日，"存货跌价准备——A 产品"的期初余额为 30 万元。2×23 年 10 月 10 日，甲公司销售 A 产品一批并结转存货跌价准备 10 万元。2×23 年 12 月 31 日，A 产品的成本为 500 万元，甲公司对 A 产品进行减值测试后发现其可变现净值为 450 万元，甲公司因对 A 产品计提减值对当期损益的影响金额为（    ）万元。

A. -5        B. -12

C. -17        D. -30

## 二、多项选择题

1. 企业为外购存货发生的下列各项支出中，应计入存货成本的有（    ）。

A. 入库前的挑选整理费

B. 运输途中的合理损耗

C. 不能抵扣的增值税进项税额

D. 运输途中因自然灾害发生的损失

2. 下列费用应当在发生时确认为当期损益，不计入存货成本的有（    ）。

A. 非正常消耗的直接材料、直接人工和制造费用

B. 原材料采购过程中发生的仓储费用

C. 已验收入库原材料发生的仓储费用

D. 在生产过程中为达到下一个生产阶段所必需的仓储费用

3. 甲公司为增值税一般纳税人。2×23年2月1日，甲公司委托乙公司加工一批M产品（属于应税消费品，非黄金饰品），2×23年3月15日，甲公司收回并直接销售。不考虑其他因素，下列各项应计入M产品成本的有（　　）。
   A. 向乙公司支付的不含税加工费6万元
   B. 发出用于委托加工的原材料30万元
   C. 向乙公司支付的代收代缴消费税4万元
   D. 向乙公司支付与加工费相关的增值税0.78万元，取得增值税专用发票

4. 甲企业委托乙企业加工一批物资，发出原材料的实际成本为100万元，支付运杂费1万元，加工费10万元（均不考虑增值税）。乙企业代收代缴消费税10万元，该物资收回后用于连续生产应税消费品。不考虑其他税费，下列各项中，关于甲企业委托加工物资的会计处理结果表述正确的有（　　）。
   A. 乙企业代收代缴的消费税10万元应借记"应交税费——应交消费税"科目
   B. 乙企业代收代缴的消费税10万元应计入委托加工物资成本
   C. 支付的运杂费1万元应计入委托加工物资成本
   D. 收回委托加工物资成本总额为111万元

5. 下列项目中，应记入"其他业务成本"科目的有（　　）。
   A. 随同产品出售而单独计价包装物的成本
   B. 销售原材料时结转的成本
   C. 出租包装物的摊销成本
   D. 出借包装物的摊销成本

6. 企业计提存货跌价准备时，允许采用的计提方式有（　　）。
   A. 通常按照存货单个项目计提
   B. 与具有类似目的或最终用途并在同一地区生产和销售的产品系列相关，且难以将其与其他项目区别开来进行估计的存货，可以合并计提
   C. 数量繁多、单价较低的存货可以按照类别计提
   D. 按照存货总体计提

7. 下列有关存货会计处理的表述中，正确的有（　　）。
   A. 因自然灾害造成的存货净损失，计入营业外支出
   B. 随商品出售单独计价的包装物成本，计入其他业务成本
   C. 商品流通企业归集的进货费用随商品销售结转到主营业务成本
   D. 结转商品销售成本时，将相关存货跌价准备调整资产减值损失

8. 下列有关确定存货可变现净值基础的表述，正确的有（　　）。
   A. 无销售合同的库存商品以该库存商品的市场售价为基础
   B. 有销售合同的库存商品以该库存商品的合同价格为基础
   C. 用于出售的无销售合同的材料以该材料的市场价格为基础
   D. 用于生产有销售合同产品的材料以该材料的市场价格为基础

9. 下列各项中，会引起存货账面价值发生增减变动的有（　　）。
   A. 生产车间固定资产计提折旧
   B. 计提存货减值准备
   C. 委托外单位加工发出的材料
   D. 结转完工产品成本

## 三、判断题

1. 存货的加工成本是指加工过程中实际发生的人工成本等，不包含分配的制造费用。（　　）

2. 企业通过提供劳务取得存货的成本，按提供劳务人员的直接人工和其他直接费用以及可归属于该存货的间接费用确定。（　　）

3. 企业接受投资者投入存货的成本，必须按照合同或协议约定的价值确定。（　　）

4. 会计期末，在采用成本与可变现净值孰低原则对材料存货进行计量时，对用于生产而持有的材料等，可直接将材料的成本与材料的市价相比较。（　　）

5. 如果本期存货可变现净值高于成本的影响因素不是以前减记存货价值的影响因素，则不允许转回计提的存货跌价准备。（　　）

6. 用于出售的材料，应当以其市场价格减去估计的销售费用后的金额作为其可变现净值。（　　）

# 本章考点巩固练习题参考答案及解析

## 一、单项选择题

1.【答案】B

【解析】2×22年12月31日W产品的成本 = 1.8×100 = 180（万元）。W产品已经签订合同，售价为合同价2万元/件，可变现净值=2×100−10 = 190（万元）。W产品的可变现净值高于成本，未发生减值，在资产负债表中列示的金额应为其初始成本180万元，选项B正确。

2.【答案】C

【解析】选项C对于因债务重组、非货币性资产交换转出的存货，应同时结转已计提的存货跌价准备计入主营业务成本。

3.【答案】C

【解析】选项A，小规模纳税人采用简易计税方法，其取得的增值税专用发票不能抵扣增值税，因此应将增值税进项税额计入存货成本。选项B，生产车间管理人员的薪酬计入制造费用，间接计入存货成本。选项C，该挑选整理费发生在入库后，与存货的取得无关，不计入存货成本。选项D，运输过程中的合理损耗计入存货成本，非正常损耗计入当期损益。

4.【答案】A

【解析】委托加工物资收回后继续生产应税消费品时，消费税不计入收回物资的成本，应计入应交税费。如果用于直接出售或者是生产非应税消费品，消费税计入收回物资的成本。甲公司收回应税消费品的入账价值 = 240+100+28 = 368（万元）。

5.【答案】C

【解析】委托加工收回加工后的材料直接用于对外销售的，则消费税应计入委托加工物资成本。组成计税价格 = （20 000+7 000）÷（1−10%）= 30 000（元），则收回的委托加工物资的实际成本=20 000+7 000+30 000×10% = 30 000（元）。

6.【答案】B

【解析】有合同部分：可变现净值 = 2×200−25×200/300 = 383.33（万元），成本 = 1.8×200 = 360（万元），未发生减值；无合同部分：可变现净值 = 1.5×100−25×100/300 = 141.67（万元），成本 = 1.8×100 = 180（万元），减值金额：180−141.67 = 38.33（万元），年末账面价值 = 360+141.67 = 501.67（万元）。

7.【答案】A

【解析】由于甲公司持有的电子设备数量13 000台多于已经签订销售合同的数量10 000台，因此，销售合同约定数量10 000台，以销售合同约定的销售价格作为计量基础，超过的部分3 000台可变现净值以一般销售价格作为计量基础。（1）有合同约定部分：①可变现净值 = 10 000×1.52−10 000×0.1 = 14 200（万元）；②账面成本 = 10 000×1.4 = 14 000（万元）；③计提存货跌价准备金额 = 0。（2）没有合同约定部分：①可变现净值 = 3 000×1.4−3 000×0.1 = 3 900（万元）；②账面成本 = 3 000×1.4 = 4 200（万元）；③计提存货跌价准备金额 = 4 200−3 900 = 300（万元）。本年甲公司应计提的存货跌价准备 = 0+300 = 300（万元）。

8.【答案】D

【解析】对于需要经过加工的材料存货，由于持有材料的目的是用于生产产成品，该材料存货的价值将体现在用其生产的产成品上。因此，在确定需要经过加工的材料存货的可变现净值时，需要考虑以其生产的产成品的可变现净值。A公司的乙材料用于生产甲产品，其可变现净值 = 20×6（产品估计售价）−30（进一步加工成本）−15（预计销售产品相关税费）= 75（万元），选项D正确。

9.【答案】D

【解析】2×23年末A产品的成本为500万元，可变现净值为450万元，可变现净值低于成本，则存货跌价准备的余额为500−450 = 50（万元），因为存货跌价准备已有余额30−10 = 20（万元），因此需要计提50−

20＝30（万元），计入资产减值损失，影响当期损益－30万元。

## 二、多项选择题

1.【答案】ABC

【解析】选项D，自然灾害损失（即非常损失）不属于合理损耗，应作为营业外支出，不计入存货成本。

2.【答案】AC

【解析】选项B、D，均计入存货成本。选项A，应根据情况计入管理费用或者营业外支出等；选项C，应计入管理费用。

3.【答案】ABC

【解析】因为甲公司为增值税一般纳税人，其支付的与加工费有关的增值税可以抵扣，因此不应计入M产品的成本。

4.【答案】ACD

【解析】乙企业代收代缴的消费税10万元应借记"应交税费——应交消费税"科目，所以选项A正确、选项B错误；支付的运杂费1万元应计入委托加工物资成本，选项C正确；委托加工物资的成本总额＝100＋1＋10＝111（万元），选项D正确。

5.【答案】ABC

【解析】选项D，出借包装物的摊销成本计入销售费用。随同产品出售不单独计价包装物的成本计入销售费用。

6.【答案】ABC

【解析】本题考查企业存货跌价准备的计提原则。企业计提存货跌价准备时，一般情况下按照单个项目计提。但有两种特殊情况：（1）与具有类似目的或最终用途并在同一地区生产和销售的产品系列相关，且难以将其与其他项目区别开来进行估计的存货，可以合并计提；（2）数量繁多、单价较低的存货可以按照类别计提。因此，本题的答案为选项A、B、C。

7.【答案】ABC

【解析】结转商品销售成本时，将相关存货跌价准备调整主营业务成本，选项D错误。

8.【答案】ABC

【解析】用于生产有销售合同产品的材料，可变现净值的计量应以该材料生产产品的合同价格为基础。

9.【答案】AB

【解析】选项A，生产车间固定资产计提折旧，借记"生产成本"或"制造费用"科目，贷记"累计折旧"科目，会直接或间接导致存货账面价值增加。选项B，计提存货减值准备会导致存货账面价值减少。选项C，委托外单位加工发出材料借记"委托加工物资"科目，贷记"原材料"科目，是存货内部的变动，存货账面价值不变。选项D，结转完工产品成本借记"库存商品"科目，贷记"生产成本"科目，是存货内部的变动，存货账面价值不变。

## 三、判断题

1.【答案】×

【解析】本题考核自行生产的存货成本的确定。存货的加工成本是指加工过程中发生的追加费用，包括直接人工以及按照一定方法分配的制造费用。

2.【答案】√

3.【答案】×

【解析】企业接受投资者投入存货的成本，都应当按照合同或协议约定的价值确定，但投资合同或协议约定的价值不公允的除外。因此，该说法错误。

4.【答案】×

【解析】对用于生产而持有的材料等期末计价时，按以下原则处理：（1）如果用其生产的产成品的可变现净值预计高于成本，则该材料应当按照成本计量；（2）如果材料价格的下降表明产成品的可变现净值低于成本，则该材料应当按照可变现净值计量。

5.【答案】√

【解析】导致存货跌价准备转回的是以前减记存货价值的影响因素的消失，而不是在当期造成存货可变现净值高于成本的其他影响因素。题目所示情况不允许将存货跌价准备转回。

6.【答案】×

【解析】用于出售的材料，应当以其市场价格减去估计的销售费用和相关税费等后的金额作为其可变现净值，题目中忽略了相关税费等的影响。

# 第三章    固定资产

## 考情分析

本章在考试中处于较重要的地位，除了客观题外，固定资产折旧经常与投资性房地产、资产减值、会计估计变更、所得税等其他章相结合考主观题。因此，考生应结合其他章进行综合复习。

## 教材变化

2024 年本章教材在固定资产出售、报废或毁损的账务处理等内容上有所调整。

## 考点提示

本章复习重点有两个：固定资产的初始计量和固定资产的后续计量。

## 本章考点框架

```
                              固定资产的确认和初始计量 ┤ 固定资产的确认
                                                    └ 固定资产的初始计量
                                                      ┌ 固定资产折旧的范围
固定资产 ┤ 固定资产的后续计量 ┤ 固定资产折旧的方法
                                                      └ 固定资产后续支出
         └ 固定资产处置
```

# 考点解读及例题点津

## 第一单元　固定资产的确认和初始计量

### 1 固定资产的确认

#### 一、考点解读

（一）固定资产的确认条件

固定资产同时满足下列条件的，才能予以确认：

**（1）与该固定资产有关的经济利益很可能流入企业；**

**（2）该固定资产的成本能够可靠地计量。**

（二）固定资产确认条件的具体应用（常考）

（1）在固定资产的确认过程中，企业购置环保设备和安全设备等资产，虽然它们的使用不能直接为企业带来经济利益，但是有助于企业从其他相关资产的使用中获得未来经济利益，或者将减少企业未来经济利益的流出，对于这些设备，企业应将其确认为固定资产。

（2）备品备件和维修设备，在实务中通常确认为存货；但符合固定资产定义和确认条件的，比如企业（民用航空运输）的高价周转件等，应当确认为固定资产。

（3）固定资产的各组成部分具有不同使用寿命，或者以不同方式为企业提供经济利益，表明这些组成部分实际上是以独立的方式为企业提供经济利益，应当分别将各组成部分确认为单项固定资产。

#### 二、例题点津

**【例题1·多选题】**下列企业资产应确认为固定资产的有（　　）。

A. 生产设备

B. 施工企业持有的模板

C. 地质勘探企业持有的管材

D. 民用航空运输的高价周转件

**【答案】**AD

**【解析】**生产设备应确认为固定资产，选项A正确。选项B、C应确认为存货。符合固定资产的定义和确认条件的，比如企业（民用航空运输）的高价周转件等，应当确认为固定资产，选项D正确。

### 2 固定资产的初始计量

#### 一、考点解读

（一）固定资产初始计量原则

（1）固定资产的成本，是指企业购建某项固定资产达到预定可使用状态前所发生的一切合理必要的支出。这些支出包括直接发生的价款、相关税费、运杂费、包装费和安装成本等，也包括间接发生的，如应予资本化的借款费用以及应分摊的其他间接费用。

（2）对于特殊行业的特定固定资产，确定其初始入账成本时还应考虑弃置费用。

（二）外购固定资产

1. 外购固定资产成本的确定

企业外购固定资产的成本，包括购买价款、相关税费、使固定资产达到预定可使用状态前所发生的可归属于该项资产的运输费、装卸费、安装费和专业人员服务费等。另外，员工培训费不计入固定资产的成本，应于发生时计入当期损益。

提示　企业购入（包括购进、接受捐赠、实物投资、自制、改扩建等）生产经营用固定资产所支付的增值税（包含运费的）进项税额可以抵扣，不再计入固定资产成本。但如果购入的固定资产专门用于集体福利或者是个人消费目的的，那么其中的增值税仍然应该计入固定资产成本。

2. 外购固定资产的其他情形

在实务中，企业可能以一笔款同时购入多项没有单独标价的资产。如果这些资产均符合固定资产的定义，并满足固定资产的确认条件，则应将各项资产单独确认为固定资产，并按各项固定资产公允价值的比例对总成本进行分配，分别确定各项固定资产的成本。

（三）自行建造固定资产

1. 自行建造固定资产成本的确定原则

（1）自行建造的固定资产，其成本由建造该项资产达到预定可使用状态前所发生的必要支出构成，包括工程用物资成本、人工成本、缴纳的相关税费、应予资本化的借款费用以及应分摊的间接费用等。

（2）企业为建造固定资产通过出让方式取得土地使用权而支付的土地出让金不计入在建工程成本，应确认为无形资产（土地使用权）。

企业将固定资产达到预定可使用状态前或者研发过程中产出的产品或副产品对外销售的，应当按照收入、存货等准则的规定，对试运行销售相关的收入和成本分别进行会计处理，计入当期损益，不应将试运行销售相关收入抵销相关成本后的净额冲减固定资产成本或者研发支出。

2. **自营方式**建造固定资产

（1）企业通过自营方式建造的固定资产，其入账价值应当按照该项资产达到预定可使用状态前所发生的必要支出确定，包括直接材料、直接人工、直接机械施工费等。

（2）工程完工后剩余的工程物资，如转作本企业库存材料的，按其实际成本或计划成本转作企业的库存材料。存在可抵扣增值税进项税额的，应按减去增值税进项税额后的实际成本或计划成本，转作企业的库存材料。

（3）盘盈、盘亏、报废、毁损的工程物资，减去残料价值以及保险公司、过失人赔偿部分后的差额按工程项目是否已完工作分别处理（见图3-1）。

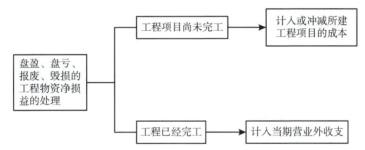

**图3-1　盘盈、盘亏、报废、毁损的工程物资净损益的处理**

（4）所建造的固定资产已达到预定可使用状态，但尚未办理竣工决算的，应当自达到预定可使用状态之日起，根据工程预算、造价或者工程实际成本等，按估计价值转入固定资产，并按有关计提固定资产折旧的规定，计提固定资产折旧。待办理竣工决算手续后再调整原来的暂估价值，但不需要调整原已计提的折旧额。

3. **出包方式**建造固定资产

**（1）预付工程款。**

借：预付账款
　　　贷：银行存款

**（2）结算工程款或直接支付工程款。**

借：在建工程
　　　应交税费——应交增值税（进项税额）
　　　　贷：预付账款
　　　　　银行存款

**（3）发生待摊支出。**

借：在建工程——待摊支出
　　　贷：银行存款
　　　　应付职工薪酬
　　　　长期借款等

**（4）分配待摊支出。**

待摊支出分摊率＝累计发生的待摊支出÷（建筑工程支出＋安装工程支出）×100%

××工程应分摊的待摊支出＝（××工程的建筑工程支出＋××工程的安装工程支出）×待摊支出分摊率

借：在建工程——建筑工程
　　　　　　——安装工程
　　　贷：在建工程——待摊支出

**（5）固定资产达到预定可使用状态。**

借：固定资产

贷：在建工程——建筑工程
　　　　　　——安装工程

提示　为购建固定资产而预付的款项，日常会计核算是在"预付账款"科目反映，在期末编制财务报表时，应分类为非流动资产，列示于其他非流动资产中，并在附注中披露其性质。

（四）其他方式取得的固定资产

1. 投资者投入的固定资产

接受固定资产投资的企业，在办理了固定资产移交手续之后，应按投资合同或协议约定的价值加上应支付的相关税费作为固定资产的入账价值，但合同或协议约定价值不公允的除外。

2. 存在弃置费用的固定资产

（1）特殊行业的特定固定资产，企业应当将弃置费用的现值计入相关固定资产的成本，同时，确认相应的预计负债。

（2）在固定资产的使用寿命内，按照预计负债的摊余成本和实际利率计算确定的利息费用，应当在发生时计入财务费用。

会计处理如下：

①按照资产的弃置费用现值计入相关固定资产成本，并确认为预计负债。

借：固定资产
　　贷：在建工程
　　　　预计负债

②在固定资产的使用寿命内，按预计负债的摊余成本和实际利率计算确定的利息费用，应当在发生时计入财务费用。

每期期末，调整时：

借：财务费用
　　贷：预计负债

③实际支付时：

借：预计负债
　　贷：银行存款

提示　一般工商企业的固定资产发生的报废清理费用，不属于弃置费用，应当在发生时作为固定资产处置费用处理。

## 二、例题点津

**【例题1·单选题】** 甲公司系增值税一般纳税人。2×22年1月15日购买一台生产设备并立即投入使用，取得的增值税专用发票上注明价款500万元，增值税税额为80万元。当日甲公司预付了该设备一年的维护费，取得的增值税专用发票上注明价款10万元，增值税税额1.6万元。不考虑其他因素，该项设备的入账价值为（　　）万元。

A. 585　　B. 596　　C. 500　　D. 510

【答案】C

【解析】设备维护费属于达到资产预定用途之后发生的支出，不应计入固定资产的初始成本，而应在实际发生时计入当期损益。

**【例题2·单选题】** 动力公司系增值税一般纳税人，2×23年10月，进口一台需要安装的生产设备。在该设备达到预定可使用状态前，动力公司因该设备发生的下列各项支出中，不应计入设备初始入账成本的是（　　）。

A. 设备调试人员的工资4万元

B. 员工培训费10万元

C. 不含增值税的安装费35万元

D. 支付的进口关税20万元

【答案】B

【解析】企业外购固定资产的成本，包括购买价款、相关税费（如关税、不可抵扣的增值税等），使固定资产达到预定可使用状态前所发生的可归属于该项资产的运输费、装卸费、安装费和专业人员服务费等。员工培训费不计入固定资产的成本，应于发生时计入当期损益。

**【例题3·单选题】** 动力公司为一家制造企业。2×23年4月1日，为降低采购成本，自源头公司一次性购进了三套不同型号且有不同生产能力的设备X、Y和Z。动力公司以银行存款支付货款1 056 000元、包装费24 000元。设备X在安装过程中领用生产用原材料成本24 000元（未计提存货跌价准备），支付安装费36 000元。假定设备X、Y和Z分别满足固定资产的定义及其确认条件，公允价值分别为360 000元、300 000元和540 000元。假设不考虑其他因素，则设备X的入账价值是（　　）元。

A. 420 000　　　　　　B. 389 508

C. 384 000　　　　　　D. 393 588

【答案】C

【解析】设备X的入账价值 = （1 056 000 + 24 000）×360 000÷（360 000 + 300 000 + 540 000）+ 24 000 + 36 000 = 384 000（元）。

# 第二单元　固定资产的后续计量

## 1 固定资产折旧的范围

### 一、考点解读

应计折旧额，是指应当计提折旧的固定资产的原价扣除其预计净残值后的金额。已计提减值准备的固定资产，还应当扣除已计提的固定资产减值准备累计金额。

提示 应计折旧额＝固定资产原价－预计净残值－已计提的固定资产减值准备

1. 基本原则

除以下情况外，企业应对所有固定资产计提折旧：（1）已提足折旧仍继续使用的固定资产；（2）按照规定单独估价作为固定资产入账的土地。

2. 在确定计提折旧的范围时需要注意的问题

（1）固定资产应当按月计提折旧，当月增加的固定资产，当月不计提折旧，从下月起计提折旧；当月减少的固定资产，当月仍计提折旧，从下月起不计提折旧。

（2）提前报废的固定资产也不再补提折旧。

（3）已达到预定可使用状态但尚未办理竣工决算的固定资产，应当按照估计价值确定其成本，并计提折旧；待办理竣工决算后再按实际成本调整原来的暂估价值，但不需要调整原已计提的折旧额。

（4）处于更新改造过程停止使用的固定资产，应将其账面价值转入在建工程，不再计提折旧。更新改造项目达到预定可使用状态转为固定资产后，再按重新确定的折旧方法和该项固定资产尚可使用寿命计提折旧。

（5）因进行大修理而停用的固定资产，应当照提折旧。计提的折旧额应计入相关资产的成本或当期损益。

### 二、例题点津

【例题1·单选题】下列关于固定资产会计处理的表述中，不正确的是（　　）。

A. 企业计提的固定资产折旧应该根据受益

对象计入资产成本或当期损益

B. 企业应对其持有的所有固定资产计提折旧

C. 企业不能以包括使用固定资产在内的经济活动所产生的收入为基础进行折旧

D. 固定资产折旧年限变更属于会计估计变更

【答案】B

【解析】选项B，使用期满但仍继续使用的固定资产不需要计提折旧。

【例题2·多选题】下列关于固定资产会计处理的表述中，正确的有（　　）。

A. 已转为持有待售的固定资产不应计提折旧

B. 至少每年度终了对固定资产折旧方法进行复核

C. 至少每年度终了对固定资产使用寿命进行复核

D. 至少每年度终了对固定资产预计净残值进行复核

【答案】ABCD

【解析】选项A、B、C、D均正确。

## 2 固定资产折旧的方法

### 一、考点解读

（一）固定资产折旧的方法

企业应当根据与固定资产有关的经济利益的预期消耗方式，合理选择固定资产折旧的方法。需要注意的是，企业不能以包括使用固定资产在内的经济活动所产生的收入为基础进行折旧。因为收入可能受到投入、生产过程、销售等因素的影响，这些因素与固定资产有关经济利益的预期消耗方式无关。

**1. 年限平均法**

年折旧额＝（固定资产原价－预计净残值）÷预计使用年限

　　＝固定资产原价×（1－预计净残值÷原价）÷预计使用年限

　　＝固定资产原价×年折旧率

月折旧额＝固定资产原价×月折旧率

**2. 工作量法**

单位工作量折旧额＝（固定资产原价－预计净残值）÷预计总工作量

某项固定资产月折旧额＝该项固定资产当月工作量×单位工作量折旧额

### 3. 双倍余额递减法

年折旧额＝期初固定资产净值×（2÷预计使用年限）

因为不能使固定资产的账面价值降低到它的预计净残值以下，所以，**最后两年，将固定资产账面净值扣除预计净残值后的余额平均摊销。**

### 4. 年数总和法

年折旧率＝尚可使用年限÷预计使用年限的年数总和×100%

年折旧额＝（原价－预计净残值）×年折旧率

**提示** 折旧年度并不是指会计年度（即1月份至12月份），如果是年度中期开始计提折旧，那么整年的计算是从开始计提折旧的月份至下一年度该月份的一年作为计算年折旧率的期间即一个折旧年度，对这一期间的固定资产按照相同的月折旧率计算。即在双倍余额递减法和年数总和法下，当折旧年度与会计年度不一致时，会计年度折旧额应分段计算。

（二）计提折旧的会计处理

借：制造费用（生产车间使用）

管理费用（行政部门使用、未使用和不需用的）

在建工程（自营工程施工中使用）

销售费用（专设销售机构使用）

其他业务成本（出租的固定资产）

研发支出（为研发无形资产使用）

贷：累计折旧

（三）固定资产使用寿命、预计净残值和折旧方法的复核

（1）企业至少应当于每年年度终了，对固定资产的使用寿命、预计净残值和折旧方法进行复核。

（2）使用寿命预计数与原先估计数有差异的，应当调整固定资产使用寿命；预计净残值预计数与原先估计数有差异的，应当调整预计净残值；与固定资产有关的经济利益预期消耗方式有重大改变的，应当改变固定资产折旧方法。

**（3）固定资产使用寿命、预计净残值和折旧方法的改变应当作为会计估计变更。**

## 二、例题点津

**【例题1·单选题】** 金阳公司2×21年10月29日购入一条不需安装的生产线。原价为756万元，预计使用年限为5年，预计净残值为6万元，按年数总和法提折旧。该固定资产2×22年应计提的折旧额是（　　）万元。

A. 241.67　　　　B. 233.54

C. 192.78　　　　D. 234.26

**【答案】** A

**【解析】** 会计年度和折旧年度时间不一致，基本思路是先以折旧年度为期间，计算每一折旧年度应计提的折旧金额，再按照每一个会计年度所涵盖的期间来分析计算相应会计年度的折旧金额。本题中，2×21年10月29日购入，应从2×21年11月份开始计提折旧。2×21年11月至2×22年10月属于第一个折旧年度，2×22年11月至2×23年10月属于第二个折旧年度，所以2×22年应计提的折旧额＝(756－6)×5×15×10÷12＋(756－6)×4÷15×2÷12＝241.67（万元）。

**【例题2·单选题】** 动力公司系增值税一般纳税人。2×22年12月10日购入一台设备并立即投入使用，取得的增值税专用发票上注明的价款为1 000万元、增值税税额为130万元。动力公司支付该设备运费取得的增值税专用发票上注明的价款为10万元、增值税税额为0.9万元。该设备的预计使用年限为10年，预计净残值为20万元，采用双倍余额递减法计提折旧。不考虑其他因素，动力公司2×23年对该设备应计提折旧的金额是（　　）万元。

A. 198　　　　B. 228.18

C. 202　　　　D. 196

**【答案】** C

**【解析】** 动力公司系增值税一般纳税人且取得增值税专用发票，则其增值税可抵销，不应计入固定资产成本。该设备入账价值为：1 000＋10＝1 010（万元），其年折旧率为：2÷10×100%＝20%，2×23年对该设备应计提折旧的金额＝1 010×20%＝202（万元）。

**【例题3·判断题】** 对于在用的机器设备，企业可以按其生产产品实现的收入为基础计提折

旧。（　　）

【答案】×

【解析】企业应当根据与固定资产有关的经济利益的预期消耗方式，合理选择折旧方法。企业不能以包括使用固定资产在内的经济活动所产生的收入为基础进行折旧。

## 3　固定资产后续支出

### 一、考点解读

（一）处理原则

与固定资产有关的更新改造等后续支出，符合固定资产确认条件的，应当计入固定资产成本，同时，将被替换部分的账面价值扣除。不符合固定资产确认条件的，应当计入当期损益。

（二）资本化的后续支出

（1）固定资产发生可资本化的后续支出时，企业一般应将该固定资产的原价、已计提的累计折旧和减值准备转销，将固定资产的账面价值转入在建工程，并停止计提折旧。

（2）固定资产发生的可资本化的后续支出，通过"在建工程"科目核算。

（3）待固定资产发生的后续支出完工并达到预定可使用状态时，再从在建工程转为固定资产，并按重新确定的使用寿命、预计净残值和折旧方法计提折旧。

（4）账务处理如下：

①先将固定资产账面价值转入在建工程：

借：在建工程（账面价值）
　　累计折旧（已提折旧）
　　固定资产减值准备（已减值）
　　贷：固定资产（原价）

②改良会涉及替换部件的，冲销被替换部件的账面价值时：

借：银行存款等（被替换部分的残值收入）
　　营业外支出（被替换部分的账面价值－拆除部分的残值收入）
　　贷：在建工程（被替换部分的账面价值）

③发生可资本化的后续支出时：

借：在建工程
　　贷：工程物资
　　　　银行存款等

④完工达到预定可使用状态时：

借：固定资产
　　贷：在建工程

提示　企业对固定资产进行定期检查发生的大修理费用，有确凿证据表明符合固定资产确认条件的部分，应当计入固定资产成本，不符合固定资产的确认条件的应当费用化，计入当期损益。固定资产在定期大修理间隔期间，照提折旧。

（三）费用化的后续支出

不符合固定资产资本化后续支出条件的固定资产日常修理费用，在发生时应当按照受益对象计入当期损益或计入相关资产的成本：（1）与存货的生产和加工相关的固定资产日常修理费用按照存货成本确定原则进行处理；（2）行政管理部门、企业专设的销售机构等发生的固定资产日常修理费用按照功能分类计入管理费用或销售费用。

### 二、例题点津

【例题1·单选题】甲公司某项固定资产已完成改造，累计发生的改造成本为400万元，拆除部分的原价为200万元。改造前，该项固定资产原价为800万元，已计提折旧250万元，不考虑其他因素，甲公司该项固定资产改造后的账面价值为（　　）万元。

A. 750　　　　　　B. 812.5
C. 950　　　　　　D. 1 000

【答案】B

【解析】固定资产更新改造后的账面价值＝更新改造前固定资产的账面价值＋更新改造期间的资本化支出－被替换部分零部件账面价值。该固定资产（含拆除部分）的总折旧率＝250÷800＝31.25%，更新改造前的账面价值＝800－250＝550（万元），资本化支出＝400万元，被替换部分的账面价值＝200－200×（250÷800）＝137.5（万元），固定资产更新改造后的账面价值＝（800－250）＋400－137.5＝812.5（万元），选项B正确。注意被替换部分不能直接减原价，而是减净值。

【例题2·判断题】固定资产发生的所有后续支出均通过"在建工程"科目核算，这期间根据"谨慎性"原则的有关要求，仍需对相关固定资产计提折旧。（　　）

【答案】×

【解析】固定资产发生可资本化的后续支出

时，企业一般应将该固定资产的原价、已计提的累计折旧和减值准备转销，将固定资产的账面价值转入在建工程，并停止计提折旧。发生的可资本化的后续支出，通过"在建工程"科目核算。

# 第三单元　固定资产处置

## 一、考点解读

### （一）固定资产终止确认的条件

固定资产满足下列条件之一的，应当予以终止确认：

（1）该固定资产处于处置状态；

（2）该固定资产预期通过使用或处置不能产生经济利益。

### （二）固定资产处置的会计处理

固定资产处置的会计处理见表3-1。

表3-1　　　　　　　　　　　固定资产处置的会计处理

| 类型 | | 财务处理 | |
| --- | --- | --- | --- |
| 固定资产出售、报废或毁损的账务处理 | 固定资产转入清理 | 借：固定资产清理（按固定资产账面价值）<br>　　累计折旧（按已计提的累计折旧）<br>　　固定资产减值准备（按已计提的减值准备）<br>　贷：固定资产（按固定资产原价） | |
| | 发生的清理费用 | 借：固定资产清理<br>　　应交税费——应交增值税（进项税额）<br>　贷：银行存款 | |
| | 出售收入、残料等的处理 | 借：银行存款<br>　　原材料<br>　贷：固定资产清理<br>　　　应交税费——应交增值税 | |
| | 保险赔偿的处理 | 借：其他应收款<br>　　银行存款<br>　贷：固定资产清理 | |
| | 清理净损益的处理 | 属于生产经营期间正常的出售、转让所产生的损失 | 借：资产处置损益<br>　贷：固定资产清理 |
| | | 属于因自然灾害发生毁损、已丧失使用功能等原因而报废清理所产生的损失 | 借：营业外支出——非流动资产毁损报废损失<br>　贷：固定资产清理 |
| | | 固定资产清理完成后的净收益 | 借：固定资产清理<br>　贷：资产处置损益（或营业外收入） |
| 其他方式减少的固定资产 | 其他方式减少的固定资产，如出售、转让划分为持有待售类别的固定资产或处置组以及以固定资产清偿债务、投资转出固定资产、以非货币性资产交换换出固定资产等，分别按照持有待售的非流动资产、处置组和终止经营以及债务重组、非货币性资产交换等的处理原则进行核算 | | |

## 二、例题点津

【例题1·判断题】因出售、转让等原因产生的固定资产处置利得或损失应计入营业外收支。（　　）

【答案】×

【解析】因出售、转让等原因产生的固定资产处置利得或损失应计入资产处置损益，固定资产因已丧失使用功能或因自然灾害发生毁损等原因而报废清理产生的利得或损失应计入营业外收支。

# 本章考点巩固练习题

## 一、单项选择题

1. 甲公司建造了一座核电站达到预定可使用状态并投入使用，累计发生的资本化支出为210 000万元。当日，甲公司预计该核电站在使用寿命届满时为恢复环境发生弃置费用10 000万元，其现值为8 200万元。该核电站的入账价值为（　　）万元。
   - A. 200 000
   - B. 210 000
   - C. 218 200
   - D. 220 000

2. 远方公司为增值税一般纳税人，增值税税率为13%，2×21年5月初自华宇公司购入一台需要安装的生产设备，实际支付买价120万元，增值税15.6万元；另支付运杂费6万元（假定不考虑运费抵扣进项税的因素），途中保险费16万元；安装过程中，领用一批外购原材料，成本12万元，售价为13万元，支付安装人员工资10万元，该设备在2×21年9月1日达到预定可使用状态，则该项设备的入账价值为（　　）万元。
   - A. 164
   - B. 165
   - C. 149
   - D. 183.2

3. 动力公司一台用于生产M产品的设备预计使用年限为5年，预计净残值为零。假定M产品各年产量基本均衡。下列折旧方法中，能够使该设备第一年计提折旧金额最多的是（　　）。
   - A. 工作量法
   - B. 年限平均法
   - C. 年数总和法
   - D. 双倍余额递减法

4. 2×19年11月20日，甲公司购进一台需要安装的A设备，取得的增值税专用发票注明的设备价款为950万元，可抵扣增值税进项税额为123.5万元，款项已通过银行支付。安装A设备时，甲公司领用原材料36万元（不含增值税额），支付安装人员工资14万元。2×19年12月30日，A设备达到预定可使用状态。A设备预计使用年限为5年，预计净残值率为5%，甲公司采用双倍余额递减法计

提折旧。甲公司2×22年度对A设备计提的折旧是（　　）万元。
   - A. 136.8
   - B. 144
   - C. 187.34
   - D. 190

5. 甲公司为增值税一般纳税人，甲公司本年2月1日购入需要安装的设备一台，取得的增值税专用发票上注明的设备价款为100万元，增值税进项税额为13万元。购买过程中，以银行存款支付运杂费等费用3万元。安装时，领用一批外购材料，成本为6万元，购进时的进项税额为0.78万元；支付安装工人工资4.98万元。该设备于当年3月30日达到预定可使用状态。甲公司对该设备采用年限平均法计提折旧，预计使用年限为10年，预计净残值为0。假定不考虑其他因素，当年该设备应计提的折旧额为（　　）万元。
   - A. 8.55
   - B. 9.9
   - C. 11
   - D. 13.2

6. 某企业2×21年6月20日购置一台不需要安装的甲设备投入企业管理部门使用，该设备入账价值为370万元，预计用5年，预计净残值为10万元，采用双倍余额递减法计提折旧。2×21年12月31日和2×22年12月31日分别对甲设备进行检查，确定甲设备的可收回金额分别为300万元和160万元。假定不考虑其他因素，该企业2×22年度因使用甲设备而减少的当年度的利润总额为（　　）万元。
   - A. 88.8
   - B. 118.4
   - C. 128
   - D. 136

7. 某公司为增值税一般纳税人，2×21年8月5日购入一台需要安装的机器设备，增值税专用发票注明的价款为500万元，增值税税额65万元，以上款项以银行存款支付。安装过程中领用本公司原材料80万元，该设备于2×21年9月8日达到预定可使用状态并交付车间使用。该固定资产预计使用5年，预计净残值率为5%，该公司对该固定资产采用年

数总和法计提折旧，则 2×22 年应计提的折旧额为（  ）万元。

A. 215.33        B. 172.26

C. 174.48        D. 196.45

8. 下列关于固定资产后续支出的说法中，正确的是（  ）。

A. 销售部门固定资产的修理费用应计入管理费用

B. 固定资产大修理费用，符合资本化条件的，应当计入固定资产成本

C. 固定资产的日常修理费用符合资本化条件的，计入固定资产成本

D. 固定资产的大修理费用和日常修理费用，金额较大时应予以资本化

9. 企业的某项固定资产账面原价为 2 600 万元，采用年限平均法计提折旧，预计使用寿命为 10 年，预计净残值为 0。在第 4 个折旧年度末企业对该项固定资产的某一主要部件进行更换，发生支出合计 1 300 万元，符合准则规定的固定资产确认条件。被更换部件的账面原价为 1 040 万元，出售取得变价收入 3 万元。假定不考虑其他因素，固定资产更新改造后的入账价值为（  ）万元。

A. 2 860        B. 1 560

C. 2 236        D. 2 858

10. A 公司系增值税一般纳税人，2×21 年 8 月 31 日以不含增值税的价格 200 万元售出一台生产用机床，增值税销项税额为 26 万元，该机床原价为 300 万元（不含增值税），已计提折旧 120 万元，已计提减值准备 30 万元。不考虑其他因素，A 公司处置该机床的利得为（  ）万元。

A. 30        B. 20

C. 50        D. 40

11. 动力公司为增值税一般纳税人，2×21 年 1 月 1 日购入一台需要安装的设备，价款为 700 万元，增值税税额为 91 万元。设备运抵公司后立即开始安装，发生安装费 140 万元，增值税税额为 12.6 万元，该设备于 2×21 年 9 月 30 日达到预定可使用状态。动力公司预计该设备的使用寿命为 4 年，预计净残值率为 4%，采用年限平均法计提折旧。2×23 年 12 月 10 日，动力公司将该设备对

外出售，取得不含税价款为 400 万元，增值税税额为 52 万元。不考虑其他因素，动力公司因出售该设备对当期损益的影响金额为（  ）万元。

A. 164.8        B. 32.5

C. 13.6        D. 78

## 二、多项选择题

1. 下列关于资产的确认的表述中，不正确的有（  ）。

A. 工业企业所持有的工具、用具、备品备件、维修设备等资产，通常确认为固定资产

B. 固定资产各组成部分以不同的方式为企业提供经济利益的应当分别将各个组成部分确认为单项固定资产

C. 企业由于安全或环保需要购入的设备等，不能直接给企业带来未来经济利益，因此不应作为固定资产进行管理和核算

D. 房地产开发公司建造完成的准备销售的商品房应作为固定资产核算

2. 下列各项中，应计入自行建造固定资产成本的有（  ）。

A. 达到预定可使用状态前分摊的间接费用

B. 为建造固定资产通过出让方式取得土地使用权而支付的土地出让金

C. 达到预定可使用状态前满足资本化条件的借款费用

D. 达到预定可使用状态前发生的工程用物资成本

3. 下列各项中，应计入企业固定资产入账价值的有（  ）。

A. 固定资产的日常维修费用

B. 特殊行业的固定资产的预计弃置费用现值

C. 固定资产建造期间因安全事故停工 4 个月的借款费用

D. 满足资本化条件的固定资产改建支出

4. 下列各项与企业以自营方式建造办公楼相关的支出中，应计入该办公楼成本的有（  ）。

A. 领用工程物资的实际成本

B. 建造过程中发生的机械施工费

C. 建造期间发生的符合资本化条件的借款费用

D. 通过出让方式取得土地使用权时支付的土地出让金

5. 下列各项固定资产后续支出中,应予以费用化处理的有(　　)。
 A. 生产线的改良支出
 B. 办公楼的日常修理费
 C. 机动车的交通事故责任强制保险费
 D. 更换的飞机发动机的成本

6. 甲公司于2×16年7月10日开始建造办公楼,预计工期为5年,2×21年7月10日该办公楼达到预定可使用状态,但尚未办理竣工决算,此时该办公楼的暂估金额为1 000万元,假设不考虑其他因素,下列各项说法中正确的有(　　)。
 A. 2×21年7月10日该办公楼按照1 000万元暂估入账
 B. 该办公楼办理竣工决算之前不计提折旧
 C. 2×21年7月10日该办公楼按照已发生的成本入账
 D. 2×21年该办公楼按照暂估金额计提折旧

7. 下列有关固定资产会计处理的表述中,正确的有(　　)。
 A. 固定资产盘盈产生的利得计入营业外收入
 B. 固定资产日常维护发生的支出计入当期损益
 C. 工程项目达到预定可使用状态前,试生产产品出售取得的收入应冲减工程成本
 D. 计提减值准备后的固定资产以扣除减值准备后的账面价值为基础计提折旧

8. 每年年末,企业应当对固定资产的下列项目进行复核的有(　　)。
 A. 预计净残值　　　B. 预计使用寿命
 C. 折旧方法　　　　D. 已计提折旧

9. 企业在固定资产发生资本化后续支出并达到预定可使用状态时进行的下列各项会计处理中,正确的有(　　)。
 A. 重新预计净残值
 B. 重新确定折旧方法
 C. 重新确定入账价值
 D. 重新预计使用寿命

10. 关于固定资产处置,下列说法中正确的有(　　)。
 A. 固定资产满足"处于处置状态"条件时,应当予以终止确认
 B. 固定资产满足"预期通过使用或处置不能产生经济利益"条件时,应当予以终止确认
 C. 固定资产的账面价值是固定资产成本扣减累计折旧后的金额
 D. 企业出售、转让、报废固定资产或发生固定资产毁损,应当将处置收入扣除账面价值和相关税费后的金额计入当期损益

11. 下列关于弃置费用的说法中,正确的有(　　)。
 A. 对于特殊行业的固定资产,弃置费用需要考虑在固定资产的初始入账成本中
 B. 弃置费用需要按照现值计入固定资产的入账价值,同时确认预计负债
 C. 在固定资产的使用年限内,应按照预计负债的摊余成本和实际利率确认利息费用计入固定资产成本
 D. 一般企业固定资产的报废清理发生的费用不属于弃置费用,应在实际发生时作为固定资产处置费用处理

12. 下列有关固定资产的表述中,正确的有(　　)。
 A. 与固定资产有关的经济利益预期消耗方式发生重大变化的,企业应当改变固定资产折旧方法
 B. 已达到预定可使用状态但尚未办理竣工决算的固定资产按暂估价值入账
 C. 固定资产预计净残值和折旧方法的改变属于会计估计变更
 D. 固定资产盘盈计入营业外收入

## 三、判断题

1. 企业购入的环保设备,不能通过使用直接给企业带来经济利益的,不应作为固定资产进行管理和核算。　　　　　　　　　　(　　)

2. 企业以一笔款项购入多项没有单独标价的固定资产时,应当按照各项固定资产的公允价值比例对总成本进行分配,分别确定各项固定资产的成本。　　　　　　　　(　　)

3. 对于接受投资取得的固定资产,均应按投资合同或者协议的价值加上应支付的相关税费作为固定资产入账价值。　　(　　)

4. 预计净残值是指假定固定资产预计使用寿命已满并处于使用寿命终了时的预期状态,企业将来从该项资产处置中获得的扣除预计处置费用后的金额。　　　　　　　(　　)

5. 处于更新改造过程停止使用的固定资产，应将其账面价值转入在建工程，不再计提折旧。
（  ）

## 四、计算分析题

1. 2×18 年至 2×23 年，甲公司发生的与安全设备相关的交易或事项如下：

资料一：2×18 年 12 月 31 日，甲公司以银行存款 600 万元购入一台安全设备并立即投入使用，预计使用年限为 5 年，预计净残值为零，采用双倍余额递减法计提折旧。

资料二：2×20 年 12 月 31 日。甲公司应政府部门的要求对该安全设备进行改造以提升其效果。改造过程中耗用工程物资 70 万元，应付工程人员薪酬 14 万元。

资料三：2×21 年 3 月 31 日，甲公司完成了对该安全设备的改造并达到预定可使用状态，立即投入使用，预计尚可使用年限为 4 年，预计净残值为零，仍采用双倍余额递减法计提折旧。

资料四：2×23 年 3 月 31 日，甲公司对外出售该安全设备，出售价款 120 万元已收存银行。另以银行存款支付设备拆卸费用 5 万元。本题不考虑增值税等相关税费及其他因素。

要求：

（1）编制甲公司 2×18 年 12 月 31 日购入安全设备的会计分录。

（2）分别计算甲公司 2×19 年和 2×20 年对该安全设备应计提折旧的金额。

（3）编制甲公司 2×20 年 12 月 31 日至 2×21 年 3 月 31 日对该安全设备进行改造并达到预定可使用状态的相关会计分录。

（4）计算甲公司 2×23 年 3 月 31 日对外出售该安全设备应确认损益的金额，并编制相关会计分录。

2. 甲公司系增值税一般纳税人，2×19~2×22 年与固定资产业务相关的资料如下：

资料一：2×19 年 12 月 5 日，甲公司以银行存款购入一套不需安装的大型生产设备，取得的增值税专用发票上注明的价款为 5 000 万元，增值税税额为 650 万元。

资料二：2×19 年 12 月 31 日，该设备投入使用，预计使用年限为 5 年，净残值为 50 万元，采用年数总和法按年计提折旧。

资料三：2×21 年 12 月 31 日，该设备出现减值迹象，预计未来现金流量的现值为 1 500 万元，公允价值减去处置费用后的净额为 1 800 万元，甲公司对该设备计提减值准备后，根据新获得的信息预计剩余使用年限仍为 3 年、净残值为 30 万元，仍采用年数总和法按年计提折旧。

资料四：2×22 年 12 月 31 日，甲公司售出该设备，开具的增值税专用发票上注明的价款为 900 万元，增值税税额为 117 万元，款项已收存银行，另以银行存款支付清理费用 2 万元。假定不考虑其他因素。

要求：

（1）编制甲公司 2×19 年 12 月 5 日购入该设备的会计分录。

（2）分别计算甲公司 2×20 年度和 2×21 年度对该设备应计提的折旧金额。

（3）计算甲公司 2×21 年 12 月 31 日对该设备应计提减值准备的金额，并编制相关会计分录。

（4）计算甲公司 2×22 年度对该设备应计提的折旧金额，并编制相关会计分录。

（5）编制甲公司 2×22 年 12 月 31 日处置该设备的会计分录。

# 本章考点巩固练习题参考答案及解析

## 一、单项选择题

1.【答案】C

【解析】会计分录为：

借：固定资产                218 200
  贷：在建工程                210 000
    预计负债                  8 200

2.【答案】A

【解析】设备的入账价值 = 120 + 6 + 16 + 12 + 10 = 164（万元）。这里领用原材料应用成本价，因为这个原材料只是从一个地方搬到另一个地方使用，所有权还是属于本企业，所以不能确认收入，而是按原材料的账面价值转入在建工程中。

3.【答案】D

【解析】由于各年产量基本均衡，所以工作量法和年限平均法下年折旧率基本相同，为20%；而另外两项，年数总和法第一年的折旧率 = 5/15 × 100% = 33.33%，双倍余额递减法第一年折旧率 = 2/5 × 100% = 40%，双倍余额递减法第一年折旧率最大，所以选项D正确。

4.【答案】B

【解析】甲公司A设备的入账价值 = 950 + 36 + 14 = 1 000（万元）。计算过程如下：2×20年的折旧额 = 1 000 × 2/5 = 400（万元），2×21年的折旧额 = （1 000 − 400） × 2/5 = 240（万元），2×22年的折旧额 = （1 000 − 400 − 240） × 2/5 = 144（万元）。

5.【答案】A

【解析】该设备当年应计提的折旧额 = （100 + 3 + 6 + 4.98） ÷ 10 × 9 ÷ 12 = 8.55（万元）。

6.【答案】D

【解析】2×21年折旧额 = 370 × 2 ÷ 5 × 6 ÷ 12 = 74（万元），2×21年末账面价值 = 370 − 74 = 296（万元），不需要计提固定资产减值准备；2×22年折旧额 = 370 × 2 ÷ 5 × 6 ÷ 12 + （370 − 370 × 2 ÷ 5） × 2 ÷ 5 × 6 ÷ 12 = 118.4（万元），2×22年末账面价值 = 370 − 74 − 118.4 = 177.6（万元），需要计提固定资产减值准备 = 177.6 − 160 = 17.6（万元）；所以，2×22年度因使用甲设备而减少的当年度的利润总额 = 118.4 + 17.6 = 136（万元）。

7.【答案】C

【解析】固定资产的入账价值 = 500 + 80 = 580（万元）；固定资产应当在2×21年10月开始计提折旧。第一个折旧年度（2×21年10月1日至2×22年9月30日）应计提的折旧额 = 580 × （1 − 5%） × 5/15 = 183.67（万元）。第二个折旧年度（2×22年10月1日至2×23年9月30日，应计提的折旧额 = 580 × （1 −

5%） × 4/15 = 146.93（万元）。2×22年应当计提的折旧额 = 183.67 × 9/12 + 146.93 × 3/12 = 174.49（万元）。

8.【答案】B

【解析】选项A，销售部门固定资产的修理费用计入销售费用；选项C，固定资产的日常修理费用直接计入当期损益；选项D，固定资产的大修理费用和日常修理费用，通常不符合确认固定资产的两个特征，应当在发生时计入当期管理费用或销售费用。

9.【答案】C

【解析】固定资产进行更新改造后的入账价值 = 该项固定资产进行更新改造前的账面价值 + 发生的资本化后续支出 − 该项固定资产被更换部件的账面价值 = （2 600 − 2 600 ÷ 10 × 4） + 1 300 − （1 040 − 1 040 ÷ 10 × 4） = 2 236（万元）。

10.【答案】C

【解析】处置固定资产利得 = 200 − （300 − 120 − 30） = 50（万元）。

会计分录如下：

借：固定资产清理　　　　　　　150
　　累计折旧　　　　　　　　　120
　　固定资产减值准备　　　　　 30
　　　贷：固定资产　　　　　　　　　300
借：银行存款　　　　　　　　　226
　　　贷：固定资产清理　　　　　　　200
　　　　应交税费——应交增值税（销项税额）　　　　　　　　　　　26
借：固定资产清理　　　　　　　 50
　　　贷：资产处置损益　　　　　　　 50

11.【答案】C

【解析】2×21年9月30日该设备的入账价值 = 700 + 140 = 840（万元）。2×23年12月10日出售时该设备的账面价值 = 840 − 840 × （1 − 4%） ÷ 4 × （2 + 3 ÷ 12） = 386.4（万元）。动力公司因出售该设备对当期损益的影响金额 = 400 − 386.4 = 13.6（万元）。

二、多项选择题

1.【答案】ACD

【解析】选项A，备品备件和维修设备，在实务中通常确认为存货，但符合固定资产定义和确认条件的，比如企业（民用航空运输）的高价周转件等，应当确认为固定资产。选项 C，企业购置的环保设备和安全设备等资产虽然不能直接为企业带来经济利益，但是有助于企业从其他相关资产的使用中获得未来经济利益，或者将减少企业未来经济利益的流出，对于这些设备，企业应将其确认为固定资产。选项 D，房地产开发公司建造完成的准备销售的商品房应确认为存货。

2.【答案】ACD

【解析】选项 B，为建造固定资产通过支付土地出让金方式取得土地使用权应确认为无形资产，不计入固定资产成本。

3.【答案】BD

【解析】固定资产的日常维修费用通常不满足固定资产的确认条件，应在发生时直接计入当期损益，选项 A 错误；固定资产建造期间因发生安全事故停工属于非正常中断，而且停工连续超过 3 个月，此时应暂停借款费用资本化，相关借款费用计入财务费用，选项 C 错误；特殊行业的固定资产的预计弃置费用现值和满足资本化条件的固定资产改建支出应该计入固定资产入账价值。因此，本题的答案为选项 B、D。

4.【答案】ABC

【解析】选项 D，企业为建造固定资产通过出让方式取得土地使用权而支付的土地出让金不计入在建工程成本，应确认为无形资产（土地使用权）。

5.【答案】BC

【解析】选项 A、D 计入资本化，选项 B、C 计入当期损益。

6.【答案】AD

【解析】已达到预定可使用状态但尚未办理竣工决算的固定资产，应当按照估计价值确定其成本，并计提折旧；待办理竣工决算后再按实际成本调整原来的暂估价值，但不需要调整原已计提的折旧额。所以，2×21 年 7 月 10 日该办公楼按照 1 000 万元暂估入账，2×21 年该办公楼按照暂估金额 1 000 万元计提折旧，所以选项 B、C 不正确。

7.【答案】BCD

【解析】盘盈的固定资产作为前期差错处理，通过"以前年度损益调整"核算。

8.【答案】ABC

【解析】企业至少应当于每年年度终了，对固定资产的使用寿命、预计净残值和折旧方法进行复核。

9.【答案】ABCD

【解析】在固定资产发生的资本化后续支出完工并达到预定可使用状态时，再从在建工程转为固定资产，并重新确定其使用寿命、预计净残值、折旧方法计提折旧。

10.【答案】ABD

【解析】固定资产满足下列条件之一的，应当予以终止确认：（1）该固定资产处于处置状态；（2）该固定资产预期通过使用或处置不能产生经济利益。固定资产的账面价值是固定资产成本扣减累计折旧和减值准备后的金额。

11.【答案】ABD

【解析】选项 C 应在发生时计入财务费用。

12.【答案】ABC

【解析】本题固定资产盘盈作为前期差错进行处理。因此，选项 D 错误，本题的答案为选项 A、B、C。

## 三、判断题

1.【答案】×

【解析】企业购置的环保设备和安全设备等资产，它们的使用虽然不能直接为企业带来经济利益，但是有助于企业从相关资产中获得经济利益，或者将减少企业未来经济利益的流出，因此，对于这些设备，企业应将其确认为固定资产。

2.【答案】√

3.【答案】×

【解析】接受投资取得的固定资产，应按投资合同或者协议约定的价值加上应支付的相关税费作为固定资产入账价值，但合同或协议约定价值不公允的除外。

4.【答案】×

【解析】预计净残值是指假定固定资产预计使用寿命已满并处于使用寿命终了时的预期状态，企业目前从该项资产处置中获得的扣除预计处置费用后的金额，即预计净残值是个现值的概念。

5.【答案】√

## 四、计算分析题

1.【答案】

（1）2×18 年 12 月 31 日：

借：固定资产 600
　　贷：银行存款 600

（2）甲公司 2×19 年对该安全设备应计提的折旧金额：600×2/5＝240（万元）。

2×20 年应计提的折旧金额：（600－240）×2/5＝144（万元）。

（3）2×20 年 12 月 31 日，固定资产的账面价值：600－240－144＝216（万元）。

借：在建工程 216
　　累计折旧 384
　　贷：固定资产 600
借：在建工程 84
　　贷：工程物资 70
　　　　应付职工薪酬 14

2×21 年 3 月 31 日：

借：固定资产 300
　　贷：在建工程 300

（4）2×21 年 4 月 1 日至 2×23 年 3 月 31 日，该设备应计提的折旧金额：300×2/4＋（300－300×2/4）×2/4＝225（万元），此时固定资产的账面价值：300－225＝75（万元），出售该设备应确认的损益金额：（120－5）－75＝40（万元）。

相关会计分录如下：

借：固定资产清理 75
　　累计折旧 225
　　贷：固定资产 300
借：银行存款 120
　　贷：固定资产清理 120
借：固定资产清理 5
　　贷：银行存款 5
借：固定资产清理 40
　　贷：资产处置损益 40

2.【答案】

（1）甲公司 2×19 年 12 月 5 日购入该设备的

会计分录为：

借：固定资产 5 000
　　应交税费——应交增值税（进项税额）
　　　　　　　　　　　　　　　 650
　　贷：银行存款 5 650

（2）甲公司 2×20 年度对该设备应计提的折旧金额＝（5 000－50）×5/15＝1 650（万元）

甲公司 2×21 年度对该设备应计提的折旧金额＝（5 000－50）×4/15＝1 320（万元）

（3）甲公司 2×21 年 12 月 31 日对该设备的账面价值＝5 000－1 650－1 320＝2 030（万元），可回收金额是预计未来现金流量现值和公允价值减去处置费用的较高者，即 1 800 万元，应计提减值准备的金额＝2 030－1 800＝230（万元）。

会计分录：

借：资产减值损失 230
　　贷：固定资产减值准备 230

（4）甲公司 2×22 年度对该设备应计提的折旧金额＝（1 800－30）×3/6＝885（万元）。

会计分录：

借：制造费用 885
　　贷：累计折旧 885

提示：因为发生减值，所以需要重新考虑折旧，应计提折旧额＝减值后的账面价值－预计净残值。

（5）甲公司 2×22 年 12 月 31 日处置该设备的会计分录：

借：固定资产清理 915
　　固定资产减值准备 230
　　累计折旧
　　（1 650＋1 320＋885）3 855
　　贷：固定资产 5 000
借：固定资产清理 2
　　贷：银行存款 2
借：银行存款 1 017
　　贷：固定资产清理 900
　　　　应交税费——应交增值税（销项税额）
　　　　　　　　　　　　　　　 117
借：资产处置损益
　　（915＋2－900）17
　　贷：固定资产清理 17

# 第四章　无形资产

## 考情分析

本章属于比较重要的章节，出客观题居多，有时也会出计算分析题，涉及账务处理。

## 教材变化

2024 年本章教材内容无实质性变化。

## 考点提示

本章复习重点是：研究开发费用的处理；无形资产减值测试；土地使用权的处理；无形资产处置。

## 本章考点框架

无形资产
├ 无形资产的确认和初始计量
│　├ 无形资产的确认
│　└ 无形资产的初始计量
├ 内部研究开发支出的确认和计量
│　├ 研究阶段与开发阶段的区分和确认
│　└ 内部研究开发支出的会计处理
└ 无形资产的后续计量与处置
　　├ 无形资产使用寿命的确定
　　├ 使用寿命有限的无形资产的后续计量
　　├ 使用寿命不确定的无形资产的后续计量
　　└ 无形资产的处置

# 考点解读及例题点津

## 第一单元 无形资产的确认和初始计量

### 1 无形资产的确认

**一、考点解读**

（一）无形资产的特征和内容

1. 特征

无形资产是指企业拥有或者控制的没有实物形态的可辨认的非货币性资产。无形资产具有以下特征：

（1）由企业拥有或者控制并能为其带来未来经济利益；

（2）不具有实物形态；

（3）具有可辨认性；

（4）属于非货币性资产。

2. 内容

无形资产通常包括专利权、非专利技术、商标权、著作权、特许权、土地使用权等。

（二）无形资产的确认条件

无形资产在符合定义的前提下，同时满足下列两个条件的，才能予以确认：

**（1）与该无形资产有关的经济利益很可能流入企业；**

**（2）该无形资产的成本能够可靠地计量。**

**二、例题点津**

**【例题1·多选题】**下列各项中，应确认为企业无形资产的有（　　）。

A. 接受捐赠取得的非专利技术

B. 为扩大商标知名度而支付的广告费

C. 企业自创的商誉

D. 企业自行研发成功的专利技术

【答案】AD

【解析】选项A，非专利技术属于无形资产，企业接受捐赠说明其取得了所有权，应确认为企业的无形资产。选项B，广告费计入销售费用。选项C，商誉不具有可辨认性，不属于无形资产。

**【例题2·多选题】**下列各项关于企业土地使用权会计处理的表述中，正确的有（　　）。

A. 工业企业将购入的用于建造办公楼的土地使用权作为无形资产核算

B. 房产开发企业将购入的用于建造商品房的土地使用权作为存货核算

C. 工业企业将持有并准备增值后转让的自有土地使用权作为投资性房地产核算

D. 工业企业将以经营租赁方式租出的土地使用权作为无形资产核算

【答案】ABC

【解析】选项D应当计入投资性房地产，其他选项均正确。

### 2 无形资产的初始计量

**一、考点解读**

无形资产通常是按实际成本计量，即以取得无形资产并使之达到预定用途而发生的全部支出作为无形资产的成本。

（一）外购无形资产的成本

1. 基本原则

外购的无形资产，其成本包括购买价款、相关税费以及直接归属于使该项资产达到预定用途所发生的其他支出。可以抵扣的增值税进项税额不包含在初始成本中。其中，直接归属于使该项资产达到预定用途所发生的其他支出包括使无形资产达到预定用途所发生的专业服务费用、测试无形资产是否能够正常发挥作用的费用等。

**提示** 下列各项不包括在无形资产的初始成本中：（1）为引入新产品进行宣传发生的广告费、管理费用及其他间接费用；（2）无形资产已经达到预定用途以后发生的费用。

2. 具有融资性质的外购无形资产

购买无形资产的价款超过正常信用条件延期支付，**实质上具有融资性质的**，无形资产的初始成本以购买价款的**现值**为基础确定。实际支付的价款与购买价款的现值之间的差额，**作为未确认融资费用**，在付款期间内采用**实际利率法**进行摊销，摊销金额除满足借款费用资本化条件应当计入无形资产成本以外，均应当在信用期间内确认为财务费用，计入当期损益。

（二）投资者投入无形资产的成本

投资者投入无形资产的成本，应当按照投资合同或协议约定的价值确定，但合同或协议约定价值不公允的，应按无形资产的公允价值入账。

（三）土地使用权的处理

（1）土地使用权通常应当按照取得时所支付的价款及相关税费之和确认为无形资产。

（2）土地使用权用于自行开发建造厂房等地上建筑物时，相关的土地使用权账面价值不转入在建工程成本，仍作为无形资产核算。土地使用权与地上建筑物分别进行摊销和提取折旧。但下列情况除外：

①房地产开发企业取得的土地使用权用于建造对外出售的房屋建筑物，相关的土地使用权应当计入所建造的房屋建筑物成本，列示在存货项目。

②企业外购的房屋建筑物实际支付的价款中包括土地使用权和建筑物的价值的，应当在地上建筑物与土地使用权之间分配，实在无法合理分配的，应全部确认为固定资产。

（3）企业改变土地使用权的用途，将其用于出租或增值目的时，应将其转为投资性房地产。

**提示** 土地使用权可能作为无形资产核算，可能作为固定资产核算，也可能作为投资性房地产核算，还可能作为存货核算。

## 二、例题点津

【例题1·单选题】12月20日，甲公司以银行存款300万元外购一项专利技术用于乙产品生产，另支付相关税费1万元，达到预定用途前的专业服务费2万元，宣传乙产品广告费4万元。不考虑增值税及其他因素，12月20日该专利技术的入账价值为（　　）万元。

A. 301　　　　　　　B. 303

C. 307　　　　　　　D. 300

【答案】B

【解析】本题考查无形资产的初始计量。广告费不属于该专利技术达到预定用途前的必要支出，因此该专利技术的入账价值=300+1+2=303（万元）。

【例题2·单选题】A公司为X、Y两个股东共同投资设立的股份有限公司。经营一年后，X、Y股东之外的另一个投资者Z要求加入A公司。经协商，X、Y同意Z以一项非专利技术投入，三方确认该非专利技术的价值是21万元。该项非专利技术在Z公司的账面余额为24万元，公允价值为18万元，那么该项非专利技术在A公司的入账价值为（　　）万元。

A. 24　　　　　　　B. 18

C. 0　　　　　　　D. 6

【答案】B

【解析】投资者投入无形资产的成本，应当按照投资合同或协议约定的价值确定，但是合同或协议约定价值不公允的除外。本题中，协议价格为21万元，资产公允价值为18万元，所以说明协议价格不是公允的，因此要按公允价值18万元计量。

【例题3·单选题】A公司自行研发一项新技术，累计发生研究开发支出500万元，其中符合资本化条件的支出为300万元。研发成功后提出专利权申请并获得批准，实际发生注册登记费9万元；为使用该项新技术发生的有关人员培训费6万元。不考虑其他因素，A公司该项无形资产的入账价值为（　　）万元。

A. 309　　　　　　　B. 509

C. 315　　　　　　　D. 515

【答案】A

【解析】A公司该项无形资产入账价值=300+9=309（万元）。9万元注册登记费也属于该无形资产的成本。而为使用该项新技术发生的有关人员培训费6万元，计入当期损益，不构成无形资产的开发成本。

# 第二单元　内部研究开发支出的确认和计量

## 1 研究阶段与开发阶段的区分和确认

### 一、考点解读

对于企业自行进行的研究开发项目，应当区分研究阶段与开发阶段分别进行核算。

（一）阶段确认

**（1）企业内部研究开发项目研究阶段的支出，应当于发生时计入当期损益（管理费用）。**

**（2）开发阶段的支出，如果企业能够证明开发阶段的支出符合无形资产的定义及相关确认条件，则可将其确认为无形资产，否则，计入当期损益（管理费用）。**

**（3）无法区分研究阶段和开发阶段的支出，应当在发生时作为管理费用，全部计入当期损益。**

研究阶段与开发阶段的区分和确认见图4-1。

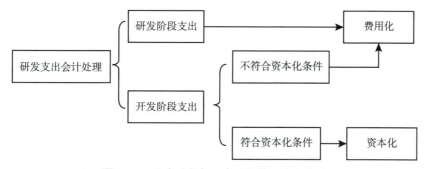

**图4-1　研究阶段与开发阶段的区分和确认**

（二）确认为无形资产的条件

企业内部研究开发项目开发阶段的支出，同时满足下列条件的，才能确认为无形资产：

（1）完成该无形资产以使其能够使用或出售在技术上具有可行性；

（2）具有完成该无形资产并使用或出售的意图；

（3）无形资产产生经济利益的方式，包括能够证明运用该无形资产生产的产品存在市场或无形资产自身存在市场，无形资产将在内部使用的，应当证明其有用性；

（4）有足够的技术、财务资源和其他资源支持，以完成该无形资产的开发，并有能力使用或出售该无形资产；

（5）归属于该无形资产开发阶段的支出能够可靠地计量。

需要注意的是，在企业同时从事多项开发活动的情况下，所发生的支出同时用于支持多项开发活动的，应按照合理的标准在各项开发活动之间进行分配；无法合理分配的，应予以费用化计入当期损益，不计入开发活动的成本。

### 二、例题点津

【例题1·单选题】甲公司2×21年1月10日开始自行研究开发无形资产，12月31日达到预定用途。其中，研究阶段发生职工薪酬30万元、计提专用设备折旧40万元；进入开发阶段后，相关支出符合资本化条件前发生的职工薪酬30万元、计提专用设备折旧30万元，符合资本化条件后发生职工薪酬100万元、计提专用设备折旧200万元。假定不考虑其他因素，甲公司2×21年对上述研发支出进行的下列会计处理中，正确的是（　　）。

A. 确认管理费用70万元，确认无形资产360万元

B. 确认管理费用30万元，确认无形资产400万元

C. 确认管理费用130万元，确认无形资产

300 万元

D. 确认管理费用 100 万元，确认无形资产 330 万元

【答案】C

【解析】企业内部自行研发项目支出，开发阶段的支出只有在符合资本化条件的情况下才能计入无形资产入账价值，此题中开发阶段符合资本化支出金额 = 100 + 200 = 300（万元），确认为无形资产；其他支出全部计入当期损益，所以计入管理费用的金额 = 30 + 40 + 30 + 30 = 130（万元）。

【例题 2·判断题】已计入各期损益的研究与开发费用，在相关技术依法申请取得专利权时，应予以转回并计入专利权的入账价值。（　　）

【答案】×

【解析】企业内部研究开发项目研究阶段的支出，应当计入当期损益；开发阶段的支出，满足资本化条件的，才能确认为无形资产。但已经计入当期损益的研发支出不再转回。

## 2 内部研究开发支出的会计处理

### 一、考点解读

（一）内部研究开发无形资产成本的计量

（1）内部研发形成的无形资产成本，由可直接归属成本构成，包括：开发该无形资产时耗费的材料、劳务成本、注册费，在开发该无形资产过程中使用的其他专利权和特许权的摊销，以及按照借款费用的处理原则可以资本化的利息支出。

（2）内部研发无形资产的支出包括在满足资本化条件的时点至无形资产达到预定用途前发生的支出总和，对于达到资本化条件之前已经费用化计入当期损益的支出不再进行调整。

提示　下列各项不包括在无形资产的开发成本中：（1）在开发无形资产过程中发生的除上述可直接归属于无形资产开发活动之外的其他销售费用、管理费用等间接费用；（2）无形资产达到预定用途前发生的可辨认的无效和初始运作损失；（3）为运行该无形资产发生的培训支出。

（二）内部研究开发费用的会计处理

1. 科目设置

增加 **"研发支出"** 科目（分费用化支出和

资本化支出两个明细科目），类似固定资产中的 **"在建工程"** 科目。

2. 具体会计处理

（1）**发生支出时：**

借：研发支出——费用化支出

　　　　　　——资本化支出

　贷：原材料

　　　应付职工薪酬

　　　银行存款

（2）**期末，结转不符合资本化条件的支出：**

借：管理费用

　贷：研发支出——费用化支出

（3）**研究开发项目达到预定用途形成无形资产时：**

借：无形资产

　贷：研发支出——资本化支出

提示　（1）外购或以其他方式取得的、正在研发过程中应予资本化的项目，先记入"研发支出"科目，其后发生的成本比较上述原则进行处理。

（2）"研发支出"科目期末如果有余额记入资产负债表中"开发支出"项目。

### 二、例题点津

【例题 1·单选题】下列关于企业内部研究开发项目的表述，不正确的是（　　）。

A. 无法区分研究阶段与开发阶段支出的，应当将其计入当期损益

B. 外购或以其他方式取得的、正在研发过程中应予资本化的项目，应按确定的金额记入"研发支出——资本化支出"科目

C. 为运行内部研发的无形资产发生的培训支出应计入该无形资产的成本

D. 对于企业内部研发形成的无形资产在初始确认时产生的暂时性差异，不应确认递延所得税资产

【答案】C

【解析】本题考核内部研究无形资产的核算。选项 C，企业内部研究开发项目开发阶段的支出，符合资本化条件的才能计入无形资产成本。为运行无形资产而发生的培训支出一般不符合资本化条件，不能计入无形资产成本。选项 D，如果该无形资产的确认不是产生于企

业合并交易，同时在确认时既不影响会计利润也不影响应纳税所得额，按照所得税会计准则的规定，不确认该暂时性差异的所得税影响，正确。

**【例题 2·单选题】**甲公司研制一项新技术，该企业在此项研究过程中发生研究费用 60 000元，在开发过程中发生符合资本化条件的开发费用 40 000 元，研究成功后申请获得该项专利权，在申请过程中发生的专利登记费为 20 000元，律师费 6 000 元，该项专利权的入账价值为（　　）元。

A. 86 000　　　　B. 26 000

C. 6 000　　　　D. 66 000

**【答案】**D

**【解析】**研究费用应该计入当期损益，开发阶段的费用符合资本化的应计入无形资产成本。该无形资产成本 = 40 000 + 20 000 + 6 000 = 66 000（元）。

**【例题 3·单选题】**甲公司 2×23 年 2 月 1日开始自行研发一项新工艺，2～9 月发生的各项研究、调查访谈等费用共计 200 万元；10月研究阶段成功，进入开发阶段，支付开发人员工资 150 万元，福利费 30 万元，租金 40 万元，假设开发阶段支出有 65% 符合资本化条件。2×23 年 12 月 11 日，甲公司该项新工艺研发成功，并于次年 1 月 11 日申请了专利，支付注册费 5 万元，律师费 5 万元，2 月 1 日为使该项工艺能够正常运行而发生人员培训费 10 万元。不考虑其他因素，甲公司该项无形资产的入账价值为（　　）万元。

A. 143　　　　B. 153

C. 163　　　　D. 353

**【答案】**B

**【解析】**自行研发的无形资产在研究阶段的支出全部费用化，计入当期损益（管理费用）；开发阶段支出满足资本化条件的支出，确认为无形资产，不满足资本化的计入当期损益（管理费用）。在无形资产获得成功并依法申请取得专利时，要将依法取得时发生的注册费、律师费等作为无形资产的实际成本。在无形资产达到预定用途后发生的后续支出，如本题中的人员培训费，仅是为了确保已确认的无形资产能够为企业带来预定的经济利益，应当确认为当期费用。故本题中无形资产的入账价值 =（150 + 30 + 40）× 65% + 5 + 5 = 153（万元）。

**【例题 4·多选题】**下列各项满足资本化条件后的企业内部的研发支出，应予以资本化会计处理的有（　　）。

A. 开发过程中研发人员支出

B. 开发过程中正常耗用的材料

C. 开发过程中所用专利权的摊销

D. 开发过程中固定资产的折旧

**【答案】**ABCD

**【解析】**本题考查内部开发无形资产的计量。开发无形资产时耗费的材料、劳务成本、注册费、在开发该无形资产过程中使用的其他专利权和特许权的摊销、计提专用设备折旧，以及按照借款费用的处理原则可以资本化的利息支出都应予以资本化处理。

**【例题 5·判断题】**在自行开发的无形资产达到预定用途时，企业应将前期已经费用化的研发支出调整计入无形资产成本。（　　）

**【答案】**×

**【解析】**自行研发无形资产费用化支出期末应转入管理费用，以后期间无须转入无形资产成本，不影响自行研发无形资产的成本。

# 第三单元　无形资产的后续计量与处置

## 1 无形资产使用寿命的确定

### 一、考点解读

（一）无形资产的分类

（1）使用寿命有限的无形资产——应当估计该使用寿命的年限或者构成使用寿命的产量等类似计量单位数量——应根据与无形资产有关的经济利益的预期消耗方式选择合理的摊销方法进行摊销，摊销金额一般计入当期损益。

（2）使用寿命不确定的无形资产——企业根据可获得的情况判断，无法合理估计其使用寿命的无形资产，**应作为使用寿命不确定的无形资产进行核算——不应摊销，可以计提减值准备。**

### （二）估计无形资产使用寿命应考虑的因素

无形资产的使用寿命包括法定寿命和经济寿命两个方面，在估计无形资产的使用寿命时，通常应当考虑的因素有：

（1）运用该无形资产生产的产品通常的寿命周期、可获得的类似资产使用寿命的信息。

（2）技术、工艺等方面的现阶段情况及对未来发展趋势的估计。

（3）以该无形资产生产的产品或提供的服务的市场需求情况。

（4）现在或潜在的竞争者预期将采取的行动。

（5）为维持该无形资产产生未来经济利益能力的预期维护支出，以及企业预计支付有关支出的能力。

（6）对该无形资产的控制期限，以及对该资产使用的相关法律规定或类似限制，如特许使用期、租赁期等。

（7）与企业持有的其他资产使用寿命的关联性等。

### （三）无形资产的使用寿命的确定

1. 源自合同性权利或其他法定权利取得的无形资产

其使用寿命不应超过合同性权利或其他法定权利的期限。如果合同性权利或其他法定权利能够在到期时因续约等延续，且有证据表明企业续约不需付出大额成本，续约期应当计入使用寿命。

2. 合同或法律没有明确规定使用寿命的

企业应当综合各方面情况，如聘请相关专家进行论证或与同行业的情况进行比较以及企业的历史经验等，来确定无形资产为企业带来未来经济利益的期限。

3. 使用寿命不确定的无形资产

经过上述努力，仍无法合理确定无形资产为企业带来经济利益期限的，才能将其作为使用寿命不确定的无形资产。

### （四）无形资产使用寿命的复核

（1）企业至少应当于每年年度终了，对使用寿命有限的无形资产的使用寿命进行复核，如果有证据表明其使用寿命不同于以前估计的，则应改变其摊销年限，并按照会计估计变更进行处理。

（2）对于使用寿命不确定的无形资产，如果有证据表明其使用寿命是有限的，则应按照会计估计变更处理，并按照无形资产准则中关于使用寿命有限的无形资产的处理原则进行处理。

## 二、例题点津

**【例题1·单选题】** 下列关于无形资产使用寿命的说法中正确的是（　　）。

A. 源自合同性权利取得的无形资产，其使用寿命通常不应超过合同性权利的期限

B. 合同或法律没有明确规定的，作为使用寿命不确定的无形资产

C. 使用寿命不确定的无形资产按10年确定其使用寿命

D. 如果合同性权利或其他法定权利能够在到期时因续约等延续，续约期应当计入使用寿命

**【答案】** A

**【解析】** 选项B，合同或法律没有明确规定的，企业应当综合各方面情况来确定；选项C，**使用寿命不确定的无形资产不摊销；** 选项D，只有企业续约不需付出大额成本时，续约期才计入无形资产使用寿命。

## 2 使用寿命有限的无形资产的后续计量

### 一、考点解读

#### （一）摊销期和摊销方法

1. 摊销期

自无形资产可供使用（即其达到预定用途）时起，至不再作为无形资产确认时止，即**当月增加的无形资产当月开始摊销，当月减少的无形资产当月不摊销。**

**提示** 摊销期限的确定原则："算头不算尾"。

2. 摊销方法

（1）企业选择的无形资产摊销方法，应根据与无形资产有关的经济利益的预期消耗方式做出决定。

（2）无法可靠确定预期消耗方式的，应当采用直线法摊销。

（3）有特定产量的，可采用产量法摊销。

**提示** 由于收入可能受到投入、生产过程和

销售等因素的影响，这些因素与无形资产有关经济利益的预期消耗方式无关，因此，企业通常不应以包括使用无形资产在内的经济活动所产生的收入为基础进行摊销。但是，下列极其有限的情况除外：（1）企业根据合同约定确定无形资产固有的根本性限制条款（如无形资产的使用时间、使用无形资产生产产品的数量或因使用无形资产而应取得固定的收入总额）的，当该条款为因使用无形资产而应取得的固定的收入总额时，取得的收入可以成为摊销的合理基础，如企业获得勘探开采黄金的特许权，且合同明确规定该特许权在销售黄金的收入总额达到某固定的金额时失效。（2）有确凿的证据表明收入的金额和无形资产经济利益的消耗是高度相关的。

企业采用车流量法对高速公路经营权进行摊销的，不属于以包括使用无形资产在内的经济活动产生的收入为基础的摊销方法。

（二）残值的确定和摊销金额

1. 残值

使用寿命有限的无形资产，其残值一般为零，但下列情况除外：（1）有第三方承诺在无形资产使用寿命结束时购买该无形资产；（2）可以根据活跃市场得到预计残值信息，并且该市场在无形资产使用寿命结束时很可能存在。

2. 应摊销金额

无形资产的应摊销金额＝成本－预计残值－无形资产减值准备累计金额

提示（1）估计无形资产的残值应以资产处置时的可收回金额为基础，此时的可收回金额是指在预计出售日，出售一项使用寿命已满且处于类似使用状况下，同类无形资产预计的处置价格（扣除相关税费）。

（2）残值确定以后，在持有无形资产的期间内，至少应于每年年末进行复核，预计其残值与原估计金额不同的，应按照会计估计变更进行处理。

（3）如果无形资产的残值重新估计以后高于其账面价值的，则无形资产不再摊销，直至残值降至低于账面价值时再恢复摊销。

3. 会计处理

无形资产的摊销一般应计入当期损益，但如果某项无形资产是专门用于生产某种产品的，其所包含的经济利益是通过转入到所生产的产品中体现的，无形资产的摊销费用应构成产品成本的一部分。会计处理如下：

（1）自用的无形资产：

借：管理费用
　　制造费用
　　研发支出
　　在建工程等
　　贷：累计摊销

（2）出租的无形资产：

借：其他业务成本
　　贷：累计摊销

## 二、例题点津

【例题1·单选题】下列各项关于企业无形资产摊销的表述中，错误的是（　　）。

A. 划分为持有待售类别的无形资产不应摊销

B. 无形资产不能采用类似固定资产加速折旧的方法进行摊销

C. 用于生产产品的专利技术摊销额计入产品成本

D. 无法可靠确定与无形资产有关的经济利益的预期消耗方式的，应当采用直线法进行摊销

【答案】B

【解析】受技术陈旧因素影响较大的专利权和专利技术等无形资产可采用类似固定资产加速折旧的方法进行摊销。

【例题2·多选题】下列关于企业无形资产摊销的会计处理中，正确的有（　　）。

A. 对使用寿命有限的无形资产选择的摊销方法应当一致地运用于不同会计期间

B. 持有待售的无形资产不进行摊销

C. 使用寿命不确定的无形资产按照不低于10年的期限进行摊销

D. 使用寿命有限的无形资产自可供使用时起开始摊销

【答案】ABD

【解析】选项A，企业选择的无形资产摊销方法，应当能够反映与该无形资产有关的经济利益的预期消耗方式，并一致地运用于不同会计期间；选项B，持有待售的无形资产不进行摊销，按照账面价值与公允价值减去处置费用后的

净额孰低进行计量；选项 C，使用寿命不确定的无形资产，会计上不进行摊销；选项 D，无形资产的摊销期自其可供使用的当月（即其达到预定用途）开始。

**【例题 3·多选题】** 下列各项关于企业无形资产残值会计处理的表述中，正确的有（　　）。

A. 无形资产残值的估计应以其处置时的可收回金额为基础

B. 无形资产预计残值高于其账面价值时，不再摊销

C. 预计残值发生变化的，应对已计提的摊销金额进行调整

D. 资产负债表日应当对无形资产的残值进行复核

**【答案】** ABD

**【解析】** 本题考查使用寿命有限的无形资产摊销。预计残值发生变化，属于会计估计变更，采用未来适用法，不能对已计提的摊销金额进行调整，选项 C 错误。

**【例题 4·多选题】** 下列关于使用寿命有限的无形资产摊销的表述中，正确的有（　　）。

A. 自达到预定用途的下月起开始摊销

B. 至少应于每年年末对使用寿命进行复核

C. 有特定产量限制的经营特许权，应采用产量法进行摊销

D. 无法可靠确定与其有关的经济利益预期消耗方式的，应采用直线法进行摊销

**【答案】** BCD

**【解析】** 无形资产应自达到预定用途的当月开始摊销。

### 3　使用寿命不确定的无形资产的后续计量

#### 一、考点解读

（1）使用寿命不确定的无形资产持有期间内不需要摊销。

（2）对于使用寿命不确定的无形资产，每一会计年度期末都应当按照资产减值准则相关规定进行减值测试：

①当可收回金额＞账面价值时，不进行处理。

②当可收回金额＜账面价值时，计提减值准备：

借：资产减值损失
　　贷：无形资产减值准备

**提示** 无形资产减值准备一经计提，以后期间一律不能转回。

#### 二、例题点津

**【例题 1·单选题】** 下列关于使用寿命不确定的无形资产的表述中，正确的是（　　）。

A. 当有证据表明其使用寿命有限时，应作为会计政策变更处理

B. 每年均应进行减值测试

C. 均按 10 年进行摊销

D. 采用直线法进行摊销

**【答案】** B

**【解析】** 选项 A，应作为会计估计变更处理。选项 B，使用寿命不确定的无形资产，无论是否发生减值迹象，企业至少应当于每个会计期末按照《企业会计准则第 8 号——资产减值》的有关规定进行减值测试；使用寿命不确定的无形资产不应摊销，选项 C、D 不正确。

**【例题 2·单选题】** 2×22 年 12 月 31 日，甲公司某项无形资产的原价为 120 万元，已摊销 42 万元，未计提减值准备，当日，甲公司对该无形资产进行减值测试，预计公允价值减去处置费用后的净额为 55 万元，未来现金流量现值为 60 万元，2×22 年 12 月 31 日，甲公司应为该无形资产计提的减值准备为（　　）万元。

A. 18　　B. 23　　C. 60　　D. 65

**【答案】** A

**【解析】** 无形资产的可收回金额为公允价值减去处置费用后的净额与未来现金流量的现值两者较高者，所以该无形资产的可收回金额为 60 万元，2×22 年末无形资产账面价值 = 120 - 42 = 78（万元），应计提减值准备的金额 = 78 - 60 = 18（万元）。

### 4　无形资产的处置

#### 一、考点解读

（一）无形资产出售

企业出售某项无形资产，表明企业放弃该无形资产的所有权，应按照持有待售非流动资产、处置组的相关规定进行会计处理。

（二）无形资产报废

无形资产预期不能为企业带来经济利益的，应当将该无形资产的账面价值予以转销，将其账面价值计入当期损益（营业外支出）。账务处理如下：

借：累计摊销

无形资产减值准备

营业外支出——处置非流动资产损失

贷：无形资产

## 二、例题点津

【例题1·单选题】甲公司以300万元将一项专利权对外出售，款项已收存银行。该无形资产系甲公司以360万元的价格购入，购入时该无形资产预计使用年限为10年，法律规定的有效使用年限为12年。转让时该无形资产已使用5年，按照税法规定，转让专利权免征增值税，假定不考虑其他相关税费，采用直线法摊销，预计净残值为0，该专利权未计提减值准备。甲公司转让该无形资产对营业利润的影响为（　　）万元。

A. 90　　　　　　　B. 105

C. 120　　　　　　D. 0

【答案】C

【解析】转让该无形资产所获得的净收益 = 300 − (360 − 360 ÷ 10 × 5) = 120（万元），计入资产处置损益，对营业利润产生影响。

【例题2·多选题】下列关于无形资产处置的说法中，正确的有（　　）。

A. 无形资产预期不能为企业带来经济利益的，应当将该无形资产的账面价值予以转销，计入当期营业外支出

B. 企业出售无形资产的，按照持有待售非流动资产、处置组的相关规定进行会计处理

C. 无形资产预期不能为企业带来经济利益的，也应按原预定方法和使用寿命摊销

D. 无形资产的处置包括无形资产出售、对外捐赠等

【答案】ABD

【解析】无形资产预期不能为企业带来未来经济利益，则不再符合无形资产的定义，应将其报废并予以转销，其账面价值转入当期损益。

【例题3·判断题】无形资产预期不能为企业带来未来经济利益的，企业应当将其账面价值转入当期损益。（　　）

【答案】√

【解析】预期不能为企业带来未来经济利益的无形资产，已不符合资产定义。

# 本章考点巩固练习题

## 一、单项选择题

1. 下列各项中应作为无形资产确认的是（　　）。

A. 企业内部产生但尚未申请商标权的品牌

B. 购入用于建造厂房的土地使用权

C. 购入用于赚取租金的商品房的土地使用权

D. 企业内部的客户名单

2. 甲公司以200万元的价格购入乙公司的某新产品专利权，发生相关税费20万元，为使该项无形资产达到预定用途支付专业服务费用10万元、测试费用5万元；该项无形资产用于生产某新型产品，为推广该新产品发生广告宣传费用50万元。不考虑其他因素，甲公司该项无形资产的入账价值为（　　）万元。

A. 200　　　　　　B. 235

C. 220　　　　　　D. 285

3. 甲公司为增值税一般纳税人，2×21年2月5日，甲公司以212万元（含增值税税额12万元）的价格购入一项商标权。为推广该商标权，甲公司发生广告宣传费用2万元，上述款项均用银行存款支付。甲公司取得该项商标权的入账价值为（　　）万元。

A. 200　　　　　　B. 202

C. 212　　　　　　D. 214

4. 甲公司内部研究开发一项专利技术项目，2×22年1月研究阶段实际发生有关费用500万元。2×22年2月~2×23年12月在开发阶段符合资本化条件的支出，包括材料费用900万元，

相关人员薪酬 150 万元，在开发该无形资产过程中使用的其他专利权和特许权的摊销 50 万元，以及按照借款费用的处理原则可以资本化的利息支出 20 万元。2×22 年 2 月该专利技术达到预定用途，该无形资产的入账价值应为（　　）万元。

A. 1 600　　　　　B. 1 120

C. 1 400　　　　　D. 1450

5. 下列有关无形资产的会计处理方法的表述中不正确的是（　　）。

A. 企业取得的土地使用权用于自行开发建造厂房等地上建筑物时，土地使用权与地上建筑物应分别进行摊销和提取折旧

B. 企业购买正在开发进行中的研究开发项目，应记入"研发支出——费用化支出"科目

C. 房地产开发企业取得的土地使用权用于建造对外出售的房屋建筑物，相关的土地使用权应当计入所建造的房屋建筑物成本

D. 自行研究开发无形资产达到预定用途使用前应在资产负债表中列示为开发支出项目

6. 甲公司 2×23 年 2 月开始研制一项新技术，2×23 年 5 月研制成功，企业申请了专利技术。研究阶段发生相关费用 180 万元；开发过程发生工资薪酬费用 110 万元，材料费用 590 万元，发生其他相关费用 20 万元，并且开发阶段相关支出均符合资本化条件；申请专利时发生注册费等相关费用 150 万元。企业该项专利权的入账价值为（　　）万元。

A. 720　　　　　B. 1 050

C. 900　　　　　D. 870

7. 关于无形资产使用寿命的复核，下列表述不正确的是（　　）。

A. 企业应当在每个会计期末对使用寿命不确定的无形资产的使用寿命进行复核

B. 对使用寿命有限的无形资产的使用寿命，企业不必每年进行复核，只需在发生重大改变时进行复核

C. 企业所持有无形资产若计提了减值准备，则其原估计的摊销期限可能会发生变更

D. 企业持有的使用寿命有限的无形资产，使用过程中因技术更新而预计使用寿命改变时，需按新预计尚可使用年限确定无形资产的摊销年限

8. 下列各项关于无形资产会计处理的表述中，正确的是（　　）。

A. 内部产生的商誉应确认为无形资产

B. 计提的无形资产减值准备在该资产价值恢复时应予转回

C. 使用寿命不确定的无形资产账面价值均应按 10 年平均摊销

D. 以支付土地出让金方式取得的自用土地使用权应单独确认为无形资产

9. 某企业出售一项 3 年前取得的专利权，该专利权取得时的成本为 400 万元，预计使用年限为 10 年，无残值，采用直线法摊销。出售价款为 848 万元（含增值税 48 万元）。不考虑其他相关税费，则出售该项专利权影响当期损益的金额为（　　）万元。

A. 568　　　　　B. 520

C. 300　　　　　D. 320

10. 2×21 年 4 月 1 日，甲公司以 1 800 万元的价格购入一项管理用无形资产，价款以银行存款支付。该无形资产的法律保护期限为 15 年，甲公司预计其在未来 10 年内会给公司带来经济利益。甲公司计划在使用 5 年后出售该无形资产，丙公司承诺 5 年后按 1 260 万元的价格购买该无形资产。则甲公司对该项专利权 2×21 年度应摊销的金额为（　　）万元。

A. 270　　　　　B. 135

C. 90　　　　　D. 81

11. 2×22 年 1 月 5 日，甲公司以 2 070 万元的价格购入一项法律保护期限为 20 年的专利技术，在检测该专利技术能否正常发挥作用的过程中支付测试费 30 万元。2×22 年 1 月 10 日，该专利技术达到预定用途，甲公司预计该专利技术经济利益的期限为 10 年。预计残值为 0，采用直线法摊销。不考虑其他因素，甲公司 2×22 年度该专利技术的摊销金额为（　　）万元。

A. 105　　　　　B. 103.5

C. 207　　　　　D. 210

12. 企业摊销自用的、使用寿命确定的无形资产时，应贷记的科目是（　　）。

A. 累计摊销

B. 累计折旧

C. 无形资产

D. 无形资产减值准备

13. 2×22 年 12 月 31 日，甲公司某项无形资产的原价为 60 万元，已计提摊销 12 万元，未计提减值准备。当日，甲公司对该无形资产进行减值测试，预计公允价值减去处置费用后的净额为 45 万元，预计未来现金流量的现值为 42 万元。不考虑其他因素，甲公司 2×22 年 12 月 31 日该无形资产的账面价值为（　　）万元。

A. 45
B. 42
C. 48
D. 3

## 二、多项选择题

1. 下列关于无形资产初始计量的表述中，正确的有（　　）。

A. 外购无形资产的成本，包括购买价款、相关税费以及直接归属于使该无形资产达到预定用途所发生的其他支出

B. 购买无形资产发生的增值税应计入无形资产成本

C. 为引入新产品（无形资产）进行宣传发生的广告费、管理费用及其间接费用应该作为无形资产的初始计量成本予以确认

D. 投资者投入的无形资产应按照合同或协议约定的价值确定，约定价值不公允的除外

2. 下列各项中不能作为无形资产确认或计入无形资产入账价值的有（　　）。

A. 研究阶段发生的各项支出

B. 企业合并形成的商誉

C. 使无形资产达到预定用途所发生的专业服务费用

D. 以缴纳土地出让金方式取得建造办公楼的土地使用权

3. 2×22 年 1 月 1 日，甲公司与乙公司签订合同，购买乙公司的一项专利权。合同约定，甲公司 2×22～2×26 年每年年末支付 120 万元。当日该专利权的现销价格为 520 万元。甲公司的该项购买行为实质上具有重大融资性质。不考虑其他因素，下列各项关于甲公司该专利权会计处理的表述中，正确的有（　　）。

A. 该专利权的初始入账金额为 520 万元

B. 长期应付款的初始入账金额为 600 万元

C. 未确认融资费用的初始入账金额为 80 万元

D. 未确认融资费用在付款期内采用直线法进行摊销

4. 下列关于无形资产的会计处理中，正确的有（　　）。

A. 购入无形资产超过正常信用条件分期付款且具有融资性质的，应按购买价款确定其取得成本

B. 使用寿命不确定的无形资产，在持有期间不需要摊销，但至少应于每年年末进行减值测试

C. 外购土地使用权及建筑物的价款难以在两者之间进行合理分配时，应全部作为固定资产入账

D. 企业的人力资源应确认为无形资产

5. 长江公司为从事房地产开发的上市公司，2×20 年 1 月 1 日，外购位于甲地块上的一栋写字楼，作为自用办公楼，甲地块的土地使用权能够单独计量；2×20 年 3 月 1 日，购入乙地块和丙地块，分别用于开发对外出售的住宅楼和写字楼，至 2×21 年 12 月 31 日，该住宅楼和写字楼尚未开发完成；2×21 年 1 月 1 日，购入丁地块，作为办公区的绿化用地，至 2×21 年 12 月 31 日，丁地块的绿化已经完成，假定不考虑其他因素，下列各项中，长江公司 2×21 年 12 月 31 日应单独确认为无形资产（土地使用权）的有（　　）。

A. 甲地块的土地使用权

B. 乙地块的土地使用权

C. 丙地块的土地使用权

D. 丁地块的土地使用权

6. 关于企业内部研究开发项目的支出，下列说法中正确的有（　　）。

A. 企业内部研究开发项目的支出，应当区分研究阶段支出与开发阶段支出

B. 企业内部研究开发项目研究阶段的支出，应当于发生时计入当期损益

C. 企业内部研究开发项目开发阶段的支出，均确认为无形资产

D. 对于同一项无形资产在开发过程中达到资本化条件之前已经费用化计入当期损益的支出不再进行调整

7. 下列关于无形资产净残值的说法中，表述正确的有（　　）。

A. 无形资产净残值的估计应以资产处置时的可收回金额为基础

B. 预计净残值发生变化的，不应重新调整已计提的摊销金额

C. 资产负债表日应对无形资产的净残值进行复核

D. 净残值高于其账面价值时，无形资产不再摊销

8. 下列关于无形资产会计处理的表述中，正确的有（　　）。

A. 当月增加的使用寿命有限的无形资产从当月开始摊销

B. 无形资产摊销方法应根据与无形资产有关的经济利益的预期消耗方式选择

C. 价款支付具有融资性质的无形资产以总价款确定初始成本

D. 使用寿命不确定的无形资产不应摊销

9. 甲公司一项内部研发的无形资产系 2×23 年 10 月 1 日达到预定用途，为了研发该项无形资产，共发生支出 110 万元，其中符合资本化条件的支出为 48 万元。该项无形资产的法律保护期为 10 年，甲公司预计的经济收益期为 8 年，预计净残值为 0。不考虑其他因素，下列关于甲公司会计处理的说法中正确的有（　　）。

A. 从 2×23 年 10 月 1 日开始摊销

B. 费用化研发支出金额为 62 万元

C. 无形资产摊销年限为 10 年

D. 2×23 年 12 月 31 日无形资产的账面价值为 46.5 万元

10. 2×21 年 1 月 1 日，甲公司购入一块土地使用权，以银行存款支付 5 000 万元，土地的使用年限为 50 年，并在该土地上出包建造办公楼工程。2×22 年 12 月 31 日，该办公楼工程已经完工并达到预定可使用状态，全部成本为 3 000 万元。该办公楼的折旧年限为 25 年。假定不考虑净残值，都采用直线法进行摊销和计提折旧，不考虑其他相关税费。甲公司下列会计处理中正确的有（　　）。

A. 土地使用权和地上建筑物应合并作为固定资产核算，并按固定资产有关规定计提折旧

B. 土地使用权和地上建筑物分别作为无形资产和固定资产进行核算

C. 2×21 年和 2×22 年无形资产不需要进行摊销

D. 2×23 年土地使用权摊销额和办公楼折旧额分别为 100 万元和 120 万元

11. 下列关于无形资产处置的说法中，不正确的有（　　）。

A. 对外出售无形资产发生的支出应计入其他业务成本

B. 企业出售无形资产形成的净损益会影响营业利润的金额

C. 无形资产预期不能为企业带来经济利益的，应按原预定方法和使用寿命摊销

D. 企业出租无形资产取得的租金收入应通过其他业务收入核算

## 三、判断题

1. 企业取得无形资产可以有不同来源方式，但不管通过哪种方式取得无形资产，均按实际成本进行初始计量。　　（　　）

2. 企业用于生产某种产品的，已确认为无形资产的非专利技术，其摊销金额应计入产品成本。　　（　　）

3. 企业将土地使用权用于自行开发建造自用厂房的，该土地使用权与厂房应分别进行摊销和提取折旧。　　（　　）

4. 测试无形资产是否发挥使用功能的费用应计入无形资产成本，无形资产的专业服务费用应计入当期损益。　　（　　）

5. 企业购入的土地使用权，先按实际支付的价款计入无形资产，待土地使用权用于自行开发建造厂房等地上建筑物时，再将其账面价值转入相关在建工程成本；如果是房地产开发企业，则应将土地使用权的账面价值转入开发成本。　　（　　）

## 四、计算分析题

1. 甲公司研发 A 专利技术用于生产产品，相关资料如下：

资料一：从 2×20 年 9 月 1 日开始，甲公司自

行研发 A 专利技术，耗用原材料 20 万元，研发人员职工薪酬 30 万元，专用设备计提折旧 50 万元。至 2×20 年 12 月 31 日，该研发仍处于研究阶段。

资料二：2×21 年 1 月 1 日开始进入开发阶段，开发阶段发生相关费用如下：材料费 30 万元，研发人员职工薪酬 40 万元，专用设备计提折旧 100 万元，以银行存款支付其他费用 70 万元。2×21 年 6 月 30 日研发完成，以上支出均满足资本化条件。2×21 年 7 月 1 日无形资产达到预定可使用状态，按年采用直线法摊销，预计使用年限为 4 年，预计净残值为 0。

资料三：2×21 年 12 月 31 日，A 专利技术出现减值迹象，预计可收回金额为 200 万元。经复核，剩余使用年限为 2 年，预计净残值为 0，仍按年采用直线法摊销。

资料四：2×23 年 1 月 1 日，甲公司以 70 万元的价格将 A 专利技术对外出售，价款已收存银行。

本题不考虑增值税等相关税费及其他因素。

**要求：**

（"研发支出"科目应写出必要的明细科目）

（1）编制甲公司 2×20 年发生研发支出的相关会计分录。

（2）编制甲公司 2×21 年发生研发支出的相关会计分录。

（3）判断甲公司 2×21 年 12 月 31 日 A 专利技术是否发生了减值，如果发生了减值，计算甲公司对 A 专利技术应计提减值准备的金额，并编制相关会计分录。

（4）计算甲公司 2×22 年 A 专利技术应摊销的金额，并编制相关会计分录。

（5）计算甲公司 2×23 年 1 月 1 日对外出售 A 专利技术应确认的损益金额，并编制相关会计分录。

2. 甲公司为一家高新技术企业，2×20~2×22 年发生的与 X 专利技术相关的交易如下：

资料一：2×20 年 1 月 1 日，甲公司经董事会批准开始自行研发 X 专利技术以生产新产品。2×20 年 1 月 1 日至 6 月 30 日为研究阶段，发生材料费 450 万元、研发人员薪酬 350 万元、研发用设备的折旧费 200 万元。2×20 年 7 月 1 日，X 专利技术的研发活动进入开发阶段，在开发阶段，发生材料费 1 000 万元、研发人员薪酬 600 万元、研发用设备的折旧费 200 万元，上述研发支出均满足资本化条件。

资料二：2×21 年 1 月 10 日，该专利技术研发成功并达到预定用途。甲公司预计 X 专利技术的使用寿命为 10 年，预计净残值为 0，按年采用直线法摊销。

资料三：2×21 年 12 月 31 日，X 专利技术出现减值迹象。经减值测试，该专利技术的可收回金额为 1 270 万元。计提减值后预计尚可使用年限为 8 年，预计净残值为 10 万元，仍按年采用直线法摊销。

资料四：2×22 年 3 月 1 日，甲公司将 X 专利技术转让给乙公司，以取得乙公司 30% 的股权，取得投资后甲公司对乙公司具有重大影响，当日 X 专利技术的公允价值为 1 500 万元，乙公司可辨认净资产的公允价值为 4 000 万元。

其他资料：假定不考虑增值税及其他因素。

**要求：**

（"研发支出"科目应写出必要的明细科目，答案中的金额单位用万元表示）

（1）编制甲公司 2×20 年研发 X 专利技术时发生相关支出的会计分录。

（2）编制甲公司 2×21 年 1 月 10 日 X 专利技术达到预定用途时的会计分录。

（3）计算甲公司 2×21 年度 X 专利技术应计提的摊销金额，并编制相关会计分录。

（4）计算甲公司 2×21 年 12 月 31 日对 X 专利技术应计提减值准备的金额，并编制相关会计分录。

（5）计算甲公司 2×22 年 3 月 1 日将 X 专利技术对外投资应确认的损益金额，并编制相关会计分录。

# 本章考点巩固练习题参考答案及解析

## 一、单项选择题

**1.【答案】** B

【解析】选项 A、D，成本无法可靠计量，不能确认为无形资产。选项 C，购入用于赚取租金的商品房的土地使用权，应作为开发成本的一部分，确认为存货。

**2.【答案】** B

【解析】入账价值 = 200 + 20 + 10 + 5 = 235（万元）。推广新产品的费用，计入销售费用。

**3.【答案】** A

【解析】为推广该商标权发生的广告宣传费计入当期损益，支付的增值税进项税额允许抵扣，不计入商标权成本，故该项商标权入账价值为 200 万元（212 − 12）。

**4.【答案】** B

【解析】该无形资产的入账价值 = 900 + 150 + 50 + 20 = 1 120（万元）。

**5.【答案】** B

【解析】选项 B，企业购买正在进行中的研究开发项目，应记入"研发支出——资本化支出"科目。

**6.【答案】** D

【解析】企业会计制度规定：自行开发并按照法律程序申请取得的无形资产，依法取得时发生的注册费、聘请律师费等费用，作为无形资产的实际成本。研究阶段的费用全部费用化，开发阶段符合资本条件的资本化，计入无形资产成本。因此，企业该专利权的入账价值 = 110 + 590 + 20 + 150 = 870（万元）。

**7.【答案】** B

【解析】选项 B，企业至少应当于每年年末终了，对使用寿命有限的无形资产的使用寿命进行复核。

**8.【答案】** D

【解析】选项 A，商誉不具有可辨认性，不属于无形资产；选项 B，无形资产减值损失一经计提，在以后期间不得转回；选项 C，使用寿命不确定的无形资产，在持有期间内不需要进行摊销。

**9.【答案】** B

【解析】企业出售该项专利权影响当期损益的金额 =（848 − 48）−［400 −（400 ÷ 10 × 3）］= 520（万元）。

**10.【答案】** D

【解析】甲公司对该项专利权 2×21 年度应摊销的金额 =（1 800 − 1 260）÷ 5 × 9 ÷ 12 = 81（万元）。

**11.【答案】** D

【解析】测试无形资产是否能够正常发挥作用的费用应计入无形资产的成本，因此无形资产的入账成本 = 2 070 + 30 = 2 100（万元），2×22 年度该专利技术的摊销金额 = 2 100 ÷ 10 = 210（万元），选项 D 当选。

**12.【答案】** A

【解析】企业摊销自用的、使用寿命确定的无形资产时，借记"管理费用""其他业务成本"等科目，贷记"累计摊销"科目。

**13.【答案】** A

【解析】2×22 年末无形资产计提减值准备前的账面价值 = 60 − 12 = 48（万元），可收回金额按照预计公允价值减去处置费用后的净额与预计未来现金流量的现值孰高计量，即为 45 万元，所以应计提减值准备的金额 = 48 − 45 = 3（万元），计提减值准备后无形资产的账面价值为 48 − 3 = 45（万元）。

## 二、多项选择题

**1.【答案】** AD

【解析】选项 B，购买无形资产发生的增值税如可抵扣，则不计入成本；选项 C，不应该作为无形资产的初始成本予以确认，应计入当期损益。

**2.【答案】** AB

【解析】选项 A，研究阶段发生的支出应全部费用化，计入当期损益。选项 B，商誉不具有可辨认性，不属于无形资产。选项 C，使无形资产达到预定用途所发生的专业服务费，属于使无形资产达到预定用途所发生的其他支出，应计入无形资产的入账价值。选项D，以缴纳土地出让金方式取得建造办公楼的土地使用权，成本能可靠计量，可以作为无形资产确认。

3.【答案】ABC

【解析】选项A正确，购买无形资产的价款超过正常信用条件延期支付，实质上具有融资性质的，无形资产的成本应以购买价款的现值为基础确定，故该专利权初始入账价值为现销价格520万元。选项B正确，长期应付款的初始入账金额 = $120 \times 5 = 600$（万元）。选项C正确，实际支付的价款与购买价款的现值之间的差额作为未确认融资费用，故未确认融资费用入账金额 = $600 - 520 = 80$（万元）。选项D错误，未确认融资费用在付款期内采用实际利率法进行摊销。

会计分录为：

2×22年1月1日：

借：无形资产　　　　　　520

　　未确认融资费用　　　　80

　　贷：长期应付款　　　　　　600

4.【答案】BC

【解析】选项A，应按购买价款现值为基础确定其取得成本；选项D，企业无法控制人力资源带来的未来经济利益，所以人力资源不属于无形资产。

5.【答案】AD

【解析】乙地块和丙地块均用于建造对外出售的房屋建筑物，属于房地产开发企业的存货，这两个地块的土地使用权应该计入所建造房屋建筑物的成本，选项B、C不应确认为无形资产。

6.【答案】ABD

【解析】开发阶段的支出，如果企业能够证明开发支出符合无形资产的定义及相关确认条件，则可将其确认为无形资产，否则，计入当期损益（管理费用）。选项C不正确。

7.【答案】ABCD

【解析】选项A、B、C、D描述正确。

8.【答案】ABD

【解析】具有融资性质的分期付款购入无形资产，初始成本以购买价款的现值为基础确定，

选项C错误。

9.【答案】ABD

【解析】当月增加的无形资产，当月开始计提摊销，选项A正确。无形资产的入账价值为符合资本化条件的48万元，因此费用化研发支出的金额 = $110 - 48 = 62$（万元），选项B正确。摊销期限为法律保护期和预计经济收益期两者中较短者，即8年，选项C不正确。2×23年12月31日，该无形资产的账面价值 = $48 - 48/8 \times 3 \div 12 = 46.5$（万元），选项D正确。

10.【答案】BD

【解析】土地使用权用于自行开发建造厂房等地上建筑物时，土地使用权与地上建筑物分别进行摊销和提取折旧，选项A错误，选项B正确；企业购入土地使用权应按无形资产有关规定摊销，2×21年和2×22年均应摊销；选项C错误；2×23年土地使用权摊销额 = $5\,000 \div 50 = 100$（万元），办公楼计提折旧 = $3\,000 \div 25 = 120$（万元），选项D正确。

11.【答案】AC

【解析】选项A，处置无形资产发生的支出抵减处置价款和处置净损益（资产处置损益）；选项B，企业出售无形资产形成的净损益应该计入资产处置损益，影响营业利润；选项C，应将无形资产的账面价值予以转销，计入当期营业外支出。

## 三、判断题

1.【答案】×

【解析】企业通常按照实际成本对无形资产进行初始计量，但对于不同来源取得的无形资产，其成本构成也不尽相同，如分期购买无形资产，无形资产的初始成本以购买价款的现值为基础确定。

2.【答案】√

3.【答案】√

【解析】土地使用权作为无形资产进行摊销，厂房作为固定资产进行折旧。

4.【答案】×

【解析】测试无形资产是否发挥使用功能的费用应计入无形资产成本，无形资产的专业服

务费用也应计入无形资产成本。

5.【答案】×

【解析】土地使用权用于自行开发建造厂房等地上建筑物的，其账面价值不转入在建工程，建造期间无形资产的摊销额计入工程成本；房地产开发企业将土地使用权用于建造对外出售的商品房的，应将土地使用权的价值计入开发成本。

## 四、计算分析题

1.【答案】（1）2×20年发生研发支出时：

借：研发支出——费用化支出　　100
　　贷：原材料　　　　　　　　　　20
　　　　应付职工薪酬　　　　　　　30
　　　　累计折旧　　　　　　　　　50

借：管理费用　　　　　　　　100
　　贷：研发支出——费用化支出　　100

（2）2×21年发生研发支出时：

借：研发支出——资本化支出　　240
　　贷：原材料　　　　　　　　　　30
　　　　应付职工薪酬　　　　　　　40
　　　　累计折旧　　　　　　　　100
　　　　银行存款　　　　　　　　　70

借：无形资产　　　　　　　　240
　　贷：研发支出——资本化支出　　240

（3）A专利技术发生了减值。

2×21年12月31日A专利技术的账面价值＝240－240/4×6/12＝210（万元），大于可收回金额200万元，应计提减值准备的金额＝210－200＝10（万元）。

借：资产减值损失　　　　　　10
　　贷：无形资产减值准备　　　　　10

（4）2×22年A专利技术应摊销的金额＝200/2＝100（万元）。

借：制造费用　　　　　　　　100
　　贷：累计摊销　　　　　　　　　100

（5）2×23年1月1日对外出售A专利技术应确认的损益金额＝70－（240－240/4×6/12－10－100）＝－30（万元）。

借：银行存款　　　　　　　　70
　　累计摊销　　　　　　　　130
　　无形资产减值准备　　　　10

资产处置损益　　　　　　　30
　　贷：无形资产　　　　　　　　　240

2.【答案】

（1）发生相关支出时：

借：研发支出——费用化支出　1 000
　　贷：原材料　　　　　　　　　450
　　　　应付职工薪酬　　　　　　350
　　　　累计折旧　　　　　　　　200

借：研发支出——资本化支出　1 800
　　贷：原材料　　　　　　　　1 000
　　　　应付职工薪酬　　　　　　600
　　　　累计折旧　　　　　　　　200

当期期末，将费用化金额转入当期损益：

借：管理费用　　　　　　　　1 000
　　贷：研发支出——费用化支出　1 000

（2）2×21年1月10日，研发成功时：

借：无形资产　　　　　　　　1 800
　　贷：研发支出——资本化支出　1 800

（3）甲公司2×21年X专利技术应摊销的金额＝1 800÷10＝180（万元）。

借：制造费用　　　　　　　　180
　　贷：累计摊销　　　　　　　　　180

（4）甲公司该项无形资产在2×21年12月31日计提减值前的账面价值＝1 800－180＝1 620（万元）。可收回金额为1 270万元，应计提减值准备金额＝1 620－1 270＝350（万元）。

借：资产减值损失　　　　　　350
　　贷：无形资产减值准备　　　　　350

（5）甲公司X专利技术至2×22年3月1日的累计摊销额＝180＋（1 270－10）/8×2/12＝206.25（万元），投资时X专利技术应确认的损益＝1 500－（1 800－206.25－350）＝256.25（万元）。

借：长期股权投资　　　　　1 500
　　累计摊销　　　　　　　206.25
　　无形资产减值准备　　　　350
　　贷：无形资产　　　　　　　1 800
　　　　资产处置损益　　　　256.25

享有乙公司可辨认净资产公允价值的份额＝4 000×30%＝1 200（万元），小于初始投资成本1 500万元，不作调整。

# 第五章　投资性房地产

本章属于重要的基础章节。从历年试题来看，分值较高，本章内容在客观题和主观题中均有出现，考题难度日渐增加。有时与其他章节，如固定资产、所得税等结合考综合题。

## 教材变化

2024 年本章教材与上年长期股权投资和合营安排章节进行了调换，调整为第五章。除了对个别语句进行了更严谨的描述，主要变化为：更换了原教材第 3 个例题；房地产的转换定义改为"房地产的转换，是因房地产用途发生改变而对房地产进行的重新分类"。

## 考点提示

本章主要关注以下考点：（1）投资性房地产的范围；（2）公允价值模式计量的投资性房地产的会计处理；（3）房地产转换日的确定；（4）投资性房地产转换的会计处理；（5）投资性房地产的处置。

## 本章考点框架

投资性房地产
- 投资性房地产概述
- 投资性房地产的确认条件和初始计量
  - 投资性房地产的确认和初始计量
  - 与投资性房地产有关的后续支出
- 投资性房地产的后续计量
- 投资性房地产的转换和处置
  - 房地产的转换
  - 投资性房地产的处置

# 考点解读及例题点津

## 第一单元 投资性房地产概述

### 一、考点解读

#### （一）投资性房地产的定义与特征

投资性房地产，是指为赚取租金或资本增值，或两者兼有而持有的房地产。投资性房地产应当能够单独计量和出售。

投资性房地产具有以下特征：

（1）投资性房地产是一种经营性活动。投资性房地产的主要形式是出租建筑物、出租土地使用权，这实质上属于一种让渡资产使用权行为。

（2）投资性房地产在用途、状态、目的等方面区别于作为生产经营场所的房地产和用于销售的房地产。

#### （二）属于投资性房地产的项目

1. 已出租的土地使用权

提示 （1）租入土地使用权再转租给其他单位的，不能确认为投资性房地产。

（2）企业计划用于出租但尚未出租的土地使用权，不属于此类。

2. 持有并准备增值后转让的土地使用权

提示 （1）按照国家有关规定认定的闲置土地，不属于持有并准备增值后转让的土地使用权，也就不属于投资性房地产。

（2）持有并准备增值后转让的房屋建筑物也不属于投资性房地产。

3. 已出租的建筑物

已出租的建筑物，是指企业拥有产权并出租的房屋等建筑物，包括自行建造或开发活动完成后用于出租的建筑物。

提示 （1）用于出租的建筑物是指企业拥有产权的建筑物，企业租入再转租的建筑物不属于投资性房地产。

（2）已经签订了租赁协议，约定以经营租赁方式出租。一般应自租赁协议规定的租赁期开始日起，租出的建筑物才属于已出租的建筑物。

（3）企业将建筑物出租，按租赁协议向承租人提供的相关辅助服务在整个协议中不重大的，应当将该建筑物确认为投资性房地产。例如，企业将其办公楼出租，同时向承租人提供维护、保安等日常辅助服务，企业应当将该办公楼确认为投资性房地产。

#### （三）不属于投资性房地产的项目

1. 自用房地产

自用房地产，即为生产商品、提供劳务或者经营管理而持有的房地产，包括自用建筑物和自用土地使用权。如企业的厂房、办公楼等。

提示 （1）企业拥有并自行经营的旅馆或饭店，其经营目的主要是通过提供客房服务赚取服务收入，该旅馆饭店不能确认为投资性房地产。

（2）企业出租给本企业职工居住的宿舍，即使按照市场价格收取租金，也不属于投资性房地产。这部分房间间接为企业自身的生产经营服务，具有自用房地产的性质。

2. 作为存货的房地产

作为存货的房地产，通常指房地产开发企业在正常经营过程中销售的或为销售而正在开发的商品房和土地使用权。

提示 如果某项房地产部分用于赚取租金或资本增值、部分自用（即用于生产商品、提供劳务或经营管理），能够单独计量和出售的、用于赚取租金或资本增值的部分，应当确认为投资性房地产；不能够单独计量和出售的、用于赚取租金或资本增值的部分，不确认为投资性房地产。该项房地产自用的部分，以及不能够单独计量和出售的、用于赚取租金或资本增值的部分，应当确认为固定资产或无形资产。

## 二、例题点津

**【例题1·多选题】** 下列各项中，房地产开发企业应当将其确认为投资性房地产的有（　　）。

A. 已出租的自用写字楼

B. 转租给其他单位的土地使用权

C. 持有并准备增值后转让的自用土地使用权

D. 用于销售的商品房

**【答案】** AC

**【解析】** 选项B错误，租入再转租给其他单位的土地使用权，企业不拥有产权，不能确认为投资性房地产；选项D错误，房地产开发企业用于销售的商品房应作为存货核算。

**【例题2·判断题】** 企业将其拥有的办公大楼由自用转为收取租金收益时，应将其转为投资性房地产。（　　）

**【答案】** √

# 第二单元　投资性房地产的确认条件和初始计量

## 1 投资性房地产的确认和初始计量

### 一、考点解读

**（一）投资性房地产的确认**

投资性房地产只有在符合定义，并**同时满足**下列条件时，才能予以确认：

（1）与该投资性房地产有关的经济利益很可能流入企业；

（2）该投资性房地产的成本能够可靠地计量。

**（二）投资性房地产的初始计量**

1. 外购投资性房地产的确认和初始计量

（1）外购房地产，只有在购入的同时开始对外出租或用于资本增值，才能作为投资性房地产加以确认。

提示 企业购入房地产，自用一段时间之后再改为出租或用于资本增值的，应当先将外购的房地产确认为固定资产、无形资产，自租赁期开始日或用于资本增值之日开始，才能从固定资产、无形资产转换为投资性房地产。

（2）外购的投资性房地产，按照取得时的实际成本进行初始计量。其实际成本包括购买价款、相关税费和可直接归属于该资产的其他支出。

（3）会计处理。

①采用成本模式进行后续计量的，企业在购入投资性房地产时：

借：投资性房地产

　　贷：银行存款

②采用公允价值模式进行后续计量的，企业

在购入投资性房地产时：

借：投资性房地产——成本

　　贷：银行存款

2. 自行建造投资性房地产的确认条件和初始计量

（1）企业自行建造的房地产，只有在自行建造活动完成（**即达到预定可使用状态**）的同时开始对外出租或用于资本增值，才能将自行建造的房地产确认为投资性房地产。

（2）企业自行建造房地产达到预定可使用状态后一段时间才对外出租或用于资本增值的，应当先将自行建造的房地产确认为固定资产、无形资产或存货，**自租赁期开始日**或用于资本增值之日开始，从固定资产、无形资产或存货转换为投资性房地产。

（3）自行建造投资性房地产，其成本由建造该项资产达到预定可使用状态前发生的必要支出构成，包括土地开发费、建筑成本、安装成本、应予以资本化的借款费用、支付的其他费用和分摊的间接费用等。

提示 建造过程中发生的非正常性损失，直接计入当期损益，不计入建造成本。

（4）会计处理。

①采用成本模式进行后续计量的，企业在投资性房地产达到预定可使用状态时：

借：投资性房地产

　　贷：在建工程/开发产品

　　　　无形资产——土地使用权

②采用公允价值模式进行后续计量的，企业

在投资性房地产达到预定可使用状态时：

借：投资性房地产——成本

　　贷：在建工程/开发产品

　　　　无形资产——土地使用权

## 二、例题点津

【例题1·单选题】2×24年12月1日，甲公司购入一幢写字楼并于购买当日出租给乙公司，甲公司购买写字楼所取得的发票上注明的价款为1 500万元，全部款项尚未支付。购入该项资产时发生的契税为50万元，以银行存款支付。甲企业该项投资性房地产的入账金额是（　　）万元。

A. 1 500　　　　　B. 1 550

C. 1 450　　　　　D. 50

【答案】B

【解析】外购的投资性房地产，按照取得时的实际成本进行初始计量。其实际成本包括购买价款、相关税费和可直接归属于该资产的其他支出。

## 2  与投资性房地产有关的后续支出

### 一、考点解读

（一）资本化的后续支出

（1）不论其后续计量是成本模式还是公允价值模式，满足投资性房地产确认条件的后续支出计入投资性房地产成本。

（2）企业对某项投资性房地产进行改扩建等再开发且将来仍作为投资性房地产的，再开发期间应继续将其作为投资性房地产，再开发期间不计提折旧或摊销。

> 提示  因为再开发期间继续将其作为投资性房地产核算，所以资本化后续支出以"投资性房地产——在建"而不是"在建工程"科目核算，完工后投资性房地产的入账价值等于原投资性房地产账面价值与资本化的后续支出之和。

（3）资本化的后续支出的会计处理。

①采用成本模式计量的投资性房地产。

A. 转入改扩建时：

借：投资性房地产——在建

　　投资性房地产累计折旧

　　投资性房地产减值准备

　　贷：投资性房地产

B. 发生改良或装修支出时：

借：投资性房地产——在建

　　贷：银行存款/应付账款等

C. 改良或装修完成时：

借：投资性房地产

　　贷：投资性房地产——在建

②采用公允价值模式计量的投资性房地产。

A. 转入改扩建时：

借：投资性房地产——在建

　　贷：投资性房地产——成本

　　　　　　　　　　——公允价值变动

　　　　　　　　　　（或借记）

B. 发生改良或装修支出时：

借：投资性房地产——在建

　　贷：银行存款/应付账款等

C. 改良或装修完成时：

借：投资性房地产——成本

　　贷：投资性房地产——在建

（二）费用化的后续支出

不论其后续计量是成本模式还是公允价值模式，不满足投资性房地产确认条件的后续支出，应当在发生时计入当期损益。

借：其他业务成本

　　贷：银行存款

### 二、例题点津

【例题1·单选题】企业对其分类为投资性房地产的写字楼进行日常维护所发生的相关支出，应当计入财务报表的项目是（　　）。

A. 营业成本　　　　B. 投资收益

C. 管理费用　　　　D. 营业外支出

【答案】A

【解析】日常维护所发生的支出属于费用化的后续支出，应计入其他业务成本，对应的报表项目为营业成本。

【例题2·判断题】企业对投资性房地产进行日常维护所发生的支出，应当在发生时计入投资性房地产成本。（　　）

【答案】×

【解析】判断投资性房地产后续支出的归属，应视其是否满足资本化条件，满足投资性房地产确认条件的，计入投资性房地产成本；不满足投资性房地产确认条件的，如企业对投资性房地产进行日常维护所发生的支出，应当在发生时计入当期损益。

**【例题3·判断题】**企业对采用成本模式计量的投资性房地产进行再开发，且将来仍作为投资性房地产的，再开发期间应当对此资产继续计提折旧或摊销。（　　）

**【答案】**×

**【解析】**以成本模式计量的投资性房地产再开发期间的折旧或摊销与固定资产和无形资产的相关规定一样，再开发期间不计提折旧或摊销。

# 第三单元　投资性房地产的后续计量

## 一、考点解读

（一）后续计量模式的选择

（1）通常应当采用成本模式进行计量。

（2）满足特定条件时，可以采用公允价值模式进行计量。

（3）同一企业只能采用一种模式对所有投资性房地产进行后续计量，不得同时采用两种计量模式。

（4）企业一旦选择采用公允价值计量模式，应当对其所有投资性房地产均采用公允价值模式进行后续计量。

（二）采用成本模式计量的投资性房地产

1. 科目设置

"投资性房地产""投资性房地产累计折旧（摊销）""投资性房地产减值准备"。

2. 核算原则

在成本模式下，应当按照固定资产或无形资产的有关规定，按期（月）计提折旧或摊销；投资性房地产存在减值迹象的，适用资产减值的有关规定。经减值测试后确定发生减值的，应当计提减值准备，确认资产减值损失；已经计提减值准备的投资性房地产，其减值损失在以后的会计期间不得转回。

3. 会计处理

（1）按期计提折旧或摊销：

借：其他业务成本

　　贷：投资性房地产累计折旧（摊销）

（2）有减值迹象，减值测试，发生减值，要计提减值准备：

借：资产减值损失

　　贷：投资性房地产减值准备

（3）取得租金收入：

借：银行存款

　　贷：其他业务收入

**提示**　成本模式进行后续计量的投资性房地产与一般固定资产、无形资产的后续计量基本相同，区别仅仅是会计科目名称不同。

（三）采用公允价值模式计量的投资性房地产

1. 采用公允价值模式计量的条件

采用公允价值模式进行后续计量的投资性房地产，应当同时满足以下两个条件：

（1）投资性房地产所在地有活跃的房地产交易市场。

（2）企业能够从活跃的房地产交易市场上取得同类或类似房地产的市场价格及其他相关信息，从而对投资性房地产的公允价值作出合理的估计。

2. 科目设置

"投资性房地产——成本""投资性房地产——公允价值变动""公允价值变动损益"。

3. 核算原则

（1）不计提折旧或进行摊销；不再进行减值测试，不计提减值准备。

（2）以资产负债表日投资性房地产的公允价值为基础调整其账面价值，公允价值与原账面价值之间的差额计入当期损益（公允价值变动损益）。

4. 会计处理

（1）公允价值变动：

借：投资性房地产——公允价值变动

　　贷：公允价值变动损益（上升）

下降时，作相反会计分录。

（2）取得租金收入：

借：银行存款等

贷：其他业务收入

（四）投资性房地产后续计量模式的变更

（1）企业对投资性房地产的计量模式一经确定，**不得随意变更**。

（2）**成本模式转为公允价值模式的，应当作为会计政策变更处理**。将计量模式变更时公允价值与账面价值的差额，**调整期初留存收益**。企业变更投资性房地产计量模式，应当按照计量模式变更日投资性房地产的公允价值，借记"投资性房地产——成本"科目，按照已计提的折旧或摊销，借记"投资性房地产累计折旧（摊销）"科目，原计提减值准备的，借记"投资性房地产减值准备"科目，按照原账面余额，贷记"投资性房地产"科目，按照公允价值与其账面价值的差额，调整期初留存收益。

（3）已采用公允价值模式计量的投资性房地产，**不得从公允价值模式转为成本模式**，如图5-1所示。

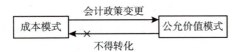

**图5-1　投资性房地产计量模式变更**

## 二、例题点津

**【例题1·单选题】** 2×23年12月31日，甲公司以银行存款12 000万元外购一栋写字楼并立即出租给乙公司，租期5年，每年年末收取租金1 000万元。该写字楼的预期使用年限为20年，预计净残值为0，采用年限平均法计提折旧。甲公司对投资性房地产采用成本模式进行后续计量。2×24年12月31日，该写字楼出现减值迹象，可收回金额为11 200万元。不考虑其他因素，与该写字楼相关的交易或事项对甲公司2×24年营业利润的影响金额为（　　）万元。

A. 800　　　　　　B. 1 000

C. 200　　　　　　D. 400

**【答案】** C

**【解析】** 该投资性房地产采用成本模式进行后续计量，应对其计提折旧。2×24年计提折旧 = 12 000÷20 = 600（万元），记入"其他业务成本"科目。2×24年12月31日的账面价值 =

12 000 - 600 = 11 400（万元），可收回金额为11 200万元，出现减值，应计提减值准备 = 11 400 - 11 200 = 200（万元）。2×24年的租金收入1 000万元记入"其他业务收入"科目。以上三项对营业利润有影响，影响金额 = 1 000 - 600 - 200 = 200（万元）。

**【例题2·单选题】** 企业采用公允价值模式计量投资性房地产，下列各项会计处理的表述中，正确的是（　　）。

A. 资产负债表日应当对投资性房地产进行减值测试

B. 不需要对投资性房地产计提折旧或摊销

C. 资产负债表日公允价值高于账面价值的差额计入其他综合收益

D. 取得的租金收入计入投资收益

**【答案】** B

**【解析】** 选项A错误，选项B正确，企业采用公允价值模式计量的投资性房地产，不计提折旧或摊销，也不进行减值测试，不计提减值准备；选项C错误，资产负债表日公允价值高于账面价值的差额计入公允价值变动损益；选项D错误，投资性房地产取得的租金收入计入其他业务收入。

**【例题3·多选题】** 下列各项中对企业以成本模式计量的投资性房地产会计处理的表述中，正确的有（　　）。

A. 年末无须对其预计使用寿命进行复核

B. 应当按期计提折旧或摊销

C. 存在减值迹象时，应当进行减值测试

D. 计提的减值准备，在以后的会计期间不允许转回

**【答案】** BCD

**【解析】** 在成本模式下，投资性房地产应按期（月）计提折旧或摊销（选项B正确）；投资性房地产存在减值迹象的，适用资产减值的有关规定（选项A错误，选项C正确）。经减值测试后确定发生减值的，应当计提减值准备，确认资产减值损失；已经计提减值准备的投资性房地产的价值又得以恢复，计提的减值准备不得转回（选项D正确）。

**【例题4·多选题】** 投资性房地产的后续计量从成本模式转为公允价值模式时，其公允价值与账面价值的差额，对企业下列财务报表项目产

生影响的有（　　）。

　　A. 资本公积

　　B. 盈余公积

　　C. 其他综合收益

　　D. 未分配利润

【答案】BD

【解析】投资性房地产由成本模式转为公允价值模式，属于会计政策变更，应进行追溯调整，所以变更当日公允价值与原账面价值的差额，应当计入留存收益。将公允价值与账面价值的差额，调整期初留存收益，故选项 B、D 正确。

【例题 5·多选题】下列各项关于企业投资性房地产后续计量的表述中，正确的有（　　）。

　　A. 已经采用公允价值模式计量的投资性房地产，不得从公允价值模式转为成本模式

　　B. 采用公允价值模式计量的，不得计提折旧或摊销

　　C 采用成本模式计量的，不得确认减值损失

　　D. 由成本模式转为公允价值模式的，应当作为会计政策变更处理

【答案】ABD

【解析】选项 C 错误，采用成本模式进行后续计量的投资性房地产，存在减值迹象时，应进行减值测试，确定发生减值的，应当计提减值准备。

# 第四单元　投资性房地产的转换和处置

## 1 房地产的转换

### 一、考点解读

（一）房地产的转换形式及转换日

房地产的转换，是因房地产用途发生改变而对房地产进行的重新分类。企业不得随意对自用或作为存货的房地产进行重新分类。房地产的转换及转换日的确定见表 5 – 1。

表 5 – 1　　房地产的转换

| 转换形式 | 转换日 |
| --- | --- |
| 投资性房地产转为自用房地产 | 房地产达到自用状态，企业开始将其用于生产商品、提供劳务或者经营管理的日期 |
| 有确凿证据表明房地产企业将用于经营出租的房地产重新开发用于对外销售，从投资性房地产转为存货 | 租赁期满，企业董事会或类似机构作出书面决议明确表明将其重新开发用于对外销售的日期 |
| 自用建筑物停止自用，改为出租，固定资产转为投资性房地产 | 租赁期开始日 |

续表

| 转换形式 | 转换日 |
| --- | --- |
| 自用土地使用权停止自用，改用于赚取租金或资本增值，该土地使用权转为投资性房地产 | 停止自用后确定用于赚取租金或资本增值的日期 |
| 房地产开发企业将其持有的开发产品以经营租赁的方式出租，存货转换为投资性房地产 | 房地产的租赁期开始日 |

（二）投资性房地产转换的会计处理

1. 成本模式下的转换

在成本模式下，不论是非投资性房地产转换为投资性房地产还是投资性房地产转换为非投资性房地产，都是将房地产转换前的账面价值作为转换后的入账价值，不确认损益，如图 5 – 2 所示。

按账面价值转换

图 5 – 2　成本模式下的转换

（1）投资性房地产转换为非投资性房地产。

①投资性房地产转换为自用房地产（科目对应结转）：

借：固定资产、无形资产
　　投资性房地产累计折旧（摊销）
　　投资性房地产减值准备
　　贷：投资性房地产
　　　　累计折旧（摊销）
　　　　固定资产或无形资产减值准备
②投资性房地产转换为存货：
借：开发产品（原投资性房地产的账面价值）
　　投资性房地产累计折旧（摊销）
　　投资性房地产减值准备
　　贷：投资性房地产
（2）非投资性房地产转换为投资性房地产。
①自用房地产转换为投资性房地产（科目对应结转）：
借：投资性房地产
　　累计折旧（摊销）
　　固定资产或无形资产减值准备
　　贷：固定资产、无形资产
　　　　投资性房地产累计折旧（摊销）
　　　　投资性房地产减值准备
②作为存货的房地产转换为投资性房地产：
借：投资性房地产（存货在转换日的账面价值）
　　存货跌价准备（已计提的跌价准备）
　　贷：开发产品（账面余额）

提示　在成本模式下，不论是非投资性房地产转换为投资性房地产还是投资性房地产转换为非投资性房地产，转换前后的账面余额、累计折旧、减值准备等金额不改变，只是对核算科目作出调整。

### 2. 公允价值模式下的转换

处理原则：转换后形成的资产按转换日该资产的公允价值入账。具体分以下两种情形：

（1）投资性房地产转换为非投资性房地产。

应当以其转换当日的公允价值作为转换后的非投资性房地产的入账价值，其公允价值与原账面价值的差额计入当期损益（公允价值变动损益）。

借：固定资产、无形资产、开发产品（公允价值）
　　贷：投资性房地产——成本
　　　　　　　　　　——公允价值变动
　　　　　　　　　　（或借记）

公允价值变动损益（或借记）

提示　由于在公允价值模式下，每个资产负债表日都要根据公允价值调整投资性房地产的价值，而转换日距离前一资产负债表日不足一个会计期间，所以在此期间的公允价值变动一般不会很大。因此，将前一资产负债表日至转换日期间的公允价值变动直接计入当期损益（公允价值变动损益），不区分借贷差额。

（2）非投资性房地产转换为投资性房地产。

①转换当日的公允价值大于原账面价值的，其差额计入其他综合收益：

借：投资性房地产——成本（公允价值）
　　累计折旧（摊销）
　　固定资产或无形资产减值准备、存货跌价准备
　　贷：固定资产、无形资产、开发产品
　　　　其他综合收益

②转换当日的公允价值小于原账面价值的，其差额计入当期损益（公允价值变动损益）：

借：投资性房地产——成本（公允价值）
　　累计折旧（摊销）
　　固定资产或无形资产减值准备、存货跌价准备
　　公允价值变动损益
　　贷：固定资产、无形资产、开发产品

提示　不管是投资性房地产转换为非投资性房地产还是非投资性房地产转换为投资性房地产，都要区分两种模式：一是成本模式；二是公允价值模式。

（1）在成本模式下，都是相应账户的对应结转，不确认损益。

（2）在公允价值模式下，转出的都是相关资产的账面价值，借方入账都是按照公允价值来入账，这样借贷方会存在一个差额，这个差额的处理方式不同。在由投资性房地产转换为非投资性房地产时，这个差额都记入"公允价值变动损益"科目，而在由非投资性房地产转换为投资性房地产时，这个差额如果是借方，则记入"公允价值变动损益"科目，如果是贷方，则记入"其他综合收益"科目，如图5-3所示。

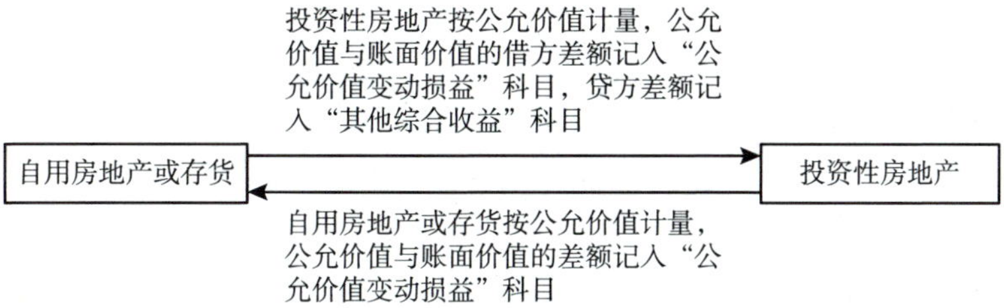

投资性房地产按公允价值计量，公允价值与账面价值的借方差额记入"公允价值变动损益"科目，贷方差额记入"其他综合收益"科目

| 自用房地产或存货 | ← | 投资性房地产 |
|---|---|---|

自用房地产或存货按公允价值计量，公允价值与账面价值的差额记入"公允价值变动损益"科目

**图5-3　公允价值模式下的转换**

## 二、例题点津

**【例题1·单选题】** 2×24年3月20日，甲公司将原自用的土地使用权转换为采用公允价值模式计量的投资性房地产，转换日，该土地使用权的初始入账金额为650万元，累计摊销为200万元，该土地使用权的公允价值为500万元。不考虑其他因素，下列关于甲公司土地使用权转换会计处理的表示中，正确的是（　　）。

A. 确认投资性房地产累计摊销200万元

B. 确认公允价值变动损失250万元

C. 确认投资性房地产450万元

D. 确认其他综合收益50万元

**【答案】** D

**【解析】** 采用公允价值模式，投资性房地产以公允价值500万元入账，选项C错误；不计提折旧或摊销，选项A错误；非投资性房地产转换为投资性房地产，公允价值（500万元）大于原账面价值450万元（650-200）的差额计入其他综合收益（50万元），选项B错误，选项D正确。

转换日，该业务会计分录如下：

借：投资性房地产——成本　　500
　　累计摊销　　　　　　　　200
　　贷：无形资产　　　　　　　　　650
　　　　其他综合收益　　　　　　　50

**【例题2·单选题】** 2×24年1月1日，甲公司将自用的写字楼转换为以成本模式进行后续计量的投资性房地产。当日的账面余额为5 000万元，已计提折旧500万元，已计提固定资产减值准备400万元，公允价值为4 200万元。甲公司将该写字楼转为投资性房地产核算时的初始入账价值为（　　）万元。

A. 4 500　B. 4 200　C. 4 600　D. 4 100

**【答案】** D

**【解析】** 成本模式下的转换，是将房地产转换前的账面价值作为转换后的入账价值，不确认损益。投资性房地产的入账价值=自用写字楼的账面价值=5 000-500-400=4 100（万元）。

**【例题3·多选题】** 甲公司发生的与投资性房地产有关的下列交易或事项中将影响其利润表营业利润项目列报金额的有（　　）。

A. 以公允价值模式计量的投资性房地产，资产负债表日公允价值小于账面价值

B. 作为存货的房地产转换为以公允价值模式计量的投资性房地产时，公允价值大于账面价值

C. 将投资性房地产由成本模式计量变更为公允价值模式计量时，公允价值大于账面价值

D. 将公允价值模式计量的投资性房地产转换为自用房地产时，公允价值小于账面价值

**【答案】** AD

**【解析】** 选项A计入公允价值变动损益，影响营业利润；选项B计入其他综合收益，不影响营业利润；选项C计入留存收益，不影响营业利润；选项D计入公允价值变动损益，影响营业利润。

**【例题4·判断题】** 自用房地产转换为以成本模式计量的投资性房地产，不影响损益金额。（　　）

**【答案】** √

**【解析】** 成本模式下的转换，是将房地产转换前的账面价值作为转换后的入账价值，不确认损益。

**【例题5·判断题】** 房地产企业将经营出租的房地产收回进行二次开发后用于对外出售的，应当在收回时将其从投资性房地产转为存货。（　　）

**【答案】** ×

【解析】房地产企业将用于经营出租的房地产重新开发用于对外销售，从投资性房地产转为存货。在这种情况下，转换日为租赁期满，企业董事会或类似机构作出书面决议明确表明将其重新开发用于对外销售的日期。

### 2 投资性房地产的处置

#### 一、考点解读

（一）成本模式计量的投资性房地产处置

（1）实际收到的处置收入计入其他业务收入。

（2）处置投资性房地产的账面价值计入其他业务成本。

（3）会计处理：

①借：银行存款

　　贷：其他业务收入

②借：其他业务成本

　　　投资性房地产累计折旧（摊销）

　　　投资性房地产减值准备

　　贷：投资性房地产

（二）公允价值模式计量的投资性房地产处置

（1）实际收到的处置收入计入其他业务收入。

（2）处置投资性房地产的账面余额计入其他业务成本。

（3）将公允价值变动损益和转换中形成的其他综合收益转入其他业务成本。

提示 此时，将"其他综合收益"转入"其他业务成本"，会影响营业利润，使其增加；将"公允价值变动损益"转入"其他业务成本"，不影响营业利润。

（4）会计处理：

①借：银行存款

　　贷：其他业务收入

②借：其他业务成本

　　贷：投资性房地产——成本

　　　　　　　　　　——公允价值变动

　　　　　　　　　　（或借记）

借：其他综合收益

　　贷：其他业务成本

借：公允价值变动损益

　　贷：其他业务成本

或作相反会计分录。

提示 投资性房地产业务是一种经营性活动。所以，处置投资性房地产与处置固定资产、无形资产的会计处理不同，处置固定资产、无形资产应计入营业外收入或营业外支出；处置投资性房地产属于企业的副业的，通过其他业务收入、其他业务成本进行核算；处置投资性房地产属于企业的主业的，通过主营业务收入、主营业务成本进行核算。

#### 二、例题点津

【例题1·判断题】企业自用房地产转换为采用公允价值模式计量的投资性房地产时确认的其他综合收益，应当在处置投资性房地产时直接转入留存收益。（　　）

【答案】×

【解析】企业自用房地产转换为采用公允价值模式计量的投资性房地产时确认的其他综合收益，应当在处置投资性房地产时转入其他业务成本。

# 本章考点巩固练习题

## 一、单项选择题

1. A公司于2×24年1月1日将一幢厂房对外出租并采用公允价值模式计量，租期为5年，每年年末收取租金100万元。出租时，该幢厂房的账面价值为2 400万元，公允价值为

2 200万元。2×24年12月31日，该幢厂房的公允价值为2 250万元。不考虑其他因素，A公司2×24年因该投资性房地产对营业利润的影响金额为（　　）万元。

　　A. -50　　　　　　B. 150

　　C. 200　　　　　　D. -200

2. 企业对其分类为投资性房地产的写字楼进行日常维护所发生的相关支出，应当计入的财务报表项目是（　　）。
   A. 管理费用
   B. 营业外支出
   C. 营业成本
   D. 投资收益

3. 2×24年3月，甲公司决定对某租赁期满的写字楼进行改扩建，并与丙公司签订了经营租赁合同，约定自改扩建完工时将写字楼出租给丙公司。3月31日开始对该写字楼进行改扩建。该写字楼的原价为20 000万元，已计提折旧4 000万元。12月15日，写字楼改扩建工程完工，共发生支出3 000万元。即日按照租赁合同出租给丙公司。该写字楼采用成本模式进行后续计量。改扩建支出属于资本化的后续支出。甲公司改扩建完工后的投资性房地产入账价值为（　　）万元。
   A. 19 000
   B. 23 000
   C. 3 000
   D. 16 000

4. 甲企业将一栋自用写字楼经营租赁给乙公司使用，并一直采用成本模式进行后续计量。2×24年1月1日，甲企业认为，出租给乙公司使用的写字楼，其所在地的房地产交易市场比较成熟，具备了采用公允价值模式计量的条件，决定将该项投资性房地产从成本模式转换为公允价值模式计量。该写字楼的原价为20 000万元，已计提折旧400万元，未计提减值准备。2×24年1月1日，该写字楼的公允价值为26 000万元。假设甲企业按净利润的10%提取盈余公积，适用的所得税税率为25%。则转换日影响资产负债表中期初"未分配利润"项目的金额是（　　）万元。
   A. 6 400
   B. 5 760
   C. 640
   D. 4 320

5. A公司将一项按照成本模式进行后续计量的投资性房地产转换为采用公允价值模式计量的投资性房地产。该资产在转换前的账面原价为4 000万元，已计提折旧200万元，已计提减值准备200万元，转换日的公允价值为3 850万元，假定不考虑其他因素，转换日A公司该投资性房地产的入账金额为（　　）万元。
   A. 3 600
   B. 3 800
   C. 3 850
   D. 4 000

6. 自用房地产或存货转换为采用公允价值模式计量的投资性房地产，投资性房地产应当按照转换当日的公允价值计量。转换当日的公允价值大于原账面价值的，其差额计入其他综合收益。处置该项投资性房地产时，原计入其他综合收益的部分应当冲减（　　）。
   A. 营业外收入
   B. 投资收益
   C. 其他业务收入
   D. 其他业务成本

7. 甲公司将一栋办公楼转换为采用公允价值模式进行后续计量的投资性房地产，该办公楼的账面原值为50 000万元，已累计计提的折旧为1 000万元，已计提的固定资产减值准备为2 000万元，转换日的公允价值为60 000万元，则转换日记入"其他综合收益"科目的金额为（　　）万元。
   A. 60 000
   B. 47 000
   C. 50 000
   D. 13 000

8. 某企业对投资性房地产采用公允价值模式进行后续计量。2×23年7月1日购入一幢建筑物，并于当日对外出租。该建筑物的实际取得成本为5 100万元，用银行存款付讫，预计使用年限为20年，预计净残值为100万元。2×23年12月31日，该投资性房地产的公允价值为5 080万元。2×24年4月30日该企业将此项投资性房地产出售，售价为5 500万元，不考虑其他因素，该企业处置投资性房地产时影响营业成本的金额为（　　）万元。
   A. 5 080
   B. 5 100
   C. 5 500
   D. 420

## 二、多项选择题

1. 下列各项中，应作为投资性房地产核算的有（　　）。
   A. 已出租的土地使用权
   B. 房地产企业开发的商品房
   C. 持有并准备增值后转让的土地使用权
   D. 出租给本企业职工居住的自建宿舍楼

2. 甲房地产开发商建造一写字楼，分为A、B、C三栋，各栋楼均可单独计量和出售，其中A栋写字楼以经营租赁方式出租给家居卖场，B栋和C栋写字楼在公开出售中。以下说法中正确的有（　　）。
   A. A栋写字楼应确认为投资性房地产

B. A 栋写字楼应确认为存货

C. B 栋和 C 栋写字楼应确认为固定资产

D. B 栋和 C 栋写字楼应确认为存货

3. 甲企业投资性房地产采用公允价值计量模式。2×24 年 1 月 1 日购入一幢建筑物直接用于出租，租期 5 年，每年租金收入 100 万元。该建筑物的购买价格为 600 万元，发生相关税费 10 万元，用银行存款支付。税法规定，该建筑物预计使用年限为 20 年，预计净残值为 10 万元，采用年限平均法计提折旧。2×24 年 12 月 31 日，该建筑物的公允价值为 560 万元。不考虑其他因素，下列表述中，正确的有（　　）。

A. 2×24 年该项投资性房地产应计提折旧 27.5 万元

B. 2×24 年该项投资性房地产减少当期损益 60 万元

C. 2×24 年该项投资性房地产增加当期损益 50 万元

D. 2×24 年末该项投资性房地产的列报金额为 560 万元

4. 关于投资性房地产的后续计量，下列说法中正确的有（　　）。

A. 采用公允价值模式计量的，不对投资性房地产计提折旧

B. 采用公允价值模式计量的，应对投资性房地产计提折旧

C. 已采用公允价值模式计量的投资性房地产，不得从公允价值模式转为成本模式

D. 已采用成本模式计量的投资性房地产，不得从成本模式转为公允价值模式

## 三、判断题

1. 从事房地产经营开发的企业依法取得并用于房地产开发后出售的土地使用权，应将其确认为投资性房地产。　　（　　）

2. 企业出租的建筑物或土地使用权，只有能够单独计量和出售的才能确认为投资性房地产。　　（　　）

3. 甲公司将其自有写字楼的部分楼层以经营租赁方式对外出租，因自用部分与出租部分不能单独计量，为此甲公司将该写字楼整体确认为固定资产。　　（　　）

4. 同一企业可以同时采用两种计量模式对投资性房地产进行后续计量。（　　）

5. 已采用公允价值模式计量的投资性房地产，不得从公允价值计量模式转为成本计量模式。（　　）

## 四、计算分析题

1. 2×21 年 9 月 1 日，甲公司董事会决定将自用办公楼整体出租，并形成正式的书面决议。2×21 年 11 月 3 日与乙公司签订租赁合同，租期为 2 年，年租金为 240 万元。2×22 年 1 月 1 日为租赁期开始日，协议约定每年年初支付租金，假定按年确认租金收入。

（1）该写字楼为 2×20 年 9 月 1 日购建完成达到预定可使用状态，原值为 4 000 万元，预计使用年限为 40 年，预计净残值率为 4%，均采用直线法计提折旧。

（2）2×21 年 9 月 1 日和 2×21 年 12 月 31 日办公楼公允价值分别为 4 100 万元和 4 300 万元。

（3）2×22 年初收到租金 240 万元。2×22 年 12 月 31 日办公楼公允价值为 4 800 万元。

（4）2×23 年初收到租金 240 万元。2×23 年 12 月 31 日办公楼公允价值为 4 500 万元。

（5）2×24 年初，租赁期届满时，企业董事会作出书面决议明确表明，将该房地产收回作为办公楼使用，当日达到自用状态。假设不考虑土地使用权和其他因素。

**要求：**

（1）假如投资性房地产的后续计量采用成本模式，作出上述业务相关的会计处理。

（2）假如投资性房地产的后续计量采用公允价值模式，作出上述业务相关的会计处理。

2. 2×23 年 10 月 1 日，甲公司与乙企业签订了租赁协议，将其自用的一栋写字楼出租给乙企业，甲公司采用公允价值计量模式。当日，该写字楼的账面原值 500 万元，已提折旧 160 万元，公允价值为 400 万元。

2×23 年 12 月 31 日，该项投资性房地产的公允价值为 412 万元。

2×24 年 10 月，租赁期满，甲公司将该投资

性房地产出售，合同价款为 425 万元，价款已收讫。假设不考虑相关税费。

**要求：**

（1）编制甲公司将写字楼出租转为投资性房地产的相关会计分录。

（2）编制 2×23 年 12 月 31 日甲公司投资性房地产公允价值变动的相关会计分录。

（3）编制甲公司出售投资性房地产的相关会计分录。

# 本章考点巩固练习题参考答案及解析

## 一、单项选择题

1.【答案】A

【解析】如下表所示：

| 项目 | 影响金额 |
| --- | --- |
| 转换时对损益的影响 | −200（2 200−2 400） |
| 租金对损益的影响 | +100 |
| 公允价值变动对损益的影响 | +50（2 250−2 200） |
| 全年对损益的影响（合计） | −50 |

2.【答案】C

【解析】投资性房地产日常维护所发生的相关支出，应记入"其他业务成本"科目，在利润表中列示于"营业成本"项目。

3.【答案】A

【解析】本题考查投资性房地产有关改扩建后续支出的会计处理。改扩建完工后的投资性房地产入账价值＝20 000−4 000＋3 000＝19 000（万元）。

4.【答案】D

【解析】转换日影响资产负债表中期初"未分配利润"项目的金额＝[26 000−（20 000−400）]×（1−25%）×（1−10%）＝4 320（万元）。

5.【答案】C

【解析】本题考查投资性房地产后续计量模式的变更。由成本模式进行后续计量的投资性房地产转换为采用公允价值模式计量的投资性房地产，转换日 A 公司该投资性房地产的入账金额为转换日的公允价值，即 3 850 万元。

6.【答案】D

【解析】处置投资性房地产时，应按实际收到的金额，借记"银行存款"等科目，贷记"其他业务收入"科目。按该项投资性房地产的账面余额，借记"其他业务成本"科目，贷记"投资性房地产——成本"科目，贷记或借记"投资性房地产——公允价值变动"科目；同时，按该项投资性房地产的公允价值变动，借记或贷记"公允价值变动损益"科目，贷记或借记"其他业务成本"科目。按该项投资性房地产在转换日计入其他综合收益的金额，借记"其他综合收益"科目，贷记"其他业务成本"科目。

7.【答案】D

【解析】转换日记入"其他综合收益"科目的金额＝60 000−（50 000−1 000−2 000）＝13 000（万元）。

8.【答案】B

【解析】出售时账面价值为 5 080 万元计入其他业务成本，公允价值变动损益−20 万元（5 080−5 100）转入其他业务成本（借：其他业务成本 20，贷：公允价值变动损益 20），营业成本＝5 080＋20＝5 100（万元）。

## 二、多项选择题

1.【答案】AC

【解析】本题考查的是投资性房地产的核算范围。选项 B，房地产企业开发的商品房属于企业的存货；选项 D，出租给职工的自建宿舍楼作为固定资产核算。

2.【答案】AD

【解析】各栋楼可以单独计价与出售，A 栋写字楼以经营租赁方式出租，所以作为投资性房地产；B 栋和 C 栋写字楼在公开出售，应作为企业的开发产品即存货核算。

3.【答案】CD

【解析】采用公允价值计量模式的投资性房地产不计提折旧，选项A错误。2×24年投资性房地产增加营业利润=100-（610-560）=50（万元），选项C正确，选项B错误。2×24年末该项投资性房地产按其公允价值列报，选项D正确。

4.【答案】AC

【解析】采用公允价值模式计量的，不对投资性房地产计提折旧；已采用公允价值模式计量的投资性房地产，不得从公允价值模式转为成本模式。

## 三、判断题

1.【答案】×

【解析】从事房地产经营开发的企业依法取得的、用于开发后出售的土地使用权，属于房地产开发企业的存货，即使房地产开发企业决定待其增值后再转让其开发的土地，也不得将其确认为投资性房地产。

2.【答案】√

【解析】投资性房地产是指为赚取租金或资本增值，或两者兼有而持有的房地产。投资性房地产应当能够单独计量和出售。如果不能单独计量和出售，则不确认为投资性房地产。

3.【答案】√

【解析】企业写字楼部分用于对外出租，无法明确区分自用与出租部分的，应将该写字楼整体确认为固定资产核算，该说法正确。

4.【答案】×

【解析】同一企业只能采用一种模式对所有投资性房地产进行后续计量，不得同时采用两种计量模式。

5.【答案】√

【解析】投资性房地产可以由成本模式转为公允价值模式，但不能由公允价值模式转为成本模式。

## 四、计算分析题

1.【答案】

（1）投资性房地产的后续计量采用成本模式，

会计处理如下：

①2×21年9月1日：

办公楼累计计提的折旧=4 000×（1-4%）÷40=96（万元）

借：投资性房地产　　　　　　4 000
　　累计折旧　　　　　　　　　96
　　贷：固定资产　　　　　　　　　4 000
　　　　投资性房地产累计折旧　　　96

②2×21年办公楼计提折旧：

办公楼应计提的折旧=4 000×（1-4%）÷40×3÷12=24（万元）

借：其他业务成本　　　　　　　24
　　贷：投资性房地产累计折旧　　　24

③2×22年初收到租金：

借：银行存款　　　　　　　　240
　　贷：预收账款　　　　　　　　240

④2×22年办公楼计提折旧：

办公楼应计提的折旧=4 000×（1-4%）÷40=96（万元）

借：其他业务成本　　　　　　　96
　　贷：投资性房地产累计折旧　　　96

⑤2×22年确认租金收入：

借：预收账款　　　　　　　　240
　　贷：其他业务收入　　　　　　240

⑥2×23年初收到租金：

借：银行存款　　　　　　　　240
　　贷：预收账款　　　　　　　　240

⑦2×23年办公楼计提折旧：

办公楼应计提的折旧=4 000×（1-4%）÷40=96（万元）

借：其他业务成本　　　　　　　96
　　贷：投资性房地产累计折旧　　　96

⑧2×23年确认租金收入：

借：预收账款　　　　　　　　240
　　贷：其他业务收入　　　　　　240

⑨2×24年初，租赁期届满收回：

借：固定资产　　　　　　　　4 000
　　投资性房地产累计折旧　　312
　　贷：投资性房地产　　　　　　4 000
　　　　累计折旧　　　　　　　　312

（2）投资性房地产的后续计量采用公允价值模式，会计处理如下：

①2×21年9月1日：

办公楼转换前累计计提的折旧 = 4 000 × (1 −
4%) ÷ 40 = 96（万元）

借：投资性房地产——成本　　4 100

　　累计折旧　　　　　　　　96

　　　贷：固定资产　　　　　4 000

　　　　　其他综合收益　　　196

②2×21 年 12 月 31 日：

借：投资性房地产——公允价值变动

　　　　　　　　　　　　　200

　　　贷：公允价值变动损益　200

③2×22 年初收到租金：

借：银行存款　　　　　　　240

　　　贷：预收账款　　　　　240

④2×22 年确认租金收入：

借：预收账款　　　　　　　240

　　　贷：其他业务收入　　　240

⑤2×22 年 12 月 31 日：

借：投资性房地产——公允价值变动

　　　　　　　　　　　　　500

　　　贷：公允价值变动损益　500

⑥2×23 年初收到租金：

借：银行存款　　　　　　　240

　　　贷：预收账款　　　　　240

⑦2×23 年确认租金收入：

借：预收账款　　　　　　　240

　　　贷：其他业务收入　　　240

⑧2×24 年初，租赁期届满收回：

借：固定资产　　　　　　　4 500

　　公允价值变动损益　　　300

　　　贷：投资性房地产——成本　4 100

　　　　　　　　　——公允价值变动

　　　　　　　　　　　　　700

2.【答案】

（1）2×23 年 10 月 1 日：

借：投资性房地产——成本　　400

　　累计折旧　　　　　　　　160

　　　贷：固定资产　　　　　500

　　　　　其他综合收益　　　60

（2）2×23 年 12 月 31 日：

借：投资性房地产——公允价值变动

　　　　　　　　　　　　　12

　　　贷：公允价值变动损益　12

（3）2×24 年 10 月，出售：

①按价款确认收入：

借：银行存款　　　　　　　425

　　　贷：其他业务收入　　　425

②按账面价值结转成本：

借：其他业务成本　　　　　412

　　　贷：投资性房地产——成本　400

　　　　　　　　　——公允价值变动

　　　　　　　　　　　　　12

③同时：

借：公允价值变动损益　　　12

　　　贷：其他业务成本　　　12

借：其他综合收益　　　　　60

　　　贷：其他业务成本　　　60

# 第六章　长期股权投资和合营安排

## 考情分析

本章在考试中处于重要地位，考试涉及各种题型，计算分析题和综合题经常与本章有关，尤其是与合并财务报表结合一起出题，难度较大。本章属于非常重要的章节。

## 教材变化

2024 年教材中本章与上年投资性房地产调换了顺序，从第五章调整为第六章。教材内容无实质性变化。

## 考点提示

本章应主要关注以下考点：（1）长期股权投资的初始计量；（2）成本法核算；（3）权益法核算；（4）长期股权投资核算方法转换的会计处理；（5）合营安排的认定及分类；（6）共同经营中合营方的会计处理。

## 本章考点框架

长期股权投资和合营安排

- 长期股权投资的范围和初始计量
  - 长期股权投资的范围
  - 长期股权投资的初始计量
- 长期股权投资的后续计量
  - 成本法
  - 权益法
  - 长期股权投资核算方法的转换
  - 长期股权投资的处置
- 合营安排
  - 合营安排的概念及认定
  - 共同经营中合营方的会计处理
  - 对共同经营不享有共同控制的参与方的会计处理原则

# 考点解读及例题点津

## 第一单元　长期股权投资的范围和初始计量

### 1 长期股权投资的范围

#### 一、考点解读

长期股权投资是指应当按照长期股权投资准则进行核算的权益性投资，主要包括三个方面：

(1) 对子公司投资，即投资方能够对被投资单位实施控制的权益性投资。

(2) 对合营企业投资，即投资方与其他合营方一同对被投资单位实施共同控制且对被投资单位净资产享有权利的权益性投资。

(3) 对联营企业投资，即投资方对被投资单位具有重大影响的权益性投资。

一项投资，除了上述投资方对被投资单位实施控制、共同控制和重大影响而适用长期股权投资准则以外其他的权益性投资，包括风险投资机构、共同基金，以及类似主体持有的、在初始确认时按照金融工具确认和计量准则的规定以公允价值计量且其变动计入当期损益的金融资产，投资性主体对不纳入合并财务报表的子公司的权益性投资，以及其他权益性投资，应当按照金融工具章节的相关内容进行会计处理。

#### 二、例题点津

【例题1·多选题】下列股权投资中，不应作为长期股权投资采用成本法核算的有（　　）。

A. 投资企业对子公司的长期股权投资

B. 投资企业对合营企业的股权投资

C. 投资企业对联营企业的股权投资

D. 投资企业对被投资单位不具有控制、共同控制和重大影响的股权投资

【答案】BCD

【解析】选项B、C，应采用权益法核算；选项D，作为金融资产核算，适用金融工具准则。

### 2 长期股权投资的初始计量

#### 一、考点解读

长期股权投资的计量包括初始计量和后续计量。初始计量中，分别企业合并形成的长期股权投资和企业合并以外其他方式取得的长期股权投资确定其初始投资成本，其中，企业合并形成的长期股权投资，应分别同一控制下企业合并与非同一控制下企业合并确定其初始投资成本（见表6-1）。

表6-1　长期股权投资的计量

| 形式 | | 影响程度 | 初始计量 | 后续计量 |
|---|---|---|---|---|
| 企业合并形成的长期股权投资 | 对子公司投资 | 控制 | 同一控制：取得的被合并方所有者权益在最终控制方合并财务报表中的账面价值+最终控制方收购被合并方时形成的商誉 | 成本法 |
| | | | 非同一控制：公允价值 | |
| 企业合并以外其他方式取得的长期股权投资 | 对合营企业投资 | 共同控制 | 公允价值+初始直接费用 | 权益法 |
| | 对联营企业投资 | 重大影响 | | |

第六章

（一）企业合并形成的长期股权投资（对子公司的投资）的初始计量

企业合并形成的长期股权投资，应分别同一控制下企业合并与非同一控制下企业合并确定其初始投资成本（见图6-1）。

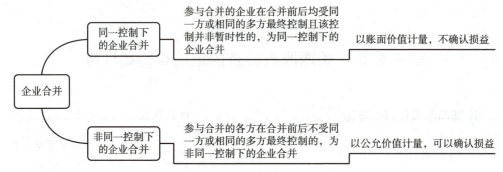

**图6-1　企业合并形成的长期股权投资**

1. 同一控制下企业合并形成的长期股权投资的初始计量

（1）基本规定。

①长期股权投资的初始投资成本为合并日取得被合并方所有者权益的"账面价值"的份额。

**提示**

（1）账面价值是指被合并方净资产在最终控制方合并财务报表中的账面价值的份额。

（2）被合并方在合并日的净资产账面价值为负数的，长期股权投资成本按零确定，同时在备查簿中予以登记。

②长期股权投资的初始投资成本与合并方所支付的合并对价账面价值（支付的现金、转让的非现金资产及所承担债务的账面价值；所发行股份面值总额）之间的差额，应当调整资本公积（资本溢价或股本溢价）；资本公积（资本溢价或股本溢价）不足冲减的，依次冲减盈余公积和未分配利润。

③合并方发生的审计、法律服务、评估咨询等中介费用以及其他相关管理费用，应当于发生时计入当期损益（管理费用）。

④与发行权益性工具作为合并对价直接相关的交易费用，应当冲减资本公积（资本溢价或股本溢价），资本公积（资本溢价或股本溢价）不足冲减的，依次冲减盈余公积和未分配利润。

⑤与发行债务性工具作为合并对价直接相关的交易费用，应当计入债务性工具的初始确认金额。

（2）合并方以支付现金、转让非现金资产或承担债务方式作为合并对价的会计处理。

借：长期股权投资
　　资本公积——资本溢价或股本溢价
　　（借方差额）
　　盈余公积等
　　贷：有关负债（承担债务账面价值）
　　　　有关资产（投出资产账面价值）
　　　　资本公积——资本溢价或股本溢价
　　　　（贷方差额）
借：管理费用（审计、法律服务、评估咨询等相关费用）
　　贷：银行存款

（3）合并方以发行权益性工具作为合并对价的会计处理。

借：长期股权投资
　　贷：股本（面值总额）
　　　　资本公积——股本溢价（差额）
借：资本公积——资本溢价或股本溢价
　　（权益性工具发行费用）
　　贷：银行存款

（4）企业通过多次交易分步取得同一控制下被投资单位的股权，最终形成企业合并的，参见本章"长期股权投资核算方法的转换"知识点中"（二）公允价值计量或权益法核算转成本法核算"内容。

2. 非同一控制下企业合并形成的长期股权投资的初始计量

（1）一次交换交易实现的企业合并会计处理。

①非同一控制下的控股合并中，购买方应当按照确定的<u>企业合并成本</u>作为长期股权投资的初始投资成本。企业合并成本包括购买方付出的资产、发生或承担的负债、发行的权益性工具或债务性工具的<u>公允价值</u>之和。

②购买方为企业合并发生的审计、法律服务、评估咨询等中介费用以及其他相关管理费用，应于发生时计入<u>当期损益（管理费用）</u>。

借：管理费用（直接相关费用）
　　贷：银行存款

③购买方作为合并对价发行的权益性工具或债务性工具的交易费用，应当<u>计入权益性工具或债务性工具的初始确认金额</u>。

④无论是同一控制下的企业合并还是非同一控制下的企业合并形成的长期股权投资，实际支付的价款或对价中包含的已宣告但尚未发放的现金股利或利润，应作为应收项目（应收股利等）处理。

⑤具体会计处理。

A. 以现金作为合并对价的：

借：长期股权投资
　　贷：银行存款

B. 以固定资产作为合并对价的：

借：长期股权投资
　　贷：固定资产清理（公允价值）
　　　　<u>资产处置损益</u>（或借记）

C. 以无形资产作为合并对价的：

借：长期股权投资
　　累计摊销
　　无形资产减值准备
　　贷：无形资产
　　　　<u>资产处置损益</u>（或借记）

D. 以存货作为合并对价的：

借：长期股权投资（股权投资的公允价值）
　　贷：<u>主营业务收入、其他业务收入</u>
　　　　应交税费——应交增值税（销项税额）

同时：

借：<u>主营业务成本、其他业务成本</u>

　　　存货跌价准备
　　贷：库存商品

E. 以其他权益工具投资作为合并对价的：

借：长期股权投资
　　贷：其他权益工具投资
　　　　利润分配——未分配利润
　　　　盈余公积（差额，可能在借方）

同时：

借：其他综合收益
　　贷：利润分配——未分配利润
　　　　盈余公积（差额，可能在借方）

F. 以其他债权投资作为合并对价的：

借：长期股权投资
　　贷：其他债权投资
　　　　<u>投资收益</u>（差额，可能在借方）

借：其他综合收益
　　贷：投资收益（差额，可能在借方）

（2）企业通过多次交易分步实现非同一控制下企业合并的，参见本章"长期股权投资核算方法的转换"知识点中"（二）公允价值计量或权益法核算转成本法核算"内容。

（二）企业合并以外的其他方式取得的长期股权投资

1. 以支付现金取得的长期股权投资

以支付现金取得的长期股权投资，应当按照实际支付的购买价款作为初始投资成本，包括与取得长期股权投资<u>直接相关的费用、税金及其他必要支出</u>，但<u>不包括</u>应自被投资单位收取的已宣告但尚未发放的现金股利或利润。

借：长期股权投资——投资成本
　　应收股利（被投资单位已宣告但尚未发放的现金股利或利润）
　　贷：银行存款等

2. 以发行权益性证券取得的长期股权投资

以发行权益性证券取得的长期股权投资，应当按照发行权益性证券的<u>公允价值</u>作为初始投资成本，但<u>不包括</u>应自被投资单位收取的已宣告但尚未发放的现金股利或利润。

为发行权益性证券支付的手续费、佣金等与发行直接相关的费用，不构成长期股权投资的初始投资成本。这部分费用应自所发行证券的溢价发行收入中扣除，溢价收入不足冲减的，应依次冲减盈余公积和未分配利润。

取得投资时：

借：长期股权投资（权益性证券的公允价值）

应收股利（已宣告但尚未发放的现金股利或利润）

贷：股本（股票面值总额）

资本公积——股本溢价（差额）

发行权益性证券支付的手续费、佣金等：

借：资本公积——股本溢价

盈余公积

利润分配——未分配利润

贷：银行存款

长期股权投资初始计量总结见表6-2。

表6-2　　长期股权投资初始计量

| 项目 | 同一控制下企业合并 | 非同一控制下企业合并 | 合并以外其他方式 |
|---|---|---|---|
| 初始计量 | 初始投资成本=取得的被合并方所有者权益在最终控制方合并财务报表中的账面价值的份额 | 初始投资成本（合并成本）=付出对价的公允价值 | 初始投资成本=付出对价的公允价值+初始直接费用 |
| 支付对价的差额 | 长期股权投资初始投资成本与支付对价账面价值的差额调整资本公积，资本公积不足冲减的，依次冲减盈余公积和未分配利润 | 付出资产公允价值与账面价值的差额计入当期损益（比照处置相关资产处理） | |
| 发生的审计、法律服务、评估咨询等中介费用以及其他相关管理费用 | 发生时计入**当期损益（管理费用）** | | 计入初始投资成本 |
| 付出对价中包含的股利 | 不构成长期股权投资成本，单独作为应收项目处理，记入"应收股利"科目 | | |
| 其他费用 | （1）与发行权益性工具作为合并对价直接相关的交易费用，应当冲减资本公积（资本溢价或股本溢价），资本公积（资本溢价或股本溢价）不足冲减的，依次冲减盈余公积和未分配利润。（2）与发行债务性工具作为合并对价直接相关的交易费用，应当计入债务性工具的初始确认金额 | 购买方作为合并对价发行的权益性工具或债务性工具的交易费用，应当**计入权益性工具或债务性工具的初始确认金额** | 为发行权益性证券支付的手续费、佣金等与发行直接相关的费用，不构成长期股权投资的初始投资成本。这部分费用应自所发行证券的溢价发行收入中扣除，溢价收入不足冲减的，应依次冲减盈余公积和未分配利润 |

## 二、例题点津

【例题1·单选题】2×22年1月1日，甲公司发行面值为5 000万元、公允价值为30 000万元的普通股股票，从其最终控制方取得乙公司80%有表决权的股份，能够对乙公司实施控制，该合并属于同一控制下的企业合并。当日，在最终控制方合并财务报表中，乙公司净资产的账面价值为20 000万元，与乙公司相关的商誉金额为零；乙公司个别财务报表中净资产的账面价值

为15 000万元，不考虑其他因素，甲公司该长期股权投资的初始入账金额是（　　）万元。

A. 30 000　　　　　　B. 12 000

C. 16 000　　　　　　D. 5 000

【答案】C

【解析】甲公司发行股票实现对乙公司的控制，属于对子公司的投资。同时，该合并属于同一控制下的企业合并，其长期股权投资的初始入账金额=取得的被合并方净资产在最终控制方合并财务报表中的账面价值的份额+最终控制方收

购被合并方时形成的商誉 = 20 000 × 80% + 0 = 16 000（万元）。

**【例题2·单选题】** 2×23年3月10日，甲公司以定向增发面值总额为8 000万元、公允价值为20 000万元的普通股为对价，从非关联方取得乙公司20%的有表决权股份，对该股权投资采用权益法核算。甲公司为定向增发普通股支付了500万元的发行费用。当日，乙公司可辨认净资产的公允价值为90 000万元。不考虑其他因素，甲公司该项长期股权投资的初始入账金额为（　　）万元。

A. 20 000  　　　　 B. 18 000

C. 20 500  　　　　 D. 8 500

**【答案】** A

**【解析】** 该业务属于非合并方式取得的长期股权投资，初始投资成本 = 付出对价的公允价值 + 初始直接费用 = 发行股票的公允价值20 000万元。定向增发普通股支付的500万元发行费用，不构成长期股权投资的初始投资成本。这部分费用应自所发行证券的溢价发行收入中扣除，溢价收入不足冲减的，应依次冲减盈余公积和未分配利润。

**【例题3·多选题】** 甲、乙公司同为丙公司的子公司，甲公司以发行股份的方式吸收合并乙公司。下列各项关于甲公司会计处理的表述中，正确的有（　　）。

A. 甲公司取得的乙公司各项资产、负债应当按照合并日的公允价值计量

B. 甲公司支付的股票发行佣金计入财务费用

C. 甲公司发生的与合并相关的法律咨询费计入管理费用

D. 甲公司确认的乙公司净资产的账面价值与发行股份面值总额的差额计入所有者权益

**【答案】** CD

**【解析】** 甲、乙公司同为丙公司的子公司，甲公司以发行股份的方式吸收合并乙公司，则该合并为同一控制下的企业合并，甲公司取得的乙公司各项资产、负债应当按照合并日最终控制方丙公司的合并财务报表中的账面价值确认，而不是公允价值，选项A错误；甲公司支付的股票发行佣金属于交易费用，应冲减资本公积，资本公积不足冲减的，依次冲减盈余公积和未分配利润，选项B错误。

**【例题4·判断题】** 同一控制下的企业合并中合并方为企业合并支付的审计费应计入当期损益。（　　）

**【答案】** √

# 第二单元　长期股权投资的后续计量

## 1 成本法

### 一、考点解读

投资方持有的**对子公司投资应当采用成本法**核算，投资方为投资性主体且子公司不纳入其合并财务报表的除外。投资方在判断对被投资单位是否具有控制时，应综合考虑直接持有的股权和通过子公司间接持有的股权。在个别财务报表中，投资方进行成本法核算时，应仅考虑直接持有的股权份额。

（1）采用成本法核算的长期股权投资，应当按照初始投资成本计价。追加或收回投资应当调整长期股权投资的成本。在追加投资时，按照追加投资支付的成本的公允价值及发生的相关交易费用增加长期股权投资的账面价值。

（2）被投资单位宣告分派现金股利或利润的，投资方根据应享有的部分确认当期投资收益。

借：应收股利（被投资单位宣告分派的现金股利或利润×投资方持股比例）

　　贷：投资收益

（3）计提减值准备：在判断该类长期股权投资是否存在减值迹象时，应当关注长期股权投资的账面价值是否大于享有被投资单位净资产（包括相关商誉）账面价值的份额等情况。可收回金额低于长期股权投资账面价值的，应当计提减值准备。

借：资产减值损失

　　贷：长期股权投资减值准备

**一经计提，在其持有期间不得转回。**

**提示**（1）长期股权投资采用成本法核算，被投资单位实现净损益、其他综合收益变动以及其他所有者权益变动均无须进行账务处理。

（2）子公司将未分配利润或盈余公积直接转增股本（实收资本）（即宣告发放股票股利），且未向投资方提供等值现金股利或利润的选择权时，母公司并没有获得收取现金股利或者利润的权力，这通常属于子公司自身权益结构的重分类，母公司不应确认相关的投资收益。

## 二、例题点津

**【例题1·单选题】** 下列各项中，影响长期股权投资账面价值增减变动的是（　　）。

A. 采用权益法核算的长期股权投资，持有期间被投资单位宣告分派股票股利

B. 采用权益法核算的长期股权投资，持有期间被投资单位宣告分派现金股利

C. 采用成本法核算的长期股权投资，持有期间被投资单位宣告分派股票股利

D. 采用成本法核算的长期股权投资，持有期间被投资单位宣告分派现金股利

**【答案】** B

**【解析】** 被投资单位宣告分派股票股利的，投资方的长期股权投资不作任何账务处理，只需备查登记增加股票的数量，选项A、C错误；采用权益法核算时，被投资单位宣告分派现金股利，投资方应借记"应收股利"科目，贷记"长期股权投资——损益调整"科目，选项B正确；采用成本法核算时，被投资单位宣告分派现金股利，投资方应借记"应收股利"科目，贷记"投资收益"科目，选项D错误。

**【例题2·单选题】** 长期股权投资成本法的适用范围是（　　）。

A. 投资企业能够对被投资企业实施控制的长期股权投资

B. 投资企业对被投资企业不具有共同控制或重大影响，并且在活跃市场中没有报价、公允价值不能可靠计量的长期股权投资

C. 投资企业对被投资企业具有共同控制的长期股权投资

D. 投资企业对被投资企业具有重大影响的长期股权投资

**【答案】** A

**【解析】** 长期股权投资成本法的适用范围是投资企业能够对被投资企业实施控制的长期股权投资，即对子公司的投资。

## 2　权益法

## 一、考点解读

对合营企业和联营企业投资应当采用权益法核算。投资方在判断对被投资单位是否具有共同控制、重大影响时，应综合考虑直接持有的股权和通过子公司间接持有的股权。如果认定投资方在被投资单位拥有共同控制或重大影响，在个别财务报表中，投资方进行权益法核算时，应仅考虑直接持有的股权份额；在合并财务报表中，投资方进行权益法核算时，应同时考虑直接持有和间接持有的份额。

**提示**（1）潜在股的考虑：在评估投资方对被投资单位是否具有重大影响时，应当考虑潜在表决权的影响，但在确定应享有的被投资单位实现的净损益、其他综合收益和其他所有者权益变动的份额时，潜在表决权所对应的权益份额不应予以考虑。

（2）在持有投资期间，被投资单位编制合并财务报表的，应当以合并财务报表中净利润、其他综合收益和其他所有者权益变动中归属于被投资单位的金额为基础进行会计处理。

（一）权益法科目设置（见表6-3）

表6-3　　权益法科目设置

| 科目 | 核算内容 |
| --- | --- |
| 长期股权投资——投资成本 | （1）取得投资时的初始成本；<br>（2）初始投资成本小于投资时应享有被投资单位可辨认净资产公允价值份额，对初始投资成本的调整；<br>（3）处置时结转的成本 |
| 长期股权投资——损益调整 | （1）持有期间被投资单位实现净利润或发生净亏损；<br>（2）持有期间被投资单位宣告分派现金股利或利润 |
| 长期股权投资——其他综合收益 | 持有期间被投资单位其他综合收益变动 |

续表

| 科目 | 核算内容 |
| --- | --- |
| 长期股权投资——其他权益变动 | 持有期间被投资单位其他权益变动 |

（二）初始投资成本的调整

（1）初始投资成本大于取得投资时应享有被投资单位可辨认净资产公允价值份额的，二者的差额体现的是商誉价值，这种情况下对长期股权投资的成本不进行调整。

（2）初始投资成本小于取得投资时应享有被投资单位可辨认净资产公允价值份额的，两者之间的差额体现为转让方的让步，应计入取得投资当期的营业外收入，同时调整增加长期股权投资的账面价值。

借：长期股权投资——投资成本
　　贷：银行存款等
　　　　营业外收入（差额）

（三）投资损益的确认

1. 基本原则

投资企业取得长期股权投资后，应当按照应享有或应分担的被投资单位实现净利润或发生净亏损的份额，调整长期股权投资的账面价值，并确认投资损益。

（1）被投资单位实现净利润：

借：长期股权投资——损益调整
　　贷：投资收益

（2）被投资单位发生净亏损：

借：投资收益
　　贷：长期股权投资——损益调整

2. 调整因素

采用权益法核算的长期股权投资，在确认应享有（或分担）被投资单位的净利润（或净亏损）时，在被投资单位账面净利润的基础上，应考虑以下因素的影响进行适当调整：

（1）被投资单位采用的会计政策和会计期间与投资方不一致的，应按投资方的会计政策和会计期间对被投资单位的财务报表进行调整，在此基础上确定被投资单位的损益。

（2）以取得投资时被投资单位固定资产、无形资产等的公允价值为基础对被投资单位净利润进行调整。

①按投资时被投资单位该固定资产、无形资产的公允价值计算被投资单位固定资产、无形资产折旧额或摊销额，调整被投资单位净利润。

②按投资时被投资单位该固定资产、无形资产的公允价值计算被投资单位资产减值，调整被投资单位净利润。

③按投资时被投资单位存货的公允价值调整已销存货的销售成本，调整被投资单位净利润。

提示（1）权益法下投资收益代表的是被投资单位资产、负债在公允价值计量的情况下在未来期间通过经营产生的损益中归属于投资企业的部分。

（2）如果投资方无法合理取得被投资方各项可辨认资产等的公允价值，则按照账面净利润确认投资收益。

3. 内部交易损益抵销

投资方与联营企业及合营企业之间发生的未实现内部交易损益，按照应享有的比例计算归属于投资方的部分，应当予以抵销，在此基础上确认投资损益。投资方与被投资单位发生的内部交易损失，按照资产减值准则等规定属于资产减值损失的，应当全额确认。

（1）顺流交易。

顺流交易是指投资方向其联营企业或合营企业投出或出售资产。在顺流交易存在未实现内部交易损益的情况下（即有关资产未对外部独立第三方出售或未被消耗），投资方在采用权益法计算确认应享有联营企业或合营企业的投资损益时，应抵销该未实现内部交易损益的影响，同时调整对联营企业或合营企业长期股权投资的账面价值。

借：长期股权投资——损益调整
　　贷：投资收益（调整后净利润×投资
　　　　　　比例）

以存货为例，调整后净利润＝被投资方当期实现净利润－（存货内部交易售价－存货账面价值）×（1－当期出售比例）。

亏损作相反分录。

（2）逆流交易。

逆流交易是指联营企业或合营企业向投资方投出或出售资产。逆流交易，比照顺流交易处理。

**提示** （1）无论顺流交易还是逆流交易，均需对被投资方的净利润进行调整，即将未实现内部交易损益部分抵销被投资单位的净利润。而以后年度上述未实现内部交易损益实现时，还需将以前年度抵销的金额增加实现年度的净利润。

（2）应当说明的是，投资方与联营企业、合营企业之间的顺流交易或逆流交易产生的未实现内部交易损失，其中属于所转让资产发生减值损失的，有关未实现内部交易损失不应予以抵销。

（四）被投资单位其他综合收益变动的处理

被投资单位其他综合收益发生变动的，投资方应当按照归属于本企业的部分，相应调整长期股权投资的账面价值，同时增加或减少其他综合收益。

借：长期股权投资——其他综合收益
　　贷：其他综合收益
或作相反会计分录。

**提示** 被投资单位确认的其他综合收益会影响其所有者权益总额，从而影响投资企业应享有被投资单位所有者权益的份额。因此，投资单位要按持股比例调整长期股权投资账面价值。

（五）取得现金股利或利润的处理

按照权益法核算的长期股权投资，投资方自被投资单位取得的现金股利或利润，应抵减长期股权投资的账面价值。

被投资单位宣告分派现金股利或利润时：
借：应收股利（被投资单位宣告分派的现
　　　　金股利或利润×投资方持股比例）
　　贷：长期股权投资——损益调整

**提示** 被投资单位分派的股票股利，属于所有者权益内部变动，投资单位不作账务处理。

（六）超额亏损的确认

1. 基本原则

权益法下，投资方确认应分担被投资单位发生的损失，原则上应以长期股权投资及其他实质上构成对被投资单位净投资的长期权益减记至零为限，投资方负有承担额外损失义务的除外。

其他实质上构成对被投资单位净投资的长期权益，通常是指长期应收项目等。应予说明的是，该类长期权益不包括投资方与被投资单位之间因销售商品、提供劳务等日常活动所产生的长期债权。

2. 具体处理

投资方在确认应分担被投资单位发生的损失时，应按照以下顺序处理：

（1）减记长期股权投资的账面价值。

（2）冲减长期应收项目等的账面价值。

（3）按预计将承担责任的金额确认预计负债，计入当期投资损失。

（4）在账外作备查登记，不再予以确认。

会计处理如下：
借：投资收益
　　贷：长期股权投资——损益调整
　　　　长期应收款
　　　　预计负债

**提示** 被投资单位在以后期间实现净利润或其他综合收益增加净额时，投资方应当按照以上相反顺序进行会计处理，即依次减记未确认投资净损失金额、恢复其他长期权益和恢复长期股权投资的账面价值，同时，投资方还应当重新复核预计负债的账面价值。会计处理如下：

借：预计负债
　　长期应收款
　　长期股权投资
　　贷：投资收益

（七）被投资单位除净损益、其他综合收益以及利润分配以外的所有者权益的其他变动

被投资单位除净损益、其他综合收益以及利润分配以外的所有者权益的其他变动的因素，主要包括被投资单位接受其他股东的资本性投入、被投资单位发行可分离交易的可转债中包含的权益成分、以权益结算的股份支付、其他股东对被投资单位增资导致投资方持股比例变动等。

投资方应按所持股权比例计算应享有的份额，调整长期股权投资的账面价值，同时计入资本公积（其他资本公积），并在备查簿中予以登记。

会计处理如下：
借：长期股权投资——其他权益变动
　　贷：资本公积——其他资本公积
或作相反的会计分录。

（八）长期股权投资的减值

投资方应当关注长期股权投资的账面价值是否大于享有被投资单位所有者权益账面价值的份额等类似情况。可收回金额低于长期股权投资账

面价值的，应当计提减值准备。

会计处理如下：

借：资产减值损失

　　贷：长期股权投资减值准备

**一经计提，在其持有期间不得转回。**

## 二、例题点津

**【例题1·单选题】** 2×22年1月1日，甲公司以银行存款2 500万元取得乙公司20%有表决权的股份，对乙公司具有重大影响，采用权益法核算；乙公司当日可辨认净资产的账面价值为12 000万元，各项可辨认资产、负债的公允价值与其账面价值均相同。乙公司2×22年度实现的净利润为1 000万元。不考虑其他因素，2×22年12月31日，甲公司该项投资在资产负债表中应列示的年末余额为（　　）万元。

A. 2 500　　　　B. 2 400

C. 2 600　　　　D. 2 700

**【答案】** D

**【解析】** 2×22年12月31日，甲公司该项投资在资产负债表中应列示的年末余额=2 500+1 000×20%=2 700（万元）。

**【例题2·多选题】** 2×19年12月1日，甲公司取得乙公司30%的有表决权股份，对该股权投资采用权益法核算。2×20年度，乙公司实现净利润6 000万元、资本公积增加500万元、其他综合收益减少300万元。不考虑其他因素，乙公司的上述业务对甲公司2×20年度财务报表影响的下列各项表述中，正确的有（　　）。

A. 资本公积增加150万元

B. 长期股权投资增加1 860万元

C. 其他综合收益减少90万元

D. 投资收益增加1 800万元

**【答案】** ABCD

**【解析】** 资本公积增加500万元，即所有者权益增加，属于其他权益变动；实现净利润6 000万元，相应确认投资收益和调整长期股权投资账面价值；其他综合收益减少300万元，属于其他综合收益变动，相应调整其他综合收益和长期股权投资账面价值，上述业务的相关会计分录如下：

借：长期股权投资——损益调整

（6 000×30%）1 800

——其他权益变动

（500×30%）150

　　贷：投资收益 1 800

　　资本公积——其他资本公积

150

借：其他综合收益 90

　　贷：长期股权投资——其他综合收益

（300×30%）90

**【例题3·多选题】** 企业采用权益法核算长期股权投资时，下列各项中，影响长期股权投资账面价值的有（　　）。

A. 被投资单位其他综合收益变动

B. 被投资单位发行一般公司债券

C. 被投资单位以盈余公积转增资本

D. 被投资单位实现净利润

**【答案】** AD

**【解析】** 选项B、C，被投资单位所有者权益总额不发生变动，投资方不需要调整长期股权投资账面价值。

**【例题4·判断题】** 采用权益法核算的长期股权投资的初始投资成本大于投资时应享有被投资单位可辨认净资产公允价值份额的，其差额不调整长期股权投资的初始投资成本。（　　）

**【答案】** √

**【解析】** 权益法核算时，初始投资成本大于享有被投资单位可辨认净资产公允价值份额的，不调整长期股权投资的初始投资成本。

## 3 长期股权投资核算方法的转换

### 一、考点解读

（一）公允价值计量转换为权益法的核算

因追加投资等导致持股比例上升，从金融工具核算转为长期股权投资权益法核算。

1. 确定初始投资成本

长期股权投资初始投资成本=原股权的公允价值+新增投资应支付对价的公允价值

（1）原持有的股权投资分类为以公允价值计量且其变动计入当期损益的金融资产，其公允价值与账面价值之间的差额，应当转入改按权益法核算的当期损益（投资收益）。

借：长期股权投资——投资成本（原股权公允价值+新增投资而应支付对价的公

允价值）

　　贷：交易性金融资产（原持有股权的
　　　　　账面价值）
　　　　投资收益（差额，或借方）
　　　　银行存款等

　　（2）原持有的股权投资指定为以公允价值计量且其变动计入其他综合收益的非交易性权益工具投资的，其公允价值与账面价值之间的差额及原计入其他综合收益的累计公允价值变动，应当直接转入留存收益。

　　借：长期股权投资——投资成本（原股权
　　　　　公允价值+新增投资而应支付对价的公
　　　　　允价值）
　　　　其他综合收益（或贷方）
　　贷：其他权益工具投资（原持有股权
　　　　　的账面价值）
　　　　投资收益（差额，或借方）
　　　　银行存款等
　　　　盈余公积（差额或其他综合收益
　　　　　转入，或借方）
　　　　利润分配——未分配利润

　　2. 调整初始投资成本

　　比较上述计算所得的初始投资成本，与按照追加投资后全新的持股比例计算确定的应享有被投资单位在追加投资日可辨认净资产公允价值份额之间的差额，前者大于后者的，不调整长期股权投资的账面价值；前者小于后者的，差额应调整长期股权投资的账面价值，并计入当期营业外收入。

　　（二）公允价值计量或权益法核算转成本法核算

　　因追加投资等，实现对被投资单位控制，转为成本法核算。

　　1. 多次交易实现同一控制下企业合并

　　企业通过多次交易分步取得同一控制下被投资单位的股权，最终形成企业合并的，应当判断多次交易是否属于"一揽子"交易。属于"一揽子"交易的，合并方应当将各项交易作为一项取得控制权的交易进行会计处理。

　　不属于"一揽子"交易的，取得控制权日，应按照以下步骤进行会计处理：

　　（1）确定长期股权投资的初始投资成本=合并日应享有被合并方净资产在最终控制方合并财务报表中的账面价值的份额+最终控制方收购被合并方时形成的商誉。

　　（2）长期股权投资初始投资成本与合并对价账面价值之间的差额的处理。合并日长期股权投资的初始投资成本，与达到合并前的长期股权投资账面价值加上合并日进一步取得股份新支付对价的账面价值之和的差额，调整资本公积（资本溢价或股本溢价），资本公积不足冲减的，冲减留存收益。

　　调整资本公积的差额=合并日初始投资成本-（合并前长期股权投资账面价值+合并日进一步取得股份新支付对价的账面价值）

　　借：长期股权投资（最终控制方合并财务
　　　　　报表中的账面价值的份额+最终控制方
　　　　　收购被合并方时形成的商誉）
　　　　资本公积——资本溢价或股本溢价
　　　　　（借方差额）
　　　　盈余公积、利润分配——未分配利润
　　　　　（借方差额）
　　贷：长期股权投资/交易性金融资产/其
　　　　　他权益工具投资（原股权投资合
　　　　　并日账面价值）
　　　　相关资产（新支付对价账面价值）
　　　　股本（面值）
　　　　资本公积——资本溢价或股本溢价
　　　　　（贷方差额）

　　**提示**

　　（1）合并日之前持有的股权投资，因采用权益法核算或金融工具确认和计量准则核算而确认的其他综合收益，暂不进行会计处理，直至处置该项投资时采用与被投资单位直接处置相关资产或负债相同的基础进行会计处理。

　　（2）因采用权益法核算而确认的被投资单位净资产中除净损益、其他综合收益和利润分配以外的所有者权益其他变动，暂不进行会计处理，直至处置该项投资时转入当期损益。

　　（3）其中，处置后的剩余股权根据规定采用成本法或权益法核算的，其他综合收益和其他所有者权益应按比例结转，处置后的剩余股权不再属于长期股权投资核算范围的，改按金融工具确认和计量准则进行会计处理。

　　2. 多次交易实现非同一控制下企业合并

　　（1）购买日之前持有的股权采用权益法核

算的。

购买日长期股权投资初始投资成本＝原持有的股权投资的账面价值＋新增投资成本

提示　(1) 购买日之前持有的股权采用权益法核算的，相关其他综合收益应当在处置该项投资时采用与被投资单位直接处置相关资产或负债相同的基础进行会计处理。

(2) 因被投资方除净损益、其他综合收益和利润分配以外的其他所有者权益变动而确认的所有者权益，应当在处置该项投资时相应转入处置期间的当期损益（投资收益）。

(3) 其中，处置后的剩余股权采用成本法或权益法核算的，其他综合收益和其他所有者权益应按比例结转，处置后的剩余股权不再属于长期股权投资核算范围的，改按金融工具确认和计量准则进行会计处理。

(2) 购买日之前持有的股权投资采用公允价值核算的。

购买日长期股权投资初始投资成本＝原持有的股权投资的公允价值＋新增投资成本

①对于购买日前持有的股权投资分类为以公允价值计量且其变动计入当期损益的金融资产的：

借：长期股权投资（原持有的股权投资的公允价值＋新增投资成本）

　　投资收益（差额，或贷方）

　贷：交易性金融资产（账面价值）

　　　银行存款等

②对于购买日前持有的股权投资指定为以公允价值计量且变动计入其他综合收益的非交易性权益工具的：

借：长期股权投资（原持有的股权投资的公允价值＋新增投资成本）

　　盈余公积、利润分配——未分配利润（差额，或贷方）

　贷：其他权益工具投资（账面价值）

　　　银行存款等

借：其他综合收益（或贷方）

　贷：盈余公积、利润分配——未分配利润（差额，或借方）

(三) 权益法核算转公允价值计量

(1) 处置收到银行存款时：

借：银行存款

　贷：长期股权投资（处置部分账面价值）

投资收益（也可能在借方）

(2) 处置后的剩余股权应当改按金融工具确认和计量核算，其在丧失共同控制或重大影响之日的公允价值与账面价值之间的差额计入当期损益。会计处理如下：

借：交易性金融资产或其他权益工具投资（原持有的股权投资的公允价值）

　贷：长期股权投资

　　　投资收益等

(3) 原采用权益法核算的相关其他综合收益应当在终止采用权益法核算时，采用与被投资单位直接处置相关资产或负债相同的基础进行会计处理，因被投资方除净损益、其他综合收益和利润分配以外的其他所有者权益变动而确认的所有者权益，应当在终止采用权益法核算时全部转入当期损益。会计处理如下：

借：其他综合收益

　　资本公积——其他资本公积

　贷：投资收益

(四) 成本法核算转权益法核算

(1) 因处置投资等原因导致对被投资单位由能够实施控制转为具有重大影响或者与其他投资方一起实施共同控制的，首先应按处置投资的比例结转应终止确认的长期股权投资成本。

借：银行存款

　贷：长期股权投资（处置部分账面价值）

　　　投资收益（也可能在借方）

(2) 比较剩余长期股权投资的成本与按照剩余持股比例计算原投资时应享有被投资单位可辨认净资产公允价值的份额，前者大于后者的，属于投资作价中体现的商誉部分，不调整长期股权投资的账面价值；前者小于后者的，在调整长期股权投资成本的同时，调整留存收益。会计处理如下：

借：长期股权投资——投资成本

　贷：盈余公积

　　　利润分配——未分配利润

(3) 对于原取得投资时至处置投资时（转为权益法核算）之间被投资单位实现净损益中投资方应享有的份额，一方面，应当调整长期股权投资的账面价值；另一方面，对于原取得投资时至处置投资当期期初被投资单位实现的净损益（扣除已宣告发放的现金股利和利润）中应享有的份额，调整留存收益，对于处置投资当期期初至处置投资之日被投资单位实现的净损益中享有的份额，调整当期损益；在被投资单位其他综合收益变动中应享有的份额，在调整长期股权投资账面价值的同时，应当计入其他综合收益；除净损益、其他综合收益和利润分配外的其他原因导致被投资单位其他所有者权益变动中应享有的份额，在调整长期股权投资账面价值的同时，应当计入资本公积（其他资本公积）。

借：长期股权投资——损益调整
　　　　　　　　——其他综合收益
　　　　　　　　——其他权益变动
　　贷：盈余公积
　　　　利润分配——未分配利润
　　　　投资收益
　　　　其他综合收益
　　　　资本公积——其他资本公积

（4）投资方因其他投资方对其子公司增资而导致本投资方持股比例下降，从而丧失控制权但能实施共同控制或施加重大影响的，投资方在个别财务报表中，应当对该项长期股权投资从成本法核算转为权益法核算。首先，按照新的持股比例确认本投资方应享有的原子公司因增资扩股而增加净资产的份额，与应结转持股比例下降部分所对应的长期股权投资原账面价值之间的差额计入当期损益；然后，按照新的持股比例视同自取得投资时即采用权益法核算进行调整。

（五）成本法核算转公允价值计量

（1）因处置投资等原因导致对被投资单位由能够实施控制转为公允价值计量的，首先应按处置投资的比例结转应终止确认的长期股权投资成本。

借：银行存款
　　贷：长期股权投资（处置部分账面价值）
　　　　投资收益（也可能在借方）

（2）在丧失控制权之日剩余股权的公允价值与账面价值之间的差额计入当期投资收益。

会计处理如下：

借：长期股权投资——损益调整
　　　　　　　　——其他综合收益
　　　　　　　　——其他权益变动
　　贷：盈余公积、利润分配——未分配利润（原投资时至处置投资当期期

初被投资单位留存收益变动×剩余持股比例）
　　　　投资收益（处置投资当期期初至处置日被投资单位的净损益变动×剩余持股比例）
　　　　其他综合收益（被投资单位其他综合收益变动×剩余持股比例）
　　　　资本公积——其他资本公积（其他原因导致被投资单位所有者权益变动×剩余持股比例）

借：其他权益工具投资等
　　贷：长期股权投资
　　　　投资收益

## 二、例题点津

【例题1·多选题】因部分处置长期股权投资，企业将剩余长期股权投资的核算方法由成本法转变为权益法时进行的下列会计处理中，正确的有（　　）。

A. 按照处置部分的比例结转应终止确认的长期股权投资成本

B. 剩余股权按照处置投资当期期初至处置投资日应享有的被投资单位已实现净损益中的份额调整当期损益

C. 剩余股权按照原取得投资时至处置投资当期期初应享有的被投资单位已实现净损益中的份额调整留存收益

D. 将剩余股权的账面价值大于按照剩余持股比例计算原投资时应享有的被投资单位可辨认净资产公允价值份额的差额，调整长期股权投资的账面价值

【答案】ABC

【解析】选项D，剩余股权的账面价值大于按照剩余持股比例计算原投资时应享有的被投资单位可辨认净资产公允价值份额的差额，属于投资作价中体现的商誉部分，不调整长期股权投资的账面价值。

## 4　长期股权投资的处置

### 一、考点解读

（1）**处置长期股权投资，其账面价值与实际取得价款的差额，应计入当期损益。**

（2）投资方全部处置权益法核算的长期股权投资时，原权益法核算的相关其他综合收益应当在终止采用权益法核算时采用与被投资单位直接处置相关资产或负债相同的基础进行会计处理，因被投资方除净损益、其他综合收益和利润分配以外的其他所有者权益变动而确认的所有者权益，应当在终止采用权益法核算时全部转入当期投资收益。

（3）投资方部分处置权益法核算的长期股权投资时，剩余股权仍采用权益法核算的，原权益法核算的相关其他综合收益应当采用与被投资单位直接处置相关资产或负债相同的基础处理并按比例结转，因被投资方除净损益、其他综合收益和利润分配以外的其他所有者权益变动而确认的所有者权益，应当按比例结转入当期投资收益。

会计处理如下：

借：银行存款等（实际收到的金额）
　　长期股权投资减值准备（已计提的减
　　　值准备）
　　贷：长期股权投资（账面余额）
　　　　投资收益（差额，或借方）
借：其他综合收益
　　资本公积——其他资本公积
　　贷：投资收益

## 二、例题点津

【例题 1·单选题】2×22 年 5 月 10 日，甲公司将其持有的一项以权益法核算的长期股权投资全部出售，取得价款 1 200 万元，当日办妥相关手续。出售时，该项长期股权投资的账面价值为 1 100 万元，其中投资成本为 700 万元，损益调整为 300 万元，可重分类进损益的其他综合收

益为 100 万元。不考虑增值税等相关税费及其他因素，甲公司处置该项股权投资应确认的投资收益为（　　）万元。

A. 100　　　　　　　B. 500
C. 200　　　　　　　D. 400

【答案】C

【解析】甲公司处置该项股权投资应确认的投资收益包括两个部分：一是处置价款与账面价值的差额（1 200 - 1 100）；二是持有期间确认的其他综合收益转入投资收益（100），即：（1 200 - 1 100）+ 100 = 200（万元）。

【例题 2·多选题】企业处置长期股权投资时，正确的处理方法有（　　）。

A. 处置长期股权投资，其账面价值与实际取得价款的差额，应当计入投资收益

B. 处置长期股权投资，其账面价值与实际取得价款的差额，应当计入营业外收入

C. 采用权益法核算的长期股权投资，因被投资单位除净损益以外所有者权益的其他变动而计入所有者权益的，处置该项投资时应当将原计入所有者权益的部分按相应比例转入投资收益

D. 采用权益法核算的长期股权投资，因被投资单位除净损益以外所有者权益的其他变动而计入所有者权益的，处置该项投资时应当将原计入所有者权益的部分按相应比例转入营业外收入

【答案】AC

【解析】处置长期股权投资，其账面价值与实际取得价款的差额，应计入当期损益（投资收益）。采用权益法核算的长期股权投资，因被投资单位除净损益以外所有者权益的其他变动而计入所有者权益的，处置该项投资时应当将原计入所有者权益的部分按相应比例转入当期损益。

# 第三单元　合营安排

## 1 合营安排的概念及认定

### 一、考点解读

（一）概念及主要特征
合营安排如表 6 - 4 所示。

表 6 - 4

| 项目 | 内容 | 备注 |
| --- | --- | --- |
| 概念 | 合营安排是指一项由两个或两个以上的参与方共同控制的安排 | — |

续表

| 项目 | 内容 | 备注 |
|------|------|------|
| 主要特征 | （1）各参与方均受到该安排的约束；（2）两个或两个以上的参与方对该安排实施共同控制 | （1）合营安排通过相关约定对各参与方予以约束。相关约定是指据以判断是否存在共同控制的一系列具有执行力的合约（包括合同安排、对该安排构成约束的法律形式本身）；（2）共同控制是指按照相关约定对某项安排所共有的控制，并且该安排的相关活动必须经过分享控制权的参与方一致同意后才能决策 |

（二）共同控制及判断原则

合营安排的一个重要特征是共同控制。共同控制是指按照相关约定对某项安排所共有的控制，并且该安排的相关活动必须经过分享控制权的参与方一致同意后才能决策。

提示　共同控制不同于控制，共同控制是由两个或两个以上的参与方实施，而控制由单一参与方实施。共同控制也不同于重大影响，享有重大影响的参与方只拥有参与安排的财务和经营决策的决策权力，但并不能够控制或者与其他方一起共同控制这些政策的制定。

在判断是否具有共同控制时，首先判断是否所有参与方或参与方组合集体控制该安排，其次再判断该安排相关活动的决策是否必须经过这些参与方一致同意。

1. 集体控制

如果所有参与方或一组参与方必须一致行动才能决定某项安排的相关活动，则称所有参与方或一组参与方集体控制该安排。在判断集体控制时，需要注意：（1）集体控制不是单独一方控制。（2）尽管所有参与方联合起来一定能够控制该安排，但集体控制下，集体控制该安排的组合指的是那些既能联合起来控制该安排，又使得参与方数量最少的一个或几个参与方组合。能够集体控制一项安排的参与方组合很可能不止一个。

2. 相关活动的决策

主体应当在确定是由参与方组合集体控制该安排，而不是某一参与方单独控制该安排后，再判断这些集体控制该安排的参与方是否控制该安排。当且仅当相关活动的决策要求集体控制该安排的参与方一致同意时，才存在共同控制。

3. 争议解决机制

在分析合营安排的各方是否共同分享控制权时，要关注对于争议解决的机制安排。

4. 仅享有保护性权利的参与方不享有共同控制

保护性权利通常只能在合营安排发生根本性改变或某些例外情况发生时才能够行使，它既没有赋予其持有人对合营安排拥有权力，也不能阻止其他参与方对合营安排拥有权力。

5. 一项安排的不同活动可能分别由不同的参与方或参与方组合主导

6. 综合评估多项相关协议

（三）合营安排中的不同参与方

只要两个或两个以上的参与方对该安排实施共同控制，一项安排就可以被认定为合营安排，并不要求所有参与方都对该安排享有共同控制。对合营安排享有共同控制的参与方（分享控制权的参与方）被称为"合营方"；对合营安排不享有共同控制的参与方被称为"非合营方"。

（四）合营安排的分类

合营安排的分类及对比，见表6-5、表6-6。

表6-5

| 类型 | 概念 | 分类依据 |
|------|------|---------|
| 共同经营 | 共同经营，是指合营方享有该安排相关资产且承担该安排相关负债的合营安排 | 合营方应当根据其在合营安排的正常经营中享有的权利和承担的义务，来确定合营安排的分类。对权利和义务进行评价时，应当考虑该合营安排的结构、法律形式以及合营安排中约定的条款、其他相关事实和情况等因素 |
| 合营企业 | 合营企业，是指合营方仅对该安排的净资产享有权利的合营安排 | |

表 6 - 6

| 对比项目 | 共同经营 | 合营企业 |
|---|---|---|
| 合营安排的条款 | 参与方对合营安排的相关资产享有权利并对相关负债承担义务 | 参与方对与合营安排有关的净资产享有权利，即单独主体（而不是参与方），享有与安排相关资产的权利，并承担与安排相关负债的义务 |
| 对资产的权利 | 参与方按照约定的比例分享合营安排的相关资产的全部利益（例如，权利、权属或所有权等） | 资产属于合营安排，参与方并不对资产享有权利 |
| 对负债的义务 | 参与方按照约定的比例分担合营安排的成本、费用、债务及义务。第三方对该安排提出的索赔要求，参与方作为义务人承担赔偿责任 | 合营安排对自身的债务或义务承担责任。参与方仅以其自身对该安排认缴的投资额为限对该安排承担相应的义务。合营安排的债权人无权就该安排的债务对参与方进行追索 |
| 收入、费用及损益 | 合营安排建立了各参与方按照约定的比例（例如，按各自所耗用的产能比例）分配收入和费用的机制。某些情况下，参与方按约定的份额比例享有合营安排产生的净损益不会必然使其被分类为合营企业，仍应当分析参与方对该安排相关资产的权利以及对该安排相关负债的义务 | 各参与方按照约定的份额比例享有合营安排产生的净损益 |
| 担保 | 参与方为合营安排提供担保（或提供担保的承诺）的行为本身并不直接导致一项安排被分类为共同经营 | |

## 二、例题点津

【例题1·单选题】下列关于合营安排的表述中，正确的是（　　）。

A. 当合营安排未通过单独主体达成时，该合营安排为共同经营

B. 合营安排中参与方对合营安排提供担保的，该合营安排为共同经营

C. 两个参与方组合能够集体控制某项安排的，该安排构成合营安排

D. 合营安排为共同经营的，参与方对合营安排有关的净资产享有权利并对相关负债承担义务

【答案】A

【解析】①合营安排是指一项由两个或两个以上的参与方共同控制的安排。合营安排分为共同经营和合营企业。共同经营，是指合营方享有该安排相关资产的权利且承担该安排相关负债的义务的合营安排。合营企业，是指合营方仅对该安排的净资产享有权利的合营安排。②选项A正确，当合营安排未通过单独主体达成时，该合营安排为共同经营。③选项B错误，参与方为合营安排提供担保（或提供担保的承诺）的行为本身并不直接导致一项安排被分类为共同经营。④选项C错误，合营安排必须是具有唯一一组集体控制的组合。⑤选项D错误，合营安排为共同经营的，参与方对合营安排的相关资产享有权利并对相关负债承担义务。合营安排划分为合营企业的，参与方对合营安排有关的净资产享有权利。

【例题2·多选题】下列关于合营安排的叙述中，正确的有（　　）。

A. 未通过单独主体达成的合营安排，应当划分为合营企业

B. 合营安排分为共同经营和合营企业

C. 各参与方均受到该安排的约束

D. 合营安排要求所有参与方都对该安排实施共同控制

【答案】BC

【解析】选项A不正确，未通过单独主体达成的合营安排，应当划分为共同经营。选项D不正确，合营安排不要求所有参与方都对该安排实施共同控制。

## 2 共同经营中合营方的会计处理

### 一、考点解读

共同经营中合营方的会计处理见表6-7。

表6-7

| 类型 | 处理原则 |
|------|----------|
| 一般会计处理原则 | 合营方应当确认其与共同经营中利益份额相关的下列项目，并按照相关企业会计准则的规定进行会计处理：（1）确认单独所持有的资产，以及按其份额确认共同持有的资产；（2）确认单独所承担的负债，以及按其份额确认共同承担的负债；（3）确认出售其享有的共同经营产出份额所产生的收入；（4）按其份额确认共同经营因出售产出所产生的收入；（5）确认单独所发生的费用，以及按其份额确认共同经营发生的费用 |
| 合营方向共同经营投出或出售不构成业务的资产 | 合营方向共同经营投出或出售资产等（该资产构成业务的除外），在共同经营将相关资产出售给第三方或相关资产消耗之前（即，未实现内部利润仍包括在共同经营持有的资产账面价值中时），应当仅确认归属于共同经营其他参与方的利得或损失。交易表明投出或出售的资产发生符合《企业会计准则第8号——资产减值》等规定的资产减值损失的，合营方应当全额确认该损失 |
| 合营方自共同经营购买不构成业务的资产 | 合营方自共同经营购买资产等（该资产构成业务的除外），在将该资产等出售给第三方之前（即，未实现内部利润仍包括在合营方持有的资产账面价值中时），不应当确认因该交易产生的损益中该合营方应享有的部分。即，此时应当确认因该交易产生的损益中归属于共同经营其他参与方的部分 |
| 合营方取得构成业务的共同经营的利益份额 | 合营方取得共同经营中的利益份额，且该共同经营构成业务时，应当按照企业合并准则等相关准则进行相应的会计处理，但其他相关准则的规定不能与本准则的规定相冲突。企业应当按照企业合并准则的相关规定判断该共同经营是否构成业务 |

### 二、例题点津

【例题1·判断题】合营方自共同经营购买资产等（该资产构成业务的除外），在将该资产等出售给第三方之前，可以确认因该交易产生的损益中该合营方应享有的部分。（　　）

【答案】×

【解析】合营方自共同经营购买资产等（该资产构成业务的除外），在将该资产等出售给第三方之前（即，未实现内部利润仍包括在合营方持有的资产账面价值中时），不应当确认因该交易产生的损益中该合营方应享有的部分。即，此时应当确认因该交易产生的损益中归属于共同经营其他参与方的部分。

## 3 对共同经营不享有共同控制的参与方的会计处理原则

### 一、考点解读

对共同经营不享有共同控制的参与方的会计处理原则，见表6-8。

表6-8

| 类型 | 会计处理原则 |
|------|-------------|
| 享有该共同经营相关资产且承担共同经营相关负债的 | 比照合营方进行会计处理 |

续表

| 类型 | 会计处理原则 |
| --- | --- |
| 不属于享有该共同经营相关资产且承担共同经营相关负债的 | 应当按照相关企业会计准则的规定对其利益份额进行会计处理 |
| | 如果该参与方对于合营安排的净资产享有权利并具有重大影响，则按照长期股权投资准则等相关规定进行会计处理 |
| | 如果该参与方对于合营安排的净资产享有权利并且无重大影响，则按照金融工具确认和计量准则等相关规定进行会计处理 |
| | 向共同经营投出构成业务的资产的，以及取得共同经营的利益份额的，则按照企业合并及合并财务报表等相关准则进行会计处理 |

## 二、例题点津

【例题1·判断题】在合营安排中，该参与方对于合营安排的净资产享有权利并具有重大影响，则按照长期股权投资准则等相关规定进行会计处理。（　　）

【答案】√

# 本章考点巩固练习题

## 一、单项选择题

1. 丙公司为甲、乙公司的母公司，2×23年1月1日，甲公司以银行存款7 000万元取得乙公司60%有表决权的股份，另以银行存款100万元支付与合并直接相关的中介费用，当日办妥相关股权划转手续后，取得了乙公司的控制权；乙公司在丙公司合并财务报表中的净资产账面价值为9 000万元。不考虑其他因素，甲公司该项长期股权投资在合并日的初始投资成本为（　　）万元。

A. 7 100　　　　　B. 7 000
C. 5 400　　　　　D. 5 500

2. 2×23年3月20日，甲公司以银行存款1 000万元及一项土地使用权取得其母公司控制的乙公司80%的股权，并于当日起能够对乙公司实施控制。合并日，该土地使用权的账面价值为3 200万元，公允价值为4 000万元；乙公司净资产的账面价值为6 000万元，公允价值为6 250万元。假定甲公司与乙公司的会计年度和采用的会计政策相同，不考虑其他因素，在甲公司的下列会计处理中，正确的是（　　）。

A. 确认长期股权投资5 000万元，不确认资本公积

B. 确认长期股权投资5 000万元，确认资本公积800万元

C. 确认长期股权投资4 800万元，确认资本公积600万元

D. 确认长期股权投资4 800万元，冲减资本公积200万元

3. 2×23年1月1日，甲公司取得乙公司25%的股份，支付款项1 200万元，能够对其施加重大影响，同日乙公司可辨认净资产账面价值为4 400万元。2×23年度，乙公司实现净利润200万元，无其他所有者权益变动。2×24年1月1日，甲公司为购买同一集团内另一企业持有的乙公司40%股权，定向增发400万股普通股，每股面值为1元，每股公允价值为4.5元。取得该股权时，乙公司可辨认净资产账面价值为4 600万元。取得该股权后，甲公司能够对乙公司实施控制。假定甲公司和乙公司采用的会计政策和会计期间相同，甲公司2×24年1月1日追加取得该股权时应确认的资本公积为（　　）万元。

A. 1 330　　　　　B. 1 340
C. 1 390　　　　　D. 1 730

4. 甲公司持有乙公司40%的股权，2×22年1月

1日，甲公司处置乙公司30%的股权，取得银行存款1 200万元，由于对原股权不再具有重大影响，甲公司对剩余10%的股权投资改按其他权益工具投资核算。已知原股权投资的账面价值为900万元（其中投资成本为600万元，损益调整为200万元，其他权益变动为100万元），处置股权投资当日，剩余股权的公允价值为400万元，乙公司可辨认净资产公允价值为5 200万元。不考虑其他因素，则处置当日其他权益工具投资的入账价值为（    ）万元。

A. 400                 B. 320

C. 520                 D. 500

5. A、B两家公司属于非同一控制下的独立公司。A公司于2×24年2月1日以本企业的无形资产对B公司投资，取得B公司70%的股份，同日B公司可辨认净资产的账面价值和公允价值分别为2 000万元和2 100万元。该无形资产原值1 500万元，已摊销300万元，已提取减值准备50万元，2月1日该无形资产公允价值为1 250万元，A公司支付评估和法律咨询费用5万元。A公司该项长期股权投资的成本为（    ）万元。

A. 1 400              B. 1 470

C. 1 255              D. 1 250

6. 甲公司持有乙公司5%的有表决权股份，划分为其他权益工具投资。截至2×21年12月31日，甲公司原持有的该项其他权益工具投资的账面价值为70万元，累计确认其他综合收益20万元。2×22年1月19日，甲公司以银行存款9 500万元作为对价，增持乙公司50%的股份，能够控制乙公司。当日甲公司持有该其他权益性工具的公允价值为95万元。假设该项交易属于多次交易分步实现非同一控制下的企业合并，并且两次交易不构成"一揽子"交易。甲公司按10%比例计提法定盈余公积。不考虑其他因素，则2×22年1月19日甲公司上述事项对当期损益的影响金额为（    ）万元。

A. 45                   B. 0

C. 25                   D. 20

7. 根据企业会计准则规定，下列各项应作为同一控制企业合并进行会计处理的是（    ）

A. 某市国资委将其投资的甲公司与A公司进行合并

B. 乙公司能够控制B公司，丙公司能够控制C公司，B公司将C公司合并，乙公司和丙公司不存在关联方关系

C. 张某、李某、王某和赵某共同设立丁公司、戊公司、己公司，D公司是丁公司的子公司，E公司是戊公司的子公司，F公司是己公司的子公司，G公司是D公司的子公司，E公司将G公司进行合并

D. 庚公司是H公司的联营企业，J公司能够控制K公司，辛公司是J公司的合营企业，辛公司能够控制庚公司，K公司对H公司进行企业合并

8. 2×21年6月30日，甲公司向同一集团内乙公司的原股东A公司定向发行1 000万股普通股（每股面值为1元），取得乙公司100%的股权，并于当日起能够对乙公司实施控制。合并后乙公司仍维持其独立法人地位继续经营。2×21年6月30日，乙公司个别财务报表中净资产的账面价值为3 200万元，A公司合并财务报表中的乙公司净资产账面价值为4 000万元，假定甲公司和乙公司都受A公司最终同一控制，在企业合并前采用的会计政策相同。不考虑相关税费等其他因素影响。2×21年6月30日，甲公司取得乙公司股权时应确认"资本公积"（    ）万元。

A. 3 400              B. 3 000

C. 3 200              D. 4 000

9. 甲公司于2×21年1月3日以银行存款1 000万元购入A公司40%有表决权资本，能够对A公司施加重大影响。假定取得该项投资时，被投资单位的一批存货M账面价值为80万元，公允价值为120万元，除此之外其他可辨认资产、负债的公允价值等于账面价值，双方采用的会计政策、会计期间相同。2×21年6月5日，A公司出售一批商品N给甲公司，商品成本为200万元，售价为300万元，甲公司购入的商品作为存货核算。至2×21年末，甲公司已将从A公司购入商品的40%出售给外部独立的第三方，A公司已出售2×21年1月3日留存存货的30%。A公司2×21年实现净利润600万元。假定不考虑所得税

因素，则甲公司 2×21 年底应确认的投资收益为（　　）万元。

A. 224　　　　　　　B. 216

C. 211.2　　　　　　D. 200

10. 甲公司持有乙公司 40% 的股权，采用权益法核算，2×21 年 12 月 31 日投资的账面价值为 600 万元。乙公司 2×22 年发生净亏损 2 000 万元。甲公司账上有应收乙公司长期应收款 150 万元（实际上构成净投资），同时，根据投资合同的约定，甲公司需要承担乙公司额外损失的弥补义务 25 万元且符合预计负债的确认条件。假定取得投资时被投资单位各资产公允价值等于账面价值，甲、乙公司采用的会计政策、会计期间相同。甲公司 2×22 年度应确认的投资损益为（　　）万元。

A. −800　　　　　　B. −600

C. −750　　　　　　D. −775

11. 甲公司持有乙公司 40% 有表决权股份，对乙公司财务和经营政策有重大影响。投资时，乙公司各项可辨认资产、负债的账面价值与其公允价值相同。2×21 年 8 月，甲公司将存货销售给乙公司，取得收入 300 万元，该批产品成本为 140 万元。截至 2×21 年末，乙公司将该批存货对外销售了 80%，年末仍有 20% 未对外销售。2×21 年乙公司实现净利润 400 万元，则甲公司在 2×21 年应确认的投资收益为（　　）万元（假定不考虑所得税因素）。

A. 200　　　　　　　B. 147.2

C. 150　　　　　　　D. 24

12. A、B 两家公司属于非同一控制下的独立公司。A 公司于 2×24 年 4 月 1 日以本企业的固定资产对 B 公司投资，取得 B 公司 60% 的股份。该固定资产原值 1 500 万元，已计提折旧 400 万元，已提取减值准备 150 万元，4 月 1 日该固定资产公允价值为 1 250 万元。B 公司 2×24 年 4 月 1 日所有者权益账面价值为 2 000 万元，公允价值为 2 200 万元。A 公司由于该项投资计入当期损益的金额为（　　）万元。

A. 270　　　　　　　B. 50

C. 300　　　　　　　D. 500

13. 甲公司 2×24 年 1 月 1 日以 3 000 万元的价格购入乙公司 30% 的股份，另支付相关费用 15 万元。购入时乙公司可辨认净资产的公允价值为 11 000 万元（假定乙公司各项可辨认资产、负债的公允价值与账面价值相等）。乙公司 2×24 年实现净利润 600 万元。甲公司取得该项投资后对乙公司具有重大影响。该投资对甲公司当年利润总额的影响为（　　）万元。

A. 165　　　　　　　B. 180

C. 465　　　　　　　D. 480

14. 2×21 年 4 月 1 日甲公司以货币资金 1 500 万元取得丁公司持有的乙公司 30% 的普通股股权，另行支付相关税费 20 万元，并派一名董事参与乙公司决策。投资当日乙公司的账面净资产和可辨认净资产的公允价值均为 3 500 万元。2×21 年 4 月 1 日，乙公司宣告分派现金股利 200 万元。2×21 年乙公司实现净利润 600 万元（各期间利润比较均衡）。2×22 年 4 月 25 日，乙公司宣告分派现金股利 300 万元。2×22 年乙公司实现净利润 500 万元。假设不存在任何内部交易，则 2×22 年末甲公司长期股权投资账面余额为（　　）万元。

A. 1 655　　　　　　B. 1 700

C. 1 520　　　　　　D. 1 840

15. 采用权益法核算时，下列各项不会引起长期股权投资账面价值变化的是（　　）。

A. 被投资单位实现净利润

B. 被投资单位实现其他综合收益

C. 被投资单位计提盈余公积

D. 被投资单位宣告发放现金股利

16. 下列关于合营安排的表述中，正确的是（　　）。

A. 当合营安排未通过单独主体达成时，该合营安排为共同经营

B. 两个参与方组合能够集体控制某项安排的，该安排构成合营安排

C. 合营安排中参与方对合营安排提供担保的，该合营安排为共同经营

D. 合营安排为共同经营的，参与方对合营安排有关的净资产享有权利

17. 下列关于合营安排的叙述中，不正确的是（　　）。

A. 合营安排分为共同经营和合营企业

B. 未通过单独主体达成的合营安排，应当划分为共同经营

C. 各参与方均受到该安排的约束

D. 合营安排要求所有参与方都对该安排实施共同控制

18. 甲企业由 A、B、C 三个公司共同出资设立。公司章程规定，甲企业相关活动的决策至少需要 70% 表决权通过才能实施。假定 A、B、C 任意两方均可达成一致意见，但三方不可能同时达成一致意见。下列项目中，属于共同控制的是（　　）。

A. A 公司、B 公司、C 公司分别持有甲企业 34%、34%、32% 的表决权股份

B. A 公司、B 公司、C 公司分别持有甲企业 45%、35%、20% 的表决权股份

C. A 公司、B 公司、C 公司分别持有甲企业 40%、30%、30% 的表决权股份

D. A 公司、B 公司、C 公司分别持有甲企业 75%、10%、15% 的表决权股份

## 二、多项选择题

1. 企业按成本法核算时，下列事项中不会引起长期股权投资账面价值变动的有（　　）。

A. 被投资单位以资本公积转增资本

B. 被投资单位宣告发放现金股利

C. 计提长期股权投资减值准备

D. 被投资单位发放股票股利

2. 甲公司对乙公司的长期股权投资采用权益法核算，乙公司发生的下列各项交易或事项中，将影响甲公司资产负债表长期股权投资项目列报金额的有（　　）。

A. 收到用于补偿已发生费用的政府补助 50 万元

B. 宣告分派现金股利 1 000 万元

C. 其他债权投资公允价值增加 100 万元

D. 取得其他权益工具投资转让收益 30 万元

3. 下列企业对长期股权投资相关会计处理的表述中，正确的有（　　）。

A. 以发行债券的方式取得子公司股权时，债券的发行费用计入长期股权投资的初始投资成本

B. 以定向增发普通股的方式取得联营企业股权时，普通股的发行费用计入长期股权投资的初始投资成本

C. 以合并方式取得子公司股权时，支付的法律服务费计入管理费用

D. 取得合营企业股权时，支付的手续费计入长期股权投资的初始投资成本

4. 甲公司对乙公司的长期股权投资采用权益法核算。乙公司发生的下列交易事项中，将导致甲公司长期股权投资账面价值发生变动的有（　　）。

A. 提取法定盈余公积

B. 接受其他企业的现金捐赠

C. 宣告分派现金股利

D. 发行公司债券

5. 长期股权投资采用成本法核算时，下列选项中投资方确认投资收益的有（　　）。

A. 被投资单位宣告发放股票股利

B. 被投资单位宣告发放现金股利

C. 计提长期股权投资减值准备

D. 出售长期股权投资时，收到的金额与其账面价值及尚未领取的现金股利的差额

6. 考虑其他因素，下列关于合营安排的表述中，正确的有（　　）。

A. 合营安排要求所有参与方都对该安排实施共同控制

B. 能够对合营企业施加重大影响的参与方，应当对其投资采用权益法核算

C. 两个参与方组合能够集体控制某项安排的，该安排不构成共同控制

D. 合营安排为共同经营的，合营方按一定比例享有该安排相关资产且承担该安排相关负债

## 三、判断题

1. 同一控制下的企业合并形成的长期股权投资，合并方以支付现金、转让非现金资产或承担债务方式作为合并对价的，应当在合并日按照取得被合并方在最终控制方合并财务报表所有者权益公允价值的份额作为长期股权投资的初始投资成本。　　　　（　　）

2. 投资企业持有的对子公司投资均应当采用成本法核算。　　　　　　　　　　（　　）

3. 长期股权投资采用成本法核算时，如未分派现金股利，不需要确认投资收益，如分派现金股利，则冲减投资成本。　　　　　（　　）

4. 被投资企业因其他综合收益引起所有者权益增加，投资企业应确认资本公积。　（　　）

5. 企业采用权益法核算长期股权投资的，在确

认投资收益时，不需考虑顺流交易产生的未实现内部交易利润。　　　　　　（　　）

6. 投资企业对其实质上控制被投资企业进行的长期股权投资，在编制其个别财务报表和合并财务报表时均应采用权益法核算。（　　）

7. 投资企业股权投资由公允价值计量转为权益法核算时，投资方应按照金融工具确认和计量准则确定的原股权投资的公允价值加上为取得新增投资而应支付对价的公允价值，作为按权益法核算的初始投资成本。（　　）

8. 投资企业全部处置权益法核算的长期股权投资时，原权益法核算的相关其他综合收益以及其他所有者权益变动，应当在终止采用权益法核算时全部转入当期投资收益。（　　）

9. 部分处置权益法核算的长期股权投资，剩余部分仍按照权益法核算时，原权益法核算的相关其他综合收益应当采用与被投资单位直接处置相关资产或负债相同的基础全部结转。（　　）

## 四、计算分析题

甲公司对乙公司股权投资相关业务如下：

（1）资料一：2×21年1月1日，甲公司以银行存款7 300万元从非关联方取得了乙公司20%的有表决权股份，对其业务和经营政策具有重大影响。当日，乙公司所有者权益的账面价值为40 000万元，各项可辨认资产、负债的公允价值与账面价值均相等。本次投资前，甲公司不持有乙公司股份且与乙公司不具有关联方关系，甲公司的会计政策、会计期间和乙公司一致。

（2）资料二：2×21年6月15日，甲公司将生产的一项成本为600万元的设备销售给乙公司，销售价款为1 000万元。当日，乙公司以银行存款支付了全部货款，并将其交付给

本公司专设销售机构作为固定资产立即投入使用。乙公司预计该设备使用年限10年，预计净残值为零，采用年限平均法计提折旧。

（3）资料三：乙公司2×21年度实现的净利润为6 000万元，因持有的其他债权投资公允价值上升计入其他综合收益380万元。

（4）资料四：2×22年4月1日，乙公司宣告分配现金股利1 000万元；2×22年4月10日，甲公司按其持股比例收到乙公司分配的股利并存入银行。

（5）资料五：2×22年9月1日，甲公司以定向发行普通股股票2 000万股（每股面值1元，公允价值10元）的方式，继续从非关联方购入乙公司40%的有表决权股份，至此共持有60%的有表决权股份，对其形成控制。该项合并不构成反向购买。当日，乙公司可辨认净资产的账面价值与公允价值均为45 000万元；甲公司原持有20%股权的公允价值为10 000万元。

假定不考虑增值税和所得税等税费的影响。

**要求：**

（1）判断甲公司2×21年1月1日甲公司是否需要调整对乙公司股权投资的初始投资成本，并编制取得投资的相关分录。

（2）计算2×21年甲公司应确认的投资收益、其他综合收益的金额，以及2×21年末甲公司股权投资的账面价值，并编制相关会计分录。

（3）编制2×22年4月1日甲公司在乙公司分配现金股利时的会计分录，以及2×22年4月10日甲公司收到现金股利的会计分录。

（4）计算2×22年9月1日甲公司股权投资由权益法转为成本法时应确认的初始投资成本，并编制相关会计分录。

（5）计算2×22年9月1日甲公司应确认的合并成本和合并商誉。

# 本章考点巩固练习题参考答案及解析

## 一、单项选择题

1.【答案】C

【解析】丙公司为甲、乙公司的母公司，该合并为同一控制下企业合并，长期股权投资的初始投资成本＝取得的被合并方净资产在最

终控制方合并财务报表中的账面价值的份额 = 9 000×60% = 5 400（万元）。

2.【答案】C

【解析】同一控制下长期股权投资的入账价值 = 6 000×80% = 4 800（万元）。应确认的资本公积 = 4 800 − （1 000 + 3 200）= 600（万元）。

3.【答案】B

【解析】合并日长期股权投资初始成本 = 4 600×65% = 2 990（万元），原25%股权投资账面价值 = 1 200 + 200×25% = 1 250（万元），新增长期股权投资入账成本 = 2 990 − 1 250 = 1 740（万元），2×24年1月1日追加取得该股权时应确认的资本公积 = 1 740 − 400 = 1 340（万元）。

4.【答案】A

【解析】由权益法转为其他权益工具投资，减资后，其他权益工具投资应按照减资当日的公允价值计量，因此入账价值为400万元。

借：银行存款 1 200

　　其他权益工具投资——成本 400

　　贷：长期股权投资——投资成本 600

　　　　　　　　　　　——损益调整 200

　　　　　　　　　　　——其他权益变动 100

　　　　投资收益 700

借：资本公积——其他资本公积 100

　　贷：投资收益 100

5.【答案】D

【解析】长期股权投资成本 = 投出资产公允价值1 250万元，评估费和法律咨询费应计入管理费用。

6.【答案】B

【解析】该业务分录如下：

借：长期股权投资 9 595

　　贷：其他权益工具投资 70

　　　　盈余公积 2.5

　　　　利润分配——未分配利润 22.5

　　　　银行存款 9 500

借：其他综合收益 20

　　贷：盈余公积 2

　　　　利润分配——未分配利润 18

因此，本业务对当期损益的影响金额为0，答案为选项B。

7.【答案】C

【解析】同受国家控制的企业之间发生的合并不属于同一控制下企业合并，选项A错误；B公司受乙公司控制，C公司受丙公司控制，乙公司和丙公司不存在关联方关系，B公司将C公司合并属于非同一控制下企业合并，选项B错误；G公司受D公司控制，D公司受丁公司控制，E公司受戊公司控制，丁公司和戊公司同受张某、李某、王某和赵某控制（投资者群体），所以，E公司合并G公司属于同一控制下企业合并，选项C正确；H公司的最终控制方并未说明，即不是题目中的任何一家公司，K公司受J公司控制，K公司合并H公司属于非同一控制下企业合并，选项D错误。

8.【答案】B

【解析】合并日长期股权投资初始成本 = 合并财务报表中净资产账面价值（而不是个别财务报表）= 4 000万元；股本 = 1 000万元，资本公积 = 4 000 − 1 000 = 3 000（万元）。会计处理如下：

借：长期股权投资 4 000

　　贷：股本 1 000

　　　　资本公积——股本溢价 3 000

9.【答案】C

【解析】甲公司2×21年底应确认的投资收益 = [600 − (300 − 200)×(1 − 40%) − (120 − 80)×30%]×40% = 211.2（万元）。

【提示】M商品是投资时A公司自有的存货，所以调整净利润时应该减去对外出售部分的损益；N商品是内部交易产生的，所以调整净利润时应该减去未实现的内部交易损益，也就是未对外出售部分。

10.【答案】D

【解析】2×22年度甲公司应分担损失 = 2 000×40% = 800（万元），大于投资账面价值600万元，首先，冲减长期股权投资账面价值600万元；其次，因甲公司账上有应收乙公司长期应收款150万元，则冲减长期应收款150万元；最后，甲公司需要承担乙公司额外损失的弥补义务，应进一步确认损失25万元；所以，2×22年度甲公司应确认

的投资损失 = 600 + 150 + 25 = 775（万元），
答案为选项 D。

11.【答案】B

【解析】甲、乙公司未实现内部交易损益 =
（300 − 140）× 20% = 32（万元）；调整后的
净利润 = 400 − 32 = 368（万元）；应确认的
投资收益 = 368 × 40% = 147.2（万元）。

12.【答案】C

【解析】非同一控制下的企业合并（包括企
业合并以外的方式）取得的长期股权投资，
投出资产为非货币性资产时，投出资产公允
价值与其账面价值的差额计入当期损益，所
以，计入当期损益的金额 = 1 250 − [1 500 −
（400 + 150）] = 300（万元）。另外，对子公
司投资采用成本法核算，取得时不需要对
初始投资成本进行调整，即成本法核算，
初始投资成本 1 250 万元小于投资时应享有
被投资方可辨认净资产公允价值的份额
1 320 万元的差额在个别报表上不确认营业
外收入。

13.【答案】C

【解析】购入时产生的营业外收入 = 11 000 ×
30% − （3 000 + 15）= 285（万元），期末根
据净利润确认的投资收益 = 600 × 30% = 180
（万元），所以对甲公司当年利润总额的影响 =
285 + 180 = 465（万元）。

14.【答案】A

【解析】甲公司持有的长期股权投资的初始
投资成本 = 1 500 + 20 = 1 520（万元），甲公
司 2 × 22 年末长期股权投资的账面余额 =
1 520 − 200 × 30% + 600 × 9 ÷ 12 × 30% − 300 ×
30% + 500 × 30% = 1 655（万元）。

15.【答案】C

【解析】被投资单位计提盈余公积不会引起
所有者权益发生变化，投资企业不需要调整
长期股权投资账面价值。

16.【答案】A

【解析】选项 B，两个参与方组合必须是唯
一一组能够集体控制某项安排的组合，该安
排才构成合营安排。选项 C，参与方为合营
安排提供担保（或提供担保的承诺）的行为
本身并不直接导致一项安排被分类为共同经
营。选项 D，合营安排划分为共同经营的，

参与方对合营安排的相关资产享有权利并对
相关负债承担义务；合营安排为合营企业的，
参与方对合营安排有关的净资产享有权利。

17.【答案】D

【解析】选项 D 不正确，合营安排不要求所
有参与方都对该安排实施共同控制。

18.【答案】B

【解析】本题考查合营安排的认定。选项 A，
A 公司、B 公司、C 公司任意两方都不能达
到 70%，且三方不能达成一致意见，因此，
不属于共同控制；选项 B，A 公司与 B 公司
是能够集体控制该安排的唯一组合，属于共
同控制；选项 C，A 公司和 B 公司，A 公司
和 C 公司是能够集体控制该安排的两个组
合，不是能够集体控制该安排的唯一组合，
不构成共同控制；选项 D，A 公司单独即可
达到对甲企业实施控制，不属于共同控制；
因此，本题选项 B 正确。

## 二、多项选择题

1.【答案】ABD

【解析】成本法核算的长期股权投资，除了初
始投资追加投资或减值时，长期股权投资的
账面价值一般保持不变。

2.【答案】ABCD

【解析】权益法，是根据被投资单位所有者权
益变动相应调整长期股权投资的账面价值。
选项 A 正确，被投资单位乙公司收到用于补
偿已发生费用的政府补助 50 万元，应计入当
期损益，导致利润增加 50 万元，影响长期股
权投资账面价值。选项 B 正确，被投资单位
乙公司宣告分派现金股利 1 000 万元，导致净
资产减少，影响长期股权投资账面价值。选
项 C 正确，被投资单位乙公司的其他债权投
资公允价值增加 100 万元，增加其他综合收
益 100 万元，影响长期股权投资账面价值。
选项 D 正确，被投资单位乙公司取得其他权
益工具投资转让收益 30 万元，增加留存收益
30 万元，影响长期股权投资账面价值。

3.【答案】CD

【解析】以发行债券的方式取得子公司股权
时，债券的发行费用应计入债券的初始确认
金额，不计入长期股权投资的初始投资成本，

选项 A 错误；与发行权益性工具作为合并对价直接相关的交易费用，应当冲减资本公积（资本溢价或股本溢价），资本公积（资本溢价或股本溢价）不足冲减的，依次冲减盈余公积和未分配利润，不计入长期股权投资的初始投资成本，选项 B 错误。因此，本题的答案为选项 C、D。

4.【答案】BC

【解析】选项 A，提取法定盈余公积，乙公司盈余公积增加，未分配利润减少，属于乙公司所有者权益内部项目发生增减变动，所有者权益总额未发生变化。因此，甲公司无须进行账务处理。选项 B，被投资方接受其他企业的现金捐赠，应确认为营业外收入，最终会导致净利润增加。权益法下，投资方应以被投资方实现的净损益为基础，调整长期股权投资账面价值。选项 C，被投资单位宣告分派现金股利，冲减长期股权投资账面价值。选项 D，被投资单位发行公司债券，不涉及长期股权投资。因此，本题的答案为选项 B、C。

5.【答案】BD

【解析】选项 A，只作备查登记，不进行账务处理；选项 B，借：应收股利，贷：投资收益；选项 C，计提长期股权投资减值准备，计入资产减值损失；选项 D，两者差额计入投资收益。

6.【答案】BCD

【解析】选项 A 错误，合营安排是指一项由两个及两个以上的参与方共同控制的安排，只要两个或两个以上的参与方对该安排实施共同控制，一项安排就可以被认定为合营安排，并不要求所有参与方都对该安排享有共同控制。选项 B 正确，投资方对能够施加重大影响的股权投资，应当采用权益法核算。选项 C 正确，当且仅当相关活动的决策要求集体控制该安排的参与方一致同意时，才存在共同控制。如果存在两个或两个以上参与方组合能够集体控制某项安排的，该安排不构成共同控制。选项 D 正确，合营安排分为共同经营和合营企业。共同经营，是指合营方享有该安排相关资产的权利且承担该安排相关负债的义务的合营安排。合营企业，是指合营方仅对该安排的净资产享有权利的合营安排。合营安排为共同经营的，参与方按照约定的比例分享合营安排的相关资产、全部利益和成本、费用、债务及义务。

## 三、判断题

1.【答案】×

【解析】同一控制下的企业合并，合并方支付现金、转让非现金资产或承担债务方式作为合并对价的，应在合并日按取得被合并方在最终控制方合并财务报表所有者权益账面价值的份额作为长期股权投资的初始投资成本。

2.【答案】√

【解析】投资企业持有的对子公司投资应当采用成本法核算。

3.【答案】×

【解析】成本法下，应将持有期间分得的现金股利计入投资收益，不冲减投资成本。

4.【答案】×

【解析】被投资企业由于其他综合收益引起所有者权益增加变动，投资企业应确认其他综合收益。

5.【答案】×

【解析】对于采用权益法核算的长期股权投资，企业应该根据投资企业与被投资方内部交易（包括顺流、逆流交易）的未实现内部销售损益、投资时被投资方可辨认资产（或负债）评估增值（或减值）等因素调整净利润。

6.【答案】×

【解析】投资企业对其实质上控制被投资企业的长期股权投资，在个别财务报表中应采用成本法核算，编制合并财务报表时按照权益法进行调整。

7.【答案】√

8.【答案】×

【解析】投资企业全部处置权益法核算的长期股权投资时，原权益法核算确认的其他综合收益应当在终止采用权益法核算时采用与被投资单位直接处置相关资产或负债相同的基础进行会计处理，因被投资方除净损益、其他综合收益和利润分配以外的其他所有者权益变动而确认的资本公积，应当在终止采用权益法核算时全部转入当期投资收益。

9.【答案】×

【解析】部分处置权益法核算的长期股权投资，剩余部分仍按照权益法核算时，原权益法核算的相关其他综合收益应当采用与被投资单位直接处置相关资产或负债相同的基础按比例结转，而不是全部结转。因此，本题的说法错误。

## 四、计算分析题

【答案】

（1）需要调整。

甲公司应确认初始投资成本＝7 300万元

当日应享有被投资方可辨认净资产公允价值的份额＝40 000×20%＝8 000（万元）

初始投资成本小于享有被投资方可辨认净资产公允价值的份额。因此，应调整长期股权投资账面价值，同时确认营业外收入，分录为：

借：长期股权投资——投资成本

　　　　　　　　　　8 000

　　贷：银行存款　　　　　7 300

　　　　营业外收入　　　　　700

（2）乙公司调整后净利润＝6 000－（1 000－600）＋（1 000－600）/10/2＝5 620（万元）

甲公司应确认投资收益＝5 620×20%＝1 124（万元）

甲公司应确认其他综合收益＝380×20%＝76（万元）

2×21年末甲公司长期股权投资账面价值＝

8 000＋1 124＋76＝9 200（万元）

借：长期股权投资——损益调整

　　　　　　　　　　1 124

　　贷：投资收益　　　　　1 124

借：长期股权投资——其他综合收益

　　　　　　　　　　76

　　贷：其他综合收益　　　　76

（3）甲公司确认现金股利：

借：应收股利　　　　　200

　　贷：长期股权投资——损益调整200

甲公司收到现金股利：

借：银行存款　　　　　200

　　贷：应收股利　　　　　200

（4）甲公司应确认初始投资成本＝（8 000＋1 124＋76－200）＋2 000×10＝29 000（万元）

借：长期股权投资　　　29 000

　　贷：股本　　　　　　2 000

　　　　资本公积　　　　18 000

　　　　长期股权投资——投资成本

　　　　　　　　　　8 000

　　　　　　——损益调整

　　　　　　　　　　924

　　　　　　——其他综合收益

　　　　　　　　　　76

（5）甲公司应确认合并成本＝10 000＋2 000×10＝30 000（万元）

合并商誉＝30 000－45 000×60%＝3 000（万元）

# 第七章　资产减值

## 考情分析

从近几年考试情况看，本章考试题型主要为客观题，涉及单选题、多选题和判断题，偶尔也会在主观题中出现，属于比较重要的章节。

## 教材变化

2024年本章教材内容没有变化。

## 考点提示

本章主要关注以下考点：（1）资产减值准备是否可以转回；（2）预计资产未来现金流量现值应考虑的因素；（3）预计资产未来现金流量应考虑的因素和包括的内容；（4）使用寿命有限的无形资产计提减值准备考虑的因素；（5）资产可能发生减值的迹象；（6）固定资产减值损失的计算；（7）总部资产减值测试；（8）外币未来现金流量及其现值的确定；（9）资产组中商誉的减值测试。

## 本章考点框架

资产减值
- 资产减值概述
- 资产可收回金额的计量和减值损失的确定
  - 资产可收回金额的计量
  - 资产减值损失的确定及其账务处理
- 资产组减值的处理
  - 资产组的认定
  - 资产组减值测试
  - 总部资产减值测试

# 考点解读及例题点津

## 第一单元　资产减值概述

### 资产减值概述

#### 一、考点解读

（一）资产减值的概念及其范围

资产减值，是指资产的可收回金额低于其账面价值。本章所指资产包括单项资产和资产组。本章资产减值涉及的资产范围如下：

（1）对子公司、联营企业和合营企业的长期股权投资；

（2）采用成本模式进行后续计量的投资性房地产；

（3）固定资产；

（4）无形资产；

（5）探明石油天然气矿区权益和井及相关设施。

（二）资产减值的迹象与测试

企业应当在资产负债表日判断资产是否存在可能发生减值的迹象→如果存在发生减值的迹象，则进行减值测试，估计资产的可收回金额→可收回金额低于账面价值的，按二者的差额计提减值准备，确认减值损失。

（1）只有资产存在可能发生减值的迹象时，才进行减值测试，计算资产的可收回金额。可收回金额低于账面价值的，应当按照可收回金额低于账面价值的差额，计提减值准备，确认减值损失。

（2）企业合并所形成的商誉和使用寿命不确定的无形资产，无论是否存在减值迹象，至少应当每年进行减值测试。

（3）减值迹象的存在并不意味着一定要重新计算资产的可收回金额。

（4）从企业外部信息来源看，以下情况均属于资产可能发生减值的迹象：

①资产的市价当期大幅度下跌，其跌幅明显高于因时间的推移或者正常使用而预计的下跌。

②企业经营所处的经济、技术或者法律等环境以及资产所处的市场在当期或者将在近期发生重大变化，从而对企业产生不利影响。

③市场利率或者其他市场投资报酬率在当期已经提高，从而影响企业计算资产预计未来现金流量现值的折现率，导致资产可收回金额大幅度降低。

从企业内部信息来源看，以下情况均属于资产可能发生减值的迹象：

①有证据表明资产已经陈旧过时或者其实体已经损坏。

②资产已经或者将被闲置、终止使用或者计划提前处置。

③企业内部报告的证据表明资产的经济绩效已经低于或者将低于预期，如资产所创造的净现金流量或者实现的营业利润（或者亏损）远远低于（或者高于）预计金额等。

#### 二、例题点津

【例题1·多选题】下列各项中，无论是否出现减值迹象，企业每年年末必须进行减值测试的有（　　）。

A. 使用寿命不确定的无形资产

B. 使用寿命有限的无形资产

C. 企业合并所形成的商誉

D. 以成本模式计量的投资性房地产

【答案】AC

【解析】企业合并所形成的商誉和使用寿命不确定的无形资产，无论是否存在减值迹象，至少应当每年都进行减值测试。

【例题2·多选题】下列选项中，属于固定资产减值迹象的有（　　）。

A. 固定资产将被闲置

B. 计划提前处置固定资产

C. 有证据表明资产已经陈旧过时

D. 企业经营所处的经济环境在当期发生重大变化且对企业产生不利影响

【答案】ABCD

# 第二单元　资产可收回金额的计量和减值损失的确定

## 1 资产可收回金额的计量

### 一、考点解读

（一）资产可收回金额计量的基本要求

资产的可收回金额为以下两者中的较高者：

（1）资产的公允价值减去处置费用后的净额。

（2）资产预计未来现金流量的现值。

提示　但是在下列情况下，可以不同时估计以上两项：

（1）上述两项，只要有一项超过了资产的账面价值，就表明资产没有发生减值，不需再估计另一项金额。

（2）没有确凿证据或者理由表明，资产预计未来现金流量现值显著高于其公允价值减去处置费用后的净额，可以将资产的公允价值减去处置费用后的净额视为资产的可收回金额。

（3）以前报告期间的计算结果表明，资产可收回金额远高于其账面价值，之后又没有发生消除这一差异的交易或者事项的，企业在资产负债表日可以不需重新估计该资产的可收回金额。

（4）以前报告期间的计算与分析表明，资产可收回金额对于资产减值准则中所列示的一种或者多种减值迹象反应不敏感，在本报告期间又发生了这些减值迹象的，在资产负债表日企业可以不需因为上述减值迹象的出现而重新估计该资产的可收回金额。

（二）资产的公允价值减去处置费用后净额的确定

资产的公允价值减去处置费用后的净额，通常反映的是资产如果被出售或者处置时可以收回的净现金收入。

1. 资产公允价值的确定

资产的公允价值，是指市场参与者在计量日发生的有序交易中，出售一项资产所能收到的价格。

提示　资产的公允价值按以下顺序确定：

（1）销售协议价格（第一顺序）。

（2）资产的市场价格（买方出价）。

（3）熟悉情况的交易双方自愿进行公平交易愿意提供的交易价格。

资产的公允价值减去处置费用后的净额如果无法估计的，应当以该资产预计未来现金流量的现值作为其可收回金额。

2. 处置费用的含义

处置费用，是指可以直接归属于资产处置的增量成本，包括与资产处置相关的法律费用、相关税费、搬运费以及为使资产达到可销售状态所发生的直接费用等。

提示　财务费用和所得税费用等不包括在处置费用之内。

（三）资产预计未来现金流量现值的确定

预计资产未来现金流量的现值，需要综合考虑资产的预计未来现金流量、资产的使用寿命和折现率三个因素。

1. 资产未来现金流量的预计

（1）预计资产未来现金流量的基础：

建立在经企业管理层批准的最近财务预算或者预测数据之上。一般来说，该现金流量最多涵盖5年。

（2）预计资产未来现金流量应包括的内容：

①资产持续使用过程中预计产生的现金流入。

②为实现资产持续使用过程中产生的现金流入所必需的预计现金流出。

提示　如果是在建工程或开发过程中的无形资产，则应包括为使资产达到预定可使用状态所发生的全部现金流出数。

③资产使用寿命结束时，处置资产所收到或者支付的净现金流量（即公平交易下资产预期的处置收入减去预计处置费用后的金额）。

**提示** 未来现金流量是指每期净现金流量，每期净现金流量＝该期现金流入－该期现金流出。

（3）预计资产未来现金流量时应当考虑的因素：

①以资产的当前状况为基础预计资产未来现金流量。

A. 不考虑将来可能会发生的、尚未作出承诺的重组的影响。

B. 考虑过去已经承诺的重组的影响。

C. 不考虑未来与资产改良有关的现金流量的影响。

D. 考虑与资产未来维护支出相关的现金流量的影响。

E. 如果将来为了维持资产正常运转、正常产出水平而发生的必要支出或资产维护支出，应包括在内。

②预计资产未来现金流量不应当包括筹资活动和所得税收付有关的现金流量。

③对通货膨胀因素的考虑应当与折现率相一致。

④对内部转移价格应当予以调整。应将内部交易价格调整为公允价值，作为未来现金流量预计的基础。

2. 折现率的预计

（1）基本要求。

计算资产未来现金流量现值时所使用的折现率应当是反映当前市场货币时间价值和资产特定风险的税前利率。该折现率是企业在购置或者投资资产时所要求的必要报酬率。

①如果企业在预计资产的未来现金流量时已经对资产的特定风险的影响作了调整，折现率的估计不需要考虑这些特定的风险。

②如果用于估计折现率的基础是税后的，应当将其调整为税前的折现率，以便与资产未来现金流量的估计基础相一致。

（2）确定方法。

折现率的确定应当首先以该资产的市场利率为依据。如果该资产的市场利率无法从市场获得，可以使用替代利率估计折现率。

3. 资产未来现金流量现值的确定

在预计资产的未来现金流量和折现率的基础上，企业将该资产的预计未来现金流量按照预计折现率在预计使用寿命内予以折现后，即可确定该资产未来现金流量的现值。

资产未来现金流量的现值（PV）＝
$$\sum \frac{\text{第 t 年预计资产未来现金流量}(NCF_t)}{[1+\text{折现率}(R)]^t}$$

4. 外币未来现金流量及其现值的确定

如果涉及外币，企业应按以下步骤确定资产未来现金流量现值：

（1）先折现值：应当以该资产所产生的未来现金流量的结算货币为基础预计其未来现金流量，并按照该货币适用的折现率计算资产的现值。

（2）后折算为人民币：将该外币现值按照计算资产未来现金流量现值当日的即期汇率进行折算，从而折现成按照记账本位币表示的资产未来现金流量的现值。

（3）在该现值基础上，将其与资产公允价值减去处置费用后的净额相比较，确定其可收回金额，再根据可收回金额与资产账面价值相比较，确定是否需要确认减值损失以及确认多少减值损失。

## 二、例题点津

【例题1·多选题】下列各项中，影响企业使用寿命有限的无形资产计提减值准备金额的因素有（　　）。

A. 取得成本

B. 累计摊销额

C. 预计未来现金流量的现值

D. 公允价值减去处置费用后的净额

【答案】ABCD

【解析】资产减值测试，对资产可收回金额和其账面价值进行比较，计提的减值准备金额为二者的差额。资产可收回金额取资产的公允价值减去处置费用后的净额（选项 D）与资产预计未来现金流量的现值（选项 C）两者之间较高者；资产账面价值为资产原值（选项 A）减去累计折旧或累计摊销（选项 B）的金额。

【例题2·多选题】下列各项中，企业对固定资产进行减值测试时，预计其未来现金流量应考虑的因素有（　　）。

A. 与所得税收付有关的现金流量

B. 资产使用寿命结束时处置资产所收到的

现金流量

C. 筹资活动产生的现金流量

D. 资产持续使用过程中产生的现金流量

【答案】BD

【解析】预计资产未来现金流量考虑的因素不应当包括筹资活动和与所得税收付有关的现金流量，选项A、C不正确。

【例题3·判断题】甲公司的一条生产线存在减值迹象，在预计其未来现金流量时，不应当包括该生产线未来的更新改造支出。（　）

【答案】√

【解析】在预计资产未来现金流量时，企业应当以资产的当前状况为基础，不应当包括与将来可能会发生的、尚未作出承诺的重组事项或者与资产改良有关的预计未来现金流量。

【例题4·判断题】固定资产的可收回金额，应当根据该资产的公允价值减去处置费用后的净额和未来现金流量现值两者之中的较低者确定。（　）

【答案】×

【解析】资产的可收回金额，应当根据资产的公允价值减去处置费用后的净额与资产预计未来现金流量的现值两者之间较高者确定，而不是较低者。

【例题5·判断题】资产负债表日，企业对未来现金流量为外币的固定资产进行减值测试时，应当以资产负债表日的即期汇率对未来外币现金流量的现值进行折算。（　）

【答案】√

## 2　资产减值损失的确定及其账务处理

### 一、考点解读

（一）资产减值损失的确定

资产的可收回金额确定后，如果资产的可收回金额低于其账面价值，应当将资产的账面价值减记至可收回金额，减记的金额确认为资产减值损失，计入当期损益，同时计提相应的资产减值准备。会计处理如下：

借：资产减值损失

　　贷：固定资产减值准备

　　　　无形资产减值准备

　　　　长期股权投资减值准备

提示　资产的账面价值，是指资产成本扣减累计折旧（或累计摊销）和累计减值准备后的金额。

（二）确认资产减值损失后的折旧或摊销的处理

资产减值损失确认后，减值资产的折旧或者摊销费用应当在未来期间作相应调整，以使该资产在剩余使用寿命内，系统地分摊调整后的资产账面价值（扣除预计净残值）。

（三）已确认的减值损失的处理

资产减值损失一经确认，在以后会计期间不得转回。

但是，遇到资产处置、出售、对外投资、以非货币性资产交换方式换出、在债务重组中抵偿债务等情况，同时符合资产终止确认条件的，企业应当将相关资产减值准备予以转销。

提示　（1）本规定仅适用于持有期内的资产，持有期间价值的回升不予确认。

（2）本规定仅适用于本章资产减值中规范的资产，但并不是所有资产的减值损失都是一经确认在价值恢复时不得转回的。

（3）不表示资产减值损失永远不能转回，只是将资产减值损失的转回时间延后到资产处置时（也就是终止确认时，包括出售、报废、对外投资、债务重组抵债、非货币性资产换出等）。

### 二、例题点津

【例题1·单选题】2×22年12月1日，甲公司一台生产设备的初始入账金额为200万元，已计提折旧90万元，已计提减值准备20万元。2×22年12月31日，甲公司对该生产设备计提当月折旧2万元，因该设备存在减值迹象，甲公司对其进行减值测试，预计可收回金额为85万元，不考虑其他因素，2×22年12月31日，甲公司对该设备应确认的减值损失金额为（　）万元。

A. 25　　　　　　　　B. 3

C. 23　　　　　　　　D. 5

【答案】B

【解析】资产存在可能发生减值迹象的，企业应当进行减值测试，估计可收回金额。可收回金额低于账面价值的，应当按照可收回金额低于账面价值的差额，计提减值准备，确认减值损失。2×21 年 12 月 31 日，该设备账面价值 = 200 − 90 − 20 − 2 = 88（万元），预计可收回金额为 85 万元，可收回金额低于其账面价值，资产发生减值，应计提减值损失 = 88 − 85 = 3（万元）。

**【例题 2·单选题】** 2×22 年 12 月 31 日，甲公司账面价值为 85 万元的 K 固定资产存在减值迹象，经减值测试，其公允价值为 80 万元，预计处置费用为 2 万元，预计未来现金流量的现值为 75 万元。不考虑其他因素，2×22 年 12 月 31 日应确认 K 固定资产减值损失的金额为（ ）万元。

A. 12　　　　　B. 5
C. 7　　　　　D. 10

**【答案】** C

**【解析】** 2×22 年 12 月 31 日 K 固定资产的公允价值减去处置费用后的净额 = 80 − 2 = 78（万元），高于预计未来现金流量的现值 75 万元，则 K 固定资产的可收回金额为 78 万元，低于其账面价值 85 万元，则应确认资产减值损失金额 = 85 − 78 = 7（万元）。

**【例题 3·单选题】** 2×23 年 12 月 31 日，A 公司一台原价为 500 万元、已计提折旧 220 万元、已计提减值准备 20 万元的固定资产出现减值迹象。经减值测试，其未来税前和税后净现金流量的现值分别为 255 万元和 210 万元，公允价值减去处置费用后的净额为 240 万元。不考虑其他因素，2×23 年 12 月 31 日，甲公司应为该固定资产计提减值准备的金额为（ ）万元。

A. 5　　　　　B. 20
C. 50　　　　　D. 10

**【答案】** A

**【解析】** 2×23 年 12 月 31 日，A 公司该项固定资产账面价值 = 500 − 220 − 20 = 260（万元）。可收回金额按照预计未来现金流量现值和公允价值减去处置费用后的净额孰高确认，因计算资产未来现金流量现值时所使用的折现率应当反映当前市场货币时间价值和资产特定风险的税前利率，所以 A 公司预计未来现金流量现值为 255 万元，故可收回金额为 255 万元，账面价值大于可收回金额，A 公司应计提减值准备 = 260 − 255 = 5（万元）。

**【例题 4·多选题】** 下列各项资产中，以前计提减值准备的影响因素已消失的应在已计提的减值金额内转回的有（ ）。

A. 无形资产
B. 存货
C. 采用成本模式计量的投资性房地产
D. 应收账款

**【答案】** BD

**【解析】** 属于资产减值准则规范的资产：（1）对子公司、联营企业和合营企业的长期股权投资；（2）采用成本模式进行后续计量的投资性房地产（选项 C）；（3）固定资产；（4）无形资产（选项 A）；（5）探明石油天然气矿区权益及井及相关设施，减值一经确认，在以后持有期间不得转回。

# 第三单元　资产组减值的处理

## 1 资产组的认定

### 一、考点解读

（一）资产组的概念

资产组是企业可以认定的最小资产组合，其产生的现金流入应当基本上独立于其他资产或者资产组产生的现金流入。

资产组应当由创造现金流入相关的资产组成。

（二）资产组认定应当考虑的因素

（1）资产组能否独立产生现金流入是认定资产组的最关键因素。

（2）资产组的认定还应当考虑：

①企业管理层管理生产经营活动的方式（如生产线、业务类型、区域等）。

A. 管理层按生产线管理企业，各生产线作为资产组。

B. 管理层按业务类型管理企业，各类业务中所用资产作为一个资产组。

C. 管理层按区域管理企业，各区域所用资产作为一个资产组。

②对资产的持续使用或者处置的决策方式等，如一体化决策使用。

提示　几项资产的组合生产的产品（或者其他产出）存在活跃市场的，无论这些产品或者其他产出是用于对外销售还是仅供内部使用，均表明这几项资产的组合能够独立创造现金流入，在符合其他相关条件下，应当将这些资产的组合认定为一个资产组。

（三）资产组变更

资产组一经确定，各个会计期间应当保持一致，不得随意变更。如需变更，企业管理层应当证明该变更是合理的，并在附注中说明。

## 二、例题点津

【例题1·多选题】下列关于资产减值测试时认定资产组的表述中，正确的有（　　）。

A. 资产组是企业可以认定的最小资产组合

B. 认定资产组应当考虑对资产的持续使用或处置的决策方式

C. 认定资产组应当考虑企业管理层管理生产经营活动的方式

D. 资产组产生的现金流入应当独立于其他资产或资产组产生的现金流入

【答案】ABCD

【例题2·判断题】资产组的认定应当以资产组产生的主要现金流入是否独立于其他资产或者资产组的现金流入为依据。（　　）

【答案】√

## 2　资产组减值测试

### 一、考点解读

资产组减值测试的原理与单项资产相同，即企业需要估计资产组的可收回金额，并与资产组的账面价值进行比较。

（一）资产组可收回金额和账面价值的确定

资产组的可收回金额，应当按照该资产组的公允价值减去处置费用后的净额与其预计未来现金流量的现值两者之间较高者确定。

（1）资产组账面价值的确定基础应当与其可收回金额的确定方式相一致。

（2）资产组的账面价值包括可直接归属于资产组与可以合理和一致地分摊至资产组的资产账面价值，通常不应当包括已确认负债的账面价值。

（二）资产组减值测试

根据减值测试的结果，资产组（包括资产组组合）的可收回金额如低于其账面价值的，应当确认相应的减值损失，计入当期损益。

减值损失金额应当按照下列顺序进行分摊：

（1）首先抵减分摊至资产组中商誉的账面价值。

（2）然后根据资产组中除商誉之外的其他各项资产的账面价值所占比重，按比例抵减其他各项资产的账面价值（应关注限制条件）。

减值损失抵减资产账面价值的限制条件：抵减后的各资产的账面价值不得低于以下三者中的最高者：

①该资产的公允价值减去处置费用后的净额（如可确定的）；

②该资产预计未来现金流量的现值（如可确定的）；

③零。

（3）因受限制而未能分摊的减值损失金额，按照相关资产组中其他各项资产的账面价值所占比重进行分摊。

提示　如果各资产的使用年限不一致，则应考虑以使用寿命计算的权数来调整资产的账面价值。

## 二、例题点津

【例题1·多选题】资产组减值后将减值金额分摊至资产组中各单项资产，抵减后的各资产的账面价值不得低于以下（　　）中的最高者。

A. 该资产的公允价值减去处置费用后的净额

B. 该资产预计未来现金流量的现值

C. 零

D. 该资产的账面价值

【答案】ABC

【例题2·判断题】包含商誉的资产组发生的减值损失，应按商誉的账面价值和资产组内其他资产账面价值的比例进行分摊。（　　）

【答案】×

【解析】本题考查资产组减值损失的处理，包含商誉的资产组发生的减值损失，应先抵减分摊到资产组中商誉的账面价值；然后再根据资产组内其他资产的账面价值所占比例，抵减其他各项资产的账面价值，因此本题的说法错误。

【例题3·判断题】企业应当结合与商誉相关的资产组或者资产组组合对商誉进行减值测试。（　　）

【答案】√

## 3 总部资产减值测试

### 一、考点解读

（一）总部资产的内容及其特点

企业总部资产包括企业集团或其事业部的办公楼、电子数据处理设备、研发中心等资产。总部资产的显著特征是难以脱离其他资产或者资产组产生独立的现金流入，而且其账面价值难以完全归属于某一资产组。总部资产一般难以单独进行减值测试，需要结合其他相关资产组或资产组组合进行。

提示　资产减值测试的思路：单项资产—资产组—资产组组合。在分配总部资产和商誉的账面价值时，若无法分配到各个资产组，才需要采用资产组组合这个概念。即总部资产的账面价值先分配到下面的各项资产或资产组，若资产组无法负担，则在资产组组合中分配。

（二）资产组组合

资产组组合是指由若干个资产组组成的最小资产组组合，包括资产组或者资产组组合，以及按合理方法分摊的总部资产部分。

（三）总部资产减值损失的处理思路

1. 先解决能够按照合理和一致的基础分摊的总部资产

对于相关总部资产能够按照合理和一致的基础分摊至该资产组的部分：

（1）应当将该部分总部资产的账面价值分摊至该资产组（按照账面价值的比例分摊）。

（2）再据以比较该资产组的账面价值（包括已分摊的总部资产的账面价值部分）和可收回金额，可收回金额低于账面价值的，计提减值准备，确认资产减值损失。

（3）将上述减值损失分摊给各相关的资产：

①计算总部资产负担的减值损失；

②计算资产组本身负担的减值损失；

③从资产组往下分配，计算每个单项资产负担的减值损失，且仍要遵循"分配后资产的账面价值不得低于三者之中最高者"的规定。

2. 再考虑不可以按照合理和一致的基础分摊的总部资产

（1）计算确定上一步骤减值测试之后各项资产新的账面价值。

（2）进一步扩大计量基础，制造出一个将总部资产的账面价值进行分摊的合理和一致的基础，即将上述减值以后的资产组、总部资产再加上不可按照合理和一致的基础分摊的总部资产得出一个新的资产组组合。

（3）比较上述所认定的新资产组组合的账面价值和其对应的可回收金额，判断是否发生了减值。

（4）如果新资产组组合计提了减值准备，确认了减值损失，然后再分配给各个具体的资产，且仍要遵循"分配后资产的账面价值不得低于三者之中最高者"的规定。

### 二、例题点津

【例题1·多选题】下列选项中，属于总部资产的显著特征的有（　　）。

A. 可以脱离其他资产或者资产组产生独立的现金流入

B. 难以脱离其他资产或者资产组产生独立的现金流入

C. 资产的账面价值难以完全归属于某一资产组

D. 资产的账面价值可以完全归属于某一资产组

【答案】BC

【解析】总部资产的显著特征是难以脱离其他资产或者资产组产生独立的现金流入，而且其账面价值难以完全归属于某一资产组。

# 本章考点巩固练习题

## 一、单项选择题

1. 2×23 年 2 月 1 日甲公司以 2 800 万元购入一项专门用于生产 A 设备的专利技术，该专利技术按产量法进行摊销，预计净残值为 0，预计该专利技术可用于生产 500 台 A 设备。甲公司 2×23 年共生产 90 台 A 设备。2×23 年 12 月 31 日，经减值测试，该专利技术的可收回金额为 2 100 万元。不考虑增值税等相关税费及其他因素。甲公司 2×23 年 12 月 31 日应确认的资产减值损失金额为（　　）万元。

   A. 700　　　　　　B. 0

   C. 196　　　　　　D. 504

2. 甲公司行政管理部门于 2×20 年 12 月底购入一栋建筑物，该建筑物原值 2 100 万元，预计净残值率为 5%，预计可使用 5 年，采用年数总和法计提折旧。该建筑物由于暴风雨造成一定损害，发生了减值，因此，甲公司在 2×22 年 12 月 31 日对该建筑物进行减值测试。经估计，预计其公允价值为 720 万元，处置费用为 50 万元；无法估计其未来现金流量的现值。假定不考虑其他因素，甲公司持有该建筑物对其 2×22 年度利润总额的影响金额为（　　）万元。

   A. 183　　　　　　B. 715

   C. 765　　　　　　D. 233

3. 某公司于 2×21 年 12 月 31 日对其下属的某酒店进行减值测试。该酒店系公司于 4 年前贷款 1 亿元建造的，贷款年利率 6%，利息按年支付，期限 20 年。公司拟于 2×23 年 3 月对酒店进行全面改造，预计发生改造支出 2 000 万元，改造后每年可增加现金流量 1 000 万元。酒店有 30% 的顾客是各子公司人员，对子公司人员的收费均按低于市场价 30% 的折扣价结算。公司为减值测试目的而预测酒店未来现金流量时，下列处理中正确的是（　　）。

   A. 将改造支出 2 000 万元调减现金流量

B. 将每年 600 万元的贷款利息支出调减现金流量

   C. 将改造后每年增加的现金流量 1 000 万元调增现金流量

   D. 将向子公司人员的收费所导致的现金流入按照市场价格预计

4. 某企业 2×21 年 12 月 31 日购入一台设备，入账价值为 200 万元，预计使用寿命为 10 年，预计净残值为 20 万元，采用年限平均法计提折旧。2×22 年 12 月 31 日该设备存在减值迹象，经测试预计可收回金额为 120 万元。2×22 年 12 月 31 日该设备账面价值为（　　）万元。

   A. 120　　　　　　B. 182

   C. 200　　　　　　D. 180

5. 2×21 年 12 月 15 日，甲公司购入一台不需安装即可投入使用的设备，其原价为 1 888 万元。该设备预计使用年限为 10 年，预计净残值为 88 万元，采用年限平均法计提折旧。2×25 年 12 月 31 日，经过检查，该设备的可收回金额为 1 160 万元，预计尚可使用年限为 5 年，预计净残值为 20 万元，假设折旧方法不变。2×26 年度该设备应计提的折旧额为（　　）万元。

   A. 180　　　　　　B. 228

   C. 232　　　　　　D. 214.4

6. 甲企业 2×21 年 1 月 15 日购入一项计算机软件程序，价款为 780 万元，另支付其他相关税费 20 万元，预计使用年限为 5 年，法律规定有效使用年限为 7 年，预计净残值为 0。甲企业在 2×21 年 12 月 31 日发生日常维护支出 16 万元（升级更新费用），2×22 年 12 月 31 日该无形资产的可收回金额为 500 万元，则 2×22 年 12 月 31 日无形资产的账面价值为（　　）万元。

   A. 480　　　　　　B. 500

   C. 468.9　　　　　D. 496

7. 资产的公允价值减去处置费用后的净额中

"公允价值"应当按照（　　）顺序确定。

A. 销售协议价格、资产的市场价格（买方出价）、熟悉情况的交易双方自愿进行公平交易愿意提供的交易价格

B. 资产的市场价格（买方出价）、销售协议价格、熟悉情况的交易双方自愿进行公平交易愿意提供的交易价格

C. 熟悉情况的交易双方自愿进行公平交易愿意提供的交易价格、资产的市场价格（买方出价）、销售协议价格

D. 销售协议价格、熟悉情况的交易双方自愿进行公平交易愿意提供的交易价格、资产的市场价格（买方出价）

8. 企业的下列各项资产中，以前计提减值准备的影响因素已消失的，应在已计提的减值准备金额内转回的是（　　）。

A. 固定资产

B. 长期股权投资

C. 原材料

D. 商誉

9. 下列关于总部资产的说法中正确的是（　　）。

A. 总部资产的显著特征是难以脱离其他资产或者资产组产生独立的现金流入，其账面价值也难以完全归属于某一资产组

B. 总部资产可以单独进行减值测试

C. 总部资产就是总公司使用的办公楼、研发中心等资产

D. 总部资产能够产生独立的现金流入

10. 甲公司有 A、B、C 三家分公司作为三个资产组（资产组内各资产使用寿命均一致），账面价值分别为 600 万元、500 万元和 400 万元。预计使用寿命分别为 10 年、5 年和 5 年，总部资产账面价值 200 万元，2×21 年末甲公司所处的市场环境发生变化，出现减值迹象，需进行减值测试。假设总部资产能够根据各资产组的账面价值和剩余使用寿命加权平均计算的账面价值比例分摊至各资产组，分摊总部资产后各资产组的账面价值分别为（　　）万元。

A. 720，600，480

B. 840，600，360

C. 600，500，400

D. 714.29，547.62，438.10

## 二、多项选择题

1. 企业应当在资产负债表日判断资产是否存在可能发生减值的迹象，但下列资产中无论是否存在减值迹象，每年都应当进行减值测试的有（　　）。

A. 固定资产

B. 长期股权投资

C. 使用寿命不确定的无形资产

D. 企业合并形成的商誉

2. 下列关于资产减值的说法中，正确的有（　　）。

A. 存货计提减值的比较基础是可收回金额

B. 具有控制、共同控制或重大影响的长期股权投资计提减值的比较基础是未来现金流量现值

C. 固定资产计提减值的比较基础是可收回金额

D. 商誉计提减值的比较基础是可收回金额

3. 企业对固定资产进行减值测试时，预计未来现金流量现值应考虑的因素有（　　）。

A. 折现率

B. 账面价值

C. 预计剩余使用寿命

D. 预计未来现金流量

4. 企业在资产减值测试时，下列各项关于预计资产未来现金流量的表述中，正确的有（　　）。

A. 包括资产处置时取得的净现金流量

B. 不包括与所得税收付有关的现金流量

C. 包括将来可能会发生的、尚未作出承诺的重组事项

D. 不包括与资产改良支出有关的现金流量

5. 下列有关资产减值的表述中，正确的有（　　）。

A. 资产的可收回金额应当根据资产的公允价值与资产预计未来现金流量的现值两者之间较高者确定

B. 使用寿命不确定的无形资产无论是否存在减值迹象，每年都应进行减值测试

C. 企业至少应于每年年末对总部资产进行减值测试

D. 有迹象表明某项总部资产可能发生减值的，应当计算确定该总部资产所归属的资产

组或资产组组合的可收回金额，然后将其与相应的账面价值相比较，据以判断确认减值损失

6. 下列关于固定资产减值的表述中，不符合会计准则规定的有（　　）。

A. 预计固定资产未来现金流量应当考虑与所得税收付相关的现金流量

B. 固定资产的公允价值减去处置费用后的净额高于其账面价值，但预计未来现金流量现值低于其账面价值的，应当计提减值

C. 在确定固定资产未来现金流量现值时，应当考虑将来可能发生的与改良有关的预计现金流量的影响

D. 单项固定资产本身的可收回金额难以有效估计的，应当以其所在的资产组为基础确定可收回金额

7. 下列关于资产组的表述中，正确的有（　　）。

A. 资产组认定以其产生的主要现金流入是否独立于其他资产或者资产组的现金流入为依据

B. 某服装企业有童装、西装、衬衫三个工厂，每个工厂在核算、考核和管理等方面都相对独立，在这种情况下，每个工厂通常为一个资产组

C. 某家具制造商有 A 车间和 B 车间，A 车间专门生产家具部件，生产完后由 B 车间负责组装，该企业对 A 车间和 B 车间资产的使用和处置等决策是一体的，在这种情况下，A 车间和 B 车间通常应当认定为一个资产组

D. 从煤矿引出的运煤专用铁路线通常为一个资产组

8. 大洋公司在甲、乙、丙三地拥有三家分公司，其中，丙分公司是上年吸收合并的公司。由于甲、乙、丙三家分公司均能产生独立于其他分公司的现金流入，所以该公司将这三家分公司确定为三个资产组。2×21 年 12 月 31 日，企业经营所处的技术环境发生了重大不利变化，出现减值迹象，需要进行减值测试。减值测试时，丙分公司资产组的账面价值为 680 万元（含合并商誉为 80 万元）。该公司计算丙分公司资产组的预计未来现金流量现值为 480 万元，无法估计其公允价值减去处置费用后的净额。假定丙分公司资产组中包括甲设备、乙设备和一项无形资产，其账面

价值分别为 280 万元、180 万元和 140 万元。假定不考虑其他因素的影响，大洋公司下列说法中，正确的有（　　）。

A. 丙资产组 2×21 年 12 月 31 日计提减值后的账面价值为 480 万元

B. 丙资产组中甲设备 2×21 年 12 月 31 日资产负债表中列示的金额为 224 万元

C. 丙资产组中乙设备 2×21 年 12 月 31 日资产负债表中列示的金额为 144 万元

D. 丙资产组中无形资产 2×21 年 12 月 31 日资产负债表中列示的金额为 112 万元

9. 甲公司某生产线由 A、B、C 三台设备组成，共同完成某产品生产。A 设备、B 设备、C 设备均不能单独产生现金流量。截至 2×21 年 12 月 31 日，该生产线账面价值为 1 500 万元，其中 A 设备的账面价值为 400 万元，B 设备的账面价值为 500 万元，C 设备的账面价值为 600 万元，均未计提固定资产减值准备。三台设备预计尚可使用年限均为 5 年。2×21 年 12 月 31 日，该生产线公允价值减去处置费用后的净额为 1 184 万元，其中：C 设备的公允价值减去处置费用后的净额为 450 万元，A 设备、B 设备均无法合理估计其公允价值和处置费用。预计该生产线未来产生的现金流量的现值为 1 150 万元。则甲公司下列会计处理中，正确的有（　　）（计算结果保留两位小数）。

A. 该生产线应确认的减值损失总额为 350 万元

B. A 设备计提减值准备金额为 84.27 万元

C. B 设备计提减值准备金额为 105.33 万元

D. C 设备计提减值准备金额为 150 万元

## 三、判断题

1. 资产减值损失确认后，减值资产的折旧或者摊销费用在未来期间需要作相应调整。
（　　）

2. 企业合并形成的商誉至少应当于每年年末进行减值测试。　（　　）

3. 在预计未来现金流量和折现率时，不需要考虑因一般通货膨胀而导致的物价上涨因素的影响。　（　　）

4. 企业资产组合，是指由若干个资产组组成的

任意资产组组合。　　　　　　（　）

5. 资产组一经确定，在各个会计期间应当保持一致，不得随意变更。　　　　　　（　）

6. 资产组的认定应当以资产组产生的主要现金流入是否独立于其他资产或者资产组的现金流入为依据。　　　　　　　　　（　）

### 四、计算分析题

长江公司拥有企业总部资产（一栋办公楼）和三条独立生产线（X、Y、Z），三条生产线被认定为三个资产组。2019 年末总部资产和三个资产组的账面价值分别为 1 600 万元、1 000 万元、1 250 万元和 1 500 万元。三条生产线的使用寿命分别为 5 年、10 年和 15 年。

由于三条生产线所生产的产品市场竞争激烈，同类产品更为价廉物美，从而导致长江公司生产的产品滞销，开工严重不足，产能大大过剩，使三条生产线出现减值迹象，长江公司于期末进行减值测试。在减值测试过程中，总部资产办公楼的账面价值可以在合理和一致的基础上分摊至各资产组，并且是以各资产组的账面价值和剩余使用寿命加权平均计算的账面价值作为分摊的依据。

经减值测试计算确定的三个资产组（X、Y、Z 三条生产线）的可收回金额分别为 1 250 万元、1 400 万元和 1 500 万元。

**要求：**

（1）填列资产减值损失分摊表（见表 7 - 1）。

表 7 - 1　资产减值损失分摊表

| 项目 | X 生产线 | Y 生产线 | Z 生产线 | 合计 |
|---|---|---|---|---|
| 资产组账面价值（万元） | | | | |
| 各资产组剩余使用寿命（年） | | | | |
| 各资产组按使用寿命计算的权重 | | | | |
| 各资产组加权计算后的账面价值（万元） | | | | |
| 总部资产分摊比例（%） | | | | |
| 总部资产账面价值分摊到各资产组的金额（万元） | | | | |
| 包括分摊的总部资产账面价值部分的各资产组账面价值（万元） | | | | |
| 可收回金额（万元） | | | | |
| 应计提减值准备金额（万元） | | | | |
| 各资产组减值额分配给总部资产的金额（万元） | | | | |
| 资产组本身的减值金额（万元） | | | | |

（2）编制计提减值准备的有关会计分录。

# 本章考点巩固练习题参考答案及解析

## 一、单项选择题

1.【答案】C

【解析】2×23 年末，该无形资产已计提折旧 = 2 800÷500×90 = 504（万元）；该无形资产账面价值 = 2 800 - 504 = 2 296（万元），则应确认减值损失 = 2 296 - 2 100 = 196（万元）。

2.【答案】C

【解析】2×21 年的折旧额 = 2 100×（1 - 5%）×5÷15 = 665（万元），2×22 年的折旧

额 $=2\,100\times(1-5\%)\times4\div15=532$（万元），至 $2\times22$ 年末计提减值准备前固定资产的账面价值 $=2\,100-665-532=903$（万元），高于估计可收回金额 $=720-50=670$（万元），应计提减值准备 $=903-670=233$（万元）。则该设备对甲公司 $2\times22$ 年利润的影响数为 765 万元（管理费用 532 + 资产减值损失 233）。

3.【答案】D

【解析】预计资产未来现金流量应当考虑的因素：（1）以资产的当前状况为基础预计资产未来现金流量，对固定资产未来的改良导致现金流量的变化不考虑；（2）预计资产未来现金流量不应当包括筹资活动和所得税收付产生的现金流量；（3）对通货膨胀因素的考虑应当和折现率相一致；（4）内部转移价格应当予以调整。所以，选项 D 正确。

4.【答案】A

【解析】该设备 $2\times22$ 年计提的折旧 $=(200-20)\div10=18$（万元）；$2\times22$ 年 12 月 31 日，该设备计提减值准备前的账面价值 $=200-18=182$（万元），可收回金额为 120 万元，应计提减值，因此，$2\times22$ 年 12 月 31 日该设备账面价值为 120 万元。

5.【答案】B

【解析】$2\times25$ 年底资产账面价值 $=1\,888-(1\,888-88)\div10\times4=1\,168$（万元）；应计提减值 $=1\,168-1\,160=8$（万元）；$2\times26$ 年应计提折旧 $=(1\,160-20)\div5=228$（万元）。

6.【答案】A

【解析】$2\times22$ 年 12 月 31 日该无形资产账面价值 $=(780+20)-(780+20)\div5\times2=480$（万元），为维护该计算机软件程序支出的 16 万元升级更新费用，计入当期管理费用；$2\times22$ 年 12 月 31 日该无形资产可收回金额为 500 万元，高于账面价值，不需要计提减值准备，所以该无形资产在 $2\times22$ 年 12 月 31 日的账面价值为 480 万元。

7.【答案】A

【解析】资产的公允价值确定顺序是：（1）销售协议价格（第一顺序）；（2）资产的市场价格（买方出价）；（3）熟悉情况的交易双方自愿进行公平交易愿意提供的交易价格。

8.【答案】C

【解析】固定资产、长期股权投资和商誉属于资产减值准则规范的资产，资产减值损失一经计提，在以后会计期间不得转回。

9.【答案】A

【解析】本题考查总部资产减值测试相关内容。总部资产的显著特征是难以脱离其他资产或者资产组产生独立的现金流入，其账面价值也难以完全归属于某一资产组；总部资产不单指总公司办公楼等资产，选项 A 正确，选项 C、D 不正确；总部资产通常难以单独进行减值测试，需要结合其他相关资产组或者资产组组合进行，选项 B 不正确。

10.【答案】D

【解析】A 公司账面价值 $=600+200\times(600\times2)\div(600\times2+500+400)=714.29$（万元）

B 公司账面价值 $=500+200\times500\div(600\times2+500+400)=547.62$（万元）

C 公司账面价值 $=400+200\times400\div(600\times2+500+400)=438.10$（万元）

## 二、多项选择题

1.【答案】CD

【解析】企业合并形成的商誉和使用寿命不确定的无形资产，无论是否存在减值迹象，至少应当每年进行减值测试。

2.【答案】CD

【解析】存货计提减值的比较基础是可变现净值，选项 A 错误；具有控制、共同控制、重大影响的长期股权投资计提减值的比较基础是可收回金额，选项 B 错误。

3.【答案】ACD

【解析】企业在预计资产未来现金流量的现值时，应综合考虑三个方面：（1）资产的预计未来现金流量；（2）资产的使用寿命；（3）折现率。资产的账面价值与计算现值无关。

4.【答案】ABD

【解析】企业预计资产未来现金流量应当以资产的当前状况为基础，不应当包括与将来可能会发生的、尚未作出承诺的重组事项或者与资产改良有关的预计未来现金流量，选项 C 表述不正确。

5. 【答案】BD

【解析】资产的可收回金额应当根据资产的公允价值减去处置费用后的净额与资产预计未来现金流量的现值两者之间较高者确定，选项 A 错误；总部资产只有出现减值迹象的，才需要进行减值测试，选项 C 错误。

6. 【答案】ABC

【解析】选项 A，预计固定资产未来现金流量时，不需要考虑与所得税收付相关的现金流量；选项 B，资产的公允价值减去处置费用后的净额与资产预计未来现金流量的现值，只要有一项超过了资产的账面价值，就表明资产没有发生减值，不需要再估计另一项金额；选项 C，在确定固定资产未来现金流量时，企业应当以资产的当前状况为基础，不应当包括与将来可能会发生的、尚未作出承诺的重组事项或者与资产改良有关的预计未来现金流量；选项 D，在企业难以对单项资产的可收回金额进行估计的情况下，应当以该资产所属的资产组为基础确定资产组的可收回金额。

7. 【答案】ABC

【解析】从煤矿引出的运煤专用铁路线，不能单独创造现金流入，应与煤矿的其他资产认定一个资产组，一并考虑减值问题。所以，选项 D 错误。

8. 【答案】ABCD

【解析】丙资产组 2×21 年 12 月 31 日的账面价值为 680 万元，可收回金额为 480 万元，所以计提减值准备 200 万元（680−480），计提减值准备后的账面价值为 480 万元。丙资产组中的减值额先冲减商誉 80 万元，剩余 120 万元分配给甲设备、乙设备和无形资产。甲设备应承担的减值损失 = 120÷(280+180+140)×280=56（万元），计提减值后的账面价值 = 280−56=224（万元），乙设备应承担的减值损失 = 120÷(280+180+140)×180=36（万元），计提减值后的账面价值 = 180−36=144（万元）；无形资产应承担的减值损失 = 120÷(280+180+140)×140=28（万

元），计提减值后的账面价值 = 140−28=112（万元）。

9. 【答案】BC

【解析】该生产线应确认的减值损失总额 = 1 500−1 184=316（万元），选项 A 错误；C 设备应分摊的减值损失的金额 = 316×600÷1 500=126.4（万元），C 设备计提减值准备后的金额 = 600−126.4=473.6（万元），大于公允价值减去处置费用后的净额 450 万元，所以 C 设备计提减值准备金额为 126.4 万元，选项 D 错误；A 设备应确认减值损失金额 = 316×400÷1 500=84.27（万元），选项 B 正确；B 设备应确认减值损失金额 = 316×500÷1 500=105.33（万元），选项 C 正确。

## 三、判断题

1. 【答案】√

【解析】资产减值损失确认后，减值资产的折旧或者摊销费用应当在未来期间作相应调整，以使该资产在剩余使用寿命内，系统地分摊调整后的资产账面价值。

2. 【答案】√

3. 【答案】×

【解析】折现率若为不考虑通货膨胀因素的名义折现率，则现金流确定时也不考虑通胀因素；反之则现金流量应当作出相应的考虑。

4. 【答案】×

【解析】资产组组合是指由若干个资产组组成的最小资产组组合，包括资产组或者资产组组合，以及按合理方法分摊的总部资产部分，而不是任意资产组组合。

5. 【答案】√

【解析】资产组一经确定，在各个会计期间不得随意变更。

6. 【答案】√

## 四、计算分析题

【答案】

(1) 资产减值损失分摊表如表 7−2 所示。

表7－2　　　　　　　　　　　　　资产减值损失分摊表

| 项目 | X生产线 | Y生产线 | Z生产线 | 合计 |
|---|---|---|---|---|
| 资产组账面价值（万元） | 1 000 | 1 250 | 1 500 | 3 750 |
| 各资产组剩余使用寿命（年） | 5 | 10 | 15 | |
| 各资产组按使用寿命计算的权重 | 1 | 2 | 3 | |
| 各资产组加权计算后的账面价值（万元） | 1 000 | 2 500 | 4 500 | 8 000 |
| 总部资产分摊比例（%） | 12.50 | 31.25 | 56.25 | 100 |
| 总部资产账面价值分摊到各资产组的金额（万元） | 200 | 500 | 900 | 1 600 |
| 包括分摊的总部资产账面价值部分的各资产组账面价值（万元） | 1 200 | 1 750 | 2 400 | 5 350 |
| 可收回金额（万元） | 1 250 | 1 400 | 1 500 | 4 150 |
| 应计提减值准备金额（万元） | 0 | 350 | 900 | 1 250 |
| 各资产组减值额分配给总部资产的金额（万元） | 0 | 350×500÷1 750＝100 | 900×900÷2 400＝337.5 | 437.5 |
| 资产组本身的减值金额（万元） | 0 | 250 | 562.5 | 812.5 |

提示：首先，将总部资产采用合理的方法分配至各资产组；然后比较各资产组的可收回金额与账面价值；最后将各资产组的资产减值额在总部资产和各资产组之间分配。

（2）会计分录为：

借：资产减值损失——固定资产减值损失

——总部资产（办公楼）

437.5

——Y生产线 250

——Z生产线

562.5

贷：固定资产减值准备——总部资产（办公楼）　437.5

——Y生产线

250

——Z生产线

562.5

# 第八章　金融资产和金融负债

考情分析

本章在考试中处于重要地位，一般出客观题，也会与其他章节内容结合出现在计算分析题和综合题中，属于非常重要的一章。

## 教材变化

2024 年本章教材删除了金融资产的减值、金融资产和金融负债的终止确认内容。对金融资产核算的科目进行了调整：以摊余成本计量的金融资产核算不区分一次还本付息债券投资和分期付息、一次还本债券投资，持有期间计算票面利息记入"债权投资——应计利息"科目，不使用"应收利息"科目；以公允价值计量且其变动计入其他综合收益的金融资产核算不区分一次还本付息债券投资和分期付息、一次还本债券投资，持有期间计算票面利息记入"其他债权投资——应计利息"科目，不使用"应收利息"科目；以公允价值计量且其变动计入当期损益的金融资产核算，持有期间计算票面利息记入"交易性金融资产——应计利息"科目，不使用"应收利息"科目。对金融负债核算的科目进行了调整：以公允价值进行后续计量的金融负债，资产负债表日确认利息费用，记入"交易性金融负债——应计利息"科目，不使用"应付利息"科目；以摊余成本计量的金融负债，确认和结转利息，记入"应付债券——应计利息"科目，不使用"应付利息"科目。以公允价值计量的金融负债到期，归还时的损益记入"投资收益"科目，不是"公允价值变动损益"科目。

## 考点提示

本章应主要关注以下考点：（1）金融资产的分类；（2）各类金融资产的确认和计量；（3）中介费用的处理；（4）金融负债的分类；（5）金融负债的确认和计量；（6）出售交易性金融资产影响营业利润的计算；（7）影响所有者权益变动的业务；（8）金融资产的重分类；（9）金融工具的减值。

# 本章考点框架

金融资产和金融负债
├─ 金融资产和金融负债的确认和分类 ┬ 金融资产的分类
│                                └ 金融负债的分类
└─ 金融资产和金融负债的计量 ┬ 金融资产和金融负债的初始计量
                          ├ 以摊余成本计量的金融资产的会计处理
                          ├ 以公允价值计量且其变动计入其他综合收益的金融资产的会计处理
                          ├ 以公允价值计量且其变动计入当期损益的金融资产的会计处理
                          ├ 指定为以公允价值计量且其变动计入其他综合收益的非交易性
                          │   权益工具投资的会计处理
                          ├ 金融资产之间重分类的会计处理
                          └ 金融负债的后续计量

# 考点解读及例题点津

## 第一单元　金融资产和金融负债的确认和分类

金融工具是指形成一方的金融资产并形成其他方的金融负债或权益工具的合同。一般来说，金融工具包括金融资产、金融负债和权益工具，也可能包括一些尚未确认的项目。

企业在成为金融工具合同的一方时，应当确认一项金融资产或金融负债；反之则不确认。

### 1 金融资产的分类

#### 一、考点解读

企业的金融资产主要包括库存现金、银行存款、应收账款、应收票据、其他应收款、贷款、垫款、债权投资、股权投资、基金投资、衍生金融资产等。

企业应当根据其管理金融资产的业务模式和金融资产的合同现金流量特征，将金融资产划分为以下三类：（1）以摊余成本计量的金融资产；（2）以公允价值计量且其变动计入其他综合收益的金融资产；（3）以公允价值计量且其变动计入当期损益的金融资产。

此外，在初始确认时，如果能够消除或显著减少会计错配，企业可以将金融资产指定为以公允价值计量且其变动计入当期损益的金融资产。该指定一经作出，不得撤销。

上述分类一经确定，不得随意变更。

（一）企业管理金融资产的业务模式

1. 业务模式评估

企业管理金融资产的业务模式，是指企业如何管理其金融资产以产生现金流量。业务模式决定企业所管理金融资产现金流量的来源是收取合同现金流量、出售金融资产还是两者兼有。

企业确定其管理金融资产的业务模式时，应当注意以下方面：

（1）企业应当在金融资产组合的层次上确定管理金融资产的业务模式，而不必按照单个金融资产逐项确定业务模式。

（2）一个企业可能会采用多个业务模式管理其金融资产。

（3）企业应当以企业关键管理人员决定的对金融资产进行管理的特定业务目标为基础，确定管理金融资产的业务模式。其中，"关键管理人员"是指有权力并负责计划、指挥和控制企业活动的人员。

（4）企业的业务模式并非企业自愿指定，通常可以从企业为实现其目标而开展的特定活动中得以反映。

（5）企业不得以按照合理预期不会发生的情形为基础确定管理金融资产的业务模式。

2. 以收取合同现金流量为目标的业务模式

在以收取合同现金流量为目标的业务模式下，企业管理金融资产旨在通过在金融资产存续期内收取合同付款来取得现金流量，而不是通过持有并出售金融资产产生整体回报。

3. 以收取合同现金流量和出售金融资产为目标的业务模式

在同时以收取合同现金流量和出售金融资产为目标的业务模式下，企业的关键管理人员认为收取合同现金流量和出售金融资产对于实现其管理目标而言都是不可或缺的。与以收取合同现金流量为目标的业务模式相比，此业务模式涉及的出售通常频率更高、金额更大。因为出售金融资产是此业务模式的目标之一，在该业务模式下不存在出售金融资产的频率或者价值的明确界限。

4. 其他业务模式

如果企业管理金融资产的业务模式不是以收取合同现金流量为目标，也不是以收取合同现金流量和出售金融资产为目标，则该企业管理金融资产的业务模式是其他业务模式。

例如，企业持有金融资产的目的是交易性的或者基于金融资产的公允价值作出决策并对其进行管理。在这种情况下，企业管理金融资产的目标是通过出售金融资产以取得现金流量，此时将该金融资产分类为以公允价值计量且其变动计入当期损益的金融资产。

（二）金融资产的合同现金流量特征

金融资产的合同现金流量特征，是指金融工具合同约定的、反映相关金融资产经济特征的现金流量属性。

金融资产的合同现金流量特征与基本借贷安排相一致，是指金融资产在特定日期产生的合同现金流量仅为支付的本金和以未偿付本金额为基础的利息（以下简称"本金加利息的合同现金流量特征"）。无论金融资产的法律形式是否

为一项贷款，都可能是一项基本借贷安排。

提示 企业分类为以摊余成本计量的金融资产和以公允价值计量且其变动计入其他综合收益的金融资产，其合同现金流量特征符合本金加利息的合同现金流量特征。即相关金融资产在特定日期产生的合同现金流量仅为本金和以未偿付本金金额为基础的利息的支付。

如果金融资产合同中包含与基本借贷安排无关的合同现金流量风险敞口或波动性敞口（如权益价格或商品价格变动敞口）的条款，则此类合同不符合本金加利息的合同现金流量特征。

（三）金融资产的具体分类

1. 以摊余成本计量的金融资产

金融资产同时符合下列条件的，应当分类为以摊余成本计量的金融资产：

（1）企业管理该金融资产的业务模式是以收取合同现金流量为目标。

（2）该金融资产的合同条款规定，在特定日期产生的现金流量，仅为支付的本金和以未偿付本金金额为基础的利息。

如银行向企业客户发放的固定利率贷款；普通债券的合同现金流量是到期收回本金及按约定利率在合同期间按时收取固定或浮动利息；企业正常商业往来形成的具有一定信用期限的应收账款。

提示 涉及会计科目：银行存款、贷款、应收账款、债权投资等。

2. 以公允价值计量且其变动计入其他综合收益的金融资产

金融资产同时符合下列条件的，应当分类为以公允价值计量且其变动计入其他综合收益的金融资产：

（1）企业管理该金融资产的业务模式既以收取合同现金流量为目标又以出售该金融资产为目标。

（2）该金融资产的合同条款规定，在特定日期产生的现金流量，仅为支付的本金和以未偿付本金金额为基础的利息。

提示 涉及会计科目：其他债权投资。

3. 以公允价值计量且其变动计入当期损益的金融资产

企业分类为以摊余成本计量的金融资产和以公允价值计量且其变动计入其他综合收益的金融

资产之外的金融资产，应当分类为以公允价值计量且其变动计入当期损益的金融资产。

如企业常见的**股票、基金、可转换债券**等投资产品**当分类为以公允价值计量且其变动计入当期损益**。

提示 涉及会计科目：交易性金融资产。

（四）金融资产分类的特殊规定

1. 特殊规定

在初始确认时，企业可以将非交易性权益工具投资指定为以公允价值计量且其变动计入其他综合收益的金融资产，并将股利收入计入当期损益。

**该指定一经作出，不得撤销。**

企业投资其他上市公司股票或者非上市公司股权的，都可能属于这种情形。

提示 涉及会计科目：其他权益工具投资。

2. 交易性判定

金融资产或金融负债满足下列条件之一的，表明企业持有该金融资产或承担该金融负债的目的是交易性的：

（1）取得相关金融资产或承担相关金融负债的目的，主要是为了近期出售或回购。例如，企业以赚取差价为目的从二级市场购入的股票、债券和基金等，或者发行人根据债务工具的公允价值变动计划在近期回购的、有公开市场报价的债务工具。

（2）相关金融资产或金融负债在初始确认时属于集中管理的可辨认金融工具组合的一部分，且有客观证据表明近期实际存在短期获利目的。

（3）相关金融资产或金融负债属于衍生工具。但符合财务担保合同定义的衍生工具以及被指定为有效套期工具的衍生工具除外。如未作为套期工具的利率互换或外汇期权。

只有不符合上述条件的非交易性权益工具投资才可以进行该指定。

在非同一控制下的企业合并中，企业作为购买方确认的或有对价形成金融资产的，该金融资产应当分类为以公允价值计量且其变动计入当期损益的金融资产，不得指定为以公允价值计量且其变动计入其他综合收益的金融资产。

金融资产的分类流程如图8-1所示。

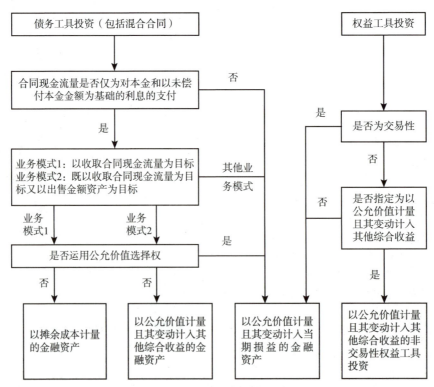

**图8-1　金融资产分类流程**

**（五）不同类金融资产之间的重分类**

企业改变其管理金融资产的业务模式时，应当对所有受影响的相关金融资产进行重分类。

1. 调整方式

企业对金融资产进行重分类，应当自重分类日起采用未来适用法进行相关会计处理，不得对以前已经确认的利得、损失（包括减值损失或利得）或利息进行追溯调整。

2. 重分类日

重分类日，是指导致企业对金融资产进行重分类的业务模式发生变更后的首个报告期间的第一天。

3. 不属于业务模式变更的情形

（1）企业持有特定金融资产的意图改变。企业即使在市场状况发生重大变化的情况下改变对特定资产的持有意图，也不属于业务模式变更。

（2）金融资产特定市场暂时性消失从而暂时影响金融资产出售。

（3）金融资产在企业具有不同业务模式的各部门之间转移。

需要注意的是，如果企业管理金融资产的业务模式没有发生变更，而金融资产的条款发生变更但未导致终止确认的，不允许重分类。

## 二、例题点津

【例题1·单选题】甲公司对其购入债券的业务管理模式是以收取合同现金流量为目标。该债券的合同条款规定，在特定日期产生的现金流量，仅为对本金和以未偿还本金额为基础的利息的支付。不考虑其他因素，甲公司应将该债券投资分类为（　　）。

A. 其他货币资金

B. 以公允价值计量且其变动计入当期损益的金融资产

C. 以公允价值计量且其变动计入其他综合收益的金融资产

D. 以摊余成本计量的金融资产

【答案】D

【解析】企业管理金融资产的业务模式是以收取合同现金流量为目标，合同条款规定仅为对本金和以未偿付本金金额为基础的利息支付的金融资产，因此应当将其划分为以摊余成本计量的

金融资产。

【例题2·多选题】以下属于企业金融资产的选项有（　　）。

A. 贷款

B. 预付账款

C. 应收账款和应收票据

D. 基金投资

【答案】ACD

【解析】企业的金融资产主要包括库存现金、银行存款、应收账款、应收票据、其他应收款、贷款、垫款、债权投资、股权投资、基金投资、衍生金融资产等。选项B，预付账款不是金融资产，因其产生的未来经济利益是商品或服务，不是收取现金或其他金融资产的权利。

【例题3·判断题】甲银行持有金融资产组合以满足其每日流动性需求。甲银行为了降低其管理流动性需求的成本，高度关注该金融资产组合的回报，包括收取的合同现金流量和出售金融资产的利得或损失。甲银行管理该金融资产组合的业务模式以收取合同现金流量和出售金融资产为目标。（　　）

【答案】√

【解析】甲银行持有金融资产的目标是满足日常流动性需求，同时还为了维持特定的收益率而关注金融资产的回报，因此为以收取合同现金流量和出售金融资产为目标的业务模式。

## 2 金融负债的分类

## 一、考点解读

**（一）金融负债的内容**

金融负债主要包括应付账款、长期借款、其他应付款、应付票据、应付债券、衍生金融负债等。

**（二）金融负债的分类**

除下列各项外，企业应当将金融负债分类为以摊余成本计量的金融负债：

（1）以公允价值计量且其变动计入当期损益的金融负债，包括交易性金融负债（含属于金融负债的衍生工具）和指定为以公允价值计量且其变动计入当期损益的金融负债。

（2）不符合终止确认条件的金融资产转移或继续涉入被转移金融资产所形成的金融负债。

（3）不属于上述（1）或（2）情形的财务担保合同，以及不属于上述（1）情形的、以低于市场利率贷款的贷款承诺。

[提示]（1）在非同一控制下的企业合并中，企业作为购买方确认的或有对价形成金融负债的，该金融负债应当按照以公允价值计量且其变动计入当期损益进行会计处理。

（2）企业对金融负债的分类一经确定，不得变更。

## 二、例题点津

【例题1·多选题】以下选项中，属于金融负债的有（　　）。

A. 应付账款

B. 预收账款

C. 企业签出的看涨期权

D. 应付债券

【答案】ACD

【解析】金融负债主要包括应付账款、长期借款、其他应付款、应付票据、应付债券、衍生金融负债等。选项B，预收账款不是金融负债，因其导致的未来经济利益流出是商品或服务，不是交付现金或其他金融资产的合同义务。

【例题2·判断题】在特定条件下，企业可以将以公允价值计量且其变动计入当期损益的金融负债重分类为以摊余成本计量的金融负债。（　　）

【答案】×

【解析】企业对金融负债的分类一经确定，不得变更。

# 第二单元　金融资产和金融负债的计量

## 1 金融资产和金融负债的初始计量

### 一、考点解读

1. 初始确认

企业初始确认金融资产和金融负债，应当按照公允价值计量。

2. 交易费用

（1）对于以公允价值计量且其变动计入当期损益的金融资产和金融负债，相关交易费用应当直接计入当期损益（投资收益）。

（2）对于其他类别的金融资产和金融负债，相关交易费用应当计入初始确认金额。

交易费用，是增量费用，一般包括支付给代理机构、券商、证券交易所、政府有关部门等的手续费、佣金、相关税费以及其他必要支出，不包括债券溢价、折价、融资费用、内部管理成本和持有成本等与交易不直接相关的费用。

3. 其他

企业取得金融资产所支付的价款中包含的已宣告但尚未发放的利息或现金股利，应当单独确认为应收项目处理。

### 二、例题点津

【例题1·多选题】企业对下列金融资产和金融负债进行初始计量时，应将发生的相关交易费用计入初始确认金额的有（　　）。

A. 以摊余成本计量的金融资产

B. 以公允价值计量且其变动计入当期损益的金融负债

C. 以公允价值计量且其变动计入其他综合收益的金融资产

D. 以公允价值计量且其变动计入当期损益的金融资产

【答案】AC

【解析】对于以公允价值计量且其变动计入当期损益的金融资产和金融负债，相关交易费用应当直接计入当期损益（投资收益）；对于其他类别的金融资产或金融负债，相关交易费用应当计入初始确认金额。

【例题2·多选题】企业支付的下列各项中介费用中，应直接计入当期损益的有（　　）。

A. 为发行股票支付给证券承销商的佣金

B. 支付的年度财务报表审计费

C. 为取得以摊余成本计量的金融资产支付的手续费

D. 为企业合并支付的法律服务费

【答案】BD

【解析】选项 A，计入资本公积——股本溢价；选项 C，计入金融资产成本。

## 2 以摊余成本计量的金融资产的会计处理

### 一、考点解读

（一）摊余成本和实际利率法

1. 金融资产的摊余成本

金融资产的**摊余成本**，应当以该金融资产的初始确认金额经下列调整后的结果确定：

（1）扣除已偿还的本金。

（2）加上或减去采用实际利率法将该初始确认金额与到期日金额之间的差额进行摊销形成的累计摊销额。

（3）扣除计提的累计信用减值准备。

提示（1）期末摊余成本＝初始确认金额 − 已收回的本金 ＋（或 −）累计摊销的折价（溢价）− 累计信用减值准备

（2）如果债券市场利率与票面利率不一致，有两种情况：当票面利率高于市场利率时，将来所得利息高于票面利息，则会以高于面值的金额购入债券，作为以后多收利息所付出的代价，实际付出的款项高于面值，随着摊销，账面价值最终等于面值，应减去累计摊销数。如果票面利率低于市场利率，则应加上累计摊销数。

2. 实际利率法

实际利率法，是指计算金融资产或金融负债的摊余成本以及将利息收入或利息费用分摊计入各会计期间的方法。

**实际利率**，是指将金融资产或金融负债在预计存续期的估计未来现金流量，折现为该金融资产账面余额（不考虑减值）或该金融负债摊余成本所使用的利率。在确定实际利率时，应当在考虑金融资产或金融负债所有合同条款（如提前还款、展期、看涨期权或其他类似期权等）的基础上估计预期现金流量，但不应当考虑预期信用损失。

合同各方之间支付或收取的、属于实际利率组成部分的各项费用、交易费用及溢价或折价等，应当在确定实际利率时予以考虑。

（二）具体会计处理（以债权投资为例）

1. 企业取得以摊余成本计量的债权投资

借：债权投资——成本（面值）

　　　　　　——利息调整（倒挤，可借可贷）

　　应收利息（支付的价款中包含的已到付息期但尚未领取的利息）

　　贷：银行存款等（实际支付金额，包含交易费用）

2. 资产负债表日，确认实际利息收入

（1）确认实际利息收入：

借：债权投资——应计利息（按票面利率计算的利息）

　　　　　　——利息调整（差额，可借可贷）

　　贷：投资收益（按摊余成本和实际利率计算的利息收入）

（2）收到利息：

借：银行存款

　　贷：债权投资——应计利息

3. 发生减值

借：信用减值损失

　　贷：债权投资减值准备

4. 出售以摊余成本计量的债权投资

借：银行存款

　　债权投资减值准备

　　贷：债权投资——成本

　　　　　　　　——应计利息

　　　　　　　　——利息调整（可借可贷）

　　投资收益（差额，可借可贷）

提示（1）以摊余成本计量的金融资产所产生的利得或损失，应当在终止确认、按照规定重分类、按照实际利率法摊销或确认减值时，计入当期损益。

（2）企业持有的以摊余成本计量的应收款项、贷款等的账务处理原则，与债权投资大致相同，企业可使用"应收账款""贷款"等科目进行核算。

### 二、例题点津

【例题1·单选题】2×24 年 1 月 1 日，甲公司支付 1 947 万元从二级市场购入乙公司当日发行的期限为 3 年、按年付息、到期偿还面值的公司债券。该债券的面值为 2 000 万元，票面年利率为 5%，实际年利率为 6%。甲公司将该债券分类为以摊余成本计量的金融资产。不考虑其他因素，2×24 年 12 月 31 日，该债券投资的账面价值为（　　）万元。

A. 1 930.18　　　　B. 1 963.82

C. 1 947　　　　　D. 2 063.82

【答案】B

【解析】2×24 年 12 月 31 日，该债券投资的账面价值 = 1 947×（1+6%）－2 000×5% = 1 963.82（万元）。相关账务处理如下：

2×24 年 1 月 1 日，购入乙公司债券：

借：债权投资——成本　　　　2 000

　　贷：银行存款　　　　　　　1 947

　　　　债权投资——利息调整　　53

2×24 年 12 月 31 日，确认乙公司债券实际利息收入：

借：债权投资——应计利息（2 000×5%）

　　　　　　　　　　　　　　100

　　　　　　——利息调整 16.82

　　贷：投资收益　　　　　　116.82

【例题 2·多选题】下列关于以摊余成本计量的债权投资会计处理的表述中，正确的有（　　）。

A. 期末应采用摊余成本计量

B. 取得时的交易费用应计入初始投资成本

C. 持有期间的投资收益应采用实际利率法计算

D. 处置时的所得与其账面价值的差额应计入当期损益

【答案】ABCD

【解析】选项 D，处置时的所得与其账面价值的差额应计入当期损益，即记入"投资收益"科目。

【例题 3·多选题】下列各项中，影响以摊余成本计量的债权投资的摊余成本因素的有（　　）。

A. 确认的信用减值准备

B. 分期收回的本金

C. 利息调整的累计摊销额

D. 对到期一次付息债券确认的票面利息

【答案】ABCD

【解析】以摊余成本计量的债权投资的摊余成本与其账面价值相同，上述四项都会影响其账面价值（摊余成本）。

### 3 以公允价值计量且其变动计入其他综合收益的金融资产的会计处理

#### 一、考点解读

以公允价值计量且其变动计入其他综合收益的金融资产，按公允价值进行后续计量，其采用实际利率法计算的利息计入当期损益（投资收益）；其产生的利得或损失，除减值损失或利得和汇兑损益外，均计入其他综合收益，直至该金融资产终止确认或被重分类。

终止确认时，之前计入其他综合收益的累计利得或损失应当从其他综合收益中转出，计入当期损益。

具体账务处理如下：

1. 企业取得以公允价值计量且其变动计入其他综合收益的金融资产

借：其他债权投资——成本（面值）

　　应收利息（支付的价款中包含的已到付息期但尚未领取的利息）

　　贷：银行存款（实际支付的金额）

　　　　其他债权投资——利息调整（差额，可借可贷，含交易费用）

2. 资产负债表日，确认实际利息收入

（1）确认实际利息收入：

借：其他债权投资——应计利息（按票面利率计算的利息）

　　　　　　　　　——利息调整（差额，可借可贷）

　　贷：投资收益（按摊余成本和实际利率计算的利息）

（2）收到利息：

借：银行存款

　　贷：其他债权投资——应计利息

3. 资产负债表日，持有投资公允价值发生变化

（1）公允价值高于其账面余额：

借：其他债权投资——公允价值变动

　　贷：其他综合收益——其他债权投资公允价值变动

（2）公允价值低于其账面余额：

借：其他综合收益——其他债权投资公允价值变动

　　贷：其他债权投资——公允价值变动

4. 金融资产发生减值

借：**信用减值损失**

　　贷：**其他综合收益**——信用减值准备

5. 出售金融资产

借：银行存款（实际收到金额）

　　其他综合收益——信用减值准备

　　贷：其他债权投资——成本

　　　　　　　　　　——公允价值变动（可借可贷）

　　　　　　　　　　——利息调整（可借可贷）

　　　　　　　　　　——应计利息

　　　　其他综合收益——其他债权投资公允价值变动（可借可贷）

　　　　投资收益（差额，可借可贷）

## 二、例题点津

**【例题1·单选题】** 2×21年1月1日，甲公司以银行存款1100万元购入乙公司当日发行的5年期债券，该债券的面值为1000万元，票面年利率为10%，每年年末支付当年利息，到期偿还债券面值。甲公司将该债券投资分类为以公允价值计量且其变动计入其他综合收益的金融资产，该债券投资的实际年利率为7.53%。2×21年12月31日，该债券的公允价值为1095万元，预期信用损失为20万元。不考虑其他因素，2×21年12月31日甲公司该债券投资的账面价值为（　　）万元。

A. 1 095　　　　　　B. 1 075

C. 1 082.83　　　　D. 1 062.83

**【答案】** A

**【解析】** 甲公司将该投资划分为以公允价值计量且其变动计入其他综合收益的金融资产，其后续按公允价值计量，所以其账面价值为其公允价值，即1 095万元。

甲公司该笔业务的会计分录为：

2×21年1月1日，购入债券：

借：其他债权投资——成本　1 000

　　　　　　　　　　——利息调整

　　　　　　　　　　100

　　贷：银行存款　　　　1 100

2×21年12月31日，计算利息：

借：其他债权投资——应计利息

　　（1 000×10%）100

　　贷：投资收益

　　　　（1 100×7.53%）82.83

　　　　其他债权投资——利息调整

　　　　17.17

2×21年12月31日，按公允价值调整：

借：其他债权投资——公允价值变动

　　［1 095 –（1 100 – 17.17）］12.17

　　贷：其他综合收益——其他债权投资公允价值变动

　　　　［1 095 –（1 100 – 17.17）］12.17

2×21年12月31日，计提信用减值损失：

借：信用减值损失　　　20

　　贷：其他综合收益——信用减值准备

　　　　20

**【例题2·多选题】** 下列各项交易或事项中，将导致企业所有者权益总额变动的有（　　）。

A. 账面价值与公允价值不同的债权投资重分类为其他债权投资

B. 其他债权投资发生减值

C. 其他权益工具投资的公允价值发生变动

D. 权益法下收到被投资单位发放的现金股利

**【答案】** AC

**【解析】** 影响所有者权益总额变动的科目有"未分配利润""其他综合收益"等所有者权益类科目，损益类科目也会间接影响所有者权益总额变动，因为损益类科目都会转入未分配利润。选项A，账面价值与公允价值不同的债权投资（以摊余成本计量的金融资产）重分类为其他债权投资（以公允价值计量且其变动计入其他综合收益的金融资产），差额计入其他综合收益，会影响所有者权益总额；选项B，其他债权投资发生减值，借记"信用减值损失"科目，贷记"其他综合收益"科目，不影响所有者权益总额；选项C，计入其他综合收益，会影响所有者权益总额；选项D，权益法下收到被投资单位发放的现金股利，借记"银行存款"科目，贷记

"应收股利"科目，不影响所有者权益总额。

## 4 以公允价值计量且其变动计入当期损益的金融资产的会计处理

### 一、考点解读

以公允价值计量且其变动计入当期损益的金融资产的会计处理，着重于反映该类金融资产公允价值的变化以及对企业财务状况和经营成果的影响。

具体账务处理如下：

1. 企业取得以公允价值计量且其变动计入当期损益的金融资产

借：交易性金融资产——成本（公允价值）
　　投资收益（交易费用）
　　应收利息/应收股利（按已到付息期但尚未领取的利息或已宣告但尚未发放的现金股利）
　　　贷：银行存款

2. 持有期间，宣告发放现金股利或计算利息

借：应收股利/交易性金融资产——应计利息
　　　贷：投资收益

3. 资产负债表日，公允价值发生变化

（1）公允价值高于其账面余额：

借：交易性金融资产——公允价值变动
　　　贷：公允价值变动损益

（2）公允价值低于其账面余额：

借：公允价值变动损益
　　　贷：交易性金融资产——公允价值变动

4. 出售金融资产

借：银行存款
　　　贷：交易性金融资产——成本
　　　　　　　　　　——公允价值变动
　　　　　　　　　　　（可借可贷）
　　　　　投资收益（差额，可借可贷）

### 二、例题点津

【例题1·单选题】2×21年8月1日，甲公司以银行存款602万元（含交易费用2万元）购入乙公司股票，分类为以公允价值计量且其变动计入当期损益的金融资产。2×21年12月31日，甲公司所持乙公司股票的公允价值为700万

元。2×22年1月5日，甲公司将所持乙公司股票以750万元的价格全部出售，并支付交易费用3万元，实际取得款项747万元。不考虑其他因素，甲公司出售所持乙公司股票对其2×22年度营业利润的影响金额为（　　）万元。

A. 145　　　　　　B. 147

C. 50　　　　　　D. 47

【答案】D

【解析】对2×22年度营业利润的影响金额＝出售金额－年初公允价值＝（750－3）－700＝47（万元）。

【例题2·单选题】2×21年2月3日，甲公司以银行存款2003万元（其中含相关交易费用3万元）从公开市场购入乙公司股票100万股，将其分类为以公允价值计量且其变动计入当期损益的金融资产。2×21年7月10日，甲公司收到乙公司于当年5月25日宣告发放的现金股利40万元，2×21年12月31日，上述股票的公允价值为2800万元。不考虑其他因素，该项投资使甲公司2×21年营业利润增加的金额为（　　）万元。

A. 797　　　　　　B. 800

C. 837　　　　　　D. 840

【答案】C

【解析】该项投资使甲公司2×21年营业利润增加的金额＝－3＋40＋（2800－2000）＝837（万元）。

## 5 指定为以公允价值计量且其变动计入其他综合收益的非交易性权益工具投资的会计处理

### 一、考点解读

（一）比较

与分类为以公允价值计量且其变动计入其他综合收益的金融资产的会计处理相比较：

1. 相同之处

二者公允价值的后续变动都计入其他综合收益。

2. 不同之处

（1）指定为以公允价值计量且其变动计入其他综合收益的非交易性权益工具投资不需计提减值准备，而以公允价值计量且其变动计入其他

综合收益的金融资产需计提信用减值准备。

（2）指定为以公允价值计量且其变动计入其他综合收益的非交易性权益工具投资，除了获得的股利收入（明确作为投资成本部分收回的股利收入除外）计入当期损益（投资收益）外，其他相关的利得和损失（包括汇兑损益）均应当计入其他综合收益，且后续不得转入损益；当终止确认时，之前计入其他综合收益的累计利得或损失应当从其他综合收益中转出，计入<u>留存收益</u>。

以公允价值计量且其变动计入其他综合收益的金融资产，当终止确认时，其他综合收益转入当期损益（投资收益）。

（二）账务处理

1. 企业取得指定为以公允价值计量且其变动计入其他综合收益的非交易性权益工具投资

借：<u>其他权益工具投资</u>——成本（公允价值＋交易费用）

应收股利（支付的价款中包含的已宣告但尚未发放的现金股利）

贷：银行存款

2. 投资期间被投资单位宣告发放现金股利

（1）宣告发放股利：

借：应收股利

贷：投资收益

（2）收到股利：

借：银行存款

贷：应收股利

3. 资产负债表日，公允价值变动

（1）公允价值高于账面余额：

借：其他权益工具投资——公允价值变动

贷：<u>其他综合收益</u>——其他权益工具投资公允价值变动

（2）公允价值低于账面余额：

借：其他综合收益——其他权益工具投资公允价值变动

贷：其他权益工具投资——公允价值变动

4. 出售指定为以公允价值计量且其变动计入其他综合收益的非交易性权益工具投资

借：利润分配——未分配利润

贷：其他综合收益——其他权益工具投资公允价值变动（可借可贷）

借：银行存款

贷：其他权益工具投资——成本

——公允价值变动（可借可贷）

利润分配——未分配利润（差额，可借可贷）

## 二、例题点津

【例题 1 · 判断题】指定为以公允价值计量且其变动计入其他综合收益的非交易性权益工具投资，当终止确认时，之前计入其他综合收益的累计利得或损失应当从其他综合收益中转出，计入当期损益。（　　）

【答案】×

【解析】指定为以公允价值计量且其变动计入其他综合收益的非交易性权益工具投资，当终止确认时，之前计入其他综合收益的累计利得或损失应当从其他综合收益中转出，计入<u>留存收益</u>。

## 6 金融资产之间重分类的会计处理

### 一、考点解读

（一）以摊余成本计量的金融资产的重分类

（1）企业将一项以摊余成本计量的金融资产重分类为以公允价值计量且其变动计入当期损益的金融资产的，应当按照该金融资产在重分类日的<u>公允价值</u>进行计量。原账面价值与公允价值之间的差额计入<u>当期损益</u>。

（2）企业将一项以摊余成本计量的金融资产重分类为以公允价值计量且其变动计入其他综合收益的金融资产的，应当按照该金融资产在重分类日的<u>公允价值</u>进行计量。原账面价值与公允价值之间的差额计入<u>其他综合收益</u>。该金融资产重分类不影响其实际利率和预期信用损失的计量。

（二）以公允价值计量且其变动计入其他综合收益的金融资产的重分类

（1）企业将一项以公允价值计量且其变动计入其他综合收益的金融资产重分类为以摊余成本计量的金融资产的，应当将之前计入其他综合收益的累计利得或损失转出，调整该金融资产在重分类日的公允价值，并以调整后的金额作为新的账面价值，即视同该金融资产一直以摊余成本计量。该金融资产重分类不影响其实际利率和预期信用损失的计量。

（2）企业将一项以公允价值计量且其变动计入其他综合收益的金融资产重分类为以公允价值计量且其变动计入当期损益的金融资产的，应当继续以公允价值计量该金融资产。同时，企业应当将之前计入其他综合收益的累计利得或损失从其他综合收益转入当期损益。

（三）以公允价值计量且其变动计入当期损益的金融资产的重分类

（1）企业将一项以公允价值计量且其变动计入当期损益的金融资产重分类为以摊余成本计量的金融资产的，应当以其在重分类日的公允价值作为新的账面余额。

（2）企业将一项以公允价值计量且其变动计入当期损益的金融资产重分类为以公允价值计量且其变动计入其他综合收益的金融资产的，应当继续以公允价值计量该金融资产。

对以公允价值计量且其变动计入当期损益的金融资产进行重分类的，企业应当根据该金融资产在重分类日的公允价值确定其实际利率。同时，企业应当自重分类日起对该金融资产适用金融工具减值的相关规定，并将重分类日视为初始确认日。

## 二、例题点津

【例题1·多选题】下列各项中，应将之前计入其他综合收益的累计利得或损失从其他综合收益转入当期损益的有（　　）。

A. 出售以公允价值计量且其变动计入其他综合收益的债券投资

B. 将以公允价值计量且其变动计入其他综合收益的债券投资重分类为以公允价值计量且其变动计入当期损益的金融资产

C. 将以公允价值计量且其变动计入其他综合收益的债券投资重分类为以摊余成本计量的金融资产

D. 出售指定为以公允价值计量且其变动计入其他综合收益的非交易性权益工具投资

【答案】AB

【解析】选项C，重分类时应当将之前计入其他综合收益的累计利得或损失转出，调整该金融资产在重分类日的公允价值，并以调整后的金额作为新的账面价值，不计入当期损益。会计分录为：

借：债权投资——成本
　　其他债权投资——公允价值变动（可贷记）
　　其他综合收益——信用减值准备
　　贷：其他债权投资——成本
　　　　其他综合收益——其他债权投资公允价值变动
　　　　债权投资减值准备

选项D，出售指定为以公允价值计量且其变动计入其他综合收益的非交易性权益工具投资，应将持有期间因公允价值变动确认的其他综合收益转入留存收益；将出售时公允价值与账面价值的差额也转入留存收益。会计分录为：

借：利润分配——未分配利润
　　贷：其他综合收益——其他权益工具投资公允价值变动（可借可贷）
借：银行存款
　　贷：其他权益工具投资——成本
　　　　　　　　　　——公允价值变动（可借可贷）
　　　利润分配——未分配利润（差额，可借可贷）

【例题2·判断题】企业将以摊余成本计量的金融资产重分类为以公允价值计量且其变动计入当期损益的金融资产，应当按照该金融资产在重分类日的公允价值进行计量。（　　）

【答案】√

## 7 金融负债的后续计量

### 一、考点解读

（一）金融负债后续计量原则

（1）以公允价值计量且其变动计入当期损益的金融负债，应当按照公允价值进行后续计量。

（2）上述金融负债以外的金融负债，除特殊规定外，应当按摊余成本进行后续计量。

金融负债的摊余成本，应当以该金融负债的初始确认金额经下列调整后的结果确定：

①扣除已偿还的本金。

②加上或减去采用实际利率法将该初始确认金额与到期日金额之间的差额进行摊销形成的累

计摊销额。

（二）金融负债后续计量的会计处理

（1）对于以公允价值进行后续计量的金融负债，其公允价值变动形成的利得或损失，除与套期会计有关外，应当计入**当期损益**。会计处理如下：

①发行金融负债：

借：银行存款

　　贷：交易性金融负债——成本

②资产负债表日，确认公允价值变动和利息费用：

借：公允价值变动损益（可借可贷）

　　贷：交易性金融负债——公允价值变动

借：财务费用

　　贷：交易性金融负债——应计利息

③金融负债到期：

借：交易性金融负债——成本

　　　　　　　　　　——应计利息

　　贷：银行存款

　　　　投资收益（可借可贷）

（2）以摊余成本计量且不属于任何套期关系一部分的金融负债所产生的利得或损失，应当在终止确认时计入当期损益或在按照实际利率法摊销时计入相关期间损益。会计处理如下：

①发行债券：

借：银行存款

　　应付债券——利息调整（差额，可借可贷）

　　贷：应付债券——面值

②确认和结转利息：

借：在建工程等

　　应付债券——应计利息

　　贷：应付债券——利息调整

③支付利息：

借：应付债券——应计利息

　　贷：银行存款

④债券到期兑付：

借：应付债券——面值

　　　　　　　——应计利息

　　贷：银行存款

## 二、例题点津

【例题1·单选题】2×21年1月1日，甲公司以2 100万元的价格发行期限为5年、分期付

息、到期偿还面值、不可提前赎回的债券，发行费用为13.46万元。实际收到发行所得2 086.54万元。该债券的面值为2 000万元，票面年利率为6%，实际年利率为5%，每年利息在次年1月1日支付。不考虑其他因素，2×21年1月1日该应付债券的初始入账金额为（　　）万元。

A. 2 000　　　　　B. 2 100

C. 2 113.46　　　 D. 2 086.54

【答案】D

【解析】2×21年1月1日该应付债券的初始入账金额为其公允价值，相关交易费用计入初始确认金额，因此实际收到的发行价款2 086.54万元即为初始入账金额。

【例题2·多选题】制造企业的下列各项负债中，应当采用摊余成本进行后续计量的有（　　）。

A. 应付债券

B. 长期应付款

C. 长期借款

D. 交易性金融负债

【答案】ABC

【解析】交易性金融负债按公允价值进行后续计量，选项D错误。

【例题3·多选题】2×20年7月1日，甲公司经批准公开发行50 000万元短期融资券，期限为1年，票面年利率为3%，到期一次还本付息。甲公司将该短期融资券指定为以公允价值计量且其变动计入当期损益的金融负债。2×20年12月31日，该短期融资券的公允价值为50 200万元（不含利息）。甲公司当期的信用风险未发生变动，该短期融资券的利息不满足借款费用资本化条件。不考虑其他因素，甲公司2×20年度与该短期融资券相关的各项会计处理表述中，正确的有（　　）。

A. 2×20年度财务费用为750万元

B. 2×20年12月31日应付利息的账面价值为750万元

C. 2×20年度公允价值变动损失为200万元

D. 2×20年12月31日交易性金融负债的账面价值为50 000万元

【答案】ABC

【解析】甲公司该笔交易的会计处理如下：

2×20年7月1日，发行短期融资券：

借：银行存款　　　　　50 000
　　贷：交易性金融负债　　50 000
2×20年12月31日：
借：公允价值变动损益
　　　（50 200 − 50 000）200
　　贷：交易性金融负债　　　200
选项 C 正确。

借：财务费用
　　　（50 000×3%/2）750
　　贷：交易性金融负债——应计利息
　　　　　　　　　　　　　　750
选项 A、B 正确。
2×20年12月31日交易性金融负债的账面价值为 50 200 万元，选项 D 错误。

# 本章考点巩固练习题

## 一、单项选择题

1. 2×21年1月1日，A公司购入B公司当日发行的 4 年期、分期付息（于次年年初支付上年度利息）到期还本债券，面值为 1 000 万元，票面年利率为 5%，实际支付价款 1 050 万元，另发生交易费用 2 万元。A公司根据其管理债券的业务模式和该债券的合同现金流量特征，将该债券划分为以摊余成本计量的金融资产，2×21年12月31日确认利息收入 35 万元。2×21年12月31日，A公司该债券的摊余成本为（　　）万元。
   A. 1 035　　　　　B. 1 037
   C. 1 065　　　　　D. 1 067

2. 2×21年1月1日，甲公司溢价购入B公司于当日发行的 3 年期、到期一次还本付息债券，将其划分为以摊余成本计量的金融资产，并于每年年末计提利息。2×21年末，甲公司按照票面利率确认应计利息 610 万元，利息调整的摊销额为 10 万元，甲公司 2×21年末对该债券投资应确认利息收入的金额是（　　）万元。
   A. 600　　　　　B. 10
   C. 610　　　　　D. 620

3. 下列各项中，不影响以摊余成本计量的金融资产的摊余成本因素的是（　　）。
   A. 确认的信用减值准备
   B. 分期收回的本金
   C. 利息调整的累计摊销额
   D. 对到期还本、分期付息债券确认的票面利息

4. 长江公司于 2×21年1月1日从证券市场上购入X公司于当日发行的债券，长江公司将其划分为以公允价值计量且其变动计入其他综合收益的金融资产，该债券的期限为 3 年，票面年利率为 5%，每年 1 月 5 日支付上年度的利息，到期一次归还本金和最后一次利息。购入债券时的实际年利率为 6%。长江公司购入债券的面值为 2 000 万元，实际支付价款为 1 911 万元，另支付相关交易费用 40 万元。2×21年12月31日该债券的公允价值为 2 000 万元（不含利息）。长江公司购入的该项债券 2×21年12月31日计入其他综合收益（　　）万元。
   A. 31.94　　　　　B. 117.06
   C. 2 000　　　　　D. 17.06

5. A公司 2×21年12月5日支付价款 2 040 万元（含已宣告但尚未发放的现金股利 60 万元）取得一项股权投资，另支付交易费用 10 万元，A公司将其指定为以公允价值计量且其变动计入其他综合收益的非交易性权益工具投资。2×21年12月28日，收到现金股利 60 万元。2×21年12月31日，该项股权投资的公允价值为 2 100 万元。假定不考虑其他因素。A公司 2×21年因该项股权投资应直接计入其他综合收益的金额为（　　）万元。
   A. 50　　　　　B. 60
   C. 110　　　　　D. 120

6. 甲公司于 2×21年3月25日以每股 8 元的价格购进X公司发行的股票 100 万股，其中包含已宣告但尚未发放的现金股利每股 0.3 元，另支付交易费用 5 万元，甲公司将其指定为以公允价值计量且其变动计入其他综合收益的非交易性权益工具投资。2×21年5月10

日，甲公司收到购买价款中包含的应收股利。2×21 年 12 月 31 日，该股票收盘价为每股 9 元。2×22 年 5 月 1 日以每股 9.8 元的价格将股票全部售出。不考虑其他因素，甲公司出售该项其他权益工具投资计入留存收益的金额为（　　）万元。

A. 125　　　　　　B. 205

C. 12.5　　　　　 D. 72

7. 甲公司 2×23 年 4 月 10 日购入乙公司 6% 的股权，将其划分为以公允价值计量且其变动计入当期损益的金融资产核算。甲公司支付购买价款 108 万元（其中包括已宣告但尚未发放的现金股利 8 万元），另支付交易费用 5 万元。2×23 年 6 月 30 日该股权的公允价值为 110 万元，2×23 年 7 月 6 日甲公司将该股权出售，取得处置价款 112 万元。不考虑增值税等其他因素，则甲公司处置该股权时应确认的投资收益是（　　）万元。

A. 2　　　　　　　B. 12

C. 4　　　　　　　D. −1

8. 以下关于以摊余成本计量的金融资产的重分类的说法中，错误的是（　　）。

A. 重分类为以公允价值计量且其变动计入当期损益的金融资产的，应按重分类日的公允价值计量

B. 重分类为以公允价值计量且其变动计入当期损益的金融资产的，原账面价值与公允价值之间的差额计入投资收益

C. 重分类为以公允价值计量且其变动计入其他综合收益的金融资产的，应按重分类日的公允价值计量

D. 重分类为以公允价值计量且其变动计入其他综合收益的金融资产的，原账面价值与公允价值之间的差额计入其他综合收益

9. 长江公司 2×21 年 1 月 1 日以 9 405.40 万元的价格发行 3 年期分期付息、到期一次还本的公司债券，该债券面值总额为 10 000 万元，票面年利率为 4%，实际年利率为 6%。长江公司发行此项债券时应确认的"应付债券——利息调整"的金额为（　　）万元。

A. 0　　　　　　　B. 600

C. 564.3　　　　　D. 594.6

## 二、多项选择题

1. 以下选项中不属于业务模式变更的有（　　）。

A. 企业持有特定金融资产的意图改变

B. 金融资产特定市场暂时性消失从而暂时影响金融资产出售

C. 金融资产在企业具有不同业务模式的各部门之间转移

D. 企业高级管理层决定终止公司之前重要的零售抵押贷款业务，并开始采取行动

2. 金融资产同时符合（　　）条件时，应当分类为以摊余成本计量的金融资产。

A. 以收取合同现金流量为目标的业务模式

B. 同时以收取合同现金流量和出售金融资产为目标的业务模式

C. 符合本金加利息的合同现金流量特征

D. 不需符合本金加利息的合同现金流量特征

3. 企业在公开市场购买了公司债券，根据其管理该债券的业务模式和该债券的合同现金流量特征，将其划分为以公允价值计量且其变动计入其他综合收益的金融资产，下列与该金融资产相关的交易或事项中，不应计入当期损益的有（　　）。

A. 发生的减值损失

B. 持有期间取得的利息收入

C. 取得时发生的相关交易费用

D. 持有期间公允价值发生变动

4. 下列各项中，将影响企业划分为以公允价值计量且其变动计入其他综合收益的金融资产的债券投资处置损益的有（　　）。

A. 卖价

B. 已计提信用减值准备

C. 持有期间公允价值变动损失

D. 持有期间公允价值变动收益

5. 关于金融资产对企业财务状况和经营成果的影响，下列说法中正确的有（　　）。

A. 以公允价值计量且其变动计入其他综合收益的金融资产的公允价值上升影响综合收益总额

B. 以公允价值计量且其变动计入当期损益的金融资产的公允价值的变动影响营业利润

C. 指定为以公允价值计量且其变动计入其他综合收益的非交易性权益工具投资的公允价值下降影响营业利润

D. 以摊余成本计量的债券投资的摊余成本变动不影响利润总额

6. 下列交易事项中，应通过"其他综合收益"科目核算的有（　　）。

A. 资产负债表日，以公允价值计量且其变动计入其他综合收益的金融资产的公允价值高于其账面价值的差额

B. 以公允价值计量且其变动计入其他综合收益的金融资产发生减值

C. 以公允价值计量且其变动计入当期损益的金融资产公允价值发生变动

D. 以摊余成本计量的金融资产重分类为以公允价值计量且其变动计入当期损益的金融资产之间的差额

7. 下列关于金融负债的表述中，正确的有（　　）。

A. 发行一般公司债券的发行费用应计入当期损益

B. 以公允价值计量且其变动计入当期损益的金融负债以外的金融负债，除特殊规定以外，应当按摊余成本进行后续计量

C. 以摊余成本计量的金融负债初始确认时，相关交易费用应当计入初始确认金额

D. 以摊余成本计量且不属于任何套期关系一部分的金融负债所产生的利得或损失，应当在终止确认时计入当期损益或在按照实际利率法摊销时计入相关期间损益

## 三、判断题

1. 一个企业可能会采用多个业务模式管理其金融资产。（　　）

2. 企业的业务模式即反映了其持有金融资产的意图。（　　）

3. 企业对金融资产进行分类，一经确定，不得变更。（　　）

4. 企业对金融负债的分类一经确定，不得变更。（　　）

5. 以公允价值计量且其变动计入其他综合收益的金融资产所产生的利得或损失，均应当计入其他综合收益，直至该金融资产终止确认或被重分类。（　　）

6. 企业将以公允价值计量且其变动计入其他综合收益的金融资产重分类为以公允价值计量且其变动计入当期损益的金融资产，重分类日，应将之前计入其他综合收益的累计利得或损失转入留存收益。（　　）

7. 以公允价值计量且其变动计入当期损益的金融负债以外的金融负债，应按摊余成本进行后续计量。（　　）

## 四、计算分析题

1. 甲公司 2×21 年 1 月 1 日购入面值为 2 000 万元，票面年利率为 5% 的 A 债券，取得该债券时支付价款 2 100 万元（含已到付息期但尚未领取的利息 100 万元），另支付交易费用 10 万元。甲公司将其划分为以公允价值计量且其变动计入当期损益的金融资产。2×21 年 1 月 5 日，收到购买时价款中所含的利息 100 万元。2×21 年 12 月 31 日，A 债券的公允价值为 2 100 万元（不含利息）。2×22 年 1 月 5 日，收到 A 债券 2×21 年度的利息 100 万元。2×22 年 4 月 20 日，甲公司出售 A 债券，售价为 2 160 万元。不考虑其他因素。

**要求**：编制甲公司与上述经济业务相关的会计分录。

2. 甲公司于 2×21 年 1 月 1 日以银行存款 2 030 万元购入乙公司当日发行的面值总额为 2 000 万元的 4 年期公司债券，该债券的票面年利率为 4.2%。债券合同约定于次年 1 月 1 日支付前一年利息，本金于 2×25 年 1 月 1 日一次性偿还，乙公司不能提前赎回该债券，甲公司将该债券投资划分为以摊余成本计量的金融资产。该债券投资的实际年利率为 3.79%，甲公司在每年年末对债券投资的利息收入进行会计处理。2×23 年 1 月 1 日，甲公司在收到乙公司债券上年利息后，将该债券全部出售，所得款项 2 025 万元收存银行。

假定不考虑增值税等相关税费及其他因素。

**要求**（"债权投资"科目应写出必要的明细科目）：

（1）编制甲公司 2×21 年 1 月 1 日购入乙公司债券的相关会计分录。

（2）计算甲公司 2×21 年 12 月 31 日应确认的债券利息收入，并编制相关会计分录。

（3）编制甲公司 2×22 年 1 月 1 日收到乙公司债券利息的相关会计分录。

（4）计算甲公司 2×22 年 12 月 31 日应确认的债券利息收入，并编制相关会计分录。

（5）编制甲公司 2×23 年 1 月 1 日出售乙公司债券的相关会计分录。

3. 2×21 年 3 月 2 日，甲公司以每股 10 元的价格自公开市场购入乙公司股票 120 万股，支付价款 1 200 万元，另支付相关交易费用 8 万元。甲公司将其指定为以公允价值计量且其变动计入其他综合收益的非交易性权益工具

投资核算。2×21 年 4 月 15 日收到乙公司本年 3 月 20 日宣告发放的现金股利 60 万元。2×21 年 12 月 31 日，乙公司股票的市场价格为每股 9.8 元。2×22 年 6 月 30 日，乙公司股票的市场价格为每股 8 元。2×22 年 11 月 20 日，甲公司以每股 10.5 元的价格将其对外出售。假定不考虑其他因素的影响。

**要求：**编制上述相关经济业务的会计分录。

# 本章考点巩固练习题参考答案及解析

## 一、单项选择题

1.【答案】B

【解析】2×21 年 12 月 31 日，A 公司该债券的摊余成本 = 期初摊余成本（1 050 + 2）- 溢价摊销（1 000 × 5% - 35）= 1 037（万元）。

该交易的账务处理如下：

（1）2×21 年 1 月 1 日购入：

借：债权投资——成本　　　　1 000
　　　　　——利息调整　　　　52
　　贷：银行存款　　　　　　1 052

（2）2×21 年 12 月 31 日：

借：债权投资——应计利息
　　　　　（1 000 × 5%）50
　　贷：投资收益　　　　　　　35
　　　　债权投资——利息调整
　　　　　（50 - 35）15

2.【答案】A

【解析】甲公司溢价购入债券，初始确认时，借记"债权投资——利息调整"科目，年末调整时将贷记该科目。因此，2×21 年末利息收入 = "债权投资——应计利息" - "债权投资——利息调整" = 610 - 10 = 600（万元）。

3.【答案】D

【解析】以摊余成本计量的金融资产的摊余成本就是其账面价值，对到期还本、分期付息债券确认的票面利息计入应收利息，不会影响以摊余成本计量的金融资产的账面价值（摊余成本），所以，选项 D 不

正确。

4.【答案】A

【解析】长江公司购入该债券的账务处理：

（1）2×21 年 1 月 1 日，购入时：

借：其他债权投资——成本　　2 000
　　贷：银行存款　　　　　　1 951
　　　　其他债权投资——利息调整
　　　　　　　　　　　　　　49

（2）2×21 年 12 月 31 日：

借：其他债权投资——应计利息
　　　（2 000 × 5%）100
　　　　　——利息调整
　　　　　　　　　　　17.06
　　贷：投资收益
　　　［（1 911 + 40）× 6%］117.06

借：其他债权投资——公允价值变动
　　　　　　　　　　31.94
　　贷：其他综合收益——其他债权投资公
　　　　　　　允价值变动
　　　　　　　　　　31.94

5.【答案】C

【解析】A 公司 2×21 年因该项股权投资应直接计入其他综合收益的金额 = 2 100 - (2 040 + 10 - 60) = 110（万元）。

该交易的账务处理如下：

（1）2×21 年 12 月 5 日，购入时：

借：其他权益工具投资——成本
　　　　　　　　　　1 990

　　应收股利　　　　　　　　60

贷：银行存款　　　　　　2 050

(2) 2×21年12月28日，收到现金股利：

借：银行存款　　　　　　60

　　贷：应收股利　　　　　　60

(3) 2×21年12月31日，公允价值变动：

借：其他权益工具投资——公允价值变动

　　　　　　　　(2 100 - 1 990) 110

　　贷：其他综合收益——其他权益工具投

　　　　资公允价值变动　　　　110

6.【答案】B

【解析】甲公司该笔交易的账务处理：

(1) 2×21年3月25日，购入时：

借：其他权益工具投资——成本

　　　　　　　　　　　775

　　应收股利　　　　　　30

　　贷：银行存款　　　　　805

(2) 2×21年5月10日，收到股利：

借：银行存款　　　　　　30

　　贷：应收股利　　　　　　30

(3) 2×21年12月31日：

借：其他权益工具投资——公允价值变动

　　　　　　　　　　　125

　　贷：其他综合收益——其他权益工具投

　　　　资公允价值变动　　　　125

(4) 2×22年5月1日：

借：其他综合收益——其他权益工具投资公

　　允价值变动　　　　　125

　　贷：利润分配——未分配利润　125

借：银行存款　　　　　　980

　　贷：其他权益工具投资——成本　775

　　　　　　　　　　——公允价值变动

　　　　　　　　　　　　　125

　　　　利润分配——未分配利润　80

计入留存收益的金额 = 12.5 + 112.5 + 8 + 72 =

205（万元）。

7.【答案】A

【解析】甲公司处置该股权时应确认的投资收

益 = 112 - 110 = 2（万元）。

8.【答案】B

【解析】重分类为以公允价值计量且其变动计

入当期损益的金融资产的，原账面价值与公

允价值之间的差额计入公允价值变动损益。

9.【答案】D

【解析】2×21年1月1日，发行债券账务处

理如下：

借：银行存款　　　　　　9 405.4

　　应付债券——利息调整　594.6

　　贷：应付债券——面值　　10 000

## 二、多项选择题

1.【答案】ABC

【解析】企业管理金融资产业务模式变更，其

变更源自外部或内部的变化，必须由企业的

高级管理层进行决策，且其必须对企业的经

营非常重要，并能够向外部各方证实。因此，

只有当企业开始或终止某项对其经营影响重

大的活动时（例如当企业收购、处置或终止

某一业务线时），其管理金融资产的业务模式

才会发生变更。

2.【答案】AC

【解析】金融资产同时符合以下两个条件的，

划分为以摊余成本计量的金融资产：(1) 企

业管理该金融资产的业务模式是以收取合同

现金流量为目标。(2) 该金融资产的合同条

款规定，在特定日期产生的现金流量，仅为

对本金和以未偿付本金金额为基础的利息的

支付。

3.【答案】CD

【解析】选项A，发生减值损失，借记"信用

减值损失"科目，贷记"其他综合收益——

信用减值准备"科目；选项B，取得的利息

收入记入"投资收益"科目；选项C，交易

费用计入成本，记入"其他债权投资"科目；

选项D，公允价值变动，借记"其他债权投

资——公允价值变动"科目，贷记"其他综

合收益——其他债权投资公允价值变动"科

目，或作相反会计分录。

4.【答案】ABCD

【解析】处置时的会计分录为：

借：银行存款

　　其他综合收益——其他债权投资公允价

　　　值变动

　　　　　　　　——信用减值准备

　　贷：其他债权投资——成本

　　　　　　　　　　——利息调整

　　　　　　　　　　——公允价值变动

投资收益（倒挤）

5.【答案】AB

【解析】选项C，指定为以公允价值计量且其变动计入其他综合收益的非交易性权益工具投资，公允价值变动计入其他综合收益，不影响营业利润；选项D，以摊余成本计量的债券投资计提利息应确认为投资收益，对利润总额有影响。

6.【答案】AB

【解析】选项A，其公允价值变动，通过"其他债权投资——公允价值变动""其他综合收益"科目核算；选项B，减值时，借记"信用减值损失"科目，贷记"其他综合收益——信用减值准备"科目核算；选项C，其公允价值变动，通过"公允价值变动损益""交易性金融资产——公允价值变动"科目核算；选项D，二者差额计入公允价值变动损益。

7.【答案】BCD

【解析】选项A，发行一般公司债券的发行费用应计入发行债券的初始成本。

## 三、判断题

1.【答案】√

2.【答案】×

【解析】企业的业务模式不等于其持有金融资产的意图。

3.【答案】×

【解析】企业对金融资产进行分类，一经确定，不得随意变更，但还是可以变更的。

4.【答案】√

5.【答案】×

【解析】以公允价值计量且其变动计入其他综合收益的金融资产所产生的利得或损失，除减值损失或利得和汇兑损益外，均应当计入其他综合收益，直至该金融资产终止确认或被重分类。

6.【答案】×

【解析】企业将以公允价值计量且其变动计入其他综合收益的金融资产重分类为以公允价值计量且其变动计入当期损益的金融资产，重分类日，应将之前计入其他综合收益的累计利得或损失转入当期损益。

7.【答案】√

## 四、计算分析题

1.【答案】

2×21年1月1日，购入债券投资：

借：交易性金融资产——成本　　2 000

应收利息　　100

投资收益　　10

贷：银行存款　　2 110

2×21年1月5日，收到债券利息：

借：银行存款　　100

贷：应收利息　　100

2×21年12月31日，确认交易性金融资产公允价值变动和投资收益：

借：交易性金融资产——公允价值变动

（2 100－2 000）100

贷：公允价值变动损益　　100

借：交易性金融资产——应计利息　　100

贷：投资收益　　100

2×22年1月5日，收到债券利息：

借：银行存款　　100

贷：交易性金融资产——应计利息　　100

2×22年4月20日，出售债券：

借：银行存款　　2 160

贷：交易性金融资产——成本　　2 000

——公允价值变动　　100

投资收益　　60

2.【答案】甲公司的会计分录如下：

（1）2×21年1月1日购入债券：

借：债权投资——成本　　2 000

——利息调整　　30

贷：银行存款　　2 030

（2）2×21年12月31日：

应确认的利息收入＝摊余成本×实际利率＝2 030×3.79%＝76.94（万元）

应收利息＝面值×票面利率＝2 000×4.2%＝84（万元）

借：债权投资——应计利息　　84

贷：投资收益　　76.94

债权投资——利息调整　　7.06

（3）2×22年1月1日收到乙公司债券利息：

借：银行存款　　　　　　　84

　　贷：债权投资——应计利息　　84

（4）2×22年12月31日：

应确认的利息收入=（2 030-7.06）×3.79%=76.67（万元）

借：债权投资——应计利息　　84

　　贷：投资收益　　　　　　76.67

　　　　债权投资——利息调整　　7.33

（5）2×23年1月1日出售乙公司债券：

借：银行存款　　　　　　　84

　　贷：债权投资——应计利息　　84

借：银行存款　　　　　　2 025

　　贷：债权投资——成本　　2 000

　　　　　　　——利息调整

　　　　　（30-7.06-7.33）15.61

　　　　投资收益　　　　　9.39

3.【答案】

2×21年3月2日：

借：其他权益工具投资——成本

　　　　　　　　　　　　1 208

　　贷：银行存款　　　　1 208

2×21年3月20日：

借：应收股利　　　　　　60

　　贷：投资收益　　　　　60

2×21年4月15日：

借：银行存款　　　　　　60

　　贷：应收股利　　　　　60

2×21年12月31日：

公允价值变动=1 208-120×9.8=32（万元）

借：其他综合收益——其他权益工具投资公允价值变动　　　　　　　32

　　贷：其他权益工具投资——公允价值变动

　　　　　　　　　　　　　　32

2×22年6月30日：

公允价值变动=120×（9.8-8）=216（万元）

借：其他综合收益——其他权益工具投资公允价值变动　　　　　216

　　贷：其他权益工具投资——公允价值变动

　　　　　　　　　　　　　　216

2×22年11月20日：

借：利润分配——未分配利润　　248

　　贷：其他综合收益——其他权益工具投资公允价值变动　　　　248

借：银行存款　　　　　　1 260

　　其他权益工具投资——公允价值变动

　　　　　　　　　　　　248

　　贷：其他权益工具投资——成本

　　　　　　　　　　　　1 208

　　　　利润分配——未分配利润　300

# 第九章　职工薪酬

本章考试题目主要为客观题，分值适中，属于较重要章节。

2024 年本章教材内容无实质性变化。

本章的重点包括：（1）职工薪酬的会计处理；（2）非货币性福利的计量；（3）辞退福利的会计处理。

职工薪酬
- 职工薪酬概述
- 短期薪酬的确认和计量
  - 一般短期薪酬的确认和计量
  - 短期带薪缺勤的确认和计量
  - 短期利润分享计划的确认和计量
- 离职后福利的确认和计量
  - 设定提存计划
  - 设定受益计划
- 辞退福利和其他长期职工福利的确认和计量
  - 辞退福利的确认和计量
  - 其他长期职工福利的确认和计量

# 考点解读及例题点津

## 第一单元 职工薪酬概述

### 一、考点解读

（一）职工的概念

职工，是指与企业订立劳动合同的所有人员，含全职、兼职和临时职工，也包括虽未与企业订立劳动合同但由企业正式任命的人员。具体包括：

（1）与企业订立劳动合同的所有人员，含全职、兼职和临时职工。

（2）未与企业订立劳动合同但由企业正式任命的人员，如企业聘请的独立董事、外部监事等。

（3）在企业的计划和控制下，虽未与企业订立劳动合同或未由其正式任命，但向企业提供的服务与职工所提供服务类似的人员，如通过企业与劳务中介公司签订用工合同而向企业提供服务的人员。

（二）职工薪酬的概念和内容

1. 职工薪酬的概念

职工薪酬，是指企业为获得职工提供的服务或解除劳动关系而给予的各种形式的报酬或补偿。企业提供给职工配偶、子女、受赡养人、已故员工遗属及其他受益人等的福利，也属于职工薪酬。

2. 职工薪酬的内容

职工薪酬主要包括短期薪酬、离职后福利、辞退福利和其他长期职工福利。

（1）短期薪酬，是指企业在职工提供相关服务的年度报告期间结束后 12 个月内需要全部予以支付的职工薪酬，因解除与职工的劳动关系给予的补偿除外。因解除与职工的劳动关系给予的补偿属于辞退福利。短期薪酬主要包括：①职工工资、奖金、津贴和补贴。②职工福利费。③医疗保险费和工伤保险费等社会保险费。④住房公积金。⑤工会经费和职工教育经费。⑥短期带薪缺勤。⑦短期利润分享计划。⑧非货币性福利。⑨其他短期薪酬。

> **提示** ①企业按照短期奖金计划向职工发放的奖金属于短期薪酬，按照长期奖金计划向职工发放的奖金属于其他长期职工福利。
> ②长期带薪缺勤属于其他长期职工福利。
> ③长期利润分享计划属于其他长期职工福利。

（2）离职后福利，是指企业为获得职工提供的服务而在职工退休或与企业解除劳动关系后提供的各种形式的报酬和福利，属于短期薪酬和辞退福利的除外。

离职后福利计划，是指企业与职工就离职后福利达成的协议，或者企业为向职工提供离职后福利制定的规章或办法等。离职后福利计划分为设定提存计划和设定受益计划两种类型。

（3）辞退福利，是指企业在职工劳动合同到期之前解除与职工的劳动关系或为鼓励职工自愿接受裁减而给予职工的补偿。辞退福利通常采取在解除劳动关系时一次性支付补偿的方式，也有通过提高退休后养老金或其他离职后福利的标准，或者在职工不再为企业带来经济利益后，将职工工资支付到辞退后未来某一期间等方式。

（4）其他长期职工福利，是指除短期薪酬、离职后福利、辞退福利之外所有的职工薪酬，包括长期带薪缺勤、其他长期服务福利、长期残疾福利、长期利润分享计划和长期奖金计划等。

### 二、例题点津

【例题 1·单选题】下列各项中，不属于企业职工的是（    ）。

A. 兼职职工

B. 外部监事

C. 独立董事

D. 未在公司任职的股东

【答案】D

【解析】职工具体包括：（1）企业订立劳动合同的所有人员，含全职、兼职和临时职工；（2）未与企业订立劳动合同但由企业正式任命的人员，如企业聘请的独立董事、外部监事等；（3）未与企业订立劳动合同或未由其正式任命，但向企业提供的服务与职工所提供服务类似的人员。

【例题2·单选题】下列各项中，不属于职工薪酬组成内容的是（　　）。

A. 为职工代扣代缴的个人所得税

B. 根据设定提存计划计提应向单独主体缴存的提存金

C. 为鼓励职工自愿接受裁减而给予职工的补偿金

D. 按国家规定标准计提的职工工会经费

【答案】A

【解析】职工薪酬包括短期薪酬、离职后福利、辞退福利和其他长期职工福利。根据设定提存计划计提应向单独主体缴存的提存金属于离职后福利，为鼓励职工自愿接受裁减而给予职工的补偿金属于辞退福利，按国家规定标准计提的职工工会经费属于短期薪酬。为职工代扣代缴的个人所得税不属于职工薪酬的组成内容，但应通过"应付职工薪酬"科目核算。

【例题3·多选题】下列各项中，企业应作为职工薪酬核算的有（　　）。

A. 职工教育经费　　B. 非货币性福利

C. 长期残疾福利　　D. 累积带薪缺勤

【答案】ABCD

【解析】职工教育经费和非货币性福利属于短期薪酬，长期残疾福利属于其他长期薪酬，累积带薪缺勤包括短期带薪缺勤和长期带薪缺勤。以上四项都属于职工薪酬的核算内容。

【例题4·多选题】下列各项中，属于短期薪酬的有（　　）。

A. 生活困难补助　　B. 医疗保险费

C. 养老保险　　　　D. 失业保险

【答案】AB

【解析】生活困难补助和医疗保险费属于短期薪酬。养老保险和失业保险属于离职后福利。

# 第二单元　短期薪酬的确认和计量

职工薪酬的确认和计量应注意两点：一是按照受益原则，谁用人谁负担（对于辞退福利，一律计入管理费用）；二是1年内（含1年）支付的职工薪酬不考虑时间价值，1年以上支付的职工薪酬应考虑时间价值，计算资金占用费计入财务费用。

## 1 一般短期薪酬的确认和计量

### 一、考点解读

（一）货币性短期薪酬

借：生产成本（生产工人）
　　制造费用（车间管理人员）
　　管理费用（行政管理人员）
　　销售费用（销售人员）
　　在建工程（基建人员）
　　研发支出（研发人员）
　　贷：应付职工薪酬——工资

　　　　　　——职工福利
　　　　　　——社会保险费
　　　　　　——住房公积金
　　　　　　——工会经费
　　　　　　——职工教育经费等

借：应付职工薪酬
　　贷：银行存款

（二）非货币性短期薪酬

非货币性短期薪酬，应按公允价值计量。

（1）以自产产品作为非货币性福利提供给职工的，视同销售，即按照该产品的公允价值和相关税费确定职工薪酬金额，并按受益原则计入当期损益或相关资产成本。相关收入的确认、销售成本的结转以及相关税费的处理，与企业正常商品销售的会计处理相同。

借：生产成本、制造费用、管理费用、销售费用、在建工程等
　　贷：应付职工薪酬——非货币性福利

借：应付职工薪酬——非货币性福利
　　贷：主营业务收入
　　　　应交税费——应交增值税（销项
　　　　税额）
借：主营业务成本
　　贷：库存商品

如果库存商品计提了存货跌价准备，还应借记"存货跌价准备"科目，贷记"主营业务成本"科目。

（2）外购商品改变用途，作为非货币性福利提供给职工，购入时确认的增值税进项税额应转出。

①购买商品时：

借：库存商品等
　　应交税费——应交增值税（进项税额）
　　　　贷：银行存款等

②决定发放时：

借：生产成本、制造费用、管理费用、销售
　　费用、在建工程等
　　　　贷：应付职工薪酬——非货币性福利

③实际发放时：

借：应付职工薪酬——非货币性福利
　　贷：库存商品
　　　　应交税费——应交增值税（进项
　　　　税额转出）

（3）购入的商品明确用于发放职工福利，增值税进项税额应直接计入库存商品成本，账务处理如下：

借：生产成本、制造费用、管理费用、销售
　　费用、在建工程等
　　　　贷：应付职工薪酬——非货币性福利
借：应付职工薪酬——非货币性福利
　　贷：库存商品

（4）企业将资产无偿提供给职工使用。

企业将拥有或租赁的房屋、汽车等资产无偿提供给职工使用的，应当根据受益对象，将该资产每期应计提的折旧或租金计入相关资产成本或当期损益，同时确认应付职工薪酬。

借：管理费用、生产成本、制造费用等
　　贷：应付职工薪酬——非货币性福利
借：应付职工薪酬——非货币性福利
　　贷：累计折旧、其他应付款

## 二、例题点津

**【例题1·单选题】** 企业对向职工提供的非货币性福利进行计量时，应选择的计量属性是（　　）。

A. 现值　　　　　　B. 历史成本
C. 重置成本　　　　D. 公允价值

**【答案】** D

**【解析】** 企业向职工提供非货币性福利，应当按照公允价值计量。

**【例题2·单选题】** 甲公司系增值税一般纳税人，其生产的 M 产品适用的增值税税率为 13%。2×21年6月30日，甲公司将单位生产成本为 0.8 万元的 100 件 M 产品作为福利发放给职工，M 产品的公允价值和计税价格均为 1 万元/件。不考虑其他因素，2×21 年 6 月 30 日甲公司计入职工薪酬的金额为（　　）万元。

A. 113　　　　　　B. 90.4
C. 80　　　　　　D. 100

**【答案】** A

**【解析】** 企业以自产产品作为非货币性福利提供给职工的，应当按照该产品的公允价值和相关税费确定职工薪酬金额，并计入当期损益或相关资产成本。2×21 年 6 月 30 日甲公司计入职工薪酬的金额 = $1 \times 100 \times (1 + 13\%) = 113$（万元）。

**【例题3·单选题】** 2×23年8月，甲公司当月应发工资 900 万元，其中：生产部门生产工人工资 640 万元；生产部门管理人员工资 60 万元；行政管理人员工资 200 万元。根据甲公司所在地政府规定，甲公司应当按照职工工资总额的 10% 和 8% 计提并缴存医疗保险费和住房公积金。甲公司分别按照职工工资总额的 2% 和 1.5% 计提工会经费和职工教育经费。假定不考虑其他因素以及所得税影响，甲公司 2×23 年 8 月应计入管理费用的金额为（　　）万元。

A. 1 093.5　　　　B. 243
C. 200　　　　　　D. 315.9

**【答案】** B

**【解析】** 甲公司 2×23 年 8 月应计入管理费用的金额 = $200 \times (1 + 10\% + 8\% + 2\% + 1.5\%) = 243$（万元），注意生产部门管理人员的薪酬应当计入制造费用。

**【例题4·多选题】** 下列各项在职职工的薪

酬中，企业应当根据受益对象分配计入有关资产成本或当期损益的有（ ）。

A. 职工工资　　　B. 住房公积金

C. 职工福利费　　D. 基本医疗保险费

【答案】ABCD

【解析】（1）企业发生的职工工资、津贴和补贴等短期薪酬；（2）企业为职工缴纳的医疗保险费、工伤保险费等社会保险费和住房公积金，以及按规定提取的工会经费和职工教育经费；（3）企业发生的职工福利费等，都应当在职工为其提供服务的会计期间，按照受益对象计入当期损益或相关资产成本。

## 2 短期带薪缺勤的确认与计量

### 一、考点解读

带薪缺勤分为累积带薪缺勤和非累积带薪缺勤。

（一）累积带薪缺勤

累积带薪缺勤，是指带薪缺勤权利可以结转下期的带薪缺勤，本期尚未用完的带薪缺勤权利可以在未来期间使用。企业应当在职工提供服务从而增加了其未来享有的带薪缺勤权利时，确认与累积带薪缺勤相关的职工薪酬，并以累积未行使权利而增加的预期支付金额计量。

（二）非累积带薪缺勤

非累积带薪缺勤，是指带薪缺勤权利不能结转下期的带薪缺勤，本期尚未用完的带薪缺勤权利将予以取消，并且职工离开企业时也无权获得现金支付。企业应当在职工实际发生缺勤的会计期间确认与非累积带薪缺勤相关的职工薪酬。

通常情况下，与非累积带薪缺勤相关的职工薪酬已经包括在企业每期向职工发放的工资等薪酬中，不必作额外的账务处理。

### 二、例题点津

【例题1·计算题】长江公司共有1 000名职工，该公司实行累积带薪缺勤制度。该制度规定，每个职工每年可享受5个工作日带薪病假，未使用的病假只能向后结转一个日历年度，超过1年未使用的权利作废，不能在职工离开公司时获得现金支付；职工休病假是以后进先出为基础，即首先从当年可享受的权利中扣除，再从上年结

转的带薪病假余额中扣除；职工离开公司时，公司对职工未使用的累积带薪病假不支付现金。

2×21年12月31日，每个职工当年平均未使用带薪病假为2天。根据过去的经验并预期该经验将继续适用，长江公司预计2×22年有950名职工将享受不超过5天的带薪病假，剩余50名职工每人将平均享受6.5天病假，假定这50名职工全部为总部各部门经理，该公司平均每名职工每个工作日工资为300元。

假定2×22年12月31日，上述50名部门经理中有40名享受了6天半病假，并随同正常工资以银行存款支付。另有10名只享受了5天病假，由于该公司的带薪缺勤制度规定，未使用的权利只能结转1年，超过1年未使用的权利将作废。

要求：

（1）计算长江公司2×21年末因累积带薪缺勤计入管理费用的金额，并作出账务处理。

（2）编制2×22年末长江公司支付累积带薪缺勤薪酬会计分录。

【答案】

（1）长江公司在2×21年12月31日应当预计由于职工累积未使用的带薪病假权利而导致的预期支付的追加金额，即相当于75天 [50×(6.5−5)] 的病假工资22 500元（75×300），并作如下账务处理：

借：管理费用 22 500
　　贷：应付职工薪酬——累积带薪缺勤
　　　　 22 500

（2）2×22年末，长江公司应作如下账务处理：

借：应付职工薪酬——累积带薪缺勤
　　　 18 000
　　贷：银行存款
　　　 （40×1.5×300）18 000

借：应付职工薪酬——累积带薪缺勤
　　　 4 500
　　贷：管理费用
　　　 （10×1.5×300）（冲回未使用）
　　　 4 500

## 3 短期利润分享计划的确认与计量

### 一、考点解读

短期利润分享计划是指因职工提供服务而与

职工达成的基于利润或其他经营成果提供薪酬的协议。短期利润分享计划按受益额原则处理：

借：生产成本、管理费用、销售费用等

　　贷：应付职工薪酬——利润分享计划

提示 利润分享计划虽然与企业经营业绩挂钩，但其是由于职工提供服务而产生的，因此，企业应当将利润分享作为费用处理或计入资产成本，不能作为净利润的分配。

## 二、例题点津

【例题1·多选题】下列各项关于企业职工薪酬会计处理的表述中，正确的有（　　）。

A. 对总部管理层实施短期利润分享计划时，应将当期利润分享金额计入利润分配

B. 将自有房屋免费提供给行政管理人员使用时，应将该房屋计提的折旧金额计入管理费用

C. 对专设销售机构销售人员实施辞退计划时，应将预计补偿金额计入管理费用

D. 对生产工人实行累积带薪缺勤制度时，应将累积未行使权利而增加的预期支付金额计入当期损益

【答案】BC

【解析】选项A错误，利润分享计划虽然与企业经营业绩挂钩，但其是由于职工提供服务而产生的，因此，企业应当将利润分享作为费用处理或计入资产成本，确认相关的应付职工薪酬，不能作为净利润的分配。选项B正确，将自有房屋免费提供给行政管理人员使用，属于非货币性短期薪酬，按受益原则计入费用或成本，行政管理人员的计入管理费用。选项C正确，属于辞退福利，计入管理费用。选项D错误，应计入生产成本。

# 第三单元　离职后福利的确认和计量

离职后福利包括退休福利（如养老金和一次性的退休支付）及其他离职后福利（如离职后人寿保险和离职后医疗保障）。企业应当在职工提供服务的会计期间对离职后福利进行确认和计量。

## 1 设定提存计划

### 一、考点解读

设定提存计划，是指企业向单独主体（如基金等）缴存固定费用后，不再承担进一步支付义务的离职后福利计划。

对于设定提存计划，企业应当根据在资产负债表日为换取职工在会计期间提供的服务而应向单独主体缴存的提存金，确认职工薪酬负债，并将其计入当期损益或相关资产成本。根据设定提存计划，企业预期不会在职工提供相关服务的年度报告期结束后12个月内支付全部应缴存金额的，应当参照资产负债表日与设定提存计划义务期限和币种相匹配的国债或活跃市场上的高质量公司债券的市场收益率确定的折现率，将全部应缴存金额以折现后的金额计量应付职工薪酬。

## 二、例题点津

【例题1·单选题】企业向单独主体缴存固定费用后，不再承担进一步支付义务的离职后福利属于（　　）。

A. 长期利润分享计划

B. 短期薪酬

C. 设定提存计划

D. 辞退福利

【答案】C

【解析】设定提存计划是指企业向单独主体缴存固定费用后，不再承担进一步支付义务的离职后福利计划。

## 2 设定受益计划

### 一、考点解读

（一）概述

设定受益计划，是指除设定提存计划以外的离职后福利计划。

在设定提存计划下，风险实质上要由职工来承担。在设定受益计划下，风险实质上由企业来承担。

企业存在一项或多项设定受益计划的,应当对每一项计划分别进行会计处理。

**(二)设定受益计划的确认和计量**

企业应当按照以下步骤对每项设定受益计划进行会计处理:

1. 确定设定受益计划义务的现值和当期服务成本

企业应当根据预期累计福利单位法,采用无偏且相互一致的精算假设对有关人口统计变量和财务变量等作出估计,计量设定受益计划所产生的义务,并确定相关义务的归属期间。企业应当根据资产负债表日与设定受益计划义务期限和币种相匹配的国债或活跃市场上的高质量公司债券的市场收益率确定折现率,将设定受益计划所产生的义务予以折现,以确定设定受益计划义务的现值和当期服务成本。

企业应根据计算成本等进行如下账务处理:

借:管理费用

财务费用

　贷:应付职工薪酬——设定受益计划

2. 确定设定受益计划净负债或净资产

设定受益计划存在资产的,企业应当将设定受益计划义务的现值减去设定受益计划资产公允价值所形成的赤字或盈余确认为一项设定受益计划净负债或净资产。设定受益计划存在盈余的,企业应当以设定受益计划的盈余和资产上限两项的孰低者计量设定受益计划净资产。

3. 确定应当计入当期损益的金额和应当计入其他综合收益的金额(如图9-1所示)

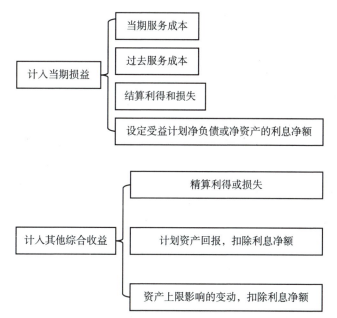

**图9-1 应当计入当期损益的金额和应当计入其他综合收益的金额**

## 二、例题点津

**【例题1·单选题】**下列各项因设定受益计划产生的职工薪酬的成本中,除非计入资产成本,应当计入其他综合收益的是( )。

A. 精算利得和损失

B. 结算利得或损失

C. 资产上限影响的利息

D. 计划资产的利息收益

**【答案】**A

**【解析】**选项A正确,因为设定受益计划应计入其他综合收益的部分包括:(1)精算利得和损失;(2)计划资产回报,扣除包括在设定受益计划净负债或净资产的利息净额中的金额;(3)资产上限影响的变动,扣除包括在设定受益计划净负债或净资产的利息净额中的金额。选项B、C、D应计入当期损益。

# 第四单元　辞退福利和其他长期职工福利的确认和计量

## 1 辞退福利的确认和计量

### 一、考点解读

**（一）辞退福利**

辞退福利，是指企业在职工劳动合同到期之前解除与职工的劳动关系，或者为鼓励职工自愿接受裁减而给予职工的补偿。

在确定企业提供的经济补偿是否为辞退福利时，应当注意以下问题：

（1）区分辞退福利和正常退休养老金。辞退福利是在职工与企业签订的劳动合同到期前，企业根据法律与职工本人或职工代表（如工会）签订的协议，或者基于商业惯例，对其提前终止与职工的雇佣关系所支付的补偿，引发补偿的事项是辞退。而职工正常退休获得的养老金，是对职工在职时提供的服务。

（2）对于职工虽然没有与企业解除劳动合同，但未来不再为企业提供服务，不能为企业带来经济利益，企业承诺提供实质上具有辞退福利性质的经济补偿的，应当比照辞退福利处理。例如，企业实施职工内部退休计划的，在其正式退休之前应当比照辞退福利处理，在其正式退休之后，应当按照离职后福利处理。

**（二）辞退福利的确认和计量**

企业向职工提供辞退福利的，应当在以下两者孰早的时点确认辞退福利产生的职工薪酬负债，并计入当期损益：

（1）企业不能单方面撤回因解除劳动关系计划或裁减建议所提供的辞退福利时。

（2）企业确认涉及支付辞退福利的重组相关的成本或费用时。

企业应当按照辞退计划条款的规定，合理预计并确认辞退福利产生的职工薪酬负债，并具体考虑下列情况：

（1）对于职工没有选择权的辞退计划，企业应当根据计划条款规定拟解除劳动关系的职工数量、每一职位的辞退补偿等确认职工薪酬负债。

（2）对于自愿接受裁减建议的辞退计划，由于接受裁减的职工数量不确定，企业应当根据相关会计处理规定，预计将会接受裁减建议的职工数量，根据预计的职工数量、每一职位的辞退补偿金额等确认职工薪酬负债。

（3）对于预期在辞退福利确认的年度报告期间结束后12个月内完全支付的辞退福利，企业应当适用短期薪酬的相关规定。

（4）对于预期在年度报告期间结束后12个月内不能完全支付的辞退福利，企业应当适用其他长期职工福利的相关规定。

实施职工内部退休计划的，企业应当将自职工停止提供服务日至正常退休日期间、企业拟支付的内退职工工资和缴纳的社会保险费等，确认为应付职工薪酬，一次性计入当期损益，不能在职工内退后各期分期确认因支付内退职工工资和为其缴纳社会保险费等产生的义务。

### 二、例题点津

**【例题1·单选题】** 下列各项中，企业应当计入管理费用的是（　　）。

A. 按利润分享计划给予生产部门管理人员的额外薪酬

B. 为生产部门管理人员计提和缴存的医疗保险费

C. 与生产部门管理人员解除劳动关系支付的一次性补偿金额

D. 供生产部门管理人员无偿使用的小汽车的租金支出

**【答案】** C

**【解析】** 选项C，属于辞退福利，无须考虑受益对象，统一计入管理费用；选项A、B、D为短期薪酬，按受益对象应计入制造费用。

**【例题2·多选题】** 下列各项关于企业职工薪酬会计处理的表述中，正确的有（　　）。

A. 预期不会在年度报告期结束后12个月内支付的离职后福利应当以现值进行计量

B. 企业拟支付给内退职工的工资，应当在内退后分期计入各期损益

C. 企业生产车间管理人员的工资，应当直接

计入当期损益

D. 企业解除与生产工人的劳动关系给予的补偿金，应计入当期损益

【答案】AD

【解析】选项 B 错误，企业应当按照内退计划规定，将自职工停止提供服务日至正常退休日期间、企业拟支付的内退职工工资和缴纳的社会保险费等，一次性计入当期损益，不得分期计入各期损益；选项 C 错误，生产车间管理人员的工资应计入制造费用；选项 D 正确，企业解除与生产工人的劳动关系给予的补偿金，属于辞退福利，应计入当期损益（管理费用）。

【例题 3·多选题】下列各项关于企业职工薪酬会计处理的表述中，正确的有（　　）。

A. 企业实施职工内部退休计划的，在职工正式退休之前应当比照辞退福利处理

B. 企业计提的工会经费，应当按照受益对象计入当期损益或相关资产成本

C. 与短期非累积带薪缺勤相关的职工薪酬，应当在职工实际发生缺勤的会计期间确认

D. 与未行使的短期累积带薪缺勤权利相关的职工薪酬，应当以累积未行使权利而增加的预期支付金额计量

【答案】ABCD

【例题 4·判断题】企业实施的职工内部退休计划，应当比照离职后福利进行会计处理。（　　）

【答案】×

【解析】企业实施职工内部退休计划的，在其正式退休之前应当比照辞退福利处理，在其正式退休之后，应当按照离职后福利处理。

## 2 其他长期职工福利的确认和计量

### 一、考点解读

其他长期职工福利包括长期带薪缺勤、其他长期服务福利、长期残疾福利、长期利润分享计划和长期奖金计划等。

企业向职工提供的其他长期职工福利分为两种处理办法：

（1）符合设定提存计划条件的，应当将职工薪酬计入成本费用或当期损益；

（2）符合设定受益计划条件的，企业应当按照设定受益计划的有关规定，确认和计量其他长期职工福利净负债或净资产。

报告期末，企业应当将其他长期职工福利产生的职工薪酬的总净额计入当期损益或相关资产成本。

### 二、例题点津

【例题 1·多选题】下列各项中，属于其他长期职工福利的有（　　）。

A. 其他长期服务福利

B. 带薪酬缺勤

C. 长期奖金计划

D. 长期残疾福利

【答案】ACD

【解析】其他长期职工福利包括长期带薪酬缺勤、其他长期服务福利、长期残疾福利、长期利润分享计划和长期奖金计划等。

# 本章考点巩固练习题

## 一、单项选择题

1. 2×23 年，动力公司发生如下相关交易或事项：（1）为给境外派到境内的 10 名高管人员提供临时住所，租入 10 套住房，每年租金共 120 万元；（2）因业务调整，拟解除 150 名员工的劳动关系，经与被辞退员工协商一致，向每位被辞退员工支付 20 万元补偿；（3）实施员工带薪休假制度，发生员工休假期间的工资 80 万元；（4）为 40 名中层干部团购商品房，2 000 万元购房款由甲公司垫付。下列各项中，甲公司不应当作为职工薪酬进行会计处理的是（　　）。

A. 为高管人员租房并支付租金

B. 向被辞退员工支付补偿

C. 支付员工带薪休假期间的工资

D. 为中层干部团购商品房垫付款项

2. 动力公司实行累积带薪休假制度，当年未享受的休假只可结转至下一年度，未行使的权利在职工离开企业时不能获得现金支付。2×22年末，动力公司因当年度管理人员未享受休假而预计了将于2×23年支付的职工薪酬20万元。2×23年末，该累积带薪休假尚有30%未使用。不考虑其他因素，下列各项中，关于动力公司因其管理人员2×23年未享受累积带薪休假而原多预计的6万元负债（应付职工薪酬）于2×23年的会计处理表述中，正确的是（　　）。

A. 不作账务处理

B. 从应付职工薪酬转出计入其他综合收益

C. 冲减当期的管理费用

D. 冲减期初留存收益

3. 甲食品生产企业为增值税一般纳税人，年末将本企业生产的一批食品发放给职工作为福利。该批食品的市场售价为30万元（不含增值税），增值税税率为13%，成本为20万元。该企业应确认的应付职工薪酬为（　　）万元。

A. 30　　　　　　　B. 22.6

C. 20　　　　　　　D. 33.9

4. 甲公司共有100名职工，其中，20名为总部管理人员，80名为直接生产工人。从2×22年1月1日起，该公司实行累积带薪缺勤制度。该制度规定，每名职工每年可享受6个工作日带薪年休假，未使用的年休假只能向后结转一个日历年度，超过1年未行使的权利作废；职工休年休假时，首先使用当年享受的权利，不足部分再从上年结转的带薪年休假中扣除；职工离开公司时，对未使用的累积带薪休假无权获得现金支付。2×22年12月31日，每个职工当年平均未使用带薪年休假为3天。甲公司预计2×23年有80名职工将享受不超过5天的带薪年休假，剩余20名总部管理人员每人将平均享受8天年休假，该公司平均每名职工每个工作日工资为300元。甲公司2×22年末因带薪缺勤计入管理费用的金额是（　　）元。

A. 6 000　　　　　　B. 12 000

C. 60 000　　　　　　D. 0

5. 甲公司于2×22年初制订和实施了一项短期

利润分享计划，以对公司员工进行激励。该计划规定，公司全年的净利润指标为1 200万元，如果完成的净利润超过1 200万元，公司员工将可以分享超过1 200万元净利润部分的10%作为额外报酬，其中，管理层享有8%，基层生产人员享有2%。假定至2×22年12月31日，甲公司全年实际完成净利润1 500万元。不考虑其他因素，甲公司2×22年末应确认管理费用的金额为（　　）万元。

A. 30　　　　　　　B. 120

C. 24　　　　　　　D. 96

6. 下列各项有关职工薪酬的会计处理中，正确的是（　　）。

A. 与设定受益计划相关的当期服务成本应计入当期损益

B. 与设定受益计划负债相关的利息费用应计入其他综合收益

C. 与设定受益计划相关的过去服务成本应计入期初留存收益

D. 因重新计量设定受益计划净负债产生的精算损失应计入当期损益

## 二、多项选择题

1. 甲公司是一家电视机生产企业，共有员工600名。2×22年5月，甲公司以其生产的成本为1 000元的某型号电视机作为福利发放给公司每名员工。该型号电视机的售价为每台2 000元，甲公司适用的增值税税率为13%。600名员工中500名为直接参加生产的员工，100名为总部管理人员。下列各项中，甲公司会计处理正确的有（　　）。

A. 管理费用增加22.6万元

B. 生产成本增加113万元

C. 主营业务收入增加120万元

D. 主营业务成本增加60万元

2. 甲公司总部共有部门经理级别以上职工15名，公司为其每人提供一辆某品牌汽车免费使用，该品牌汽车每辆每月计提折旧1 000元；甲公司还为其4名高级管理人员每人租赁一套公寓免费使用，月租金为每套7 000元。下列各项中，甲公司会计处理正确的有（　　）。

A. 借：管理费用　　　　　　43 000

　　　贷：银行存款　　　　　　43 000

B. 借：管理费用　　　　　　43 000

　　　贷：应付职工薪酬——非货币性福利
　　　　　　　　　　　　　　43 000

C. 借：应付职工薪酬——非货币性福利
　　　　　　　　　　　　　　28 000

　　　贷：银行存款　　　　　28 000

D. 借：应付职工薪酬——非货币性福利
　　　　　　　　　　　　　　15 000

　　　贷：累计折旧　　　　　15 000

3. 下列关于离职后福利计划的相关说法中，正确的有（　　）。

A. 离职后福利计划分类为设定提存计划和设定受益计划

B. 设定提存计划，是指向独立的基金缴存固定费用后，企业不再承担进一步支付义务的离职后福利计划

C. 对于设定提存计划，应确认为职工薪酬负债，并计入当期损益或相关资产成本

D. 预期不会在职工提供相关服务的年度报告期结束后 12 个月内支付全部应缴存金额的设定提存计划，企业应当以全部应缴存金额计量应付职工薪酬

4. 下列关于短期利润分享计划的会计处理中，正确的有（　　）。

A. 应作为职工薪酬处理

B. 应全部计入管理费用

C. 应比照辞退福利处理

D. 奖金计划应比照短期利润分享计划处理

5. 2×23 年，甲公司发生的有关交易或事项如下：（1）甲公司以其生产的产品作为奖品，奖励给 15 名当年度被评为优秀的生产工人（假设该批工人只参与产品生产工作）。上述产品的销售价格总额为 600 万元，销售成本为 420 万元。（2）根据甲公司确定的利润分享计划，以当年度实现的利润总额为基础，计算的应支付给管理人员利润分享金额为 320 万元。（3）甲公司于当年起对 156 名管理人员实施累积带薪年休假制度，每名管理人员每年可享受 5 个工作日的带薪年休假，未使用的年休假只能向后结转一个日历年度。超过 1 年未使用的权利作废，也不能得到任何

现金补偿。2×23 年，有 20 名管理人员每人未使用带薪年休假 2 天，预计 2×24 年该 20 名管理人员将每人休假 6 天。甲公司平均每名管理人员每个工作日的工资为 300 元。不考虑相关税费及其他因素，下列各项关于甲公司上述职工薪酬会计处理的表述中，正确的有（　　）。

A. 将自产的产品作为奖品发放应按 600 万元确认为生产成本

B. 根据利润分享计划计算的 2×23 年应支付给管理人员的 320 万元款项应作为利润分配处理

C. 2×23 年应从工资费用中扣除已享受带薪年假权利的 136 名管理人员的工资费用

D. 2×23 年应确认 20 名管理人员未使用带薪年休假费用 0.6 万元并计入管理费用

6. 2×22 年 1 月 1 日，甲公司颁布一项面对全员的奖金计划。该计划规定如若 2×22 年全年利润突破 5 000 万元，将对管理层奖励（净利润 -4 500）×5% 的现金，对一线生产员工奖励（净利润 -4 200）×10% 的现金，一线销售人员奖励（净利润 -5 000）×10% 的现金。2×22 年甲公司最终实现利润 5 800 万元，不考虑其他因素，甲公司对该计划的以下会计处理正确的有（　　）。

A. 管理费用借记 65 万元

B. 生产成本借记 160 万元

C. 销售费用借记 80 万元

D. 应付职工薪酬贷记 305 万元

## 三、判断题

1. 企业应在职工离职以后的期间对离职后福利进行确认和计量。　　　　　　　（　　）

2. 企业拟支付的内退职工工资和缴纳的社会保险费应确认为职工薪酬，在内退后至实际退休时分期计入当期损益。　　　（　　）

3. 设定提存计划由于其长期性，需要将其预期支付金额折现后计入应付职工薪酬。（　　）

4. 公司为职工团购商品房垫付款应当作为职工薪酬进行处理。　　　　　　　　（　　）

# 本章考点巩固练习题参考答案及解析

## 一、单项选择题

1. 【答案】D

【解析】选项D关键词为"垫付",为中层干部团购商品房垫付款项应计入其他应收款,不作为职工薪酬核算。

2. 【答案】C

【解析】动力公司规定未使用的休假只能结转至下一年度,且在职工离开企业时不能获得现金支付。因此,原2×22年预计将于2×23年使用的带薪休假在2×23年未使用的部分应当冲回,冲减当期管理费用。

3. 【答案】D

【解析】企业将自产的产品发放福利,应按照该产品的公允价值和相关税费确定职工薪酬金额,并按受益原则计入当期损益或相关资产成本。应确认的应付职工薪酬 = 30 × 1.13 = 33.9(万元)。

4. 【答案】B

【解析】甲公司2×22年末应当预计由于累积未使用的带薪年休假而导致预期将支付的工资负债,根据甲公司预计2×23年职工的年休假情况,只有20名总部管理人员会使用2×22年的未使用带薪年休假2天(8-6),而其他2×22年累计未使用的都将失效,所以应计入管理费用的金额 = 20 × 2 × 300 = 12 000(元)。

5. 【答案】C

【解析】管理费用是管理层享有的奖金部分:(1 500 - 1 200) × 8% = 24(万元)。

6. 【答案】A

【解析】与设定受益计划相关的当期服务成本(选项A正确)、过去服务成本(选项C错误)、结算利得与损失、设定受益计划净负债或净资产的利息净额(选项B错误)应计入当期损益;精算利得与损失(选项D错误)、计划资产回报(扣除利息净额)、资产上限影响的变动(扣除利息净额),计入其他综合收益。

## 二、多项选择题

1. 【答案】ABCD

【解析】应计入管理费用的金额 = 100 × 2 000 × 1.13 = 22.6(万元)。应计入生产成本的金额 = 500 × 2 000 × 1.13 = 113(万元)。主营业务收入 = 600 × 2 000 = 120(万元),主营业务成本 = 600 × 1 000 = 60(万元)。会计分录为:

借:生产成本　　　　　　　　113
　　管理费用　　　　　　　　22.6
　　　贷:应付职工薪酬　　　　　135.6
借:应付职工薪酬　　　　　　135.6
　　　贷:主营业务收入　　　　　120
　　　　　应交税费——应交增值税(销项税额)　　　　　15.6
借:主营业务成本　　　　　　60
　　　贷:库存商品　　　　　　　60

2. 【答案】BCD

【解析】甲公司为职工每人提供一辆某品牌汽车免费使用,为高级管理人员每人租赁一套公寓免费使用,均属于非货币性福利,汽车的折旧费和租赁公寓的租金应通过"应付职工薪酬"科目核算,计入管理费用。计入管理费用的金额 = 15 × 1 000 + 4 × 7 000 = 15 000 + 28 000 = 43 000(元)。

3. 【答案】ABC

【解析】选项D不正确,根据设定提存计划,预期不会在职工提供相关服务的年度报告期结束后12个月内支付全部应缴存金额的,企业应当参照职工薪酬准则规定的折现率,将全部应缴存金额以折现后的金额计量应付职工薪酬。

4. 【答案】AD

【解析】短期利润分享计划是指因职工提供服务而与职工达成的基于利润或其他经营成果提供薪酬的协议,应作为职工薪酬处理,选项A正确;短期利润计划虽然与企业经营业绩挂钩，但是由于职工提供服务产生的，应根据受益原则分别计入费用或相关资产成本，选项 B 错误；短期利润分享计划的处理和辞退福利的处理不一样，选项 C 错误；企业根据经营业绩或职工贡献等情况提取的奖金，属于奖金计划，应当比照短期利润分享计划处理，选项 D 正确。

5.【答案】AD

【解析】选项 A，以自产产品作为非货币性福利提供给职工的，视同销售，即按照该产品的公允价值和相关税费确定职工薪酬金额，并按受益原则计入当期损益或相关资产成本，本题中奖励的是直接参与产品生产的工人，故应计入生产成本；选项 B，根据利润分享计划支付给管理人员的利润分享金额应当计入管理费用，不作为利润分配处理；选项 C，对于已享受带薪休假权利的 136 名管理人员在本期间无须作会计处理；选项 D，2×23 年应将 20 名管理人员未使用带薪休假费用 0.6 万元（0.03×20×1）计入管理费用。

6.【答案】ABCD

【解析】短期利润分享计划作为费用处理或计入资产成本。该项奖金计划面向管理层的奖金 =（5 800 − 4 500）×5% = 65（万元），属于管理费用；一线生产员工的奖金 =（5 800 − 4 200）×10% = 160（万元），属于生产成本；

一线销售人员的奖金 =（5 800 − 5 000）×10% = 80（万元），属于销售费用；共记入"应付职工薪酬"科目贷方 305 万元。

## 三、判断题

1.【答案】×

【解析】企业应当在职工提供服务的会计期间对离职后福利进行确认和计量。

2.【答案】×

【解析】由于被辞退的职工不再为企业带来未来经济利益，因此，对于所有辞退福利，均应当于辞退计划满足负债确认条件的当期一次性计入费用。

3.【答案】×

【解析】设定提存计划，预期不会在职工提供相关服务的年度报告期结束后 12 个月内支付全部应缴存金额的，企业应参照规定的折现率，将全部应缴存金额以折现后的金额计量应付职工薪酬，题中的设定提存计划的并未确定时间期限，故错误。

4.【答案】×

【解析】为员工垫付的款项并非为了获得员工的服务或者与员工解除劳动关系而给予的报酬或补偿，因此不属于职工薪酬，可以将垫付款项计入其他应收款。

# 第十章 股份支付

## 考情分析

本章为 2024 年教材新增内容，可出客观题。本章复习重点是以权益结算的股份支付和以现金结算的股份支付的会计处理。

## 教材变化

本章为 2024 年教材新增章节。

## 考点提示

本章的重点包括：（1）以权益结算的股份支付的会计处理；（2）以现金结算的股份支付的会计处理。

## 本章考点框架

股份支付
- 股份支付的主要环节及类型
- 股份支付的确认和计量
  - 股份支付的确认和计量原则
  - 可行权条件的种类、处理和修改
  - 股份支付的账务处理

# 考点解读及例题点津

## 第一单元　股份支付的主要环节及类型

### 一、考点解读

（一）股份支付的特征

（1）股份支付，是指企业为获取职工和其他方提供服务而授予权益工具或者承担以权益工具为基础确定的负债的交易。

（2）股份支付具有以下特征：一是股份支付是企业与职工或其他方之间发生的交易；二是股份支付是以获取职工或其他方服务为目的的交易；三是股份支付交易的对价或其定价与企业自身权益工具未来的价值密切相关。

（二）股份支付的四个主要环节

典型的股份支付通常涉及四个主要环节：（1）授予；（2）可行权；（3）行权；（4）出售。

提示　股份支付的会计处理主要关注"两个时点、一段时间"，即授予日、等待期和行权日。

（三）股份支付工具的主要类型

股份支付分为以权益结算的股份支付和以现金结算的股份支付。

（1）以权益结算的股份支付，是指企业为获取服务以股份或其他权益工具作为对价进行结算的交易。

提示　权益结算的股份支付，对职工或其他方最终要授予股份或认股权等，这种情形下经济利益未流出企业。

（2）以现金结算的股份支付，是指企业为获取服务承担以股份或其他权益工具为基础计算确定的交付现金或其他资产义务的交易。

提示　现金结算的股份支付，对职工或其他方最终要支付现金或其他资产，这种情形下经济利益流出了企业。

### 二、例题点津

【例题1·单选题】下列各项交易或事项中，属于股份支付的是（　　）。

A. 股份有限公司向其股东分派股票股利

B. 股份有限公司向其高管授予股票期权

C. 债务重组中债务人向债权人定向发行股票抵偿债务

D. 企业合并中合并方向被合并方股东定向增发股票作为合并对价

【答案】B

【解析】股份支付是指企业为获取职工和其他方提供服务而授予权益工具或承担以权益工具为基础确定的负债的交易，选项B符合该定义。

## 第二单元　股份支付的确认和计量

### 1　股份支付的确认和计量原则

#### 一、考点解读

（一）权益结算的股份支付的确认和计量原则（见表10-1）

表 10 - 1　　　　　　权益结算的股份支付的确认和计量原则

| 项目 | 计量原则 |
| --- | --- |
| 换取职工服务的股份支付 | 应按授予日权益工具的公允价值计量，不确认其后续公允价值变动。<br>(1) 对于换取职工服务的股份支付，企业应当以股份支付所授予的权益工具的公允价值计量。<br>(2) 企业应在等待期内的每个资产负债表日，以对可行权权益工具数量的最佳估计为基础，按照权益工具在授予日的公允价值，将当期取得的服务计入相关资产成本或当期费用，同时计入资本公积中的其他资本公积。<br>(3) 对于授予后立即可行权的换取职工提供服务的权益结算的股份支付，应在授予日按照权益工具的公允价值，将取得的服务计入相关资产成本或当期费用，同时计入资本公积中的股本溢价 |
| 换取其他方服务的股份支付 | (1) 对于换取其他方服务的股份支付，企业应当以股份支付所换取的服务的公允价值计量。<br>(2) 如果其他方服务的公允价值不能可靠计量，但权益工具的公允价值能够可靠计量，应当按照权益工具在服务取得日的公允价值计量。企业应当根据所确定的公允价值将取得的服务计入相关资产成本或费用 |
| 权益工具公允价值无法可靠确定时 | 应当在获取对方提供服务的时点、后续的每个报告日以及结算日，以内在价值计量该权益工具，内在价值变动计入当期损益 |

（二）现金结算的股份支付的确认和计量原则

（1）企业应当在等待期内的每个资产负债表日，以对可行权情况的最佳估计为基础，按照企业承担负债的公允价值（每个资产负债表日的公允价值），将当期取得的服务计入相关资产成本或当期费用，同时计入负债（应付职工薪酬），并在结算前的每个资产负债表日和结算日对负债的公允价值重新计量，将其变动计入损益。

（2）对于授予后立即可行权的现金结算的股份支付，企业应当在授予日按照企业承担负债的公允价值计入相关资产成本或费用，同时计入负债，并在结算前的每个资产负债表日和结算日对负债的公允价值重新计量，将其变动计入损益（公允价值变动损益）。

## 二、例题点津

【例题 1·单选题】在可行权日之后，与现金结算的股份支付有关的应付职工薪酬公允价值发生变动的，企业应将该变动金额计入（　　）。

A. 当期损益　　　　B. 盈余公积

C. 资本公积　　　　D. 未分配利润

【答案】A

【解析】以现金结算的股份支付，可行权日后负债的公允价值变动应计入当期损益（公允价值变动损益）。

【例题 2·单选题】以现金结算的股份支付，企业应在可行权日之后的每个资产负债表日重新计量相关负债的公允价值，并将其与账面价值的差额列示在利润表中的项目为（　　）。

A. 投资收益

B. 管理费用

C. 营业外收入

D. 公允价值变动收益

【答案】D

【解析】对应现金结算的股份支付，在可行权日之后不再确认成本费用，负债公允价值的变动应当计入当期损益（公允价值变动损益）。

## 2 可行权条件的种类、处理和修改

## 一、考点解读

（一）市场条件和非市场条件的分类及其处理

（1）股份支付条件的种类分为可行权条件和非可行权条件。

（2）可行权条件的类别。

①服务期限条件：是指职工完成规定服务期

限才可行权的条件。

②业绩条件。

A. 市场条件：如行权价格。由于授予日公允价值条件已经考虑，市场条件是否得到满足不影响企业对预计可行权情况的估计。

B. 非市场条件：如产品销售增长率等。由于授予日公允价值条件没有考虑，非市场条件是否得到满足影响企业对预计可行权情况的估计。

提示 （1）市场业绩无论实现与否，均无须据此对等待期、已确认的费用等行权情况进行重新调整，不需要调整已确认的服务费用。

（2）各期要对非市场业绩能否实现进行重新估计，根据重新估计的结果调整等待期、已确认的费用，非市场条件最终没有达到行权条件，则需把已确认的费用冲销。

（3）对于可行权条件为业绩条件的股份支付，只要职工满足了其他所有非市场条件（如利润增长率、服务期限等），企业就应当确认已取得服务相对应的成本费用。

（二）条款和条件的修改（见表10-2）

表10-2 股份支付条款和条件修改、取消或结算的会计处理

| 项目 | 会计处理 |
| --- | --- |
| 条款和条件的有利修改 | （1）如果修改增加了所授予的权益工具的公允价值，企业应按照权益工具公允价值的增加相应地确认取得服务的增加。例如，对于授予的股票期权，如果行权价降低，则内在价值增加，期权公允价值将增加。<br>（2）如果修改增加了所授予的权益工具的数量，企业应将增加的权益工具的公允价值相应地确认为取得服务的增加。例如，授予期权的数量增加，则期权公允价值总额将增加。<br>（3）如果企业按照有利于职工的方式修改可行权条件，如缩短等待期、变更或取消业绩条件（非市场条件），企业在处理可行权条件时，应当考虑修改后的可行权条件 |
| 条款和条件的不利修改 | （1）如果修改减少了授予的权益工具的公允价值（如调高了行权价），企业应当继续以权益工具在授予日的公允价值为基础，确认取得服务的金额，而不应考虑权益工具公允价值的减少。<br>（2）如果修改减少了授予的权益工具的数量，企业应当将减少部分作为已授予的权益工具的取消来进行处理。<br>（3）如果企业以不利于职工的方式修改了可行权条件，如延长等待期、增加或变更业绩条件（非市场条件），企业在处理可行权条件时，不应考虑修改后的可行权条件 |
| 取消或结算 | 企业应当（因未满足可行权条件而被取消的除外）：<br>（1）将取消或结算作为加速可行权处理，立即确认原本应在剩余等待期内确认的金额，即将剩余等待期应确认的费用全部确认。<br>（2）在取消或结算时支付给职工的所有款项均应作为权益的回购处理，回购支付的金额高于该权益工具在回购日公允价值的部分，计入当期费用。<br>（3）如果向职工授予新的权益工具，并在新权益工具授予日认定所授予的新权益工具是用于替代被取消的权益工具的，企业应以与处理原权益工具条款和条件修改相同的方式，对所授予的替代权益工具进行处理（分为有利修改和不利修改） |

## 二、例题点津

【例题1·多选题】关于可行权条件的修改，下列表述中正确的有（    ）。

A. 如果修改增加了所授予的权益工具的公允价值，企业应按照权益工具公允价值的增加相应地确认取得服务的增加

B. 如果修改增加了所授予的权益工具的数量，企业应将增加的权益工具的公允价值相应地确认为取得服务的增加

C. 如果企业缩短等待期、变更或取消业绩条件（非市场条件），企业在处理可行权条件时，不应考虑修改后的可行权条件

D. 如果企业以减少股份支付公允价值总额的方式修改条款或条件，企业应继续对取得的服务进行会计处理，如同该变更从未发生，除非企

业取消了部分或全部已授予的权益工具

【答案】ABD

【解析】如果企业按照有利于职工的方式修改可行权条件，如缩短等待期、变更或取消业绩条件（非市场条件），企业在处理可行权条件时，应当考虑修改后的可行权条件，选项C错误。

## 3 股份支付的账务处理

### 一、考点解读

（一）股份支付的会计处理（见表10-3、表10-4）

表10-3　权益结算股份支付的会计处理

| 节点 | 会计处理 |
| --- | --- |
| 授予日 | 立即可行权股份支付在授予日按照权益工具的公允价值确认相关成本费用和"资本公积——股本溢价"；<br>除此之外，企业在授予日均不作会计处理，因为尚未提供服务，企业不确认费用 |
| 等待期内每个资产负债表日 | 在等待期内的每个资产负债表日，当可行权权益工具数量与以前估计不同时，应当调整成本费用和资本公积，但不确认其后续公允价值变动的影响。即，本期成本费用 = 可行权权益工具的数量×授予日权益工具公允价值 – 截至上期累计确认成本费用<br>会计分录如下：<br>借：管理费用等<br>　　贷：资本公积 |
| 可行权日之后 | 在可行权日之后不再对已确认的成本费用和所有者权益总额进行调整 |
| 行权日 | （1）企业应在行权日根据行权情况，确认股本和股本溢价，同时结转等待期内确认的资本公积。会计分录如下：<br>借：银行存款（实际收到的款项）<br>　　资本公积——其他资本公积<br>　　　贷：股本<br>　　　　　资本公积——股本溢价<br>（2）回购股份进行职工期权激励。<br>①回购股份：<br>借：库存股<br>　　贷：银行存款<br>②确认成本费用：<br>借：成本费用等<br>　　贷：资本公积——其他资本公积<br>③职工行权：<br>借：银行存款<br>　　资本公积——其他资本公积<br>　　贷：库存股<br>　　　　资本公积——股本溢价 |

表10-4　现金结算股份支付的会计处理

| 节点 | 会计处理 |
| --- | --- |
| 授予日 | 现金结算的立即可行权股份支付在授予日按照承担负债的公允价值确认相关成本费用和负债（应付职工薪酬）；<br>除此之外，企业在授予日均不作会计处理 |

续表

| 节点 | 会计处理 |
|------|----------|
| 等待期内每个资产负债表日 | 在等待期内的每个资产负债表日，当可行权权益工具数量与以前估计不同或其后续公允价值变动，应按照企业承担负债的公允价值金额调整成本费用和应付职工薪酬。即，本期成本费用＝可行权权益工具的数量×资产负债表日权益工具公允价值－截至上期累计确认成本费用<br>会计分录如下：<br>借：管理费用等<br>　　贷：应付职工薪酬 |
| 可行权日之后 | 企业在可行权日之后不再确认成本费用，负债（应付职工薪酬）公允价值的变动应当计入当期损益（公允价值变动损益）。会计分录如下：<br>借：公允价值变动损益<br>　　贷：应付职工薪酬<br>或作相反分录 |
| 行权日 | 企业应在行权日根据行权情况结转等待期内确认的负债，会计分录如下：<br>借：应付职工薪酬<br>　　贷：银行存款 |

提示 （1）权益结算的股份支付，以授予日权益工具公允价值为基础计量，不确认后续公允价值变动；现金结算的股份支付，以计量日权益工具公允价值为基础计量，后续公允价值变动计入成本费用。

（2）正确确定等待期。

（3）确定等待期后，在等待期内每个资产负债表日，企业应当根据最新取得的可行权职工人数变动等后续信息作出最佳估计，修正预计可行权的权益工具数量。在可行权日，最终预计可行权权益工具的数量应当与实际可行权权益工具的数量一致。

（4）计算截至当期累计应确认的成本费用金额，再减去前期累计已确认金额，作为当期应确认的成本费用金额（类似于劳务收入确认的完工百分比法）。

（二）企业集团内涉及不同企业的股份支付交易

（1）结算企业以其本身权益工具结算，接受服务企业没有结算义务。

①结算企业（权益结算股份支付）：
借：长期股权投资
　　贷：资本公积

②接受服务企业（权益结算股份支付）：
借：管理费用等
　　贷：资本公积

（2）结算企业不是以其本身权益工具结算，且授予接受企业职工的是接受企业本身权益工具，接受服务企业没有结算义务。

①结算企业（现金结算股份支付）：
借：长期股权投资
　　贷：应付职工薪酬

②接受服务企业（权益结算股份支付）：
借：管理费用等
　　贷：资本公积

（3）结算企业不是以其本身权益工具结算，且授予接受企业职工的是企业集团内其他企业权益工具，接受服务企业没有结算义务。

①结算企业：
借：长期股权投资（现金结算股份支付）
　　贷：应付职工薪酬

②接受服务企业（权益结算股份支付）：
借：管理费用等
　　贷：资本公积

（4）接受服务企业具有结算义务且授予本企业职工的是企业集团内其他企业权益工具的，应当将该股份支付交易作为现金结算的股份支付处理。

接受服务企业的会计处理（现金结算股份支付）

借：管理费用
　　贷：应付职工薪酬

## 二、例题点津

【例题1·多选题】下列关于股份支付的会计处理中，正确的有（    ）。

A. 以回购股份奖励本企业职工的，应作为以权益结算的股份支付进行处理

B. 在等待期内的每个资产负债表日，将取得职工提供的服务计入成本费用

C. 权益结算的股份支付应在可行权日后对已确认成本费用和所有者权益进行调整

D. 为换取职工提供服务所发生的以权益结算的股份支付，应以所授予权益工具的公允价值计量

【答案】ABD

【解析】对于权益结算的涉及职工的股份支付，应当按照授予日权益工具的公允价值计入成本费用和资本公积（其他资本公积），不确认其后续公允价值变动，选项C不正确；其余表述均正确。

【例题2·多选题】下列各项中，应当计入发生当期损益的有（    ）。

A. 以现金结算的股份支付形成的负债在结算前资产负债表日公允价值变动

B. 将分类为权益工具的金融工具重分类为金融负债时公允价值与账面价值的差额

C. 以摊余成本计量的金融资产重分类为以公允价值计量且其变动计入当期损益的金融资产时公允价值与原账面价值的差额

D. 自用房地产转换为采用公允价值模式计量的投资性房地产时公允价值小于原账面价值的差额

【答案】ACD

【解析】选项A，计入公允价值变动损益；选项B，计入资本公积——股本溢价，不影响损益；选项C，计入公允价值变动损益；选项D，计入公允价值变动损益。

【例题3·判断题】公司回购股份形成库存股用于职工股权激励的，在职工行权购买本公司股份时，所收款项和等待期内根据职工提供服务所确认的相关资本公积的累计金额之和，与交付给职工库存股成本的差额，应计入营业外收支。（    ）

【答案】×

【解析】应将差额计入资本公积（股本溢价）。

# 本章考点巩固练习题

## 一、单项选择题

1. 关于股份支付的计量，下列说法中正确的是（    ）。

A. 以现金结算的股份支付，应按授予日权益工具的公允价值计量，并确认其后续公允价值变动

B. 以现金结算的股份支付，应按授予日权益工具的公允价值计量，不确认其后续公允价值变动

C. 以权益结算的股份支付，应按授予日权益工具的公允价值计量，不确认其后续公允价值变动

D. 以权益结算的股份支付，应按资产负债表日当日权益工具的公允价值重新计量

2. 下列关于对于权益结算的涉及职工的股份支付的后续计量的说法中，不正确的是（    ）。

A. 对于权益结算的涉及职工的股份支付，应当按照授予日权益工具的公允价值计入成本费用和资本公积（其他资本公积），不确认其后续公允价值变动

B. 对于现金结算的涉及职工的股份支付，应当按照每个资产负债表日权益工具的公允价值重新计量，确定成本费用和应付职工薪酬

C. 对于权益结算的涉及职工的股份支付，应当按照授予日权益工具的公允价值计入成本费用和资本公积（其他资本公积），并确认其后续公允价值变动

D. 对于现金结算的股份支付，企业在可行权日之后不再确认成本费用，负债（应付职工

薪酬）公允价值的变动应当计入当期损益（公允价值变动损益）

3. 下列关于股份支付市场条件的表述中，不正确的是（　　）。

A. 市场条件是指行权价格、可行权条件以及行权可能性与权益工具的市场价格相关的业绩条件

B. 如果职工没有满足市场条件，但是满足了其他所有的非市场条件，那么企业不应当确认已取得的服务

C. 企业在确定权益工具在授予日的公允价值时，需要考虑股份支付协议中规定的市场条件和非可行权条件的影响

D. 业绩条件包括市场条件和非市场条件

4. 甲公司为一上市公司。2×22年1月1日，公司向其200名管理人员每人授予10万份股票期权，这些职员从2×22年1月1日起在该公司连续服务3年，即可以4元每股购买10万股甲公司股票，从而获益。公司估计每份期权在授予日的公允价值为15元。第一年有20名职员离开甲公司，甲公司估计三年中离开的职员的比例将达到20%；第二年又有10名职员离开公司，公司将估计的职员离开比例修正为15%；第三年又有15名职员离开。甲公司2×23年12月31日应确认的资本公积为（　　）万元。

A. 8 000　　　　B. 9 000
C. 12 000　　　D. 30 000

5. 2×22年1月1日，甲公司向其200名高级管理人员每人授予100份股份期权，这些人员从2×22年1月1日起必须在该公司连续服务3年，服务期满时才能以每股5元购买100股甲公司股票。公司估计该期权在授予日的公允价值为15元。2×22年有20名管理人员离开甲公司，甲公司估计三年中离开的管理人员比例将达到20%；2×23年又有10名管理人员离开公司，甲公司估计第三年将不会再有人离开，将离开比例调整为15%，2×23年甲公司应确认当期管理费用为（　　）万元。

A. 17　　　　　B. 8
C. 9　　　　　D. 10

6. 2×22年12月20日，经股东大会批准，甲公司向100名高管人员每人授予2万股普通股（每股面值1元）。根据股份支付协议的规定，这些高管人员自2×23年1月1日起在公司连续服务满3年，即可于2×25年12月31日无偿获得授予的普通股。甲公司估计该期权2×22年12月20日和2×22年12月31日的公允价值分别为12元和15元。2×23年2月8日，甲公司从二级市场以每股10元的价格回购本公司普通股200万股，拟用于高管人员股权激励。在等待期内，甲公司没有高管人员离开公司。2×25年12月31日，高管人员全部行权。当日，甲公司普通股市场价格为每股13.5元。甲公司因高管人员行权增加的股本溢价金额是（　　）万元。

A. −2 400　　　B. 0
C. 400　　　　D. 2 400

7. 2×21年12月12日，甲公司董事会批准一项股份支付协议。协议规定：2×22年1月1日，公司为其200名中层以上管理人员每人授予10万份现金股票增值权，行权条件是自2×22年1月1日起，这些人员必须为公司连续服务满3年，即自2×24年12月31日起根据股价的增长幅度行权获取现金。甲公司预计2×22年、2×23年和2×24年每年年末每份现金股票增值权的公允价值分别为10元、12元和15元。2×22年有20名管理人员离职，预计未来两年还将有15名管理人员离职，2×23年实际有10名管理人员离职，预计2×24年还将有10名管理人员离职。甲公司在2×23年12月31日应确认的应付职工薪酬金额为（　　）万元。

A. 5 600　　　　B. 7 300
C. 12 800　　　D. 13 700

8. 下列各项关于附等待期的股份支付会计处理的表述中，不正确的是（　　）。

A. 以权益结算的股份支付，相关权益性工具的公允价值在授予日后不再调整

B. 现金结算的股份支付在授予日不作会计处理，但权益结算的股份支付应予处理

C. 附市场条件的股份支付，只要职工满足了其他所有非市场条件，企业就应当确认相关成本费用

D. 业绩条件为非市场条件的股份支付，等待

期内应根据后续信息调整对可行权情况的估计

9. 企业以回购股份形式奖励本企业职工的，属于权益结算的股份支付，其会计处理不正确的是（  ）。

A. 企业回购股份时，应当按照回购股份的全部支出作为库存股处理，记入"库存股"科目，同时进行备查登记

B. 企业回购股份时，应当按照回购股份的全部支出借记"库存股"科目

C. 对权益结算的股份支付，企业应当在等待期内每个资产负债表日按照权益工具在授予日的公允价值，将取得的职工服务计入成本费用，同时增加资本公积（其他资本公积）

D. 对权益结算的股份支付，企业应当在等待期内每个资产负债表日按照当日权益工具的公允价值，将取得的职工服务计入成本费用，同时增加应付职工薪酬

10. 关于企业集团内涉及不同企业的股份支付交易的会计处理，下列说法中不正确的是（  ）。

A. 结算企业以其本身权益工具结算的，应在个别报表中按授予日的公允价值确认长期股权投资和股本

B. 结算企业不是以其本身权益工具而是以集团内其他企业的权益工具结算的，应当将该股份支付交易作为现金结算的股份支付进行会计处理

C. 接受服务企业没有结算义务或授予本企业职工的是其本身权益工具的，应当将该股份支付交易作为权益结算的股份支付处理

D. 接受服务企业具有结算义务且授予本企业职工的是企业集团内其他企业权益工具的，应当将该股份支付交易作为现金结算的股份支付处理

## 二、多项选择题

1. 下列关于股份支付特征的说法中，正确的有（  ）。

A. 股份支付是企业与职工或其他方之间发生的交易

B. 股份支付是以获取职工或其他方服务为目的的交易

C. 对价的特殊性可以说是股份支付的显著特征

D. 股份支付交易的对价或其定价与企业自身权益工具未来的价值密切相关

2. 有关股份支付的下列说法中，正确的有（  ）。

A. 以权益结算的股份支付是企业为获取服务以股份或其他权益工具作为对价进行结算的交易

B. 以权益结算的股份支付换取职工提供服务的应当以授予职工权益工具的公允价值计量

C. 权益结算的股份支付，在可行权日之后不再对已确认的成本费用和所有者权益总额进行调整

D. 现金结算的股份支付，在可行权日之后不再对已确认的成本费用和负债进行调整

3. 对于换取其他方服务的以权益结算的股份支付的情况下，下列关于计量基础的说法中不正确的有（  ）。

A. 权益工具在服务取得日的公允价值

B. 股份支付所换取的服务的公允价值

C. 应当以股份支付所换取的服务的公允价值计量。只有当其他方服务的公允价值不能可靠计量，但权益工具的公允价值能够可靠计量，才按照权益工具在服务取得日的公允价值计量

D. 应当以权益工具在服务取得日的公允价值计量，只有权益工具在服务取得日的公允价值不能可靠计量，但是其他方服务的公允价值能够可靠计量，才按照其他方服务的公允价值计量

4. 下列关于股份支付会计处理的表述中，正确的有（  ）。

A. 对以现金结算的股份支付换取职工提供服务的，应按所授予权益工具在资产负债表日的公允价值计量

B. 对以权益结算的股份支付换取职工提供服务的，应按所授予权益工具在授予日的公允价值计量

C. 对以现金结算的股份支付，在可行权日之后应将相关权益的公允价值变动计入资本公积

D. 对以权益结算的股份支付，在可行权日之

后不需要对相关的所有者权益进行调整

5. 对于股份支付授予日的会计处理，下列说法中不正确的有（　　）。

A. 以权益结算的股份支付和以现金结算的股份支付均不作会计处理

B. 以权益结算的股份支付和以现金结算的股份支付均作会计处理

C. 除了立即可行权的股份支付外，无论是以权益结算的股份支付还是以现金结算的股份支付，企业在授予日均作会计处理

D. 除了立即可行权的股份支付外，无论是以权益结算的股份支付还是以现金结算的股份支付，企业在授予日均不作会计处理

6. 下列关于企业将以现金结算的股份支付修改为以权益结算的股份支付的会计处理的说法中，正确的有（　　）。

A. 在修改日，企业应当按照所授予权益工具当日的公允价值计量以权益结算的股份支付

B. 在修改日，企业应当将已取得的服务计入资本公积

C. 在修改日，企业应终止确认以现金结算的股份支付在修改日已确认的负债

D. 在修改日，企业应将所授予权益工具当日的公允价值与终止确认的现金结算的股份支付在修改日已确认的负债之间的差额，计入资本公积

## 三、判断题

1. 以权益结算的股份支付是指企业为获取服务以股份或其他权益工具作为对价进行结算的交易。　　　　　　　　　　　（　　）

2. 对于权益结算的股份支付，企业应在等待期内的每个资产负债表日，以对可行权权益工具数量的最佳估计为基础，按照权益工具在授予日的公允价值，将当期取得的服务计入相关资产成本或当期费用，同时计入资本公积中的其他资本公积。　　　　　（　　）

3. 企业以回购股票形式奖励本企业职工的，属于现金结算的股份支付。　　　　　（　　）

4. 对于换取其他方服务的股份支付，企业应当以股份支付所换取的服务的账面价值计量。　　　　　　　　　　　（　　）

5. 对于现金结算的股份支付在可行权日之后至

结算日前的每个资产负债表日和结算日，对负债的公允价值应重新计量，并将其变动计入当期管理费用。　　　　　　　（　　）

## 四、计算分析题

1. 2×21 年 1 月 1 日，经股东大会批准，动力公司与 50 名高级管理人员签署股份支付协议。协议规定：①动力公司向 50 名高级管理人员每人授予 10 万股股票期权，行权条件为这些高级管理人员从授予期权之日起连续服务满 3 年，公司 3 年平均净利润增长率达到 12%；②符合行权条件后，每持有 1 股普通股股票期权可以自 2×24 年 1 月 1 日起 1 年内，以每股 5 元的价格购买公司 1 股普通股票，在行权期间内未行权的股票期权将失效。动力公司估计授予日每股股票期权的公允价值为 15 元。2×21 年至 2×24 年，动力公司与股票期权的资料如下：

（1）2×21 年 5 月，动力公司自市场回购本公司股票 500 万股，共支付款项 4 025 万元，作为库存股待行权时使用。

（2）2×21 年，动力公司有 1 名高级管理人员离开公司，本年净利润增长率为 10%。该年年末，动力公司预计未来两年将有 1 名高级管理人员离开公司，预计 3 年平均净利润增长率将达到 12%；每股股票期权的公允价值为 16 元。

（3）2×22 年，动力公司没有高级管理人员离开公司，本年净利润增长率为 14%。该年年末，动力公司预计未来 1 年将有 2 名高级管理人员离开公司，预计 3 年平均净利润增长率将达到 12.5%；每股股票期权的公允价值为 18 元。

（4）2×23 年，动力公司有 1 名高级管理人员离开公司，本年净利润增长率为 15%。该年年末，每股股票期权的公允价值为 20 元。

（5）2×24 年 3 月，48 名高级管理人员全部行权，动力公司收到款项 2 400 万元，相关股票的变更登记手续已办理完成。

**要求：**

（1）编制动力公司回购本公司股票时的相关会计分录。

（2）计算动力公司 2×21 年、2×22 年、2×23

年因股份支付确认的费用，并编制相关会计分录。

（3）编制动力公司高级管理人员行权时的相关会计分录。

2. 甲公司为上市公司，2×21年1月1日股东大会批准一项股权激励计划，甲公司向其100名管理人员每人授予200份股票期权，根据股份支付协议规定，这些人员从2×21年1月1日起必须在该公司连续服务3年，服务期满时才能以每股5元的价格购买200股甲公司股票，从而获益。甲公司每股股票面值为1元。甲公司估计该期权在授予日的公允价值为每份12元。2×21年有10名管理人员

离开甲公司，甲公司估计3年中离开的管理人员比例将达到20%；2×22年又有5名管理人员离开公司，公司预计未来一年不会有管理人员离开，于是将管理人员离开比例修正为15%；2×23年实际又有4名管理人员离开。2×23年12月31日未离开公司的管理人员全部行权。

**要求：**

（1）分别计算2×21年至2×23年每年计入当期费用的金额。

（2）编制2×21年至2×23年与股份支付有关的会计分录。

# 本章考点巩固练习题参考答案及解析

## 一、单项选择题

1.【答案】C

【解析】以现金结算的股份支付，应按资产负债表日当日权益工具的公允价值重新计量；以权益结算的股份支付，应按授予日权益工具的公允价值计量，不确认其后续公允价值变动。

2.【答案】C

【解析】对于权益结算的涉及职工的股份支付，应当按照授予日权益工具的公允价值计入成本费用和资本公积（其他资本公积），不确认其后续公允价值变动；对于现金结算的涉及职工的股份支付，应当按照每个资产负债表日权益工具的公允价值重新计量，确定成本费用和应付职工薪酬。故选项A、B正确，选项C不正确。对于现金结算的股份支付，企业在可行权日之后不再确认成本费用，负债（应付职工薪酬）公允价值的变动应当计入当期损益（公允价值变动损益）。故选项D正确。

3.【答案】B

【解析】对于可行权条件为业绩条件的股份支付，只要职工满足了其他所有非市场条件，企业就应当确认已取得的服务，确认相关成

本费用，无须考虑市场条件的影响，因市场条件在确认授予日权益工具公允价值时已考虑。选项B表述不正确。

4.【答案】B

【解析】甲公司2×23年12月31日应确认的资本公积 = 200×10×（1-15%）×15×2÷3-200×10×（1-20%）×15×1÷3 = 9 000（万元）。

5.【答案】C

【解析】2×23年末甲公司应确认当期管理费用 = 15×100×200×[（85%×2/3）-（80%×1/3）] = 90 000（元）。

6.【答案】C

【解析】甲公司因高管人员行权增加的股本溢价金额 = 100×2×12-200×10 = 400（万元）。

有关会计分录如下：

回购股票时：

借：库存股　　　　　　　2 000

　　贷：银行存款　　　　　　　2 000

每年年末：

借：管理费用

　　[（100×2×12）×1/3] 800

　　贷：资本公积——其他资本公积800

行权时：

借：资本公积——其他资本公积
　　　　　　　　　　　　2 400
　　贷：库存股　　　　　　2 000
　　　　资本公积——股本溢价　400

7.【答案】B
【解析】2×22年甲公司确认的应付职工薪酬期末余额=（200－20－15）×10×10×1/3=5 500（万元）；2×23年甲公司确认的应付职工薪酬期末余额=（200－20－10－10）×10×12×2/3=12 800（万元），则甲公司在2×23年12月31日应确认的应付职工薪酬=12 800－5 500=7 300（万元）。

8.【答案】B
【解析】选项B，除非是立即可行权的股份支付，否则不论是现金结算的股份支付还是权益结算的股份支付，在授予日均不作会计处理。

9.【答案】D
【解析】对权益结算的股份支付，企业应当在等待期内每个资产负债表日按照当日权益工具的公允价值，将取得的职工服务计入成本费用，同时增加资本公积，选项D不正确。

10.【答案】A
【解析】结算企业是接受服务企业的投资者的，应当按照授予日权益工具的公允价值确认为对接受服务企业的长期股权投资，同时确认资本公积（其他资本公积），选项A错误。

## 二、多项选择题

1.【答案】ABCD
【解析】股份支付的特征有：股份支付是企业与职工或其他方之间发生的交易；股份支付是以获取职工或其他方服务为目的的交易；股份支付交易的对价或其定价与企业自身权益工具未来的价值密切相关。故选项A、B、D正确。在股份支付中，企业要么向职工支付其自身权益工具，要么向职工支付一笔现金，而其金额高低取决于结算时企业自身权益工具的公允价值。对价的特殊性可以说是股份支付的显著特征，选项C正确。

2.【答案】ABC
【解析】现金结算的股份支付，企业在可行权

日之后不再确认成本费用，但结算日之前负债公允价值的变动应计入当期损益，同时调整负债的账面价值。因此，选项D不正确。

3.【答案】ABD
【解析】对于换取其他方服务的股份支付，企业应当以股份支付所换取的服务的公允价值计量。只有当其他方服务的公允价值不能可靠计量，但权益工具的公允价值能够可靠计量时，才按照权益工具在服务取得日的公允价值，将取得的服务计入相关资产成本或费用。故选项C正确。

4.【答案】ABD
【解析】对以现金结算的股份支付，在可行权日之后应将相关权益的公允价值变动计入公允价值变动损益。

5.【答案】ABC
【解析】除了立即可行权的股份支付外，无论是以权益结算的股份支付还是以现金结算的股份支付，企业在授予日均不作会计处理。

6.【答案】ABC
【解析】企业修改以现金结算的股份支付协议中的条款和条件，使其成为以权益结算的股份支付的，在修改日，企业应当按照所授予权益工具当日的公允价值计量以权益结算的股份支付，将已取得的服务计入资本公积，同时终止确认以现金结算的股份支付在修改日已确认的负债，两者之间的差额计入当期损益，选项D不正确。

## 三、判断题

1.【答案】√
【解析】以权益结算的股份支付是指企业为获取服务以股份或其他权益工具作为对价进行结算的交易。

2.【答案】√
【解析】对于权益结算的股份支付，企业应在等待期内的每个资产负债表日，以对可行权权益工具数量的最佳估计为基础，按照权益工具在授予日的公允价值，将当期取得的服务计入相关资产成本或当期费用，同时计入资本公积中的其他资本公积。

3.【答案】×
【解析】权益结算的股份支付是指企业为获取

服务以股份或其他权益工具作为对价进行结算的交易。企业回购股票奖励本企业职工的，属于权益结算的股份支付。

4.【答案】×

【解析】对于换取其他方服务的股份支付，企业应当以股份支付所换取的服务的公允价值计量。（1）职工以外的其他方提供的服务能够可靠计量的——应当优先采用其他方提供服务在取得日的公允价值；（2）如果其他方服务的公允价值不能可靠计量，但权益工具的公允价值能够可靠计量——应当按照权益工具在服务取得日的公允价值计量。企业应当根据所确定的公允价值计入相关资产成本或费用。

5.【答案】×

【解析】对于现金结算的股份支付可行权日之后在相关负债结算前的每个资产负债表日以及结算日，对负债的公允价值重新计量，其变动计入当期损益（公允价值变动损益）。

## 四、计算分析题

1.【答案】

（1）相关会计分录如下：

借：库存股　　　　　　　　4 025
　　贷：银行存款　　　　　　　　4 025

（2）2×21年应确认的当期费用=（50-1-1）×10万股×15×1/3=2 400（万元）

相关会计分录如下：

借：管理费用　　　　　　　2 400
　　贷：资本公积——其他资本公积　　　2 400

2×22年应确认的当期费用=（50-1-2）×10×15×2/3-2 400=2 300（万元）

相关会计分录如下：

借：管理费用　　　　　　　2 300
　　贷：资本公积——其他资本公积　　　2 300

2×23年应确认的当期费用=（50-1-1）×10×15-2 400-2 300=2 500（万元）

相关会计分录如下：

借：管理费用　　　　　　　2 500
　　贷：资本公积——其他资本公积　　　2 500

（3）行权时，相关会计分录如下：

借：银行存款（48×5×10）2 400
　　资本公积——其他资本公积
　　　（2 400+2 300+2 500）7 200
　　贷：库存股（4 025×480/500）3 864
　　　　资本公积——股本溢价　　5 736

2.【答案】

（1）2×21年应确认的管理费用=200×100×（1-20%）×12×1/3=64 000（元）

2×22年应确认的管理费用=200×100×（1-15%）×12×2/3-64 000=72 000（元）

2×23年应确认的管理费用=（100-10-5-4）×200×12-（64 000+72 000）=58 400（元）

（2）2×21年1月1日，授予日不作会计处理。

2×21年12月31日：

借：管理费用　　　　　　　64 000
　　贷：资本公积——其他资本公积　　64 000

2×22年12月31日：

借：管理费用　　　　　　　72 000
　　贷：资本公积——其他资本公积　　72 000

2×23年12月31日：

借：管理费用　　　　　　　58 400
　　贷：资本公积——其他资本公积　　58 400

行权时：

借：银行存款
　［（100-10-5-4）×5×200］81 000
　　资本公积——其他资本公积
　［（100-10-5-4）×12×200］194 400
　　贷：股本
　　　［（100-10-5-4）×200×1］16 200
　　　　资本公积——股本溢价　259 200

# 第十一章　借款费用

考情分析

本章考试题目主要为客观题和计算分析题，分值较高，属于重要章节。

## 教材变化

2024 年本章教材内容无实质性变化。

## 考点提示

本章的重点包括：（1）一般借款利息资本化金额的计算；（2）借款费用与购建固定资产；（3）借款费用暂停资本化；（4）利息资本化金额限额；（5）专门借款的会计处理。

## 本章考点框架

借款费用
- 借款费用的范围
- 借款费用的确认
  - 确认原则与资本化范围
  - 借款费用开始资本化的时点
  - 借款费用暂停资本化时点的确定
  - 借款费用停止资本化时点的确定
- 借款费用的计量
  - 借款利息和借款辅助费用资本化金额的确定
  - 外币专门借款汇兑差额资本化金额的确定

# 考点解读及例题点津

## 第一单元 借款费用的范围

### 一、考点解读

借款费用，是指企业因借入资金所付出的代价，包括借款利息、折价或者溢价的摊销、辅助费用以及因外币借款而发生的汇兑差额等。

【提示】发行公司股票属于公司股权性融资性质，不属于借款范畴，相应地，所发生的佣金等融资费用也不属于借款费用范畴，不应作为借款费用进行会计处理。

### 二、例题点津

【例题1·单选题】企业发生的下列各项融资费用中，不属于借款费用的是（　　）。

A. 股票发行费用

B. 长期借款的手续费

C. 外币借款的汇兑差额

D. 溢价发行债券的利息调整

【答案】A

【解析】发行公司股票属于股权性融资，不属于借款范畴，所发生的融资费用也不属于借款费用范畴，不应作为借款费用进行会计处理。

## 第二单元 借款费用的确认

### 1 确认原则与资本化范围

### 一、考点解读

（一）确认原则

企业发生的借款费用可直接归属于符合资本化条件的资产购建或者生产的，应当予以资本化，计入相关资本成本；其他借款费用应当在发生时根据其发生额确认为费用，计入当期损益。

符合资本化条件的资产，是指需要经过相当长时间的购建或者生产活动才能达到预定可使用或者可销售状态的固定资产、投资性房地产和存货等资产。无形资产的开发支出等在符合条件的情况下，也可以认定为符合资本化条件的资产。符合资本化条件的存货主要包括房地产开发企业开发的用于对外出售的房地产开发产品、企业制造的用于对外出售的大型机器设备等。其中，"相当长时间"应当是指资产的购建或者生产所

必需的时间，通常为1年以上（含1年）。

（二）借款应予资本化的借款范围

借款费用应予以资本化的借款范围既包括专门借款，也包括一般借款。其中，对于一般借款，只有在购建或者生产符合资本化条件的资产占用了一般借款时，才应将与一般借款相关的借款费用资本化；否则，所发生的借款费用应当计入当期损益。

【提示】对于一般借款，要特别注意何时开始占用、占用多少。

### 二、例题点津

【例题1·单选题】下列选项中，借款费用不应予以资本化的经济业务是（　　）。

A. 2×23年1月1日起，用银行借款开工建设一栋办公楼，2×23年9月24日完工，达到预定可使用状态

B. 2×23 年 1 月 1 日起，向银行借款用于生产甲产品，该产品为大型机器设备，生产时间较长，为 1 年零 1 个月

C. 2×23 年 1 月 1 日起，用银行借款开工建设一栋办公楼，预计次年 2 月 15 日完工，达到预定可使用状态

D. 2×23 年 1 月 1 日起，向银行借入资金开工建设一栋商品房，预计次年 3 月 9 日完工

【答案】A

【解析】选项 A，尽管公司借款用于固定资产的建造，但是由于该固定资产建造时间较短不足一年，不属于需要经过相当长时间的购建才能达到预定可使用状态的资产，因此，所发生的相关借款费用不应予以资本化，而应当根据其发生额计入当期财务费用。

## 2 借款费用开始资本化的时点

### 一、考点解读

不论是专门借款还是一般借款，只有发生在资本化期间内的借款费用才允许资本化。

借款费用资本化期间，是指从借款费用开始资本化时点到停止资本化时点的期间，但借款费用暂停资本化的期间不包括在内。

企业只有在同时满足以下三个条件的情况下，借款费用才可以开始资本化：

（1）资产支出已经发生。资产支出包括支付现金、转移非现金资产和承担带息债务形式所发生的支出。

提示 如果企业赊购承担的是不带息债务，则不属于资产支出，因为该债务在偿付前不需要承担利息，也没有占用借款资金。

（2）借款费用已经发生。企业已经发生了因购建或者生产符合资本化条件的资产而专门借入款项的借款费用，或者占用的一般借款的借款费用。

（3）为使资产达到预定可使用或者可销售状态所必要的购建或者生产活动已经开始。

### 二、例题点津

【例题 1·单选题】2×22 年 4 月 20 日，甲公司以当月 1 日自银行取得的专门借款建造办公

楼的首期工程物资款，5 月 10 日开始施工，5 月 20 日因发现文物需要发掘保护而暂停施工，7 月 15 日复工兴建。甲公司该笔借款费用开始资本化的时点为（　　）。

A. 2×22 年 4 月 1 日

B. 2×22 年 4 月 20 日

C. 2×22 年 5 月 10 日

D. 2×22 年 7 月 15 日

【答案】C

【解析】借款费用开始资本化必须同时满足三个条件：（1）资产支出已经发生；（2）借款费用已经发生；（3）为使资产达到预定可使用或者可销售状态所必要的购建或者生产活动已经开始。本题借款费用自 4 月 1 日开始发生，资产支出于 4 月 20 日发生，5 月 10 日开始施工，至 5 月 10 日同时满足了以上三个条件。因此，该笔借款费用开始资本化的时点为 2×22 年 5 月 10 日。

【例题 2·单选题】2×22 年 2 月 18 日，甲公司以自有资金支付了建造厂房的首期工程款，工程于 2×22 年 3 月 2 日开始施工，2×22 年 6 月 1 日甲公司从银行借入于当日开始计息的专门借款，并于 2×22 年 6 月 26 日使用该专门借款支付第二期工程款，则该专门借款利息开始资本化的时点为（　　）。

A. 2×22 年 2 月 18 日

B. 2×22 年 3 月 2 日

C. 2×22 年 6 月 1 日

D. 2×22 年 6 月 26 日

【答案】C

【解析】2 月 18 日资产支出已经发生，3 月 2 日为使资产达到预定可使用或者可销售状态所必要的购建或者生产活动已经开始，6 月 1 日借款费用已经发生，因此，到 6 月 1 日借款费用资本化的条件全部符合，该专门借款利息应开始资本化。

## 3 借款费用暂停资本化时点的确定

### 一、考点解读

符合资本化条件的资产在购建或者生产过程中发生中断的账务处理见表 11-1。

表 11 - 1

| 项目 | 定义 | 举例 | 账务处理 |
|---|---|---|---|
| 非正常中断 | 通常是由于企业管理决策上的原因或者其他不可预见的原因等所导致的中断 | (1) 因与施工方发生了质量纠纷；(2) 工程或生产用料没有及时供应；(3) 资金周转发生了困难；(4) 施工或生产发生了安全事故；(5) 发生了与资产购建或生产有关的劳动纠纷等 | 非正常中断且中断时间连续超过 3 个月的，应当暂停借款费用的资本化。在中断期间所发生的借款费用，应当计入当期损益，直至购建或者生产活动重新开始 |
| 正常中断 | 通常仅限于购建或者生产符合资本化条件的资产达到预定可使用或者可销售状态所必要的程序，或者事先可预见的不可抗力因素导致的中断 | (1) 必要的质量或者安全检查；(2) 可预见的不可抗力因素，如雨季或冰冻季节等 | 借款费用仍可资本化 |

## 二、例题点津

【例题 1·单选题】企业专门借款利息开始资本化后发生的下列各项建造中断事项中，将导致其应暂停借款利息资本化的事项是（　　）。

A. 因可预见的冰冻季节造成建造中断连续超过 3 个月

B. 因工程质量纠纷造成建造多次中断累计 3 个月

C. 因发生安全事故造成建造中断连续超过 3 个月

D. 因劳务纠纷造成建造中断 2 个月

【答案】C

【解析】符合资本化条件的资产在购建或者生产过程中发生非正常中断且中断时间连续超过 3 个月的，应当暂停借款费用的资本化。中断的原因必须是非正常中断，属于正常中断的，相关借款费用仍可资本化。工程质量纠纷、安全事故和劳务纠纷都属于非正常中断。可预测的原因造成的中断属于正常中断。

## 4 借款费用停止资本化时点的确定

### 一、考点解读

购建或者生产符合资本化条件的资产达到预定可使用或者可销售状态时，借款费用应当停止资本化；之后发生的借款费用确认为财务费用，计入当期损益。

购建或者生产符合资本化条件的资产达到预定可使用或者可销售状态，可从下列几个方面进行判断：

（1）符合资本化条件的资产的实体建造（包括安装）或者生产工作已经全部完成或者实质上已经完成。

（2）所购建或者生产的符合资本化条件的资产与设计要求、合同规定或者生产要求相符或者基本相符，即使有极个别与设计、合同或者生产要求不相符的地方，也不影响其正常使用或者销售。

（3）继续发生在所购建或生产的符合资本化条件的资产上的支出金额很少或者几乎不再发生。

购建或者生产符合资本化条件的资产需要试生产或者试运行的，在试生产结果表明资产能够正常生产出合格产品或者试运行结果表明资产能够正常运转或者营业时，应当认为该资产已经达到预定可使用或者可销售状态。

购建或者生产的符合资本化条件的资产的各部分分别完工，且每部分在其他部分继续建造过程中可供使用或者可对外销售，且为使该部分资产达到预定可使用或可销售状态所必要的购建或者生产活动实质上已经完成的，应当停止与该部分资产相关的借款费用的资本化。

购建或者生产的资产的各部分分别完工，但必须等到整体完工后才可使用或者可对外销售的，应当在该资产整体完工时停止借款费用的资本化。

### 二、例题点津

【例题 1·单选题】2×21 年 2 月 1 日，甲公司为建造一栋厂房向银行取得一笔专门借款。2×21 年 3 月 5 日，以该借款支付前期订购的工程物资款。因征地拆迁发生纠纷，该厂房延迟至2×21年7月1日才开工兴建，开始支付其他工程款。2×23年2月28日，该厂房建造完成，达到预定可使用状态。2×23年4月30日，甲公司办理工程竣工决算。不考虑其他因素，甲公司该笔借款费用的资本化期间为（　　）。

　　A. 2×21年2月1日至2×23年4月30日

　　B. 2×21年3月5日至2×23年2月28日

　　C. 2×21年7月1日至2×23年2月28日

　　D. 2×21年7月1日至2×23年4月30日

　　【答案】C

　　【解析】借款费用资本化期间是指从借款费用开始资本化时点到停止资本化时点的期间，不包括借款费用暂停资本化的期间。本题2×21年2月1日借款费用开始发生，3月5日资产支出开始，7月1日建造活动开始，借款费用开始资本化时点是2×21年7月1日。购建或者生产符合资本化条件的资产达到预定可使用或者可销售状态时，借款费用应当停止资本化。厂房是在2×23年2月28日达到预定可使用状态的，这一日是停止资本化的时点。

　　【例题2·单选题】2×21年1月1日，甲公司从银行取得3年期专门借款建造一栋商品房。2×23年6月1日该商品房达到可销售状态，8月31日验收合格，9月5日办理竣工决算，9月30日完成资产移交手续。甲公司该专门借款费用在2×23年停止资本化的时点为（　　）。

　　A. 6月1日　　　B. 8月31日

　　C. 9月5日　　　D. 9月30日

　　【答案】A

　　【解析】购建或者生产符合资本化条件的资产达到预定可使用或者可销售状态时，借款费用应当停止资本化，即6月1日为该专门借款费用在2×23年停止资本化的时点。

# 第三单元　借款费用的计量

## 1 借款利息和借款辅助费用资本化金额的确定

### 一、考点解读

（一）借款利息费用资本化和费用化金额的确定

借款利息费用资本化金额和费用化金额的计算如表11-2所示。

**表11-2　借款利息费用资本化金额和费用化金额的计算**

| 类别 | 专门借款 | 一般借款 |
|---|---|---|
| 资本化利息费用 | 资本化利息费用金额=资本化期间专门借款本金发生的利息金额-资本化期间闲置资金的投资收益或利息收入 | 资本化利息费用金额=累计资产支出超过专门借款部分的资产支出加权平均数×一般借款资本化率 |
| 费用化利息费用 | 费用化利息费用金额=费用化期间专门借款本金发生的利息金额-费用化期间闲置资金的投资收益或利息收入 | 费用化利息费用金额=一般借款利息总额-一般借款资本化利息费用 |

提示　累计资产支出加权平均数和资本化率口径要一致，即要按年度都按年度计算，要按季度都按季度计算等。

资产支出加权平均数=$\sum$（每笔资产支出金额×该笔资产支出在当期所占用的天数÷当期天数）

例如，2×22年7月1日支出一般借款1000万元，10月1日支出一般借款500万元，按年计算累计资产支出加权平均数=1000×6÷12+500×3÷12=625（万元）。

提示　在连续计算一般借款累计资产支出加权平均数时，以前期间发生的资产支出在计算本期的资产支出加权平均数时应该全面考虑，不能仅考虑本期实际支出金额。

如果某一期间所占用多笔一般借款，则：

所占用一般借款的资本化率=所占用一般借款加权平均利率=所占用一般借款当期实际发生的利息之和÷所占用一般借款本金加权平均数

所占用一般借款本金加权平均数=$\sum$（所占用每笔一般借款本金×每笔一般借款在当期所占用的天数÷当期天数）

提示　借款费用资本化金额的计算需要注意

以下问题：（1）注意开始资本化的时点；（2）先考虑专门借款资本化问题，后考虑一般借款资本化问题；（3）专门借款闲置资金利息收入应分段计算；（4）计算专门借款的利息资本化金额时，剔除的只是资本化期间内专门借款闲置资金取得的利息收入，即注意分段计算；（5）每一会计期间的利息资本化金额不应当超过当期相关借款实际发生的利息金额。

（二）借款辅助费用资本化金额的确定

辅助费用是企业为了取得借款而发生的必要费用，包括借款手续费（如发行债券的手续费）、佣金等。

提示 由于辅助费用计入负债的初始确认金额，所以，借款辅助费用资本化金额应该结合借款利息费用资本化金额一并计算。即以后摊销时，资本化期间资本化、费用化期间费用化。

## 二、例题点津

【例题1·单选题】甲公司为建造一栋写字楼借入一笔2年期专门借款4000万元，期限为2×20年1月1日至2×21年12月31日，合同年利率与实际年利率均为7%。2×20年1月1日，甲公司开始建造该写字楼，并分别于2×20年1月1日和2×20年10月1日支付工程进度款2500万元和1600万元，超出专门借款的工程款由自有资金补充，甲公司将专门借款中尚未动用的部分用于固定收益债券短期投资，该短期投资月收益率为0.25%。2×21年5月31日，该写字楼建造完毕并达到预定可使用状态。假定全年按360天计算，每月按30天计算。不考虑其他因素，甲公司2×20年专门借款利息应予资本化的金额为（　　）万元。

A. 246.25　　　　　B. 287

C. 280　　　　　　D. 235

【答案】A

【解析】2×20年共支出2500 + 1600 = 4100（万元），即4000万元专门借款在2×20年分为两次全部支出，1月1日支出2500万元后，有1500万元至10月1日进行了9个月的短期投资，获得投资收益 = （4000 - 2500）× 0.25% × 9 = 33.75（万元）。专门借款在资本化期间应全部资本化，则2×20年专门借款利息应予资本化的金额 = 4000 × 7% - 33.75 = 246.25

（万元）。

【例题2·单选题】2×20年1月1日，甲公司取得专门借款4000万元用于当日开工建造的厂房，借款期限为2年，该借款的合同年利率与实际年利率均为5%，按年支付利息，到期还本。同日，甲公司借入一般借款1000万元，借款期限为5年，该借款的合同年利率与实际年利率均为6%，按年支付利息，到期还本。甲公司于2×20年1月1日支付工程款3600万元。2×21年1月1日支付工程款800万元。2×21年12月31日，该厂房建造完毕达到预定可使用状态，并立即投入使用。不考虑其他因素，甲公司2×21年一般借款利息应予资本化的金额为（　　）万元。

A. 48　　B. 60　　C. 200　　D. 24

【答案】D

【解析】甲公司2×21年一般借款利息资本化金额 = [（3600 + 800） - 4000] × 6% = 24（万元）。

【例题3·多选题】在借款费用资本化期间内，为购建或者生产符合资本化条件的资产占用了一般借款的，其资本化金额的计算处理方法正确的有（　　）。

A. 应当根据累计资产支出加权平均数乘以所占用一般借款的资本化率，计算确定一般借款应予资本化的利息金额

B. 应当根据累计资产支出超过专门借款部分的资产支出加权平均数乘以所占用一般借款的资本化率，计算确定一般借款应予资本化的利息金额

C. 累计资产支出加权平均数和资本化率口径要一致，即要按年度都按年度计算，要按季度都按季度计算等

D. 一般借款属外币借款的，其本金和利息所产生的汇兑差额应作为财务费用，计入当期损益

【答案】BCD

【解析】选项A、B，占用了一般借款的，应根据累计资产支出超过专门借款部分的资产支出加权平均数乘以所占用一般借款的资本化率计算，不是累计资产支出的加权平均数，而是累计资产支出超过专门借款部分的资产支出加权平均数。选项D，在资本化期间内，外币专门借款本金及利息的汇兑差额，应当予以资本化，计入符合资本化条件的资产的成本。外币一般借款的本金及利息的汇兑差额，全部费用化计入当期损益。

**【例题4·判断题】**企业用于建造厂房的专门借款，在借款费用资本化期间，其尚未动用部分存入银行取得的利息应冲减财务费用。（　　）

**【答案】**×

**【解析】**尚未动用的借款资金存入银行取得的利息收入或进行暂时性投资取得的投资收益后的金额，在借款费用资本化期间冲减资产成本，在费用化期间冲减财务费用。

## 2 外币专门借款汇兑差额资本化金额的确定

### 一、考点解读

（1）在资本化期间内，外币专门借款本金及利息的汇兑差额，应当予以资本化，计入符合资本化条件的资产的成本。

（2）除外币专门借款之外的其他外币借款本金及其利息所产生的汇兑差额，应当作为财务费用计入当期损益。

### 二、例题点津

**【例题1·单选题】**甲公司为建造一条生产线，专门于2×23年1月1日按面值发行外币公司债券50万美元，年利率为8%，期限为3年，按季计提利息，按年支付利息。工程于2×23年1月1日开始实体建造并于当日发生了相关资产支出，预计工期为2年。甲公司的记账本位币为人民币，外币业务采用外币业务发生时当日的市场汇率折算，假定相关汇率如下：2×23年1月1日，市场汇率为1美元＝6.9人民币元，3月31日的市场汇率为1美元＝7.1人民币元。不考虑其他因素，则第一季度外币专门借款汇兑差额的资本化金额为（　　）万人民币元。

A. 10.2　　　　　　B. 0

C. 10　　　　　　　D. 9.8

**【答案】**C

**【解析】**第一季度外币借款本金的汇兑差额＝50×(7.1－6.9)＝10（万人民币元）；按季计提利息，即3月31日计提利息＝50×8%×3/12＝1（万美元），因为利息是期末计提的，所以应付利息的记账汇率就是3月31日的即期汇率7.1，而季度末折算也是3月31日的即期汇率7.1，所以应付利息不存在汇兑差额，第一季度外币借款利息的汇兑差额为0，即第一季度外币专门借款汇兑差额资本化金额＝本金的汇兑差额＋利息的汇兑差额＝10＋0＝10（万人民币元）。

**【例题2·判断题】**在借款费用资本化期间，企业应将在建工程所占用外币一般借款的利息产生的汇兑差额予以资本化。（　　）

**【答案】**×

**【解析】**在资本化期间内，外币专门借款本金及其利息的汇兑差额应当予以资本化；除外币专门借款之外的其他外币借款本金及其利息所产生的汇兑差额，应当作为财务费用计入当期损益。

# 本章考点巩固练习题

## 一、单项选择题

1. 2×22年1月10日，甲公司因已建造工程向银行申请一笔2年期的专门借款。2×22年2月1日，甲公司外购一批钢材用于建造工程。2×22年4月10日，甲公司申请的专门借款银行审批通过，并于当日收到款项。2×23年3月1日建造工程完工，达到预定可使用状态。2×23年4月1日，办理竣工决算并正式投入使用。该专门借款利息费用应当予以资本化的期间为（　　）。

A. 2×22年2月1日－2×23年4月1日

B. 2×22年2月1日－2×23年3月1日

C. 2×22年4月10日－2×23年3月1日

D. 2×22年4月10日－2×23年4月1日

2. 下列项目中，不属于借款费用资本化的资产范围是（　　）。

A. 建设周期在1年以上的商品房开发

B. 生产周期在1年以上的大型船舶的制造

C. 生产周期在1年以上的大型发电设备的制造

D. 建设周期在8个月的简易车间厂房的建造

3. 2×21 年 7 月 1 日，乙公司为兴建厂房从银行借入专门借款 10 000 万元，借款期限 2 年，年利率为 5%，借款利息按季支付。乙公司于 2×21 年 10 月 1 日正式开工兴建厂房，预计工期 1 年零 3 个月，工程采用出包方式。乙公司于开工当日、2×21 年 12 月 31 日分别支付工程进度款 2 400 万元和 2 000 万元。乙公司自借入款项起，将闲置的借款资金投资于固定收益债券，月收益率为 0.4%。乙公司 2×21 年计入财务费用的金额是（　　）万元。
   A. 125　　B. 500　　C. 250　　D. 5

4. A 公司为建造厂房于 2×21 年 4 月 1 日从银行借入 4 000 万元专门借款，借款期限为 2 年，年利率为 6%，不考虑借款手续费。该项专门借款在银行的存款年利率为 3%，2×21 年 7 月 1 日，A 公司采用出包方式委托 B 公司为其建造该厂房，并预付了 2 000 万元工程款，厂房实体建造工作于当日开始，预计工程建造期为 2 年。该工程因发生施工安全事故在 2×21 年 8 月 1 日至 11 月 30 日中断施工，2×21 年 12 月 1 日恢复正常施工，至年末工程尚未完工。该项厂房建造工程在 2×21 年度应予资本化的利息金额为（　　）万元。
   A. 40　　B. 90　　C. 120　　D. 30

5. 某企业于 2×21 年 1 月 1 日开工建造一项固定资产，该企业为建造该固定资产于 2×20 年 12 月 1 日专门借入一笔款项，本金为 1 000 万元，年利率为 9%，期限为 2 年。该企业另借入两笔一般借款并投入建造当中：第一笔为 2×21 年 1 月 1 日借入的 800 万元，借款年利率为 8%，期限为 2 年；第二笔为 2×21 年 7 月 1 日借入的 500 万元，借款年利率为 6%，期限为 3 年；2×21 年 12 月 31 日该固定资产全部完工并投入使用，该企业 2×21 年为购建固定资产而占用的一般借款所使用的资本化率为（　　）。（计算结果保留小数点后两位小数）
   A. 7.00%　　　　B. 7.52%
   C. 6.80%　　　　D. 6.89%

6. 乙公司于 2×21 年 10 月 1 日从银行取得一笔期限为 2 年的专门借款 600 万元，用于固定资产的建造，年利率为 10%，利息于每年年末支付。乙公司采用出包方式建造该项固定资产，

取得借款当日支付工程备料款 150 万元，建造活动于当日开始进行。12 月 1 日支付工程进度款 300 万元，至 2×21 年末固定资产建造尚未完工，预计 2×22 年末该项建造固定资产可完工达到预定可使用状态。乙公司将闲置借款资金用于固定收益的短期债券投资，该短期投资月收益率为 0.5%，则 2×21 年专门借款的利息资本化金额为（　　）万元。
   A. 15　　B. 30　　C. 9.75　　D. 12

## 二、多项选择题

1. 下列各项中，属于应当暂停借款费用资本化的非正常中断的有（　　）。
   A. 安全事故导致的中断
   B. 劳动纠纷导致的中断
   C. 气候突变导致的中断
   D. 资金周转困难导致的中断

2. 借款费用开始资本化时点的确认需同时满足的条件有（　　）。
   A. 资产支出已经发生
   B. 借款费用已经发生
   C. 已为该购建或生产活动承担负债
   D. 为使资产达到预定可使用状态或可销售状态所必要的购建或生产活动已经开始

3. 在资本化期间内，下列有关借款费用会计处理的表述中，正确的有（　　）。
   A. 所建造固定资产的支出基本不再发生，应停止借款费用资本化
   B. 为购建固定资产取得的外币专门借款资本化期间本金发生的汇兑差额，应予以资本化
   C. 固定资产建造中发生正常中断且连续超过 3 个月的，应暂停借款费用资本化
   D. 为购建固定资产取得的外币专门借款利息发生的汇兑差额，全部计入当期损益

4. 下列各项中，属于应停止借款费用资本化条件的有（　　）。
   A. 购建或者生产的资产的各部分分别完工，但必须等到整体完工后才可使用或者可对外销售
   B. 购建或者生产符合资本化条件的资产需要试生产或者试运行的，试生产结果表明资产能够正常生产出合格产品
   C. 继续发生在所购建或生产的符合资本化条

件的资产上的支出金额很少或者几乎不再发生

D. 符合资本化条件的资产的实体建造已经完成

5. 2×22 年 1 月 1 日，甲公司开始建造一项固定资产。建造过程中占用一笔一般借款 3 000 万元，该借款于 2×21 年 1 月 1 日借入，合同年利率为 5%，实际年利率为 6.2%，期限为 3 年。2×22 年 1 月 1 日支出 1 000 万元，2×22 年 7 月 1 日支出 1 500 万元。2×23 年 8 月 31 日，固定资产达到预定可使用状态。不考虑其他因素，下列各项关于甲公司一般借款的会计处理表述中，正确的有（　　）。

A. 2×22 年一般借款利息资本化金额为 108.5 万元

B. 2×22 年一般借款利息费用化金额为 77.5 万元

C. 用合同年利率 5% 计算一般借款利息费用

D. 2×22 年一般借款资产支出加权平均数为 1 750 万元

6. 关于因外币借款而发生的汇兑差额，下列说法中正确的有（　　）。

A. 资本化期间内因外币一般借款发生的汇兑差额，不能资本化

B. 在资本化期间内，外币专门借款本金及利息的汇兑差额，应当予以资本化，计入符合资本化条件的资产成本

C. 在资本化期间内，外币专门借款本金及利息的汇兑差额的计算不与资产支出相关

D. 在资本化期间内，外币借款的汇兑差额均可资本化

## 三、判断题

1. 符合资本化条件的资产在购建过程中发生了正常中断，且中断时间连续超过 1 个月的，企业应暂停借款费用资本化。（　　）

2. 企业购建或者生产的符合资本化条件的资产的各部分分别完工，则应将完工部分单独确认一项固定资产。（　　）

3. 甲公司为建造一栋办公楼占用一笔外币一般借款，该笔借款在资本化期间的本金和利息所产生的汇兑差额应当资本化。（　　）

4. 按照会计准则规定，借款费用允许资本化的

资产范围包括需要经过相当长时间的购建或者生产才能达到预定可使用、可销售状态的存货、投资性房地产、固定资产等资产。（　　）

5. 为购建或者生产符合资本化条件的资产而借入专门借款的，企业应当根据累计资产支出超过专门借款部分的资产支出加权平均数乘以所占用专门借款的资本化率，计算确定专门借款应予资本化的利息金额。（　　）

6. 在借款费用资本化期间，建造资产的累计支出金额未超过专门借款金额的，发生的专门借款利息扣除该期间与专门借款相关的收益后的金额，应当计入所建造资产成本。（　　）

## 四、计算分析题

2×21 年至 2×22 年，甲公司与建造厂房相关的交易或事项如下：

资料一：2×21 年 1 月 1 日，甲公司取得专门借款 3 000 万元，期限为 3 年，年利率为 6%，闲置资金月收益率为 0.4%。

资料二：甲公司另外占用了两笔一般借款，从银行取得长期借款 3 000 万元，年利率为 4%，期限为 2×19 年 1 月 1 日至 2×23 年 12 月 31 日；按面值发行 2 000 万元的债券，年利率为 5%，期限为 2×20 年 1 月 1 日至 2×23 年 12 月 31 日。厂房建造于 2×21 年 1 月 1 日开工，当日支付工程款 2 000 万元，2×21 年 10 月 1 日支付工程款 3 400 万元，2×22 年 1 月 1 日支付工程款 2 100 万元。

资料三：2×22 年 2 月 1 日因为安全事故停工，至 2×22 年 6 月 1 日复工。2×22 年 9 月 30 日，厂房达到预定可使用状态。2×22 年 10 月 31 日，完成竣工结算。

上述借款均为分期付息，到期一次偿还本金。不考虑其他因素。

**要求：**

（1）判断甲公司建造厂房的资本化期间，以及 2×22 年停工期间是否暂停借款费用资本化，并说明理由。

（2）计算甲公司 2×21 年专门借款资本化利息的金额，并编制相关的会计分录。

（3）计算甲公司 2×21 年一般借款的资本化

利息金额。

（4）计算甲公司 2×22 年专门借款和一般借款的资本化利息金额，并编制相关的会计分录。

（金额单位用万元表示，计算结果保留两位小数）

# 本章考点巩固练习题参考答案及解析

## 一、单项选择题

1.【答案】C

【解析】借款费用开始资本化必须同时满足三个条件，即：资产支出已经发生；借款费用已经发生；为使资产达到预定可使用或者可销售状态所必要的购建或者生产活动已经开始。所以 2×22 年 4 月 10 日为借款费用开始资本化的时点，2×23 年 3 月 1 日达到预定可使用状态，为借款费用停止资本化时点。

2.【答案】D

【解析】简易厂房的建造在 1 年以内，其借款费用应当费用化，不属于借款费用资本化的资产范围。

3.【答案】D

【解析】2×21 年费用化期间为 7 月 1 日至 9 月 30 日，所以乙公司 2×21 年计入财务费用的金额 = 10 000 × 5% × 3 ÷ 12 - 10 000 × 0.4% × 3 = 5（万元）。

4.【答案】D

【解析】该笔专门借款的资本化期间为 2×21 年 7 月和 12 月，所以该项厂房建造工程在 2×21 年度应予资本化的利息金额 = 4 000 × 6% × 2 ÷ 12 - 2 000 × 3% × 2 ÷ 12 = 30（万元）。

5.【答案】B

【解析】所占用一般借款的资本化率 = 所占用一般借款加权平均利率 = 所占用一般借款当期实际发生的利息之和 ÷ 所占用一般借款本金加权平均数。本题为购建固定资产占用了两笔一般借款，其资本化率 = （800 × 8% + 500 × 6% × 6 ÷ 12）÷（800 + 500 × 6 ÷ 12）× 100% = 7.52%。

6.【答案】C

【解析】2×21 年专门借款利息资本化金额 = 600 × 10% × 3 ÷ 12 - （600 - 150）× 0.5% × 2 -

（600 - 150 - 300）× 0.5% × 1 = 9.75（万元）。

## 二、多项选择题

1.【答案】ABCD

【解析】非正常中断，通常是由于企业管理决策上的原因或者其他不可预见的原因等导致的中断。

2.【答案】ABD

【解析】借款费用开始资本化应同时满足的条件：资产支出已经发生；借款费用已经发生；购建或生产活动已经开始。

3.【答案】AB

【解析】本题考查借款费用资本化知识点。对于符合资本化条件的资产在购建或者生产过程中发生非正常中断，且中断时间连续超过 3 个月的，应当暂停借款费用的资本化，选项 C 错误；在符合借款费用资本化条件的会计期间，为购建固定资产取得的外币专门借款本金及利息发生的汇兑差额都应该予以资本化，选项 D 错误。

4.【答案】BCD

【解析】购建或者生产的资产的各部分分别完工，但必须等到整体完工后才可使用或者可对外销售的，应当在该资产整体完工时停止借款费用的资本化。

5.【答案】ABD

【解析】只有一笔一般借款，所以一般借款的实际年利率 6.2% 就是资本化率，2×22 年一般借款资产支出加权平均数 = 1 000 × 12/12 + 1 500 × 6/12 = 1 750（万元），2×22 年一般借款利息资本化金额 = 1 750 × 6.2% = 108.5（万元），2×22 年一般借款利息费用化金额 = 3 000 × 6.2% - 108.5 = 77.5（万元）。

6.【答案】ABC

【解析】选项 C，专门借款在资本化期间的全部本金和利息都需要资本化，因此在计算外币专门借款本金和利息的汇兑差额时不考虑资产的支出情况。选项 D，外币一般借款的汇兑差额不能资本化，应作为财务费用计入当期损益。

### 三、判断题

1.【答案】×

【解析】符合资本化条件的资产在购建过程中发生非正常中断，且中断时间连续超过 3 个月的，企业应暂停借款费用资本化。

2.【答案】×

【解析】企业购建或者生产的符合资本化条件的资产的各部分分别完工，且每部分在其他部分继续建造过程中可供使用或者可对外销售，且为使该部分资产达到预定可使用或可销售状态所必要的购建或者生产活动实质上已经完成的，应当停止与该部分资产相关的借款费用的资本化。购建或者生产的资产的各部分分别完工，但必须等到整体完工后才可使用或者可对外销售的，应当在该资产整体完工时停止借款费用的资本化。

3.【答案】×

【解析】在资本化期间内，外币专门借款本金及其利息的汇兑差额应当予以资本化，计入符合资本化条件的资产的成本；除外币专门借款之外的其他外币借款本金及其利息所产生的汇兑差额，应当作为财务费用计入当期损益。

4.【答案】√

【解析】符合资本化条件的资产，是指需要经过相当长时间的购建或者生产活动才能达到预定可使用或可销售状态的存货、投资性房地产、固定资产等资产。

5.【答案】×

【解析】为购建或者生产符合资本化条件的资产而借入专门借款的，应当以专门借款当期实际发生的利息费用，减去将尚未动用的借款资金存入银行取得的利息收入或进行暂时性投资取得的投资收益后的金额确定应予资本化的利息金额。而对于所占用一般借款利息资本化金额的确定，则需要与所购建或生产符合资本化条件的资产支出相挂钩。企业应当根据资产累计资产支出超过专门借款部分的资产支出加权平均数乘以所占用一般借款的资本化率，计算确定一般借款应予资本化的利息金额。

6.【答案】√

### 四、计算分析题

【答案】

（1）资本化期间：2×21 年 1 月 1 日 - 2×22 年 1 月 31 日、2×22 年 6 月 1 日 - 2×22 年 9 月 30 日。

停工期间应暂停借款费用资本化。

理由：厂房因为安全事故导致暂停满足非正常停工条件，停工时间从 2 月 1 日到 6 月 1 日，满足连续停工超过 3 个月的条件。

（2）2×21 年专门借款资本化利息 = 3 000 × 6% - (3 000 - 2 000) × 0.4% × 9 = 144（万元）

借：在建工程 144
　　银行存款 36
　　贷：长期借款——应计利息 180

（3）一般借款资本化率 = (3 000 × 4% + 2 000 × 5%)/(3 000 + 2 000) = 4.4%

累计占用一般借款资产支出加权平均数 = (2 000 + 3 400 - 3 000) × 3/12 = 600（万元）

一般借款的资本化利息金额 = 600 × 4.4% = 26.4（万元）

（4）专门借款资本化利息金额 = 3 000 × 6% × 5/12 = 75（万元）

累计占用一般借款资产支出加权平均数 = (2 000 + 3 400 - 3 000 + 2 100) × 5/12 = 1 875（万元）

一般借款的资本化利息金额 = 1 875 × 4.4% = 82.5（万元）

借：在建工程 (75 + 82.5) 157.5
　　财务费用 242.5
　　贷：长期借款——应计利息
　　　　(3 000 × 6% + 3 000 × 4%) 300
　　　　应付债券——应计利息
　　　　(2 000 × 5%) 100

# 第十二章 或有事项

## 考情分析

本章在考试中处于一般地位，近几年均考客观题。2024年本章考试重点是未决诉讼及未决仲裁、产品质量保证、亏损合同形成的或有负债的确认与计量。

## 教材变化

2024年本章教材内容无实质性变化。

## 考点提示

本章应重点掌握：（1）预计负债的确认条件；（2）预计负债的计量原则；（3）未决诉讼及未决仲裁、产品质量保证、亏损合同形成的或有负债事项的处理。

## 本章考点框架

或有事项
- 或有事项概述
  - 或有事项的概念及其特征
  - 或有负债和或有资产
- 或有事项的确认和计量
  - 或有事项的确认
  - 或有事项的计量
  - 或有事项准则的具体应用

# 考点解读及例题点津

## 第一单元　或有事项概述

### 1 或有事项的概念及其特征

#### 一、考点解读

（一）或有事项的概念

或有事项，是指过去的交易或者事项形成的，其结果须由某些未来事项的发生或不发生才能决定的不确定事项。

（二）或有事项的特征

（1）由过去的交易或事项形成。即或有事项的现存状况是过去交易或事项引起的客观存在。

（2）结果具有不确定性。即或有事项的结果是否发生具有不确定性，或者或有事项的结果预计将会发生，但发生的具体时间或金额具有不确定性。

（3）由未来事项决定。即或有事项的结果只能由未来不确定事项的发生或不发生才能决定。

常见的或有事项有：未决诉讼及未决仲裁、债务担保、产品质量保证（含产品安全保证）、亏损合同、重组义务、环境污染整治义务、承诺等。

提示 或有事项与不确定性联系在一起，但存在不确定性并不都形成或有事项。例如，固定资产折旧不是或有事项，坏账准备的计提也不是或有事项。相应地，计提存货跌价准备、长期股权投资减值准备等也不属于或有事项。

#### 二、例题点津

【例题1·多选题】下列各项中，属于或有事项的有（　　）。

A. 为其他单位提供的债务担保

B. 企业与管理人员签订利润分享计划

C. 未决仲裁

D. 产品质量保证期内的质量保证

【答案】ACD

【解析】或有事项，是指过去的交易或者事项形成的，其结果须由某些未来事项的发生或不发生才能决定的不确定事项。企业与管理人员签订利润分享计划不是由过去的交易或事项形成的，不属于或有事项。

【例题2·判断题】未来可能发生的自然灾害属于企业会计准则规范的或有事项。（　　）

【答案】×

【解析】或有事项，是指过去的交易或者事项形成的，其结果须由某些未来事项的发生或不发生才能决定的不确定事项。未来可能发生的自然灾害不由过去的交易或事项形成。

### 2 或有负债和或有资产

#### 一、考点解读

（一）或有负债

或有负债，是指过去的交易或者事项形成的潜在义务，其存在须通过未来不确定事项的发生或不发生予以证实；或过去的交易或者事项形成的现时义务，履行该义务不是很可能导致经济利益流出企业或该义务的金额不能可靠计量。

提示 不是很可能是指可能性不超过50%（含50%）。

提示 或有负债无论是潜在义务，还是现时义务均不符合负债的确认条件，因而不能在会计报表内予以确认。但是，除非或有负债极小可能导致经济利益流出企业，否则企业应当在附注中披露有关信息。

（二）或有资产

或有资产，是指过去的交易或者事项形成的潜在资产，其存在须通过未来不确定事项的发生或不发生予以证实。

【提示】或有资产不符合资产的确认条件，因而不能在会计报表内予以确认。企业通常不应当披露或有资产，但或有资产很可能会给企业带来经济利益的，应当披露其形成的原因、预计产生的财务影响等。

（三）或有负债和或有资产转化为预计负债（负债）和资产

企业应当对或有负债相关义务进行评估，分析判断其是否符合负债要素确认条件。如符合负债确认条件，应将其确认为预计负债。类似地，企业应当对或有资产相关权利进行评估，分析判断其是否符合资产要素的确认条件。如符合资产确认条件，应将其确认为资产。

## 二、例题点津

【例题1·判断题】或有负债无论涉及潜在义务还是现时义务，均不应在财务报表中确认，但应按相关规定在附注中披露。（　　）

【答案】√

【解析】或有负债无论是潜在义务，还是现时义务均不符合负债的确认条件，因而不能在会计报表内予以确认。

# 第二单元　或有事项的确认和计量

## 1 或有事项的确认

### 一、考点解读

与或有事项相关的义务同时满足以下条件的，应当确认为预计负债：

**1. 该义务是企业承担的现时义务**（不是潜在义务）

【提示】这里所指的现时义务包括法定义务和推定义务。

**2. 履行该义务很可能导致经济利益流出企业**

企业履行与或有事项相关的现时义务将导致经济利益流出的可能性**应超过50%**。

【提示】经济利益流出可能性对应的概率区间：

（1）极小可能：发生的概率>0，但≤5%。

（2）可能：发生的概率>5%，但≤50%。

（3）很可能：发生的概率>50%，但≤95%。

（4）基本确定：发生的概率>95%，但<100%。

**3. 该义务的金额能够可靠地计量**

如果上述三个条件中有一个条件没有满足，则是或有负债。

### 二、例题点津

【例题1·单选题】甲公司为以下公司贷款提供全额担保。不考虑其他因素，下列各项中满足预计负债确认条件的是（　　）。

A. 为乙公司担保1 000万元，乙公司财务和经营状况良好，预期不存在还款困难

B. 为丙公司担保2 000万元，丙公司贷款已逾期，银行已起诉丙公司和甲公司，甲公司预计很可能承担连带责任，但损失金额无法确定

C. 为丁公司担保3 000万元，丁公司受汇率影响本年度效益不如以往，可能不能偿还到期贷款

D. 为戊公司担保4 000万元，贷款已到期，戊公司已经被重组，银行已起诉甲公司，要求甲公司全额承担还款责任，甲公司很可能承担还款责任，并且预计损失金额在5 000万元到5 500万元之间，且这个区间各种结果发生的可能性相同

【答案】D

【解析】与或有事项有关的义务在同时符合以下三个条件时，应当确认为预计负债：（1）该义务是企业承担的现时义务（选项A、B、C、D均满足）；（2）履行该义务很可能导致经济利益流出企业（仅选项B、D满足）；（3）该义务的金额能够可靠地计量（仅选项D满足）；综上，选项D同时满足三个条件，选项D正确。

【例题2·判断题】现时义务必须是法定义务，不能是推定义务。（　　）

【答案】×

【解析】现时义务包括法定义务和推定义务。

## 2 或有事项的计量

### 一、考点解读

或有事项的计量主要涉及预计负债的计量和预计可能获得补偿的处理。

（一）预计负债的计量

1. 最佳估计数的确定如图 12-1 所示

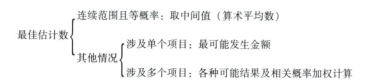

图 12-1 最佳估计数的确定

2. 预计负债的计量需要考虑的其他因素

企业在确定最佳估计数时应当综合考虑与或有事项有关的风险和不确定性、货币时间价值、未来事项等。

企业应当在资产负债表日对预计负债的账面价值进行复核，有确凿证据表明该账面价值不能真实反映当前最佳估计数的，应当按照当前最佳估计数对该账面价值进行调整。相关会计处理：

借或贷：管理费用、营业外支出等科目
　　贷或借：预计负债

企业对已经确认的预计负债在实际支出发生时，应当仅限于最初为之确定该预计负债的支出，即只有与该预计负债有关的支出才能冲减该预计负债。

（二）预期可能获得补偿的处理

如果企业清偿因或有事项而确认的负债所需支出全部或部分预期由第三方或其他方补偿，则此补偿金额只有在**基本确定**能够收到时，才能作**为资产单独确认**，确认的补偿金额不能超过所确认负债的账面价值。

提示（1）或有事项确认为资产的前提条件是或有事项确认为负债。例如，A 公司因产品质量问题很可能向 B 公司赔偿 50 万元，A 公司已就该产品向某保险公司投保，基本确定可从保险公司获得赔偿 40 万元，A 公司已确认负债，且从第三方获得的补偿基本可以确定，所以 40 万元可以确认为资产。

（2）或有事项确认为资产的金额不能超过相关预计负债的账面价值。例如，A 公司对某事项确认的负债为 100 万元，可从第三方获得的赔偿为 120 万元，在将该或有事项确认为资产时，只能确认 100 万元，而不是 120 万元。

（3）或有事项确认为资产通过"其他应收款"科目核算，不能冲减"预计负债"的账面价值。会计处理为：

借：其他应收款
　　贷：营业外支出

### 二、例题点津

【例题 1·单选题】甲公司因违约被起诉，至 2×21 年 12 月 31 日，人民法院尚未作出判决，经向公司法律顾问咨询，人民法院的最终判决很可能对本公司不利，预计赔偿额为 20 万～50 万元，而该区间内每个发生的金额大致相同。甲公司 2×21 年 12 月 31 日由此应确认预计负债的金额为（　　）万元。

A. 20　　B. 30　　C. 35　　D. 50

【答案】C

【解析】甲公司应确认的预计负债 =（20+50）÷2=35（万元）。

【例题 2·单选题】2×21 年 12 月 31 日，甲公司涉及一项未决诉讼，预计很可能败诉，甲公司若败诉，需承担诉讼费 10 万元并支付赔款 300 万元，但基本确定可以从保险公司获得 60 万元的补偿。2×21 年 12 月 31 日，甲公司因该诉讼应确认预计负债的金额为（　　）万元。

A. 240　　B. 250　　C. 300　　D. 310

【答案】D

【解析】当企业因或有事项获得第三方补偿时，只有当该金额基本确定时，才能作为资产单

第十二章

独确认，不能冲减预计负债金额，故 60 万元的补偿应计入其他应收款，预计负债为诉讼费 10 万元和赔款 300 万元的总和 310 万元。

**【例题 3·单选题】** 下列各项关于企业预计负债计量的表述中，错误的是（　　）。

A. 计量预计负债时应扣除基本确定能从第三方收到的补偿金额

B. 计量预计负债考虑风险和不确定性时，可以在计量未来现金流出时作为调整因素，也可以在确定折现率时予以考虑，但不能重复反映

C. 预计负债应按履行相关现时义务所需支出的最佳估计数进行初始计量

D. 或有事项涉及多个项目的，计量预计负债的最佳估计数按各种可能结果及相关概率计算确定

**【答案】** A

**【解析】** 选项 A，基本确定能从第三方收到的补偿金额应作为资产通过"其他应收款"单独确认，不能作为预计负债的扣减。

**【例题 4·单选题】** 2×22 年动力公司销售电源共 1 000 件，收入 2 000 万元。动力公司有一套严格的产品质量保证规定：产品售出一年内（法定保修期），如发生正常质量问题，甲公司免费维修。根据以往经验，当发生较小质量问题时，维修费用为销售收入的 1%；当发生较大质量问题时，维修费用为销售收入的 10%；当发生重大质量问题时，维修费用为销售收入的 20%。根据预测，动力公司当年度售出的产品 94% 一年内不会有问题，4% 会发生较小质量问题，1.5% 会发生较大质量问题，0.5% 会发生重大质量问题。不考虑其他因素，动力公司当年应确认的预计负债为（　　）万元。

A. 5.8　　　　　　　　B. 5

C. 8　　　　　　　　　D. 8.5

**【答案】** A

**【解析】** 或有事项涉及多个项目时，按各种可能的结果及相关概率加权计算确定，故动力公司应确定的预计负债金额为：$2\,000 \times 94\% \times 0 + 2\,000 \times 1\% \times 4\% + 2\,000 \times 10\% \times 1.5\% + 2\,000 \times 20\% \times 0.5\% = 5.8$（万元）。

**【例题 5·单选题】** 2×21 年 12 月 31 日，甲公司有一项未决诉讼，预计在 2×21 年度财务报告批准报出日后判决，胜诉的可能性为 60%，

甲公司胜诉，将获得 40 万 ~60 万元的补偿，且这个区间内每个金额发生的可能性相同，不考虑其他因素，该未决诉讼对甲公司 2×21 年 12 月 31 日资产负债表资产的影响为（　　）万元。

A. 40　　B. 0　　C. 50　　D. 60

**【答案】** B

**【解析】** 预期可获得补偿金额只有在基本确定能够收到时，才能作为资产单独确认。

**【例题 6·多选题】** 下列关于企业或有事项会计处理的表述中，正确的有（　　）。

A. 因或有事项承担的义务，符合负债定义且满足负债确认条件的，应确认预计负债

B. 因或有事项承担的潜在义务，不应确认为预计负债

C. 因或有事项形成的潜在资产，应单独确认为一项资产

D. 因或有事项预期从第三方获得的补偿，补偿金额很可能收到的，应单独确认为一项资产

**【答案】** AB

**【解析】** 因或有事项形成的潜在资产，不符合资产的确认条件，所以不能确认为资产；因或有事项预期从第三方获得的补偿，补偿金额基本确定收到的，应单独确认为一项资产。

## 3　或有事项准则的具体应用

### 一、考点解读

**（一）未决诉讼或未决仲裁**

资产负债表日预计诉讼损失和费用计入营业外支出、管理费用和预计负债：

借：管理费用——诉讼费
　　营业外支出
　　贷：预计负债——未决诉讼

**（二）债务担保**

企业已被判决败诉的，按人民法院判决的金额确认预计负债并计入营业外支出；已判决败诉，但企业正在上诉等，根据已有判决结果合理估计可能发生的损失，确认负债并计入当期营业外支出；人民法院尚未判决，但败诉的可能性大，应根据败诉的可能性以及败诉后可能发生的损失金额确认为预计负债，并计入营业外支出。

借：营业外支出——债务担保
　　贷：预计负债——未决诉讼

### （三）产品质量保证

按照权责发生制原则，企业对因产品质量保证的相关支出符合一定的确认条件就应在销售成立时确认预计负债。

（1）预计保修费：

借：主营业务成本

　　贷：预计负债——产品质量保证

（2）发生保修费：

借：预计负债——产品质量保证

　　贷：银行存款等

提示 在对产品质量保证确认预计负债时，需要注意以下三点：

（1）如果产品质量保证的实际发生额与预计数相差较大，应及时对预计比例进行调整；

（2）如果企业针对特定批次产品确认预计负债，则在保修期结束时，应将"预计负债——产品质量保证"余额冲销，不留余额，同时冲销主营业务成本；

（3）已对其确认预计负债的产品，如企业不再生产了，则应在相应的产品质量保修期满后，将"预计负债——产品质量保证"余额冲销，不留余额，同时冲销主营业务成本。

### （四）亏损合同

（1）待执行合同不属于或有事项准则规范的内容，但待执行合同变成亏损合同时，应当作为或有事项处理。

（2）待执行合同变成亏损合同的，该亏损合同产生的义务满足预计负债确认条件的，应当确认为预计负债。

①如果与亏损合同相关的义务不需支付任何补偿即可撤销，通常就不存在现时义务，不应确认预计负债。

②待执行合同变为亏损合同时，合同存在标的资产的，应当对标的资产进行减值测试并按规定确认减值损失，通常不确认预计负债；如果预计亏损超过该减值损失，应将超过部分确认为预计负债；合同不存在标的资产的，亏损合同相关

义务满足规定条件时，应当确认预计负债。

提示 （1）对于亏损合同，要注意区分该亏损合同有无标的资产：有标的资产的，一般要确认资产减值损失，预计损失超过减值损失再预计负债；无标的资产的，要确认预计负债。

（2）预计负债的金额应是执行合同发生的损失和撤销合同发生的损失两者的较低者，即应该按照退出该项合同的最低净成本计量。

### （五）重组义务

重组，是指企业制定和控制的，将显著改变企业组织形式、范围或经营方式的计划实施行为。

属于重组的事项主要包括：出售或终止企业的部分业务；对企业的组织结构进行较大调整；关闭企业的部分经营场所，或将营业活动由一个国家或地区迁移到其他国家或地区。

企业承担的重组义务满足或有事项确认条件的，应当确认预计负债。

（1）同时存在下列情况时，表明企业承担了重组义务：

①有详细、正式的重组计划，包括重组涉及的业务、主要地点、需要补偿的职工人数及其岗位性质、预计重组支出、计划实施时间等；

②该重组计划已对外公告。

（2）重组义务的计量。

①企业应当按照与重组有关的直接支出确定预计负债金额。直接支出不包括留用职工岗前培训、市场推广、新系统和营销网络投入等支出（因为这些支出与未来经营活动有关，在资产负债表日不是重组义务）。企业可参照表11－1判断某项支出是否属于与重组有关的直接支出。

②在计量与重组义务相关的预计负债时，不能考虑处置相关资产可能形成的利得或损失，即使资产的出售构成重组的一部分。

提示 因辞退福利确认的预计负债通过"应付职工薪酬"科目核算，不通过"预计负债"科目核算。

| 表 11 － 1 | | | 与重组有关支出的判断 |
|---|---|---|---|
| 支出项目 | 包括 | 不包括 | 不包括的原因 |
| 自愿遣散 | √ | | |
| 强制遣散（如果自愿遣散目标未满足） | √ | | |

续表

| 支出项目 | 包括 | 不包括 | 不包括的原因 |
|---|---|---|---|
| 不再使用的厂房的租赁撤销费 | √ | | |
| 将职工和设备从拟关闭的工厂转移到继续使用的工厂 | | √ | 支出与继续进行的活动相关 |
| 剩余职工的再培训 | | √ | 支出与继续进行的活动相关 |
| 新经理的招聘成本 | | √ | 支出与继续进行的活动相关 |
| 推广公司新形象的营销成本 | | √ | 支出与继续进行的活动相关 |
| 对新营销网络的投资 | | √ | 支出与继续进行的活动相关 |
| 重组的未来可辨认经营损失 | | √ | 支出与继续进行的活动相关 |
| 特定固定资产的减值损失 | | √ | 资产减值准备应当按照《企业会计准则第8号——资产减值》进行计提 |

## 二、例题点津

【例题1·单选题】2×22年12月31日动力公司经有关部门批准，决定于2×23年1月1日关闭一个工厂。预计未来3个月有关支出如下：支付辞退职工补偿金200万元，转岗职工培训费100万元，提前解除工厂租赁合同违约金100万元，将原有设备转移到另一个工厂的运输费100万元。不考虑相关因素，关闭该工厂导致甲公司2×22年12月31日增加的负债金额是（　　）万元。

A. 500　　　　B. 300

C. 400　　　　D. 200

【答案】B

【解析】支付辞退职工补偿金，应确认应付职工薪酬200万元，因撤销租赁合同支付违约金，应确认预计负债100万元，而转岗职工培训费和将原有设备运输至另一工厂的费用都属于支出与继续进行的活动损失，不确认为预计负债。所以增加的负债金额为300万元。

【例题2·单选题】甲公司于2×21年1月1日成立，承诺产品售后3年内向消费者免费提供维修服务，预计保修期内将发生的保修费在销售收入的3%~5%之间，且这个区间内每个金额发生的可能性相同。2×21年甲公司实际销售收入为1 000万元，实际发生的保修费用为15万元。不考虑其他因素，甲公司2×21年12月31日资产负债表预计负债项目的期末余额为（　　）万元。

A. 15　　B. 25　　C. 35　　D. 40

【答案】B

【解析】甲公司2×21年12月31日资产负债表预计负债项目的期末余额 = 1 000×(3% + 5%)÷2 − 15 = 25（万元）。

【例题3·多选题】下列有关待执行合同的说法中，正确的有（　　）。

A. 待执行合同变成亏损合同的，该亏损合同产生的义务满足预计负债确认条件的应当确认为预计负债

B. 无合同标的资产的亏损合同相关义务满足预计负债确认条件的，应当确认为预计负债

C. 待执行合同变成亏损合同时，有合同标的资产的，应当先对标的资产进行减值测试并按规定确认减值损失，如预计亏损超过该减值损失，应将超过部分确认为预计负债

D. 待执行合同均属于或有事项

【答案】ABC

【解析】待执行合同不属于或有事项准则规范的内容，但当其变成亏损合同时，应当作或有事项处理。

【例题4·多选题】动力公司因排放污水污染环境被当地居民起诉到法院，当地居民要求其赔偿损失200万元。动力公司经调查发现，污水排放不达标的原因为所购源头公司污水处理设备存在质量问题。经协商，源头公司同意补偿动力公司的诉讼赔偿款。截至2×23年12月31日，法院尚未对该项诉讼作出判决，动力公司预计其很可能败诉，将要支付的赔偿金额为110万元至130万元，且该区间内每个金额发生的可能性相

同；同时，基本确定能从源头公司获得诉讼补偿款100万元。不考虑其他因素，下列表述中，正确的有（　　）。

　　A. 确认利润总额减少20万元

　　B. 确认一项资产100万元

　　C. 确认营业外支出110万元

　　D. 确认预计负债120万元

【答案】ABD

【解析】甲公司应确认预计负债金额为：（110＋130）÷2＝120（万元），同时确认营业外支出120万元，故选项C错误。并将基本确定能从乙公司获得的补偿款100万元单独确认为一项资产。综上所述，利润总额减少20万元。相关会计分录如下：

　　借：营业外支出　　　　　　　　　120

　　　贷：预计负债　　　　　　　　　　　120

　　借：其他应收款　　　　　　　　　100

　　　贷：营业外支出　　　　　　　　　　100

【例题5·判断题】资产负债表日，企业的未决诉讼损失和费用借记"营业外支出"科目，贷记"预计负债"科目。（　　）

【答案】×

【解析】未决诉讼损失记入营业外支出，对应的费用借记"管理费用"科目，贷记"预计负债"科目。

【例题6·判断题】不可撤销亏损合同存在标的资产的，如果预计亏损超过标的资产的减值损失，企业应将超过部分确认为预计负债。（　　）

【答案】√

# 本章考点巩固练习题

## 一、单项选择题

1. 或有事项的特征不包括（　　）。

　　A. 由过去的交易或事项形成

　　B. 结果具有不确定性

　　C. 由未来事项决定

　　D. 可以确认为资产或负债

2. 下列事项中不属于或有事项的是（　　）。

　　A. 债务担保

　　B. 重组义务

　　C. 固定资产计提折旧

　　D. 待执行合同变为亏损合同

3. 下列或有事项的表述，正确的是（　　）。

　　A. 或有负债只能是潜在义务

　　B. 或有事项必然形成或有负债

　　C. 或有事项的结果可能会产生预计负债、或有负债或者或有资产

　　D. 或有资产在很可能导致经济利益流入企业时应确认资产

4. 源头公司由于未履行经济合同，给动力公司造成损失，动力公司要求源头公司赔偿损失70万元，但源头公司未同意。动力公司遂于当年12月10日向法院提起诉讼，至12月31日法院尚未作出判决。动力公司预计胜诉的可能性为95%，获得70万元赔偿金的可能性为70%，获得30万元赔偿金的可能性为30%。对于此业务，动力公司12月31日所作的会计处理中，正确的是（　　）。

　　A. 编制会计分录：借记"其他应收款"70万元；贷记"营业外收入"70万元

　　B. 编制会计分录：借记"其他应收款"30万元；贷记"营业外收入"30万元

　　C. 不编制会计分录，只在报表附注中披露其形成原因和预计产生的财务影响等

　　D. 不编制会计分录，也不在报表附注中披露

5. 下列关于或有事项的表述中，正确的是（　　）。

　　A. 或有事项形成的预计负债是企业承担的现时义务

　　B. 或有事项形成的或有资产应当在很可能收到时予以确认

　　C. 预计负债计量应考虑与其相关的或有资产预期处置产生的损益

　　D. 预计负债应当与其相关的或有资产相抵后在资产负债表中以净额列报

6. 关于最佳估计数的确定，下列说法中不正确的是（　　）。

A. 如果所需支出存在一个连续的金额范围且该范围内各种结果发生的可能性相同，最佳估计数应按该范围的上限、下限金额的平均数确定

B. 如果所需支出不存在一个连续的金额范围，或有事项涉及多个项目时，最佳估计数按各种可能发生额的算术平均数确定

C. 如果所需支出不存在一个连续的金额范围，或有事项涉及多个项目时，最佳估计数按各种可能发生额的加权平均数确定

D. 如果所需支出不存在一个连续的金额范围，或有事项涉及单个项目时，最佳估计数按最可能发生金额确认

7. 2×23 年 8 月 1 日，甲公司因产品质量不合格而被乙公司起诉。至 2×23 年 12 月 31 日，该起诉讼尚未判决，甲公司估计很可能承担违约赔偿责任，需要赔偿 100 万元的可能性为 80%，需要赔偿 150 万元的可能性为 20%。甲公司基本确定能够从直接责任人处追偿 60 万元。2×23 年 12 月 31 日，甲公司对该起诉讼应确认的预计负债金额是（　　）万元。

A. 125　　　　　　　B. 100

C. 150　　　　　　　D. 44

8. 下列各项中，不属于预计负债计量需要考虑的因素是（　　）。

A. 风险和不确定性

B. 货币时间价值

C. 可能影响履行现时义务所需金额的相关未来事项

D. 预期处置相关资产形成的利得

9. 2×23 年 12 月 10 日，甲公司因合同违约而涉及一诉讼案件。根据甲公司的法律顾问判断，最终的判决很可能对甲公司不利。2×23 年 12 月 31 日，甲公司尚未接到法院的判决，因诉讼须承担的赔偿金额也无法准确地确定。据专业人士估计，赔偿金额可能在 200 万元至 210 万元之间（含甲公司将承担的诉讼费 2 万元），且该范围内支付各种赔偿金额的可能性相同。根据《企业会计准则第 13 号——或有事项》的规定，甲公司应在 2×23 年利润表中确认的营业外支出金额是（　　）万元。

A. 200　　　　　　　B. 203

C. 205　　　　　　　D. 210

10. 下列关于或有事项的会计处理表述，正确的是（　　）。

A. 现时义务导致的预计负债，在资产负债表中无须复核

B. 潜在义务导致的或有负债，不能在资产负债表中列为负债

C. 现时义务导致的预计负债，不能在资产负债表中列为负债

D. 或有事项形成的或有资产，应在资产负债表中列为资产

11. 甲公司由于生产过程中产生的废料污染了环境，2×21 年末有关环保部门进行调查，估计很可能支付赔偿金额 200 万元；同时甲公司检查发现废料污染是由于购买环保设备不达标造成的，预计 80% 可能性从第三方得到补偿金，补偿金额 140 万元。假定不考虑其他因素，甲公司 2×21 年末应确认的资产和预计负债金额分别为（　　）。

A. 140 万元，200 万元

B. 112 万元，200 万元

C. 0，200 万元

D. 0，60 万元

12. 企业对于预计很可能承担的诉讼赔款损失，在利润表中应列入的项目是（　　）。

A. 营业外支出　　　B. 管理费用

C. 销售费用　　　　D. 财务费用

13. 甲公司从 2×21 年 1 月起为售出 A 产品提供"三包"服务，按照当期 A 产品销售收入的 2% 预计产品修理费用。甲公司承诺产品出售后一定期限内出现质量问题，将负责退换或免费提供修理。假定甲公司只生产和销售 A 产品。2×22 年初"预计负债——产品质量保证"账面余额为 100 万元，A 产品的"三包"期限为 2 年。2×22 年实际销售收入为 4 000 万元，实际发生修理费用 60 万元，均为人工费用。下列有关 2×22 年产品质量保证的表述中，错误的是（　　）。

A. 2×22 年实际发生修理费用 60 万元应冲减预计负债

B. 2×22 年末计提产品质量保证应借记"主营业务成本"80 万元

C. 2×22 年末"预计负债"科目余额为 40 万元

D. 2×22 年末计提产品质量保证应贷记"预计负债"80 万元

14. 按照法律规定，甲公司对销售的设备提供 3 年的免费保修服务。根据以往经验，甲公司预计保修费用为销售金额的 3%。2×23 年 1 月 1 日，甲公司资产负债表中预计负债项目的金额为 350 万元。2×23 年度，甲公司销售 M 设备，实现销售收入 20 000 万元，实际发生的设备保修费用为 400 万元。不考虑其他因素，2×23 年 12 月 31 日，甲公司资产负债表中预计负债项目的金额是（  ）万元。

A. 350  B. 600
C. 400  D. 550

15. 甲公司为 A 产品计提产品质量保证费用。甲公司因计提产品质量保证费用确认的预计负债在 2×23 年初账面余额为 13 万元，A 产品已于 2×21 年 8 月 31 日停止生产，A 产品的质量保证截止日期为 2×23 年 12 月 31 日。甲公司库存的 A 产品已于 2×22 年末前全部售出。2×23 年发生的 A 产品质量保证费用为 7.5 万元。2×23 年末与预计负债相关的会计分录中，正确的是（  ）。

A. 借：预计负债——产品质量保证
　　　　　　　　　　　　　5.5
　　贷：主营业务成本　　5.5
B. 借：预计负债——产品质量保证
　　　　　　　　　　　　　13
　　贷：主营业务成本　　13
C. 借：预计负债——产品质量保证
　　　　　　　　　　　　　5.5
　　贷：以前年度损益调整　5.5
D. 不需要编制会计分录

16. 动力公司与源头公司于 2×22 年 10 月签订不可撤销合同，动力公司向源头公司销售 A 设备 30 台，合同价格每台 10 万元（不含税）。该批设备在 2×23 年 1 月 21 日交货，至 2×22 年末甲公司已生产 20 台 A 设备，但由于原材料价格上涨，单位成本达到 10.5 万元，预计剩余未生产的 10 台 A 设备的单位成本与已生产的 A 设备的单位成本相同。不考虑相关税费，关于甲公司对该项合同会计处理的说法中，正确的是（  ）。

A. 甲公司应确认预计负债 15 万元
B. 甲公司应确认预计负债 10 万元
C. 甲公司应确认主营业务成本 5 万元
D. 在暂未生产的产品生产出来后，将预计负债冲减营业外支出

17. 甲公司 2×21 年 12 月实施了一项关闭 C 产品生产线的重组义务，重组计划预计发生下列支出：因辞退员工将支付补偿款 300 万元；因撤销厂房租赁合同将支付违约金 20 万元；因用于 C 产品生产的固定资产等转移至仓库将发生运输费 2 万元；因对留用员工进行培训将发生支出 1 万元；因推广新款 A 产品将发生广告费用 800 万元；因处置用于 C 产品生产的固定资产将发生减值损失 100 万元。2×21 年 12 月 31 日，甲公司应确认的预计负债金额为（  ）万元。

A. 300  B. 320  C. 323  D. 1 123

18. 下列关于预计负债的确认和计量的说法中，不正确的是（  ）。

A. 企业清偿预计负债所需支出全部或部分预期由第三方补偿的，补偿金额只有在很可能收到时才能作为资产单独确认
B. 企业应当在资产负债表日对预计负债的账面价值进行复核
C. 企业在确定最佳估计数时应当综合考虑与或有事项有关的风险和不确定性、货币时间价值和未来事项等因素
D. 企业清偿预计负债所需支出全部或部分预期由第三方赔偿的，补偿金额不应超过相关预计负债的账面价值

## 二、多项选择题

1. 下列有关或有事项的表述中，不正确的有（  ）。

A. 只有对本企业产生不利影响的事项，才能作为或有事项
B. 对于或有事项既要确认或有负债，也要确认或有资产
C. 或有负债与或有事项相联系，有或有事项就有或有负债
D. 由于担保引起的或有事项随着被担保人债务的全部清偿而消失

2. 如果清偿因或有事项而确认的负债所有支出

全部或部分预期由第三方或其他方补偿，下列说法正确的有（　　）。

A. 根据资产和负债不能随意抵销的原则，预期可获得的补偿在基本确定能够收到时应单独确认为一项资产，而不能作为预计负债金额的扣减

B. 补偿金额在基本确定收到时，企业应按所需支出扣除补偿金额确认负债

C. 确认的补偿金额不能超过所确认负债的账面价值

D. 预期可能获得补偿的情况通常有发生交通事故、索赔诉讼等

3. 预计负债应当按照履行相关现时义务所需支出的最佳估计数进行初始计量。下列关于最佳估计数说法正确的有（　　）。

A. 企业在确定最佳估计数时，应当综合考虑与或有事项有关的风险、不确定性和货币时间价值等因素

B. 或有事项涉及多个项目的，按照各种可能结果及相关概率计算确定

C. 如果所需支出存在一个金额范围，最佳估计数按该范围内的中间值确定

D. 企业应当在资产负债表日对预计负债的账面价值进行复核，有确凿证据表明该账面价值不能真实反映当前最佳估计数的，应当按照当期最佳估计数对该账面价值进行调整

4. 企业应当在附注中披露与或有负债有关的信息有（　　）。

A. 或有负债的各类及其形成原因，包括未决诉讼、未决仲裁、对外提供担保等形成的或有负债

B. 经济利益流出不确定性的说明

C. 或有负债预计产生的财务影响

D. 或有负债预计获得补偿的可能

5. 2×23年12月31日，因乙公司的银行借款到期不能偿还，银行起诉担保人甲公司，甲公司的律师认为败诉的可能性为90%，一旦败诉，甲公司需向银行偿还借款本息共计1 000万元。不考虑其他因素，下列对该事项的会计处理中，正确的有（　　）。

A. 确认营业外支出1 000万元

B. 在附注中披露该或有事项的有关信息

C. 确认预计负债1 000万元

D. 确认其他应付款900万元

6. 2×23年12月1日，因乙公司未履行与丙公司之间合同，丙公司起诉甲公司承担连带赔偿责任150万元，至2×23年末，法院尚未作出判决。经咨询公司专业律师，判断甲公司败诉的可能性为75%；如果败诉，赔偿150万元的可能性为45%，赔偿100万元的可能性为35%，赔偿80万元的可能性为20%。另外，甲公司很可能收到一项商业保险赔偿，赔偿金为60万元。不考虑其他因素，2×23年12月31日甲公司的下列会计处理中，不正确的有（　　）。

A. 甲公司应确认其他应收款60万元

B. 甲公司不得披露该商业保险赔偿金的形成原因和预计产生的财务影响

C. 甲公司该事项应确认预计负债

D. 甲公司应确认的预计负债金额为150万元

7. 下列关于企业亏损合同会计处理的表述中，正确的有（　　）。

A. 与亏损合同相关的义务可以无偿撤销的，不应确认预计负债

B. 无标的资产的亏损合同相关义务满足预计负债确认条件时，应确认预计负债

C. 有标的资产的亏损合同，应对标的资产进行减值测试并按减值金额确定预计负债

D. 因亏损合同确认的预计负债，应以履行该合同的成本与未能履行该合同而发生的补偿或处罚之中的较高者来计量

8. 动力公司2×22年11月签订与源头公司不可撤销的商品销售合同，规定在次年2月18日当日提供源头公司要求的B产品1 000件，单价为1万元。同年11月动力公司已经生产B产品300件，生产成本平均为0.9万元，但12月因原材料之一的芯片紧缺，价格猛涨且没有下降趋势，12月生产B产品300件，单位成本已经达到1.3万元，预计未生产产品的成本与12月的产品单位成本一致，下列说法中正确的有（　　）。

A. 动力公司应确认预计负债60万元

B. 动力公司应确认预计负债120万元

C. 该合同对动力公司2×22年的营业利润总额的影响是180万元

D. 该合同对动力公司2×22年的营业利润总

额的影响是 60 万元

9. 2×22 年 12 月，经董事会批准，动力公司自 2×23 年起撤销某省办事处，该业务重组计划已对外公告。为实施该业务重组计划，甲公司预计发生以下支出或损失：（1）因辞退职工将支付补偿款 200 万元；（2）因撤销房屋租赁合同将支付违约金 30 万元；（3）因处置办事处相关设备将发生损失 30 万元；（4）将办事处相关存货运回总工厂的待付运输费 10 万元。针对该业务重组计划，下列说法中不正确的有（    ）。

A. 动力公司 2×22 年资产负债表应确认预计负债 30 万元

B. 动力公司 2×22 年资产负债表应确认负债 230 万元

C. 该项计划对动力公司 2×22 年度利润总额的影响是 240 万元

D. 该项计划对动力公司 2×22 年度营业利润的影响是 240 万元

10. 按照或有事项准则，表明企业承担了重组义务的条件有（    ）。

A. 有详细、正式的重组计划，包括重组涉及的业务、主要地点、需要补偿的职工人数及其岗位性质、预计重组支出、计划实施时间等

B. 重组计划已经开始执行

C. 该重组计划已对外公告，重组计划已经开始实施

D. 与重组有关的直接支出已经发生

11. 下列项目中属于与重组有关的直接支出的有（    ）。

A. 因辞退员工将支付补偿款

B. 因撤销厂房租赁合同将支付违约金

C. 因将用于 C 产品生产的固定资产等转移至其他车间将发生运输费

D. 因对留用员工进行培训将发生的支出

## 三、判断题

1. 企业对已经确认的预计负债在实际支出发生时，应当仅限于最初为之确定该预计负债的支出。（    ）

2. 因产品质量保证而确认的预计负债，如企业不再生产该产品，应将其余额立即删除。（    ）

3. 为树立良好的企业形象，甲跨国公司的国内分公司乙自行向社会公开宣告将对生产经营过程中可能产生的环境污染进行治理，乙分公司为此承担的义务属于一项推定义务。（    ）

4. 企业可以将具有不确定性的潜在义务确认为负债。（    ）

5. 企业对于因弃置费用确认的预计负债进行估计时，应当考虑技术进步、相关法规出台的影响。（    ）

6. 资产负债表日，有确凿证据表明预计负债账面价值不能反映当前最佳估计数的，企业应对其账面价值进行调整。（    ）

7. 货币时间价值影响重大的，应当通过对相关未来现金流出数进行折现确定最佳估计数。（    ）

8. 如果与亏损合同相关的义务不需要支付任何补偿即可撤销，企业通常不应确认预计负债。（    ）

9. 重组计划对外公告前不应就重组义务确认预计负债。（    ）

## 四、计算分析题

1. 动力公司为电源生产企业，其审计经理在 2×22 年底复核 2×22 年度财务报表时，发现以下问题：

（1）动力公司因债务担保而涉及一桩诉讼案，2×22 年 12 月 31 日，该案件尚未作出判决，根据公司的法律顾问判断，公司败诉的可能性为 45%，据专业人士估计，如果败诉，动力公司需要支付的赔偿金额和诉讼费等费用在 10 万元至 12 万元之间，而且这个区间内每个金额发生的可能性都相同，其中诉讼费为 2 万元。动力公司对该事项的会计处理如下：

借：管理费用 2
　　营业外支出——债务担保 10
　　贷：预计负债——未决诉讼 12

（2）2×22 年 11 月，动力公司与源头公司签订一份 A 产品销售合同，约定在 2×23 年 2 月末以每件 1 万元的价格向源头公司销售 100 件 A 产品，未按期交货的部分，其违约金为

该部分合同价款的20%。至2×22年12月31日，动力公司生产了A产品40件，每件成本1.1万元，市场单位售价为1.2万元。其余60件产品因原材料短缺暂时停产。由于生产A产品所用原材料需要从某国进口，而该国出现爆发式疫情和经济危机，所需原材料预计2×23年2月以后才能进口，恢复生产的日期很可能在2×23年2月以后。假定不考虑销售相关税费。动力公司对该事项的会计处理如下：

借：资产减值损失　　　　　　20
　　贷：存货跌价准备　　　　　　20

（3）2×21年1月5日动力公司按合同销售B产品100件，单价3万元，承诺两年内免费保修。当时根据经验，预计维修费用8万元。截至2×22年12月31日，动力公司维修花费12万元，因此其及时对预计比例进行调整，重新预计其总维修费用为20万元。综上，假定不考虑销售相关税费，动力公司对该事项的会计处理如下：

B产品：
借：管理费用　　　　　　　　20
　　贷：预计负债——产品质量保证　20

其他资料：假定不考虑所得税因素。

**要求：** 分别根据资料（1）至资料（3），判断动力公司2×22年12月31日的会计处理是否正确，并说明理由；如果动力公司的会计处理不正确，请编制更正的会计分录。（需要计算的请写出计算过程，答案中的金额单位用万元表示）

2. A公司为一家电视机生产企业，该公司2×21年度有关事项如下：

（1）A公司管理层于2×21年11月制订了一项业务重组计划。该业务重组计划的主要内容如下：从2×22年1月1日起关闭显像管电视产品生产线，改为生产LED平板电视机；从事显像管电视机产品生产的部分员工将被辞退。根据辞退员工的职位、工作年限等因素，A公司将一次性给予补偿。显像管电视机产品生产线关闭之日，租用的厂房将被腾空，撤销租赁合同并将其移交给出租方，用于显像管电视机产品生产的固定资产等将转移至A公司自己的仓库。上述业务重组计划已于2×21年12月2日经A公司董事会批准，并于12月4日对外公告。

（2）2×21年12月31日，上述业务重组计划尚未实际实施，员工补偿及相关支出尚未支付。为了实施上述业务重组计划，A公司预计发生以下支出或损失：因辞退员工将支付补偿款500万元；因撤销厂房租赁合同将支付违约金10万元；因将用于显像管电视机产品生产的固定资产等转移至仓库将发生运输费2万元；因对留用员工进行培训将发生支出3万元；因推广LED平板电视机将发生广告费用1 000万元；用于显像和电视机产品生产的固定资产发生减值损失20万元。

**要求：**

（1）判断哪些是与A公司业务重组有关的直接支出，并计算因重组义务确认的预计负债金额。

（2）计算A公司因业务重组计划而减少2×21年度利润总额的金额，并编制相关会计分录。（答案中金额单位用万元表示）

# 本章考点巩固练习题参考答案及解析

## 一、单项选择题

1.【答案】D
【解析】或有事项的特征包括：（1）由过去交易或事项形成。即或有事项的现存状况是过去交易或事项引起的客观存在。（2）结果具有不确定性。即或有事项的结果是否发生具有不确定性，或者或有事项的结果预计将会发生，但发生的具体时间或金额具有不确定性。（3）由未来事项决定。即或有事项的结果只能由未来不确定事项的发生或不发生才能决定。

2.【答案】C

【解析】本题考查或有事项的概念和特征。固定资产计提折旧不需要根据未来不确定事项的发生或者不发生来加以证实，所以选项C不属于或有事项。

3.【答案】C

【解析】或有事项可能是潜在义务，也可能是现时义务，选项A不正确；或有事项不一定形成或有负债，也有可能形成或有资产，选项B不正确；或有资产不满足确认条件不能确认，只有在很可能导致经济利益流入企业时才能在附注中披露，选项D不正确。

4.【答案】C

【解析】预计有95%的可能性会获得补偿，但未达到"基本确定"标准（大于95%但小于100%），所以不能确认资产。或有资产很可能会给企业带来经济利益的，应当披露其形成的原因、预计产生的财务影响等。

5.【答案】A

【解析】选项B，或有事项形成的或有资产应当在基本确定收到时才能确认为资产；选项C，预计负债计量不应考虑与其相关的或有资产预期处置产生的损益；选项D，预计负债与或有资产不能相互抵销。

6.【答案】B

【解析】如果所需支出不存在一个连续的金额范围，或有事项涉及多个项目时，最佳估计数应该按各种可能结果及相关概率加权计算确定，非算术平均。

7.【答案】B

【解析】或有事项只涉及单个项目的，最佳估计数按最可能发生的金额确定。本题中，最可能发生的赔偿支出金额为100万元。甲公司基本确定能够从直接责任人处追偿的60万元，应通过"其他应收款"科目核算，不能冲减预计负债的账面价值。

8.【答案】D

【解析】本题考查预计负债计量需要考虑的因素。企业在确定最佳估计数时应当综合考虑与或有事项有关的风险和不确定性、货币时间价值和未来事项等因素。其中，对于未来事项，企业应当考虑可能影响履行现时义务所需金额的相关未来事项，但不应考虑预期处置相关资产形成的利得。

9.【答案】B

【解析】甲公司应确认的预计负债金额为：$(200 + 210) \div 2 = 205$（万元）。其中诉讼费2万元应计入管理费用，余下203万元计入营业外支出。

10.【答案】B

【解析】本题考查或有事项的会计处理。企业应当在资产负债表日对预计负债的账面价值进行复核，选项A错误；现时义务导致的预计负债，应该在资产负债表中列为负债，选项C错误；或有事项形成的或有资产，不符合资产确认条件，因而不能在财务报表中确认，选项D错误。

11.【答案】C

【解析】或有资产在基本确定能够收到时才能确认为一项资产，此题中获得的补偿是很可能发生，而不是基本确定，所以不满足资产确认条件，资产确认金额为0；甲公司很可能支付的赔偿金额200万元，应确认为预计负债。

12.【答案】A

【解析】未决诉讼中的赔款、罚息计入营业外支出。

13.【答案】C

【解析】2×21年预提产品质量保证费用 $= 4\,000 \times 2\% = 80$（万元），预计负债年末余额 $= 100 + 80 - 60 = 120$（万元），选项C错误。

14.【答案】D

【解析】2×23年12月31日，甲公司资产负债表中预计负债的金额 $= 350 + 20\,000 \times 3\% - 400 = 550$（万元）。

15.【答案】A

【解析】已对其确认预计负债的产品，如企业不再生产了，则应在相应的产品质量保修期满后，将"预计负债——产品质量保证"余额冲销，不留余额，同时冲销主营业务成本。

16.【答案】C

【解析】由于原材料价格上涨，A设备单位成本达到10.5万元，此时，每销售一台A设备亏损0.5万元，因此该项合同已成为亏损合同。甲公司应对有标的20台A设备计提存货跌价准备，对没有标的的10台A设备确认预计负债：（1）有标的部分，确认减值损失10万元，借记资产减值损失10万元，贷记存货跌价准备10万元；（2）无标的部分，确认预计负债5万元，借主营业务成本5万元，贷记预计负债5万元。故选项C正确。在暂未生产的产品生产出来后，将预计负债冲减成本，而不是营业外支出，选项D错误。

17.【答案】B

【解析】应当按照与重组有关的直接支出确定预计负债金额，甲公司应确认的预计负债金额=300+20=320（万元）。

18.【答案】A

【解析】企业清偿预计负债所需支出全部或部分预期由第三方补偿，补偿金额只有在基本确定收到时才能作为资产单独确认。

## 二、多项选择题

1.【答案】ABC

【解析】选项A，或有事项也包括对本企业产生有利影响的事项。选项B，或有负债和或有资产不符合负债或资产的定义和确认条件，企业不应当将其确认为负债或资产，而应当按照或有事项准则的规定进行相应的披露。选项C，或有负债与或有事项相联系，但或有事项可能形成或有负债，也可能形成或有资产。

2.【答案】ACD

【解析】资产和负债不能随意抵销，预期可获得的补偿在基本确定能够收到时应单独确认为一项资产，而不能作为预计负债金额的扣减，因此选项B错误。

3.【答案】ABD

【解析】所需支出存在一个连续范围，且该范围内各种结果发生的可能性相同的，最佳估计数应当按照该范围内的中间值确定。选项C应按加权平均数确定。

4.【答案】ABCD

【解析】企业应当在附注中披露与或有负债有

关的信息有：（1）或有负债的种类及其形成原因，包括未决诉讼、未决仲裁、对外提供担保等形成的或有负债；（2）经济利益流出不确定性的说明；（3）或有负债预计产生的财务影响，以及获得补偿的可能性；无法预计的，应当说明原因。

5.【答案】ABC

【解析】甲公司预计承担担保责任的可能性为90%，且金额能够可靠计量，满足预计负债确认条件，应确认预计负债和营业外支出1 000万元，同时在附注中披露该或有事项的有关信息。

甲公司的账务处理为：

借：营业外支出　　　　　　　　1 000

　　贷：预计负债　　　　　　　　　1 000

6.【答案】ABD

【解析】企业清偿预计负债所需支出全部或部分预期由第三方或其他方补偿的，补偿金额只有在基本确定能够收到时才能作为资产单独确认，本题中甲公司收到一项商业保险赔偿金的概率为"很可能"，而非"基本确定"，因此甲公司不应确认"其他应收款"，选项A表述错误，选项A当选；企业通常不应当披露或有资产，但或有资产很可能为企业带来经济利益的，应当披露其形成的原因、预计产生的财务影响等，选项B表述错误，选项B当选；甲公司因债务担保承担一项现时义务，其败诉的可能性为70%，金额能够可靠计量，满足预计负债的确认条件，选项C表述正确，选项C不当选；甲公司应确认的预计负债金额=$150×45\%+100×35\%+80×20\%=118.5$（万元），而非150万元，选项D表述错误，选项D当选。

7.【答案】AB

【解析】本题考查待执行合同变为亏损合同的处理方法。选项C，亏损合同存在标的资产的，应当对标的资产进行减值测试并按规定确认减值损失，如果预计亏损超过该减值损失，应将超过部分确认为预计负债；选项D，预计负债的计量应当反映退出该合同的最低净成本，即履行该合同的成本与未能履行该合同而发生的补偿或处罚两者之中的较低者。

8.【答案】BC

【解析】由题目可得，已生产的 B 产品共 600 件，总成本 300 × 0.9 + 300 × 1.3 = 660（万元），单位成本达到 1.1 万元，而未生产的 B 产品 400 件，单位成本 1.3 万元，此时，每销售一台 B 产品（销售价格 1 万元）都是亏损的，因此该项合同已成为亏损合同。甲公司应对有标的的 600 件 B 产品计提存货跌价准备，对没有标的的 400 件 B 产品确认预计负债：（1）有标的部分：借记资产减值损失 60 万元，贷记存货跌价准备 60 万元；（2）无标的部分：确认预计负债，借记主营业务成本 120 万元，贷记预计负债 120 万元。选项 B 正确。该合同对 2×22 年的营业利润影响总额为 180 万元，选项 C 正确。

9.【答案】BC

【解析】支付辞退职工补偿金，应确认应付职工薪酬 200 万元，因撤销租赁合同支付违约金，应确认预计负债 30 万元，因处置办事处相关设备发生损失应确认为资产减值损失 30 万元，待付运输费确认为应付账款 10 万元，所以增加的预计负债金额为 30 万元，负债金额为 200 + 10 + 30 = 240（万元），对利润总额的影响是 200 + 10 + 30 + 30 = 270（万元），对营业利润的影响是 200 + 10 + 30 = 240（万元）（不包含预计负债）。

10.【答案】AC

【解析】本题考查企业承担重组义务的条件。当下列情况同时存在时，表明企业承担了重组义务。第一，有详细、正式的重组计划，包括重组涉及的业务、主要地点、需要补偿的职工人数及其岗位性质、预计重组支出、计划实施时间等；第二，该重组计划已对外公告，重组计划已经开始实施，或已向受其影响的各方通告了该计划的主要内容，从而使各方形成了对该企业将实施重组的合理预期。

11.【答案】AB

【解析】选项 C、D 属于与后续经营有关的业务，不属于与重组有关的直接支出。

## 三、判断题

1.【答案】√

【解析】企业对已经确认的预计负债在实际支出发生时，应当仅限于最初为之确定该预计负债的支出。也就是说，只有与该预计负债有关的支出才能冲减预计负债，否则将会混淆不同预计负债确认事项的影响。

2.【答案】×

【解析】已确认为预计负债的产品，若企业以后不再生产，则应在相应产品质量保证期满后，将预计负债余额冲销，不留余额，而不是不生产的时候立即删除。

3.【答案】√

【解析】推定义务，是指因企业的特定行为而产生的义务。泛指企业以往的习惯做法、已公开的承诺或已公开宣布的经营政策。并且，由于以往的习惯做法，或通过这些承诺或公开的声明，企业向外界表明了它将承担特定的责任，从而使受影响的各方形成了其将履行这些责任的合理预期。乙公司向社会公开宣告将对生产经营过程中可能产生的环境污染进行治理，属于公开宣布的经营政策，是向外界表明了将承担的特定责任，所以属于承担了一项推定义务。

4.【答案】×

【解析】预计负债的确认条件（必须同时满足）：（1）该义务是企业承担的现时义务；（2）履行该义务很可能导致经济利益流出企业；（3）该义务的金额可以可靠计量。

5.【答案】√

6.【答案】√

7.【答案】√

【解析】企业在确定最佳估计数时，需综合考虑与或有事项相关的风险和不确定性、货币时间价值、未来事项等。

8.【答案】√

【解析】如果与亏损合同相关的义务不需要支付任何补偿即可撤销，企业通常不存在现时义务，因此一般不应确认预计负债。

9.【答案】√

【解析】同时满足下列情况时，才表明企业承担了重组义务：（1）有详细、正式的重组计划（2）该重组计划已对外公告。

## 四、计算分析题

1.【答案】（1）该会计处理不正确。

理由：因为根据公司的法律顾问判断，公司败诉的可能性为45%，没有达到"很可能"的条件，不符合预计负债的确认条件，不需要确认预计负债。更正分录：

借：预计负债——未决诉讼　　　　12
　　贷：管理费用　　　　　　　　　　　2
　　　　营业外支出——债务担保　　　10

（2）该会计处理不正确。

理由：待执行合同变为亏损合同时，存在部分合同标的资产，而且无合同标的资产部分很可能不能生产，那么需要将存在标的资产的部分和不存在标的资产的部分分别进行核算，不能合并进行考虑：

①对于存在标的资产的40件产品：执行合同损失=40×1.1-40×1=4（万元）；不执行合同违约金损失=40×1×20%=8（万元），因此应选择执行合同方案。对存在的40件A产品计提减值准备4万元。

②对于不存在标的资产的60件产品：因原材料短缺，很可能无法按期交货，违约金损失=60×1×20%=12（万元），应确认预计负债12万元。

更正分录：

借：存货跌价准备　　　　　　　　16
　　贷：资产减值损失　　　　　　　　16
借：主营业务成本　　　　　　　　12
　　贷：预计负债　　　　　　　　　　12

（3）该会计处理不正确。

理由：首先，产品质量保证的相关支出确认的是主营业务成本；其次，如果产品质量保证的实际发生额与预计数相差较大，应及时对预计比例进行调整，动力公司及时调整是正确的，但其预计的总维修费用为20万元，已经发生了12万元，因此应该确认预计负债8万元，而不是再预计20万元。

更正分录：

借：预计负债——产品质量保证　20
　　贷：管理费用　　　　　　　　　　20
借：主营业务成本　　　　　　　　　8
　　贷：预计负债——产品质量保证　　8

2.【答案】

（1）A公司与重组有关的直接支出有：因辞退员工将支付补偿款500万元；因撤销厂房租赁合同将支付违约金10万元。所以A公司因重组义务应确认的预计负债=500+10=510（万元）。

（2）因重组计划而减少的2×21年度利润总额=500+10+20=530（万元）。会计分录如下：

借：管理费用　　　　　　　　　500
　　营业外支出　　　　　　　　　10
　　资产减值损失　　　　　　　　20
　　贷：应付职工薪酬　　　　　　　500
　　　　预计负债　　　　　　　　　10
　　　　固定资产减值准备　　　　　20

# 第十三章　收　入

考情分析

## 考情分析

本章历年都属于重点章节，每年考试中各种题型均会涉及本章内容。

## 教材变化

2024 年本章教材内容无实质性变化。

## 考点提示

本章应重点掌握：单项履约义务的识别；交易价格的确定及分摊；属于在某一时段内履行履约义务的条件及其收入确认；在某一时点履行的履约义务的收入确认；附有销售退回条款的销售、附有客户额外购买选择权的销售以及授予知识产权许可、售后回购及客户未行使的权利的会计处理；主要责任人和代理人的区别。应熟悉与客户之间合同的识别，合同履约成本、合同取得成本及其相关资产的摊销和减值，无须退回的初始费的会计处理。

## 本章考点框架

```
                                   ┌ 收入概述
                                   ├ 识别与客户订立的合同
                  收入的确认和计量 ─┼ 识别合同中的单项履约义务
                                   ├ 确定交易价格
                                   ├ 将交易价格分摊至各单项履约义务
                                   └ 履行每一单项履约义务时确认收入
                                   ┌ 合同成本的内容
收入 ─┤          合同成本 ─────────┤
                                   └ 合同履约成本和合同取得成本的摊销和减值
                                   ┌ 附有销售退回条款的销售
                                   ├ 附有质量保证条款的销售
                                   ├ 主要责任人和代理人
              关于特定交易的会计处理┼ 附有客户额外购买选择权的销售
                                   ├ 授予知识产权许可
                                   ├ 售后回购
                                   ├ 客户未行使的权利（预收款销售）
                                   └ 无须退回的初始费
```

# 考点解读及例题点津

## 第一单元　收入的确认和计量

### 1 收入概述

#### 一、考点解读

（一）收入的概念

收入是指企业在日常活动中形成的、会导致所有者权益增加的、与所有者投入资本无关的经济利益的总流入，日常活动是指企业为完成其经营目标所从事的经常性活动以及与之相关的其他活动。

企业以存货换取客户的存货、固定资产、无形资产以及长期股权投资等，按照本章进行会计处理。本章不涉及企业对外出租资产收取的租金、进行债权投资收取的利息、进行股权投资取得的现金股利、保险合同取得的保费收入等。

（二）收入确认的原则

企业应当在履行了合同中的履约义务，即在客户取得相关商品控制权时确认收入。

取得相关商品控制权，是指能够主导该商品的使用并从中获得几乎全部的经济利益，也包括有能力阻止其他方主导该商品的使用并从中获得经济利益。

提示 取得相关商品控制权包括以下三个要素：

（1）能力，即客户必须拥有现时权利，能够主导该商品的使用并从中获得几乎全部经济利益。

（2）主导该商品的使用。客户有能力主导该商品的使用，是指客户有权使用该商品，或者能够允许或阻止其他方使用该商品。

（3）能够获得几乎全部的经济利益。

（三）收入确认和计量的五步法

2017 年修订后的《企业会计准则第 14 号——收入》发生了重大变化：（1）收入确认的时点由"风险报酬转移"改为"控制权转移"；（2）设定了统一的收入确认计量的"五步法模型"，取消了"建造合同"准则。五步法模型的基本思路如表 13-1 所示。

表 13-1　收入确认和计量的五步法模型

| 步骤 | 要点 |
| --- | --- |
| 第一步：识别与客户订立的合同（收入确认） | 合同，是指双方或多方之间订立有法律约束力的权利义务的协议。合同有书面形式、口头形式以及其他形式。收入的确认必须以合同为基础 |
| 第二步：识别合同中的单项履约义务（收入确认） | 合同开始日，企业应当对合同进行评估，识别该合同所包含的各单项履约义务，并确定各单项履约义务是在某一时段内履行，还是在某一时点履行 |
| 第三步：确定交易价格（收入计量） | 企业应当根据合同条款，并结合其以往的习惯做法确定交易价格 |
| 第四步：将交易价格分摊至各单项履约义务（收入计量） | 合同中包含两项或多项履约义务的，企业应当在合同开始日，按照各单项履约义务所承诺商品的单独售价的相对比例，将交易价格分摊至各单项履约义务 |
| 第五步：履行每一单项履约义务时确认收入（收入确认） | 企业应当在履行了合同中的履约义务，即在客户取得相关商品控制权时确认收入 |

#### 二、例题点津

【例题 1·单选题】下列各项不属于企业的

收入特征的是（　　）。

A. 日常活动中形成

B. 会导致所有者权益增加

C. 会立刻带来现金流

D. 与所有者投入资本无关

【答案】C

【解析】企业收入指企业在日常活动中形成的、会导致所有者权益增加的、与所有者投入资本无关的经济利益的总流入。其并不一定立刻带来现金流，如应收账款、应收票据。

【例题2·单选题】客户取得商品控制权需要满足的相关要素不包括（　　）。

A. 客户必须拥有现时权利，能够主导该商品的使用并从中获得几乎全部经济利益

B. 客户有能力主导该商品的使用

C. 不具有排他性，可以和其他方互相使用

D. 能够获得几乎全部的经济利益

【答案】C

【解析】客户取得相关商品控制权包括以下三个要素：

（1）能力，即客户必须拥有现时权利，能够主导该商品的使用并从中获得几乎全部经济利益（选项A）。

（2）主导该商品的使用。客户有能力主导该商品的使用，是指客户有权使用该商品，或者能够允许或阻止其他方使用该商品（选项B）。

（3）能够获得几乎全部的经济利益（选项D）。

【例题3·判断题】企业应当在履行了合同中的履约义务，即在客户取得相关商品控制权时确认收入。（　　）

【答案】√

## 2 识别与客户订立的合同

### 一、考点解读

收入确认计量的第一个步骤是识别与客户订立的合同，以合同作为收入确认的基础。

（一）合同识别

企业与客户之间的合同同时满足下列条件的，企业应当在客户取得相关商品控制权时确认收入：

（1）合同各方已批准该合同并承诺将履行

各自义务；

（2）该合同明确了合同各方与所转让的商品相关的权利和义务；

（3）该合同有明确的与所转让的商品相关的支付条款；

（4）该合同具有商业实质，即履行该合同将改变企业未来现金流量的风险、时间分布或金额；

（5）企业因向客户转让商品而有权取得的对价很可能收回。

提示 对于不能同时满足上述收入确认的五个条件的合同，企业只有在不再负有向客户转让商品的剩余义务，且已向客户收取的对价无须退回时，才能将已收取的对价确认为收入；否则，应将已收取的对价作为负债进行会计处理。

提示 没有商业实质的非货币性资产交换，无论何时，均不应确认收入。

（二）合同合并

企业与同一客户（或该客户的关联方）同时订立或在相近时间内先后订立的两份或多份合同，在满足下列条件之一时，应当合并一份合同进行会计处理：

（1）该两份或多份合同基于同一商业目的而订立构成"一揽子"交易；

（2）该两份或多份合同中的一份合同的对价金额取决于其他合同的定价或履行情况；

（3）该两份或多份合同中所承诺的商品（或每份合同中所承诺的部分商品）构成本准则规定的单项履约义务。

（三）合同变更

企业应当区分下列三种情形对合同变更分别进行会计处理：

1. 合同变更部分作为单独合同

合同变更增加了可明确区分的商品及合同价款，且新增合同价款反映了新增商品单独售价的，应当将该合同变更作为一份单独的合同进行会计处理。

提示 这种合同变更方式下，合同的变更部分与原有合同彼此独立，应当作为一份单独的合同进行会计处理。

2. 合同变更作为原合同终止及新合同订立

合同变更不属于上述第1种情形，且在合同

变更日已转让商品与未转让商品之间**可明确区分**的，应当视为原合同**终止**，同时，将原合同未履约部分与合同变更部分合并为**新合同**进行会计处理。

**提示** （1）这种合同变更方式下，合同的变更部分与原有合同彼此并不独立，但企业至少能够明确区分原有合同中已履约部分和未履约部分，而未履约部分与合同变更的部分之间存在密切联系，因此企业应该将原合同中已履约的部分归为原合同终止，未履约的部分不再按原合同执行，而将其与合同变更部分合并为新合同进行会计处理。

（2）新合同的交易价格应当为下列两项金额之和：一是原合同交易价格中尚未确认为收入的部分；二是合同变更中客户已承诺的对价金额。

**3. 合同变更部分作为原合同的组成部分**

合同变更不属于上述第1种情形，且在合同变更日已转让商品与未转让商品之间不可明确区分的，应当将该合同变更部分作为原合同的组成部分，在合同变更日重新计算履约进度，并调整当期收入和相应成本等。

**提示** 这种合同变更方式下，合同的变更部分与原合同彼此也并不独立，但是与上述第2种情形不同的是，企业甚至无法区分原合同中已履约部分和未履约部分，因此企业应该将该合同的变更部分作为原合同的组成部分。

识别与客户订立的合同总结如图13-1所示。

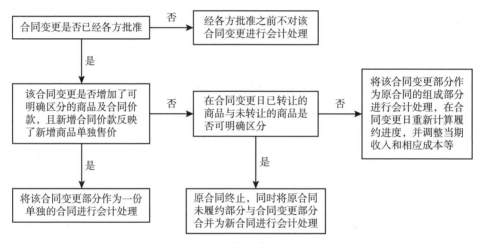

**图13-1　识别与客户订立的合同**

## 二、例题点津

【**例题1·多选题**】动力公司与源头公司在相近时间内先后订立的两份合同在（　　）情况下，应进行合同合并会计处理。

A. 这两份合同都基于销售A产品而订立的"一揽子"交易

B. 这两份合同中的一份合同对价金额取决于其他合同的定价或履约情况

C. 每份合同中所承诺的部分商品构成会计准则规定的单项履约义务

D. 每份合同中都规定源头公司取得了A产品控制权时确认收入

【答案】ABC

【解析】选项D描述的是收入确认五步法中的第五步：履行每一单项履约义务时确认收入。选项A、B、C则满足合同合并的条件。

【**例题2·判断题**】企业与同一客户订立两份合同，如果一份合同的违约会影响另一份合同的对价，企业应将两份合同合并为一份合同进行会计处理。（　　）

【答案】√

【**例题3·判断题**】非货币性资产交换不具有商业实质的，一律不应确认收入。（　　）

【答案】√

【解析】没有商业实质的非货币性资产交

换，无论何时，均不应确认收入。

## 3 识别合同中的单项履约义务

### 一、考点解读

收入确认计量的第二个步骤是识别合同中的单项履约义务，明确销售方"要做什么事"。

合同开始日，企业应当对合同进行评估，识别该合同所包含的各单项履约义务，并确定各单项履约义务是在某一时段内履行，还是在某一时点履行，然后，在履行了各单项履约义务时分别确认收入。

（一）企业向客户转让可明确区分商品（或商品或服务的组合）的承诺

企业向客户承诺的商品同时满足下列条件的，应当作为可明确区分商品：

（1）客户能够从该商品本身或者从该商品与其他易于获得的资源一起使用中受益。

（2）企业向客户转让该商品的承诺与合同中其他承诺可单独区分，即转让该商品的承诺在合同中是可明确区分的。

企业确定了商品本身能够明确区分后，还应当在合同层面继续评估转让该商品的承诺是否与合同中其他承诺彼此之间可明确区分。下列情形通常表明企业向客户转让该商品的承诺与合同中的其他承诺不可明确区分，不作为单项履约义务：

一是企业需提供重大的服务以将该商品与合同中承诺的其他商品进行整合，形成合同约定的某个或某些组合产出转让给客户。

二是该商品将对合同中承诺的其他商品予以重大修改或定制。

三是该商品与合同中承诺的其他商品具有高度关联性。也就是说，合同中承诺的每一单项商品均受到合同中其他商品的重大影响。

企业向客户转让该商品的承诺与合同中的其他承诺不可明确区分时，就不是单项义务，不存在单独确认收入的问题。

（二）企业向客户转让一系列实质相同且转让模式相同的、可明确区分的商品

企业应当将实质相同且转让模式相同的一系列商品作为单项履约义务，即使这些商品可明确区分。其中，转让模式相同，是指每一项可明确区分商品均满足在某一时段内履行履约义务的条件，且采用相同方法确定其履约进度。例如，每天为客户提供保洁服务的长期劳务合同等。

企业为履行合同而应开展的初始活动，通常不构成履约义务，除非该活动向客户转让了承诺的商品。

### 二、例题点津

【例题1·多选题】A公司与B公司签订合同，约定为B公司生产并销售专用冰柜2台，并负责冰柜的安装与检验工作，如果冰柜不能正常运行，则A公司需要返修，然后再进行安装和检验，直至冰柜能正常使用。下列A公司的处理中正确的有（ ）。

A. 应将销售和安装检验冰柜分别作为单项履约义务

B. 应将销售和安装检验冰柜一起作为单项履约义务

C. 销售冰柜和安装检验冰柜可明确区分

D. 销售冰柜和安装检验冰柜不可明确区分

【答案】BD

【解析】销售冰柜和安装检验冰柜具有高度关联性，如果冰柜不能正常运行，则需要返修，所以在合同层面销售和安装检验是不可明确区分的，应当将其作为单项履约义务。

【例题2·多选题】企业下列向客户转让商品的承诺中，应作为单项履约义务的有（ ）。

A. 企业向客户转让可明确区分商品或商品的组合的承诺

B. 企业向客户转让不可明确区分商品或商品的组合的承诺

C. 企业向客户转让一系列实质相同且转让模式相同的、可明确区分商品的承诺

D. 企业向客户转让一系列实质相同且转让模式相同的、不可明确区分商品的承诺

【答案】AC

【解析】企业应将下列向客户转让商品的承诺作为单项履约义务：

（1）企业向客户转让可明确区分的商品（或商品的组合）的承诺；

（2）企业向客户转让一系列实质相同且转让模式相同的、可明确区分的商品的承诺。

**提示** 不可明确区分商品的承诺不作为单项履约义务，要与合同中的其他承诺一起构成单项履约义务。

**【例题3·判断题】** A公司与B公司签订5年期的合同，约定在合同期内向B公司提供酒店管理服务，包括聘用及管理雇员、采购商品和服务以及酒店业务的营销，还将不定期提供客房清洁服务等。因此该合同视作单项履约义务。（　　）

**【答案】** √

**【解析】** 该合同的性质是在合同期内提供酒店管理服务，并未指定服务的价格数量。每天提供的酒店管理服务可能存在差异，但每天的服务均属于为履行A公司提供管理服务所必需的活动。因此，在每一期间向B公司提供的服务实质上相同。A公司认为每阶段的服务可明确区分，满足一段时间内确认收入的标准，并采用相同的方法来计量履约进度，因此，该酒店管理服务应作为单项履约义务进行会计处理。

## 4 确定交易价格

### 一、考点解读

收入确认计量的第三步是确定交易价格，即销售方做完了合同规定的事有多少"总回报"。交易价格，是指企业因向客户转让商品而预期有权收取的对价金额。企业代第三方收取的款项（如增值税）以及企业预期将退还给客户的款项，应当作为负债进行会计处理，不作为交易价格。交易价格可能是固定的，也可能是可变的。

（一）可变对价

企业与客户的合同中约定的对价金额可能会因折扣、价格折让、返利、退款、奖励积分、激励措施、业绩奖金、索赔等因素而变化。合同中存在可变对价的，企业应当对计入交易价格的可变对价进行估计。

1. 可变对价最佳估计数的确定

企业应当按照期望值（即加权平均数）或最可能发生金额确定可变对价的最佳估计数。

2. 计入交易价格的可变对价金额的限制

企业按照期望值或最可能发生金额确定可变对价金额之后，计入交易价格的可变对价金额还应该满足限制条件，即包含可变对价的交易价格，应当不超过在相关不确定性消除时，累计已确认的收入极可能不会发生重大转回的金额。

（二）合同中存在的重大融资成分

货币是有时间价值的，如果赊销时间很长（如1年以上）、赊销金额很大，则存在"重大融资成分"，销售方应将收到的全部价款分解为"本+息"，本金确认为销售收入，利息确认为利息收入。重大融资成分的判断如表13-2所示。

表13-2　　　　　　重大融资成分的判断

| 判断与处理 | | 相关规定 |
|---|---|---|
| 重大融资成分的判断 | 存在 | 当合同各方以在合同中约定的付款时间为客户或企业就该交易提供了重大融资利益时，合同中即包含了重大融资成分。在评估合同中是否存在融资成分以及该融资成分对于该合同而言是否重大时，企业应当考虑所有相关的事实和情况，包括：①已承诺的对价金额与已承诺商品的现销价格之间的差额。②下列两项的共同影响：一是企业将承诺的商品转让给客户与客户支付相关款项之间的预计时间间隔；二是相关市场的现行利率。通俗地说，就是赊销时间长、赊销金额大 |
| | 不存在 | (1) 表明企业与客户之间的合同未包含重大融资成分的情形有：①客户就商品支付了预付款，且可以自行决定这些商品的转让时间（例如，企业向客户出售其发行的储值卡，客户可随时到该企业持卡购物；企业向客户授予奖励积分，客户可随时到该企业兑换这些积分等）。②客户承诺支付的对价中有相当大的部分是可变的，该对价金额或付款时间取决于某一未来事项是否发生，且该事项实质上不受客户或企业控制（例如，按照实际销量收取的特许权使用费）。③合同承诺的对价金额与现销价格之间的差额是由于向客户或企业提供融资利益以外的其他原因所导致的，且这一差额与产生该差额的原因是相称的（例如，合同约定的支付条款目的是向企业或客户提供保护，以防止另一方未能依照合同充分履行其部分或全部义务）。<br>(2) 为简化实务操作，如果在合同开始日，企业预计客户取得商品控制权与客户支付价款间隔不超过1年的，可以不考虑合同中存在的重大融资成分 |

续表

| 判断与处理 | | 相关规定 |
|---|---|---|
| 存在重大融资成分的处理 | 确定交易价格 | 合同中存在重大融资成分的，企业应当按照假定客户在取得商品控制权时，即以现金支付的应付金额（即现销价格）确定交易价格。现销价格可以是直接报价，也可以是将合同现金流量折成的现值 |

合同负债，是指企业已收或应收客户对价而向客户转让商品的义务。

尚未向客户履行转让商品的义务而已收或应收客户对价中的增值税部分因不符合合同负债的定义，不应确认为合同负债。

合同资产，是指企业已向客户转让商品而有权收取对价的权利，且该权利取决于时间流逝之外的其他因素。应收款项是企业无条件收取合同对价的权利。

合同资产和应收款项都是企业拥有的有权收取对价的合同权利，二者的区别在于，应收款项代表的是无条件收取合同对价的权利，而合同资产并不是一项无条件收款权，该权利除了时间流逝之外，还取决于其他条件才能收取相应的合同对价。

合同资产和合同负债应当在资产负债表中单独列示，并按流动性，分别列示为"合同资产"或"其他非流动资产"以及"合同负债"或"其他非流动负债"。同一合同下的合同资产和合同负债应当以净额列示，不同合同下的合同资产和合同负债不能相互抵销。

（三）非现金对价

企业在销售时，有时收到非现金对价，非现金对价包括实物资产、无形资产、股权、客户提供的广告服务等。收到非现金对价会计处理时，应注意以下两点：

（1）客户支付非现金对价的，通常情况下，企业应当按照非现金对价在合同开始日的公允价值确定交易价格。非现金对价公允价值不能合理估计的，企业应当参照其承诺向客户转让商品的单独售价间接确定交易价格。

（2）非现金对价的公允价值可能会因对价的形式而发生变动（例如，企业有权向客户收取的对价是股票，股票本身的价格会发生变动），也可能会因为其形式以外的原因而发生变动：①合同开始日后，非现金对价的公允价值因对价形式以外的原因而发生变动的，应当作为可变对价，按照与计入交易价格的可变对价金额的限制条件相关的规定进行处理；②合同开始日后，非现金对价的公允价值因对价形式而发生变动的，该变动金额不应计入交易价格（例如，收到股票后，股票价格后续变动与收入无关）。

企业向客户转让商品的同时，如果客户向企业投入材料、设备或人工等商品，以协助企业履行合同，企业应当评估其是否取得了对这些商品的控制权，取得这些商品控制权的，企业应当将这些商品作为从客户收取的非现金对价处理。

（四）应付客户对价

企业销售时，有时可能由于经销商业绩佳而给客户返点，形成应付客户对价。应付客户对价在处理时应注意以下两点：

（1）企业存在应付客户对价的，应当将该应付对价冲减交易价格，但应付客户对价是为了自客户取得其他可明确区分商品的除外。企业应付客户对价是为了向客户取得其他可明确区分商品的，应当采用与企业其他采购相一致的方式确认所购买的商品。企业应付客户对价超过向客户取得可明确区分商品公允价值的，超过金额应当冲减交易价格。

（2）向客户取得的可明确区分商品公允价值不能合理估计的，企业应当将应付客户对价全额冲减交易价格。在将应付客户对价冲减交易价格处理时，企业应当在确认相关收入与支付（或承诺支付）客户对价二者孰晚的时点冲减当期收入。

二、例题点津

【例题 1·单选题】2×23 年 1 月 1 日，甲公司与乙公司签订合同，向其销售 A 产品。合同约定，当乙公司在 2×23 年的采购量不超过 2 000 件时，每件产品的价格为 80 元，当乙公司在 2×23 年的采购量超过 2 000 件时，每件产品的价格为 70 元。乙公司在第一季度的采购量为 150 件，甲公司预计乙公司全年的采购量不会超过 2 000 件。2×23 年 4 月，乙公司因完成产能升级而增加了原材料的采购量，第二季度共向甲公司采购 A 产品 1 000 件，甲公司预计乙公司全年采购量将超过 2 000 件，因此，全年采购量适用的产品单价均将调整为 70 元。甲公司第二季度应确认收入（　　）元。

A. 68 500　　　　　B. 70 000

C. 80 000　　　　　D. 80 500

【答案】A

【解析】甲公司在第一季度确认收入为 12 000 元（80×150）。第二季度，甲公司对交易价格重新估计，由于预计乙公司全年的采购量将超过 2 000 件，按照 70 元的单价确认收入，才能满足极可能不会导致累计已确认的收入发生重大转回的要求。因此甲公司第二季度应确认收入 68 500 元［70×（150+1 000）-12 000］。

【例题 2·多选题】下列有关收入确定交易价格说法错误的有（　　）。

A. 销售合同约定客户支付对价的形式为股票的，企业应当根据合同开始日后股票公允价值的变动调整合同的交易价格

B. 企业存在应付客户对价的，应当将其冲减交易价格，但应付客户对价是为了自客户取得其他可明确区分商品的除外

C. 合同资产和应收款项都具有无条件收取合同对价的权利

D. 合同的交易价格可能是固定的，也可能是可变的

【答案】AC

【解析】销售合同约定客户支付对价的形式为股票的，企业应当根据合同开始日的股票公允价值作为交易价格，合同开始日后股票公允价值的变动金额不应调整原交易金额，选项 A 错误。应收款项具有无条件收取合同对价的权利，合同资产不是无条件的权利，其除了时间流逝，还取决于其他条件才能收取相应的合同对价，选项 C 错误。

【例题 3·判断题】企业采用具有融资性质分期收款方式销售商品时，应按销售合同约定的收款日期分期确认收入。（　　）

【答案】×

【解析】具有融资性质的分期收款销售商品，应当按照假定客户在取得商品控制权时的现销价格确认收入。

【例题 4·判断题】企业存在应付客户对价的，应当将该应付对价冲减交易价格。（　　）

【答案】×

【解析】企业存在应付客户对价的，应当将该应付对价冲减交易价格，但应付客户对价是为了自客户取得其他可明确区分商品的除外。

## 5 将交易价格分摊至各单项履约义务

### 一、考点解读

收入确认计量的第四个步骤是将交易价格分摊至各单项履约义务，以便完成该义务时确认收入。

当合同中包含两项或多项履约义务时，为了使企业分摊至每一单项履约义务的交易价格能够反映其因向客户转让已承诺的相关商品而预期有权收取的对价金额，企业应当在合同开始日，按照各单项履约义务所承诺商品的单独售价的相对比例，将交易价格分摊至各单项履约义务。

单独售价，是指企业向客户单独销售商品的价格。单独售价无法直接观察的，企业应当综合考虑其能够合理取得的全部相关信息，采用市场调整法、成本加成法、余值法等方法合理估计单独售价。

1. 分摊合同折扣

当客户购买的一组商品中所包含的各单项商品的单独售价之和高于合同交易价格时，表明客户因购买该组商品而取得了合同折扣。合同折扣，是指合同中各单项履约义务所承诺商品的单独售价之和高于合同交易价格的金额。企业应当在各单项履约义务之间按比例分摊合同折扣。有确凿证据表明合同折扣仅与合同中一项或多项（而非全部）履约义务相关的，企业应当将该合同折扣分摊至相关的一项或多项履约义务。

同时满足下列三项条件时，企业应当将合同折扣全部分摊至合同中的一项或多项（而非全部）履约义务：一是企业经常将该合同中的各项可明确区分商品单独销售或者以组合的方式单独销售；二是企业经常将其中部分可明确区分的

商品以组合的方式按折扣价格单独销售；三是归属于上述第二项中每一组合的商品的折扣与该合同中的折扣基本相同，并且对每一组合中的商品的评估为将该合同的整体折扣归属于某一项或多项履约义务提供了可观察的证据。

有确凿证据表明，合同折扣仅与合同中的一项或多项（而非全部）履约义务相关，且企业采用余值法估计单独售价的，应当首先在该一项或多项（而非全部）履约义务之间分摊合同折扣；然后再采用余值法估计单独售价。

2. 分摊可变对价

合同中包含可变对价的，该可变对价可能与整个合同相关，也可能仅与合同中的某一特定组成部分相关。仅与合同中的某一特定组成部分相关包括两种情形：一是可变对价与合同中的一项或多项（而非全部）履约义务相关，如是否获得奖金取决于企业能否在指定时期内转让某项已承诺的商品；二是可变对价与企业向客户转让的构成单项履约义务的一系列可明确区分商品中的一项或多项（而非全部）商品相关，如为期两年的保洁服务合同中，第二年的服务价格将根据指定的通货膨胀率确定。

同时满足下列两项条件的，企业应当将可变对价及可变对价的后续变动额全部分摊至与之相关的某项履约义务，或者构成单项履约义务的一系列可明确区分商品中的某项商品：一是可变对价的条款专门针对企业为履行该项履约义务或转让该项可明确区分商品所做的努力。二是企业在考虑了合同中的全部履约义务及支付条款后，将合同对价中的可变金额全部分摊至该项履约义务或该项可明确区分商品符合分摊交易价格的目标。

不满足上述条件的可变对价及可变对价的后续变动额，以及可变对价及其后续变动额中未满足上述条件的剩余部分，企业应当按照分摊交易价格的一般原则，将其分摊至合同中的各单项履约义务。对于已履行的履约义务，其分摊的可变对价后续变动额应当调整变动当期的收入。

## 二、例题点津

**【例题 1·单选题】** 2×23 年 7 月 1 日，甲公司与客户签订一项合同，向其销售 A、B 两件商品。合同交易价格为 300 万元，A、B 两件商品的单独售价分别为 120 万元和 240 万元。合同约

定，A 商品于合同开始日交付，B 商品在 7 月 10 日交付，当两件商品全部交付之后，甲公司才有权收取全部货款。交付 A 商品和 B 商品分别构成单项履约义务，控制权分别在交付时转移给客户。不考虑增值税等相关税费及其他因素。甲公司在交付 A 商品时应确认（ ）。

A. 合同资产 100 万元

B. 合同资产 120 万元

C. 应收账款 100 万元

D. 应收账款 120 万元

**【答案】** A

**【解析】** 合同资产，是指企业已向客户转让商品而有权收取对价的权利，且该权利取决于时间流逝之外的其他因素。应收账款是企业无条件收取合同对价的权利。甲公司在交付 A 商品时只是向客户转让 A 商品而有权收取对价的权利，因此确认为"合同资产"科目。A 产品应分摊的交易价格 = 300 × 120/（120 + 240）= 100（万元）。

**【例题 2·多选题】** 同时满足以下（ ）条件时，企业应当将可变对价及可变对价的后续变动额全部分摊至与之相关的某项履约义务。

A. 企业经常将该合同中的各项可明确区分商品单独销售或者以组合的方式单独销售

B. 企业经常将其中部分可明确区分的商品以组合的方式按折扣价格单独销售

C. 企业的可变对价条款专门针对企业为履行该项履约义务或转让该项可明确区分商品所做的努力

D. 企业在考虑了合同中的全部履约义务及支付条款后，将合同对价中的可变金额全部分摊至该项履约义务或该项可明确区分商品符合分摊交易价格的目标

**【答案】** CD

**【解析】** 选项 C、D 是需要同时满足的两个条件。选项 A、B 则是分摊合同折扣的三项条件中的两个。

## 6 履行每一单项履约义务时确认收入

### 一、考点解读

收入确认计量的第五步是履行每一单项履约

义务时确认收入，完成一项就确认一项。确认单项履约义务收入时，应注意以下问题。

（一）判断是按时期确认收入，还是按时点确认收入

企业应当在履行了合同中的履约义务，即客户取得相关商品控制权时确认收入。企业应当判断履约义务是否满足在某一时段内履行的条件，如不满足，则该履约义务属于在某一时点履行的履约义务，即优先按时期确认，否则按时点确认。

（二）在某一时段内履行的履约义务收入的确认条件

按时期确认收入有三种情形，即满足下列条件之一的，属于在某一时段内履行的履约义务，相关收入应当在该履约义务履行的期间内确认：

（1）客户在企业履约的同时即取得并消耗企业履约所带来的经济利益。

企业在履约过程中是持续地向客户转移该服务的控制权的，该履约义务属于在某一时段内履行的履约义务，企业应当在提供该服务的期间内确认收入。

企业在进行判断时，可以假定在企业履约的过程中更换为其他企业继续履行剩余履约义务，如果该继续履行合同的企业实质上无须重新执行企业累计至今已经完成的工作，则表明客户在企业履约的同时即取得并消耗了企业履约所带来的经济利益。

（2）客户能够控制企业履约过程中在建的商品。

企业在履约过程中创建的商品包括在产品、在建工程、尚未完成的研发项目、正在进行的服务等，如果客户在企业创建该商品的过程中就能够控制这些商品，应当认为企业提供该商品履约义务属于在某一时段内履行的履约义务。

（3）企业履约过程中所产出的商品具有不可替代用途，且该企业在整个合同期间内有权就累计至今已完成的履约部分收取款项。

（三）在某一时段内履行的履约义务的收入确认方法

（1）资产负债表日，企业应当按照公式确认当期收入：

当期收入＝合同的交易价格总额×履约进度－以前会计期间累计已确认的收入

（2）当履约进度不能合理确定时，企业已

经发生的成本预计能够得到补偿的，应当按照已经发生的成本金额确认收入，直到履约进度能够合理确定为止。

（3）每一资产负债表日，企业应当对履约进度进行重新估计。当客观环境发生变化时，企业也需要重新评估履约进度是否发生变化，以确保履约进度能够反映履约情况的变化，该变化应当作为会计估计变更进行会计处理。

（4）按时期确认收入，关键是确定履约进度。确定履约进度有两种方法：**产出法和投入法**。

①产出法。产出法是根据**已转移给客户的商品对于客户的价值确定履约进度**，主要包括按照实际测量的完工进度、评估已实现的结果、已达到的工作进度节点、时间进度、已完工或交付的产品等确定履约进度的方法。

产出法是直接计量已完成的产出，一般能够客观地反映履约进度。当产出法所需要的信息可能无法直接通过观察获得，或者为获得这些信息需要花费很高的成本时，可采用投入法。

②投入法。投入法是根据企业**履行履约义务的投入确定履约进度**，主要包括以投入的材料数量、花费的人工工时或机器工时、发生的成本和时间进度等投入指标确定履约进度。

企业在采用成本法确定履约进度时，可能需要对已发生的成本进行适当调整的情形有：

A. 已发生的成本并未反映企业履行其履约义务的进度，如非正常消耗；

B. 已发生的成本与企业履行其履约义务的进度不成比例。

（四）在某一时点履行的履约义务

当一项履约义务不属于在某一时段内履行的履约义务时，应当属于在某一时点履行的履约义务。对于在某一时点履行的履约义务，企业应当在客户取得相关商品控制权时点确认收入。

判断客户取得控制权的五个迹象：

1. 享有现时收款权利

企业就该商品享有现时收款权利，即客户就该商品负有现时付款义务。如果企业就该商品享有现时的收款权利，则可能表明客户已经有能力主导该商品的使用并从中获得几乎全部的经济利益。

2. 法定所有权转移

客户如果取得了商品的法定所有权，则可能

表明其已经有能力主导该商品的使用并从中获得几乎全部的经济利益。如果企业仅仅是为了确保到期收回货款而保留商品的法定所有权，那么企业所保留的这项权利通常不会对客户取得对该商品的控制权构成障碍。

### 3. 实物转移

客户如果已经实物占有商品，则可能表明其有能力主导该商品的使用并从中获得其几乎全部的经济利益。但应注意以下几点：

（1）客户占有了某项商品的实物并不意味着其就一定取得了该商品的控制权。例如，交付手续费方式的委托代销，受托方并未取得该商品的控制权，企业不应在向受托方发货时确认销售商品的收入，通常应当在受托方售出商品时确认销售商品收入；受托方应当在商品销售后，按合同或协议约定的方法计算确定的手续费确认收入。

（2）客户没有占有实物并不意味着一定没有取得控制权。例如，"售后代管商品"安排，客户虽然没有占有实物，但可能取得控制权。对于"售后代管商品"安排，企业除了考虑客户是否取得商品控制权的迹象之外，还应当同时满足下列条件，才表明客户取得了该商品的控制权：

①该安排必须具有商业实质，如该安排是应客户的要求而订立的。

②属于客户的商品必须能够单独识别，如将属于客户的商品单独存放在指定地点。

③该商品可以随时交付给客户。

④企业不能自行使用该商品或将该商品提供给其他客户。企业根据上述条件对尚未发货的商品确认了收入的，还应当考虑是否还承担了其他履约义务，如向客户提供保管服务等，从而应当将部分交易价格分摊至该其他履约义务。通用的、可以和其他商品互相替换的商品，一般不是"售后代管商品"。

### 4. 风险报酬转移

企业已将该商品所有权上的主要风险和报酬转移给客户，即客户已取得该商品所有权上的主要风险和报酬。企业在判断时，不应当考虑保留了除转让商品之外产生其他履约义务的风险的情形。例如，企业将产品销售给客户，并承诺提供后续维护服务，销售产品和维护服务均构成单项履约义务，企业保留的因维护服务而产生的风险并不影响企业有关主要风险和报酬转移的判断。

### 5. 客户已接受该商品

（1）如果企业能够客观地确定其已经按照合同约定的标准和条件将商品的控制权转移给客户，客户验收可能只是一个形式，并不会影响企业判断客户取得该商品控制权的时点；如果在取得客户验收之前已经确认了收入，企业应当考虑是否还存在剩余的履约义务，如设备安装、运输等，并且评估是否应当对其单独进行核算。

（2）如果企业无法客观地确定其向客户转让商品是否符合合同规定的条件，在客户验收之前，企业不能认为已经将该商品的控制权转移给了客户。例如，客户主要基于主观判断进行验收时，在验收完成之前，企业无法确定其商品是否能够满足客户的主观标准，因此，企业应当在客户完成验收接受该商品时才能确认收入。定制化程度越高的商品，可能越难证明客户验收仅仅是一个形式。

（3）如果企业将商品发送给客户供其试用或者测评，且客户并未承诺在试用期结束前支付任何对价，则在客户接受该商品或者在试用期结束之前，该商品的控制权并未转移给客户。

## 二、例题点津

**【例题1·单选题】**按时期确认收入时，关于确定履约进度的说法正确的是（　）。

A. 确定履约进度的方法有产出法、投入法和算术平均法

B. 产出法根据企业生产合同商品的多少确定履约进度

C. 投入法根据企业履行履约义务的投入确定履约进度

D. 投入法指的是按照累计实际发生成本占预计总成本的比例确认履约进度

**【答案】**C

**【解析】**确定履约进度有产出法和投入法，选项A错误；产出法根据企业已转移商品的对于客户的价值确定履约进度，选项B错误，选项C正确；企业在实务中，通常按照累计实际发生成本占预计总成本的比例确认履约进度即成本法来替代投入法进行操作，但是投入法并不等同于成本法，故选项D错误。

**【例题2·多选题】**下列各项有关收入确认时点的表述中，正确的有（　）。

A. 企业向客户授予知识产权许可，并约定按客户实际销售或使用情况收取特许权使用费的，应当在客户后续销售行为发生或使用行为实际发生时确认收入

B. 提供培训服务的收费，在培训服务提供的相应期间确认收入

C. 包括在商品销售价格内可区分的服务费，在提供服务的期间内分期确认收入

D. 提供建筑设计服务的收费，在资产负债表日根据设计的完工进度确认收入

【答案】BCD

【解析】选项 A，应于客户后续销售或使用行为实际发生与企业履行相关履约义务二者孰晚的时点确认收入；选项 B，为客户提供服务的收费，通常应该在相关劳务活动发生时确认收入；选项 C，同时销售商品和提供服务的，如果能够区分且能够单独计量的，应当分别核算，将提供服务部分在服务期间分期确认收入；选项 D，建筑设计服务，企业应当根据完工百分比法在资产负债表日确认合同收入和费用。

# 第二单元　合同成本

## 1 合同成本的内容

### 一、考点解读

（一）合同履约成本

**为了履行合同义务，必然有投入，这就产生了合同履约成本。** 合同履约成本在会计处理时有三种办法：确认为存货等；确认为资产；直接计入当期损益。

1. 确认为存货等的合同履约成本

属于存货、固定资产、无形资产等规范范围的，应当按照相关规定进行会计处理。

2. 确认为资产的合同履约成本

不属于其他章节规范范围且**同时满足下列条件的，应当作为合同履约成本确认为一项资产：**

（1）该成本与一份当前或预期取得的合同直接相关；

（2）该成本增加了企业未来用于履行（或持续履行）履约义务的资源；

（3）该成本预期能够收回。

满足上述条件确认为资产的合同履约成本，初始确认时摊销期限不超过一年或一个正常营业周期的，在资产负债表中列示为存货；初始确认时摊销期限在一年或一个正常营业周期以上的，在资产负债表中列示为其他非流动资产。

3. 直接计入当期损益的合同履约成本

（1）管理费用，除非这些费用明确由客户承担。

（2）非正常消耗的直接材料、直接人工和制造费用，这些支出为履行合同发生，但未反映在合同价格中。

（3）与履约义务中已履行部分相关的支出，即该支出与企业过去的履约活动相关。

对于企业在一段时间内履行的履约义务，在采用产出法计量履约进度时，如果企业为履行该履约义务实际发生的成本超过按照产出法确定的成本，这些成本是与过去已履行的履约情况相关的支出，因此，不应当作为资产确认。

（4）无法在尚未履行的与已履行的履约义务之间区分的相关支出。

（二）合同取得成本

为了取得合同，可能会发生销售佣金、差旅费、投标费等，在会计处理时有两个去向：资本化和费用化。

1. 资本化

**企业为取得合同发生的增量成本预期能够收回的，应当作为合同取得成本确认为一项资产。** 增量成本，是指企业不取得合同就不会发生的成本，如销售佣金等。企业因现有合同续约或发生合同变更需要支付的额外佣金，也属于为取得合同发生的增量成本。

满足上述条件确认为资产的合同取得成本，初始确认时摊销期限不超过一年或一个正常营业周期的，在资产负债表中列示为其他流动资产；初始确认时摊销期限在一年或一个正常营业周期以上的，在资产负债表中列示为其他非流动资产。

2. 费用化

（1）合同取得成本确认为资产摊销期限不超

过一年的，为简化，可以在发生时计入当期损益。

（2）企业为取得合同发生的、除预期能够收回的增量成本之外的其他支出，计入当期损益。例如，无论是否取得合同均会发生的差旅费、投标费、为准备投标资料发生的相关费用等，应当在发生时计入当期损益。

## 二、例题点津

【例题 1·多选题】企业履约过程中发生的下列支出中，应计入当期损益的有（　　）。

A. 在采用产出法计量履约进度时，企业为履行该履约义务实际发生的成本超过按照产出法确定的成本部分

B. 明确应由客户承担的管理费用

C. 与履约义务中已履行（包括已全部履行或部分履行）部分相关的支出

D. 无法在尚未履行的与已履行（或已部分履行）的履约义务之间区分的相关支出

【答案】ACD

【解析】企业在下列支出发生时，应当将其计入当期损益：

（1）管理费用，除非这些费用明确由客户承担；

（2）非正常消耗的直接材料、直接人工和制造费用（或类似费用），这些支出为履行合同发生，但未反映在合同价格中；

（3）与履约义务中已履行（包括已全部履行或部分履行）部分相关的支出，即该支出与企业过去的履约活动相关；

（4）无法在尚未履行的与已履行（或已部分履行）的履约义务之间区分的相关支出。

选项 B，明确应由客户承担的管理费用不应计入企业的合同履约成本，也不应计入企业的当期损益。

【例题 2·判断题】合同取得成本的处理方法是资本化和费用化，前者是将取得成本确认为一项资产，后者是将取得成本计入当期损益。（　　）

【答案】√

【解析】合同取得成本的处理方法是资本化和费用化，资本化的条件是企业为取得合同发生的增量成本能够收回，将其确认为资产；费用化的条件是为取得合同发生但除预期能够收回的增

量成本之外的其他支出，将其计入当期损益。

## ② 合同履约成本和合同取得成本的摊销和减值

### 一、考点解读

（一）摊销

合同履约成本和合同取得成本确认为资产后，有两种摊销办法：按时点摊销和按时期摊销。

对于确认为资产的合同履约成本和合同取得成本，企业应当采用与该资产相关的商品收入确认相同的基础（即在履约义务履行的时点或按照履约义务的履约进度）进行摊销，计入当期损益。

（二）减值

合同履约成本和合同取得成本发生减值减损，应计提减值，随后价值回升，已计提的减值应当转回。

1. 计提

与合同成本有关的资产，其账面价值高于下列两项的差额的，超出部分应当计提减值准备，并确认为资产减值损失：

（1）企业因转让与该资产相关的商品预期能够取得的剩余对价。

（2）为转让该相关商品估计将要发生的成本。估计将要发生的成本主要包括直接人工、直接材料、制造费用（或类似费用），明确由客户承担的成本以及仅因该合同而发生的其他成本（例如，支付给分包商的成本）等。

2. 转回

以前期间减值的因素之后发生变化，使得上述两项的差额高于该资产账面价值的，应当转回原已计提的资产减值准备，并计入当期损益，但转回后的资产账面价值不应超过假定不计提减值准备情况下该资产在转回日的账面价值。

### 二、例题点津

【例题 1·判断题】合同履约成本和合同取得成本计提减值后，即使以后价值回升，也不能转回。（　　）

【答案】×

【解析】合同履约成本和合同取得成本发生减值损失后，应计提减值，随后价值回升，已计提的减值应当转回。

# 第三单元　关于特定交易的会计处理

## 1 附有销售退回条款的销售

### 一、考点解读

（一）销售收入的确认

对于附有销售退回条款的销售，企业应当在客户取得相关商品控制权时，按照以下方法确认转让商品的合同价款（不含税价）：

（1）预期有权收取的对价金额（即不包含预期因销售退回将退还的金额）确认收入；

（2）按照预期因销售退回将退还的金额确认负债（预计负债）。

（二）销售成本的确认

按下列方法处理转让商品的账面价值：

（1）按预期将退回商品转让时的账面价值，扣除收回该商品预计发生的成本（包括退回商品的价值减损）后的余额，确认为一项资产（应收退货成本）；

（2）按照所转让商品转让时的账面价值，扣除上述资产成本的净额确认销售成本。

每一资产负债表日，企业应当重新估计未来销售退回情况，如有变化，应当作为会计估计变更进行会计处理。

### 二、例题点津

【例题1·单选题】A公司2×23年11月1日销售一批商品，共销售50 000件，每件售价100元，每件成本70元。同时，A公司与客户签订销售退回条款，约定2×24年3月31日前该商品如出现质量问题可予以退货。A公司销售当日预计该商品的退货率为10%；2×23年12月31日A公司根据最新情况重新预计该商品的退货率为8%；假定不考虑增值税，A公司因销售该批商品2×23年12月应确认收入的金额为（　　）万元。

A. 500　　B. 350　　C. 450　　D. 10

【答案】D

【解析】该批商品2×23年11月1日应确认的收入 = 50 000 × 100 × (1 − 10%) = 4 500 000

（元），2×23年12月31日，根据最新情况重新预计商品的退货率降低了2%，所以应补充确认收入 = 50 000 × 100 × (10% − 8%) = 100 000（元）。

【例题2·判断题】对于附有销售退回条款的销售，企业应当在客户取得相关商品控制权时，按预期因销售退回将退还的金额确认负债，日后无须调整直至销售退回条款结束。（　　）

【答案】×

【解析】对于附有销售退回条款的销售，企业应当在客户取得相关商品控制权时，按预期因销售退回将退还的金额确认负债，但是在每一资产负债表日需重新估计未来销售退回情况，如有变化，则按会计估计变更进行会计处理。

## 2 附有质量保证条款的销售

### 一、考点解读

质量保证分为服务型质量保证和保障型质量保证。

服务型质量保证：在评估质量保证是否在向客户保证所销售商品符合既定标准之外提供了一项单独的服务时，企业应当考虑该质量保证是否为法定要求、质量保证期限以及企业承诺履行任务的性质等因素。客户能够选择单独购买质量保证的，该质量保证构成单项履约义务。质量保证期限越长，越有可能是单项履约义务。企业作为单项履约义务提供的额外服务，在履行义务后确认收入。

保障型质量保证：如果企业符合既定标准之外未提供额外服务，质量保证责任应当按照或有事项的要求进行会计处理，即在销售商品时预计产品保证费用，借记"销售费用"科目，贷记"预计负债"科目；实际发生保修费时，借记"预计负债"科目，贷记"银行存款"等科目。

如若企业提供的质量保证同时存在服务型质量保证和保障型质量保证，首先应该分类进行会计处理。但如若无法合理区分是否存在单项履约义务的，应当将这两类质量保证一起作为单项履约义务进行会计处理。

## 二、例题点津

【例题1·多选题】2×23年12月12日，甲公司与乙公司签订合同，销售给乙公司一台空调，价格为3 000元。该空调的法定质保期是4年，乙公司可选择延长2年的质保，即在未来6年内，如果该空调发生质量问题，甲公司将负责进行维修。额外赠送的2年质保可单独出售，单独出售的价格为600元，因"双十二"促销活动，乙公司只需要花费300元即可将质保期延长2年。不考虑增值税等其他因素，下列说法中不正确的有（ ）。

A. 2年的延长质保期不构成单项履约义务

B. 甲公司共有两项单项履约义务

C. 空调应分摊的交易价格为2 750元

D. 延保服务应分摊的交易价格为3 000元

【答案】AD

【解析】2年的延长质保期，属于法定质保期之外的，是企业提供的额外的一项单独服务，应当作为单项履约义务，选项A错误。甲公司的履约义务有两项：销售空调和提供延保服务，确认收入时应在销售发生时将交易价格按销售空调与延保服务的单独售价比例进行分摊。交易价格总额是3 300元（3 000＋300），空调的单独售价为3 000元，延保的单独售价为600元，所以空调应分摊的交易价格＝3 300×3 000/（3 000＋600）＝2 750（元），延保服务应分摊的交易价格＝3 300×600/（3 000＋600）＝550（万元），选项D错误。

【例题2·判断题】法定义务的质量保证条款与商品本身应该作为分别的单项履约义务处理。（ ）

【答案】×

【解析】法定义务的质量保证条款与商品本身应该合并作为一起的单项履约义务处理。

## ③ 主要责任人和代理人

### 一、考点解读

（一）主要责任人

企业在向客户转让商品前**能够控制**该商品的，该企业为主要责任人，应当按照已收或应收对价总额确认收入。

企业向客户转让商品前能够控制该商品的情形包括：（1）企业自第三方取得商品或其他资产控制权后，再转让给客户；（2）企业能够主导第三方代表本企业向客户提供服务；（3）企业自第三方取得商品控制权后，通过提供重大的服务将该商品与其他商品整合成某组合产出转让给客户。

（二）代理人

企业在向客户转让商品前**未能够控制**该商品的，该企业为代理人，应当按照预期有权收取的佣金或手续费的金额确认收入，该金额应当按照已收或应收对价总额扣除应支付给其他相关方的价款后的**净额**，或者按照既定的佣金金额或比例等确定。

### 二、例题点津

【例题1·多选题】甲旅行社从某航空公司购买一定数量的折扣机票，并对外销售。甲旅行社向旅客销售机票时，可自行决定机票的价格等，未售出的机票不能退还给航空公司。下列说法中正确的有（ ）。

A. 甲旅行社是主要责任人

B. 甲旅行社是代理人

C. 甲旅行社应按总额法确认收入

D. 甲旅行社应按净额法确认收入

【答案】AC

【解析】甲旅行社可自行决定机票的价格以及销售对象，有能力主导该机票的使用并能获得其几乎全部的经济利益。因此，甲旅行社在将机票销售给客户之前，能够控制该机票，其身份是**主要责任人，应按总额法确认收入**。

## ④ 附有客户额外购买选择权的销售

### 一、考点解读

（1）对于附有客户额外购买选择权的销售，企业应当评估该选择权是否向客户提供了一项重大权利。企业提供重大权利的，应当作为单项履约义务，按照本节有关交易价格分摊的要求将交易价格分摊至该履约义务，在客户未来行使购买选择权取得相关商品控制权时，或者该选择权失效时，确认相应的收入。客户额外购买选择权的单独售价无法直接观察的，企业应当综合考虑客户行使和不行使该选择权所能获得的折扣的差异、客户行使该选择权的可能性等全部相关信息后，予以合理估计。

（2）额外购买选择权的情况包括销售激励、客户奖励积分、未来购买商品的折扣券以及合同续约选择权等。对于附有客户额外购买选择权的销售，企业应当评估该选择权是否向客户提供了一项重大权利。如果客户只有在订立了一项合同的前提下才取得了额外购买选择权，并且客户行使该选择权购买额外商品时，能够享受到超过该地区或该市场中其他同类客户所能够享有的折扣，则通常认为该选择权向客户提供了一项重大权利。该选择权向客户提供了重大权利的，应当作为单项履约义务。在考虑授予客户的该项权利是否重大时，应根据其金额和性质综合进行判断。

（3）客户虽然有额外购买商品选择权，但客户行使该选择权购买商品时的价格反映了这些商品单独售价的，不应被视为企业向该客户提供了一项重大权利。

## 二、例题点津

**【例题1·多选题】**A公司2×23年1月1日开始执行一项积分计划，约定客户每消费1元可积1分，满100分可抵现金1元。2×23年共发生符合条件的销售额3 000万元，积分为3 000万分；A公司预计将有80%的积分会被使用。当年没有客户使用所授予的积分，假定不考虑增值税因素，A公司下列会计处理正确的有（　　）。

A. A公司应确认收入3 000万元

B. A公司应确认收入2 976.19万元

C. A公司应确认合同负债23.81万元

D. A公司应确认合同负债3 000万元

**【答案】**BC

**【解析】**A公司应在交易发生时将交易价格分摊至销售的商品和授予的积分，积分的单独售价=3 000÷100×80%=24（万元）。

销售商品应确认的收入=3 000÷（3 000+24）×3 000=2 976.19（万元）

应分摊至积分的交易价格=24÷（3 000+24）×3 000=23.81（万元）

会计分录为：

借：银行存款　　　　　　　3 000

　　贷：主营业务收入　　　2 976.19

　　　　合同负债　　　　　　23.81

**【例题2·判断题】**企业在销售产品的同时授予客户奖励积分的，应当将交易价格在本次商品销售的单独售价与积分的单独售价之间进行分配，按销售商品和奖励积分单独售价的比例分摊的交易价格确认为收入。（　　）

**【答案】**×

**【解析】**企业在销售产品的同时授予客户奖励积分的，应当将交易价格在本次商品销售的单独售价与积分的单独售价之间进行分配，按照销售商品单独售价的比例分摊的交易价格确认为收入，奖励积分按照单独售价比例分摊的交易价格确认为合同负债。

## 5 授予知识产权许可

### 一、考点解读

企业向客户授予知识产权许可的，应当按照准则规定评估该知识产权许可是否构成单项履约义务，构成单项履约义务的，应当进一步确定其是在某一时段内履行还是在某一时点履行。

企业向客户授予知识产权许可时，可能也会同时销售商品，企业应该评估该知识产权许可是否构成单项履约义务，不构成单项履约义务的，企业应当将该知识产权许可和所售商品一起作为单项履约义务进行会计处理。知识产权许可与所售商品不可明确区分的情形包括：一是该知识产权许可构成有形商品的组成部分并且对于该商品的正常使用不可或缺；二是客户只有将该知识产权许可和相关服务一起使用才能够从中获益。

企业向客户授予知识产权许可，同时满足下列条件时，应当作为某一时段内履行的履约义务确认相关收入，否则，应当作为在某一时点履行的履约义务确认相关收入：

（1）合同要求或客户能够合理预期企业将从事对该项知识产权有重大影响的活动；

（2）该活动对客户将产生有利或不利影响；

（3）该活动不会导致向客户转让某项商品。

企业向客户授予知识产权许可，并约定按客户实际销售或使用情况收取特许权使用费的，应当在下列两项**孰晚**的时点确认收入：

（1）客户后续销售或使用行为实际发生；

（2）企业履行相关履约义务。

## 二、例题点津

【例题1·单选题】甲公司为一家足球俱乐部，2×23年1月与乙公司签订合同，约定乙公司有权在未来两年内在其生产的水杯上使用甲公司球队的图标，甲公司收取固定使用费400万元，以及按照乙公司当年销售额的5%计算提成。乙公司预期甲公司会继续参加当年联赛，并取得优异成绩。乙公司2×23年实现销售收入200万元。假定不考虑其他因素，甲公司2×23年应确认收入的金额为（    ）万元。

A. 210 
B. 400

C. 10 
D. 200

【答案】A

【解析】甲公司授予乙公司的使用权许可，属于在某一时段内履行的履约义务，其收取的400万元固定金额的使用费应在两年内平均确认收入；按照销售额的5%提成，应在乙公司销售实际完成时确认收入。因此，甲公司2×23年应确认收入的金额=400÷2+200×5%=210（万元）。

【例题2·判断题】企业向客户授予知识产权许可的，该知识产权可构成有形商品的组成部分并且对于该商品的正常使用不可或缺，表明授予知识产权许可不构成单项履约义务。（    ）

【答案】√

【解析】企业向客户授予知识产权许可，该知识产权许可构成有形商品的组成部分并且对于该商品的正常使用不可或缺，表明该知识产权许可可与所售商品不可明确区分，不构成单项履约义务。

## 6 售后回购

### 一、考点解读

对于售后回购交易，企业应当区分下列两种情形分别进行会计处理：

（1）企业因存在与客户的远期安排而负有回购义务或企业享有回购权利的，表明客户在销售时点并未取得相关商品控制权，企业应当作为租赁交易或融资交易进行相应的会计处理：

①回购价格低于原售价的，应当视为租赁交易，按照租赁准则进行会计处理。

②回购价格不低于原售价的，应当视为融资交易，在收到客户款项时确认金融负债，并将该款项和回购价格的差额在回购期间内确认为利息费用等。企业到期未行使回购权利的，应当在该回购权利到期时终止确认金融负债，同时确认收入。

（2）企业负有应客户要求回购商品义务的，应当在合同开始日评估客户是否具有行使该要求权的重大经济动因，客户具有行使该要求权重大经济动因的，企业应当将售后回购作为租赁交易或融资交易，按照上述第（1）种情形进行会计处理；否则，企业应当将其作为附有销售退回条款的销售交易进行会计处理。

### 二、例题点津

【例题1·判断题】企业因存在与客户的远期安排而负有回购义务或企业享有回购权利，若回购价格不低于原售价格，则应将此交易作为租赁交易处理。（    ）

【答案】×

【解析】回购价格不低于原售价格，则应将此交易作为融资交易处理。

## 7 客户未行使的权利

### 一、考点解读

（1）企业向客户预收销售商品款项的，应当首先将该款项确认为负债（合同负债），待履行了相关履约义务时再转为收入。

合同负债，是指企业已收或应收客户对价而应向客户转让商品的义务。执行新收入准则后，应将原"预收账款"转入"合同负债"中核算，即销售商品、提供劳务的预收账款，应通过"合同负债"科目核算。执行非收入准则中的预收账款，如出售固定资产、转让无形资产的预收账款，仍在"预收账款"科目核算。

（2）当企业预收款项无须退回，且客户可能会放弃其全部或部分合同权利时，例如，放弃储值卡的使用等，企业预期将有权获得与客户所放弃的合同权利相关的金额的，应当按照客户行使合同权利的模式按比例将上述金额确认为收入；否则，企业只有在客户要求其履行剩余履约义务的可能性极低时，才能将上述负债的相关余额转为收入。企业在确定其是否预期将有权获得与客户所放弃的合同权利相关的金额时，应当考虑将估计的可变对价计入交易价格的限制要求。

## 二、例题点津

**【例题1·单选题】** 甲公司经营一个购物网站，在2×23年"双十一"预售活动中就某商品向消费者预收定金50元，商品计划于2×23年11月11日发出。不考虑增值税等其他因素，甲公司应将预收定金确认为（　　）科目。

A. 主营业务收入

B. 合同资产

C. 合同负债

D. 预收账款

**【答案】** C

**【解析】** 甲公司收取的定金属于预收款项，销售商品适用于收入准则，应将收取的定金确认为合同负债。

**【例题2·计算题】** 甲公司经营一家连锁超市，以主要责任人的身份销售商品给客户。甲公司销售的商品适用的增值税税率为13%。2×23年4月5日，甲公司向客户销售不可退的储值卡，收到113万元。客户可在甲公司经营的任意一家门店使用该储值卡进行消费。根据历史经验，甲公司预期客户购买的储值卡金额将全部被消费。甲公司为增值税一般纳税人，在客户使用该储值卡消费时发生增值税纳税义务。假定客户于4月30日使用该储值卡消费100万元。甲公司账务处理如下（单位：万元）：

（1）预售储值卡时：

借：银行存款　　　　　　　　113

　　贷：合同负债　　　　　　　　100

　　　　应交税费——待转销项税额

　　　　　　　　　　　　　　　　13

（2）销售商品时：

借：合同负债　　　　　　　　100

　　应交税费——待转销项税额

　　　　　　　　　　　　　　　　13

　　贷：主营业务收入　　　　　　100

　　　　应交税费——应交增值税（销项税额）　　　　　　　　　13

## 8　无须退回的初始费

### 一、考点解读

（1）企业在合同开始日向客户收取的无须退回的初始费（如俱乐部的入会费等）应当计入交易价格。

（2）企业应当评估该初始费是否与向客户转让已承诺的商品相关，分别三种情况进行处理：

①该初始费与向客户转让已承诺的商品相关，并且该商品构成单项履约义务的，企业应当在转让该商品时，按照分摊至该商品的交易价格确认收入。

②该初始费与向客户转让已承诺的商品相关，但该商品不构成单项履约义务的，企业应当在包含该商品的单项履约义务履行时，按照分摊至该单项履约义务的交易价格确认收入。

③该初始费与向客户转让已承诺的商品不相关的，该初始费应当作为未来将转让商品的预收款，在未来转让该商品时确认为收入。

（3）企业收取了无须退回的初始费且为履行合同应开展初始活动，但这些活动本身并没有向客户转让已承诺的商品的，例如，企业为履行会员健身合同开展了一些行政管理性质的准备工作，该初始费与未来将转让的已承诺商品相关，应当在未来转让该商品时确认为收入，企业在确定履约进度时不应考虑这些初始活动；企业为该初始活动发生的支出应当按照合同成本的要求确认为一项资产或计入当期损益。

### 二、例题点津

**【例题1·判断题】** 企业为履行合同而应开展的初始活动构成单项履约义务。（　　）

**【答案】** ×

**【解析】** 企业为履行合同而应开展的初始活动，如果没有向客户转让已承诺的商品，不构成单项履约义务。

**【例题2·多选题】** 甲公司经营一家会员制瑜伽俱乐部。甲公司与客户签订了为期2年的合同，客户入会之后可以不限次数在俱乐部跟随老师训练，收费标准为年费3 000元，初始注册收取100元会费，主要用于登记、办卡等工作，且都不能返还。下列关于上述业务说法正确的有（ ）。

A. 100元会费按分摊至商品的交易价格确认为收入

B. 100元会费确认为分摊至单项履约义务的交易价格确认为收入

C. 3 000元年费在当年确认为收入

D. 3 000元年费在两年内分摊确认为收入

【答案】AD

【解析】甲公司承诺的服务是向客户提供瑜伽服务，而甲公司收取的100元会费只是补偿登记、办卡等行政性质工作，与瑜伽服务无关。因此，该入会费实质上是客户为瑜伽服务所支付的对价的一部分，故应当作为瑜伽服务的预收款，与收取的年费一起在2年内分摊确认为收入。故选项A、D正确。

## 本章考点巩固练习题

### 一、单项选择题

1. 根据收入准则的规定，下列关于确定交易价格和将交易价格分摊至各单项履约义务的表述中，错误的是（ ）。

A. 当合同中包含两项或多项履约义务时，企业应当在合同开始日，按照各单项履约义务所承诺商品的单独售价的相对比例，将交易价格分摊至各单项履约义务

B. 单独售价无法直接观察的，企业应当综合考虑其能够合理取得的全部相关信息，采用市场调整法、成本加成法、余值法等方法合理估计单独售价

C. 合同中存在重大融资成分时，销售方应将收到的全部价款分解为本金和利息两个部分，本金确认为销售收入，利息确认为利息收入

D. 企业销售商品的增值税应当作为可变对价的一部分，因为其是代第三方收取的款项

2. 依据收入准则的规定，在确定交易价格时，下列各项中，不属于企业应当考虑的因素是（ ）。

A. 可变对价

B. 合同中存在的重大融资成分

C. 非现金对价

D. 应收客户款项

3. 动力公司是一家空调生产销售企业。4月，动力公司向零售商乙公司销售1 000台空调，每台价格为4 000元，合同价款合计400万元。同时，动力公司承诺，在未来6个月内，如果同类空调售价下降，则按照合同价格与最

低售价之间的差额向乙公司支付差价。动力公司根据以往执行类似合同的经验，预计未来6个月内，不降价的概率为60%；每台降价300元的概率为30%；每台降价600元的概率为10%。假定上述价格均不包含增值税。不考虑计入交易价格的可变对价金额的限制要求，动力公司估计该笔交易的交易价格为（ ）万元。

A. 400 B. 240 C. 385 D. 375

4. 企业已向客户转让商品而有权收取对价的权利，且该权利取决于时间流逝之外的其他因素（如履行合同中的其他履约义务），则应将该权利记入（ ）科目。

A. 应收账款 B. 预收账款

C. 合同资产 D. 合同负债

5. A企业为增值税一般纳税人，销售商品适用的增值税税率为13%，2×23年1月1日与B公司签订协议销售商品一批，增值税专用发票上注明的价格为100万元，增值税税额为13万元。该商品已经发出，款项已收到。该协议规定，该批商品销售价格（不含增值税税额）的20%属于商品售出后5年内提供修理服务的服务费。则A公司2×23年1月1日应确认的合同负债为（ ）万元。

A. 20 B. 80 C. 23.2 D. 100

6. 2×21年12月31日，甲建筑公司与乙公司签订一项建造工程合同，合同约定建造期间为2×22年1月1日至2×23年12月31日。2×22年12月31日，甲公司确认的与该合同相关的营业收入为12 000万元，与乙公司结

算的合同价款为 11 000 万元。2×23 年 12 月 31 日，甲公司确认的与该合同相关的营业收入为 11 000 万元，与乙公司结算的合同价款为 11 800 万元。假定不考虑增值税等其他因素，2×23 年甲公司资产负债表中与该合同相关的"合同资产"项目的金额为（　　）万元。

A. 200　　　　　　　B. 800

C. 1 000　　　　　　D. 1 800

7. 动力公司与客户签订合同，向其销售 A、B、C 三种产品，合同总价款为 450 万元，这三种产品构成三项履约义务。A 产品单独售价为 200 万元；B 产品和 C 产品的单独售价不可直接观察，动力公司采用市场调整法估计的 B 产品单独售价为 180 万元，采用成本加成法估计的 C 产品单独售价为 120 万元。动力公司通常以 200 万元的价格单独销售 A 产品，并将 B 产品和 C 产品组合在一起以 250 万元的价格销售。上述价格均不包含增值税。关于动力公司上述业务的说法中，错误的是（　　）。

A. 该合同的整体折扣为 50 万元

B. A 产品应分摊的交易价格为 200 万元

C. 该合同的整体折扣应该按比例分摊至 A、B、C 三种产品

D. B 产品应分摊的交易价格为 150 万元

8. 企业初始确认时摊销期限不超过一年或一个正常营业周期的合同履约成本，在资产负债表中应列示的项目为（　　）。

A. 存货　　　　　　　B. 预付款项

C. 其他流动资产　　　D. 合同资产

9. 动力公司有一项至 2×22 年 12 月 31 日尚未完工的与合同成本有关的资产，其账面价值为 3 000 万元（含已计提的减值准备 200 万元），因以前期间减值因素发生变化，转让与该资产相关的商品预期能够取得的剩余对价为 4 000 万元，为转让该相关商品估计将要发生的成本为 600 万元。动力公司下列会计处理中正确的是（　　）。

A. 转回减值准备 600 万元

B. 转回减值准备 200 万元

C. 不计提减值准备，也不转回减值准备

D. 计提减值准备 200 万元

10. 2×23 年 3 月 1 日，甲公司向乙公司销售一批商品共 5 万件，每件售价 80 元，每件成本 60 元。双方签订的销售合同约定，2×23 年 5 月 31 日前出现质量问题的商品可以退回。甲公司销售当日预计该批商品退货率为 10%。2×23 年 3 月 31 日，甲公司根据最新情况重新预计商品退货率为 8%，假定不考虑增值税等相关税费。3 月份未发生退货，则甲公司 2×23 年 3 月份的会计处理表述中，正确的是（　　）。

A. 3 月份不确认收入

B. 3 月份不需要对预计退货部分作处理

C. 3 月份确认收入 360 万元

D. 3 月份确认收入 368 万元

11. 下列关于授予知识产权许可是否构成一项单项履约义务的表述中，不正确的是（　　）。

A. 客户只有将授予知识产权许可和相关服务一起使用才能够从中获益的，该知识产权许可不构成一项单项履约义务

B. 授予知识产权许可构成有形商品的组成部分并且对于该商品的正常使用不可或缺的，该知识产权许可构成一项单项履约义务

C. 授予知识产权许可不构成单项履约义务的，应与其他商品一起作为一项履约义务进行处理

D. 授予知识产权许可与合同中其他商品或服务可明确区分的，该知识产权许可构成一项单项履约义务

12. 某商场 2×24 年元旦期间进行促销，规定购物每满 100 元积 10 分，每个积分可在次月起在购物时抵减 1 元。截至 2×24 年 1 月 31 日，某顾客购买了 1 000 元（不含增值税）的皮包，可获得 100 个积分。根据历史经验，该商场预计该积分的兑换率为 85%。不考虑其他因素，则该商场销售皮包时积分应分摊的交易价格为（　　）元。（计算结果保留两位小数）

A. 85　　　　　　　B. 921.66

C. 78.34　　　　　　D. 900

13. 为筹措研发新药品所需资金，2×22 年 12 月 1 日，甲公司与乙公司签订购销合同。合同规定：乙公司购入甲公司积存的 100 箱 A 药品，每箱销售价格为 40 万元。甲公司已于

当日收到乙公司开具的银行转账支票，并交付银行办理收款。A种药品每箱销售成本为20万元（未计提跌价准备）。同时，双方还签订了补充协议，补充协议规定甲公司于2×23年9月30日按每箱46万元的价格购回全部A种药品。不考虑增值税及其他因素，甲公司2×22年应确认的财务费用为（　）万元。

A. 200　　　　　　　B. 60

C. 0　　　　　　　　D. 260

## 二、多项选择题

1. 甲公司承诺向某客户销售120件产品，每件产品售价100元。该批产品彼此之间可明确区分，且将于未来6个月内陆续转让给该客户。甲公司将其中的60件产品转让给该客户后，双方对合同进行了变更，甲公司承诺向该客户额外销售30件相同的产品，这30件产品与原合同中的产品可明确区分，其售价为每件95元（假定该价格反映合同变更时该产品的单独售价）。上述价格均不包含增值税。假定不考虑其他因素，下列关于甲公司的会计处理说法正确的有（　）。

A. 对原合同中的120件产品按每件产品100元确认收入

B. 对尚未转让给该客户的90件产品按每件产品100元确认收入

C. 对额外销售的30件相同产品按每件产品95元确认收入

D. 对尚未转让给该客户的90件产品按每件产品95元确认收入

2. 2×23年1月1日，A公司订立一项于2×23年3月31日向客户转让产品的可撤销合同。合同要求客户于2×23年1月31日预先支付1 000元的对价。客户于2×23年3月1日支付了对价。A公司于2×23年3月31日转让了相应的产品。假定不考虑相关税费，下列A公司会计处理中正确的有（　）。

A. 借：银行存款　　　　　　1 000
　　　贷：合同负债　　　　　　　　1 000

B. 借：银行存款　　　　　　1 000
　　　贷：预收账款　　　　　　　　1 000

C. 借：合同负债　　　　　　1 000

　　　贷：主营业务收入　　　　　　1 000

D. 借：预收账款　　　　　　1 000
　　　贷：主营业务收入　　　　　　1 000

3. 下列关于合同资产和应收账款的说法中正确的有（　）。

A. 合同资产和应收款项都是企业拥有的有权收取对价的合同权利

B. 应收款项代表的是无条件收取合同对价的权利，即企业仅仅随着时间的流逝即可收款

C. 合同资产，是指企业已向客户转让商品而有权收取对价的权利，且该权利取决于时间流逝之外的其他因素

D. 合同资产代表的是无条件收取合同对价的权利

4. 下列各项关于合同履约成本的相关表述中，正确的有（　）。

A. 与一份当前或预期取得的合同直接相关

B. 初始确认时摊销期限不超过一年或一个营业周期的，在资产负债表中列示为存货

C. 已计提的减值准备以后期间不得转回

D. 应采用与该合同履约成本相关的收入确认相同的基础进行摊销并计入当期损益

5. 下列各项中，属于产出法确定履约进度的方法有（　）。

A. 时间进度

B. 评估已实现的结果

C. 实际测量的完工进度

D. 已达到的工程进度节点

6. 甲公司是一家销售公司，通过竞标赢得一个新客户，为取得和该客户的合同，甲公司发生下列支出：聘请外部律师进行尽职调查的支出为60 000元，销售人员佣金为9 000元，因投标发生的差旅费6 000元、业务招待费3 000元，甲公司预期这些支出未来能够收回。此外，甲公司根据其年度销售目标、整体盈利情况及个人业绩等，向销售部门经理支付年度奖金30 000元。基于上述资料，如下论断中正确的有（　）。

A. 销售人员佣金不属于增量成本，应直接计入销售费用

B. 律师费、差旅费和业务招待费不属于增量成本，应直接计入当期损益

C. 销售部门经理的奖金不属于增量成本，不

能认定为合同取得成本

D. 如果合同续约而追加支付的销售佣金也属于合同取得成本

7. 企业向客户转让商品与客户支付相关款项之间虽然存在时间间隔，但两者之间的合同没有包含重大融资成分的情形有（　　）。

A. 客户就商品支付了预付款，且可以自行决定这些商品的转让时间

B. 客户承诺支付的对价中有相当大的部分是可变的，该对价金额或付款时间取决于某一未来事项是否发生，且该事项实质上不受客户或企业控制

C. 合同承诺的对价金额与现销价格之间的差额是由于向客户或企业提供融资利益以外的其他原因所导致的，且这一差额与产生该差额的原因是相称的

D. 以分期收款方式赊销商品，预计客户能如期支付款项的

8. 2×23年10月1日，甲公司委托乙公司销售商品80万件，商品已发出，每件成本为200元，合同约定乙公司应按每件360元对外销售，甲公司按照售价的10%向乙公司支付手续费。2×23年12月31日，甲公司收到乙公司开具的代销清单，列明已对外销售55万件。不考虑其他因素，下列会计处理正确的有（　　）。

A. 甲公司应在2×23年10月1日确认收入28 800万元

B. 甲公司应在2×23年12月31日确认收入19 800万元

C. 乙公司应在2×23年12月31日确认收入1 980万元

D. 乙公司应在2×23年10月1日确认库存商品16 000万元

9. 关于企业向客户转让商品确定交易价格的方法表述中，正确的有（　　）。

A. 应将合同标价作为交易价格

B. 合同仅有两个可能结果时，按照可能发生金额及其概率的加权金额估计可变对价金额

C. 企业拥有大量具有类似特征的合同，并据此估计合同可能产生多个结果时，按照期望值估计可变对价金额

D. 企业与客户的合同中约定的对价金额可能是固定的，也可能会因折扣、价格折让、返

利、退款、奖励积分、激励措施、业绩奖金、索赔、未来事项等因素而变化

10. 在售后代管商品的安排下，企业除了考虑客户是否取得商品控制权的迹象之外，还应当同时满足（　　）条件，才表明客户取得了该商品的控制权。

A. 该安排必须具有商业实质

B. 属于客户的商品必须能够单独识别，例如将属于客户的商品单独存放在指定地点

C. 该商品可以随时交付给客户

D. 企业不能自行使用该商品或将该商品提供给其他客户

11. 动力公司与源头公司签订合同，约定向源头公司销售100件特种设备，售价总额为30万元，商品成本为24万元，假定不考虑增值税因素。动力公司承诺该设备自售出起一年内如果发生非意外事件造成的故障或质量问题，动力公司负责免费保修，同时还承诺免费提供额外的两年延保服务，市场上单独购买两年延保服务需要支付2万元，法律规定该设备必须有1年的质量保证期。动力公司根据以往经验估计在法定保修期（1年）内将发生的保修费用为0.5万元。根据上述资料，以下指标正确的有（　　）。

A. 动力公司应确认两项履约义务，其中商品销售及法定质保确认为一项履约义务，报价28万元，两年延保服务应确认一项履约义务，报价2万元

B. 动力公司应确认预计负债0.5万元

C. 动力公司应确认合同负债1.875万元

D. 动力公司应确认销售费用2.375万元

12. 甲公司系增值税一般纳税人，适用的增值税税率为13%。2×23年12月1日，甲公司以赊销方式向乙公司销售一批成本为60万元的商品。开出的增值税专用发票上注明的价款为100万元，增值税税额为13万元，满足销售商品收入确认条件，合同约定乙公司有权在3个月内退货。2×23年12月31日，甲公司尚未收到上述款项。根据以往经验估计退货率为20%。下列关于甲公司2×23年该项业务会计处理的表述中，正确的有（　　）。

A. 确认预计负债20万元

B. 确认主营业务收入 100 万元

C. 确认应收退货成本 12 万元

D. 确认主营业务成本 60 万元

13. 下列各项中，关于主要责任人和代理人的说法正确的有（　　）。

A. 主要责任人是在向客户转让商品前能够控制该商品

B. 代理人按收取价款确认收入，按支付给其他方价款确认成本

C. 主要责任人应按总额法确认收入

D. 代理人在转让商品前不承担商品的风险

14. 源头公司 2×23 年 4 月 1 日与动力公司签订合同。合同规定，源头公司销售给动力公司一台特种生产设备，销售价格为 3 000 万元。源头公司已于当日收到货款，销售成本为 2 800 万元（未计提跌价准备）。源头公司应于 2×23 年 12 月 31 日按 3 100 万元的价格购回。2×23 年 4 月 1 日源头公司开具增值税专用发票，并发出设备。假定不考虑增值税等因素，根据上述资料，对于售后回购的说法中正确的有（　　）。

A. 2×23 年 4 ~ 12 月的该设备的折旧应计入其他业务成本

B. 2×23 年 4 月 1 日销售商品时计入其他应付款的金额为 3 000 万元

C. 2×23 年 12 月 31 日累计计入财务费用的金额为 100 万元

D. 如果回购价为 2 800 万元，此业务应界定为源头公司出租资产收取 200 万元租金行为

15. 下列有关收入的论断中，不正确的有（　　）。

A. 售后回购是指商品销售的同时，销售方同意日后以一个提前确认的价格重新买回这批商品，在这种情况下，应视为租赁行为，不确认为收入

B. 对于附有销售退回条件的商品销售，如果企业不能合理地确定退货的可能性，则应在退货期满时确认收入

C. 以前年度销售并确认收入的商品，在上年度财务会计报告批准报出后，本报告年度终了前退回的，应冲减上年度的收入与成本

D. 采用分期收款方式销售商品时，应在控制权转移时确认收入，并结转当期销售成本

## 三、判断题

1. 合同变更增加了可明确区分的商品及合同价款，且新增合同价款反映了新增商品单独售价的，企业应当将该合同变更作为原合同的终止及新合同的订立进行会计处理。（　　）

2. 可变对价最佳估计数的确定应按照期望值或最可能发生金额确定。（　　）

3. 对于确认为资产的合同履约成本和合同取得成本，企业应当采用直线法平均摊销，在合同年限内进行摊销，摊销额计入当期损益。（　　）

4. 销售合同约定客户支付对价的形式为股票的，企业应当根据合同开始日后股票公允价值的变动调整合同的交易价格。（　　）

5. 资产负债表日，企业应当对履约进度进行重新估计，发生变化的作为会计估计变更处理。且对于每一项履约义务，企业只能采用一种方法确认其履约进度。（　　）

6. 当履约进度不能合理确定时，企业已经发生的成本预计能够得到补偿的，应当按照已经收到的金额确认收入。（　　）

7. 主要责任人按已收或应收对价总额确认收入，代理人按预期有权收取的佣金或手续费的金额确认收入。（　　）

8. 企业因现有合同续约或发生合同变更需要支付的额外佣金，不属于为取得合同发生的增量成本。（　　）

9. 企业向客户授予知识产权许可，并约定按客户使用该知识产权实现的销售额收取特许权使用费的，企业应在客户后续销售实际发生与企业履行相关履约义务二者孰晚的时点确认收入。（　　）

10. 对于附有客户额外购买选择权的销售，企业应当评估该选择权是否向客户提供了一项重大权利。企业提供重大权利的，应当作为单项履约义务。（　　）

11. 售后租回交易中的资产转让属于销售的，承租人应按照租赁期开始日尚未支付的租赁付款额的现值加上承租人发生的初始直接费用计量使用权资产。（　　）

12. 企业负有应客户要求回购商品义务的，应当在合同开始日评估客户是否具有行使该要求

权的重大经济动因，客户具有行使该要求权的重大经济动因的，应将其作为附有销售退回条款的销售交易进行会计处理。（　　）

# 本章考点巩固练习题参考答案及解析

## 一、单项选择题

1.【答案】D

【解析】企业代第三方收取的款项（如增值税）以及企业预期将退还给客户的款项，应当作为负债进行会计处理，不作为交易价格。故选项D错误。

2.【答案】D

【解析】企业应当根据合同条款，并结合其以往的习惯做法确定交易价格。在确定交易价格时，企业应当考虑可变对价、合同中存在的重大融资成分、非现金对价、应付客户对价等因素的影响，选项D不属于企业应当考虑的因素。

3.【答案】C

【解析】因为不考虑计入交易价格的可变对价金额的限制要求，所以按期望值确定最佳估计数即可，每台交易价格为：$4\,000 \times 60\% + (4\,000 - 300) \times 30\% + (4\,000 - 600) \times 10\% = 3\,850$（元），总交易价格 $= 3\,850 \times 1\,000 = 385$（万元）。

4.【答案】C

【解析】"合同资产"科目核算企业已向客户转让商品而有权收取对价的权利，且该权利取决于时间流逝之外的其他因素（如履行合同中的其他履约义务），而"应收账款"科目核算企业已向客户转让商品而有权收取对价的权利，且该权利只取决于时间流逝因素。

5.【答案】A

【解析】A公司2×23年1月1日应确认的合同负债 $= 100 \times 20\% = 20$（万元）。

6.【答案】A

【解析】2×23年甲公司与该合同相关的合同资产项目金额 $= (12\,000 - 11\,000) + (11\,000 - 11\,800) = 200$（万元）。

2×22年12月31日：

借：合同结算　　　　　　　　12 000
　　贷：主营业务收入　　　　　　　　12 000
借：应收账款　　　　　　　　11 000
　　贷：合同结算　　　　　　　　　　11 000

2×23年12月31日：

借：合同结算　　　　　　　　11 000
　　贷：主营业务收入　　　　　　　　11 000
借：应收账款　　　　　　　　11 800
　　贷：合同结算　　　　　　　　　　11 800

期末，"合同结算"科目余额在借方的，应当在资产负债表中作为"合同资产"项目列示；余额在贷方的，应当在资产负债表中作为"合同负债"项目列示。

7.【答案】C

【解析】三种产品的单独售价合计为500万元，而该合同的总价款为450万元，该合同的整体折扣为50万元，选项A正确；由于动力公司经常将B产品和C产品组合在一起以250万元的价格销售，该价格与其单独售价之和（300万元）的差额为50万元，与该合同的整体折扣一致，而A产品通常单独销售的价格与其单独售价一致，所以，证明该合同的整体折扣仅应归属于B产品和C产品，选项C错误；分摊至A产品的交易价格为其单独售价200万元，分摊至B产品和C产品的交易价格合计为250万元，动力公司应当进一步按照B产品和C产品的单独售价的相对比例将该价格在二者之间进行分摊：B产品应分摊的交易价格为150万元（180/300 × 250），C产品应分摊的交易价格为100万元（120/300 × 250），选项B、D正确。

8.【答案】A

【解析】合同履约成本，初始确认时摊销期限不超过一年或一个正常营业周期的，在资产负债表中列示为存货；初始确认时摊销期限在一年或一个正常营业周期以上的，在资产负债表中列示为其他非流动资产。

9.【答案】B

【解析】动力公司因转让与该资产相关的商品预期能够取得的剩余对价：4 000 – 600 = 3 400（万元），高于该资产账面价值3 000万元，应当转回原已计提的资产减值准备，并计入当期损益，但转回后的资产账面价值不应超过假定不计提减值准备情况下该资产在转回日的账面价值3 200万元（3 000 + 200），因此应转回减值准备200万元。

10.【答案】D

【解析】甲公司2×23年3月份应确认的收入 = 5 × 80 × (1 – 8%) = 368（万元）。

11.【答案】B

【解析】授予知识产权许可构成有形商品的组成部分并且对于该商品的正常使用不可或缺的，该知识产权许可不构成一项单项履约义务。

12.【答案】C

【解析】客户购买皮包的单独售价合计为1 000元，考虑积分的兑换率，该商场估计积分的单独售价为85元（100×85%）。因此，皮包应分摊的交易价格 = [1 000/(1 000 + 85)] × 1 000 = 921.66（元）；积分分摊的交易价格 = [85/(1 000 + 85)] × 1 000 = 78.34（元）。

13.【答案】B

【解析】商品销售后，约定于2×23年9月30日按每箱46万元的固定价格回购，回购价大于销售价每箱40万元，所以这是具有融资性质的售后回购，因此不符合收入确认条件。开始收到的客户款项先确认为负债，回购价与销售价的差额在回购期内按期摊销，计入财务费用，2×22年12月1日约定于2×23年9月30日回购商品，所以回购期是10个月。由于回购期是10个月，货币时间价值的影响不大，采用直线法计提利息费用。所以甲公司2×22年应确认的财务费用 = (回购价 – 原售价)/回购期 = 100 × (46 – 40)/10 = 60（万元）。

## 二、多项选择题

1.【答案】AC

【解析】本题考查合同变更相关内容。由于新增的30件产品是可明确区分的，且新增的合同价款反映了新增产品的单独售价，因此，该合同变更实际上构成了一份单独的、在未来销售30件产品的新合同，该新合同并不影响对原合同的会计处理。甲公司应当对原合同中的120件产品按每件产品100元确认收入，对新合同中的30件产品按每件产品95元确认收入，因此正确答案为选项A、C。

2.【答案】AC

【解析】A公司2×23年3月1日收到对价时：

借：银行存款　　　　　1 000
　　贷：合同负债　　　　　　1 000

A公司2×23年3月31日转让产品时：

借：合同负债　　　　　1 000
　　贷：主营业务收入　　　　1 000

3.【答案】ABC

【解析】本题考查合同资产和应收款项的含义及区别。应收款项代表的是无条件收取合同对价的权利，而合同资产并不是一项无条件收款权，因此选项D错误。

4.【答案】ABD

【解析】选项C，合同履约成本已计提的减值准备以后期间可以转回。

5.【答案】ABCD

【解析】产出法是根据已转移给客户的商品对于客户的价值确定履约进度，通常可采用实际测量的完工进度、评估已实现的结果、已达到的工程进度节点、时间进度、已完工或交付的产品等产出指标确定履约进度的方法。

6.【答案】BCD

【解析】选项A，甲公司向销售人员支付的佣金属于为取得合同发生的增量成本，应当将其作为合同取得成本确认为一项资产。选项B，甲公司聘请外部律师进行尽职调查发生的支出、为投标发生的差旅费和业务招待费，无论是否取得合同都会发生，不属于增量成本，因此，应当于发生时直接计入当期损益。选项C，甲公司向销售部门经理支付的年度奖金也不是为取得合同发生的增量成本，这是因为该奖金发放与否以及发放金额还取决于其他因素（包括公司的盈利情况和个人业绩），其并不能直接归属于可识别的合同。选项D，续约合同的追加佣金也属于增量成本，应定义为合同取得成本。

**7.【答案】ABC**

**【解析】**选项 A、B、C 描述正确。以分期收款方式赊销商品（尤其是赊销时间长、金额大的时候），应该考虑存在重大融资成分，而不是不包含重大融资成分，选项 D 错误。

**8.【答案】BC**

**【解析】**本题属于委托代销安排，甲公司是委托方，在发出商品时不确认收入，应在收到代销清单时按照实际销售数量确认收入；乙公司是受托方，应按照约定方式计算确认手续费收入，收到代销商品时应确认受托代销商品和受托代销商品款，不确认库存商品。

相关会计分录为：

甲公司：

2×23 年 10 月 1 日：

借：发出商品　（80×200）16 000
　　　贷：库存商品　　　　　16 000

2×23 年 12 月 31 日：

借：应收账款　　　　　　　19 800
　　　贷：主营业务收入
　　　　　　　（55×360）19 800

借：主营业务成本
　　　　　　　（55×200）11 000
　　　贷：发出商品　　　　　11 000

借：销售费用　　　　　　　1 980
　　　贷：应收账款
　　　　　　（19 800×10%）1 980

乙公司：

2×23 年 10 月 1 日：

借：受托代销商品　　　　　28 800
　　　贷：受托代销商品款
　　　　　　　（80×360）28 800

2×23 年 12 月 31 日：

借：银行存款/应收账款　　　19 800
　　　贷：受托代销商品
　　　　　　　（55×360）19 800

借：受托代销商品款　　　　19 800
　　　贷：应付账款　　　　　19 800

借：应付账款　　　　　　　1 980
　　　贷：其他业务收入　　　　1 980

**9.【答案】CD**

**【解析】**选项 A，合同标价并不一定代表交易价格。选项 B，合同仅有两个可能结果时，按照最可能发生金额估计可变对价金额。

**10.【答案】ABCD**

**11.【答案】BC**

**【解析】**可以看出，动力公司将特种设备和延保服务（二者可明确区分）组合销售，因此需要将交易价格分摊至各单项履约义务：

特种设备：30/（30+2）×30＝28.125（万元）

延保服务：30/（30+2）×2＝1.875（万元）

会计处理为：

借：银行存款　　　　　　　30
　　　贷：主营业务收入　　　28.125
　　　　　合同负债　　　　　1.875

借：主营业务成本　　　　　24
　　　贷：库存商品　　　　　24

借：销售费用　　　　　　　0.5
　　　贷：预计负债　　　　　0.5

综上可看出，选项 B、C 正确。

**12.【答案】AC**

**【解析】**能够估计退货可能性的销售退回，应按照因向客户转让商品而预期有权收取的对价金额 80 万元（100×80%）确认收入，按照预期因销售退回应退还的金额 20 万元（100×20%）确认负债；同时，按预期将退回商品转让时的账面价值，确认应收退货成本 12 万元（60×20%），按照所转让商品转让时的账面价值，扣除上述资产成本的净额结转成本 48 万元（60－12）。会计分录为：

发出商品时：

借：应收账款　　　　　　　113
　　　贷：主营业务收入　　　　80
　　　　　预计负债　　　　　　20
　　　　　应交税费——应交增值税（销项税额）
　　　　　　　　　　　　　　13

借：主营业务成本　　　　　48
　　　应收退货成本　　　　　12
　　　贷：库存商品　　　　　60

**13.【答案】ACD**

**【解析】**代理人按照既定的佣金金额或比例计算的金额确认收入，或者按照已收或应收对价总额扣除应支付给提供该特定商品的第三方的价款后的净额确认收入。

**14.【答案】BCD**

【解析】源头公司按 3 100 万元的价格进行回购，高于销售价格 3 000 万元，应当视为融资交易，该设备的折旧应计入当期损益，选项 A 错误。销售时会计处理：

借：银行存款 3 000

　　贷：其他应付款 3 000

购回时：

借：其他应付款 3 000

　　财务费用 100

　　贷：银行存款 3 100

选项 B、C 正确。

如果回购价为 2 800 万元，低于售出价 3 000 万元，视为租赁交易，此业务应界定为源头公司出租资产收取 200 万元租金行为，选项 D 正确。

15.【答案】AC

【解析】选项 A，企业因存在与客户的远期安排而负有回购义务或企业享有回购权利的，回购价格低于原售价的，应当视为租赁交易；回购价格不低于原售价的，应当视为融资交易，并不是全部视为融资行为处理的。选项 C，以前年度销售并确认收入的商品，在上年度财务会计报告批准报出后，不再作为资产负债表日后期间的调整事项处理，故不应冲减上年度的收入与成本，应冲减本年度的收入、成本与税金等。

## 三、判断题

1.【答案】×

【解析】此时企业应该将该合同变更作为一份单独的合同进行会计处理。

2.【答案】√

3.【答案】×

【解析】对于确认为资产的合同履约成本和合同取得成本，企业应当采用与该资产相关的商品收入确认相同的基础（在履约义务履行的时点或按照履约义务的履约进度）进行摊销，计入当期损益。

4.【答案】×

【解析】合同开始日后，非现金对价的公允价值因对价形式以外而发生变动的（如企业有权收取现金对价的公允价值因企业的履约情况而发生变动），应作为可变对价，按照与计入交易价格的可变对价金额的限制条件相关的规定进行处理；合同开始日后，非现金对价的公允价值因对价形式而发生变动的（如企业有权向客户收取的对价是股票，股票本身的价格会发生变动），该变动金额不应计入交易价格，所以本题说法错误。

5.【答案】√

6.【答案】×

【解析】当履约进度不能合理确定时，企业已经发生的成本预计能够得到补偿的，应当按照已经发生的成本金额确认收入，直到履约进度能够合理确定为止。

7.【答案】√

8.【答案】×

【解析】企业因现有合同续约或发生合同变更需要支付的额外佣金，也属于为取得合同发生的增量成本，所以本题说法错误。

9.【答案】√

10.【答案】√

11.【答案】×

【解析】售后租回交易中的资产转让属于销售的，卖方兼承租人应当按原资产账面价值中与租回获得的使用权有关的部分，计量售后租回所形成的使用权资产，并仅就转让至买方兼出租人的权利确认相关利得或损失。

12.【答案】×

【解析】客户不具有行使该要求权的重大经济动因的，企业应当将该售后回购作为附有销售退回条款的销售交易进行相应的会计处理。

# 第十四章　政府补助

考情分析

本章在考试中处于一般地位，考试题型多为客观题，所占分值不高。

## 教材变化

2024 年本章教材内容无实质性变化。

## 考点提示

本章内容比较简单，学习时应重点掌握：（1）政府补助的定义、特征和分类；（2）政府补助的会计处理。

## 本章考点框架

政府补助 ⎰ 政府补助概述
　　　　 ⎱ 政府补助的会计处理

# 考点解读及例题点津

## 第一单元　政府补助概述

### 一、考点解读

（一）政府补助的定义

1. 政府补助的概念

政府补助是企业从政府无偿取得的货币性资产或非货币性资产，但不包括政府对企业的资本性投入或者政府购买服务所支付的对价。

政府补助主要形式包括政府对企业的无偿拨款、税收返还、财政贴息，以及无偿给予非货币性资产等。通常情况下，直接减征、免征、增加计税抵扣额、抵免部分税额等不涉及资产直接转移的经济资源，不适用政府补助准则。增值税出口退税不属于政府补助。

2. 政府补助的特征

（1）政府补助是来源于政府的经济资源。

（2）政府补助是无偿的。

（二）关于政府补助的分类

政府补助应当划分为与资产相关的政府补助和与收益相关的政府补助。这两类政府补助给企业带来经济利益或者弥补相关成本或费用的形式不同，从而在具体会计处理上存在差别。

1. 与资产相关的政府补助

与资产相关的政府补助，是指企业取得的、用于购建或以其他方式形成长期资产的政府补助。通常情况下，相关补助文件会要求企业将补助资金用于取得长期资产。长期资产将在较长的期间内给企业带来经济利益，因此相应的政府补助的受益期也较长。

2. 与收益相关的政府补助

与收益相关的政府补助，是指除与资产相关的政府补助之外的政府补助。此类补助主要是用于补偿企业已发生或即将发生的相关成本费用或损失，受益期相对较短，通常在满足补助所附条件时计入当期损益或冲减相关成本。

### 二、例题点津

【例题1·单选题】2×23年12月，甲公司取得政府无偿拨付的技术改造资金150万元，增值税出口退税30万元、财政贴息40万元。不考虑其他因素，甲公司2×23年12月获得的政府补助金额为（　　）万元。

A. 180　　　　　　B. 100

C. 70　　　　　　　D. 190

【答案】D

【解析】增值税出口退税金额实际上是政府退回企业事先垫付的增值税进项税，不属于政府补助的内容。故甲公司2×23年12月获得的政府补助金额 = 150 + 40 = 190（万元），选项D正确。

【例题2·多选题】下列关于政府补助说法正确的有（　　）。

A. 政府补助分为与资产相关和与收益相关两类

B. 财政拨款属于政府补助

C. 政府补助不应该包括非货币性资产

D. 政府补助的特征包括无偿性和经济资源来源于政府

【答案】ABD

【解析】政府补助是企业从政府无偿取得的货币性资产或非货币性资产，但不包括政府对企业的资本性投入或政府购买服务所支付的对价，故选项C错误，而选项A、B、D描述正确。

【例题3·判断题】政府鼓励企业安置职工就业给予的奖励款项不属于政府补助。（　　）

【答案】×

【解析】政府鼓励企业安置职工就业给予的奖励款项属于政府补助中的财政拨款。

【例题4·判断题】企业从政府取得的经济

资源，如果与自身销售商品密切相关，且是企业商品对价的组成部分，不应作为政府补助进行会计处理。（　　）

【答案】√

【解析】企业从政府取得的经济资源，如果与自身销售商品密切相关，且是企业商品对价的组成部分，应按照收入准则进行处理。

# 第二单元　政府补助的会计处理

## 一、考点解读

### （一）会计处理方法

政府补助有两种会计处理方法：总额法和净额法。总额法是在确认政府补助时将其全额确认为收益，而不是作为相关资产账面价值或者费用的扣减。净额法是将政府补助确认为对相关资产账面价值或者所补偿费用的扣减。根据《企业会计准则——基本准则》的要求，同一企业不同时期发生的相同或者相似的交易或者事项，应当采用一致的会计政策，不得随意变更。确需变更的，应当在附注中说明。企业应当根据经济业务的实质，判断某一类政府补助业务应当采用总额法还是净额法，通常情况下，对同类或类似政府补助业务只能选用一种方法，同时，企业对该业务应当一贯地运用该方法，不得随意变更。

与企业日常活动相关的政府补助，应当按照经济业务实质，计入其他收益或冲减相关成本费用。与企业日常活动无关的政府补助，计入营业外收支。

### （二）与资产相关的政府补助

1. 总额法

收到政府补助资金时，借记"银行存款"科目，贷记"递延收益"科目。

（1）如果企业先收到补助资金，再购建长期资产，则应当在开始对相关资产计提折旧或摊销时将递延收益分期计入损益，借记"递延收益"科目，贷记"其他收益"或"营业外收入"科目。

（2）如果企业先开始购建长期资产，再取得补助，则应当在相关资产的剩余使用寿命内按照合理、系统的方法将递延收益分期计入损益，借记"递延收益"科目，贷记"其他收益"或"营业外收入"科目。

（3）相关资产在使用寿命结束时或结束前被处置（出售、报废等），尚未分摊的递延收益余额应当一次性转入资产处置当期的损益，不再予以递延，借记"递延收益"科目，贷记"营业外收入"科目。

2. 净额法

按照补助资金的金额冲减相关资产的账面价值，企业按照扣减了政府补助后的资产价值对相关资产计提折旧或进行摊销。即收到政府补助资金时，借记"银行存款"科目，贷记"递延收益"科目；购建资产时按支付的价款，借记"固定资产""应交税费——应交增值税"等科目，贷记"银行存款"等科目，同时按已计入递延收益的政府补助资金冲减相关资产成本，借记"递延收益"科目，贷记"固定资产"等科目，以后各期按"固定资产"等科目的余额计提折旧或进行摊销。

政府无偿给予企业长期非货币性资产的情况，如无偿给予土地使用权、天然起源的天然林等。企业取得的政府补助为非货币性资产的，应当按照公允价值计量；公允价值不能可靠取得的，按照名义金额（1元）计量。企业在收到非货币性资产的政府补助时，应当借记有关资产科目，贷记"递延收益"科目；然后在相关资产使用寿命内按合理、系统的方法分期计入损益，借记"递延收益"科目，贷记"其他收益"或"营业外收入"科目。但是，对以名义金额计量的政府补助，在取得时计入当期损益。

### （三）与收益相关的政府补助

对于与收益相关的政府补助，企业应当选择采用总额法或净额法进行会计处理。选择总额法的，应当计入其他收益或营业外收入。选择净额法的，应当冲减相关成本费用或营业外支出。

（1）与收益相关的政府补助如果用于补偿企业以后期间的相关成本费用或损失，企业应当将其确认为递延收益，并在确认相关费用或损失的期间，计入当期损益或冲减相关成本。

（2）与收益相关的政府补助如果用于补偿企业已发生的相关成本费用或损失，企业应当将其直接计入当期损益或冲减相关成本费用。

（四）综合性项目政府补助的会计处理

对于同时包含与资产相关部分和与收益相关部分的政府补助，企业应当将其进行分解，区分不同部分分别进行会计处理；难以区分的，企业应当将其整体归类为与收益相关的政府补助进行会计处理。

（五）政府补助退回的会计处理

已确认的政府补助需要退回的，应当在需要退回的当期分情况按照以下规定进行会计处理：（1）初始确认时冲减相关资产账面价值的，调整资产账面价值；（2）存在相关递延收益的，冲减相关递延收益账面余额，超出部分计入当期损益；（3）属于其他情况的，直接计入当期损益。此外，对于属于前期差错的政府补助退回，应当按照前期差错更正进行追溯调整。

## 二、例题点津

**【例题1·单选题】**2×23年9月5日，电力公司收到用于购买环保M设备的政府补贴为420万元。2×23年10月15日，电力公司以580万元的价格购入环保设备并立即投入使用，预计使用年限为10年，预计净残值为0。电力公司对该类设备均采用年限平均法计提折旧，对政府补助采用净额法核算。不考虑其他因素，2×23年电力公司对M设备应计提的折旧金额为（　　）万元。

A. 13　　　　　　B. 14.5

C. 5　　　　　　D. 2.67

**【答案】**D

**【解析】**在净额法核算下，M设备的入账价值＝580－420＝160（万元）2×23年计提折旧金额＝160/10×2/12＝2.67（万元）。

**【例题2·单选题】**2×23年10月31日，甲公司获得只能用于项目研发未来支出的财政拨款1 000万元，该研发项目预计于2×24年12月31日完成。2×23年10月31日，甲公司应将收到的该笔财政拨款计入（　　）。

A. 研发支出

B. 递延收益

C. 营业外收入

D. 其他综合收益

**【答案】**B

**【解析】**该财政拨款是用于补偿以后期间费用或损失的，在取得时先确认为递延收益。

**【例题3·多选题】**2×23年，电力公司发生的相关交易或事项如下：（1）2×23年2月23日，一台设备发生毁损，与该设备相关的政府补助确认的递延收益余额为23万元。（2）电力公司申请一项课题研究，课题研发成果归电力公司所有，2×23年6月1日，电力公司收到课题经费总计500万元。（3）收到即征即退增值税税额200万元。（4）按发电量及定额补助标准计算的光伏发电业务应收政府可再生能源发电补助1 000万元。电力公司采用总额法对政府补助进行会计处理。不考虑相关税费及其他因素，下列关于电力公司2×23年度会计处理的表述中，正确的有（　　）。

A. 与毁损设备相关的递延收益余额23万元确认为其他收益

B. 收到的课题经费500万元确认为政府补助

C. 收到即征即退增值税税额作为政府补助确认为其他收益

D. 应收可再生能源发电补助1 000万元确认为营业收入

**【答案】**BCD

**【解析】**设备损毁时，与设备相关的政府补助确认的递延收益余额在总额法下应确认营业外收入，选项A错误。

**【例题4·多选题】**2×22年12月，动力公司中了政府推广A设备的项目，以2 000万元的中标价格将这批生产成本为1 800万元的A设备出售给客户，客户约定于2×23年1月支付，该批设备的市场价格是2 300万元，销售当日该批设备的控制权已转移，满足收入确认条件。动力公司收到销售该批设备的财政补贴300万元并存入银行。不考虑其他因素，上述经济业务对动力公司2×22年度利润表项目影响的表述中，正确的有（　　）。

A. 增加营业外收入300万元

B. 增加营业利润500万元

C. 增加主营业务成本1 800万元

D. 增加主营业务收入 2 300 万元

【答案】BCD

【解析】动力公司收到的财政补贴属于动力公司定向低价销售商品形成的款项，应作为动力公司销售商品取得收入的一部分。会计处理：

借：银行存款　　　　　300

应收账款　　　　　2 000

　　贷：主营业务收入　　　　2 300

借：主营业务成本　　　1 800

　　贷：库存商品　　　　　　1 800

故选项 B、C、D 正确。

# 本章考点巩固练习题

## 一、单项选择题

1. 电力公司租赁某专业设备，租赁期为 5 年，每 6 个月支付一次租金。为支持电力公司经营发展，当地政府为电力公司提供资金支持补贴，电力公司每 6 个月支付租金后向政府提交租金支付凭证等申请文件，政府审核通过后发放相应 6 个月的租金扶持补贴。下列关于电力公司收到上述租金支持补贴的会计处理正确的是（　　）。

A. 应按《收入》准则进行会计处理

B. 应按《租赁》准则进行会计处理

C. 应当作为与资产相关的政府补助

D. 应当作为与收益相关的政府补助

2. 动力公司发生的下列各项交易或事项中，应按与收益相关的政府补助进行会计处理的是（　　）。

A. 收到即征即退的增值税退税款 20 万元

B. 收到政府以股东身份投入的资本 2 000 万元

C. 收到政府购买商品交付的货款 300 万元

D. 获得政府无偿划拨的公允价值为 9 000 万元的土地使用权

3. 下列各项关于政府补助交易或事项会计处理的表述中，正确的是（　　）。

A. 收到政府拨付的设备补助款应冲减所取得设备的成本

B. 收到先征后返的增值税应确认为与收益相关的政府补助

C. 收到政府追加的投资应确认为递延收益并分期计入损益

D. 收到政府拨付用于新型专利的款项应冲减专利的成本

4. 某公交公司为贯彻落实政府的市民绿色出行政策，在乘客乘坐公交车时给予乘客 0.5 元/乘次的票价优惠，公交公司因此少收的票款政府予以补贴。2×23 年 12 月，甲公交公司实际收到乘客票款 800 万元。同时收到政府按乘次给予的当月车票补贴款 300 万元。不考虑其他因素，甲公交公司 2×23 年 12 月应确认的营业收入为（　　）万元。

A. 300　　　　　　B. 500

C. 1 100　　　　　D. 800

5. 电力公司 2×23 年 1 月 1 日与所在地政府签订协议，当地政府向电力公司拨付 1 000 万元用于人才引进。电力公司于 2×23 年 3 月 1 日收到该笔款项。2×23 年度电力公司将其中 500 万元用于支付当年引进的研发人员的安家费。电力公司采用净额法对政府补助进行会计处理。不考虑其他因素，电力公司所支付的研发人员 500 万元安家费应当（　　）。

A. 计入其他收益　　B. 计入递延收益

C. 冲减研发费用　　D. 冲减营业外支出

6. 根据税法规定，某动漫公司销售其自主开发的动漫软件可享受增值税即征即退政策。2×23 年 12 月 10 日，该公司收到即征即退的增值税税额 40 万元。下列各项中，该动漫公司对该笔退税款的会计处理正确的是（　　）。

A. 冲减管理费用

B. 确认为递延收益

C. 确认为其他收益

D. 确认为营业外收入

## 二、多项选择题

1. 下列各项关于政府补助会计处理的表述，正

确的有 ( )。

A. 总额法下收到的自然灾害补贴款应确认为营业外收入

B. 净额法下收到的人才引进奖励金应确认为营业外收入

C. 收到的用于未来购买环保设备的补贴款应确认为递延收益

D. 收到的即征即退增值税采用净额法，并确认为其他收益

2. 与收益相关的政府补助的确认，下列说法中正确的有 ( )。

A. 用于补偿企业以后期间的相关费用或损失的，确认为递延收益，并在确认相关费用的期间，计入当期损益或冲减相关成本费用

B. 用于补偿企业已发生的相关费用或损失的，直接计入当期损益或相关成本费用

C. 用于补偿企业已发生的相关费用或损失的，应当调整期初留存收益

D. 用于补偿企业以后期间的相关费用或损失的，应当计入当期损益

3. 甲公司 2×22 年 1 月 25 日收到购置环保设备的政府专项补助款 200 万元，4 月 5 日，甲公司购入不需要安装的环保设备 1 台，实际成本为 800 万元，预计使用寿命 20 年，采用年限平均法计提折旧，预计净残值为 0，甲公司采用净额法核算其取得的政府补助。不考虑其他因素，下列关于甲公司 2×22 年对该项政府补助的会计处理，说法正确的有 ( )。

A. 甲公司取得政府补助款时应计入递延收益

B. 甲公司 2×22 年确认其他收益 20 万元

C. 购买环保设备时将递延收益冲减固定资产的账面价值

D. 甲公司 2×23 年该设备的折旧金额为 30 万元

4. 下列关于政府补助的表述中，正确的有 ( )。

A. 政府补助应当划分为与资产相关的政府补助和与收益相关的政府补助

B. 与资产相关的政府补助可能表现为政府向企业无偿划拨非货币性长期资产的形式

C. 企业应当在实际取得资产并办妥相关受让手续时按照其公允价值确认和计量，公允价值不能可靠取得的，按照评估价值计量

D. 与收益相关的政府补助，可能计入其他收

益或营业外收入，也可能冲减相关成本费用或营业外支出

5. 企业取得针对综合性项目的政府补助，下列说法中正确的有 ( )。

A. 需要将其分解为与资产相关的部分和与收益相关的部分，分别进行处理

B. 无须分解而将其全部作为与资产相关的政府补助

C. 无须分解而将其全部作为与收益相关的政府补助

D. 难以区分为与资产相关的部分和与收益相关的部分的，将政府补助整体归类为与收益相关的政府补助

6. 下列关于企业政府补助会计处理的表述中，正确的有 ( )。

A. 收到以名义金额计量的非货币性资产政府补助，应计入当期损益

B. 初始确认时冲减相关资产账面价值的政府补助，在退回时应调整资产账面价值

C. 收到与企业日常活动相关的政府补助，应计入营业外收入

D. 对于同类政府补助业务通常只能选用一种会计处理方法

7. 2×23 年度，电力公司作为政府推广使用 J 产品的企业，以 5 000 万元的中标价格将一批生产成本为 4 000 万元的 J 产品出售给客户，该批 J 产品的市场价格为 6 200 万元。销售当日，该批 J 产品控制权已转移给客户，满足收入条件。当年，电力公司收到销售该批 J 产品的财政补贴 1 200 万元并存入银行。不考虑其他因素，上述经济业务对电力公司 2×23 年度利润表项目的表述中，正确的有 ( )。

A. 增加营业收入 5 000 万元

B. 增加营业成本 4 000 万元

C. 增加营业外收入 1 200 万元

D. 增加营业利润 2 200 万元

8. 下列各项关于已确认的政府补助需要退回的会计处理的表述中，正确的有 ( )。

A. 初始确认时冲减资产账面价值的，调整资产账面价值

B. 初始确认时冲减相关成本费用或营业外支出的，直接计入当期损益

C. 初始确认时计入其他收益或营业外收入

的，直接计入当期损益

D. 初始确认时确认为递延收益的，冲减相关递延收益账面余额，超过部分计入当期损益

### 三、判断题

1. 政府对企业的经济支持如果附有使用条件，则不属于政府补助。（　　）

2. 总额法是将政府补助确认为对相关资产账面价值或者所补偿费用的扣减。（　　）

3. 与资产相关的政府补助采用总额法核算，结转递延收益时应冲减相关成本费用。（　　）

4. 与收益相关的政府补助用于补偿企业以后期间的相关费用或损失的直接计入当期损益。（　　）

5. 只有与资产相关的政府补助的会计处理，才会涉及"递延收益"科目。（　　）

6. 对于属于前期差错的政府补助退回，企业应当按照前期差错更正进行追溯调整。（　　）

7. 企业取得的用于补偿当期已发生费用的政府补助在总额法下应当冲减当期费用。（　　）

## 本章考点巩固练习题参考答案及解析

### 一、单项选择题

1.【答案】D

【解析】通常情况下，与资产相关的政府补助文件会要求企业将补助资金用于取得固定资产或无形资产等长期资产。本题中的电力公司收到的政府补助在性质上为政府对企业所付专业设备租金的补贴，弥补的是企业相关期间的租赁成本费用，不符合与资产相关的政府补助的定义，因此属于与收益相关的政府补助，选项D正确。

2.【答案】A

【解析】选项B、C都不属于政府补助，选项D则属于与资产相关的政府补助。

3.【答案】B

【解析】收到的先征后返的增值税确认为与收益相关的政府补助；收到政府拨付的设备补助款、用于新型专利的款项均属于与资产相关的政府补助，采用总价法时应全额确认为收益，而不是作为相关资产账面价值或费用的扣减，采用净价法时将政府补助确认为对相关资产账面价值或者所补偿费用的扣减；收到政府追加的投资应作为企业接受投资核算，不属于政府补助。

4.【答案】C

【解析】本题考查政府补助的特征。该项业务与公交公司服务活动密切相关，且来源于政府的经济资源是企业提供服务对价的组成部分，应当按照《企业会计准则第14号——收入》的规定进行会计处理，故确认主营业务收入=300+800=1 100（万元）。

5.【答案】C

【解析】净额法核算下，电力公司收到1 000万元与收益相关的政府补助用于补偿以后期间的相关成本费用或损失，应当先确认为递延收益。2×23年度使用其中的500万元，应结转递延收益，冲减研发费用，具体会计处理如下：

借：银行存款　　　　　1 000

　　贷：递延收益　　　　　1 000

借：递延收益　　　　　500

　　贷：研发费用　　　　　500

6.【答案】C

【解析】本题考查与收益相关的政府补助相关会计处理。企业收到即征即退的增值税，属于与收益相关的政府补助，与企业日常销售密切相关，在收到时直接记入"其他收益"科目核算。

### 二、多项选择题

1.【答案】AC

【解析】净额法下收到的人才引进奖励金应确认为与日常活动相关的政府补助，用于补偿已发生的成本费用的、直接冲减管理费用等，用于以后期间将发生的人才引进费用的，应当先计入递延收益，在以后期间进行摊销，选项B错误。对一般纳税人增值税即征即退

只能采用总额法进行会计处理，收到时确认为其他收益，选项 D 错误。

2.【答案】AB

【解析】与收益相关的政府补助，应当分别以下列情况处理：（1）用于补偿企业以后期间的相关费用或损失的，确认为递延收益，并在确认相关费用的期间，计入当期损益或相关成本费用。（2）用于补偿企业已发生的相关费用或损失的，直接计入当期损益或相关成本费用。

3.【答案】ACD

【解析】甲公司取得政府补助款时应先计入递延收益，待资产购入后，冲减固定资产的账面价值，所以选项 A、C 正确；因为甲公司对该项政府补助采用净额法核算，所以不确认其他收益，选项 B 错误；甲公司 2×23 年该设备的折旧金额 =（800 - 200）/20 = 30（万元），选项 D 正确。

4.【答案】ABD

【解析】企业应当在实际取得资产并办妥相关受让手续时按照其公允价值确认和计量，公允价值不能可靠取得的，按照名义金额（即 1 元）计量。

5.【答案】AD

【解析】企业取得针对综合性项目的政府补助，需要将其分解为与资产相关的政府补助和与收益相关的政府补助两部分，分别进行会计处理；难以区分的，将政府补助整体归类为与收益相关的政府补助进行会计处理。

6.【答案】ABD

【解析】对以名义金额计量的政府补助，在取得时计入当期损益，选项 A 正确；已确认的政府补助需要退回，初始确认时冲减相关资产账面价值的，在需要退回的当期调整资产账面价值，选项 B 正确；总额法下，收到与企业日常活动无关的政府补助，计入营业外收支，选项 C 不正确；通常情况下，对同类或类似政府补助业务只能选用一种会计处理方法，选项 D 正确。

7.【答案】BD

【解析】电力公司收到的财政补贴与销售 J 产品有关，且来源于政府的经济资源是电力公司销售 J 产品的组成部分，电力公司应当按照收入准则的有关规定对收到的政府补贴进行处理。因此，电力公司 2×23 年度应当确认营业收入 6 200 万元（同市场价格），结转营业成本 4 000 万元，增加的营业利润 = 6 200 - 4 000 = 2 200（万元），选项 B、D 正确。

8.【答案】ABCD

【解析】政府补助退回的，应按以下规定进行处理：（1）初始确认时冲减相关资产账面价值的，调整资产账面价值；（2）存在相关递延收益的，冲减相关递延收益账面余额，超出部分计入当期损益；（3）属于其他情况的，直接计入当期损益。

## 三、判断题

1.【答案】×

【解析】政府补助通常附有使用条件，但这并不与其无偿性矛盾。

2.【答案】×

【解析】净额法是将政府补助确认为对相关资产账面价值或者所补偿费用的扣减。

3.【答案】×

【解析】企业对与资产相关的政府补助选择总额法后，为避免出现前后方法不一致的情况，结转递延收益时不得冲减相关成本费用，而是将递延收益分期转入其他收益或营业外收入，借记"递延收益"科目，贷记"其他收益"或"营业外收入"科目。

4.【答案】×

【解析】与收益相关的政府补助用于补偿企业以后期间的相关费用或损失的，取得时确认为递延收益，在确认相关费用的期间计入当期损益。

5.【答案】×

【解析】与收益相关的政府补助，补偿企业以后期间费用或损失的，在取得时先确认为递延收益，然后在确认相关费用的期间计入当期损益或冲减相关成本。

6.【答案】√

7.【答案】×

【解析】企业取得用于补偿企业已发生的相关成本费用或损失的政府补助，总额法下应当将其直接计入当期损益。

# 第十五章　非货币性资产交换

## 考情分析

本章在考试中处于比较重要的地位，考试中各种题型均可能涉及，但难度不会太大。

## 教材变化

2024 年本章教材内容无实质性变化。

## 考点提示

本章应重点掌握：（1）非货币性资产交换的概念和认定；（2）非货币性资产交换具有商业实质的条件；（3）不涉及补价情况下非货币性资产交换的会计处理；（4）涉及补价情况下的非货币性资产交换的会计处理。对涉及多项资产的非货币性资产交换的会计处理方法也应当比较熟悉。

## 本章考点框架

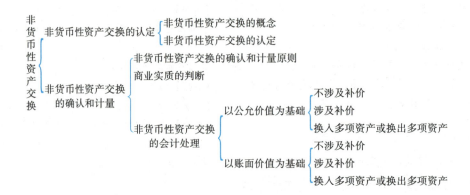

# 考点解读及例题点津

## 第一单元　非货币性资产交换的认定

### 1 非货币性资产交换的概念

#### 一、考点解读

非货币性资产交换是企业主要以固定资产、无形资产、投资性房地产和长期股权投资等非货币性资产进行的交换。该交换不涉及或只涉及少量的货币性资产（即补价）。

非货币性资产是指除货币资产以外的资产，该类资产在将来为企业带来的经济利益不固定或不可确定，包括存货、固定资产、在建工程、生产性生物资产、无形资产、投资性房地产和长期股权投资等。

非货币性资产交换仅包括企业之间主要以非货币性资产形式进行的互惠转让，即企业取得一项非货币性资产，必须以付出自己拥有的非货币性资产作为代价。

#### 二、例题点津

【例题1·多选题】下列各项资产中，属于货币性资产的有（　　）。

A. 银行存款

B. 预付款项

C. 应收票据

D. 以公允价值计量且其变动计入当期损益的金融资产

【答案】AC

【解析】货币性资产是指企业持有的货币资金和收取固定或可确定金额的货币资金的权利。预付款项和以公允价值计量且其变动计入当期损益的金融资产不属于货币性资产。

【例题2·判断题】金融资产均是货币性资产。（　　）

【答案】×

【解析】金融资产中的交易性金融资产和其他权益工具投资属于非货币性资产。

### 2 非货币性资产交换的认定

#### 一、考点解读

非货币性资产交换的交易对象主要是非货币性资产，交易中一般不涉及货币性资产，或只涉及少量货币性资产（即补价）。非货币性资产交换准则规定，认定涉及少量货币性资产的交换为非货币性资产交换，通常以补价占整个资产交换金额的比例是否低于25%作为参考比例。具体来说：

支付的货币性资产/换入资产公允价值（或换出资产公允价值 + 支付的货币性资产）<25%

或者：

收到的货币性资产/换出资产公允价值（或换入资产公允价值 + 收到的货币性资产）<25%

提示 等于或高于25%均不视为非货币性资产交换。

#### 二、例题点津

【例题1·单选题】制造企业与非关联方发生的下列各项交易中，应认定为非货币性资产交换进行会计处理的是（　　）。

A. 以生产成本为280万元的产品换取客户持有的公允价值为340万元的土地使用权

B. 以公允价值为170万元的长期股权投资换入公允价值为250万元的投资性房地产，并支付补价80万元

C. 以公允价值为320万元的商标权换入公允价值为290万元的机器设备，并收到补价30万元

D. 以公允价值为340万元的专利技术换入

票面金额为340万元的以摊余成本计量的应收票据

【答案】C

【解析】选项A，以库存商品换取土地使用权，适用收入准则，不适用非货币性资产交换准则；选项B，交换的资产均属于非货币性资产，单涉及的补价比例 = 80/250 × 100% = 32% > 25%，故不符合非货币性资产交换的条件，不适用非货币性资产交换准则；选项C，换出资产和换入资产均为非货币性资产且补价占比30/320 × 100% = 9.38% < 25%，属于非货币性资产交换交易，适用非货币性资产交换准则；选项D，换入的以摊余成本计量的应收票据属于货币性资产，不符合非货币性资产交换的条件，不适用非货币性资产交换准则。

【例题2·判断题】非货币性资产交换指的是完全不涉及货币性资产的交换。（    ）

【答案】×

【解析】非货币性资产交换可能会涉及少量的货币性资产（用于补价）。

【例题3·判断题】房地产开发企业将开发的商品房换入卡车应该按非货币性资产交换处理。（    ）

【答案】×

【解析】房地产开发企业的商品房属于其存货，故该交易应该按收入准则处理。

# 第二单元　非货币性资产交换的确认和计量

## 1 非货币性资产交换的确认和计量原则

### 一、考点解读

1. 确认原则

非货币性资产交换中换入资产的确认原则和换出资产的终止确认原则：换入资产应当在其符合资产定义并满足资产确认条件时予以确认；换出资产应当在其满足资产终止确认条件时终止确认。

根据以上原则，企业将换入的资产视为购买取得资产，并按照相关会计准则的规定进行初始确认；将换出的资产视为销售或处置资产，并按照相关会计准则的规定进行终止确认。

2. 计量原则（见图15-1）

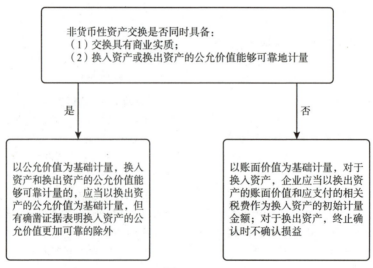

非货币性资产交换是否同时具备：
（1）交换具有商业实质；
（2）换入资产或换出资产的公允价值能够可靠地计量

是

否

以公允价值为基础计量，换入资产和换出资产的公允价值能够可靠计量的，应当以换出资产的公允价值为基础计量，但有确凿证据表明换入资产的公允价值更加可靠的除外

以账面价值为基础计量，对于换入资产，企业应当以换出资产的账面价值和应支付的相关税费作为换入资产的初始计量金额；对于换出资产，终止确认时不确认损益

图15-1

企业在确定换入资产成本的计量基础和交换所产生损益的确认时，需要判断该项交换是否具有商业实质，以及换入资产或换出资产的公允价值能否可靠地计量。

## 二、例题点津

【例题1·单选题】下列关于非货币性资产交换的确认和计量原则说法错误的是（　　）。

A. 换入资产应当在其符合资产定义并满足资产确认条件时予以确认

B. 换出资产应当在其满足资产终止确认条件时终止确认

C. 不具有商业实质的非货币性资产交换，换出资产终止确认时应确认损益

D. 确定换入资产相关成本和损益时，需要考虑该项交换是否有商业实质

【答案】C

【解析】不具有商业实质的非货币性资产交换即以账面价值为基础计量的非货币性资产交换，企业应当以换出资产的账面价值为基础确定换入资产的初始计量金额，换出资产终止确认时不确认损益，故选项C错误。

【例题2·判断题】不具有商业实质的非货币性资产交换，应以换出资产的公允价值和应支付的相关税费作为换入资产的成本。（　　）

【答案】×

【解析】不具有商业实质的非货币性资产交换，应当以账面价值为基础计量。

【例题3·判断题】非货币性资产交换以公允价值为基础计量的条件是换入资产和换出资产的公允价值均能可靠计量。（　　）

【答案】×

【解析】非货币性资产交换同时满足下列条件时，应当以公允价值为基础计量：

（1）交换具有商业实质；

（2）换入资产或换出资产的公允价值至少有一者能够可靠计量。

## 2 商业实质的判断

### 一、考点解读

在判断资产交换是否具有商业实质时，企业应当重点考虑由于发生了该项资产交换预计使企业未来现金流量发生变动的程度。

**企业应当根据实质重于形式的原则**，判断非货币性资产交换是否具有商业实质。

1. 判断条件

认定某项非货币性资产交换具有商业实质，必须满足下列条件之一：

（1）换入资产的未来现金流量在风险、时间分布或金额方面与换出资产显著不同。

（2）使用换入资产所产生的预计未来现金流量现值与继续使用换出资产所产生的预计未来现金流量现值不同，且其差额与换入资产和换出资产的公允价值相比是重大的。

2. 判断商业实质时对资产类别的考虑

企业在判断非货币性资产交换是否具有商业实质时，通常还可以通过考虑资产是否属于同一类别来进行分析。同类别的资产是指在资产负债表中列示为同一报表项目的资产；不同类别的资产是指在资产负债表中列示为不同报表项目的资产。

同类别非货币性资产之间的交换（如固定资产之间、长期股权投资之间的交换等）是否具有商业实质，则通常较难判断，需要根据上述两项判断条件综合判断。

提示 从事相同经营业务的企业之间相互交换其有类似性质和相等价值的商品，以便在不同地区销售，这种同类别的非货币性资产之间的交换不具有商业实质。

### 二、例题点津

【例题1·单选题】下列关于商业实质的判断表述不正确的是（　　）。

A. 若换入资产的未来现金流量在风险、时间分布或金额方面与换出资产显著不同，则交换具有商业实质

B. 一般来说，不同类别非货币性资产之间的交换具有商业实质

C. 同类别非货币性资产之间的交换不具有商业实质

D. 若使用换入资产所产生的预计未来现金流量现值与继续使用换出资产所产生的预计未来现金流量现值不同，且差额与换入资产和换出资产的公允价值相比是重大的，则交换具有商业实质

【答案】C

【解析】同类非货币性资产交换是否具有实质性，需要进行综合判断。同类资产产生的未来现金流量既可能相同，也可能显著不同，其间的交换因而可能具有商业实质，也可能不具有商业实质，选项C表述较为绝对，故不选择。

【例题2·判断题】在判断资产交换是否具有商业实质时，需要遵循实质重于形式的原则，并重点考虑由于发生了该项资产交换预计使企业未来现金流量发生变动的程度。（　　）

【答案】√

## 3 非货币性资产交换的会计处理

### 一、考点解读

1. 以公允价值为基础计量的非货币性资产交换的会计处理

（1）涉及单项非货币性资产交换的会计处理，见表15-1。

表15-1

| 项目 | 公允价值计量 ||
| --- | --- | --- |
| 换入资产入账价值 | 若给出换入资产公允价值<br>换入资产成本 = 换入资产公允价值 + 支付的应计入换入资产成本的相关税费<br>提示 此情形换入资产成本与补价无关 ||
| | 若未给出换入资产公允价值<br>（1）不涉及补价。<br>换入资产成本 = 换出资产公允价值 + 换出资产增加增值税销项税额 - 换入资产可抵扣的增值税进项税额 + 支付的应计入换入资产成本的相关税费<br>（2）涉及补价。<br>①支付补价方：<br>换入资产成本 = 换出资产公允价值 + 换出资产增加增值税销项税额 - 换入资产可抵扣的增值税进项税额 + 支付的应计入换入资产成本的相关税费 + 支付补价的公允价值<br>②收到补价方：<br>换入资产成本 = 换出资产公允价值 + 换出资产增加增值税销项税额 - 换入资产可抵扣的增值税进项税额 + 支付的应计入换入资产成本的相关税费 - 收到补价的公允价值 ||
| 公允价值与账面价值的差额影响的当期损益 | 以换出资产公允价值确定换入资产成本：将换出资产公允价值与账面价值的差额计入当期损益 | 以换入资产公允价值确定换入资产成本：将换入资产的公允价值减去支付补价（或加上收到补价）的金额，与换出资产账面价值之间的差额计入当期损益 |
| 相关税费的处理 | （1）与换出资产相关的相关税费和出售资产相关税费的会计处理相同，如换出固定资产支付的清理费用计入资产处置损益、换出应税消费品应交的消费税计入税金及附加等。<br>（2）与换入资产相关的相关税费和购入资产相关税费的会计处理相同，如换入资产的运杂费和保险费计入换入资产的成本 ||

（2）涉及换入多项资产或换出多项资产情况下的会计处理，见表15-2。

表15-2

| 项目 | 以公允价值为基础计量的非货币性资产交换 |
| --- | --- |
| 各项换入资产的初始计量金额 | 按照换入的金融资产以外的各项换入资产公允价值相对比例，将换出资产公允价值总额（涉及补价的，加上支付补价的公允价值或减去收到补价的公允价值）扣除换入金融资产公允价值后的净额进行分摊，以分摊至各项换入资产的金额，加上应支付的相关税费，作为各项换入资产的成本进行初始计量。有确凿证据表明换入资产的公允价值更加可靠的，以各项换入资产的公允价值和应支付的相关税费作为各项换入资产的初始计量金额 |

续表

| 项目 | 以公允价值为基础计量的非货币性资产交换 |
|---|---|
| 当期损益 | 对于同时换出的多项资产，将各项换出资产的公允价值与其账面价值之间的差额，在各项换出资产终止确认时计入当期损益。有确凿证据表明换入资产的公允价值更加可靠的，按照各项换出资产的公允价值的相对比例，将换入资产的公允价值总额（涉及补价的，减去支付补价的公允价值或加上收到补价的公允价值）分摊至各项换出资产，分摊至各项换出资产的金额与各项换出资产账面价值之间的差额，在各项换出资产终止确认时计入当期损益 |

2. 以账面价值为基础计量的非货币性资产交换的会计处理

（1）涉及单项非货币性资产交换的会计处理，见表 15－3。

表 15－3

| 项目 | 以公允价值为基础计量的非货币性资产交换 |
|---|---|
| 换入资产入账价值 | （1）不涉及补价的情况：<br>换入资产成本＝换出资产账面价值＋换出资产增值税销项税额－换入资产可抵扣的增值税进项税额＋支付的相关税费<br>（2）涉及补价的情况：<br>①支付补价方换入资产成本＝换出资产账面价值＋换出资产增值税销项税额－换入资产可抵扣的增值税进项税额＋支付的相关税费＋支付补价的账面价值<br>②收到补价方换入资产成本＝换出资产账面价值＋换出资产增值税销项税额－换入资产可抵扣的增值税进项税额＋支付的相关税费－收到补价的公允价值 |
| 公允价值与账面价值的差额影响的当期损益 | 不确认损益 |
| 相关税费的处理 | 计入取得资产成本 |

（2）涉及换入多项资产或换出多项资产情况下的会计处理。

①对于同时换入的多项资产，应当按照各项换入资产的公允价值的相对比例（换入资产的公允价值不能够可靠计量的，可以按照各项换入资产的原账面价值的相对比例或其他合理的比例），将换出资产账面价值总额（涉及补价的，加上支付补价的账面价值或减去收到补价的公允价值）分摊至各项换入资产，加上应支付的相关税费，作为各项换入资产的初始计量金额。

②对于同时换出的多项资产，各项换出资产终止确认时均不确认当期损益。

二、例题点津

【例题1·单选题】甲公司以一台设备换入乙公司的一项专利技术，交换日，甲公司换出设备的账面价值为 660 万元，公允价值为 700 万元（等于计税价格），甲公司将设备运抵乙公司并向乙公司开具了增值税专用发票，当日双方办妥了专利技术所有权转让手续。经评估确认，该专项技术的公允价值为 800 万元（免增值税），甲公司另以银行存款支付乙公司 100 万元，甲、乙公司均为增值税一般纳税人，适用的增值税税率均为 13%，不考虑其他因素，甲公司该项交换影响当期损益的金额是（　　）万元。

A. 140　　　　　　B. 891
C. 800　　　　　　D. 40

【答案】D

【解析】这项非货币性资产交换是以公允价值计量为基础且涉及补价处理，甲公司作为支付补价方，换入资产成本＝换出资产的公允价值＋支付补价的公允价值＋相关税费＝700＋100＝

800（万元），计入当期损益的金额＝（换入资产的公允价值－支付补价的公允价值）－换出资产的账面价值＝（800－100）－660＝40（万元），故选项 D 正确。

**【例题 2·单选题】** 2×21 年 A 公司以无形资产（专利权）交换 B 公司的其他债权投资。A 公司换出无形资产的原值为 1 800 万元，累计摊销为 900 万元，公允价值 1 000 万元。A 公司为换入其他债权投资支付的相关税费 10 万元，另向 B 公司支付银行存款 5 万元。假定该交易具有商业实质并且公允价值能够可靠计量，不考虑其他因素。则 A 公司换入其他债权投资的入账成本为（　　）万元。

A. 1 065　　B. 965　　C. 915　　D. 1 015

**【答案】** D

**【解析】** 支付的补价占换出资产公允价值和支付补价的比例＝5÷（1 000＋5）×100%＝1%＜25%。换入其他债权投资的入账成本＝1 000＋5＋10＝1 015（万元）。

**【例题 3·单选题】** 甲公司以一栋办公楼换入一台生产设备和一辆汽车，换出办公楼的账面原价为 1 000 万元，已计提折旧为 460 万元，未计提减值准备，公允价值为 660 万元。换入的生产设备和汽车的账面价值分别为 530 万元和 70 万元，公允价值分别为 580 万元和 80 万元。甲公司为换入生产设备支付安装费用 4 万元，为换入汽车支付手续费 2 万元。该交换具有商业实质，且假定不考虑相关税费。该公司换入汽车的入账价值为（　　）万元。

A. 70　　B. 80　　C. 82　　D. 80.73

**【答案】** C

**【解析】** 换入资产入账价值总额＝660＋4＋2＝666（万元），换入生产设备的入账价值＝660×580÷（580＋660）＋4＝584（万元）；换入汽车的入账价值＝660×80÷（580＋660）＋2＝82（万元）。

**【例题 4·单选题】** 2×23 年 5 月 8 日，甲公司以账面原价为 600 万元、累计计提折旧 150 万元的厂房和账面原价为 200 万元、累计计提摊销 50 万元的专利技术，换入乙公司账面价值为 400 万元的在建房屋和 100 万元的长期股权投资，不涉及补价。上述资产的公允价值均无法获得。不考虑相关税费及其他因素，甲公司换入在建房屋

的入账价值为（　　）万元。

A. 400　　B. 450　　C. 480　　D. 640

**【答案】** C

**【解析】** 换入资产账面价值总额＝400＋100＝500（万元）；换出资产账面价值总额＝（600－150）＋（200－50）＝600（万元）；换入资产总成本＝500＋0＝500（万元）；在建房屋入账价值＝600×400/500＝480（万元）。

**【例题 5·单选题】** 2×23 年 1 月，甲公司以一项专利权换入乙公司的一台设备。假设不具有商业实质。换出专利权的摊余价值为 105 万元，已提减值准备为 5 万元，公允价值为 100 万元，换入设备的公允价值为 90 万元，甲公司收到补价 10 万元。交换当日双方已办妥资产所有权的转让手续，假设不考虑相关税费，甲公司换入设备的入账价值为（　　）万元。

A. 100　　　　　　B. 90

C. 110　　　　　　D. 95

**【答案】** B

**【解析】** 该项非货币性资产交换不具有商业实质，因此甲公司换入设备的入账价值＝105－5－10＝90（万元）。

**【例题 6·多选题】** 在收到补价的具有商业实质并且公允价值能够可靠计量的非货币性资产交换业务中，如果换入单项固定资产，影响固定资产入账价值的因素可能有（　　）。

A. 收到的补价

B. 换入资产的公允价值

C. 换出资产的公允价值

D. 换出资产的账面价值

**【答案】** ABC

**【解析】** 换出资产的账面价值不影响固定资产的入账价值。收到补价方应当以换出资产的公允价值，减去收到补价的公允价值，加上应支付的相关税费，作为换入资产的成本；如果换入资产的公允价值更加可靠，即以换入资产的公允价值为基础计量。

**【例题 7·判断题】** 具有商业实质且换入资产的公允价值能够可靠计量的多项非货币性资产交换，应当按照换入各项资产的公允价值占换入资产公允价值总额的比例，对换入资产的成本总额进行分配，确定各项换入资产的成本。（　　）

**【答案】** √

# 本章考点巩固练习题

## 一、单项选择题

1. 下列项目中,属于货币性资产的是( )。
   A. 作为交易性金融资产核算的股权投资
   B. 以摊余成本计量的金融资产
   C. 可转换公司债券
   D. 作为非交易性权益投资核算的股权投资

2. 甲公司与非关联方乙公司发生的下列各项交易或事项中,应按照非货币性资产交换准则进行会计处理的是( )。
   A. 以固定资产换取乙公司持有的丁公司30%股份,对丁公司实施重大影响
   B. 增发股份换取乙公司的投资性房地产
   C. 以无形资产换取乙公司的存货,收取的补价占换出无形资产公允价值的30%
   D. 以应收账款换取乙公司持有的丙公司80%股份,对丙公司实施控制

3. 2×23年1月,A公司以生产经营过程中使用的一辆汽车交换B公司生产的一批设备,换入的设备作为固定资产用于生产。汽车的账面原价为100万元,在交换日的累计折旧为45万元,公允价值为50万元,该汽车原本是供管理层出行使用。设备的账面价值为45万元,在交换日的市场价格为50万元,计税价格等于市场价格。B公司换入A公司的汽车供销售部门出行使用。A、B公司均为增值税一般纳税人,适用的增值税率为13%。假设A公司此前为该辆汽车计提了2万元资产减值准备,整个交易过程中,除支付设备的运输装卸费1万元外,没有发生其他相关税费。A公司应确认的损益项目和金额为( )。
   A. 投资收益-3万元
   B. 投资收益-9.5万元
   C. 资产处置损益-3万元
   D. 资产处置损益-9.5万元

4. 下列关于补价的表述中正确的是( )。
   A. 如果支付补价占换出资产公允价值与补价之和的比例低于25%,则该交换为非货币性资产交换
   B. 如果收到补价占换出资产公允价值与补价之和的比例低于25%,则该交换为非货币性资产交换
   C. 如果补价占整个资产交换金额的比例小于等于25%,则该交换为非货币性交换
   D. 涉及补价的交换,不适用非货币性资产交换准则

5. 2×23年5月1日,甲公司将一项无形资产与乙公司的一项固定资产进行交换,交换日,甲公司该项无形资产的公允价值为800万元,增值税税额为72万元;乙公司该项固定资产的公允价值为1 000万元,增值税税额为130万元。甲公司向乙公司支付银行存款258万元(含增值税差额58万元),双方于当日办妥资产所有权转移手续。该项非货币性资产交换具有商业实质,假定不考虑其他相关税费,乙公司换入无形资产的入账价值为( )万元。
   A. 1 000          B. 800
   C. 742            D. 1 200

6. 甲公司为增值税一般纳税人,2×23年5月25日以其拥有的一项非专利技术与乙公司生产的一批商品交换。交换日,甲公司换出非专利技术的成本为80万元,累计摊销为15万元,计提减值准备5万元,公允价值无法可靠计量;假定该非专利技术免增值税,换入商品的账面成本为70万元,未计提跌价准备,公允价值为80万元,增值税税额为10.4万元,甲公司将其作为存货,此外甲公司另收到乙公司支付的10万元现金。不考虑其他因素,甲公司对该交易应确认的收益为( )万元。
   A. 25             B. 30.4
   C. 30             D. 40.4

7. 甲公司和丙公司均为增值税一般纳税人。2×23年10月12日,经与丙公司协商,甲公司以一项非专利技术(假设免增值税)和对

丁公司股权投资（作为以公允价值计量且其变动计入当期损益的金融资产核算）换入丙公司持有的对戊公司长期股权投资。甲公司非专利技术的原价为 1 500 万元，已摊销 200 万元，已计提减值准备 100 万元，公允价值为 1 300 万元；对丁公司股权投资的公允价值为 600 万元，账面价值为 550 万元（成本为 500 万元，公允价值变动为 50 万元）。丙公司对戊公司长期股权投资的账面价值为 1 600 万元，未计提减值准备，公允价值为 1 800 万元。丙公司另以银行存款向甲公司支付补价 20 万元。假定该项非货币性资产交换具有商业实质，不考虑其他因素。此项非货币性资产交换影响甲公司 2×23 年利润总额的金额为（    ）万元。

A. 100 　　　　　　 B. 150

C. 50 　　　　　　 D. －60

## 二、多项选择题

1. 2×22 年，甲公司发生的有关交易或事项如下：（1）甲公司与丙公司签订的资产交换协议约定，甲公司以其拥有 50 年使用权的一宗土地换取丙公司持有的乙公司 40% 的股权；（2）丙公司以发行自身普通股换取甲公司一条生产线。假定上述资产交换具有商业实质，换出资产与换入资产的公允价值均能可靠计量。不考虑相关税费及其他因素，下列各项与上述交易或事项相关会计处理的表述中，正确的有（    ）。

A. 甲公司以土地换取的对乙公司 40% 股权应按非货币性资产交换原则进行会计处理

B. 甲公司换出土地公允价值与其账面价值的差额应确认为资产处置损益

C. 丙公司以发行自身普通股换取甲公司一条生产线应按非货币性资产交换原则进行会计处理

D. 丙公司应按照换出股权的公允价值计量换入土地的成本

2. 下列各项中，关于非货币性资产交换确认表述正确的有（    ）。

A. 对于换入资产，应当在其符合资产定义并满足资产确认条件时予以确认

B. 对于换出资产，应当在其满足资产终止确认条件时终止确认

C. 非货币性资产交换中的换入资产应当符合资产的定义并满足资产的确认条件，且作为资产列报于企业的资产负债表上

D. 换入资产的确认时点与换出资产的终止确认时点应当相同

3. 假设交换不涉及补价和金融资产，关于以公允价值为基础计量的同时换入或换出多项资产的非货币资产交换事项，下列表述正确的有（    ）。

A. 对于同时换入的多项资产，按照各项换入资产公允价值的相对比例，将换出资产公允价值总额分摊至各项换入资产，加上应支付的相关税费，作为各项换入资产的初始入账金额进行计量

B. 对于同时换出的多项资产，将各项换出资产的公允价值与其账面价值之间的差额，在各项换出资产终止确认时计入当期损益

C. 有确凿证据表明换入资产的公允价值更加可靠的，应以各项换入资产的公允价值和应支付的相关税费作为各项换入资产的初始计量金额

D. 有确凿证据表明换入资产的公允价值更加可靠的，按照各项换出资产的公允价值的相对比例，将换入资产的公允价值总额分摊至各项换出资产，分摊至各项换出资产的金额与换出资产账面价值之间的差额，在各项换出资产终止确认时计入当期损益

4. 以账面价值为基础计量的非货币性资产交换，下列表述中正确的有（    ）。

A. 不涉及补价的，应当以换出资产账面价值和应支付的相关税费作为换入资产的初始计量金额

B. 对于换出资产，终止确认时不确认损益

C. 支付补价的，应当以换出资产的账面价值，加上支付的补价的账面价值和应支付的相关税费，作为换入资产的初始计量金额，确认损益

D. 收到补价的，应当以换出资产的账面价值，减去收到的补价的账面价值加上应支付的相关税费，作为换入资产的初始计量金额，不确认损益

5. A 公司以一台生产设备换入一批商品，换出

设备的账面原价为 150 万元,已计提折旧为 60 万元,未计提减值准备,公允价值为 100 万元,A 公司为换入商品支付运费 1 万元。该交换具有商业实质,增值税税率为 13%,假定不考虑其他相关税费,A 公司关于此项交换的会计处理,下列说法中正确的有( )。

A. 换入商品的入账价值为 101 万元

B. 换出生产设备确认资产处置损益为 10 万元

C. 换出设备确认营业外收入为 10 万元

D. 此项交换以公允价值计量进行会计处理

6. 2×23 年 7 月 10 日,甲公司以其拥有的一辆作为固定资产核算的轿车换入乙公司一项非专利技术,并支付补价 5 万元,当日,甲公司该轿车原价为 80 万元,累计折旧为 16 万元,公允价值为 60 万元,乙公司该项非专利技术的公允价值为 65 万元,该项交换具有商业实质,不考虑相关税费及其他因素,甲公司进行的下列会计处理中,正确的有( )。

A. 按 5 万元确定营业外支出

B. 按 65 万元确定换入非专利技术的成本

C. 按 4 万元确定资产处置损益

D. 按 1 万元确定资产处置损益

## 三、判断题

1. 企业应当根据实质重于形式的原则,判断非货币性资产交换是否具有商业实质。( )

2. 集团重组中发生的非货币性资产划拨,在股东或最终控制方的安排下,企业无代价或以明显不公平的代价将非货币性资产转让给其他企业或接受其他企业的非货币性资产,应当适用权益性交易的有关会计处理规定。( )

3. 将企业未列报于资产负债表上的非货币性资产用于非货币性资产交换,同样适用同非货币性资产交换准则。( )

4. 企业以换出固定资产的公允价值为基础计量换入的无形资产时,应将固定资产的公允价值与账面价值的差额计入资产处置损益。( )

5. 对于涉及换入或换出多项资产的非货币性资产交换的计量,企业同样应当首先判断是否符合以公允价值为基础计量的两个条件,再分别视情况确定各项换入资产的初始计量金额,但不用考虑换出资产终止确认的相关损益。( )

6. 以公允价值为基础计量的非货币性资产交换,企业应当在换出资产终止确认时,将换出资产的公允价值与其账面价值之间的差额计入当期损益。( )

7. 以账面价值为基础计量的非货币性资产交换,涉及同时换出多项资产的情况下,各项换出资产终止确认时应各自确认当期损益。( )

# 本章考点巩固练习题参考答案及解析

## 一、单项选择题

1. 【答案】B

【解析】货币性资产是指企业持有的货币资金和收取固定或可确定金额的货币资金的权利。选项 A、C、D 均不符合货币性资产规定的条件。

2. 【答案】A

【解析】选项 A,以固定资产换取乙公司持有的丁公司 30% 股份适用非货币性资产交换准则;选项 B,增发股份换取乙公司的投资性房地产,属于权益性交易,不能按照非货币性资产交换准则处理;选项 C,收取的补价占换出资产公允价值的比例为 30%,大于 25%,该交易不属于非货币性资产交换交易;选项 D,应收账款为货币性资产,该交易不属于非货币性资产交换交易。

3. 【答案】C

【解析】对 A 公司而言,换入的设备用于生产,对 B 公司而言,换入的汽车供销售部门使用，两项资产交换后对换入企业的特定价值显著不同，两项资产的交换具有商业实质；同时，两项资产的公允价值都能够可靠地计量，符合以公允价值计量的两个条件，因此，A公司应当以换出资产的公允价值为基础，确定换入资产的成本，并确认产生的损益。

A公司的账务处理如下：

A公司换入资产的增值税进项税额 = 500 000 × 13% = 65 000（元）

换出设备的增值税销项税额 = 500 000 × 13% = 65 000（元）

| 借：固定资产清理 | 530 000 |
| --- | --- |
| 　　累计折旧 | 450 000 |
| 　　固定资产减值准备 | 20 000 |
| 　　贷：固定资产——汽车 | 1 000 000 |

换入资产为固定资产的，相关税费，使该资产达到预定可使用状态前所发生的可归属于该资产的运输费、装卸费、安装费和专业人员服务费等应计入换入资产成本，因此设备的运输装卸费10 000元应计入设备成本。

| 借：固定资产——设备 | |
| --- | --- |
| 　　（500 000 + 10 000） | 510 000 |
| 　　资产处置损益 | 30 000 |
| 　　应交税费——应交增值税（进项税额） | |
| | 65 000 |
| 　　贷：固定资产清理 | 530 000 |
| 　　　　应交税费——应交增值税（销项税额） | |
| | 65 000 |
| 　　　　银行存款 | 10 000 |

A公司应确认资产处置损益 - 3万元，选项C正确。

4.【答案】A

【解析】选项B，如果收到补价占换出资产公允价值的比例低于25%（并非与补价之和），则该交换为非货币性资产交换；选项C，如果补价占整个资产交换金额的比例小于25%（不包括等于），则该交换为非货币性交换；选项D，非货币性资产交换可以涉及少量货币性资产（即补价）。

5.【答案】B

【解析】乙公司换入无形资产的入账价值 = 1 000 - (258 - 58) = 800（万元）。

6.【答案】D

【解析】

| 借：库存商品 | 80 |
| --- | --- |
| 　　应交税费——应交增值税（进项税额） | |
| | 10.4 |
| 　　银行存款 | 10 |
| 　　累计摊销 | 15 |
| 　　无形资产减值准备 | 5 |
| 　　贷：无形资产 | 80 |
| 　　　　资产处置损益 | 40.4 |

该非货币性资产交换具有商业实质，且换出资产的公允价值不能可靠计量，所以以换入资产的公允价值与收到的补价为基础确定换出资产的损益，甲公司对该交易应确认的收益：(80 + 10.4 + 10) - (80 - 15 - 5) = 40.4（万元）。

7.【答案】B

【解析】甲公司换出非专利技术影响利润总额的金额 = 1 300 - (1 500 - 200 - 100) = 100（万元），换出以公允价值计量且其变动计入当期损益的金融资产影响利润总额的金额 = 600 - 550 = 50（万元），此项交换影响甲公司2×23年利润总额的金额 = 100 + 50 = 150（万元）。

## 二、多项选择题

1.【答案】ABD

【解析】甲公司以其拥有50年使用权的一宗土地换取丙公司持有的乙公司40%股权，属于非货币性资产交换，适用非货币性资产交换准则进行会计处理，选项A正确；甲公司换出土地的账面价值与公允价值的差额，确认资产处置损益，选项B正确；丙公司以发行自身普通股换取甲公司生产线，属于定向增发的一种形式，不适用非货币性资产交换准则，选项C不正确；丙公司应当按照换入乙公司40%股权的公允价值计量换入土地的成本，选项D正确。

2.【答案】ABC

【解析】换入资产的确认时点与换出资产的终止确认时点应当相同或相近。

3.【答案】ABCD

4.【答案】AB

【解析】以账面价值为基础计量的非货币性资产交换，涉及支付补价的，换入资产的入账价值 = 换出资产的账面价值 + 支付补价的账面价值＋应支付的税费，不确认损益，选项C错误；收到补价的，应当以换出资产的账面价值，减去收到的补价的公允价值加上应支付的相关税费，作为换入资产的初始计量金额，不确认损益，选项D错误。

5.【答案】ABD

【解析】该项非货币性资产交换具有商业实质，且换入、换出资产公允价值能够可靠计量，应采用公允价值进行计量。换入商品的入账价值＝100＋1＝101（万元），换出生产设备的损益＝100－（150－60）＝10（万元），应计入资产处置损益。

6.【答案】BC

【解析】甲公司换入的非专利技术的入账价值＝60＋5＝65（万元）；换出固定资产应计入资产处置损益的金额＝60－（80－16）＝－4（万元）。甲公司该项非货币性资产交换会计分录如下：

借：固定资产清理　　　　　　　　64
　　累计折旧　　　　　　　　　　16
　　　贷：固定资产　　　　　　　　　80
借：无形资产　　　　　　　　　　65
　　　贷：固定资产清理　　　　　　　60
　　　　　银行存款　　　　　　　　　5
借：资产处置损益　　　　　　　　4
　　　贷：固定资产清理　　　　　　　4

## 三、判断题

1.【答案】√

2.【答案】√

【解析】因为该项交易不具有商业实质，属于

同一控制下非货币性资产交换，应该按权益性交易的有关会计处理规定。

3.【答案】×

【解析】企业用于非货币性资产交换的非货币性资产应当符合资产的定义并满足资产的确认条件，且作为资产列报于企业的资产负债表上。因此，企业用于交换的资产目前尚未列报于资产负债表上，或不存在或尚不属于本企业的，适用其他相关会计准则。

4.【答案】√

【解析】换出资产为固定资产的，公允价值与其账面价值的差额计入资产处置损益。

5.【答案】×

【解析】对于涉及换入或换出多项资产的非货币性资产交换的计量，企业同样应当首先判断是否符合以公允价值为基础计量的两个条件，再分别视情况确定各项换入资产的初始计量金额，以及换出资产终止确认的相关损益。

6.【答案】√

【解析】以公允价值为基础计量的非货币性资产交换，企业应当在换出资产终止确认时，将换出资产的公允价值与其账面价值之间的差额计入当期损益。如果换入资产公允价值更可靠，则将换入资产的公允价值与换出资产账面价值之间的差额计入当期损益。

7.【答案】×

【解析】以账面价值为基础计量的非货币性资产交换，涉及同时换出多项资产的情况下，无论是否涉及补价，各项换出资产终止确认时均不确认当期损益。

# 第十六章　债务重组

## 考情分析

本章在考试中处于一般地位，考试题型主要以客观题为主。

## 教材变化

2024 年本章教材内容无实质性变化。

## 考点提示

本章应掌握债务重组中债权和债务终止确认的条件，债权人的会计处理，债务人的会计处理；熟悉债务重组的方式以及构成权益性交易的债务重组的判断。

## 本章考点框架

债务重组
- 债务重组的方式
- 债务重组的会计处理
  - 债权和债务的终止确认
  - 债权人的会计处理
  - 债务人的会计处理

# 考点解读及例题点津

## 第一单元　债务重组的方式

### 1 债务重组的方式

#### 一、考点解读

债务重组一般包括下列方式，或下列一种以上方式的组合：

（1）债务人以资产清偿债务；

（2）债务人将债务转为权益工具；

（3）修改其他条款；

（4）组合方式。

#### 二、例题点津

**【例题1·判断题】** 无论一项债务重组是否构成权益性交易，都应当确认该债务重组的相关损益。（　　）

**【答案】** ×

**【解析】** 债务重组构成权益性交易的，应当适用权益性交易的有关会计处理规定，即债权人和债务人不确认构成权益性交易的债务重组相关损益。

**【例题2·多选题】** 2×23年7月31日，甲公司应付乙公司的款项420万元到期，因经营陷于困境，预计短期内无法偿还。当日，甲公司就该债务与乙公司达成的下列偿债协议中，属于债务重组的有（　　）。

A. 甲公司以公允价值为410万元的固定资产清偿

B. 甲公司以公允价值为420万元的长期股权投资清偿

C. 减免甲公司220万元债务，剩余部分甲公司延期两年偿还

D. 减免甲公司220万元债务，剩余部分甲公司现金偿还

**【答案】** ABCD

**【解析】** 只要债权人和债务人就债务条款重新达成了协议，就符合债务重组的定义，属于该准则规范的范围，新准则将更多的业务纳入了债务重组的范围。

## 第二单元　债务重组的会计处理

### 1 债权和债务的终止确认

#### 一、考点解读

只有在符合金融资产和金融负债终止确认条件时才能终止确认相关债权和债务，并确认债务重组相关损益，即：

（1）债权人在收取债权现金流量的合同权利终止时终止确认债权；

（2）债务人在债务的现时义务解除时终止确认债务。

**提示** 对于在报告期间已经开始协商、但在报告期资产负债表日后的债务重组，不属于资产负债表日后调整事项。

对于终止确认的债权，债权人应当结转已计提的减值准备中对应该债权终止确认部分的金额。

对于终止确认的分类为以公允价值计量且其变动计入其他综合收益的债权，之前计入其他综合收益的累计利得或损失应当从其他综合收益中转出，记入"投资收益"科目。

## 二、例题点津

**【例题1·单选题】** 2×22年1月10日，甲公司从乙公司购买一批材料，约定4个月后甲公司应结清款项；2×22年5月12日，甲公司因无法支付货款与乙公司发布公告称启动债务重组；2×22年7月18日，双方就修改清偿方式达成一致；2×22年7月31日，双方就新的偿还时间达成一致并签订债务重组协议。债务人应于（　　）确认终止原先的债务。

A. 2×22年7月18日

B. 2×22年7月31日

C. 2×22年5月12日

D. 2×22年1月10日

**【答案】** B

**【解析】** 债务重组中涉及的债权和债务的终止确认，应当遵循金融相关准则有关金融资产和金融负债终止确认的规定。债务人在债务的现时义务解除时终止确认债务。由于债权人与债务人之间进行的债务重组涉及债权和债务的认定，以及清偿方式和期限等的协商，通常需要经历较长时间，例如破产重整中进行的债务重组。只有在符合上述终止确认条件时才能终止确认相关债权和债务，并确认债务重组相关损益。因此，应于双方经协商一致并签订债务重组协议时（2×22年7月31日）确认终止原先的债务。

## 2 债权人的会计处理

### 一、考点解读

以资产清偿债务或者将债务转为权益工具方式进行债务重组的，债权人应当在相关资产符合其定义和确认条件时予以确认。

（一）以资产清偿债务的情形

1. 债权人受让金融资产

债权人应将收到的包括现金在内的单项或多项金融资产的公允价值与重组债权终止确认日账面价值之间的差额，计入当期损益（"投资收益"）。会计处理如下：

借：库存现金、银行存款［按实际收到的现金］

交易性金融资产等［按金融资产的公允价值，也可能是其他类别］

投资收益［按差额，也可能在贷方，下同］

坏账准备［按原计提的坏账准备］

贷：应收账款［按原账面余额］

2. 债权人受让非金融资产

以资产清偿债务方式进行债务重组的，债权人初始确认受让的金融资产以外的资产时，会计处理如下：

借：原材料/库存商品/固定资产等科目［按放弃债权的公允价值和其他成本］

应交税费——应交增值税（进项税额）［按税额］

投资收益［按放弃债权的公允价值与账面价值之间的差额］

坏账准备［按原计提的坏账准备］

贷：应收账款［按放弃债权的公允价值］

3. 债权人受让多项资产

债权人受让多项非金融资产，或者包括金融资产、非金融资产在内的多项资产的，金融资产按照当日公允价值计量；**按照受让的金融资产以外的各项资产在债务重组合同生效日的公允价值比例**，对放弃债权在合同生效日的公允价值扣除受让金融资产当日公允价值后的净额进行分配，并以此为基础分别确定各项资产的成本。

4. 债权人受让处置组

债务人以处置组清偿债务的，债权人应当先对处置组中的金融资产和负债进行初始计量；然后按照金融资产以外的各项资产在债务重组合同生效日的公允价值比例，对放弃债权在合同生效日的公允价值以及承担的处置组中负债的确认金额之和，扣除受让金融资产当日公允价值后的净额进行分配，并以此为基础分别确定各项资产的成本。

5. 债权人将受让的资产或处置组划分为持有待售类别

债务人以资产或处置组清偿债务，且债权人在取得日未将受让的相关资产或处置组作为非流动资产和非流动负债核算，而是将其划分为持有待售类别的，债权人应当在初始计量时，比较假定其不划分为持有待售类别情况下的初始计量金额和公允价值减去出售费用后的净额，以两者孰低计量，借记"持有待售资产"等科目，转销债权账面价值，借记"坏账准备"等科目，贷记"应收账款"等科目，按其差额借记"资产减值损失"科目。

**（二）修改其他条款**

对于债权人，债务重组通过调整债务本金、改变债务利息、变更还款期限等修改合同条款方式进行的，会计处理如下：

借：应收账款［修改其他债务条件后的新债权的公允价值，也可能是其他科目］
　　投资收益［重组债权的确认金额与账面价值之间的差额］
　　坏账准备［按原计提的准备］
　　贷：应收账款［按原账面价值］

**（三）组合方式**

债务重组采用组合方式进行的，一般可以认为对全部债权的合同条款做出了实质性修改，债权人应当按照修改后的条款，以公允价值初始计量重组债权和受让的新金融资产，按照受让的金融资产以外的各项资产在债务重组合同生效日的公允价值比例，对放弃债权在合同生效日的公允价值扣除重组债权和受让金融资产当日公允价值后的净额进行分配，并以此为基础分别确定各项资产的成本。放弃债权的公允价值与账面价值之间的差额，记入"投资收益"科目。

## 二、例题点津

**【例题1·单选题】** $2 \times 23$ 年1月1日，甲公司与乙公司进行债务重组，合同签订日，甲公司应收乙公司账款账面余额为480万元，已提坏账准备40万元，其公允价值为460万元，乙公司以一批存货抵偿上述账款。 $2 \times 23$ 年1月10日甲公司收到乙公司交付的商品，该批库存商品的公允价值为400万元，增值税税额为52万元，为取得库存商品支付的运费和保险费为2万元。假定不考虑其他因素。甲公司债务重组取得库存商品的入账价值为（　　）万元。

A. 390　　　　　　B. 400
C. 402　　　　　　D. 410

**【答案】** D

**【解析】** 借：库存商品　　　　　410
　　　　　应交税费——应交增值税（进
　　　　　　项税额）　　　　　52
　　　　　坏账准备　　　　　　40

　　　　贷：应收账款　　　　　480
　　　　　　银行存款　　　　　　2
　　　　　　投资收益　　　　　　20

库存商品的入账价值 $= 460 - 52 + 2 = 410$ （万元）。放弃债权公允价值与账面价值的差额 $= 460 - (480 - 40) = 20$ （万元）。

**【例题2·单选题】** 甲公司因乙公司发生严重财务困难，预计难以全额收回乙公司所欠贷款120万元，经协商，乙公司以银行存款90万元结清了全部债务。甲公司对该项应收账款已计提坏账准备12万元。假定不考虑其他因素，债务重组日甲公司应确认的损失为（　　）万元。

A. 0　　B. 12　　C. 18　　D. 30

**【答案】** C

**【解析】** $120 - 12 - 90 = 18$ （万元）。

**【例题3·单选题】** M公司是N公司的股东。 $2 \times 23$ 年5月31日，M公司应收N公司账款3 000万元，采用摊余成本进行后续计量。为解决N公司的资金周转难，M公司、N公司的其他债权人共同决定对N公司的债务进行重组，并于 $2 \times 23$ 年7月1日与N公司签订了债务重组合同。根据债务重组合同的约定，M公司免除70%应收N公司账款的还款义务，N公司其他债权人免除35%应收N公司账款的还款义务，豁免的债务在合同签订当日解除，对于其余未豁免的债务，N公司应于 $2 \times 23$ 年9月底前偿还。 $2 \times 23$ 年9月19日，M公司收到N公司支付的账款900万元。不考虑其他因素，M公司 $2 \times 23$ 年度因上述交易或事项应当确认的损失金额为（　　）万元。

A. 2 100　　　　　B. 1 050
C. 900　　　　　　D. 0

**【答案】** B

**【解析】** M公司应将其较其他债权人多豁免的35%（70% - 35%）债权确认为权益性交易，与其他债权人同比例豁免债务人的1 050万元（3 000 × 35%）确认为损失，即M公司 $2 \times 23$ 年度因上述交易或事项应当确认的损失金额为1 050万元。

**【例题4·多选题】** M公司通过销售商品向N公司产生了1 200万元的应收款项，但由于N公司的资金周转问题，已逾期一年以上未支付。到了 $2 \times 23$ 年12月25日，两个公司通过协商达成了一项协议：N公司用一台机器设备偿还上述债务。当天，应收债权的公允价值为1 000万元，已为坏账计提200万元的准备。双方完成了资产转让手续，M公司将获得的设备划归为待售类别，而该机器设备的公允价值减去销售费用后的净额为980万元。在不考虑增值税等因素的影响下，该债务重组业务中M公司下列会计处理正确的有（　　）。

A. 持有待售资产入账价值为980万元

B. 固定资产入账价值为1 000万元

C. 应计入资产减值损失的金额为20万元

D. 应计入投资收益的金额为20万元

【答案】AC

【解析】债权人债务重组取得资产划分为持有待售类别的，债权人应当在初始计量时，比较假定其不划分为持有待售类别情况下的初始计量金额和公允价值减去出售费用后的净额，以两者孰低计量。在不划分为持有待售类别情况下的初始计量金额为放弃债权的公允价值1 000万元，公允价值减去出售费用后的净额为980万元，二者差额20万元计入资产减值损失，持有待售资产入账价值为980万元。

M公司对于该债务重组业务的账务处理如下：

借：持有待售资产——固定资产

　　　　　　　　　　　　　980

　　坏账准备　　　　　　　200

　　资产减值损失　　　　　 20

　　贷：应收账款　　　　　 1 200

【例题5·多选题】2×23年1月1日，甲公司以摊余成本计量的"应收账款——乙公司"账户余额为1 000万元，已计提坏账准备200万元。2×23年4月1日，甲公司与乙公司签订债务重组合同，合同约定，乙公司以两项资产清偿债务，包括一项公允价值为100万元的其他债权投资和一项公允价值为600万元的固定资产。当日，该应收账款的公允价值为750万元，双方于当日办理完成相关资产的转让手续。关于甲公司会计处理的表述中，正确的有（　　）。

A. 确认投资收益减少50万元

B. 确认其他债权投资增加100万元

C. 确认其他收益减少100万元

D. 确认固定资产增加600万元

【答案】AB

【解析】

借：其他债权投资　　　　　　100

　　固定资产　　（750－100）650

　　坏账准备　　　　　　　　200

　　投资收益　　　　　　　　 50

　　贷：应收账款　　　　　　 1 000

因此选项A、B正确。

【例题6·多选题】以资产清偿债务方式进行债务重组的，债权人初始确认受让的金融资产以外的资产时，下列各项表述中正确的有（　　）。

A. 投资性房地产的成本，包括放弃债权的公允价值和可直接归属于该资产的税金等其他成本

B. 固定资产的成本，包括放弃债权的公允价值和使该资产达到预定可使用状态前所发生的可直接归属于该资产的税金、运输费、装卸费、安装费、专业人员服务费和员工培训费等其他成本

C. 存货的成本，包括放弃债权的公允价值，以及使该资产达到当前位置和状态所发生的可直接归属于该资产的税金、运输费、装卸费和保险费等其他成本

D. 无形资产的成本，包括放弃债权的公允价值和可直接归属于使该资产达到预定用途所发生的税金等其他成本

【答案】ACD

【解析】选项B，不含员工培训费。

## 3 债务人的会计处理

### 一、考点解读

（一）债务人以资产清偿债务

债务重组采用以资产清偿债务方式进行的，债务人应当将所清偿债务账面价值与转让资产账面价值之间的差额计入当期损益。

1. 债务人以金融资产清偿债务

此情形下，应当将重组债务的账面价值与实际支付现金之间的差额，计入当期损益（即投资收益）。

借：应付账款［按原账面价值，也可能是其他科目］

　　贷：债权投资［按原账面价值，也可能是其他科目］

　　　　长期股权投资［按原账面价值］

应交税费、银行存款［税费和杂费］

投资收益［按差额］

2. 债务人以非金融资产清偿债务

不需要区分资产处置损益和债务重组损益，也不需要区分不同资产的处置损益，而应将所清偿债务账面价值与转让资产账面价值之间的差额，记入"其他收益——债务重组收益"科目。

（1）以存货清偿债务的情形。

以存货清偿债务时：

借：应付账款［按应付账款的原账面价值］

贷：库存商品［按存货的账面价值］

应交税费——应交增值税（销项税额）［按税额］

其他收益——债务重组收益［按上述项目的差额］

（2）以固定资产、无形资产清偿债务的情形。

①将固定资产净值转入固定资产清理时：

借：固定资产清理

累计折旧

贷：固定资产

②支付评估费时：

借：固定资产清理

贷：银行存款

③确认债务重组利得：

借：应付账款

贷：固定资产清理

其他收益——债务重组收益

（二）债务人将债务转为权益工具

债务重组采用将债务转为权益工具方式进行

的，债务人初始确认权益工具时，会计处理如下：

借：应付账款［按应付账款的原账面价值］

贷：实收资本［按权益工具的对应金额］

资本公积——资本溢价［按权益工具的对应金额］

投资收益［按上述项目的差额］

（三）修改其他债务条件的情形

债务重组采用修改其他条款方式进行的，如果修改其他条款导致债务终止确认，债务人应当按照公允价值计量重组债务。

借：应付账款［按原账面价值］

贷：应付账款［按修改其他债务条件后新债务的公允价值］

投资收益［差额］

（四）以上述方式的组合进行债务重组的情形

债务重组采用以资产清偿债务、将债务转为权益工具、修改其他条款等方式的组合进行的，会计处理如下：

借：应付账款

贷：银行存款

股本

资本公积——股本溢价

库存商品

应交税费——应交增值税（销项税额）

其他收益——债务重组收益

不同情形下债务重组损益影响的会计科目见表 16 - 1。

表 16 - 1

| 债务重组方式 | | 债权人/债务人 | 会计科目 |
|---|---|---|---|
| 以资产清偿债务 | 单项金融资产 | 债权人 | 投资收益 |
| | | 债务人 | 投资收益 |
| | 非金融资产或多项资产（金融资产与非金融资产组合） | 债权人 | 投资收益 |
| | | 债务人 | 其他收益 |
| 将债务转为权益工具 | | 债权人 | 投资收益 |
| | | 债务人 | 投资收益 |

## 二、例题点津

**【例题1·单选题】** 2×22年，甲公司发生的相关交易或事项如下：(1) 以存货清偿债务，实现债务重组利得20万元；(2) 固定资产盘盈100万元；(3) 存货盘盈10万元；(4) 固定资产报废利得1万元。不考虑其他因素，甲公司2×22年度应计入营业外收入的金额是（　　）万元。

A. 11　　　　　　　B. 101

C. 131　　　　　　D. 1

**【答案】** D

**【解析】** 事项 (1) 计入其他收益；事项 (2) 计入以前年度损益调整，最终调整期初留存收益；事项 (3) 冲减管理费用；事项 (4) 计入营业外收入。所以甲公司2×22年度应计入营业外收入的金额为1万元，选项D正确。

**【例题2·单选题】** 2×23年5月，A公司赊销一批商品给B公司，形成应收债权1 000万元。B公司到期无力支付款项，经过协调，A公司同意B公司将其拥有的一台设备用于抵偿债务，该设备的原值1 000万元，已计提折旧200万元，公允价值850万元；A公司对该项应收账款已计提80万元坏账准备。不考虑其他因素，B公司债务重组利得和处置资产利得分别为（　　）万元。

A. 80, 50　　　　B. 150, 50

C. 200, 0　　　　D. 80, 0

**【答案】** B

**【解析】** B公司相关会计处理如下：

借：固定资产清理　　　　　　800

　　累计折旧　　　　　　　　200

　　贷：固定资产　　　　　　　　1 000

借：应付账款　　　　　　　1 000

　　贷：固定资产清理　　　　　　800

　　　　其他收益　　　　　　　　200

上述其他收益中包括150万元（1 000 - 850）债务重组利得和50万元（850 - 800）处置资产利得，故选择选项B。

# 本章考点巩固练习题

## 一、单项选择题

1. 下列各项关于债务重组中债务人以资产清偿债务的表述中，不正确的是（　　）。

A. 以存货进行清偿无须确认收入

B. 以无形资产进行清偿，应将无形资产的账面价值与清偿债务的账面价值的差额计入资产处置损益

C. 以固定资产进行清偿所发生的清理费用影响债务重组损益

D. 以其他债权投资进行清偿，原计入其他综合收益的金额应结转至投资收益

2. 下列关于债务转为权益工具的会计处理中，正确的是（　　）。

A. 债务人初始确认权益工具时应当按照权益工具的公允价值计量，权益工具的公允价值不能可靠计量的，应当按照所清偿债务的公允价值计量

B. 债权人和债务人通过协议以一项同时包含金融负债成分和权益工具成分的复合金融工具替换原债权债务，属于债务转为权益工具

C. 债权人放弃债权的公允价值与账面价值之间的差额，应当计入资本公积

D. 债务人所清偿债务账面价值与权益工具确认金额之间的差额，应当计入资本公积

3. 甲公司应收乙公司账款700万元已逾期，甲公司为该笔应收账款计提了10万元坏账准备，应收账款账面价值为690万元，公允价值为650万元。甲公司与乙公司协商决定进行债务重组，乙公司以100万元银行存款、一项固定资产和一项长期股权投资偿付所欠甲公司账款，该项固定资产的账面价值为250万元，公允价值为300万元；长期股权投资的账面价值为275万元，公允价值为250万元。假定不考虑相关税费，关于此项债务重组，下列会计处理中正确的是（　　）。

A. 甲公司债务重组后确认的资产价值总额为550万元

B. 甲公司确认的投资收益为25万元

C. 乙公司确认的资产转让收益为50万元

D. 乙公司确认的其他收益为75万元

4. 2×23年3月5日，甲公司因无力偿还乙公司的600万元货款，双方达成协议进行债务重组。协议规定，甲公司用普通股偿还债务，占甲公司25%的股份，乙公司对该投资采用权益法核算。假设普通股每股面值1元，甲公司用250万股抵偿该项债务（不考虑相关税费），普通股每股市价1.8元。乙公司对应收账款计提了60万元的坏账准备，公允价值为550万元。甲公司于当年4月15日办妥了增资批准手续，对于此项债务重组，下列表述中不正确的是（　　）。

A. 甲公司计入投资收益的金额为150万元

B. 甲公司计入"资本公积——股本溢价"的金额为200万元

C. 乙公司长期股权投资的入账价值为540万元

D. 乙公司计入投资收益的金额为10万元

5. 2×24年2月23日，乙公司销售一批商品给甲公司，应收货款共计480万元。甲公司将该应付款项分类为以摊余成本计量的金融负债。2×24年4月23日，甲公司与乙公司就其所欠乙公司购货款480万元进行债务重组，乙公司对该项应收货款已计提50万元减值准备。根据协议，甲公司以其专利技术抵偿全部债务。甲公司用于抵债的专利技术的账面余额为380万元，累计摊销50万元，减值准备30万元，公允价值为400万元。不考虑其他因素，甲公司该项债务重组影响当期损益的金额是（　　）万元。

A. 80　　　　　　　B. 180

C. 130　　　　　　D. 30

6. A公司应付甲公司账款500万元，因A公司无力偿还全部款项，与甲公司协商进行债务重组，甲公司同意将应收A公司债务500万元免除100万元，并将剩余债务延期三年偿还，按年利率5%计息（实际利率等于名义利率）。假定不考虑其他因素，则A公司债务重组利得为（　　）万元。

A. 76　　　　　　　B. 60

C. 100　　　　　　D. 36

7. 甲公司销售给乙公司一批商品，价款200万元，增值税税额26万元，款未收到，由于资金周转困难，乙公司无力偿还全部款项，甲公司与乙公司达成债务重组协议。协议约定，乙公司分别用一批材料和长期股权投资予以抵偿。已知，原材料的账面余额50万元，已提跌价准备2万元，公允价值60万元，增值税税率13%；长期股权投资为对联营企业投资，账面余额85万元，已提减值准备5万元，公允价值90万元。乙公司应该计入其他收益的金额为（　　）万元。

A. 39.8　　　　　　B. 10

C. 90.2　　　　　　D. 84

8. 2×23年6月30日，甲公司与乙公司进行债务重组。该债务为甲公司从乙公司购进一批货物产生的，其账面余额为1 000万元。债务重组协议约定：甲公司以一项账面价值为600万元（其中成本为500万元，公允价值变动为100万元）、公允价值为800万元的其他权益工具投资偿还该债务。乙公司已对该项应收账款计提了10万元的坏账准备。假定不考虑其他因素，该项债务重组影响甲公司损益的金额为（　　）万元。

A. 500　　　　　　B. 190

C. 200　　　　　　D. 400

9. 乙公司因财务危机无法偿还甲公司到期债务，经协商，甲公司同意乙公司以其持有的A公司股权偿还其所欠全部债务。债务重组日，甲公司应收乙公司债权的账面余额为2 000万元，已计提坏账准备500万元，乙公司用于偿债股权的账面价值为1 480万元，公允价值为1 400万元，双方办理完成转让手续，转让后甲公司将偿债资产作为以公允价值计量且其变动计入当期损益的金融资产核算，甲、乙公司对该笔债权债务均采用摊余成本进行计量，甲公司应收款项公允价值为1 350万元。不考虑相关税费等因素，甲公司因上述交易应确认的债务重组损失金额是（　　）万元。

A. 150　　　　　　B. 130

C. 80　　　　　　　D. 100

10. 2×23年9月5日，甲公司将所欠乙公司的

8 000 万元货款转为本公司 1 000 万股普通股股票（每股面值 1 元）。当日，甲公司普通股每股市价为 7.5 元，另支付券商佣金 100 万元。不考虑其他因素，下列说法中正确的是（　　）。

A. 甲公司应确认投资收益 500 万元

B. 甲公司应确认的资本公积（股本溢价）为 6 500 万元

C. 甲公司支付的券商佣金计入管理费用

D. 甲公司应增加股本 7 500 万元

## 二、多项选择题

1. 下列项目中，属于债务重组准则规范的有（　　）。

A. 通过债务重组协议修改了偿债本金、利息

B. 通过债务重组收到无形资产

C. 通过债务重组取得合营企业

D. 通过债务重组形成企业合并

2. 下列关于债权人债务重组的会计处理中，正确的有（　　）。

A. 债权人收到投资性房地产，其成本包括放弃债权的公允价值和可直接归属于该资产的税金等其他成本

B. 将债务转为权益工具方式进行债务重组的，债权人应当在相关资产符合其定义和确认条件时予以确认

C. 将债务转为权益工具方式进行债务重组导致债权人将债权转为对联营企业或合营企业的权益性投资的，债权人应当按照放弃债权的公允价值和可直接归属于该资产的税金等其他成本，作为长期股权投资初始投资成本

D. 债权人放弃债权的公允价值与账面价值之间的差额，应当计入营业外支出

3. 下列关于债务人以资产抵偿债务会计处理的表述中不正确的有（　　）。

A. 债务人以金融资产清偿债务，应将债务账面价值与偿债金融资产的公允价值的差额记入“投资收益”科目

B. 债务人以非金融资产清偿债务，应将债务账面价值与偿债资产账面价值的差额记入“其他收益”科目

C. 债务人以包含非金融资产的处置组清偿债务，应当将债务账面价值和处置组中负债账

面价值之和，与处置组中资产的账面价值之间的差额，记入“资产处置损益”科目

D. 债务人以其他权益工具投资偿还债务，应将之前计入其他综合收益的累计利得或损失转出

4. 2×23 年 2 月 5 日，B 公司因购买材料而欠 A 公司购货款 1 250 万元，由于 B 公司无法偿付应付账款，2×23 年 6 月 5 日经双方协商同意将债务转为权益工具，B 公司以普通股偿还债务，普通股每股面值为 1 元，假设股票市价为每股 6 元，B 公司以 200 万股偿还该项债务。2×23 年 6 月 30 日增资手续办理完毕，A 公司持有 B 公司 25% 的股份，A 公司将其作为长期股权投资，采用权益法核算。A 公司对应收账款提取 100 万元坏账准备，应收账款账面价值为 1 150 万元，其公允价值为 1 190 万元。下列关于 A、B 公司债务重组会计处理正确的有（　　）。

A. A 公司因债务重组确认债务重组损失 50 万元

B. A 公司因债务重组取得的长期股权投资入账价值为 1 190 万元

C. B 公司因债务重组确认债务重组利得 50 万元

D. B 公司因债务重组确认“资本公积——股本溢价”1 000 万元

5. 2×23 年 5 月 15 日，甲公司应收乙公司的一笔货款 250 万元到期，由于乙公司资金周转困难，短期内无力支付货款，甲公司已为该项债权计提坏账准备 50 万元。当日，甲公司就该债权与乙公司进行协商。下列协商方案中，属于甲公司债务重组的有（　　）。

A. 减免 50 万元债务，其余部分立即以银行存款偿还

B. 减免 25 万元债务，其余部分延期两年偿还

C. 以公允价值为 250 万元的固定资产偿还

D. 以现金 50 万元和公允价值为 200 万元的无形资产偿还

6. 下列各项中，属于甲公司债务重组的有（　　）。

A. 甲公司以成本 30 万元、公允价值 35 万元的存货抵偿所欠 A 公司 35 万元的债务

B. 甲公司的母公司以账面价值 100 万元、公

允价值 120 万元的交易性金融资产抵偿甲公司所欠 B 公司 150 万元的债务

C. H 公司同意延长甲公司 100 万元的债务的偿还时间

D. 甲公司将所欠 D 公司 1 000 万元的债务转为本公司股份

7. 2×23 年 6 月 1 日，甲公司因无力偿还 A 银行的 2 000 万元借款，双方协议进行债务重组。按债务重组协议的规定，甲公司增发 800 万股普通股（每股面值 1 元，不考虑相关税费）抵偿该项借款，股权的公允价值为 1 800 万元。A 银行未对该贷款计提贷款损失准备。当日，贷款的公允价值为 1 800 万元，取得的股权被指定以公允价值计量且其变动计入其他综合收益的金融资产核算。甲公司于 9 月 1 日办妥了增资手续，下列表述正确的有（　　）。

A. 债务重组日为 2×23 年 9 月 1 日

B. A 银行应计入营业外支出的金额为 1 200 万元

C. A 银行取得的金融资产的入账价值为 1 800 万元

D. 甲公司计入投资收益贷方的金额为 200 万元

### 三、判断题

1. 因修改其他条款导致债务终止确认，债务人应当按照公允价值计量重组债务，并将终止确认的债务账面价值与重组债务确认金额的差额记入"投资收益"科目。（　）

2. 债务人无法按期偿还债务，双方就债权债务重新达成协议，如果债权人没有做出让步，那么不属于债务重组。（　）

3. 以将债务转为权益工具方式进行债务重组时，债权人如将取得股权作为长期股权投资核算，应按照放弃债权的公允价值和可直接归属于该资产的税金等其他成本作为长期股权投资的入账成本。（　）

4. 如果债权人与债务人在债务重组前后均受同一方或相同的多方最终控制，双方进行债务重组交易时不得确认损益。（　）

### 四、计算分析题

甲公司因发生财务困难，2×23 年发生债务

重组的有关资料如下：

资料一：2×22 年 11 月 11 日，乙公司销售一批产品给甲公司，价款为 300 万元，信用期为 6 个月，不存在重大融资成分。截至 2×23 年 5 月 11 日，甲公司仍未支付货款。经乙公司同意，甲公司以一项固定资产偿还对乙公司债务，该固定资产原值为 480 万元，已计提累计折旧 200 万元，累计计提减值准备 20 万元，公允价值为 250 万元。当日相关手续已办妥。

资料二：乙公司系设备经销商，将取得甲公司设备作为存货用于出售。对甲公司债权在 2×23 年 5 月 11 日已计提减值准备 30 万元，当日该笔债权公允价值为 265 万元。设备运抵乙公司过程中，发生由乙公司负担的运费 3 万元。

资料三：2×23 年 3 月 15 日，丙公司销售一批材料给甲公司，价款为 800 万元，信用期为 3 个月，不存在重大融资成分。截至 2×23 年 6 月 15 日，甲公司仍未支付货款，丙公司对该项债权已计提 50 万元减值准备。经甲、丙公司协商，甲公司以 100 万股自身普通股偿还对丙公司债务。当日，甲公司普通股的面值为每股 1 元，公允价值为每股 6.6 元，相关手续已办理完毕。丙公司将取得甲公司股权作为以公允价值计量且其变动计入其他综合收益的金融资产核算。

其他资料：甲公司、乙公司、丙公司相关债权、债务均以摊余成本计量。本题不考虑增值税等其他因素。

**要求：**

（1）编制 2×23 年 5 月 11 日甲公司发生债务重组相关的会计分录。

（2）编制 2×23 年 5 月 11 日乙公司发生债务重组相关的会计分录。

（3）编制 2×23 年 6 月 15 日甲公司发生债务重组相关的会计分录。

（4）编制 2×23 年 6 月 15 日丙公司发生债务重组相关的会计分录。

（答案中的金额用"万元"表示）

# 本章考点巩固练习题参考答案及解析

## 一、单项选择题

1.【答案】B

【解析】以存货进行清偿债务的，应将清偿债务的账面价值与存货账面价值的差额确认为其他收益，无须确认收入和结转成本，选项A表述正确，不当选；以无形资产进行清偿，应将无形资产的账面价值与清偿债务的账面价值的差额计入其他收益，选项B表述错误，当选；以固定资产清偿债务的，支付的清理费用计入固定资产清理，构成固定资产账面价值，固定资产账面价值与清偿债务账面价值的差额计入其他收益，选项C表述正确，不当选；以其他债权投资清偿债务的，应将原计入其他综合收益的金额转入投资收益，选项D表述正确，不当选。

2.【答案】A

【解析】选项B不正确，债权人和债务人协议以一项同时包含金融负债成分和权益工具成分的复合金融工具替换原债权债务，这类交易不属于债务人将债务转为权益工具的债务重组方式；选项C不正确，放弃债权的公允价值与账面价值之间的差额，应当计入投资收益；选项D不正确，债务人所清偿债务账面价值与权益工具确认金额之间的差额，应当计入投资收益。

3.【答案】D

【解析】甲公司债务重组后确认资产价值金额=放弃债权公允价值=650万元，选项A不正确；甲公司确认的投资收益=重组债权公允价值650－重组债权账面价值690=－40（万元），选项B不正确；乙公司不单独确认资产转让收益，选项C不正确；乙公司确认的其他收益=重组债务账面价值700－抵债资产账面价值（100＋250＋275）=75（万元），选项D正确。

4.【答案】C

【解析】甲公司计入投资收益金额=债务账面

价值600－权益工具确认金额450=150（万元），选项A正确；甲公司权益工具公允价值为450万元（250×1.8），计入股本250万元，计入股本溢价=450－250=200（万元），选项B正确；乙公司长期股权投资的入账价值应为放弃债权的公允价值550万元，选项C不正确；乙公司计入投资收益金额=债权公允价值550－债权账面价值540=10（万元），选项D正确。

5.【答案】B

【解析】甲公司应确认的债务重组收益=清偿债务账面价值－转让资产账面价值=480－（380－50－30）=180（万元），选项B正确，选项A、C、D错误。本题应编制的会计分录如下：

借：应付账款　　　　　　　480
　　累计摊销　　　　　　　50
　　无形资产减值准备　　　30
　　贷：无形资产　　　　　　380
　　　　其他收益　　　　　　180

6.【答案】C

【解析】A公司应确认的重组利得=债务账面价值500－重组后债务账面价值400=100（万元）。

7.【答案】C

【解析】计入其他收益金额=应付账款余额226－抵债资产账面价值〔（50－2＋60×13%）＋（85－5）〕=226－135.8=90.2（万元）。

8.【答案】D

【解析】该项债务重组影响甲公司损益的金额=1 000－600=400（万元），甲公司应将相关的其他综合收益100万元转入留存收益，这100万元不影响损益。

9.【答案】D

【解析】本题考查债务重组中债权人的会计处理，具体情形为受让金融资产进行债务重组。甲公司应确认的债务重组损失=1 400－

（2 000 − 500）= −100（万元），即债务重组损失为100万元，选项D正确，选项A、B、C错误。甲公司在债务重组日应编制的会计分录为：

借：交易性金融资产——成本　1 400

　　坏账准备　　　　　　　　　 500

　　投资收益　　　　　　　　　 100

　　　贷：应收账款　　　　　　 2 000

10.【答案】A

【解析】债务重组采用将债务转为权益工具方式进行的，所清偿债务账面价值与权益工具确认金额之间的差额，计入投资收益，甲公司债务重组收益 = 债务账面价值 − 发行股票的公允价值 = 8 000 − 1 000 × 7.5 = 500（万元），选项A正确；甲公司发行股票应确认的资本公积 = （7.5 − 1）× 1 000 − 100 = 6 400（万元），选项B错误；甲公司支付发行股票的佣金、手续费应冲减资本公积，选项C错误；发行股票应按面值增加股本，即1 000万股，选项D错误。故本题选项A正确。甲公司债务重组日应编制的会计分录为：

借：应付账款　　　　　　　　 8 000

　　贷：股本　　　　　　　　　 1 000

　　　资本公积——股本溢价

　　　（1 000 × 7.5 − 1 000）6 500

　　　投资收益　　　　　　　　 500

借：资本公积——股本溢价　　 100

　　贷：银行存款　　　　　　　 100

## 二、多项选择题

1.【答案】ABC

【解析】通过债务重组形成企业合并的，适用《企业会计准则第20号——企业合并》；其余选项执行债务重组准则。

2.【答案】ABC

【解析】选项D不正确，放弃债权的公允价值与账面价值之间的差额，应当计入投资收益；其余选项正确。

3.【答案】AC

【解析】选项A，债务人以金融资产清偿债务，应将债务账面价值与偿债金融资产账面价值的差额记入"投资收益"科目；选项C，债务人以包含非金融资产的处置组清偿债务，应当将债务账面价值和处置组中负债账面价值之和，与处置组中资产的账面价值之间的差额记入"其他收益"科目。

4.【答案】BCD

【解析】B公司（债务人）会计处理：

借：应付账款——A公司　　　 1 250

　　贷：股本　　　　（200 × 1）200

　　　资本公积——股本溢价

　　　　　　　［200 ×（6 − 1）］1 000

　　　投资收益——债务重组利得

　　　　　　　（1 250 − 200 × 6）50

A公司（债权人）会计处理：

借：长期股权投资（放弃债权公允价值）

　　　　　　　　　　　　　　 1 190

　　坏账准备　　　　　　　　　 100

　　贷：应收账款　　　　　　　 1 250

　　　投资收益　（1 190 − 1 150）40

选项A不正确，A公司因债务重组确认投资收益40万元。

5.【答案】ABCD

【解析】债务重组，是指在不改变交易对手方的情况下，经债权人和债务人协定或法院裁定，就清偿债务的时间、金额或方式等重新达成协议的交易。上述选项均属于债务重组。

6.【答案】ACD

【解析】债务重组，是指在不改变交易对手方的情况下，经债权人和债务人协定或法院裁定，就清偿债务的时间、金额或方式等重新达成协议的交易，甲公司与A公司就清偿方式达成协议，属于债务重组，选项A正确；甲公司的母公司与债权人B公司达成债务重组协议，因改变交易对手方，不属于甲公司的债务重组协议，选项B错误；甲公司与H公司就清偿债务时间重新达成协议，属于债务重组，选项C正确；甲公司与D公司就清偿方式重新达成协议，属于债务重组，选项D正确。故本题选项A、C、D正确。

7.【答案】ACD

【解析】选项B，A银行不应确认的营业外支出，而应确认投资收益，金额 = 1 800 − 2 000 = −200（万元）。

## 三、判断题

1.【答案】√

【解析】如果修改其他条款导致债务终止确认，债务人应当按照公允价值计量重组债务，终止确认的债务账面价值与重组债务确认金额之间的差额，计入投资收益。故本题表述正确。

2.【答案】×

【解析】债务重组是指在不改变交易对手的情况下，经债权人和债务人协定或法院裁定，就清偿债务的时间、金额或方式等重新达成协议的交易。

3.【答案】×

【解析】此处需要分情况讨论，如债权人取得的长期股权投资是对联营企业或合营企业的投资，其入账成本包括放弃债权的公允价值和可直接归属于该资产的税金等其他成本；如债权人取得的长期股权投资对债务人构成控制，应按照《企业会计准则第20号——企业合并》的有关规定进行处理，故本题表述错误。

4.【答案】×

【解析】本题考查债务重组构成权益性交易的会计处理。债务重组构成权益性交易的，应当适用权益性交易的有关会计处理规定，债权人和债务人不确认构成权益性交易的债务重组相关损益，但债务重组中不属于权益性交易的部分仍然应当确认债务重组相关损益。例如，母公司豁免子公司部分债务，与其他债权人按相同比例豁免的部分，可确认债务重组相关损益，超过的部分不确认债务重组相关损益。本题表述错误。

## 四、计算分析题（会计分录中金额单位用万元表示）

【答案】

(1) 2×23年5月11日甲公司发生债务重组相关的会计分录：

借：固定资产清理 260
　　累计折旧 200
　　固定资产减值准备 20
　　贷：固定资产 480
借：应付账款 300
　　贷：固定资产清理 260
　　　　其他收益 40

(2) 2×23年5月11日乙公司发生债务重组相关的会计分录：

借：库存商品 (265+3) 268
　　坏账准备 30
　　投资收益 5
　　贷：应收账款 300
　　　　银行存款 3

(3) 2×23年6月15日甲公司发生债务重组相关的会计分录：

借：应付账款 800
　　贷：股本 100
　　　　资本公积——股本溢价
　　　　　[100×(6.6-1)] 560
　　　　投资收益 140

(4) 2×23年6月15日丙公司发生债务重组相关的会计分录：

借：其他权益工具投资
　　　(100×6.6) 660
　　坏账准备 50
　　投资收益 90
　　贷：应收账款 800

# 第十七章　所得税

考情分析

从近几年出题情况看，本章较为重要，历年考题分数在 10 分以上，单项选择题、多项选择题、判断题、计算分析题及综合题等各种题型均可能出现，还经常与长期股权投资、合并报表等章节结合出题，因此在复习过程中应对本章进行重点关注。

## 教材变化

2024 年本章教材内容无实质性变化。

## 考点提示

本章重点是：（1）通过比较计税基础与账面价值的差异确定暂时性差异；（2）计算递延所得税资产和递延所得税负债；（3）确定所得税费用。

## 本章考点框架

所得税
- 计税基础与暂时性差异
  - 所得税核算的基本原理和程序
  - 资产的计税基础
  - 负债的计税基础
  - 暂时性差异
- 递延所得税负债和递延所得税资产
  - 递延所得税负债的确认和计量
  - 递延所得税资产的确认和计量
  - 特殊交易或事项涉及递延所得税的确认
- 所得税费用的确认和计量
  - 当期所得税
  - 递延所得税
  - 所得税费用的计算
  - 合并财务报表中因抵销未实现内部交易损益产生的递延所得税

# 考点解读及例题点津

## 第一单元　计税基础与暂时性差异

### 1 所得税核算的基本原理和程序

#### 一、考点解读

所得税会计采用了**资产负债表**债务法核算所得税。资产负债表债务法是从资产负债表出发，通过比对资产负债表上列示的资产、负债按照会计准则规定确定的账面价值与按照税法规定确定的计税基础，对于两者之间的差异分别确定应纳税暂时性差异与可抵扣暂时性差异，确认相关的递延所得税负债与递延所得税资产，并在此基础上确定每一会计期间利润表中的所得税费用。

所得税会计核算的一般程序如图 17－1 所示。

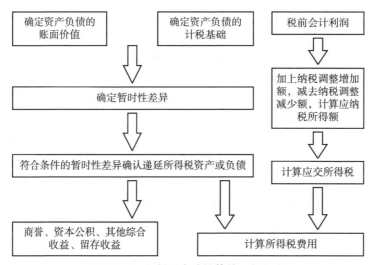

图 17－1　所得税会计核算的一般程序

（1）**当期所得税**的计算公式为：

当期所得税＝应纳税所得额×所得税税率＝（会计利润±永久性差异＋当期发生可抵扣暂时性差异－当期发生应纳税暂时性差异）×当期所得税税率

（2）递延所得税是指递延所得税资产和递延所得税负债在期末应有的金额相对于原已确认金额之间的差额。

递延所得税资产期末余额＝可抵扣暂时性差异期末余额×未来转回时所得税税率

递延所得税负债期末余额＝应纳税暂时性差异期末余额×未来转回时所得税税率

通过递延所得税资产（负债）期末余额减期初余额得到递延所得税资产（负债）的**本期变动**额。

提示　递延所得税资产或递延所得税负债代表了未来期间税款流出的增加或减少。即资产负债表日，由于有一些资产负债的存在，导致企业未来给税务机关少交税，确认递延所得税资产；导致企业未来给税务机关多交税的，确认递延所得税负债。

（3）**所得税费用**的计算公式为：

所得税费用＝当期所得税（应交所得税）＋递延所得税费用（−递延所得税收益）＝应交所得税＋（期末递延所得税负债−期初递延所得税负债）−（期末递延所得税资产−期初递延所得税资产）＝应交所得税＋当期递延所得税负债的增加＋当期递延所得税资产的减少−当期递延所得税负债的减少−当期递延所得税资产的增加

**提示** 递延所得税资产和递延所得税负债发生额的对应科目有"商誉""其他综合收益""所得税费用"；"应交税费——应交所得税"对应的科目一定是"所得税费用"。

（4）会计分录如下：

借：所得税费用
　　其他综合收益（或在贷方）等
　　贷：递延所得税负债（或在借方）
　　　　递延所得税资产（或在借方）
　　　　应交税费——应交所得税

## 二、例题点津

**【例题1·计算题】**甲公司适用的所得税税率为25%，所得税采用资产负债表债务法核算。2×21年会计利润为4 000万元，当年按照税法规定有两个纳税调整事项：一是业务招待费超标200万元；二是某项存货计提了存货跌价准备200万元，假设不考虑其他因素。

要求：计算当期所得税、递延所得税并作相关会计处理。

**【解析】**

（1）当期所得税＝应纳税所得额×所得税税率＝（4 000＋200＋200）×25%＝1 100（万元）。

（2）由于存货计提了存货跌价准备200万元，使得存货的账面价值小于计税基础，产生200万元可抵扣暂时性差异；

递延所得税资产＝200×25%−0＝50（万元）。

（3）所得税费用＝当期所得税−递延所得税资产＝1 100−50＝1 050（万元）。

（4）会计分录：

借：所得税费用　　　　　　　1 050
　　递延所得税资产　　　　　　 50
　　贷：应交税费——应交所得税
　　　　　　　　　　　　　　　1 100

## 2 资产的计税基础

## 一、考点解读

资产的计税基础，是指企业收回资产账面价值过程中，计算应纳税所得额时**按照税法规定可以自应税经济利益中抵扣的金额**，即某一项资产在未来期间计税时**可以税前扣除的金额**。

**提示** 资产的计税基础＝资产未来期间计税时可税前扣除的金额＝资产的取得成本−以前期间已税前列支的金额

（一）固定资产

账面价值＝实际成本−会计累计折旧−固定资产减值准备

计税基础＝实际成本−税法累计折旧

（二）无形资产

1. 内部研究开发形成的无形资产

（1）无形资产账面价值。

账面价值＝开发阶段符合资本化条件后至达到预定用途前发生的支出

（2）无形资产计税基础。

享受税收优惠情况下：

计税基础＝会计账面价值×200%

2. 其他方式取得的无形资产

（1）无形资产账面价值。

①使用寿命有限的无形资产。

账面价值＝无形资产原价−会计累计摊销−无形资产减值准备

②使用寿命不确定的无形资产。

账面价值＝无形资产原价−无形资产减值准备

（2）无形资产计税基础。

计税基础＝实际成本−税法规定的累计摊销

（三）以公允价值计量且其变动计入当期损益的金融资产

账面价值＝公允价值

计税基础＝取得成本

（四）投资性房地产

1. 成本模式后续计量

账面价值＝账面余额−会计累计折旧或摊销−投资性房地产减值准备

计税基础=账面余额-税法累计折旧或摊销

2. 公允价值模式后续计量

账面价值=公允价值

计税基础=账面余额-税法累计折旧

（五）其他各种资产减值准备

1. 存货

账面价值=取得时的成本-存货跌价准备

计税基础=取得时存货的成本

2. 应收款项

账面价值=账面余额-坏账准备

计税基础=账面余额

## 二、例题点津

**【例题1·单选题】** A公司与B公司签订了一项经营租赁协议，A公司将其原先自用的一栋办公楼出租给B公司使用，租赁期开始日为2×22年1月1日。A公司对投资性房地产采用公允价值模式进行后续计量。2×22年1月1日，该办公楼的账面余额为10 000万元，已计提累计折旧5 000万元，公允价值为25 000万元。假定转换前该办公楼的计税基础与账面价值相等，根据税法规定办公楼尚可使用20年，采用年限平均法计提折旧，预计净残值为零。2×22年12月31日，该办公楼的公允价值为28 000万元。不考虑其他因素，该办公楼2×22年12月31日的计税基础为（　　）万元。

A. 10 000　　　　B. 4 750

C. 28 000　　　　D. 5 000

**【答案】** B

**【解析】** 投资性房地产的计税基础以原办公楼的账面价值为基础计算，该办公楼2×22年12月31日的计税基础=（10 000-5 000）-（10 000-5 000）/20=4 750（万元），选项B正确；选项A错误，误以办公楼原值作为计税基础；选项C错误，误以办公楼12月31日的公允价值作为计税基础；选项D错误，误以办公楼转换时的账面价值作为计税基础。

**【例题2·多选题】** 甲公司2×23年7月以520 000元取得乙公司股票50 000股作为以公允价值计量且其变动计入当期损益的金融资产核算，2×23年12月31日，甲公司尚未出售乙公司股票，乙公司股票公允价值为每股12元。关于甲公司的账务处理，下列说法正确的有（　　）。

A. 2×23年12月31日，对乙公司股票的计税基础为600 000元

B. 2×23年12月31日，对乙公司股票的计税基础为520 000元

C. 甲公司持有乙公司股票而产生的公允价值变动80 000元应当计入当期应纳税所得额

D. 甲公司持有乙公司股票而产生的公允价值变动80 000元不应当计入当期应纳税所得额

**【答案】** BD

**【解析】** 作为以公允价值计量且其变动计入当期损益的金融资产的乙公司股票在2×23年12月31日甲公司的账面价值为600 000元（50 000×12），其计税基础为取得时成本520 000元，两者之间产生80 000元的应纳税暂时性差异，选项A错误，B正确；税法规定，资产在持有期间公允价值的变动不计入当期应纳税所得额，待处置时一并计算应计入应纳税所得额的金额，选项C错误，D正确。

## ③ 负债的计税基础

### 一、考点解读

负债的计税基础是指**负债的账面价值减去未来期间计算应纳税所得额时按照税法规定可予抵扣的金额**。

（一）预计负债

1. 企业因销售商品提供售后服务等确认的预计负债

（1）税法规定，与产品销售相关的支出应于实际发生时税前列支。

计税基础=账面价值-可从未来经济利益中扣除的金额=0

（2）附有销售退回条件的商品销售，企业根据以往经验能够合理估计退货可能性并确认与退货相关的负债（预计负债）。

计税基础=账面价值-可从未来经济利益中扣除的金额=0

2. 其他事项确认的预计负债

某些情况下，因有些事项（如行政性罚款支出等）确认的预计负债，如果税法规定其支出无论是否实际发生均不允许税前扣除，计税基础=账面价值。

**提示** 并不是所有预计负债的计税基础都为0、都会产生暂时性差异。

（二）合同负债

1. 会计处理原则与税法一致

计税基础=账面价值

2. 会计处理原则与税法不一致

计税基础=0

（三）应付职工薪酬

（1）如果税法规定，将来实际发生时允许税前扣除，计税基础=0。

（2）如果税法规定，将来无论是否实际发生不允许税前扣除，账面价值=计税基础。

**提示** 职工教育经费、以现金结算的股份支付和辞退福利等应付职工薪酬，税法规定实际支付时允许税前扣除，计税基础=0。

（四）其他负债

其他负债如应缴纳的罚款和滞纳金等，如果税法规定无论是否实际发生不允许税前扣除，计税基础=账面价值。

**提示** 负债计税基础的确定。

1. 应付性质的负债

（1）未来可以税前扣除：计税基础=0。

（2）未来不能税前扣除：计税基础=账面价值。

2. 预收性质的负债

（1）计入当期应纳税所得额：计税基础=0。

（2）不计入当期应纳税所得额：计税基础=账面价值。

## 二、例题点津

**【例题1·单选题】** 甲公司因销售产品承诺提供3年的保修服务，2×21年度利润表中确认了500万元的销售费用，同时确认为预计负债，期初"预计负债——产品保修费用"科目余额700万元，当年实际支出产品保修支出800万元。按照税法规定，与产品售后服务相关的费用在实际发生时允许税前扣除。不考虑其他因素，则2×21年12月31日的可抵扣暂时性差异余额为（　　）万元。

A. 700　　　　B. 500

C. 400　　　　D. 800

**【答案】** C

**【解析】** 2×21年末预计负债的账面价值=700+500−800=400（万元），计税基础=400−400=0，因此2×21年末可抵扣暂时性差异余额为400万元。

**【例题2·单选题】** 下列负债中，其计税基础为0的是（　　）。

A. 从银行取得的短期借款

B. 赊购商品

C. 因各项税收滞纳金和罚款确认的其他应付款

D. 因确认保修费用形成的预计负债

**【答案】** D

**【解析】** 选项A和选项B不影响损益，计税基础与账面价值相等；选项C，税法不允许在以后实际发生时可以税前列支，即其计税基础=账面价值−未来期间可以税前扣除的金额（0）=账面价值；选项D，税法允许在以后实际发生时可以税前列支，即其计税基础=账面价值−未来期间可以税前扣除的金额=0。

**【例题3·多选题】** 下列交易或事项形成的负债中，其计税基础等于账面价值的有（　　）。

A. 企业因违法支付的罚款支出20万元

B. 企业提供债务担保确认预计负债500万元

C. 企业当期确认的国债利息收入50万元

D. 企业因销售商品提供售后服务在当期确认预计负债230万元

**【答案】** ABC

**【解析】** 选项A，企业支付的因违法的罚款支出，税法规定不得计入当期的应纳税所得额，属于非暂时性差异，故账面价值=计税基础；选项B，企业提供债务担保确认的预计负债，按税法规定与该预计负债相关的费用不允许税前扣除，故账面价值=计税基础；选项C，国债利息收入不是负债；选项D，税法规定，有关产品售后服务等与取得经营收入直接相关的费用于实际发生时允许税前列支，因此企业因销售商品提供售后服务等原因确认的预计负债，会使预计负债账面价值大于计税基础。

## 4 暂时性差异

### 一、考点解读

（一）暂时性差异的分类（见图 17-2）

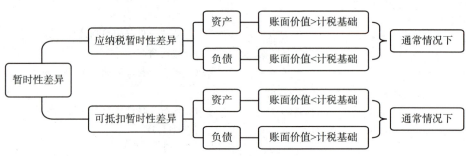

**图 17-2　暂时性差异的分类**

（二）特殊项目产生的暂时性差异

（1）不符合资产、负债的确认条件而未体现为资产负债表中的资产或负债，但按照税法规定能够确定其计税基础的，其账面价值 0 与计税基础之间的差异也构成暂时性差异。

（2）对于按照税法规定可以结转以后年度的未弥补亏损及税款抵减，本质上与可抵扣暂时性差异具有同样的作用，均能减少未来期间的应纳税所得额和应交所得税，视同可抵扣暂时性差异。

### 二、例题点津

**【例题 1·单选题】** 2×22 年 1 月 1 日，甲公司开始对 N 设备进行折旧，N 设备的初始入账成本为 30 万元，预计使用年限为 5 年，预计净残值为 0，采用双倍余额递减法计提折旧。2×22 年 12 月 31 日，该设备出现减值迹象，可收回金额为 15 万元。税法规定，从 2×22 年至 2×26 年，每年税前可抵扣的折旧费用为 6 万元。不考虑其他因素，2×22 年 12 月 31 日 N 设备产生的暂时性差异为（　　）万元。

A. 18　　　　　　　　B. 15

C. 12　　　　　　　　D. 9

**【答案】** D

**【解析】** 2×22 年 12 月 31 日 N 设备计提减值前的账面价值 = 30 - 30 × 2/5 = 18（万元），可收回金额为 15 万元，发生减值，应计提固定资产减值准备 3 万元（18 - 15），计提减值后的固定资产账面价值 = 18 - 3 = 15（万元）；计税基础 = 30 - 6 = 24（万元），资产账面价值小于计税基础，形成可抵扣暂时性差异 = 24 - 15 = 9（万元），选项 D 正确。

**【例题 2·多选题】** 甲公司下列各项资产或负债在资产负债表日产生应纳税暂时性差异的有（　　）。

A. 账面价值 800 万元，计税基础为 1 200 万元的投资性房地产

B. 账面价值 60 万元，计税基础为 0 的合同负债

C. 账面价值 180 万元，计税基础为 200 万元的交易性金融负债

D. 账面价值 100 万元，计税基础为 60 万元的交易性金融资产

**【答案】** CD

**【解析】** 资产账面价值小于计税基础，负债账面价值大于计税基础，产生可抵扣暂时性差异，选项 A、B 错误；资产账面价值大于计税基础，负债账面价值小于计税基础，产生应纳税暂时性差异，选项 C、D 正确。

# 第二单元　递延所得税负债和递延所得税资产

## 1 递延所得税负债的确认和计量

### 一、考点解读

（一）递延所得税负债的确认

（1）除准则中明确规定可不确认递延所得税负债的情况以外，企业对于所有的应纳税暂时性差异均应确认相关的递延所得税负债。

提示 依据资产负债观的理念，充分确认递延所得税负债。

（2）不确认递延所得税负债的特殊情况。

有些情况下，虽然资产、负债的账面价值与其计税基础不同，产生了应纳税暂时性差异，但出于各方面考虑，企业会计准则中规定不确认相应的递延所得税负债，主要包括：

①商誉的初始确认。

商誉＝非同一控制下企业合并的合并成本－享有的被购买方可辨认净资产公允价值份额

若确认递延所得税负债，则减少被购买方可辨认净资产公允价值，增加商誉，由此进入不断循环状态。

提示 按照会计准则规定在非同一控制下企业合并中确认了商誉，并且按照所得税法的规定该商誉在初始确认时计税基础等于账面价值的，该商誉在后续计量过程中因会计准则规定与税法规定不同产生暂时性差异的，应当确认相关的所得税影响。

②除企业合并以外的其他交易或事项中，如果该项交易或事项发生时既不影响会计利润，也不影响应纳税所得额，则所产生的资产、负债的初始确认金额与其计税基础不同，形成应纳税暂时性差异的，交易或事项发生时不确认相应的递延所得税负债。

提示 该类交易或事项在我国企业实务中并不多见，一般情况下有关资产、负债的初始确认金额均会为税法所认可，不会产生两者之间的差异。

（二）递延所得税负债的计量

1. 计量原则

递延所得税负债应以相关应纳税暂时性差异转回期间适用的所得税税率计量，无论应纳税暂时性差异转回期间如何，递延所得税负债的确认不要求折现。

2. 计算公式

期末递延所得税负债＝期末应纳税暂时性差异×转回期间所得税税率

递延所得税负债发生额＝递延所得税负债期末余额－递延所得税负债期初余额

提示 资产负债表债务法下的暂时性差异所反映的是累计的差异，而非当期的差异。因此，只能将期末暂时性差异与期初暂时性差异的应纳税影响之间的差额视为对本期所得税费用的调整。

### 二、例题点津

【例题1·单选题】甲公司适用的企业所得税税率为25%。2×20年12月31日，甲公司一项以公允价值模式计量的投资性房地产的账面价值为600万元，计税基础为580万元，2×21年12月31日，该投资性房地产的账面价值为620万元，计税基础为500万元。不考虑其他因素，2×21年12月31日，甲公司递延所得税负债的期末余额为（　　）万元。

A. 20　　　　　　　　B. 5

C. 30　　　　　　　　D. 25

【答案】C

【解析】2×21年12月31日，甲公司递延所得税负债的期末余额＝（620－500）×25%＝30（万元），选项C正确。

【例题2·单选题】2×21年10月18日，甲公司以银行存款3 000万元购入乙公司的股票，分类为以公允价值计量且其变动计入当期损益的金融资产。2×21年12月31日，该股票投资的公允价值为3 200万元，2×22年12月31日，该股票投资的公允价值为3 250万元。甲公司适用的企业所得税税率为25%。2×22年12月31日，该股票投资的计税基础为3 000万元。不考虑其他因素，甲公司对该股票投资公允价值变动应确认递延所得税负债的余额为（　　）万元。

A. 12. 5　　　　　B. 62. 5

C. 112. 5　　　　　D. 50

【答案】B

【解析】2×22 年 12 月 31 日该资产账面价值为 3 250 万元，计税基础为 3 000 万元，产生应纳税暂时性差异 250 万元，应确认递延所得税负债的余额 = 应纳税暂时性差异的余额 × 转回期间适用所得税税率 = 250 × 25% = 62. 5（万元），选项 B 正确；选项 A 错误，误以 50 万元（3 250 − 3 200）作为当期应纳税暂时性差异的余额计算递延所得税负债的余额；选项 C 错误，无法通过计算得出此答案；选项 D 错误，误以 200 万元（3 200 − 3 000）作为当期应纳税暂时性差异的余额计算递延所得税负债的余额。

## 2 递延所得税资产的确认和计量

### 一、考点解读

（一）递延所得税资产的确认

1. 确认原则

只有在估计未来期间能够取得足够的应纳税所得额用以抵扣暂时性差异时，才应当以很可能取得用来抵扣可抵扣暂时性差异的应纳税所得额为限，确认相关的递延所得税资产。

（1）递延所得税资产的确认**应以未来期间可能取得的应纳税所得额为限**，如果企业无法产生足够的应纳税所得额用以抵减可抵扣暂时性差异的影响，与递延所得税资产相关的经济利益无法实现的，该部分递延所得税资产不应确认；

（2）在预计可利用可弥补亏损或税款抵减的未来期间内能够取得足够的应纳税所得额时，应当以很可能取得的应纳税所得额为限，确认相应的递延所得税资产，同时减少确认当期的所得税费用。

2. 不确认递延所得税资产的特殊情况

某些情况下，如果企业发生的某项交易或事项不是企业合并，并且该交易发生时既不影响会计利润也不影响应纳税所得额，且该项交易中产生的资产、负债的初始确认金额与其计税基础不同，产生可抵扣暂时性差异的，企业会计准则中规定在交易或事项发生时不确认相应的递延所得税资产。

提示 其原因在于，如果确认递延所得税资

产，则需调整资产、负债的入账价值，对实际成本进行调整将有违会计核算中的历史成本原则，影响会计信息的可靠性，该种情况下不确认相应的递延所得税资产。

（二）递延所得税资产的计量

1. 计量原则

（1）递延所得税资产应该采用**转回期间适用的所得税税率**为基础计算确定。无论相关的可抵扣暂时性差异转回期间如何，递延所得税资产均不予折现。

（2）递延所得税资产的减值和转回。

资产负债表日，企业应当对递延所得税资产的账面价值进行复核。如果未来期间很可能无法取得足够的应纳税所得额用以利用递延所得税资产的利益，应当减记递延所得税资产的账面价值。递延所得税资产的账面价值减记以后，继后期间根据新的环境和情况判断能够产生足够的应纳税所得额利用可抵扣暂时性差异，使得递延所得税资产包含的经济利益能够实现的，应相应恢复递延所得税资产的账面价值。

2. 计算公式

期末递延所得税资产 = 期末可抵扣暂时性差异 × 转回期间所得税税率

递延所得税资产发生额 = 递延所得税资产期末余额 − 递延所得税资产期初余额

### 二、例题点津

**【例题 1·单选题】**甲企业于 2×21 年 11 月 22 日自 A 客户处收到一笔合同预付款，金额为 2 000 万元，作为合同负债核算，按照税法规定，具有预收性质，不计入当期应税所得；12 月 18 日，甲企业自 B 客户处收到一笔合同预付款，金额为 1 000 万元，作为合同负债核算，但按照税法规定，该款项属于当期的应纳税所得额，应计入取得当期应纳税所得额，甲企业当期及以后各期适用的所得税税率均为 25%，则甲企业就合同负债，下列处理正确的是（　　）。

A. 确认递延所得税资产 250 万元

B. 确认递延所得税资产 500 万元

C. 确认递延所得税负债 250 万元

D. 确认递延所得税负债 500 万元

【答案】A

【解析】企业在收到客户预付的款项时，因

不符合收入确认条件，会计上将其确认为负债。税法中对于收入的确认原则一般与会计规定相同，即会计上未确认收入时，计税时一般也不计入应纳税所得额，即计税基础＝账面价值；但是某些情况下，会计上不符合收入的确认条件，而税法规定应该计入当期应纳税所得额时，产生暂时性差异，即负债的账面价值大于计税基础，确认递延所得税资产。本题从 B 客户收取的预付款项，按照税法的规定该款项属于当期的应纳税所得额，所以确认递延所得税资产 ＝1 000× 25%＝250（万元）。

**【例题 2·单选题】** 甲公司采用资产负债表债务法核算所得税，2×21 年初"递延所得税资产"科目的借方余额为 100 万元，本期计提无形资产减值准备 200 万元，上期计提的存货跌价准备于本期转回 300 万元，假设甲公司适用的所得税税率为 25%，除减值准备外未发生其他暂时性差异，本期"递延所得税资产"科目的发生额和期末余额分别为（ ）。

A. 借方 25 万元、借方 125 万元

B. 借方 100 万元、借方 200 万元

C. 贷方 100 万元、0

D. 贷方 25 万元、借方 75 万元

**【答案】** D

**【解析】** 本期记入"递延所得税资产"科目的金额 ＝（200－300）×25%＝－25（万元）。所以本期"递延所得税资产"科目为贷方发生额 25 万元，期末递延所得税资产科目余额为 100（借方）－25（贷方）＝75（万元）（借方）。

### 3 特殊交易或事项涉及递延所得税的确认

#### 一、考点解读

与当期及以前期间直接计入所有者权益的交易或事项相关的当期所得税及递延所得税应当计入所有者权益。直接计入所有者权益的交易或事项主要有：会计政策变更采用追溯调整法或对前期差错更正采用追溯重述法调整期初留存收益、以公允价值计量且其变动计入其他综合收益的金融资产的公允价值的变动计入其他综合收益、自用房地产转为采用公允价值模式计量的投资性房地产时公允价值大于原账面价值的差额计入其他综合收益等。

#### 二、例题点津

**【例题 1·单选题】** 2×21 年 12 月 31 日，甲公司因以公允价值计量且其变动计入当期损益的金融资产和以公允价值计量且其变动计入其他综合收益的金融资产的公允价值变动，分别确认了 80 万元的递延所得税负债和 40 万元的递延所得税资产。甲公司当期应交所得税的金额为 320 万元。假定不考虑其他因素，该公司 2×21 年度利润表"所得税费用"项目应列示的金额是（ ）万元。

A. 360　　　　　　　B. 400

C. 320　　　　　　　D. 240

**【答案】** B

**【解析】** 以公允价值计量且其变动计入其他综合收益的金融资产公允价值变动产生的递延所得税对应的是其他综合收益而非所得税费用，因此该公司 2×21 年度利润表"所得税费用"项目应列示的金额 ＝320＋80＝400（万元）。

相关会计分录为：

借：所得税费用　　　　　4 000 000

　　贷：应交税费——应交所得税

　　　　　　　　　　　　3 200 000

　　　　递延所得税负债　　800 000

借：递延所得税资产　　　400 000

　　贷：其他综合收益　　　　400 000

**【例题 2·多选题】** 甲企业适用所得税税率为 25%，预计未来期间适用的企业所得税税率不变且企业能够产生足够的应纳税所得额以抵减可抵扣暂时性差异，其 2×22 年度财务报表批准报出日为 2×23 年 4 月 25 日。2×23 年 2 月 10 日，甲企业调减了 2×22 年计提的坏账准备 100 万元，该调整事项发生时，企业所得税汇算清缴尚未完成，不考虑其他因素，上述业务对甲企业 2×22 年财务报表的影响说法正确的有（ ）。

A. 应收账款增加 100 万元

B. 递延所得税资产增加 25 万元

C. 应交所得税增加 25 万元

D. 所得税费用增加 25 万元

**【答案】** AD

**【解析】** 甲企业调减计提的坏账准备 100 万

元，应收账款账面价值增加 100 万元，选项 A 正确；导致可抵扣暂时性差异减少 100 万元，应调减递延所得税资产 25 万元（100×25%），导致所得税费用增加 25 万元，选项 B 不正确，选项 D 正确；企业计提的坏账准备不得在税前扣除，不会影响应纳税所得额和应交所得税的金额，因此选项 C 不正确。

会计分录为：

借：坏账准备　　　　　　　 1 000 000

　　贷：以前年度损益调整——信用减值

　　　　损失　　　　　　　 1 000 000

借：以前年度损益调整——所得税费用

　　　　　　　　　　　　　 250 000

　　贷：递延所得税资产　　　 250 000

**【例题 3·多选题】** 2×22 年 1 月 1 日，甲公司开始自行研发一项用于生产 P 产品的新技术，研究阶段的支出为 400 万元，开发阶段满足资本化条件的支出为 600 万元。2×22 年 7 月 1 日，该新技术研发成功并立即用于 P 产品的生产。该新技术的预计使用年限为 5 年，预计残值为 0，采用直线法进行摊销。根据税法规定，该新技术在其预计使用年限 5 年内每年准予在税前扣除的摊销费用为 210 万元。甲公司适用的企业所得税税率为 25%。不考虑其他因素，甲公司 2×22 年 7 月 1 日与该新技术有关的下列各项会计处理表述中，正确的有（　　）。

A. 该新技术的入账金额为 1 000 万元

B. 该新技术的可抵扣暂时性差异为 450 万元

C. 应确认与该新技术有关的递延所得税资产 112.5 万元

D. 该新技术的计税基础为 1 050 万元

**【答案】** BD

**【解析】** 选项 A 不正确，内部研究开发形成的无形资产，研究阶段的支出应当费用化计入当期损益，而开发阶段符合资本化条件的支出应计入所形成无形资产的成本，故该项新技术的入账价值为 600 万元；选项 B、D 正确，2×22 年 7 月 1 日新技术的账面价值为 600 万元，资产计税基础 = 未来期间允许税前扣除金额 = 210×5 = 1 050（万元），资产账面价值小于计税基础，形成可抵扣暂时性差异 450 万元；选项 C 不正确，由于内部研发无形资产不是产生于企业合并交易，同时在初始确认时既不影响会计利润也不影响应纳税所得额，按照所得税会计准则的规定，不确认该暂时性差异的所得税影响。

# 第三单元　所得税费用的确认和计量

## 1 当期所得税

### 一、考点解读

1. 当期应纳税所得额 = 税前会计利润 + 纳税调整增加额 − 纳税调整减少额

（1）纳税调整增加额。

①按会计准则规定核算时不作为收益计入财务报表，但在计算应纳税所得额时作为收益需要交纳所得税。

②按会计准则规定核算时确认为费用或损失计入财务报表，但在计算应纳税所得额时则不允许扣减。

（2）纳税调整减少额。

①按会计准则规定核算时作为收益计入财务报表，但在计算应纳税所得额时不确认为收益。

②按会计准则规定核算时不确认为费用或损失，但在计算应纳税所得额时则允许扣减。

**提示** 这里的纳税调整既包括永久性差异所产生的部分，也包括暂时性差异产生的部分，此处没有必要区分。

2. 当期所得税（应交所得税）= 当期应纳税所得额 × 当期适用税率

### 二、例题点津

**【例题 1·单选题】** 甲企业采用资产负债表债务法进行所得税核算，所得税税率为 25%，该企业 2×21 年度实现利润总额 2 000 万元，当年取得国债利息收入 150 万元，当期列入"财务费用"的借款费用包括高于银行同期利率而多支付的 50 万元，因违反税收法规支付罚款 10 万元，当期列入"销售费用"的折旧额未包括计提的低于税法规定扣除金额为 40 万元。则 2×21 年企业应交纳的所得税为（　　）万元。

A. 476. 5 　　　　B. 467. 5

C. 462. 5 　　　　D. 475

【答案】B

【解析】税法规定国债利息收入免税，应纳税调减；当期列入"财务费用"的借款费用包括高于银行同期利率而多支付的 50 万元，说明会计上认可的费用比税法多，因此要纳税调增；违反税收法规支付罚款 10 万元不能税前扣除，应纳税调增；列入"销售费用"的折旧额低于税法允许扣除的金额，应扣除 40 万元，纳税调减；所以甲公司 2×21 年应纳税所得额 = 2 000 − 150 + 50 + 10 − 40 = 1 870（万元），应交所得税 = 1 870 × 25% = 467. 5（万元）。

## 2 递延所得税

### 一、考点解读

（一）计算

递延所得税费用（或收益）=（期末递延所得税负债 − 期初递延所得税负债）−（期末递延所得税资产 − 期初递延所得税资产）= 当期递延所得税负债的增加 + 当期递延所得税资产的减少 − 当期递延所得税负债的减少 − 当期递延所得税资产的增加

提示 当期递延所得税资产的发生额借记"递延所得税资产"科目，贷记"所得税费用"科目，会减少企业的所得税费用，故又称为"递延所得税收益"；同理，当期递延所得税负债的发生额借记"所得税费用"科目，贷记"递延所得税负债"科目，会增加企业的所得税费用，故又称为"递延所得税费用"。

（二）会计处理

（1）交易或事项发生时影响到会计利润或应纳税所得额的，记入"所得税费用"科目。

（2）企业合并中，按照会计准则规定确定的合并中取得各项可辨认资产、负债的入账价值与其计税基础之间形成暂时性差异的，应确认相应的递延所得税资产或负债，并调整合并中应予确认的商誉等。

（3）与直接计入所有者权益的交易或事项相关的暂时性差异，相应的递延所得税资产或负债应计入所有者权益。

（4）会计分录：

借：所得税费用——递延所得税费用

其他综合收益等（可能在贷方）

贷：递延所得税负债（可能在借方）

递延所得税资产（可能在借方）

### 二、例题点津

【例题 1·单选题】甲公司所得税税率为 25%，2×21 年实现利润总额为 2 000 万元，当年实际发生工资薪酬比计税工资标准超支 60 万元；由于会计采用的折旧方法与税法规定不同，当期会计比税法规定少计提折旧 150 万元。2×21 年初递延所得税负债的余额为 80 万元；年末固定资产账面价值为 5 000 万元，计税基础为 4 500 万元。不考虑其他因素，甲公司 2×21 年的净利润为（　　）万元。

A. 1 455 　　　　B. 1 397. 5

C. 1 522. 5 　　　　D. 1 477. 5

【答案】D

【解析】当期所得税 =（2 000 + 60 − 150）× 25% = 477. 5（万元），年末固定资产的账面价值大于计税基础应确认递延所得税负债，递延所得税费用 =（5 000 − 4 500）× 25% − 80 = 45（万元），所得税费用总额 = 477. 5 + 45 = 522. 5（万元）。

借：所得税费用　　　　5 225 000

贷：应交税费——应交所得税

4 775 000

递延所得税负债　　450 000

净利润 = 2 000 − 522. 5 = 1 477. 5（万元）

## 3 所得税费用的计算

### 一、考点解读

利润表中应予确认的所得税费用为当期所得税和递延所得税两者之和。即：

所得税费用 = 当期所得税 + 递延所得税

提示 计入当期损益的所得税费用或收益不包括企业合并和直接在所有者权益中确认的交易或事项产生的所得税影响。

### 二、例题点津

【例题 1·单选题】2×22 年 12 月 31 日，甲

公司因以公允价值计量且其变动计入当期损益的金融资产和以公允价值计量且其变动计入其他综合收益的金融资产的公允价值变动，分别确认了 10 万元的递延所得税资产和 20 万元的递延所得税负债。甲公司当期应交所得税的金额为 150 万元。假定不考虑其他因素，该公司 2×22 年度利润表"所得税费用"项目应列示的金额为（　　）万元。

A. 120　　　　　　B. 140

C. 160　　　　　　D. 180

【答案】B

【解析】本题会计分录如下：

借：所得税费用　　　　1 400 000

　　递延所得税资产　　 100 000

　　　贷：应交税费——应交所得税

　　　　　　　　　　　　 1 500 000

借：其他综合收益　　　　 200 000

　　　贷：递延所得税负债　　 200 000

从以上分录可知，该公司 2×22 年度利润表"所得税费用"项目应列示的金额为 140 万元。

本题中，要注意以公允价值计量且其变动计入其他综合收益的金融资产因公允价值变动确认的递延所得税负债，影响的不是所得税费用，而是其他综合收益。

【例题 2·多选题】甲公司适用的企业所得税税率为 25%，预计未来期间适用的企业所得税税率不会发生变化，未来期间能够产生足够的应纳税所得额用以抵减可抵扣暂时性差异。甲公司于 2×20 年 1 月 1 日开始计提折旧的 W 机器的初始入账金额为 150 万元，预计使用年限为 5 年，预计净残值为 0，采用年数总和法计提折旧。根据税法规定，W 机器在 2×20 年至 2×24 年每年准予在税前扣除的折旧费用为 30 万元。不考虑其他因素，甲公司 2×20 年度与 W 机器相关的各项会计处理表述中，正确的有（　　）。

A. 2×20 年 12 月 31 日 W 机器的计税基础为 120 万元

B. 2×20 年度的所得税费用增加 5 万元

C. 2×20 年 12 月 31 日 W 机器的账面价值为 100 万元

D. 2×20 年 12 月 31 日 W 机器的递延所得税负债余额为 5 万元

【答案】AC

【解析】2×20 年 12 月 31 日 W 机器的计税基础 = 150 − 30 = 120（万元），账面价值 = 150 − 150/(1 + 2 + 3 + 4 + 5) × 5 = 100（万元），选项 A、C 正确；2×20 年 12 月 31 日 W 机器的计税基础大于账面价值，产生可抵扣暂时性差异，应确认递延所得税资产的金额 =（120 − 100）× 25% = 5（万元），借记"递延所得税资产"5 万元，贷记"所得税费用"5 万元，选项 D 错误；2×20 年会计折旧 = 150/(1 + 2 + 3 + 4 + 5) × 5 = 50（万元），税收折旧 30 万元，2×20 年由税前会计利润计算应纳税所得额时纳税调整 20 万元，由此增加所得税费用 5 万元，借记"所得税费用"5 万元，贷记"应交税费——应交所得税"5 万元，因此 2×20 年度的所得税费用没有变化，选项 B 错误。

【例题 3·判断题】非同一控制下的企业合并中，因资产、负债的入账价值与其计税基础不同产生的递延所得税资产或递延所得税负债，其确认结果将影响购买日的所得税费用。（　　）

【答案】×

【解析】只要是非同一控制下控股合并中取得的被购买方可辨认资产、负债在购买日公允价值不同于其以原始取得成本为基础确定的计税基础的，由此在购买方合并报表层面产生账面价值与计税基础之间的暂时性差异，需要在购买方的合并财务报表层面确认递延所得税资产或负债，并相应调整商誉或者所有者权益，并不影响所得税费用。

## 4 合并财务报表中因抵销未实现内部交易损益产生的递延所得税

### 一、考点解读

企业在编制合并财务报表时，因抵销未实现内部交易损益导致合并资产负债表中资产、负债的账面价值与其纳入合并范围的企业按照适用税法规定确定的计税基础之间产生暂时性差异的，在合并资产负债表中应当确认递延所得税资产或递延所得税负债，同时调整合并利润表中的所得税费用，但与直接计入所有者权益的交易或事项及企业合并相关的递延所得税除外。

提示 资产负债的账面价值站在合并财务报

表角度确定，而资产负债的计税基础站在个别财务报表角度确定。

## 二、例题点津

【例题1·单选题】甲公司拥有乙公司80%有表决权股份，能够控制乙公司的生产经营决策。2×21年9月甲公司以9 000万元将一批自产产品销售给乙公司。该批产品在甲公司的生产成本为8 000万元。至2×21年12月31日，乙公司对外销售了该批商品的50%。假定涉及商品未发生减值。两公司适用的所得税税率均为25%，且在未来期间预计不会发生变化。税法规定，企业的存货以历史成本作为计税基础。为此在合并财务报表中应确认（ ）。

A. 递延所得税资产125万元

B. 递延所得税资产250万元

C. 递延所得税负债125万元

D. 递延所得税负债250万元

【答案】A

【解析】产品在合并报表中的账面价值 = 8 000×50% = 4 000（万元），产品的计税基础 = 9 000×50% = 4 500（万元），为此在合并报表中产生的可抵扣暂时性差异 = 4 500 - 4 000 = 500（万元），应确认的递延所得税资产 = 500 × 25% = 125（万元）。

# 本章考点巩固练习题

## 一、单项选择题

1. 按照准则规定，下列各事项产生的暂时性差异中，不确认递延所得税的是（ ）。

A. 会计折旧与税法折旧的差异

B. 期末按公允价值调增其他债权投资

C. 因非同一控制下企业合并而产生的商誉

D. 计提无形资产减值准备

2. 下列关于所得税的表述中，不正确的是（ ）。

A. 递延所得税资产的确认应以未来期间可能取得的应纳税所得额为限

B. 负债产生的暂时性差异等于未来期间计税时按照税法规定可予税前扣除的金额

C. 确认递延所得税资产或递延所得税负债时，应当以当期适用的所得税税率为基础计算确定

D. 在适用税率变动时，应对原确认的递延所得税项目金额进行调整

3. 下列事项中，产生可抵扣暂时性差异的是（ ）。

A. 固定资产会计折旧小于税法折旧

B. 企业持有一项固定资产，会计规定按10年采用直线法计提折旧，税法按8年采用直线法计提折旧

C. 对于固定资产，期末公允价值大于账面价值

D. 对于无形资产，企业根据期末可收回金额小于账面价值的差额计提减值准备

4. 甲公司当期发生研究开发支出共计800万元，其中研究阶段支出200万元，开发阶段不符合资本化条件的支出200万元，开发阶段符合资本化条件的支出400万元。假定甲公司研发形成的无形资产在当期达到预定用途，并在当期摊销40万元；会计摊销方法、摊销年限和净残值均符合税法规定，甲公司当期期末该无形资产的计税基础为（ ）万元。

A. 720　　　　　　B. 360

C. 540　　　　　　D. 390

5. A公司2×22年发生了1 000万元广告费支出，发生时已作为销售费用计入当期损益，并已支付。税法规定，该类支出不超过当年销售收入15%的部分允许当期税前扣除，超过部分允许向以后纳税年度结转扣除。A公司2×22年实现销售收入5 000万元。2×22年12月31日，A公司因广告费支出形成的可抵扣暂时性差异为（ ）万元。

A. 750　　　　　　B. 250

C. 0　　　　　　　D. 900

6. A公司于2×21年12月31日购入价值1 000万元的设备一台，当日达到预定可使用状态。

假定会计上采用直线法计提折旧，预计使用年限5年，无残值，因该设备常年处于强震动、高腐蚀状态，税法规定允许采用加速折旧的方法计提折旧，该公司在计税时采用年数总和法计提折旧，折旧年限和净残值与会计相同。2×23年末，该项固定资产未出现减值迹象。适用所得税税率为25%，无其他纳税调整事项，则2×23年末递延所得税负债的余额是（    ）万元。

A. 50
B. -60
C. 60
D. -50

7. 2×21年10月18日，A公司以银行存款3 000万元购入B公司的股票，分类为以公允价值计量且其变动计入当期损益的金融资产。2×21年12月31日该股票投资的公允价值为3 200万元，2×22年12月31日该股票投资的公允价值为3 250万元。A公司适用的企业所得税税率为25%。2×22年12月31日，该股票投资的计税基础为3 000万元。不考虑其他因素，A公司对该股票投资公允价值变动应确认递延所得税负债的余额为（    ）万元。

A. 12.5
B. 62.5
C. 112.5
D. 50

8. 甲公司于2×22年2月20日外购一栋写字楼并于当日对外出租，取得时成本为24 000万元，采用公允价值模式进行后续计量。2×22年12月31日，该写字楼公允价值跌至21 000万元。税法规定，该类写字楼采用年限平均法计提折旧，折旧年限为20年，预计净残值为0。甲公司适用的所得税税率为15%，预计未来期间不会发生改变。不考虑其他因素，2×22年12月31日甲公司因该项投资性房地产应确认的递延所得税资产为（    ）万元。

A. 1 600
B. 21 000
C. 400
D. 300

9. A企业采用资产负债表债务法对所得税进行核算，2×21年初"递延所得税资产"科目的借方余额为200万元（均为存货所引起的），2×21年计提无形资产减值准备100万元，上期计提的存货跌价准备于2×21年转回200万元，假设A企业适用的所得税税率为25%，除减值准备外未发生其他暂时性差异，2×21年"递延所得税资产"科目的发

生额和期末余额分别为（    ）。

A. 借方25万元、借方175万元
B. 借方25万元、借方225万元
C. 借方75万元、借方275万元
D. 贷方25万元、借方175万元

10. 甲公司于2×21年发生经营亏损1 500万元，按照税法规定，该亏损可用于抵减以后5个年度的应纳税所得额。该公司预计其于未来5年期间能够产生的应纳税所得额为1 000万元。甲公司适用的所得税税率为25%，无其他纳税调整事项，则甲公司2×21年就该事项的所得税影响，应作的会计处理是（    ）。

A. 确认递延所得税资产375万元
B. 确认递延所得税负债375万元
C. 确认递延所得税资产250万元
D. 确认递延所得税负债250万元

11. 2×21年，A公司当期应交所得税15 800万元，递延所得税资产本期净增加320万元（其中20万元对应其他综合收益），递延所得税负债未发生变化，不考虑其他因素，2×21年利润表应列示的所得税费用金额为（    ）万元。

A. 15 480
B. 16 100
C. 15 500
D. 16 120

12. 甲公司2×21年12月6日购入设备一台，原值为360万元，净残值为60万元。税法规定采用年数总和法计提折旧，折旧年限为5年；会计规定采用年限平均法计提折旧，折旧年限为4年。税前会计利润各年均为1 000万元。甲公司2×23年1月1日起变更为高新技术企业，按照税法规定适用的所得税税率由原25%变更为15%，递延所得税没有期初余额，则2×22年所得税费用为（    ）万元。

A. 243.75
B. 240
C. 247.50
D. 250

13. 企业持有的某项其他债权投资，成本为200万元，会计期末，其公允价值为240万元，该企业适用的所得税税率为25%。期末该业务对所得税费用的影响额为（    ）万元。

A. 60
B. 8
C. 50
D. 0

14. 2×23 年，甲公司实现利润总额 300 万元，包括：2×23 年收到的国债利息收入 20 万元，因违反环保法规被环保部门处以罚款 15 万元。甲公司 2×23 年初递延所得税负债余额为 30 万元，年末余额为 35 万元，上述递延所得税负债均产生于固定资产账面价值与计税基础的差异。甲公司适用的所得税税率为 25%。不考虑其他因素，甲公司 2×23 年的所得税费用是（　　）万元。
    A. 75　　　　　　　B. 73.75
    C. 68.75　　　　　D. 70

15. 甲公司适用所得税税率为 25%，2×23 年 12 月计入管理费用的业务招待费为 800 万元。其中税法准予当期税前扣除的金额为 750 万元，不予抵扣的 50 万元也不得结转以后会计期间进行扣除。不考虑其他因素，甲公司 2×23 年 12 月应确认递延所得税的金额为（　　）万元。
    A. 200　　　　　　B. 12.5
    C. 187.5　　　　　D. 0

16. 甲公司适用的所得税税率为 25%。2×22 年 3 月 3 日自公开市场以每股 5 元的价格取得 A 公司普通股 100 万股，指定为以公允价值计量且其变动计入其他综合收益的非交易性权益工具投资，假定不考虑交易费用。2×22 年 12 月 31 日，甲公司该股票投资尚未出售，当日市价为每股 6 元。除该事项外，该企业不存在其他会计与税法之间的差异。2×22 年度甲公司税前会计利润为 1 000 万元。则下列关于甲公司 2×22 年有关其他权益工具投资所得税影响的说法不正确的是（　　）。
    A. 产生应纳税暂时性差异 100 万元
    B. 确认递延所得税负债 25 万元
    C. 确认递延所得税费用 25 万元
    D. 确认当期所得税费用 250 万元

## 二、多项选择题

1. 下列各项资产和负债中，因账面价值与计税基础不一致形成暂时性差异的有（　　）。
    A. 使用寿命不确定的无形资产
    B. 已计提减值准备的固定资产
    C. 已确认公允价值变动损益的交易性金融资产

D. 因违反税法规定应缴纳但尚未缴纳的滞纳金

2. 下列各项负债中，其计税基础为零的有（　　）。
    A. 因合同违约确认的预计负债
    B. 从银行取得的短期借款
    C. 因产品质量保证确认的预计负债
    D. 因税收罚款确认的其他应付款

3. 下列交易或事项中，可能产生应纳税暂时性差异的有（　　）。
    A. 企业购入固定资产，会计采用直线法计提折旧，税法采用年数总和法计提折旧
    B. 企业购入交易性金融资产，期末公允价值小于其初始确认金额
    C. 企业购入无形资产，作为使用寿命不确定的无形资产进行核算
    D. 对联营企业的长期股权投资，因被投资单位实现净利润而调整增加投资的账面价值

4. 在不考虑其他影响因素的情况下，企业发生的下列交易或事项中，期末可能会引起递延所得税资产增加的有（　　）。
    A. 本期计提固定资产减值准备
    B. 本期转回存货跌价准备
    C. 企业购入交易性金融资产，当期期末公允价值小于其初始确认金额
    D. 实际发生产品售后保修费用，冲减已计提的预计负债

5. 下列关于递延所得税资产与递延所得税负债的表述，正确的有（　　）。
    A. 递延所得税资产的确认应以未来期间很可能取得的应纳税所得额为限
    B. 确认递延所得税负债一定会增加利润表中的所得税费用
    C. 资产负债表日，应对递延所得税资产进行复核
    D. 递延所得税资产或递延所得税负债的确认均不要求折旧

6. 关于企业所得税的核算，下列说法中正确的有（　　）。
    A. 资产负债表日，企业应当对递延所得税资产的账面价值进行复核
    B. 对于前期已确认的递延所得税资产，如果预计未来期间很可能无法取得足够的应纳税

所得额用以利用递延所得税资产的利益的，应当减记递延所得税资产

C. 如果可抵扣暂时性差异的转回期间较长，则应该对递延所得税资产进行折现

D. 税法规定可以结转以后年度的未弥补亏损和税款抵减，企业应视同可抵扣暂时性差异处理

7. 2×22年7月5日，甲公司（制造业企业）自行研究开发的B专利技术达到预定用途，并作为管理用无形资产入账。B专利技术的成本为1 000万元（2×22年无费用化支出），预计使用年限为10年，无残值，采用直线法摊销。根据税法规定，B专利技术允许按照其成本的200%进行摊销。假定甲公司B专利技术的摊销方法、摊销年限和净残值符合税法规定。甲公司2×22年度实现的利润总额为3 050万元，适用的所得税税率为25%。假定不考虑其他因素。甲公司关于B专利技术的下列会计处理中正确的有（  ）。

A. 2×22年12月31日无形资产的计税基础为1 900万元

B. 该专利技术产生的可抵扣暂时性差异应确认递延所得税资产237.5万元

C. 2×22年度应交所得税为750万元

D. 2×22年度所得税费用为1 000万元

8. 甲公司于2×21年12月31日外购一栋写字楼，将其作为投资性房地产核算，入账成本为12 000万元，并采用成本模式对其进行后续计量。甲公司预计该写字楼尚可使用年限为50年，预计净残值为0，采用年限平均法计提折旧（与税法相同），未计提减值。2×23年12月31日甲公司写字楼所在地存在活跃的房地产市场，满足采用公允价值进行后续计量的条件，甲公司将后续计量模式变更为公允价值模式，当日公允价值为15 000万元。下列关于甲公司后续计量模式变更的表述中，正确的有（  ）。

A. 2×23年12月31日该投资性房地产的账面价值为15 000万元

B. 2×23年12月31日因计量模式变更应确认的递延所得税资产为870万元

C. 2×23年12月31日因计量模式变更应确认的公允价值变动损益为2 610万元

D. 2×23年12月31日因计量模式变更应确认的留存收益为2 610万元

9. 甲公司2×23年利润总额为1 800万元，当年因其他权益工具投资公允价值变动确认递延所得税资产增加25万元，因计提产品质量保证金确认递延所得税资产175万元，因管理用固定资产折旧转回递延所得税负债75万元。甲公司适用的企业所得税税率为25%。不考虑其他因素，下列有关甲公司所得税会计处理的表述中，正确的有（  ）。

A. 甲公司2×23年所得税费用为425万元

B. 甲公司2×23年应交所得税为700万元

C. 因其他权益工具投资确认递延所得税资产增加会减少所得税费用

D. 因固定资产折旧转回递延所得税负债会减少所得税费用

## 三、判断题

1. 未作为资产、负债确认的项目不产生暂时性差异。（  ）

2. 税法规定，罚款和滞纳金不能税前扣除，其计税基础为未来期间税计时可予税前扣除的金额。账面价值与计税基础之间的差额应确认递延所得税资产。（  ）

3. 企业因政策性原因发生的巨额经营亏损，在符合条件的情况下，应确认与其相关的递延所得税资产。（  ）

4. 企业确认的递延所得税资产或递延所得税负债，均应构成利润表中的所得税费用。（  ）

5. 资产负债表日，企业应当对递延所得税资产的账面价值进行复核。如果未来期间很可能无法获得足够的应纳税所得额用以抵扣递延所得税资产的利益，应当减记递延所得税资产的账面价值。继后期间在很可能获得足够的应纳税所得额时，减记的金额也不应当转回。（  ）

6. 资产负债表日，确认的递延所得税资产和递延所得税负债，应当根据税法规定，按照取得资产或发生负债当期的适用税率计量。（  ）

7. 某些情况下，如果企业发生的某项交易或事项不是企业合并，并且交易发生时既不影响

会计利润也不影响应纳税所得额，且该项交易中产生的资产负债的初始确认金额与其计税基础不同产生可抵扣暂时性差异的，企业会计准则中规定在交易或事项发生时不确认相应的递延所得税资产。　　　　（　　）

8. 对于采用权益法核算的长期股权投资，企业在持有意图由长期持有转为拟近期出售的情况下，即使该长期股权投资账面价值与其计税基础不同产生了暂时性差异，也不应该确认相关的递延所得税影响。　（　　）

9. 资产的计税基础是指企业收回资产账面价值过程中，计算应纳税所得额时按照税法规定不得自应纳税经济利益中抵扣的金额。　　（　　）

10. 对于合并财务报表中纳入合并范围的企业，一方的当期所得税资产或递延所得税资产与另一方的当期所得税负债或递延所得税负债应予以抵销列示。　　　　　　　（　　）

## 四、计算分析题

1. 甲公司适用的企业所得税税率为25%。预计未来期间适用的企业所得税税率不会发生变化，未来期间能够产生足够的应纳税所得额用以抵减可抵扣暂时性差异。2×21年1月1日，甲公司递延所得税资产、递延所得税负债的年初余额均为0。甲公司2×21年发生的会计处理与税收处理存在差异的交易或事项如下：

资料一：甲公司2×20年12月20日取得并立即提供给行政管理部门使用的一项初始入账金额为150万元的固定资产，预计使用年限为5年，预计净残值为0。会计处理采用年限平均法计提折旧。该固定资产的计税基础与初始入账金额一致。根据税法规定，2×21年甲公司该固定资产的折旧额能在税前扣除的金额为50万元。

资料二：2×21年11月5日，甲公司取得乙公司股票20万股，并将其指定为以公允价值计量且其变动计入其他综合收益的金融资产，初始入账金额为600万元。该金融资产的计税基础与初始入账金额一致。

2×21年12月31日，该股票的公允价值为550万元。税法规定，金融资产的公允价值变动不计入当期应纳税所得额，待转让时一并计入转让当期的应纳税所得额。

资料三：2×21年12月10日，甲公司因当年偷漏税向税务机关缴纳罚款200万元，税法规定，偷漏税的罚款支出不得在税前扣除。

甲公司2×21年度实现的利润总额为3 000万元。本题不考虑除企业所得税以外的税费及其他因素。

**要求：**

（1）计算甲公司2×21年12月31日上述行政管理用固定资产的暂时性差异，判断该差异为应纳税暂时性差异还是可抵扣暂时性差异，并编制确认递延所得税资产或递延所得税负债的会计分录。

（2）计算甲公司2×21年12月31日对乙公司股票投资的暂时性差异，判断该差异为应纳税暂时性差异还是可抵扣暂时性差异，并编制确认递延所得税资产或递延所得税负债的会计分录。

（3）分别计算甲公司2×21年度的应纳税所得额和应交企业所得税的金额，并编制相关会计分录。

2. 甲公司适用的企业所得税税率为25%，预计未来期间适用的企业所得税税率不会发生变化，未来期间能够产生足够的应纳税所得额用以抵减可抵扣暂时性差异。2×24年1月1日，甲公司递延所得税资产、递延所得税负债的年初余额均为0。甲公司2×24年发生的会计处理与税收处理存在差异的交易或事项如下：

资料一：2×24年12月31日，甲公司应收账款余额为5 000万元，计提了500万元坏账准备。税法规定未经核准的准备金税前不得扣除，发生实质性损失时允许税前扣除。

资料二：2×24年6月1日，甲公司预提M产品售后保修费500万元，当年未发生实际售后服务支出。税法规定与产品售后服务相关的支出在实际发生时允许税前扣除。

资料三：2×24年9月1日，甲公司以银行存款2 500万元购入乙公司的股票并将其分类为以公允价值计量且其变动计入当期损益的金融资产。该金融资产的初始入账金额与计税基础一致。2×24年12月31日，该股票投资的公允价值为4 000万元。根据税法规定，甲公司持有的乙公司股票当期的公允价值变动不计入当期应纳税所得额，待转让时将转让收入扣除初始投资成本的差额计入转让当期的应纳税所得额。

资料四：2×24 年 10 月 16 日，向非关联方捐赠现金 200 万元，税法规定向非关联方捐赠的现金不得扣除。2×24 年 11 月 11 日，取得国债利息收入 150 万元，税法规定国债利息收入免税。

资料五：2×23 年甲公司实现利润总额 6 800 万元。

本题不考虑增值税及其他因素。

**要求：**

（1）计算甲公司 2×24 年 12 月 31 日应收账款的暂时性差异，判断该差异为应纳税暂时性

差异还是可抵扣暂时性差异，并编制确认递延所得税资产或递延所得税负债的会计分录。

（2）计算甲公司 2×24 年该保修费用的暂时性差异，判断该差异为应纳税暂时性差异还是可抵扣暂时性差异，并编制预提保修费用及确认递延所得税资产或递延所得税负债的会计分录。

（3）编制甲公司 2×24 年 12 月 31 日该金融资产公允价值变动的会计分录、计算甲公司 2×24 年 12 月 31 日该金融资产因公允价值产生的暂时性差异，判断该差异为应纳税暂时性差异还是可抵扣暂时性差异，并编制确认递延所得税资产或递延所得税负债的会计分录。

（4）计算甲公司 2×24 年应纳税所得额、应交所得税、递延所得税费用和所得税费用。

# 本章考点巩固练习题参考答案及解析

## 一、单项选择题

**1.【答案】C**

【解析】非同一控制下的企业合并产生的商誉，形成的暂时性差异不确认递延所得税。

**2.【答案】C**

【解析】确认递延所得税资产或递延所得税负债时，应当以该暂时性差异转回期间适用的所得税税率为基础计算确定。

**3.【答案】D**

【解析】选项 A、B，均为会计折旧小于税法折旧，导致账面价值大于计税基础，产生应纳税暂时性差异；选项 C，固定资产不按公允价值后续计量，所以公允价值大于账面价值的差额，不做处理，不产生暂时性差异；选项 D，税法不认可减值，所以计提减值后，资产的账面价值小于计税基础，形成可抵扣暂时性差异。

**4.【答案】A**

【解析】本题考查无形资产计税基础的计算。A 公司当期期末该无形资产的账面价值 = 400 - 40 = 360（万元），计税基础 = 360 × 200% = 720（万元）。

**5.【答案】B**

【解析】按照税法规定，广告费支出不超过当期销售收入 15% 的部分允许在当期税前扣除，即当期可予税前扣除 750 万元（5 000 × 15%），当期未予税前扣除的 250 万元（1 000 - 750）可以在以后纳税年度结转扣除，形成的可抵扣暂时性差异为 250 万元。

**6.【答案】A**

【解析】固定资产的账面价值 = 1 000 - 1 000 ÷ 5 × 2 = 600（万元），计税基础 = 1 000 - 1 000 × 5 ÷ 15 - 1 000 × 4 ÷ 15 = 400（万元），应纳税暂时性差异余额 = 600 - 400 = 200（万元），2×23 年末递延所得税负债余额 = 200 × 25% = 50（万元）。

**7.【答案】B**

【解析】2×22 年 12 月 31 日，该股票投资的计税基础为 3 000 万元，账面价值为 3 250 万元，应纳税暂时性差额 = 3 250 - 3 000 = 250（万元）；A 公司对该股票投资公允价值变动应确认递延所得税负债的余额 = 250 × 25% = 62.5（万元）。

**8.【答案】D**

【解析】2×22 年 12 月 31 日投资性房地产计

税基础 = 24 000 - 24 000/20 × 10/12 = 23 000（万元），账面价值为 21 000 万元。账面价值小于计税基础，产生可抵扣暂时性差异，应确认递延所得税资产 =（23 000 - 21 000）× 15% = 300（万元）。

9.【答案】D

【解析】本期期初可抵扣暂时性差异余额 = 200 ÷ 25% = 800（万元），本期期末可抵扣暂时性差异余额 = 800 + 100 - 200 = 700（万元），因此递延所得税资产期末余额 = 700 × 25% = 175（万元），因此递延所得税资产发生额 = 期末余额 175 - 期初余额 200 = -25（万元），即为贷方余额。

10.【答案】C

【解析】甲公司预计在未来 5 年不能产生足够的应纳税所得额以利用该可抵扣亏损，则应该以能够抵扣的应纳税所得额为限，计算当期应确认的递延所得税资产 = 1 000 × 25% = 250（万元），故应选 C。

11.【答案】C

【解析】本题考查企业所得税费用的计算。利润表中的所得税费用由两个部分组成：当期所得税和递延所得税费用（收益）。2 × 21 年利润表应列示的所得税费用 = 当期应交所得税 + 递延所得税费用 = 15 800 -（320 - 20）= 15 500（万元）。

12.【答案】C

【解析】2 × 22 年末（所得税税率 25%）：

（1）账面价值 = 360 -（360 - 60）÷ 4 = 285（万元）；

（2）计税基础 = 360 -（360 - 60）× 5 ÷ 15 = 260（万元）；

（3）应纳税暂时性差异 = 285 - 260 = 25（万元）；

（4）递延所得税负债发生额 = 25 × 15% - 0 = 3.75（万元）；

（5）应交所得税 =（1 000 - 25）× 25% = 243.75（万元）；

（6）所得税费用 = 243.75 + 3.75 = 247.50（万元）。

13.【答案】D

【解析】其他债权投资公允价值的变动导致账面价值大于计税基础，资产账面价值高于计税基础，形成应纳税暂时性差异，相应地确认递延所得税负债，但是由于其他债权投资公允价值变动计入所有者权益（其他综合收益），因此，其确认的递延所得税负债也要对应调整所有者权益科目，不会对所得税费用造成影响。

14.【答案】B

【解析】方法一：甲公司 2 × 23 年的所得税费用 =（300 - 20 + 15）× 25% = 73.75（万元）。

方法二：本期因固定资产账面价值和计税基础不一致确认递延所得税负债 35 - 30 = 5（万元）即产生应纳税暂时性差异 = 5/25% = 20（万元），所以本期计算应交所得税时纳税调减 20 万元，即甲公司 2 × 21 年应交所得税 =（300 - 20 + 15 - 20）× 25% = 68.75（万元），确认递延所得税费用 = 35 - 30 = 5（万元），甲公司 2 × 23 年确认的所得税费用 = 应交所得税 + 递延所得税 = 68.75 + 5 = 73.75（万元）。

15.【答案】D

【解析】业务招待费准予当期扣除的金额为 750 万元，不形成税会差异，无须确认递延所得税；当期不予扣除的 50 万元也不得结转以后会计期间扣除，属于永久性差异，无须确认递延所得税。综上，甲公司 2 × 23 年 12 月应确认递延所得税的金额为 0，选项 D 正确，选项 A、B、C 错误。

16.【答案】C

【解析】2 × 22 年末其他权益工具投资账面价值 = 600 万元；2 × 22 年末其他权益工具投资计税基础 = 500 万元；产生应纳税暂时性差异 = 600 - 500 = 100（万元）；确认递延所得税负债 = 100 × 25% = 25（万元），对应科目为"其他综合收益"；应交所得税 = 1 000 × 25% = 250（万元）；选项 C 不正确，不确认递延所得税费用，而应确认其他综合收益。

## 二、多项选择题

1.【答案】ABC

【解析】选项 A，使用寿命不确定的无形资产会计上不计提摊销，但税法规定会按一定方法进行摊销，会形成暂时性差异；选项 B，企业计提的资产减值准备在发生实质性损失之前不允许税前扣除，会形成暂时性差异；选项 C，交易性金融资产持有期间公允价值的变动税法上不承认，会形成暂时性差异；选项 D，因违反税法规定应缴纳但尚未缴纳的滞纳金是企业的负债，税法上不允许扣除，计税基础等于账面价值，所以不形成暂时性差异。

2. 【答案】AC

【解析】选项 A、C，税法允许预计负债在以后实际发生时税前列支，即其计税基础 = 账面价值 – 未来期间按照税法规定可以税前扣除的金额 = 0；选项 B，不影响损益，计税基础与账面价值相等；选项 D，无论是否支付，税法均不允许税前扣除，即其计税基础 = 账面价值 – 未来期间按照税法规定可以税前扣除的金额（0）= 账面价值。

3. 【答案】ACD

【解析】选项 A、C、D 均可能使会计资产账面价值大于其计税基础，从而产生应纳税暂时性差异；选项 B，由于会计上期末以公允价值调整交易性金融资产，税法上以初始确认的金额计量，所以会使资产账面价值小于其计税基础，从而产生可抵扣暂时性差异。

4. 【答案】AC

【解析】在不考虑其他因素的情况下，选项 A、C 一般会引起资产账面价值小于其计税基础，从而产生可抵扣暂时性差异，并引起递延所得税资产的增加；选项 B，转回存货跌价准备会使资产账面价值恢复，从而转回可抵扣暂时性差异，并引起递延所得税资产的减少；选项 D，实际发生产品售后保修费用时，冲减已计提的预计负债，从而转回可抵扣暂时性差异，会引起递延所得税资产的减少。

5. 【答案】ACD

【解析】选项 B，企业确认的递延所得税负债可能计入所有者权益中，不一定影响所得税费用。

6. 【答案】ABD

【解析】选项 C，无论可抵扣暂时性差异的转回期间如何，企业均不应该对递延所得税资产折现。

7. 【答案】AC

【解析】2×22 年 12 月 31 日无形资产账面价值 = 1 000 – 1 000 ÷ 10 ÷ 12 × 6 = 950（万元），计税基础 = 950 × 200% = 1 900（万元），选项 A 正确；自行研发形成的无形资产产生的可抵扣暂时性差异，属于不确认递延所得税资产的特殊事项，选项 B 错误；2×22 年度应交所得税 =（3 050 – 1 000 ÷ 10 × 6 ÷ 12 × 100%）× 25% = 750（万元），选项 C 正确；2×22 年度所得税费用与应交所得税相等，选项 D 错误。

8. 【答案】ABD

【解析】采用公允价值模式计量的投资性房地产，其账面价值等于公允价值，选项 A 正确；投资性房地产后续计量模式变更时的账面价值为 15 000 万元，计税基础 = 12 000 – 12 000 × 2 ÷ 50 = 11 520（万元），资产账面价值大于计税基础产生应纳税暂时性差异，应确认递延所得税负债 =（15 000 – 11 520）× 25% = 870（万元），选项 B 正确；后续计量模式变更属于会计政策变更，变更当日公允价值与账面价值的差额应计入留存收益，选项 C 错误；与投资性房地产计量模式变更产生的差额相关的递延所得税负债也应计入留存收益，金额 =（15 000 – 11 520）– 870 = 2 610（万元），选项 D 正确。

2×23 年 12 月 31 日甲公司将该投资性房地产变更为公允价值模式的相关会计分录为：

借：投资性房地产——成本

$\qquad$ 150 000 000

投资性房地产累计折旧（摊销）

$\qquad$ 4 800 000

贷：投资性房地产 120 000 000

盈余公积 3 480 000

利润分配——未分配利润

$\qquad$ 31 320 000

借：盈余公积 870 000

利润分配——未分配利润

$\qquad$ 7 830 000

贷：递延所得税负债 8 700 000

9. 【答案】BD

【解析】其他权益工具投资公允价值变动产生的递延所得税影响应记入"其他综合收益"

科目，不影响所得税费用，除此之外涉及的其余事项，其递延所得税均影响"所得税费用"科目，选项 C 错误，选项 D 正确；本题中，应交所得税 = 应纳税所得额 × 适用的所得税税率 = $(1\,800 + 175 \div 25\% + 75 \div 25\%) \times 25\% = 700$（万元），选项 B 正确；递延所得税费用 = $-175 - 75 = -250$（万元），所得税费用 = $700 - 250 = 450$（万元），选项 A 错误。

本题应编制的会计分录如下：

借：所得税费用　　　　　　4 500 000
　　递延所得税资产　　　　1 750 000
　　递延所得税负债　　　　　750 000
　　　贷：应交税费——应交所得税
　　　　　　　　　　　　　7 000 000

借：递延所得税资产　　　　　250 000
　　　贷：其他综合收益　　　　250 000

## 三、判断题

1.【答案】×
【解析】某些交易或事项发生以后，因为不符合资产、负债的确认条件而未体现为资产负债表中的资产或负债，但按照税法规定能够确定其计税基础的，其账面价值 0 与计税基础之间的差异也构成暂时性差异。因此，该说法错误。

2.【答案】×
【解析】税法规定，罚款和滞纳金不能税前扣除，其计税基础为账面价值减去未来期间计税时可予税前扣除的金额 0 之间的差额，即计税基础等于账面价值，不产生暂时性差异。

3.【答案】√
【解析】该经营亏损虽然不是因比较资产、负债的账面价值与其计税基础产生的，但从其性质上来看可以减少未来期间的应纳税所得额和应交所得税，属于暂时性差异，在企业预计未来期间能够产生足够的应纳税所得额利用该可抵扣亏损时，应确认相关的递延所得税资产。

4.【答案】×
【解析】如果某项交易或事项计入所有者权益，由此产生的递延所得税资产或递延所得税负债及其变化也应计入所有者权益，不构成利润表中的所得税费用。

5.【答案】×
【解析】资产负债表日，企业应当对递延所得税资产的账面价值进行复核。如果未来期间很可能无法获得足够的应纳税所得额用以抵扣递延所得税资产的利益，应当减记递延所得税资产的账面价值。继后期间根据新的环境和情况判断，在很可能获得足够的应纳税所得额时，减记的金额应当转回。因此，该说法错误。

6.【答案】×
【解析】因为当年年末的暂时性差异是在未来期间转回的，所以要按照预期收回该资产或清偿该负债期间的适用税率计量，不是根据当期适用税率确认。

7.【答案】√
【解析】如企业自行研发无形资产，初始确认时账面价值与计税基础的差异既不影响应纳税所得额，也不影响会计利润，因此不确认相关的递延所得税资产。

8.【答案】×
【解析】当企业的持有意图转为拟近期出售时，暂时性差异将在可预见的未来转回，应该确认相关递延所得税影响。

9.【答案】×
【解析】资产的计税基础是指企业收回资产账面价值过程中，计算应纳税所得额时按照税法规定可以自应纳税经济利益中抵扣的金额。

10.【答案】×
【解析】在合并财务报表中，纳入合并范围的企业中，一方的当期所得税资产或递延所得税资产与另一方的当期所得税负债或递延所得税负债一般不能予以抵销，除非所涉及的企业具有以净额结算的法定权利并且有意图以净额结算。

## 四、计算分析题

1.【答案】
（1）2×21 年 12 月 31 日，该固定资产的账面价值 = $150 - 150 \div 5 = 120$（万元），计税基础 = $150 - 50 = 100$（万元），该资产的账面价值大于计税基础产生应纳税暂时性差异 20 万元，应确认递延所得税负债 = $20 \times 25\% = 5$（万元），对应的会计分录为：

借：所得税费用　　　　　　50 000
　　贷：递延所得税负债　　　50 000

（2）2×21年12月31日，该金融资产的账面价值为期末公允价值550万元，计税基础为初始取得的成本600万元，账面价值小于计税基础产生可抵扣暂时差异50万元，应确认递延所得税资产=50×25%=12.5（万元），对应的会计分录为：

借：递延所得税资产　　　　125 000
　　贷：其他综合收益　　　　125 000

（3）2×21年度的应纳税所得额=利润总额3 000-会计折旧与税法折旧的差额20+罚款200=3 180（万元），当期应交所得税=3 180×25%=795（万元），对应的会计分录为：

借：所得税费用　　　　　7 950 000
　　贷：应交税费——应交所得税
　　　　　　　　　　　　7 950 000

2.【答案】

（1）甲公司2×24年12月31日应收账款账面价值=5 000-500=4 500（万元）；计税基础为5 000万元；资产账面价值小于计税基础，形成的可抵扣暂时性差异=5 000-4 500=500（万元）；因递延所得税资产期初余额为0，本期应确认的递延所得税资产=500×25%=125（万元）。

会计分录：

借：递延所得税资产　　　1 250 000
　　贷：所得税费用　　　　1 250 000

（2）甲公司2×24年6月预提保修费用时：

借：销售费用　　　　　　　500
　　贷：预计负债　　　　　　500

预计负债账面价值为500万元；预计负债计税基础=账面价值-未来实际发生时准予扣除=500-500=0，负债账面价值大于计税基础，形成的可抵扣暂时性差异=500-0=500（万元），因递延所得税资产期初余额为0，本期应确认的递延所得税资产=500×25%=125（万元）。

会计分录：

借：递延所得税资产　　　1 250 000
　　贷：所得税费用　　　　1 250 000

（3）借：交易性金融资产——公允价值变动
　　　　　　　　　　　　15 000 000
　　　　贷：公允价值变动损益　15 000 000

提示：以公允价值计量且其变动计入当期损益的金融资产应作为交易性金融资产核算。

该交易性金融资产2×24年12月31日账面价值等于其公允价值4 000万元；其计税基础=2 500万元，故资产账面价值大于计税基础，形成的应纳税暂时性差异=4 000-2 500=1 500（万元）；因递延所得税负债期初余额为0，本期应确认的递延所得税负债=1 500×25%=375（万元）。

借：所得税费用　　　　　3 750 000
　　贷：递延所得税负债　　3 750 000

（4）①应纳税所得额=6 000（利润总额）+500（应收账款减值）+500（预提保修费）-1 500（交易性金融资产公允价值变动损益）+200（非关联方捐赠）-150（国债利息收入）=6 350（万元）；

②应交所得税=6 350×25%=1 587.5（万元）；

③递延所得税费用（或收益）=（递延所得税负债期末余额-递延所得税负债期初余额）-（递延所得税资产期末余额-递延所得税资产期初余额）=（375-0）-[（125+125）-0]=125（万元）；

④所得税费用=应交所得税+递延所得税费用=1 587.5+125=1 712.5（万元）。

# 第十八章　外币折算

从近几年出题情况看，本章考试题型一般为单选题、多选题和判断题等客观题，属于比较重要的一章。

## 教材变化

2024 年本章教材内容没有实质性变化。

## 考点提示

本章重点是：外币交易的会计处理；外币财务报表的折算。

## 本章考点框架

```
                        ┌ 记账本位币的选择
          ┌ 记账本位币的确定 ┤ 企业境外经营记账本位币的确定
          │             └ 记账本位币的变更
外币折算 ┤ 外币交易的会计处理 ┌ 外币交易发生日的初始确认
          │             └ 资产负债表日的会计处理
          └ 外币财务报表的折算 ┌ 境外经营财务报表的折算
                        └ 包含境外经营的合并财务报表编制的特别处理
```

# 考点解读及例题点津

## 第一单元　记账本位币的确定

### 1 记账本位币的选择

#### 一、考点解读

我国《会计法》规定，会计核算以**人民币**为记账本位币。业务收支以人民币以外的货币为主的企业，可以选定其中一种货币作为记账本位币。但是，编报的财务报表应当折算为**人民币**。

> 提示　记账本位币可以选择，但编报货币只能为人民币。

企业选定记账本位币时，应当考虑下列因素：

（1）该货币主要影响商品和劳务的销售价格，通常以该货币进行商品和劳务的计价和结算；

（2）该货币主要影响商品和劳务所需人工、材料和其他费用，通常以该货币进行上述费用的计价和结算；

（3）融资活动获得的货币以及保存从经营活动中收取款项所使用的货币。

#### 二、例题点津

**【例题1·多选题】**下列各项中，属于企业在选择记账本位币时应当考虑的因素有（　　）。

A. 销售商品时计价和结算所使用的币种

B. 结算职工薪酬通常使用的币种

C. 融资活动获得的币种

D. 保存从经营活动中收取款项所使用的币种

**【答案】**ABCD

**【解析】**企业选定记账本位币时，应当考虑下列因素：（1）该货币主要影响商品和劳务的销售价格，通常以该货币进行商品和劳务的计价和结算；（2）该货币主要影响商品和劳务所需人工、材料和其他费用，通常以该货币进行上述费用的计价和结算；（3）融资活动获得的货币以及保存从经营活动中收取款项所使用的货币。

### 2 企业境外经营记账本位币的确定

#### 一、考点解读

境外经营有两方面的含义：

一是指企业在境外的子公司、合营企业、联营企业、分支机构；

二是指企业在境内的子公司、合营企业、联营企业、分支机构，采用不同本企业记账本位币的，也视同境外经营。

> 提示　确定记账本位币，不是以位置是否在境外作为判定标准，而是要看其选定的记账本位币是否与企业的记账本位币相同。

企业选定境外经营的记账本位币，除考虑上述的因素外，还应当考虑下列因素：

（1）境外经营对其所从事的活动是否拥有很强的自主性；

（2）境外经营活动中与企业的交易是否在境外经营活动中占有较大比重；

（3）境外经营活动产生的现金流量是否直接影响企业的现金流量、是否可以随时汇回；

（4）境外经营活动产生的现金流量是否足以偿还其现有债务和可预期的债务。

#### 二、例题点津

**【例题1·单选题】**下列关于记账本位币的表述中不正确的是（　　）。

A. 记账本位币由企业所处的地理位置所决定

B. 企业通常应选择人民币作为记账本位币

C. 企业可以选择人民币以外的货币作为记账本位币

D. 企业编制的财务会计报告应当折算为人民币

【答案】A

【解析】选项A，记账本位币是企业经营所处的主要经济环境中的货币，与企业所处的地理位置无关。

【例题2·多选题】下列各项中，属于境外经营的有（　　）。

A. 企业在境外的子公司

B. 企业在境外的合营企业

C. 企业在境外的联营企业

D. 企业在境内的子公司采用不同于本企业的记账本位币

【答案】ABCD

【解析】确定境外经营，不是以位置是否在境外为判定标准，而是要看其选定的记账本位币是否与企业的记账本位币相同。

### 3 记账本位币的变更

#### 一、考点解读

（1）企业记账本位币一经确定，不得随意变更，除非企业经营所处的主要经济环境发生重大变化。

（2）企业因经营所处的主要经济环境发生重大变化，确需变更记账本位币的，应当采用变更当日的即期汇率将所有项目折算为变更后的记账本位币，由于采用同一即期汇率进行折算，不会产生汇兑差额。

#### 二、例题点津

【例题1·单选题】企业记账本位币发生变更，应按照变更当日的即期汇率变更（　　）。

A. 资产项目

B. 负债项目

C. 所有者权益项目

D. 所有项目

【答案】D

【解析】企业记账本位币发生变更，应按照变更当日的即期汇率将所有项目变更为以新的记账本位币反映的金额。

【例题2·判断题】企业因记账本位币发生变更产生的汇兑差额在财务费用中列报。（　　）

【答案】×

【解析】企业因经营所处的主要经济环境发生重大变化，确需变更记账本位币的，应当采用变更当日的即期汇率将所有项目折算为变更后的计算本位币，折算后的金额作为以新的记账本位币计量的历史成本，由于采用同一即期汇率进行计算，不会产生汇兑差额。

# 第二单元　外币交易的会计处理

### 1 外币交易发生日的初始确认

#### 一、考点解读

（一）汇率的选择

（1）外币交易在初始确认时，通常应当采用交易日即期汇率进行折算。

（2）汇率变动不大的，也可以采用即期汇率的近似汇率进行折算（收到投资者以外币投入的资本除外）。

提示　即期汇率一般指中国人民银行公布的当日人民币汇率的中间价。

即期汇率的近似汇率是指按照系统合理的方法确定的、与交易发生日即期汇率近似的汇率，通常采用当期平均汇率或加权平均汇率等。

（3）企业发生的外币兑换业务或涉及外币兑换的交易事项应当按照交易实际采用的汇率（即银行买入价和卖出价）折算。

（二）具体会计处理

1. 接受外币资本投资

企业收到投资者以外币投入的资本，应当采用交易发生日即期汇率折算，不得采用合同约定汇率和即期汇率的近似汇率折算，外币投入资本与相应的货币性项目的记账本位币金额之间不产生外币资本折算差额。

借：银行存款——××外币（按收到日即

期汇率折算的金额）

　　贷：实收资本（按收到日即期汇率折算的金额）

2. 外币兑换业务

（1）企业卖出外币时，实际收入的记账本位币金额（买入价计算）与付出的外币按当日即期汇率折算为记账本位币金额的差额，作为汇兑损益计入当期损益（财务费用）。

　　借：银行存款——人民币（按买入价计算的金额）

　　　　财务费用（差额）

　　　　贷：银行存款——××外币（按即期汇率折算的金额）

（2）企业买入外币时，实际付出的记账本位币金额（卖出价折算）与收取的外币按照当日即期汇率折算为记账本位币金额之间的差额，作为汇兑损益计入当期损益（财务费用）。

　　借：银行存款——××外币（按即期汇率折算的金额）

　　　　财务费用（差额）

　　　　贷：银行存款——人民币（按卖出价计算的金额）

提示 货币兑换业务中，"银行存款——外币"账户一定是用当日即期汇率（中间价）折算，"银行存款——人民币"账户用银行买入价或卖出价（站在银行角度判断），企业产生的一定是汇兑损失。

## 二、例题点津

【例题1·单选题】美丽公司以人民币为记账本位币，对外币交易采用交易日的即期汇率折算，按月计算汇兑损益。2×21年6月1日，将100万美元到银行兑换为人民币，银行当日的美元买入价为1美元＝6.65人民币元，中间价为1美元＝6.70人民币元，卖出价为1美元＝6.75人民币元。则计入当日财务费用的金额为（　　）万人民币元。

A. 5　　　　　　　　B. 10

C. −5　　　　　　　D. 8

【答案】A

【解析】A公司因货币兑换业务计入财务费用的金额＝100×（6.70−6.65）＝5（万人民币元）。

分录如下：

　　借：银行存款——人民币元
　　　（1 000 000×6.65）6 650 000

　　　　财务费用　　　　　50 000

　　　　贷：银行存款——美元
　　　　　（1 000 000×6.70）6 700 000

【例题2·单选题】下列各项中，不允许使用即期汇率的近似汇率折算的是（　　）。

A. 取得的外币借款

B. 以外币购入的无形资产

C. 接受投资收到的外币

D. 销售商品收到的外币

【答案】C

【解析】企业收到投资者以外币投入的资本，无论是否有合同约定汇率，均不得采用合同约定汇率和即期汇率的近似汇率折算，而是采用交易发生日的即期汇率折算。

【例题3·单选题】甲公司以人民币作为记账本位币。2×23年3月1日甲公司与境外投资者乙公司签订合同，乙公司将分两次向甲公司投入3 000万美元，合同约定的汇率为1美元＝6.94人民币元。2×23年4月1日，甲公司收到乙公司第一笔投资2 000万美元，当日即期汇率为1美元＝6.89人民币元。2×23年6月1日，甲公司收到乙公司第二笔投资1 000万美元，当日即期汇率为1美元＝7.10人民币元。2×23年12月31日的即期汇率为1美元＝7.11人民币元。不考虑其他因素，甲公司2×23年12月31日资产负债表中因乙公司投资计入所有者权益的金额为（　　）万人民币元。

A. 20 990　　　　　B. 20 820

C. 21 330　　　　　D. 20 880

【答案】D

【解析】甲公司2×23年12月31日资产负债表中因乙公司投资应计入所有者权益的金额＝2 000×6.89＋1 000×7.10＝20 880（万人民币元），选项D正确。

## 2 资产负债表日的会计处理

### 一、考点解读

（一）外币货币性项目

企业应当采用资产负债表日的即期汇率折

算货币性项目，因资产负债表日即期汇率与初始确认时或者前一资产负债表日即期汇率不同而产生的汇兑差额，一般计入当期损益（财务费用）。

提示 与专门借款有关的汇兑差额，满足资本化条件的，应当予以资本化，记入"在建工程"科目等；不符合资本化条件而且属于筹建期内发生的部分则列入"管理费用"科目。

（1）货币性项目，是指企业持有的货币资金和将以固定或可确定的金额收取的资产或者偿付的负债。货币性项目分为货币性资产和货币性负债；货币性资产包括现金、银行存款、应收账款、其他应收款、长期应收款等；货币性负债包括应付账款、其他应付款、短期借款、应付债券、长期借款、长期应付款等。

提示 预付账款和预收账款一般不作为货币性项目处理，因为预付款项和预收款项通常是以企业取得资产或者对外出售资产的方式进行结算，不属于将以固定或可确定金额的货币收取的资产或者偿付的负债。

（2）期末外币货币性项目调整步骤如下：

①计算外币货币性项目外币期末余额；

②用外币期末余额乘以资产负债表日即期汇率折算记账本位币余额；

③上述新的记账本位币余额与原记账本位币余额的差额即为汇兑差额。

计算公式为：

某外币账户的汇兑差额＝期末外币余额×资产负债表日的即期汇率－［期初记账本位币余额＋本期外币增加发生额×折算汇率－本期外币减少发生额×折算汇率］

提示 资产类账户：正数属于汇兑收益，负数属于汇兑损失；负债类账户：正数属于汇兑损失，负数属于汇兑收益。

（3）结算外币货币性项目时，银行存款采用当日即期汇率折算，往来款项（债权债务）用原记账汇率折算，因汇率波动而形成的汇兑差额直接计入当期损益。

会计处理如下：

借：银行存款——××外币
　　贷：应收账款——××外币
　　　　财务费用——汇兑差额（也可能在借方）
借：应付账款——××外币
　　贷：银行存款——××外币
　　　　财务费用——汇兑差额（也可能在借方）

提示 根据结算日的即期汇率计算的金额与"应收账款""应付账款""短期借款"等账户的账面记账本位币余额之间的差额确认为汇兑损益，直接计入当期损益（财务费用）。

（二）外币非货币性项目

（1）以历史成本计量的外币非货币性项目。

仍采用交易发生日的即期汇率折算，资产负债表日不改变其记账本位币金额，不产生汇兑差额，即不需要进行调整。

（2）采用成本与可变现净值孰低计量的存货，且可变现净值采用外币确定（见图18－1）。

先将可变现净值按期末即期汇率折算为记账本位币，再与以记账本位币反映的存货成本比较，确认资产减值损失。

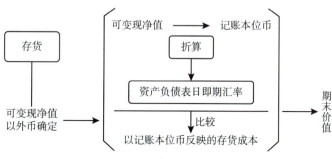

**图18－1 外币非货币项目折算（1）**

（3）以公允价值计量的外币非货币性项目。

①交易性金融资产，应当先将该外币按照公允价值确定当日的即期汇率折算为记账本位币金额，再与原记账本位币金额进行比较，其差额作为公允价值变动，计入当期损益（见图18-2）。

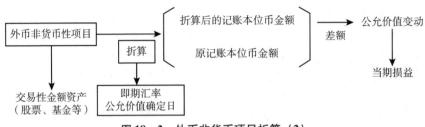

图18-2　外币非货币项目折算（2）

②以公允价值计量且其变动计入其他综合收益的外币性金融资产（债务工具）形成的汇兑差额，应当计入当期损益，且采用实际利率法计算的该金融资产的外币利息产生的汇兑差额，应当计入当期损益（见图18-3）。

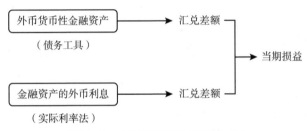

图18-3　外币非货币项目折算（3）

③以公允价值计量且其变动计入其他综合收益的非外币性金融资产（权益工具）形成汇兑差额，与其公允价值变动一并计入其他综合收益，但该金融资产的外币现金股利产生的汇兑差额，应当计入当期损益（见图18-4）。

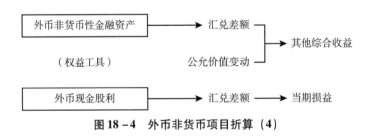

图18-4　外币非货币项目折算（4）

## 二、例题点津

【例题1·单选题】甲公司以人民币作为记账本位币。2×22年12月31日，即期汇率为1美元=6.94人民币元，甲公司银行存款美元账户借方余额为1 500万美元，应付账款美元账户贷方余额为100万美元。两者在汇率变动调整前折算的人民币余额分别为10 350万元和690万元。不考虑其他因素。2×22年12月31日因汇率变动对甲公司2×22年12月营业利润的影响为（　　）。

A. 增加56万元　　　B. 减少64万元

C. 减少60万元　　D. 增加4万元

【答案】A

【解析】银行存款的汇兑差额 = 1 500 × 6.94 − 10 350 = 60（万元）（汇兑收益）；应付账款的汇兑差额 = 100 × 6.94 − 690 = 4（万元）（汇兑损失）。所以，因汇率变动导致甲公司增加的营业利润 = 60 − 4 = 56（万元）。

【例题2·多选题】下列各项外币金融资产事项中，会导致企业产生直接计入所有者权益的利得或损失有（　　）。

A. 指定为以公允价值计量且其变动计入其他综合收益的股票投资的公允价值变动

B. 以公允价值计量且其变动计入其他综合收益的债券投资的汇兑差额

C. 以公允价值计量且其变动计入当期损益的债券投资的公允价值变动

D. 指定为以公允价值计量且其变动计入其他综合收益的股票投资的汇兑差额

【答案】AD

【解析】产生直接计入所有者权益的利得或损失是指相关交易或事项的发生引起其他综合收益的变动，选项A，计入其他综合收益；选项B，计入财务费用；选项C，计入公允价值变动损益；选项D，计入其他综合收益。选项A、D正确。

【例题3·判断题】企业持有的以公允价值计量且其变动计入当期损益的外币债券投资，资产负债表日折算后的记账本位币金额与原记账本位币金额之间的差额应计入当期损益。（　　）

【答案】√

【解析】对于以公允价值计量且其变动计入当期损益的金融资产，折算后的记账本位币金额与原记账本位币金额之间的差额应作为公允价值变动损益（含汇率变动），计入当期损益。本题表述正确。

# 第三单元　外币财务报表的折算

## 1 境外经营财务报表的折算

### 一、考点解读

企业对境外经营的财务报表进行折算时，应当遵循下列规定：

（1）资产负债表中的资产和负债项目，采用资产负债表日的即期汇率折算，所有者权益项目除"未分配利润"项目外，其他项目采用发生时的即期汇率折算，如图18 − 5所示。

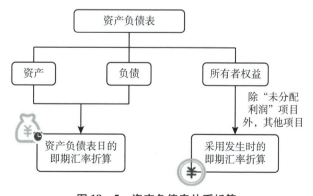

图18 − 5　资产负债表外币折算

（2）利润表中的收入和费用项目，采用交易发生日的即期汇率折算；也可以采用按照系统合理的方法确定的、与交易发生日即期汇率近似的汇率折算，如图18 − 6所示。

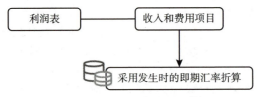

**图 18 – 6　利润表外币折算**

（3）按照上述规定折算产生的外币财务报表折算差额，在资产负债表中所有者权益项目下"**其他综合收益**"项目单独列示。

> **提示** 企业选定的记账本位币不是人民币的，应当按照境外经营财务报表折算原则将其财务报表折算为人民币财务报表。

### 二、例题点津

【例题 1·多选题】下列各项中，在对境外经营财务报表进行折算时选用的有关汇率，符合会计准则规定的有（　　）。

A. 股本采用股东出资日的即期汇率折算

B. 交易性金融资产采用资产负债表日即期汇率折算

C. 未分配利润项目采用报告期平均汇率折算

D. 当期提取的盈余公积采用当期平均汇率折算

【答案】ABD

【解析】选项 C，所有者权益项目除"未分配利润"项目外，其他项目采用发生时的即期汇率折算。

【例题 2·多选题】下列各项关于企业境外经营财务报表折算的会计处理表述中，正确的有（　　）。

A. 短期借款项目采用资产负债表日的即期汇率折算

B. 未分配利润项目采用发生时的即期汇率折算

C. 实收资本项目采用发生时的即期汇率折算

D. 固定资产项目采用资产负债表日的即期汇率折算

【答案】ACD

【解析】企业境外经营财务报表折算时，资产负债表中的资产和负债项目，采用资产负债表日的即期汇率折算；所有者权益项目除"未分配利润"项目外其他项目采用发生时的即期汇率折算。选项 A、C、D 正确。

## 2　包含境外经营的合并财务报表编制的特别处理

### 一、考点解读

（1）在企业境外经营为其子公司的情况下，企业在编制合并财务报表时，应按少数股东在境外经营所有者权益中所享有的份额计算少数股东应分担的外币报表折算差额，并入少数股东权益列示于合并资产负债表，调整分录为：

借或贷：其他综合收益
　　贷或借：少数股东权益

> **提示** 合并资产负债表的"其他综合收益"项目，只确认母公司分担的份额。

（2）母公司在含有实质上构成对子公司（境外经营）净投资的外币货币性项目的情况下，在编制合并财务报表时，应分别按以下两种情况编制抵销分录：

①实质上构成对子公司净投资的外币货币性项目，以母公司或子公司的记账本位币反映（只有一个汇兑差额），该外币货币性项目产生的汇兑差额应转入"外币报表折算差额"，调整分录：

借或贷：财务费用
　　贷或借：其他综合收益

②实质上构成对子公司净投资的外币货币性项目，以母、子公司的记账本位币以外的货币反映（有两个汇兑差额），应将母、子公司此项外币货币性项目产生的汇兑差额相互抵销，差额记入"外币报表折算差额"科目，调整分录为：

借或贷：财务费用
　　贷或借：其他综合收益

> **提示** 实质上构成对境外经营净投资的外币货币性项目，因汇率变动而产生的汇兑差额，也

应列入所有者权益"其他综合收益"项目；处置境外经营时，计入处置当期损益。

（3）境外经营的处置。

①企业在处置境外经营时，应当将资产负债表中所有者权益项目下列示的、与该境外经营相关的外币财务报表折算差额，自所有者权益项目转入处置当期损益。

②部分处置境外经营的，应当按处置的比例计算处置部分的外币财务报表折算差额（其他综合收益），转入处置当期损益。

## 二、例题点津

**【例题1·单选题】**关于外币财务报表折算差额，下列说法不正确的是（    ）。

A. 将企业的境外经营通过合并、权益法核算等纳入企业的财务报表中时，需要将企业境外经营的财务报表折算为以企业的记账本位币反映的财务报表

B. 部分处置境外经营的，不需结转外币报表折算差额

C. 编制合并财务报表涉及境外经营的，实质上构成对境外经营净投资的外币货币性项目，因汇率变动而产生的汇兑差额，应计入其他综合收益

D. 企业发生的外币报表折算差额，在资产负债表中所有者权益项目下列示

**【答案】**B

**【解析】**部分处置境外经营的，应当按处置的比例计算处置部分的外币报表折算差额（即其他综合收益），转入处置当期损益，因此选项B不正确。

**【例题2·多选题】**下列项目中，对外币财务报表进行折算时，可以或应当采用交易发生日的即期汇率折算的有（    ）。

A. 主营业务收入    B. 未分配利润
C. 管理费用        D. 资本公积

**【答案】**ACD

**【解析】**资产负债表中的资产和负债项目，采用资产负债表日的即期汇率折算，所有者权益项目除"未分配利润"（选项B错误）项目外，其他项目采用发生时的即期汇率折算（选项D正确）；收入和费用项目可以采用交易发生日的即期汇率折算，也可以采用按照合理确定的交易发生日即期汇率近似的汇率折算，选项A、C正确；故本题选项A、C、D正确。

**【例题3·判断题】**母公司应分担的外币财务报表折算差额，在合并资产负债表中"未分配利润"项目下列报；少数股东权益分担的外币财务报表折算金额，在合并资产负债表中"少数股东权益"项目列报。比较财务报表的折算比照上述规定处理。（    ）

**【答案】**×

**【解析】**母公司应分担的外币财务报表折算差额，在合并资产负债表中的"其他综合收益"项目下列报。

**【例题4·判断题】**作为集团整体，虽然长期应收款和长期应付款相互抵销，但从合并报表角度来看，若长期应收款和长期应付款产生的汇兑差额是由于外币财务报表折算形成的，则影响合并利润，不应将汇兑差额转入"其他综合收益"。（    ）

**【答案】**×

**【解析】**作为集团整体，长期应收款和长期应付款相互抵销，从合并报表角度来看，长期应收款和长期应付款产生的汇兑差额是由于外币财务报表折算形成的，不应影响合并利润，所以应将其由"财务费用"转入"其他综合收益"。

# 本章考点巩固练习题

## 一、单项选择题

1. 下列关于记账本位币的选择和变更的说法中，正确的是（    ）。

A. 我国企业选择人民币以外的货币作为记账

本位币的，在编制财务报表时可以折算为人民币，也可以不进行折算

B. 企业记账本位币一经确定，不得变更

C. 企业只能以人民币为记账本位币

D. 企业经批准变更记账本位币的，应采用变

更当日的即期汇率将所有项目折算为变更后的记账本位币

2. 下列各项中，不属于外币货币性项目的是（　　）。
 A. 预付款项　　　　B. 应收账款
 C. 银行存款　　　　D. 长期应收款

3. 国内甲企业主要从事某化妆品的销售，该企业20%的销售收入源自出口，出口货物采用美元计价和结算；从法国进口所需原材料的25%，进口原材料以欧元计价和结算。不考虑其他因素，则该企业的记账本位币为（　　）。
 A. 美元　　　　　　B. 欧元
 C. 人民币　　　　　D. 美元和欧元

4. 按我国现行会计准则的规定，企业发生的外币业务中，平时就可能产生汇兑差额的是（　　）。
 A. 收到外币投资
 B. 取得短期外币借款
 C. 以外币购入商品
 D. 向银行卖出外币

5. 下列各项中，企业在选定其记账本位币时无须考虑的因素是（　　）。
 A. 融资活动获得的货币
 B. 上交所得税时使用的货币
 C. 主要影响商品和劳务的销售价格
 D. 主要影响商品和劳务所需人工成本的价格

6. 下列各项中，属于外币兑换业务的是（　　）。
 A. 销售商品收到的外币货款
 B. 向银行购入外汇
 C. 原材料进口产生的外币应付款项
 D. 向银行归还外币借款

7. 关于外币借款在资本化期间的汇兑差额，下列处理中正确的是（　　）。
 A. 外币一般借款本金的汇兑差额应计入资产成本
 B. 外币一般借款利息的汇兑差额应计入资产成本
 C. 外币专门借款本金的汇兑差额应计入资产成本
 D. 外币专门借款利息的汇兑差额应计入财务费用

8. 下列外币资产项目中，期末发生的汇兑差额不应计入当期损益的是（　　）。

 A. 应收账款
 B. 交易性金融资产
 C. 指定为以公允价值计量且其变动计入其他综合收益的外币非货币性金融资产
 D. 指定为以公允价值计量且其变动计入其他综合收益的外币货币性金融资产

9. 企业对境外经营的财务报表进行折算时，产生的外币财务报表折算差额（　　）。
 A. 在相关资产类项目下列示
 B. 在所有者权益项目下"其他综合收益"项目单独列示
 C. 无须在资产负债表上反映
 D. 作为递延收益列示

10. 甲公司的记账本位币为人民币，其外币交易采用交易日的即期汇率折算。2×23年11月1日，甲公司向中国银行借入期限为3个月、年利率为2.4%的1 000万美元，当日即期汇率为1美元=7.03人民币元。甲公司对该美元借款每月末计提利息，到期一次还本付息。2×23年11月30日的即期汇率为1美元=7.08人民币元，2×23年12月31日的即期汇率为1美元=7.11人民币元。甲公司该美元借款的借款费用不满足资本化条件。该美元借款对甲公司2×23年度营业利润的影响金额为（　　）万人民币元。
 A. 108.32　　　　　B. 108.12
 C. 108.44　　　　　D. 80

11. 甲公司为W设备经销商，以人民币为记账本位币。2×23年10月20日，甲公司以每台1 000欧元的价格购入10台设备，当日即期汇率为1欧元=7.5人民币元。2×23年12月31日，甲公司已销售4台W设备，剩余6台W设备的市场价格降至每台800欧元，当日即期汇率为1欧元=7.33人民币元。不考虑其他因素，甲公司2×23年12月31日对W设备应计提的存货跌价准备是（　　）人民币元。
 A. 0　　　　　　　B. 3 816
 C. 9 816　　　　　D. 6 000

12. 甲公司的记账本位币为人民币，外币交易采用交易日的即期汇率进行折算。2×23年6月1日从美国进口一批商品，成本为150万美元，当日的即期汇率为1美元=7.10人民币元。2×23 年 12 月 31 日，该批商品尚未对外销售，且在中国市场并无此项商品供应，其在美国的当日市场价为 135 万美元，当日的即期汇率为 1 美元 = 7.11 人民币元。不考虑相关税费及其他因素，甲公司 2×23 年因该批产品应进行的会计处理是（    ）。

A. 无须进行账务处理

B. 计提资产减值损失 105.15 万人民币元

C. 确认财务费用 105.15 万人民币元

D. 将市价下跌的影响计入资产减值损失，将汇率上升的影响冲减财务费用

## 二、多项选择题

1. 企业在选择境外经营的记账本位币时，应考虑的因素包括（    ）。

A. 境外经营对其所从事的活动是否拥有很强的自主性

B. 境外经营活动中与企业的交易是否在境外经营活动中占有较大比重

C. 境外经营产生的现金流量是否直接影响企业的现金流量、是否可以随时汇回

D. 境外经营活动产生的现金流量是否足以偿还其现有债务和可预期的债务

2. 企业发生的下列外币业务中，在汇率变动不大时，可以采用即期汇率的近似汇率折算的有（    ）。

A. 收到投资者以外币投入的资本

B. 取得的短期外币借款

C. 以外币购入的原材料

D. 销售商品取得的外币营业收入

3. 对于企业发生的汇兑差额，下列各项说法中错误的有（    ）。

A. 外币兑换业务产生的汇兑差额应计入财务费用

B. 非交易性权益工具投资持有期间发生的汇兑差额计入当期损益

C. 外币交易性金融资产持有期间发生的汇兑差额计入财务费用

D. 其他债权投资持有期间发生的汇兑差额计入其他综合收益

4. 下列关于外币报表折算的说法中，正确的有（    ）。

A. 资产和负债项目应当采用资产负债表日的即期汇率进行折算

B. 资产负债表中的所有者权益项目，除"未分配利润"项目外，其他项目均应采用发生时的即期汇率进行折算

C. 利润表中的收入和费用项目，应当采用交易发生日的即期汇率折算，也可以采用与交易发生日即期汇率近似的汇率进行折算

D. 在部分处置境外经营时，应将资产负债表中所有者权益项目下列示的、与境外经营相关的全部外币财务报表折算差额转入处置当期损益

5. 甲公司下列按外币计价的项目中，期末因汇率变动产生的汇兑差额应计入当期损益的有（    ）。

A. 固定资产

B. 债权投资

C. 其他债权投资

D. 其他权益工具投资

6. 我国现行会计准则规定，在进行外币会计报表折算时，按资产负债表日的即期汇率折算的报表项目有（    ）。

A. 盈余公积　　　　B. 未分配利润

C. 长期借款　　　　D. 长期应收款

7. 下列各项中，在对境外经营财务报表进行折算时选用的有关汇率，符合会计准则规定的有（    ）。

A. 股本采用股东出资日的即期汇率折算

B. 投资性房地产采用资产负债表日即期汇率折算

C. 未分配利润项目采用报告期平均汇率折算

D. 合同负债采用资产负债表日即期汇率折算

8. 甲公司的记账本位币为人民币，其外币交易采用交易日的即期汇率计算。2×23 年 12 月 1 日，甲公司收到外商投入资本 1 000 万欧元并存入银行，当日的即期汇率为 1 欧元 = 7.31 人民币元，其中 7 000 万人民币元作为注册资本。2×23 年 12 月 31 日的即期汇率为 1 欧元 = 7.33 人民币元。不考虑其他因素，上述外币业务对甲公司 2×23 年度财务报表项目影响的表述中，正确的有（    ）。

A. 增加实收资本 7 000 万人民币元

B. 增加货币资金 7 330 万人民币元

C. 增加实收资本 310 万人民币元

D. 增加财务费用 20 万人民币元

9. 甲公司以人民币作为记账本位币,对外币业务采用交易日的即期汇率折算。2×23 年 1 月甲公司购入国外 A 公司和 B 公司的股票,分别支付 80 万美元和 100 万美元,分别作为以公允价值计量且其变动计入当期损益的金融资产和以公允价值计量且其变动计入其他综合收益的金融资产核算,交易当日即期汇率为 1 美元 =6.88 人民币元。2×23 年末,两项金融资产的公允价值分别为 95 万美元、120 万美元,2×23 年 12 月 31 日的即期汇率为 1 美元 =7.11 人民币元。不考虑其他因素,下列表述正确的有( )。

A. 甲公司 2×23 年度因购入 A 公司股票应计入财务费用的金额为 125.05 万人民币元

B. 甲公司 2×23 年度因购入 B 公司股票应计入其他综合收益的金额为 165.2 万人民币元

C. 甲公司 2×23 年 12 月 31 日交易性金融资产的账面价值为 675.45 万人民币元

D. 甲公司 2×23 年 12 月 31 日其他权益工具投资的账面价值为 853.2 万人民币元

## 三、判断题

1. 外币货币性资产项目的汇兑差额,应当计入当期损益。( )

2. 企业收到投资者投入外币资本时,在有合同约定汇率的情况下,有关资产和实收资本账户均应按照合同约定汇率折合为人民币金额记账。( )

3. 以历史成本计量的外币非货币性项目,应当采用资产负债表日的即期汇率折算。( )

4. 中国企业在本国境内的子公司、合营企业、联营企业、分支机构,不属于境外经营。( )

5. 外币财务报表折算产生的折算差额,在利润表中单独列示。( )

6. 境外经营一般包括企业在境外的子公司、合营企业、联营企业等,不包括企业在境外的分支机构。( )

7. 企业收到投资者以外币投入的资本,应将该资本折算后的金额与相应的货币性项目的记账本位币金额之间的差额计入资本公积。( )

8. 当期末汇率下降时,外币货币性资产会产生汇兑收益;汇率上升时,外币货币性负债会产生汇兑收益。( )

9. 企业经批准变更记账本位币的,应当采用变更当日的即期汇率将所有项目折算为变更后的记账本位币,差额记入"其他综合收益"科目。( )

10. 企业部分处置境外经营的,应当将全部的外币财务报表折算差额,转入处置当期损益。( )

## 四、计算分析题

甲公司会计核算以人民币作为记账本位币,其外币交易采用交易日即期汇率折算。甲公司在银行设有美元账户,2×21 年至 2×22 年,该公司发生的相关交易或事项如下:

资料一:2×21 年 1 月 5 日,甲公司以每股 3.1 美元的价格从非关联方处购入乙公司股票 500 万股,并将其指定为以公允价值计量且其变动计入其他综合收益的金融资产。当日即期汇率为 1 美元 =6.52 人民币元,款项已用银行美元存款支付。

资料二:2×21 年 12 月 31 日,甲公司所持乙公司股票的公允价值为 1 510 万美元,当日即期汇率为 1 美元 =6.37 人民币元。

资料三:2×22 年 2 月 1 日,乙公司宣告 2×21 年度利润分配方案,每 10 股分派现金股利 0.8 美元,当日即期汇率为 1 美元 =6.30 人民币元。2×22 年 2 月 15 日,甲公司收到乙公司发放的 40 万美元现金股利并存入银行美元账户,当日即期汇率为 1 美元 =6.33 人民币元。

资料四:2×22 年 6 月 15 日,甲公司所持乙公司股票以 1 525 万美元的价格全部售出,款项已收存银行美元账户,当日即期汇率为 1 美元 =6.70 人民币元。

其他资料:甲公司按净利润的 10% 计提法定盈余公积,本题不考虑相关税费及其他因素的影响。

**要求:**(答案中的金额单位用万元表示,"其他权益工具投资"科目应写出必要的明细科目):

(1) 编制甲公司 2×21 年 1 月 5 日购入乙公司股票的会计分录。

（2）编制甲公司 2×21 年 12 月 31 日调整所持有乙公司股票账面价值的会计分录。

（3）分别编制甲公司 2×22 年 2 月 1 日因乙公司宣告分派现金股利和 2×22 年 2 月 15 日收到现金股利并确认汇兑损益的会计分录。

（4）编制甲公司 2×22 年 6 月 15 日出售所持有乙公司股票的会计分录。

# 本章考点巩固练习题参考答案及解析

## 一、单项选择题

1.【答案】D
【解析】企业通常应选择人民币作为记账本位币。业务收支以人民币以外的货币为主的企业，可以选定其中一种货币为记账本位币，但编报的财务报表应折算为人民币，选项 A、C 错误。企业记账本位币一经确定，不得随意变更，除非企业经营所处的主要经济环境发生重大变化，选项 B 错误。确需变更记账本位币的，应采用变更当日的即期汇率将所有项目折算为变更后的记账本位币，选项 D 正确。

2.【答案】A
【解析】预付款项和预收款项一般不作为货币性项目处理。

3.【答案】C
【解析】该企业 20% 的销售收入源自出口，出口货物采用美元计价和结算，说明 80% 的销售收入采用人民币计价和结算。从法国进口所需原材料的 25%，进口原材料以欧元计价和结算，说明 75% 的原材料采用人民币计价和结算。可以看出，该企业主要以人民币作为主要的计价和结算货币，因此应该采用人民币作为记账本位币。

4.【答案】D
【解析】外币交易在初始确认时，通常采用交易日即期汇率进行折算，不会产生汇兑差额，只有在期末调整时可能会产生汇兑差额。而外币兑换业务，应当按照交易实际采用的汇率折算，平时就可能会产生汇兑差额。

5.【答案】B
【解析】企业选定记账本位币时，应当考虑下列因素：（1）该货币主要影响商品和劳务的销售价格，通常以该商品进行商品和劳务的计价和结算；（2）该货币主要影响商品和劳务所需人工、材料和其他费用，通常以该货币进行上述费用的计价和结算；（3）融资活动获得的货币以及保存从经营活动中收取款项所使用的货币。

6.【答案】B
【解析】外币兑换业务是指企业向银行买入或卖出外币。

7.【答案】C
【解析】外币一般借款本金和利息的汇兑差额，都应计入当期损益（财务费用），选项 A、B 不正确；外币专门借款本金和利息的汇兑差额，在资本化期间产生的，计入资产成本，在费用化期间产生的，则计入当期损益（财务费用），选项 D 不正确。

8.【答案】C
【解析】选项 A、D，计入当期财务费用；选项 B，计入公允价值变动损益；选项 C，计入其他综合收益，不影响当期损益。

9.【答案】B
【解析】企业对境外经营的财务报表进行折算时，产生的外币财务报表折算差额，在资产负债表所有者权益项目下"其他综合收益"项目单独列示。

10.【答案】C
【解析】2×23 年 12 月 31 日应付利息余额 $= 1\,000 \times 2.4\% \times 7.11 \times 2/12 = 28.44$（万人民币元），其余额即为当年发生额，无论是利息，还是汇兑差额，均影响当期营业利润；2×23 年短期借款本金汇兑差额 $= 1\,000 \times (7.11 - 7.03) = 80$（万人民币元），影响营业利润。上述两项使营业利润减少 $= 28.44 + 80 = 108.44$（万人民币元）。

11.【答案】C

【解析】剩余设备账面价值 = 1 000 × 6 × 7.5 = 45 000（人民币元），可变现净值 = 800 × 6 × 7.33 = 35 184（人民币元）；甲公司 2×23 年 12 月 31 日对 W 设备应计提的存货跌价准备 = 45 000 - 35 184 = 9 816（人民币元）。

12.【答案】B

【解析】存货采用成本与可变现净值原则计量，12 月 31 日该批存货的可变现净值应当按当日即期汇率折算成记账本位币金额，即 2×23 年 12 月 31 日存货的可变现净值 = 135 × 7.11 = 959.85（万人民币元），成本 = 150 × 7.10 = 1 065（万人民币元）。2×23 年 12 月 31 日存货应按 959.85 万人民币元列报，并计提资产减值损失 105.15 万人民币元。

## 二、多项选择题

1.【答案】ABCD

【解析】企业选定境外经营的记账本位币，应当考虑下列因素：（1）境外经营对其所从事的活动是否拥有很强的自主性；（2）境外经营活动中与企业的交易是否在境外经营活动中占有较大比重；（3）境外经营活动产生的现金流量是否直接影响企业的现金流量、是否可以随时汇回；（4）境外经营活动产生的现金流量是否足以偿还其现有债务和可预期的债务。

2.【答案】BCD

【解析】对于外币交易，在汇率变动不大时，也可以采用即期汇率的近似汇率进行折算。但企业收到投资者以外币投入的资本，应当采用交易发生日即期汇率进行折算，不得采用合同约定汇率和即期汇率的近似汇率折算。

3.【答案】BCD

【解析】非交易性权益工具投资持有期间发生的汇兑差额计入其他综合收益；外币交易性金融资产持有期间发生的汇兑差额计入公允价值变动损益；其他债权投资持有期间发生的汇兑差额计入财务费用，选项 B、C、D 错误。

4.【答案】ABC

【解析】企业部分处置境外经营的，应当按处置的比例计算处置部分的外币财务报表折算差额，转入处置当期损益，选项 D 错误。

5.【答案】BC

【解析】选项 A，固定资产属于按历史成本计量的非货币性资产，资产负债表日不改变其原记账本位币金额，不确认汇兑差额；选项 B，计入财务费用；选项 C，计入财务费用；选项 D，计入其他综合收益。

【总结】外币业务因汇率变动记入的会计科目：（1）外币货币性项目：财务费用、在建工程；（2）存货：资产减值损失（包括汇率变动，也包括存货减值损失，不区分）；（3）交易性金融资产：公允价值变动损益（包括汇率变动，也包括公允价值的变动，不区分）；（4）其他权益工具投资：其他综合收益（包括汇率变动，也包括公允价值的变动，不区分）；（5）其他债权投资：财务费用（公允价值的变动计入其他综合收益）。

6.【答案】CD

【解析】资产负债表中的资产和负债项目，采用资产负债表日的即期汇率折算，所有者权益项目除"未分配利润"项目外，其他项目采用发生时的即期汇率折算，选项 C、D 正确。

7.【答案】ABD

【解析】所有者权益项目除"未分配利润"项目外，其他项目采用交易发生时的即期汇率折算，"未分配利润"项目根据期初未分配利润加上本期实现的利润减去已分配的利润后计算得到，无须折算。

8.【答案】ABC

【解析】7 000 万人民币元作为注册资本，增加实收资本 7 000 万人民币元，选项 A 正确；增加的货币资金 = 1 000 × 7.33 = 7 330（万人民币元），选项 B 正确；增加的资本公积 = 1 000 × 7.31 - 7 000 = 310（万人民币元），选项 C 正确；减少的财务费用 = 1 000 × 7.33 - 1 000 × 7.31 = 20（万人民币元），选项 D 错误。

9.【答案】BCD

【解析】选项 A，甲公司 2×23 年度因上述事项计入公允价值变动损益的金额 = 95 × 7.11 - 80 × 6.88 = 125.05（万人民币元），不计入财务费用；

选项 B，甲公司 2×23 年度因上述事项计入其他综合收益的金额 = 120 × 7.11 - 100 × 6.88 = 165.2（万人民币元）；

选项 C，2×23 年 12 月 31 日交易性金融资产

的账面价值 = 95 × 7.11 = 675.45（万人民币元）

选项 D，2×23 年 12 月 31 日其他权益工具投资的账面价值 = 120 × 7.11 = 853.2（万人民币元）

### 三、判断题

1.【答案】√

2.【答案】×

【解析】企业收到投资者以外币投入的资本，应当采用交易发生日即期汇率进行折算，不得采用合同约定汇率和即期汇率的近似汇率折算。

3.【答案】×

【解析】以历史成本计量的外币非货币性项目，仍采用交易发生日的即期汇率折算，资产负债表日不改变其记账本位币金额。

4.【答案】×

【解析】企业在境内的子公司、合营企业、联营企业或者分支机构，选定的记账本位币与本企业的记账本位币不同的，也应当视同境外经营。

5.【答案】×

【解析】外币财务报表折算产生的折算差额，在资产负债表所有者权益项目下"其他综合收益"项目单独列示。

6.【答案】×

【解析】境外经营一般包括企业在境外的子公司、合营企业、联营企业等，以及企业在境外的分支机构。

7.【答案】×

【解析】企业收到投资者以外币投入的资本，应当采用交易发生日即期汇率折算，不得采用合同约定汇率和即期汇率的近似汇率折算，外币投入资本与相应的货币性项目的记账本位币金额之间不产生外币资本折算差额。

8.【答案】×

【解析】当期末汇率下降时，外币货币性资产产生汇兑损失；当期末汇率上升时，外币货币性负债会产生汇兑损失。

9.【答案】×

【解析】企业变更记账本位币的，所有项目都按变更当日的即期汇率折算，不产生汇兑差额。

10.【答案】×

【解析】企业部分处置境外经营的，应当按处置的比例计算处置部分的外币财务报表折算差额，转入处置当期损益。

### 四、计算分析题

【答案】

（1）2×21 年 1 月 5 日购入乙公司股票。

借：其他权益工具投资——成本
　　　（3.1×500×6.52）10 106
　　贷：银行存款——美元　　10 106

（2）2×21 年 12 月 31 日调整所持有乙公司股票账面价值。

借：其他综合收益　　487.3
　　贷：其他权益工具投资——公允价值变动
　　　（10 106 − 1 510×6.37）487.3

（3）2×22 年 2 月 1 日宣告分派现金股利。

借：应收股利——美元
　　　（50×0.8×6.30）252
　　贷：投资收益　　　　　252

2×22 年 2 月 15 日收到现金股利并确认汇兑损益。

借：银行存款——美元
　　　（40×6.33）253.2
　　贷：应收股利——美元　　252
　　　财务费用　　　　　　1.2

（4）2×22 年 6 月 15 日出售所持有乙公司股票。

借：银行存款——美元
　　　（1 525×6.70）10 217.5
　　其他权益工具投资——公允价值变动
　　　　　　　　　487.3
　　贷：其他权益工具投资——成本
　　　　　　　　　10 106
　　　盈余公积　　　59.88
　　　利润分配——未分配利润
　　　　　　　　　538.92

借：盈余公积　　　48.73
　　利润分配——未分配利润
　　　　　　　　　438.57
　　贷：其他综合收益　487.3

# 第十九章 租　　赁

本章内容整体上难度偏高，各种题型均有可能出现。需要重点掌握租赁的识别，租赁期的确定，承租人的会计处理，出租人的会计处理；熟悉租赁的分拆与合并，以及特殊租赁业务的会计处理。

## 教材变化

2024 年本章教材内容没有实质性变化。

## 考点提示

在学习本章的过程中需要重点掌握承租人的会计处理和出租人的会计处理。

## 本章考点框架

```
                      ┌ 租赁的识别
            ┌ 租赁概述 ┤ 租赁的分拆与合并
            │         └ 租赁期
            │              ┌ 租赁负债和使用权资产的初始计量
            │ 承租人的会计处理 ┤ 租赁负债和使用权资产的后续计量
            │              └ 短期租赁和低价值资产租赁
       租赁 ┤              ┌ 出租人的租赁分类
            │ 出租人的会计处理 ┤ 出租人对融资租赁的会计处理
            │              └ 出租人对经营租赁的会计处理
            │                    ┌ 转租赁
            └ 特殊租赁业务的会计处理 ┤ 生产商或经销商出租人的融资租赁会计处理
                                 └ 售后租回交易的会计处理
```

# 考点解读及例题点津

## 第一单元 租 赁 概 述

### 1 租赁的识别

#### 一、考点解读

**（一）租赁的定义**

租赁，是指在一定期间内，出租人将资产的使用权让与承租人以获取对价的合同。

**承租人的会计处理不再区分经营租赁和融资租赁**，而是采用单一的会计处理模型，即**承租人对所有租赁**（采用简化处理的短期租赁和低价值资产租赁除外）**确认使用权资产和租赁负债**，参照固定资产准则对使用权资产**计提折旧**，采用固定的周期性利率**确认每期利息费用**；出租人仍将租赁分为融资租赁和经营租赁，并分别采用不同的会计处理方法。

一项合同要被分类为租赁，必须满足三要素：

一是存在一定期间（时间或者使用量）；

二是存在已识别资产；

三是资产供应方向客户转移对已识别资产使用权的控制。

企业应当在合同开始日，评估合同是否为租赁或者包含租赁。除非合同条款或条件发生变化，企业无须重新评估合同是否为租赁或者包含租赁。

**（二）已识别资产**

1. 对资产的指定

已识别资产通常由合同明确指定，也可以在资产可供客户使用时隐性指定。

2. 供应方的实质性替换权

实质性替换权是指资产供应方拥有在**整个**使用期间替换资产的实际能力，并能够通过行使替换资产的权利获得经济利益。

**提示**（1）如果合同仅赋予资产供应方在特定日期或者特定事件发生日或之后拥有替换资产

的权利或义务，不属于整个。

（2）如果资产供应方在整个使用期间拥有对该资产的实质性替换权，则该资产不属于已识别资产。

（3）如果企业难以确定供应方是否拥有对该资产的实质性替换权，则应视其为不具有实质性替换权。

3. 物理可区分

如果某一项资产的某一部分可用产能（如建筑物中的某一个楼层）能够在物理形态上与该资产的全部可用产能区分开来，那么，就可以将该部分资产单独列为已识别资产。如果资产的某部分产能与其他部分在物理上不可区分（如光缆的部分容量），则该部分不属于已识别资产，除非其实质上代表该资产的全部产能，从而使客户获得因使用该资产所产生的几乎全部经济利益的权利。

**（三）客户是否控制已识别资产使用权的判断**

为确定合同是否让渡了在一定期间内控制已识别资产使用的权利，企业应当评估客户是否有权获得在使用期间因使用已识别资产所产生的几乎全部经济利益，并有权在该使用期间主导已识别资产的使用。

1. 客户是否有权获得因使用资产所产生的几乎全部经济利益

企业应当在约定的客户权利范围内考虑其所产生的经济利益。例如，如果合同规定汽车在使用期间仅限在某一特定区域使用，则企业应当仅考虑在该区域内使用汽车所产生的经济利益，而不包括在该区域外使用汽车所产生的经济利益。

2. 客户是否有权主导资产的使用

存在下列情形之一的，可视为客户有权主导对已识别资产在整个使用期间的使用：

（1）客户有权在整个使用期间主导已识别

资产的使用目的和使用方式；

（2）已识别资产的使用目的和使用方式在使用期间前已预先确定，并且客户有权在整个使用期间自行或主导他人按照其确定的方式运营该资产，或者客户设计了已识别资产（或资产的

特定方面）并在设计时已预先确定了该资产在整个使用期间的使用目的和使用方式。

判断合同是否为租赁或者包含租赁的流程如图 19 – 1 所示。

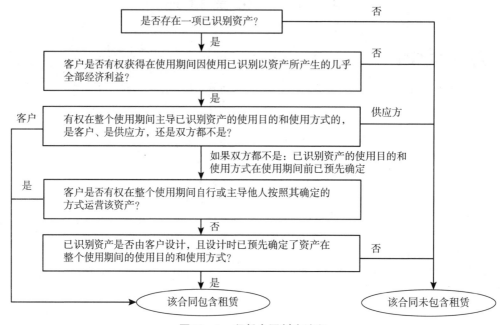

**图 19 – 1　租赁合同判定流程**

## 二、例题点津

【**例题 1·多选题**】下列项目中属于租赁合同的有（　　）。

A. 甲公司与滴滴公司签订一份合同，滴滴公司在未来 5 年内向甲公司提供货运服务。滴滴公司负责配备汽车司机，提供并负责保管汽车

B. 甲公司（客户）与电信公司（供应方）签订了一份为期 10 年的合同，以取得连接北京与广州城市光缆中两条指定的物理上可区分的光纤使用权。若光纤损坏，电信公司应负责修理和维护。电信公司拥有额外的光纤，但仅可因修理、维护或故障等原因替换指定给甲公司使用的光纤

C. 王村机场有限公司与大虎茶业有限公司签订一份合同，允许后者在未来 10 年内在机场特许经营区内销售茶叶并提供茶饮服务。合同约

定了总占地面积，但具体地块由王村机场有限公司根据经济效益和旅客意见随时进行调整

D. 甲公司为汽车货运公司（客户）与乙汽车租赁公司（供应方）签订了使用一辆重型卡车的 2 年期合同，合同规定，乙公司在 2 年合同期内不可替换汽车，合同同时还规定了汽车的使用区域

【**答案**】BD

【**解析**】选项 A，合同中并没有明确指定一项资产，因此不包含已识别资产，不是租赁合同。选项 B，合同明确指定了两条光纤，并且这些光纤与光缆中的其他光纤在物理上可区分，电信公司不可因修理、维护或故障以外的原因替换光纤，因此合同中存在两条已识别光纤，是租赁合同。选项 C，合同中资产供应方拥有实质性替换权，因此不包含已识别资产，不是租赁合同。选项 D，合同规定汽车在使用期间仅限在某一特

定区域使用，则企业使用已识别资产（重型卡车）所产生的几乎全部经济利益，因此属于租赁合同。

**【例题2·判断题】** 一项合同要被分类为租赁，必须要满足三要素：一是存在一定期间；二是存在已识别资产；三是资产供应方向客户转移对已识别资产使用权的控制。其中"一定期间"是一个时间要素，仅指合同明确包含的一段时间。（　）

**【答案】** ×

**【解析】** "一定期间"不仅可以是合同直接明确的一段时间，也可以表述为已识别资产的使用量（如某项设备的产出量）。

## 2 租赁的分拆与合并

### 一、考点解读

（一）租赁的分拆

合同中同时包含多项单独租赁的，承租人和出租人应当将合同予以分拆，并分别各项单独租赁进行会计处理。合同中同时包含租赁和非租赁部分的，承租人和出租人应当将租赁和非租赁部分进行分拆，除非承租人按照租赁准则的规定选择采用简化处理。分拆时，各租赁部分应当分别按照租赁准则进行会计处理，非租赁部分应当按照其他适用的企业会计准则进行会计处理。租赁分拆的流程如图19-2所示。

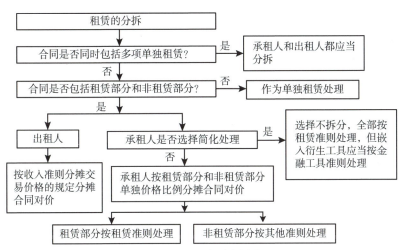

图 19-2　租赁分拆流程

同时符合下列条件，使用已识别资产的权利构成合同中的一项单独租赁：

第一，承租人可从单独使用该资产或将其与易于获得的其他资源一起使用中获利。易于获得的资源是指出租人或其他供应方单独销售或出租的商品或服务，或者承租人已从出租人或其他交易中获得的资源。

第二，该资产与合同中的其他资产不存在高度依赖或高度关联关系。

1. 承租人的处理

在分拆租赁和非租赁部分时，承租人应当按照各项租赁部分单独价格及非租赁部分的单独价格之和的相对比例分摊合同对价。租赁和非租赁部分的相对单独价格，应当根据出租人或类似资

产供应方就该部分或类似部分向企业单独收取的价格确定。如果可观察的单独价格不易于获得，承租人应当最大限度地利用可观察的信息估计单独价格。

为简化处理，承租人可以按照租赁资产的类别选择是否分拆合同包含的租赁和非租赁部分。承租人选择不分拆的，应当将各租赁部分及与其相关的非租赁部分分别合并为租赁，按照租赁准则进行会计处理。但是，应分拆的嵌入衍生工具，承租人不应将其与租赁部分合并进行会计处理。

2. 出租人的处理

出租人应当分拆租赁部分和非租赁部分，并根据收入准则关于交易价格分摊的规定分摊合同对价。

## （二）租赁合同的合并

企业与同一交易方或其关联方在同一时间或相近时间订立的两份或多份包含租赁的合同，在满足下列条件之一时，应当合并为一份合同进行会计处理：

（1）该两份或多份合同基于总体商业目的而订立并构成"一揽子"交易，若不作为整体考虑则无法理解其总体商业目的。

（2）该两份或多份合同中的某份合同的对价金额取决于其他合同的定价或履行情况。

（3）该两份或多份合同让渡的资产使用权合起来构成一项单独租赁。

两份或多份合同合并为一份合同进行会计处理的，仍然需要区分该一份合同中的租赁部分和非租赁部分。

## 二、例题点津

【例题1·单选题】甲公司从乙公司租赁一台卡车和一台货车用于运输业务，租赁期5年。乙公司同意在租赁期间内维护各项设备。合同固定对价为1 500 000元，按年分期支付，每年支付300 000元，合同对价包含了各项设备的维护费用。已知卡车和货车维护费用的单独价格分别为200 000元和100 000元，卡车和货车市场上单独售价分别为800 000元和600 000元。计算卡车的租赁付款额（折现前）为（    ）元。

A. 705 920    B. 882 400
C. 529 440    D. 617 680

【答案】A

【解析】甲公司租赁的卡车和货车分别属于单独租赁，原因如下：（1）甲公司可从单独使用这两台车中的每一台，或将其与易于获得的其他资源一起使用中获利；（2）这两台车不存在

高度依赖或高度关联关系。因此，该项租赁合同中包含两个租赁部分和两个对应的非租赁部分（维护服务）。甲公司将合同对价分摊至两个租赁部分和非租赁部分。

分摊率＝1 500 000/[（800 000＋600 000）＋（200 000＋100 000）]＝88.24%

卡车的租赁付款额（折现前）＝800 000×88.24%＝705 920（元）

【例题2·单选题】甲公司从乙公司租入一辆货运卡车，租赁期为3年，租赁费用共计24万元。同时乙公司还向甲公司派出一名司机，该名司机在租赁期内按照甲公司的安排驾驶该辆货车。不考虑折现及其他因素，下列关于上述租赁交易会计处理的表述中，正确的是（    ）。

A. 乙公司按租赁准则每月确认租赁收入0.67万元

B. 甲公司按接受服务进行会计处理

C. 乙公司分拆租赁部分和非租赁部分，分别按租赁准则和收入准则

D. 乙公司按收入准则每月确认服务收入0.67万元

【答案】C

【解析】乙公司租出的汽车应按租赁准则处理，派出的司机属于提供服务，应按收入准则处理，乙公司应分拆租赁部分和非租赁部分，选项C正确。因未具体说明司机提供服务的费用，故不能合理拆分租赁部分与提供服务部分，故选项A、B、D均错误。

## 3 租赁期

### 一、考点解读

与租赁期相关的概念如表19-1所示。

表19-1                租赁期的相关概念

| 项目 | 内容 |
| --- | --- |
| 租赁期 | 是指承租人有权使用租赁资产且不可撤销的期间。<br>提示（1）承租人有续租选择权（即有权选择续租资产）且合理确定将行使该选择权的，租赁期还应当包含续租选择权涵盖的期间。<br>（2）承租人有终止租赁选择权（即有权选择终止租赁该资产）但合理确定将不会行使该选择权的，租赁期应当包含该终止租赁选择权所涵盖的期间 |

续表

| 项目 | 内容 |
|------|------|
| 租赁期开始日 | 是指出租人提供租赁资产使其可供承租人使用的起始日期。<br>提示 如果承租人在租赁协议约定的起租日或租金起付日之前已获得对租赁资产使用权的控制，则表明租赁期已经开始。租赁协议中对起租或租金支付时间的约定，并不影响租赁期开始日的判断 |
| 不可撤销期间 | 在确定租赁期和评估不可撤销租赁期间时，企业应根据租赁条款约定确定可强制执行合同的期间。<br>提示 (1) 如果承租人和出租人双方均有权在未经另一方许可的情况下终止租赁，且罚款金额不重大，则该租赁不再可强制执行。<br>(2) 如果只有承租人有权终止租赁，则在确定租赁期时，企业应将该项权利视为承租人可行使的终止租赁选择权予以考虑。<br>(3) 如果只有出租人有权终止租赁，则不可撤销的租赁期包括终止租赁选择权所涵盖的期间 |
| 续租选择权和终止租赁选择权 | 在租赁期开始日，企业应当评估承租人是否合理确定将行使续租或购买标的资产的选择权，或者将不行使终止租赁选择权。需考虑的因素包括但不限于以下方面：<br>(1) 与市价相比，选择权期间的合同条款和条件。<br>(2) 在合同期内承租人进行或预期进行重大租赁资产改良的，在可行使续租选择权、终止租赁选择权或者购买租赁资产选择权时，预期能为承租人带来的重大经济利益。<br>(3) 与终止租赁相关的成本。<br>(4) 租赁资产对承租人运营的重要程度。<br>(5) 与行使选择权相关的条件及满足相关条件的可能性。<br>提示 除此之外，还包括不可撤销期间的长短，以往是否曾经使用过特定类型的租赁资产或自有资产，以及与租赁的其他条款相结合（如最低或固定现金保证金、转租赁等）等情况 |
| 对租赁期和购买选择权的重新评估 | 发生承租人可控范围内的重大事件或变化，且影响承租人是否合理确定将行使相应选择权的，承租人应当修改租赁期。这些重大事件或变化包括但不限于下列情形：<br>(1) 在租赁期开始日未预计到的重大租赁资产改良，在可行使续租选择权、终止租赁选择权或购买选择权时，预期将为承租人带来重大经济利益。<br>(2) 在租赁期开始日未预计到的租赁资产的重大改动或定制化调整。<br>(3) 承租人作出的与行使或不行使选择权直接相关的经营决策。<br>提示 如果不可撤销的租赁期间发生变化，企业应当修改租赁期 |

## 二、例题点津

【例题1·单选题】2×21年6月30日，甲公司与乙公司签订租赁合同，从乙公司租入一栋办公楼。根据租赁合同的约定，该办公楼不可撤销的租赁期为5年，租赁期开始日为2×19年7月1日；月租金为25万元，于每月月末支付，首3个月免付租金；在不可撤销的租赁期到期后，甲公司拥有3年按市场租金行使的续租选择权。从2×21年7月1日起算，该办公楼剩余使用寿命为30年。假定在不可撤销的租赁期结束时甲公司将行使续租选择权，不考虑其他因素，甲公司对该办公楼使用权资产计提折旧的年限是（　　）。

A. 4.75年　　　　　　B. 5年

C. 8年　　　　　　　D. 30年

【答案】C

【解析】承租人应当参照固定资产准则有关折旧规定，对使用权资产计提折旧。承租人能够合理确定租赁期届满时取得租赁资产所有权的，应当在租赁资产剩余使用寿命内计提折旧。无法合理确定租赁期届满时能够取得租赁资产所有权的，应当在租赁期与租赁资产剩余使用寿命两者孰短的期间内计提折旧。由于在不可撤销的租赁期结束时甲公司将行使续租选择权，租赁期为8年（5+3）。租赁期（8年）短于租赁资产剩余使用寿命（30年），因此按照8年计提折旧。

**【例题2·判断题】** 在某商铺的租赁安排中，出租人于2×22年1月1日将房屋钥匙交付承租人，承租人在收到钥匙后，就可以自主安排对商铺的装修布置，并安排搬迁。合同约定有3个月

的免租期，起租日为2×22年4月1日，承租人自起租日开始支付租金，因此有效租赁期为4月1日开始计算。（    ）

**【答案】** ×

**【解析】** 此交易中，由于承租人自2×22年1月1日起就已拥有对商铺使用权的控制，因此租赁期开始日为2×22年1月1日，即租赁期包含出租人给予承租人的免租期。

# 第二单元　承租人的会计处理

## 1 租赁负债和使用权资产的初始计量

### 一、考点解读

（一）租赁负债的初始计量

在租赁期开始日，承租人应当对租赁确认使用权资产和租赁负债，应用短期租赁和低价值资产租赁简化处理的除外。

1. 租赁付款额

租赁付款额，是指承租人向出租人支付的与在租赁期内使用租赁资产的权利相关的款项。租赁付款额包括以下五项内容：

（1）**固定付款额及实质固定付款额**，存在租赁激励的，扣除租赁激励相关金额。实质固定付款额是指在形式上可能包含变量但实质上无法避免的付款额。

（2）**取决于指数或比率的可变租赁付款额**。可变租赁付款额，是指承租人为取得在租赁期内使用租赁资产的权利，而向出租人支付的因租赁期开始日后的事实或情况发生变化（而非时间推移）而变动的款项。可变租赁付款额可能与下列指标或情况挂钩：

①市场比率或指数。例如，随基准利率或消费者价格指数变动调整租赁付款额。

②承租人源自租赁资产的绩效。例如，零售业不动产租赁可能会要求基于使用该不动产取得的销售收入的一定比例确定租赁付款额。

③租赁资产的使用。例如，车辆租赁可能要求承租人在超过特定里程数时支付额外的租赁付款额。

（3）**购买选择权的行权价格**，前提是承租人合理确定将行使该选择权。

（4）**行使终止租赁选择权需支付的款项**，前提是租赁期反映出承租人将行使终止租赁选择权。

（5）承租人因提供了担保余值而预计应支付的款项。担保余值，是指与出租人无关的一方向出租人提供担保，保证在租赁结束时租赁资产的价值至少为某指定的金额。

2. 折现率

租赁负债应当按照租赁期开始日尚未支付的租赁付款额的现值进行初始计量。在计算租赁付款额的现值时，承租人应当采用租赁内含利率作为折现率；无法确定租赁内含利率的，应当采用承租人**增量借款利率**作为折现率。

（1）租赁内含利率。租赁内含利率是指使出租人的租赁收款额的现值与未担保余值的现值之和，等于租赁资产公允价值与出租人的初始直接费用之和的利率。即使下式成立的折现率r。

租赁资产公允价值+出租人的初始直接费用=租赁收款额（P/A，r，n）+未担保余值（P/F，r，n）

其中，未担保余值，是指租赁资产余值中，出租人无法保证能够实现或仅由与出租人有关的一方予以担保的部分。初始直接费用，是指为达成租赁所发生的**增量成本**。无论是否实际取得租赁都会发生的支出，不属于初始直接费用，如为评估是否签订租赁合同而发生的差旅费、法律费用等，此类费用应当在发生时计入当期损益。

（2）承租人**增量借款利率**。承租人增量借款利率是指承租人在类似经济环境下为获得与使

用权资产价值接近的资产，在类似期间以类似抵押条件借入资金需支付的利率。

承租人增量借款利率，是指承租人在类似经济环境下为获得与使用权资产价值接近的资产，在类似期间以类似抵押条件借入资金须支付的利率。该利率与下列事项相关：

①承租人自身情况，即承租人的偿债能力和信用状况；

②“借款”的期限，即租赁期；

③“借入”资金的金额，即租赁负债的金额；

④“抵押条件”，即租赁资产的性质和质量；

⑤经济环境，包括承租人所处的司法管辖区、计价货币、合同签订时间等。

（二）使用权资产的初始计量

使用权资产，是指承租人可在租赁期内使用租赁资产的权利。在租赁期开始日，承租人应当按照成本对使用权资产进行初始计量。该成本包括下列四项：

（1）租赁负债的初始计量金额。

（2）在租赁期开始日或之前支付的租赁付款额；存在租赁激励的，应扣除已享受的租赁激励相关金额。

（3）承租人发生的初始直接费用。

（4）承租人为拆卸及移除租赁资产、复原租赁资产所在场地或将租赁资产恢复至租赁条款约定状态预计将发生的成本。前述成本属于为生产存货而发生的，适用存货准则。

综上所述，在租赁期开始日，承租人的会计处理如图19－3所示。

在租赁期开始日，承租人应当对租赁确认使用权资产和租赁负债，应用短期租赁和低价值资产租赁简化处理的除外。

借：使用权资产
- 租赁负债的初始计量金额
- 在租赁期开始日（或之前）支付的租赁付款额
- 初始直接费用
- 预计弃置费用

贷：租赁负债 ⇐ 尚未支付的租赁付款额的现值
- 固定付款额及实质固定付款额
- 可变租赁付款额
- 购买选择权的行权价格
- 行使终止租赁选择权需支付的款项
- 根据担保余值而预计应支付的款项

银行存款［在租赁期开始日（或之前）支付的租赁付款额、初始直接费用］

预计负债（预计弃置费用）

**图19－3 承租人的会计处理**

## 二、例题点津

**【例题1·判断题】** 纳入租赁负债初始计量的可变租赁付款额仅限于取决于指数或比率的可变租赁付款额。（ ）

【答案】√

【解析】本题考核的是租赁负债的初始计量。

**【例题2·判断题】** 纳入租赁负债初始计量的可变租赁付款额不仅包含取决于指数或比率的可变租赁付款额，还包括其他可变租赁付款额。（ ）

【答案】×

【解析】除了取决于指数或比率的可变租赁付款额之外，其他可变租赁付款额均不纳入租赁负债的初始计量。

# 2 租赁负债和使用权资产的后续计量

## 一、考点解读

（一）租赁负债的后续计量

（1）支付租金时的会计处理。按期支付租金时，借记“租赁负债”科目，贷记“银行存款”等科目。

（2）利息费用的计算。承租人应当按照固定的周期性利率计算租赁负债在租赁期内各期间的利息费用，并计入当期损益或相关资产成本。固定的周期性利率是指租赁内含利率、承租人增量借款利率，或者根据续租选择权、购买选择权、担保余值的变化进行修订后的折现率。

（3）未纳入租赁负债计量的可变租赁付款

额。未纳入租赁负债计量的可变租赁付款额应当在实际发生时计入当期损益或相关资产成本。

（二）租赁负债的重新计量

在租赁期开始日后，当发生下列**四种情形**时，承租人应当按照变动后的租赁付款额的现值重新计量租赁负债，并相应调整使用权资产的账面价值。使用权资产的账面价值已调减至零，但租赁负债仍需进一步调减的，承租人应当将剩余金额计入当期损益。

（1）实质固定付款额发生变动。

（2）担保余值预计的应付金额发生变动。

（3）用于确定租赁付款额的指数或比率发生变动。

（4）购买选择权、续租选择权或终止租赁选择权的评估结果或实际行使情况发生变化。

（三）使用权资产的后续计量

在租赁期开始日后，承租人应当采用成本模式对使用权资产进行后续计量。

（1）折旧。承租人应当对使用权资产计提折旧。

承租人能够合理确定租赁期届满时取得租赁资产所有权的，应当在租赁资产剩余使用寿命内计提折旧。无法合理确定租赁期届满时能够取得租赁资产所有权的，应当在**租赁期与租赁资产剩余使用寿命两者孰短**的期间内计提折旧。

（2）资产减值。承租人应当确定使用权资产是否发生减值，并对已识别的减值损失进行会计处理。

（四）租赁变更的处理

租赁变更，是指原合同条款之外的租赁范围、租赁对价、租赁期限的变更，包括增加或终止一项或多项租赁资产的使用权，延长或缩短合同规定的租赁期等。

（1）租赁变更作为一项单独租赁处理。租赁发生变更且同时符合下列条件的，承租人应当将该租赁变更作为一项单独租赁进行会计处理：①该租赁变更通过增加一项或多项租赁资产的使用权而扩大了租赁范围或延长了租赁期限；②增加的对价与租赁范围扩大部分或租赁期限延长部分的单独价格按该合同情况调整后的金额相当。

（2）租赁变更未作为一项单独租赁处理。在租赁变更生效日，承租人应当对变更后合同的对价进行分摊，按照有关租赁期的规定确定变更后的租赁期，并采用变更后的折现率对变更后的租赁付款额进行折现，以重新计量租赁负债。

在计算变更后租赁付款额的现值时，承租人应当采用剩余租赁期间的租赁内含利率作为修订后的折现率；无法确定剩余租赁期间的租赁内含利率的，应当采用租赁变更生效日的承租人增量借款利率作为修订后的折现率。

租赁变更导致租赁范围缩小或租赁期缩短的，承租人应当相应调减使用权资产的账面价值，并将部分终止或完全终止租赁的相关利得或损失计入当期损益。其他租赁变更导致租赁负债重新计量的，承租人应当相应调整使用权资产的账面价值。

## 二、例题点津

【例题1·单选题】2×22年甲公司租入一台机器设备，将租赁日确认的租赁负债初始计量金额和发生的初始直接费用作为使用权资产的入账价值。不考虑其他因素，甲公司后续在计算租赁负债在租赁期内各个期间的利息费用时，应优先采用的折现率是（　　）。

A. 租赁合同规定利率

B. 银行同期贷款利率

C. 租赁内含利率

D. 承租人增量借款利率

【答案】C

【解析】①承租人应当按照固定的周期性利率计算租赁负债在租赁期内的各期间利息费用。②周期性利率指承租人对租赁负债进行初始计量时使用的折现率，一般采用租赁内含利率作为折现率，无法确认租赁内含利率时，应当采用承租人的增量借款利率作为折现率。③本题选项中同时有租赁内含利率和增量借款利率，应当优先选择租赁内含利率。故选项C正确。

【例题2·多选题】下列各项中关于租赁负债后续计量的表述中，正确的有（　　）。

A. 确认租赁负债的利息时，增加租赁负债的账面金额

B. 支付租赁付款额时，减少租赁负债的账面金额

C. 因重估或租赁变更等原因导致租赁付款额发生变动时，重新计量租赁负债的账面价值

D. 并非取决于指数或比率的可变租赁付款额实际发生变化时，重新计量租赁负债的账面价值

【答案】ABC

【解析】确认租赁负债的利息时，应借记"财务费用"科目，贷记"租赁负债——未确认融资费用"科目，会增加租赁负债的账面金额，选项A正确；支付租赁付款额时，应借记"租赁负债——租赁付款额"科目，贷记"银行存款"科目，会减少租赁负债的账面金额，选项B正确；因重估或租赁变更等原因导致租赁付款额发生变动时，重新计量租赁负债的账面价值，选项C正确；未纳入租赁负债计量的可变租赁付款额，即并非取决于指数或比率的可变租赁付款额，应当在实际发生时计入当期损益（而非重新计量租赁负债账面价值），但按规定应计入存货成本的从其规定，选项D错误。

## 3　短期租赁和低价值资产租赁

### 一、考点解读

对于短期租赁和低价值资产租赁，承租人可以选择不确认使用权资产和租赁负债。作出该选择的，承租人应当将短期租赁和低价值资产租赁的租赁付款额，在租赁期内各个期间按照直线法或其他系统合理的方法计入相关资产成本或当期损益。其他系统合理的方法能够更好地反映承租人的受益模式的，承租人应当采用该方法。

（一）短期租赁

短期租赁，是指在租赁期开始日租赁期不超过12个月的租赁。包含购买选择权的租赁不属于短期租赁。

对于短期租赁，承租人可以按照租赁资产的类别作出采用简化会计处理的选择。如果承租人对某类租赁资产作出了简化会计处理的选择，则该类资产下所有的短期租赁都应采用简化会计处理。某类租赁资产是指企业运营中具有类似性质和用途的一组租赁资产。

按照简化会计处理的短期租赁发生租赁变更或者其他原因导致租赁期发生变化的，承租人应当将其视为一项新租赁，重新按照上述原则判断该项新租赁是否可以选择简化会计处理。

（二）低价值资产租赁

低价值资产租赁，是指单项租赁资产为全新资产时价值较低的租赁。

承租人在判断是否是低价值资产租赁时，应基于租赁资产全新状态下的绝对价值进行评估，不受承租人规模、性质等影响，也不应考虑资产已被使用的年限以及该资产对于承租人或相关租赁交易的重要性。常见的低价值资产包括平板电脑、普通办公家具、电话等小型资产。

对于低价值资产租赁，承租人可根据每项租赁的具体情况作出简化会计处理选择。选择采用简化会计处理的，其低价值资产还应满足以下条件：承租人能够从单独使用该低价值资产或将其与承租人易于获得的其他资源一起使用中获利，且该项资产与其他租赁资产没有高度依赖或高度关联关系。如果承租人已经或者预期要把相关资产进行转租赁，则不能将原租赁按照低价值资产租赁进行简化会计处理。

### 二、例题点津

【例题1·计算题】2×21年，甲公司发生的与租赁相关的交易或事项如下：

资料一：2×21年1月1日，承租方甲公司与出租方乙公司签订一栋写字楼的租赁合同，双方约定该写字楼的年租金为1 000万元，于每年年末支付，不可撤销的租赁期限为6年，不存在续租选择权，租赁手续于当日完成，租赁期开始日为2×21年1月1日。

甲公司无法确定租赁内含利率，其增量借款年利率为5%。

资料二：甲公司于租赁期开始日将该写字楼作为行政管理大楼投入使用，当月开始采用直线法对使用权资产计提折旧，折旧年限与租赁期相同。

资料三：2×21年12月31日，甲公司以银行存款支付租金1 000万元。

已知（P/A，5%，6）= 5.0757，本题不考虑相关税费及其他因素。

要求（答案中的金额单位用万元表示，"租赁负债"科目应写出必要的明细科目）：

（1）分别计算甲公司2×21年1月1日租赁负债和使用权资产的初始入账金额，并编制相关会计分录。

（2）计算甲公司2×21年应计提的使用权资产折旧金额，并编制相关会计分录。

（3）计算甲公司 2×21 年度应确认的租赁负债利息费用，并编制相关会计分录。

（4）编制甲公司 2×21 年 12 月 31 日支付租金的会计分录。

【答案】

（1）2×21 年 1 月 1 日租赁负债的初始入账金额 = 1 000 × (P/A, 5%, 6) = 5 075.7（万元）。

2×21 年 1 月 1 日使用权资产的初始入账金额 = 1 000 × (P/A, 5%, 6) = 5 075.7（万元）。

借：使用权资产　　　　　5 075.7

　　租赁负债——未确认融资费用

　　　　　　　　　924.3

　　贷：租赁负债——租赁付款额

　　　　　　　　　6 000

（2）2×21 年应计提的使用权资产折旧金额 = 5 075.7/6 = 845.95（万元）。

借：管理费用　　　　　845.95

　　贷：使用权资产累计折旧　845.95

（3）2×21 年度应确认的租赁负债利息费用 = 5 075.7 × 5% = 253.79（万元）。

借：财务费用　　　　　253.79

　　贷：租赁负债——未确认融资费用

　　　　　　　　　253.79

（4）2×21 年 12 月 31 日支付租金。

借：租赁负债——租赁付款额

　　　　　　　　　1 000

　　贷：银行存款　　　　1 000

# 第三单元　出租人的会计处理

## 1 出租人的租赁分类

### 一、考点解读

（一）融资租赁和经营租赁

出租人应当在租赁开始日将租赁分为融资租赁和经营租赁（见图 19 - 4）。

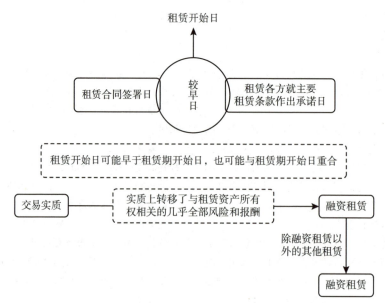

图 19 - 4　出租人的租赁分类

租赁开始日后，除非发生租赁变更，出租人无须对租赁的分类进行重新评估。租赁资产预计使用寿命、预计余值等会计估计变更或发生承租人违约等情况变化的，出租人不对租赁进行重分类。

（二）融资租赁的分类标准

1. 一项租赁存在下列一种或多种情形的，通常分类为融资租赁

（1）在租赁期届满时，租赁资产的所有权转移给承租人。

（2）承租人有购买租赁资产的选择权，所订立的购买价款预计将远低于行使选择权时租赁资产的公允价值，因而在租赁开始日就可以合理确定承租人将行使该选择权。

（3）资产的所有权虽然不转移，但租赁期占租赁资产使用寿命的大部分（≥75%）。

（4）在租赁开始日，租赁收款额的现值几乎相当于（>90%）租赁资产的公允价值。

（5）租赁资产性质特殊，如果不作较大改造，只有承租人才能使用。

2. 一项租赁存在下列一项或多项迹象的，也可能分类为融资租赁

（1）若承租人撤销租赁，撤销租赁对出租人造成的损失由承租人承担。

（2）资产余值的公允价值波动所产生的利得或损失归属于承租人。例如，租赁结束时，出租人以相当于资产销售收益的绝大部分金额作为对租金的退还，说明承租人承担了租赁资产余值的几乎所有风险和报酬。

（3）承租人有能力以远低于市场水平的租金继续租赁至下一期间。

## 二、例题点津

【例题1·多选题】下列项目中属于融资租赁的有（　　）。

A. 出租人和承租人签订了一项租赁协议，租赁期限为3年，租赁期届满时承租人有权以1万元的价格购买租赁资产，在签订租赁协议时估计该租赁资产租赁期届满时的公允价值为4万元

B. 某项租赁设备全新时可使用年限为10年，已经使用了3年，从第4年开始租出，租赁期为6年

C. 某项租赁设备全新时可使用年限为10年，已经使用了3年，从第4年开始出租，租赁

期为3年

D. 某项设备租赁收款额的现值为715万元，租赁资产公允价值700万元

【答案】ABD

【解析】选项A，由于购买价格仅为公允价值的25%（远低于公允价值4万元），如果没有特别的情况，承租人在租赁期届满时将会购买该项资产。在这种情况下，在租赁开始日即可判断该项租赁应当认定为融资租赁。选项B，由于租赁开始时该设备使用寿命为7年，租赁期占使用寿命的85.7%（6年/7年），符合"租赁期占租赁资产使用寿命的大部分（≥75%）"的标准，因此，该项租赁应当归类为融资租赁。选项C，租赁期占使用寿命的42.9%（3年/7年），不符合"租赁期占租赁资产使用寿命的大部分（≥75%）"的标准，因此该项租赁不应认定为融资租赁。选项D，租赁收款额的现值为715万元＞租赁资产公允价值的90%，即630万元（700万元×90%），符合"几乎相当于（>90%）租赁资产的公允价值"的标准。所以这项租赁应当认定为融资租赁。

## 2 出租人对融资租赁的会计处理

### 一、考点解读

（一）初始计量

在租赁期开始日，出租人应当对融资租赁确认应收融资租赁款（租赁投资净额），并终止确认融资租赁资产，相应的会计分录如下：

借：应收融资租赁款——租赁收款额
　　贷：银行存款
　　　　融资租赁资产
　　　　资产处置损益
　　　　应收融资租赁款——未实现融资收益

若融资租赁合同以收到租赁保证金为生效条件，应当进行如下会计处理：

（1）出租人收到承租人交来的租赁保证金时：

借：银行存款
　　贷：其他应付款——租赁保证金

（2）承租人到期不交租金，以保证金抵作租金时：

借：其他应付款——租赁保证金

贷：应收融资租赁款

（3）承租人违约，按租赁合同或协议规定没收保证金时：

借：其他应付款——租赁保证金

贷：营业外收入

租赁收款额和租赁付款额对比如表 19-2 所示。

**表 19-2　　　　　　　　　　　　　租赁收款额和租赁付款额的比较**

| 项目 | 承租人 | 出租人 |
|------|--------|--------|
| 概念 | 租赁付款额，是指承租人向出租人支付的与在租赁期内使用租赁资产的权利相关的款项 | 租赁收款额，是指出租人因让渡在租赁期内使用租赁资产的权利而应向承租人收取的款项 |
| 内容 | （1）固定付款额及实质固定付款额，存在租赁激励的，扣除租赁激励相关金额。<br>（2）取决于指数或比率的可变租赁付款额。<br>（3）购买选择权的行权价格，前提是承租人合理确定将行使该选择权。<br>（4）行使终止租赁选择权需支付的款项，前提是租赁期反映出承租人将行使终止租赁选择权。<br>（5）根据承租人提供的担保余值预计应支付的款项 | （1）承租人需支付的固定付款额及实质固定付款额。存在租赁激励的，应当扣除租赁激励相关金额。与承租人基本相同。<br>（2）取决于指数或比率的可变租赁付款额。该款项在初始计量时根据租赁期开始日的指数或比率确定。与承租人基本相同。<br>（3）购买选择权的行权价格，前提是合理确定承租人将行使该选择权。与承租人基本相同。<br>（4）承租人行使终止租赁选择权需支付的款项，前提是租赁期反映出承租人将行使终止租赁选择权。与承租人基本相同。<br>（5）由承租人、与承租人有关的一方以及有经济能力履行担保义务的独立第三方向出租人提供的担保余值 |
| 计算公式 | 租赁负债=“租赁负债——租赁付款额”-“租赁负债——未确认融资费用” | 应收融资租赁款=租赁投资净额<br>=未担保余值现值+租赁收款额现值<br>=租赁资产公允价值+出租人初始直接费用 |

**（二）融资租赁的后续计量**

1. 利息收入的计算

出租人应当按照固定的周期性利率计算并确认租赁期内各个期间的利息收入。

2. 应收融资租赁款的确认和减值

纳入出租人租赁投资净额的可变租赁付款额仅限取决于指数或比率的可变租赁付款额。在初始计量时，应当采用租赁期开始日的指数或比率进行初始计量。出租人应定期复核计算租赁投资总额时所使用的未担保余值。若预计未担保余值降低，出租人应修改租赁期内的收益分配，并立即确认预计的减少额。

3. 可变租赁付款额

出租人取得的未纳入租赁投资净额计量的可变租赁付款额应当在实际发生时计入当期损益。

## 二、例题点津

【例题 1·单选题】下列各项关于出租人会计处理的表述中，不正确的是（　　　）。

A. 融资租赁下取决于指数的可变租赁付款额的现值在租赁开始日计入应收融资租赁款

B. 融资租赁下应收融资租赁款的初始入账价值不包含出租人发生的初始直接费用

C. 出租人取得的与资产未来绩效挂钩的可变租赁付款额，应当在实际发生时计入当期损益

D. 经营租赁下收取的租金在租赁期内的各个期间按直线法或其他合理方法确认为收入

【答案】B

【解析】选项 A 正确，取决于指数的可变租赁付款额属于租赁收款额的组成部分，应将其现值在租赁期开始日计入应收融资租赁款。选项 B 错误，出租人发生的初始直接费用包括在租赁投资净额中，即包括在应收融资租赁款的初始入账价值中。选项 C 正确，与资产未来绩效挂钩的可变租赁付款额不属于取决于指数的可变租赁付款额，不构成租

赁收款额的组成部分，应当在实际发生时计入当期损益。选项 D 正确，经营租赁下收取的租金在租赁期内的各个期间按直线法或其他合理方法确认为收入。

## 3 出租人对经营租赁的会计处理

### 一、考点解读

（一）租金的处理

在租赁期内各个期间，出租人应采用直线法或者其他系统合理的方法将经营租赁的租赁收款额确认为租金收入。如果其他系统合理的方法能够更好地反映因使用租赁资产所产生经济利益的消耗模式的，则出租人应采用该方法。

（二）出租人对经营租赁提供激励措施

出租人提供免租期的，出租人应将租金总额**在不扣除免租期的整个租赁期内**，按直线法或其他合理的方法进行分配，**免租期内应当确认租金收入**。出租人承担了承租人某些费用的，出租人应将该费用自租金收入总额中扣除，按扣除后的租金收入余额在租赁期内进行分配。

（三）初始直接费用

出租人发生的与经营租赁**有关的初始直接费用应当资本化至租赁标的资产的成本**，在租赁期内按照与租金收入相同的确认基础分期计入当期损益。

（四）折旧和减值

对于经营租赁资产中的固定资产，出租人应当采用类似资产的折旧政策计提折旧；对于其他经营租赁资产，应当根据该资产适用的企业会计准则，采用系统合理的方法进行摊销。

出租人应当确定经营租赁资产是否发生减值，并对已识别的减值损失进行会计处理。

（五）可变租赁付款额

出租人取得的与经营租赁有关的可变租赁付款额，**如果是与指数或比率挂钩的，应在租赁期开始日计入租赁收款额；除此之外的其他可变租赁付款额，应当在实际发生时计入当期损益。**

（六）经营租赁的变更

经营租赁发生变更的，出租人应自变更生效日开始，**将其作为一项新的租赁进行会计处理，与变更前租赁有关的预收或应收租赁收款额视为新租赁的收款额。**

### 二、例题点津

**【例题 1·单选题】** 2×21 年 7 月 1 日，甲公司与乙公司签订了一项写字楼租赁合同，甲公司将该写字楼以经营租赁方式出租给乙公司。合同约定，租赁期为 2×21 年 7 月 1 日至 2×22 年 6 月 30 日，租赁期前 2 个月免收租金，后 10 个月每月收取租金 15 万元，此外，甲公司承担了本应由乙公司负担的电子灯牌制作安装费 3 万元。甲公司按直线法确认租金收入。不考虑其他因素，甲公司 2×21 年度应确认的租金收入为（　　）万元。

A. 73.5　　B. 49　　C. 60　　D. 75

**【答案】** A

**【解析】** 出租人提供免租期的，出租人应将租金总额在不扣除免租期的整个租赁期内，按直线法或其他合理的方法进行分配，免租期内应当确认租金收入。出租人承担了承租人某些费用的，出租人应将该费用自租金收入总额中扣除，按扣除后的租金收入余额在租赁期内进行分配。甲公司 2×21 年度应确认的租金收入 =（15×10−3）/12×6 = 73.5（万元）。

**【例题 2·单选题】** 2×22 年 1 月 1 日，甲公司与乙公司签订租赁合同，将其一栋大楼租赁给乙公司作为商场使用。根据合同约定，大楼的租金为每月 50 万元，于每季度末支付；租赁期为 5 年，自合同签订日开始算起；租赁期首 3 个月为免租期，乙公司免予支付租金；如果乙公司每年的营业收入超过 10 亿元，乙公司应向甲公司支付经营分享收入 100 万元。乙公司 2×22 年度实现营业收入 12 亿元。甲公司认定上述租赁为经营租赁。不考虑增值税及其他因素，上述交易对甲公司 2×22 年度营业利润的影响金额是（　　）。

A. 570 万元　　　　B. 600 万元

C. 670 万元　　　　D. 700 万元

**【答案】** C

**【解析】** 甲公司收到的或有租金应计入"租赁收入"中，影响营业利润，出租人提供免租期的，出租人应将租金总额在不扣除免租期的整个租赁期内，按直线法或其他合理的方法进行分配，免租金期间应确认租赁收入。甲公司 2×22 年度营业利润的影响金额 =［50×1×（12−3）+50×12×4］/5+100 = 670（万元）。

# 第四单元　特殊租赁业务的会计处理

## 1 转租赁

### 一、考点解读

转租情况下，原租赁合同和转租赁合同通常都是单独协商的，交易对手也是不同的企业，转租出租人对原租赁合同和转租赁合同应当分别根据承租人和出租人会计处理要求进行会计处理。

承租人在对转租赁进行分类时，**转租出租人应基于原租赁中产生的使用权资产，而不是租赁资产**（如作为租赁对象的不动产或设备）**进行分类**。

转租赁分类为融资租赁的会计处理如图 19-5 所示。

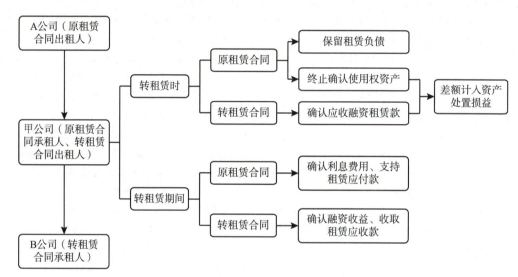

图 19-5　转租赁分类为融资租赁的会计处理

**原租赁为短期租赁**，且转租出租人作为承租人采用简化会计处理方法的，**应将转租赁分类为经营租赁**。

### 二、例题点津

【例题1·多选题】下列关于转租赁说法中正确的有（　　）。

A. 转租情况下，要求转租出租人对原租赁合同和转租赁合同分别根据承租人和出租人会计处理要求，进行会计处理

B. 承租人在对转租赁进行分类时，转租出租人应基于原租赁中产生的租赁资产进行分类

C. 若转租出租人实质上转移了与该项使用权资产有关的几乎全部风险和报酬，则该转租出租人应将该项转租赁分类为融资租赁

D. 原租赁为短期租赁，且转租出租人作为承租人已按照本准则采用简化会计处理方法的，应将转租赁分类为经营租赁

【答案】ACD

【解析】承租人在对转租赁进行分类时，转租出租人应基于原租赁中产生的使用权资产，而不是租赁资产（如作为租赁对象的不动产或设备）进行分类。原租赁资产不归转租出租人所有，原租赁资产也未计入其资产负债表。因此，转租出租人应基于其控制的资产（即使用权资产）进行会计处理。

## 2 生产商或经销商出租人的融资租赁会计处理

### 一、考点解读

如果生产商或经销商出租其产品或商品构成融资租赁，该交易产生的损益应相当于按照考虑适用的交易量或商业折扣后的正常售价直接销售标的资产所产生的损益。在租赁期开始日，生产商或经销商出租人应当按照租赁资产公允价值与租赁收款额按市场利率折现的现值两者孰低确认收入，并按照租赁资产账面价值扣除未担保余值的现值后的余额结转销售成本，收入和销售成本的差额作为销售损益。

由于取得融资租赁所发生的成本主要与生产商或经销商赚取的销售利得相关，生产商或经销商出租人应当在租赁期开始日将其计入损益。即，与其他融资租赁出租人不同，生产商或经销商出租人取得融资租赁所发生的成本不属于初始直接费用，不计入租赁投资净额。

### 二、例题点津

【例题1·单选题】甲公司是一家设备生产商，与乙公司（生产型企业）签订了一份租赁合同，向乙公司出租所生产的设备，合同主要条款如下：该设备租赁期为9年，每年年末支付租金80万元，年利率为5%，与市场利率相同，该设备租赁期开始日的公允价值为500万元，账面价值为400万元，甲公司发生的相关租赁成本为1万元，该设备剩余使用寿命为10年，租赁期届满时，乙公司可以100元购买该设备。则甲公司确定收入的金额为（　　）元。

A. 5 686 464.46　　　B. 4 000 000

C. 5 000 000　　　D. 4 686 464.46

【答案】C

【解析】甲公司应将该项租赁确认为融资租赁。构成融资租赁的，生产商或经销商出租人在租赁期开始日应当按照租赁资产公允价值与租赁收款额按市场利率折现的现值两者孰低确认收入。租赁收款额的现值 = 800 000 × (P/A, 5%, 9) + 100 × (P/F, 5%, 9) = 5 686 400 + 64.46 = 5 686 464.46（元），大于该设备租赁期开始日的公允价值为 5 000 000 元，因此将公允价值

5 000 000 元确认为收入。

【例题2·多选题】甲生产商将其生产的产品以融资租赁的方式出租给乙公司，在租赁期开始日，租赁资产公允价值为150万元，租赁收款额按市场利率折现的现值为145万元，租赁资产账面价值为130万元，未担保余值的现值为5万元，为取得融资租赁发生的成本为5万元。甲生产商下列会计处理中正确的有（　　）。

A. 在租赁期开始日应确认收入 145 万元

B. 在租赁期开始日应结转销售成本 125 万元

C. 为取得融资租赁发生的成本 5 万元计入当期损益

D. 该项租赁在租赁期开始日影响营业利润的金额为 20 万元

【答案】ABC

【解析】在租赁期开始日，该出租人应当按照租赁资产公允价值（150万元）与租赁收款额按市场利率折现的现值（145万元）两者孰低确认收入，即应确认收入 145 万元，选项 A 正确；按照租赁资产账面价值（130万元）扣除未担保余值的现值（5万元）后的余额结转销售成本，即结转销售成本 125 万元，选项 B 正确；生产商或经销商出租人为取得融资租赁发生的成本，应当在租赁期开始日计入当期损益，选项 C 正确；该项租赁在租赁期开始日影响营业利润的金额 = 145 - 125 - 5 = 15（万元），选项 D 错误。

## 3 售后租回交易的会计处理

### 一、考点解读

售后租回交易的承租人和出租人应当按照收入准则的规定，评估确定售后租回交易中的资产转让是否属于销售。

（一）售后租回交易中的资产转让属于销售（即资产转让构成销售的情形）

卖方兼承租人应当按原资产账面价值中与租回获得的使用权有关的部分，计量售后租回所形成的使用权资产，并仅就转让至买方兼出租人的权利确认相关利得或损失。买方兼出租人根据其他适用的企业会计准则对资产购买进行会计处理，并根据新租赁准则对资产出租进行会计处理。

如果销售对价的公允价值与资产的公允价值

不同，或者出租人未按市场价格收取租金，企业应当进行以下调整：（1）销售对价低于市场价格的款项作为预付租金进行会计处理；（2）销售对价高于市场价格的款项作为买方兼出租人向卖方兼承租人提供的额外融资进行会计处理。同时，承租人按照公允价值调整相关销售利得或损失，出租人按市场价格调整租金收入。

在进行上述调整时，企业应当按以下两者中较易确定者进行：（1）销售对价的公允价值与资产的公允价值的差异；（2）合同付款额的现值与按市场租金计算的付款额的现值的差异。

（二）售后租回交易中的资产不属于销售（资产转让不构成销售的情形）

卖方兼承租人不终止确认所转让的资产，而应当将收到的现金作为金融负债，并按照金融准则进行会计处理。买方兼出租人不确认被转让资产，而应当将支付的现金作为金融资产，并按照金融准则进行会计处理。

### 二、例题点津

【例题1·多选题】对于下列售后租回交易的说法中正确的有（　　）。

A. 若企业（卖方兼承租人）将资产转让给其他企业（买方兼出租人），并从买方兼出租人租回该项资产，则卖方兼承租人和买方兼出租人均应按照售后租回交易的规定进行会计处理

B. 企业应当按照收入准则的规定，评估确定售后租回交易中的资产转让是否属于销售，并区别进行会计处理

C. 如果承租人在资产转移给出租人之前已经取得对标的资产的控制，则该交易属于售后租回交易

D. 如果承租人未能在资产转移给出租人之前取得对标的资产的控制，但承租人在资产转移给出租人之前先获得标的资产的法定所有权，则该交易属于售后租回交易

【答案】ABC

【解析】在标的资产的法定所有权转移给出租人并将资产租赁给承租人之前，承租人可能会先获得标的资产的法定所有权。但是，是否具有标的资产的法定所有权本身并非会计处理的决定性因素。如果承租人在资产转移给出租人之前已经取得对标的资产的控制，则该交易属于售后租回交易。然而，如果承租人未能在资产转移给出租人之前取得对标的资产的控制，那么即便承租人在资产转移给出租人之前先获得标的资产的法定所有权，该交易也不属于售后租回交易。

# 本章考点巩固练习题

### 一、单项选择题

1. 下列关于承租人的会计处理中，不正确的是（　　）。

A. 在租赁期开始日承租人应当对租赁确认使用权资产和租赁负债

B. 承租人应当参照固定资产准则有关折旧规定，对使用权资产计提折旧

C. 在租赁期开始日后，承租人应当以成本模式对使用权资产进行后续计量

D. 租赁期开始日是指租赁双方签订合同的日期

2. 下列关于使用权资产的初始计量会计处理中，正确的是（　　）。

A. 租赁负债的初始计量金额不包括在使用权资产的成本中

B. 租赁负债应当按照租赁期开始日尚未支付的租赁付款额进行初始计量

C. 固定付款额及实质固定付款额应作为租赁付款额的组成部分

D. 使用权资产应当按照公允价值进行初始计量

3. 下列关于承租人租赁期间的会计处理中，不正确的是（　　）。

A. 使用权资产是指承租人可在租赁期内使用租赁资产的权利

B. 短期租赁和低价值资产租赁可以选择简化处理

C. 承租人应当按照固定的周期性利率计算租赁负债在租赁期内各期间的利息费用

D. 未纳入租赁负债计量的可变租赁付款额应当在实际发生时计入营业外收入

4. 下列关于承租人简化处理的说法中，不正确的是（　　）。

A. 对于短期租赁和低价值资产租赁，承租人也需要确认使用权资产和租赁负债

B. 承租人应当将短期租赁和低价值资产租赁的租赁付款额，在租赁期内各个期间按照直线法或其他系统合理的方法计入相关资产成本或当期损益

C. 短期租赁是指在租赁期开始日，租赁期不超过 12 个月的租赁

D. 承租人预期转租赁资产的，原租赁不属于低价值资产租赁

5. 下列关于出租人对经营租赁的会计处理中，不正确的是（　　）。

A. 出租人应将经营租赁的租赁收款额确认为租金收入，同时计入租赁开始日的当期损益

B. 出租人发生的与经营租赁有关的初始直接费用应当费用化

C. 出租人取得的与经营租赁有关的未计入租赁收款额的可变租赁付款额，应当在实际发生时计入当期损益

D. 对于经营租赁资产中的固定资产，出租人应当采用类似资产的折旧政策计提折旧

6. 下列关于售后租回的会计处理中，不正确的是（　　）。

A. 售后租回交易中的资产转让属于销售的，出租人应当按资产购买进行会计处理

B. 售后租回交易中的资产转让属于销售的，承租人应当按原资产账面价值中与租回获得的使用权有关的部分，计量售后租回所形成的使用权资产，并仅就转让至出租人的权利确认相关利得或损失

C. 售后租回交易中的资产转让不属于销售的，出租人应终止确认被转让资产

D. 售后租回交易中的资产转让不属于销售的，承租人应当继续确认被转让资产

7. 2×20 年 1 月 1 日，东风公司从南方公司租入办公设备一套，租赁合同规定：租赁期为 5 年，每年年初支付租金，第一年免租金，第

二年和第三年各付租金 5 万元，第四年和第五年各付租金 10 万元。假设东风公司增量借款利率为 5%，不考虑其他因素，则东风公司使用权资产成本为（　　）万元。

A. 30　　　　　　　　B. 20

C. 35　　　　　　　　D. 26.17

8. 2×20 年 12 月 31 日，东风公司与红星公司签订租赁合同，将一条生产线以融资租赁方式租赁给红星公司，每年收取租金 60 万元，租赁期为 5 年，租赁期届满红星公司将生产线归还给东风公司。租期届满时生产线的公允价值预计为 50 万元，其中红星公司担保的资产余值为 30 万元，红星公司的母公司担保的资产余值为 20 万元，另外担保公司担保金额为 12 万元，签订合同过程中佣金、差旅费、律师费、谈判费等初始直接费用 5 万元。不考虑其他因素，租赁期开始日东风公司租赁收款额为（　　）万元。

A. 392　　　　　　　B. 398

C. 362　　　　　　　D. 300

9. 2×20 年 1 月 1 日，东风公司租入机器设备，租赁期为 3 年，租金总额 4 150 万元，其中 2×20 年末支付租金 1 500 万元。假定在 2×20 年 1 月 1 日即租赁期开始日租赁付款额的现值为 3 500 万元，租赁内含利率为 10%。2×20 年 12 月 31 日，东风公司该项租赁而确认的租赁负债净额为（　　）万元。

A. 2 350　　　　　　B. 2 000

C. 2 850　　　　　　D. 2 650

10. 2×20 年 1 月 1 日，东风公司将一台机器设备出售给红星公司，控制权已转移。该机器设备售价为 1 000 万元，账面价值为 950 万元，公允价值为 1 000 万元。当日，东风公司将其租回，租赁期为半年，租金为 30 万元。将应收售房款 1 000 万元扣除租金 30 万元后，2×20 年 1 月 1 日，东风公司实际收到 970 万元。租回时东风公司对该租赁选择简化处理，则 2×20 年 1 月 1 日东风公司下列会计处理中不正确的是（　　）。

A. 确认资产转让收益 50 万元

B. 确认租金费用 30 万元

C. 确认预付账款 30 万元

D. 不确认资产转让收益

## 二、多项选择题

1. 下列关于租赁的说法中，正确的有（　　）。

A. 租赁是指在一定期间内，出租人将资产的使用权让与承租人以获取对价的合同

B. 企业难以确定资产供应方是否拥有实质性替换权的，应视为资产供应方拥有对该资产的实质性替换权

C. 合同中同时包含多项单独租赁的，承租人和出租人应当将合同予以分拆，并分别各项单独租赁进行会计处理

D. 租赁期是指承租人有权使用租赁资产且不可撤销的期间

2. 下列项目中，属于使用权资产成本组成内容的有（　　）。

A. 承租人发生的初始直接费用

B. 租赁负债的初始计量金额

C. 承租人为拆卸及移除租赁资产预计将发生的成本

D. 在租赁期开始日或之前支付的租赁付款额

3. 对租赁业务进行会计处理时，下列项目中，影响承租人确认每年摊销未确认融资费用的因素有（　　）。

A. 周期性利率

B. 租赁资产的尚可使用年限

C. 租赁期开始日租赁负债的现值

D. 租赁开始日租赁资产的原账面价值

4. 甲公司租入一台预计使用寿命为8年的机器设备，该租赁合同不可撤销租赁期为4年。根据合同约定，甲公司每年支付固定租金10万元，在第4年年末，甲公司有两种选择，第一，支付价款8万元购买该设备；第二，以年租金5万元的价格续租1年。不考虑其他因素，甲公司下列会计处理中正确的有（　　）。

A. 如果合理确定将选择第一种方式，租赁付款额为48万元

B. 如果合理确定将选择第二种方式，则应将租赁期确定为5年

C. 如果合理确定将选择第一种方式，甲公司应按照4年对设备计提折旧

D. 应以每年固定租金10万元确定，在第4年年底时根据实际情况调整租赁付款额

5. 下列关于出租人对租赁的会计处理中，正确的有（　　）。

A. 出租人应当将租赁分为融资租赁和经营租赁

B. 出租人应当以租赁投资净额作为应收融资租赁款的入账价值

C. 在租赁开始日租赁收款额的现值几乎相当于租赁资产的公允价值，出租人应将该租赁分类为经营租赁

D. 在租赁期开始日出租人应当对融资租赁确认应收融资租赁款

6. 下列各项关于转租赁会计处理的表述中，不正确的有（　　）。

A. 转租赁出租人不能将承租时形成的租赁负债与出租时形成的租赁应收款对冲

B. 转租赁出租人应将租入资产确认为租赁负债

C. 转租赁出租人对原租赁合同选择简化处理的，出租时可以分类为经营租赁和融资租赁

D. 转租赁出租人只能将租出资产分类为经营租赁

7. 下列关于生产商融资租赁会计处理的表述中，不正确的有（　　）。

A. 生产商应按租赁资产账面价值扣除未担保余值的现值后的余额结转销售成本

B. 生产商应当按照租赁资产公允价值与租赁收款额按市场利率折现的现值两者孰高确认收入

C. 生产商融资租赁租出资产控制权未转移不能确认收入

D. 生产商出租人为取得融资租赁发生的成本应资本化

8. 下列关于出租人对融资租赁期间的会计处理中，正确的有（　　）。

A. 周期性利率包括租赁内含利率、因租赁变更修订后的折现率或同期贷款利率

B. 出租人应当按照固定的周期性利率计算并确认租赁期内各个期间的利息收入

C. 出租人取得的未纳入租赁投资净额计量的可变租赁付款额应当在实际发生时计入当期损益

D. 生产商或经销商出租人为取得融资租赁发生的成本，应当在租赁期开始日计入负债

## 三、判断题

1. 各种可变租赁付款额均应纳入租赁负债的初始计量。 （ ）

2. 如果资产供应方通过行使替换资产的权利将获得经济利益，就表明资产供应方拥有资产的实质性替换权。 （ ）

3. 如果承租人有终止租赁选择权，则租赁期包含终止租赁选择权涵盖的期间。 （ ）

4. 如果承租人可从单独使用该资产或将其与易于获得的其他资源一起使用中获利，则该项资产构成合同中的一项单独租赁。 （ ）

5. 承租人在判断是否为低价值资产租赁时，应基于租赁资产的目前状态下的价值进行评估。 （ ）

6. 出租人提供免租期的，免租期内不应确认收入。 （ ）

7. 出租人发生的与经营租赁有关的初始直接费用应当资本化，再全部计入当期损益。 （ ）

8. 租赁内含利率，是指使出租人的租赁收款额的现值等于租赁资产公允价值与出租人的初始直接费用之和的利率。 （ ）

## 四、计算分析题

2×22 年，甲公司发生的与租赁相关的交易或事项如下：

资料一：2×22 年 1 月 1 日，承租人甲公司与出租人乙公司签订了一项为期 10 年的写字楼租赁协议，双方约定，该写字楼的年租金为 200 万元，于每年 1 月 1 日支付，甲公司有权在第 5 年年末选择提前终止租赁。

资料二：2×22 年 1 月 1 日，甲公司经评估合理确定将不会行使终止租赁选择权，并于当日支付第一年的租金，同时收到乙公司补偿的租金激励 10 万元。甲公司为评估是否签订协议发生差旅费 5 万元，支付房产中介佣金 15 万元，以上款项全部以银行存款支付。假设甲公司无法确定租赁内含利率，其增量借款利率为每年 6%。

资料三：甲公司于租赁期开始日将该写字楼作为行政管理大楼投入使用，当月开始采用直线法对使用权资产计提折旧，该写字楼剩余使用寿命为 30 年。

已知：（P/A，6%，4）= 3.4651，（P/A，6%，9）= 6.8017，本题不考虑相关税费及其他因素。

**要求：**（答案中的金额单位用万元表示，"租赁负债"科目应写出必要的明细科目）

（1）确定甲公司该项租赁的租赁期，并说明理由。

（2）计算甲公司 2×22 年 1 月 1 日租赁负债的初始入账金额。

（3）计算甲公司 2×22 年 1 月 1 日使用权资产的初始入账金额，并编制相关会计分录。

（4）确定甲公司该使用权资产的折旧年限，并说明理由；计算 2×22 年该使用权资产的折旧额，并编制相关会计分录。

（5）计算甲公司 2×22 年度应确认的租赁负债利息费用，并编制相关会计分录。

# 本章考点巩固练习题参考答案及解析

## 一、单项选择题

1.【答案】D

【解析】租赁期开始日，是指出租人提供租赁资产使其可供承租人使用的起始日期，选项 D 不正确，其余选项均正确。

2.【答案】C

【解析】租赁负债的初始计量金额包括在使用权资产的成本中，选项 A 不正确；租赁负债应当按照租赁期开始日尚未支付的租赁付款额的现值进行初始计量，选项 B 不正确；使用权资产应当按照公允价值进行初始计量，选项 D 不正确。

3.【答案】D

【解析】未纳入租赁负债计量的可变租赁付款额应当在实际发生时按照受益原则计入当期

管理费用、销售费用或计入资产成本，不能计入营业外收入，选项 D 不正确。

4.【答案】A

【解析】对于短期租赁和低价值资产租赁，承租人可以选择不确认使用权资产和租赁负债。

5.【答案】B

【解析】选项 B 不正确，出租人发生的与经营租赁有关的初始直接费用应当资本化，其余选项均正确。

6.【答案】C

【解析】选项 C 的会计处理不正确，因为售后租回交易中的资产转让不属于销售的，出租人不确认被转让资产，而是确认一项与转让收入等额的金融资产。因此，出租人不存在终止确认被转让资产问题。其余选项均正确。

7.【答案】D

【解析】使用权资产成本包括四部分内容：（1）租赁负债的初始计量金额；（2）在租赁期开始日或之前支付的租赁付款额；（3）承租人发生的初始直接费用；（4）承租人为拆卸及移除租赁资产预计将发生的成本。

本题使用权资产成本 = 租赁负债的初始计量金额（租赁付款额现值）= $5 \div (1+5\%) + 5 \div (1+5\%)^2 + 10 \div (1+5\%)^3 + 10 \div (1+5\%)^4 = 4.76 + 4.54 + 8.64 + 8.23 = 26.17$（万元）。

8.【答案】C

【解析】租赁收款额 = 承租人需支付的固定付款额（$60 \times 5$）+ 取决于指数或比率的可变租赁付款额 0 + 购买选择权的行权价格 0 + 承租人行使终止租赁选择权需支付的款项 0 + 由承租人、与承租人有关的一方以及有经济能力履行担保义务的独立第三方向出租人提供的担保余值（$30 + 20 + 12$）= 362（万元）。

9.【答案】A

【解析】应确认的租赁负债净额 = $2 \times 20$ 年末应付租赁款账面余额（$4\,150 - 1\,500$）－ 未确认融资费用余额（$650 - 3\,500 \times 10\%$）= 2 350（万元）。

注：$2 \times 20$ 年初未确认融资费用 = 应付租赁额账面余额 4 150 － 租赁付款额现值 3 500 = 650（万元）；未确认融资费用 $2 \times 20$ 年摊销额 = 租赁负债期初摊余成本 $3\,500 \times$ 实际利率 10% = 350（万元）。

10.【答案】D

【解析】本题售后租回转让资产属于销售，应确认资产转让收益；同时选择简化处理时，租赁期开始日的会计处理是：

借：银行存款　　　　　　　　　 970
　　预付账款　　　　　　　　　 30
　　贷：固定资产清理　　　　　　　 950
　　　　资产处置损益
　　　　　　　　　（1 000 － 950）50

确认租赁费用时：

借：管理费用　　　　　　　　　　 30
　　贷：预付账款　　　　　　　　　 30

## 二、多项选择题

1.【答案】ACD

【解析】选项 B 不正确，企业难以确定资产供应方是否拥有实质性替换权的，应视为资产供应方没有对该资产的实质性替换权。

2.【答案】ABCD

【解析】使用权资产应当按照成本进行初始计量。该成本包括四部分内容：租赁负债的初始计量金额；在租赁期开始日或之前支付的租赁付款额；承租人发生的初始直接费用；承租人为拆卸及移除租赁资产预计将发生的成本。上述项目均是成本的组成部分。

3.【答案】AC

【解析】选项 A、C 会影响未确认融资费用的分摊；选项 B，租赁资产的尚可使用年限与摊销期无关，不影响未确认融资费用的摊销；选项 D，租赁期开始日租赁资产的原账面价值与租赁负债的入账价值无关，不影响未确认融资费用。

4.【答案】AB

【解析】租赁付款额包括：固定付款额及实质固定付款额、取决于指数或比率的可变租赁付款额、购买选择权的行权价格、行使终止租赁选择权需支付的款项和承租人提供担保余值预计应支付的款项，对于第一种方式，应将购买选择权的行权价格 8 万元在租赁期开始日计入租赁付款额，租赁付款额 = $10 \times 4 + 8 = 48$（万元），选项 A 正确；由于期满后将行使购买选择权，折旧期应按照租赁资产剩余使用寿命确定，即按照预计使用寿命 8 年计提折旧，选项 C 错误；对于第二种方式，承租人有续租选择权且合理确定将行使该选择权的，租赁期还应当包含续租选择权涵盖的期间，选项 B 正确；在租赁期开始日，承租人应评估是否合理确定将行使购买标的资产的选择权，而非在第 4 年年底才根据情况调整，选项 D 错误。

5.【答案】ABD

【解析】选项 C 不正确，在租赁开始日，租赁收款额的现值几乎相当于租赁资产的公允价值，属于融资租赁；其余选项正确。

6.【答案】BCD

【解析】选项 B 不正确，转租赁出租人应将租入资产确认为使用权资产；选项 C 不正确，转租赁出租人对原租赁合同选择简化处理的，出租时只能分类为经营租赁；选项 D 不正确，转租赁出租人在出租时可以分类为经营租赁或融资租赁。

7.【答案】BCD

【解析】选项 B 不正确，生产商应当按照租赁资产公允价值与租赁收款额按市场利率折现的现值两者孰低确认收入；选项 C 不正确，生产商融资租赁应确认收入；选项 D 不正确，生产商出租人为取得融资租赁发生的成本应计入当期损益。

8.【答案】BC

【解析】选项 A 不正确，周期性利率，是租赁内含利率或因租赁变更修订后的折现率；选项 D 不正确，生产商或经销商出租人为取得融资租赁发生的成本，应当在租赁期开始日计入当期损益；选项 B、C 正确。

## 三、判断题

1.【答案】×

【解析】纳入租赁负债初始计量的可变租赁付款额仅限于取决于指数或比率的可变租赁付款额。

2.【答案】×

【解析】同时符合下列条件时，才表明资产供应方拥有资产的实质性替换权：（1）资产供应方拥有在整个使用期间替换资产的实际能力；（2）资产供应方通过行使替换资产的权利将获得经济利益。

3.【答案】×

【解析】如果承租人有终止租赁选择权，即有权选择终止租赁该资产，且合理确定将会行使该选择权的，租赁期不应当包含终止租赁选择权涵盖的期间。

4.【答案】×

【解析】同时符合下列条件时，使用已识别资产的权利才构成合同中的一项单独租赁：（1）承租人可从单独使用该资产或将其与易于获得的其他资源一起使用中获利；（2）该资产与合同中的其他资产不存在高度依赖或高度关联关系。

5.【答案】×

【解析】承租人在判断是否属于低价值资产租赁时，应基于租赁资产的全新状态下的价值进行评估，不应考虑资产已被使用的年限。

6.【答案】×

【解析】出租人提供免租期的，出租人应将租金总额在不扣除免租期的整个租赁期间内，按直线法或其他合理的方法进行分配，免租期内应当确认租金收入。

7.【答案】×

【解析】表述错误，出租人发生的与经营租赁有关的初始直接费用应当资本化，在租赁期内按照与租金收入确认相同的基础进行分摊，分期计入当期损益。

8.【答案】×

【解析】租赁内含利率，是指使出租人的租赁收款额的现值与未担保余值的现值之和等于租赁资产公允价值与出租人的初始直接费用之和的利率。

## 四、计算分析题

【答案】

（1）租赁期为 10 年。

理由：虽然甲公司于第 5 年年末可以提前终止租赁，但甲公司经评估合理确定将不会行使终止租赁选择权，所以租赁期为 10 年。

（2）租赁负债的初始入账金额 = $200 \times (P/A, 6\%, 9) = 200 \times 6.8017 = 1\,360.34$（万元）

（3）使用权资产的初始入账金额 = $200 + 1\,360.34 - 10 + 15 = 1\,565.34$（万元）

剩余 9 年租赁付款额 = $200 \times 9 = 1\,800$（万元）

未确认融资费用 = 剩余 9 年租赁付款额 - 剩余 9 年租赁付款额的现值 = 1 800 - 1 360.34 = 439.66（万元）

相关会计分录为：

借：使用权资产　　　　　1 565.34

　　租赁负债——未确认融资费用

　　　　　　　　　　　　439.66

　　贷：租赁负债——租赁付款额 1 800

　　　　银行存款　　　　　205

借：管理费用　　　　　　　5

　　贷：银行存款　　　　　　5

（4）使用权资产的折旧年限为 10 年。

理由：承租人应当在租赁期（10 年）与租赁

资产剩余使用寿命（30 年）两者孰短的期间内计提折旧，所以折旧年限为 10 年。

2×22 年甲公司应计提的折旧金额 = 1 565.34 ÷ 10 = 156.53（万元）

相关会计分录为：

借：管理费用　　　　　　156.53

　　贷：使用权资产累计折旧　156.53

（5）2×22 年甲公司应确认的租赁负债利息费用 = 1 360.34 × 6% = 81.62（万元）

相关会计分录为：

借：财务费用　　　　　　81.62

　　贷：租赁负债——未确认融资费用

　　　　　　　　　　　　81.62

# 第二十章　持有待售的非流动资产、处置组和终止经营

## 考情分析

本章可能涉及单选题、多选题和计算分析题。

## 教材变化

2024 年本章教材删除了"持有待售类别的列报"。

## 考点提示

本章学习重点是持有待售的资产或处置组的分类与计量和终止经营的判断。

## 本章考点框架

持有待售的非流动资产、处置组和终止经营
- 持有待售的非流动资产和处置组
  - 持有待售类别的分类
  - 特殊情形下持有待售类别的界定
  - 持有待售类别的计量
- 终止经营
  - 终止经营的定义及判断
  - 终止经营的列报

# 考点解读及例题点津

## 第一单元　持有待售的非流动资产和处置组

### 1 持有待售类别的分类

#### 一、考点解读

1. 相关定义及分类的基本原则

处置组，是指在一项交易中作为整体通过出售或其他方式一并处置的一组资产，以及在该交易中转让的与这些资产直接相关的负债。

基本原则：企业主要通过出售（而非持续使用）一项非流动资产（或处置组）的方式收回其账面价值的，应当将该项非流动资产（或处置组）划分为持有待售类别。

2. 划分为持有待售类别的条件

非流动资产（或处置组）划分为持有待售类别，应当同时满足下列条件：

（1）根据类似交易中出售此类资产（或处置组）的惯例，在当前状况下可立即出售。有关规定要求企业相关权力机构或者监管部门批准后方可出售的，应当已经获得批准。

（2）出售是极可能发生的，即企业已经就一项出售计划作出决议，且已获得确定的购买承诺，预计出售将在一年内完成。有关规定要求企业相关权力机构或者监管部门批准后方可出售的，应当已经获得批准。

3. 关于延长一年期限的例外条款

因企业无法控制的下列原因之一，导致非关联方之间的交易未能在一年内完成，且有充分证据表明企业仍然承诺出售非流动资产（或处置组）的，企业应当继续将非流动资产（或处置组）划分为持有待售类别。

（1）买方或其他方意外设定导致出售延期的条件，企业针对这些条件已经及时采取行动，且预计能够自设定导致出售延期的条件起一年内顺利化解延期因素。

（2）因发生罕见情况，导致持有待售的非流动资产（或处置组）未能在一年内完成出售，企业在最初一年内已经针对这些新情况采取必要措施且重新满足了持有待售类别的划分条件。

#### 二、例题点津

【例题1·单选题】关于处置组，下列表述中正确的是（　　）。

A. 处置组中不包括负债

B. 处置组中只包括非流动资产

C. 处置组中不包括商誉

D. 处置组中可能包括流动资产、非流动资产和负债

【答案】D

【解析】处置组，是指在一项交易中作为整体通过出售或其他方式一并处置的一组资产，以及在该交易中转让的与这些资产直接相关的负债，选项D正确。

【例题2·判断题】甲公司生产的某类产品由于市场需求变化销量锐减，经过管理层决议，2×23年5月暂停生产该类产品，生产该产品的生产线也暂停使用，拟对外出售。那么甲公司应该将此生产线划分为持有待售类别。（　　）

【答案】×

【解析】非流动资产（或处置组）划分为持有待售类别，应当同时满足：（1）可立即出售；（2）出售极可能发生。甲公司只是暂停使用（尚未获得确定的购买承诺），拟对外出售，没有同时满足上述两个条件，故不应该将此生产线划分为持有待售类别。

## 2 特殊情形下持有待售类别的界定

### 一、考点解读

1. 专为转售而取得的非流动资产或处置组

企业专为转售而新取得的<u>非流动资产</u>或<u>处置组</u>，在取得日满足<u>"预计出售将在一年内完成"</u>的规定条件，且短期（通常为三个月）内很可能满足持有待售类别的其他划分条件的，企业应当在取得日将其划分为持有待售类别。

2. 持有待售的长期股权投资

（1）出售部分或全部对子公司的权益性投资。

企业出售对子公司的权益性投资，根据是否丧失控制权分为两种情况。

一是如果因出售对子公司的权益性投资等原因导致其丧失对子公司的控制权，则企业应当在拟出售的部分满足持有待售类别划分条件时，在母公司个别财务报表中将对子公司投资整体划分为持有待售类别；在合并财务报表中将子公司所有资产和负债划分为持有待售类别，而不是仅将拟处置的部分投资对应的资产和负债划分为持有待售类别。

二是如果出售部分权益性投资后企业仍拥有对子公司的控制权，在拟出售阶段对此类投资仍应将其整体作为长期股权投资核算，不将拟出售的部分划分为持有待售类别。

（2）出售部分或全部对联营企业或合营企业的权益性投资。

对于拟出售的部分，在满足持有待售类别划分条件、分类为持有待售资产的，应当停止权益法核算。对于未划分为持有待售类别的剩余权益性投资，应当在划分为持有待售的那部分权益性投资出售前继续采用权益法进行会计处理，待划分为持有待售的那部分权益性投资出售后，根据是否具有共同控制或重大影响，进行相应的会计处理。原权益法核算的相关其他综合收益等应当在持有待售资产终止确认时，按照长期股权投资准则的规定进行会计处理。具体情形及对应处理如表 20 - 1 所示。

**表 20 - 1**　　　　　　　　　　　　长期股权投资不同情形下的处理

| | 事由 | 对应处理 |
|---|---|---|
| 情形 1 | A 公司拟出售全资子公司 S 的全部股权 | A 公司应当在个别财务报表中将拥有的 S 公司全部股权划分为持有待售类别，在合并财务报表中将 S 公司所有资产和负债划分为持有待售类别 |
| 情形 2 | A 公司拟出售全资子公司 S 的 55%股权，之后对 S 公司具有重大影响 | A 公司应当在个别财务报表中将拥有的 S 公司全部股权划分为持有待售类别，在合并财务报表中将 S 公司所有资产和负债划分为持有待售类别 |
| 情形 3 | A 公司拟出售全资子公司 S 的 30%股权，之后保持对 S 公司的控制 | 该长期股权投资并不属于"主要通过出售而非持续使用收回其账面价值"，因此，不应划分为持有待售类别 |
| 情形 4 | A 公司拥有子公司 S55%的股权，拟出售 6%的股权，之后对 S 公司具有重大影响 | A 公司应当在个别财务报表中将拥有的 S 公司 55% 股权划分为持有待售类别，在合并财务报表中将 S 公司所有资产和负债分别划分为持有待售类别 |
| 情形 5 | A 公司拥有合营企业 M 的 50% 的股权，拟出售 35% 的股权，之后对 M 公司不具有重大影响 | A 公司应当将拟出售的 35% 股权划分为持有待售类别，不再按权益法核算。剩余的 15% 股权在 35% 股权处置前仍然采用权益法核算，在 35% 股权处置后按照金融工具准则处理 |
| 情形 6 | A 公司拥有联营企业 N 的 35% 的股权，拟出售 30% 的股权，之后对 N 公司不具有重大影响 | A 公司应当将拟出售的 30% 股权划分为持有待售类别，不再按权益法核算。剩余的 5% 股权在 30% 股权处置前仍然采用权益法核算，在 30% 股权处置后按照金融工具准则处理 |

3. 拟结束使用而非出售的非流动资产或处置组，不划分为持有待售类别

## 二、例题点津

**【例题1·单选题】** 2×21年11月20日，甲公司与无关联关系的丙公司签订股权转让协议，拟将所持联营企业乙公司的30%股权转让给丙公司，转让后甲公司持有剩余的5%股权，且对乙公司不再具有重大影响。截至2×21年12月31日，上述股权转让尚未成功，甲公司预计将在3个月内完成转让。假定甲公司所持乙公司股权投资满足划分为持有待售类别的条件。不考虑其他因素，下列各项关于甲公司会计处理的表述中，正确的是（　　）。

A. 自满足划分为持有待售类别的条件起将乙公司35%的股权投资划分为持有待售类别

B. 在2×21年12月31日将所持乙公司35%的股权投资划分为持有待售类别

C. 在2×21年12月31日将所持乙公司30%的股权投资划分为持有待售类别，将所持乙公司5%的股权投资继续采用权益法核算

D. 在2×21年12月31日将所持乙公司30%的股权投资划分为持有待售类别，将所持乙公司5%的股权投资按金融工具准则核算

**【答案】** C

**【解析】** 甲公司应将拟出售的乙公司30%股权划分为持有待售类别，不再按权益法核算，剩余5%的股权在前述30%的股权处置前，应当采用权益法进行会计处理，在前述30%的股权处置后，应当按照《企业会计准则第22号——金融工具确认和计量》有关规定进行会计处理，

选项C正确。

**【例题2·多选题】** 下列各项甲公司拟出售持有的部分长期股权投资的情形中，拟出售的股权均满足划分为持有待售类别的条件，剩余股权部分权益性投资应当采用权益法进行会计处理的有（　　）。

A. 甲公司持有联营企业40%股权，拟出售30%的股权，出售后对被投资方不再具有重大影响

B. 甲公司持有子公司100%股权，拟出售90%的股权，出售后将丧失对子公司的控制权，对被投资方不具有重大影响

C. 甲公司持有合营企业50%股权，拟出售45%的股权，出售后将丧失对合营企业的共同控制，对被投资方不具有重大影响

D. 甲公司持有子公司100%股权，拟出售60%的股权，出售后将丧失对子公司的控制权，对被投资方具有重大影响

**【答案】** AC

**【解析】** 选项A、C，将拟出售的部分划分为持有待售类别，不再按权益法核算，剩余部分在拟出售部分处置前，应当采用权益法进行会计处理。选项B、D，在甲公司个别报表中应将拥有的子公司的全部股权划分为持有待售类别。

## 3 持有待售类别的计量

### 一、考点解读

对于持有待售的非流动资产（包括处置组中的非流动资产）的计量，应当区分不同情况（见表20-2）。

表20-2　　　　持有待售的非流动资产或处置组的计量

| 项目 | 内容 |
|---|---|
| 非流动资产 | 1. 按照《企业会计准则第8号——资产减值》进行减值测试，并按照相关会计准则规定计量非流动资产的账面价值；<br>2. 非流动资产按照账面价值与公允价值减去出售费用后的净额孰低计量；<br>3. 减值在划分为持有待售类别后确认的资产减值损失金额内转回 |
| 处置组 | 1. 企业将处置组首次划分为持有待售类别前，应当按照相关会计准则规定计量处置组中各项资产和负债的账面价值；<br>2. 将处置组作为一个整体按照账面价值与公允价值减去出售费用后的净额孰低计量；<br>3. 持有待售资产减值损失首先抵减商誉，然后按比例抵减处置组中适用本准则的各项非流动资产；<br>4. 资产负债表日重新计量持有待售的处置组时，应当首先按照相关会计准则规定计量处置组中不适用本准则计量规定的资产和负债的账面价值，然后按本准则的规定进行会计处理。减值在划分为持有待售类别后确认的资产减值损失金额内转回 |

1. 划分为持有待售类别前的计量

企业将非流动资产或处置组首次划分为持有待售类别前，应当按照相关会计准则规定计量非流动资产或处置组中各项资产和负债的账面价值。对于拟出售的非流动资产或处置组，企业应当在划分为持有待售类别前考虑进行减值测试。

2. 划分为持有待售类别时的计量

企业初始计量持有待售的非流动资产或处置组时，如果其账面价值低于其公允价值减去出售费用后的净额，企业不需要对账面价值进行调整；如果账面价值高于其公允价值减去出售费用后的净额，企业应当将账面价值减记至公允价值减去出售费用后的净额，减记的金额确认为资产减值损失，计入当期损益，同时计提持有待售资产减值准备。

出售费用是企业发生的可以直接归属于出售资产或处置组的增量费用，包括为出售发生的特定法律服务、评估咨询等中介费用，也包括相关的消费税、城市维护建设税、土地增值税和印花税等，但不包括财务费用和所得税费用。

3. 划分为持有待售类别后的计量

（1）持有待售的非流动资产的后续计量。

持有待售的非流动资产（或处置组中的非流动资产）不应计提折旧或摊销，原则上按照账面价值与公允价值减去处置费用后的净额孰低进行计量。

后续资产负债表日，持有待售的非流动资产的减值应当计入当期损益，同时计提持有待售资产减值准备。

后续资产负债表日，减值转回的金额应在划分为持有待售类别后确认的资产减值损失金额内，转回金额计入当期损益。划分为持有待售类别前确认的资产减值损失不得转回。

（2）持有待售的处置组的后续计量。

①处置组中按照其他会计准则计量相关的资产和负债。

企业在资产负债表日重新计量持有待售的处置组时，应当首先按照相关会计准则规定计量处置组中不适用《企业会计准则第42号——持有待售的非流动资产、处置组和终止经营》计量规定的资产和负债的账面价值，进行计量后，企业应当比较持有待售的处置组整体账面价值与公允价值减去出售费用后的净额，如果账面价值高于其公允价值减去出售费用后的净额，应当将账面价值减记至公允价值减去出售费用后的净额，减记的金额确认为资产减值损失，计入当期损益，同时计提持有待售资产减值准备。

②处置组资产减值损失的转回。

对于持有待售的处置组确认的资产减值损失金额，如果该处置组包含商誉，应当先抵减商誉的账面价值，再根据处置组中适用本章计量规定的各项非流动资产账面价值所占比重，按比例抵减其账面价值。确认的资产减值损失金额应当以适用本章计量规定的各项资产的账面价值为限。

如果后续资产负债表日持有待售的处置组公允价值减去出售费用后的净额增加，以前减记的金额应当予以恢复，并在划分为持有待售类别后适用本章计量规定的非流动资产确认的资产减值损失金额内转回，转回金额计入当期损益，且不应当重复确认适用其他准则计量规定的资产和负债按照相关准则规定已经确认的利得。已抵减的商誉账面价值，以及适用本章计量规定的非流动资产在划分为持有待售类别前确认的资产减值损失不得转回。对于持有待售的处置组确认的资产减值损失后续转回金额，应当根据处置组中除商誉外适用本章计量规定的各项非流动资产账面价值所占比重，按比例增加其账面价值。

4. 不再继续划分为持有待售类别时的计量

非流动资产（或处置组）因不再满足持有待售类别的划分条件而不再继续划分为持有待售类别或非流动资产从持有待售的处置组中移除时，应当按照以下两者孰低计量：（1）该资产（或处置组）被划分为持有待售类别前的账面价值，按照假定不划分为持有待售类别情况下本应确认的折旧、摊销或减值等进行调整后的金额；（2）决定不再出售之日的可收回金额。这样处理的结果是，原来划分为持有待售的非流动资产或处置组在重新分类后的账面价值，与其从未划分为持有待售类别情况下的账面价值相一致。由此产生的差额计入当期损益，可以通过"资产减值损失"科目进行会计处理。

5. 终止确认

企业终止确认持有待售的非流动资产（或处置组）时，应当将尚未确认的利得或损失计入当期损益。

## 二、例题点津

【例题1·单选题】2×21年12月15日，甲公司与乙公司签订具有法律约束力的股权转让协议，拟将其持有子公司——丙公司70%的股权转让给乙公司。甲公司原持有丙公司90%的股权，转让完成后，甲公司将失去对丙公司的控制，但能够对丙公司实施重大影响。截至2×21年12月31日止，上述股权转让的交易尚未完成。假定甲公司拟出售的对丙公司投资满足持有待售类别的条件，不考虑其他因素，下列各项关于甲公司2×21年12月31日合并资产负债表列报的表述中，正确的是（　　）。

A. 将丙公司全部资产和负债按其净额在持有待售资产或持有待售负债项目列报

B. 将丙公司全部资产在持有待售资产项目列报，全部负债在持有待售负债项目列报

C. 将丙公司全部资产和负债按照其在丙公司资产负债表中的列报形式在各个资产和负债项目分别列报

D. 将拟出售的丙公司70%的股权部分对应的净资产在持有待售资产或持有待售负债项目列报，其余丙公司20%股权部分对应的净资产在其他流动资产或其他流动负债项目列报

【答案】B

【解析】母公司出售部分股权，丧失对子公司的控制权，但仍能施加重大影响的，应当在母公司个别财务报表中将拥有的子公司股权整体划分为持有待售类别，在合并财务报表中将子公司的所有资产和负债分别划分为持有待售类别进行列报。

【例题2·判断题】企业A拥有一座仓库，原价为120万元，年折旧额为12万元，至2×21年12月31日已计提折旧60万元。2×22年1月31日，企业A与企业B签署不动产转让协议，拟在6个月内将该仓库转让，假定该不动产满足划分为持有待售类别的其他条件，且不动产价值未发生减值，企业A对该仓库只需要在1月计提折旧，此后不再计提折旧。（　　）

【答案】√

【解析】2×22年1月31日，企业A应当将仓库资产划分为持有待售类别，并按照《企业会计准则第4号——固定资产》对该固定资产计提1月折旧1万元。2×22年1月31日，该仓库在划分为持有待售类别前的账面价值为59万元，此后不再计提折旧。

# 第二单元　终止经营

## 1 终止经营的定义及判断

### 一、考点解读

终止经营，是指企业满足下列条件之一的、能够单独区分的、已经处置或已经划分为持有待售类别的组成部分：（1）一项独立的主要业务或一个单独的主要经营地区；（2）拟对一项独立的主要业务或一个单独的主要经营地区进行处置的一项相关联计划的一部分；（3）专为转售而取得的子公司。

终止经营的定义包含以下三方面含义：

1. 终止经营是企业能够单独区分的组成部分

该组成部分的经营和现金流量在企业经营和编制财务报表时是能够与企业的其他部分清楚区分的。企业组成部分可能是一个资产组，也可能是一组资产组组合，通常是企业的一个子公司、一个事业部或事业群。

2. 终止经营应当具有一定的规模，但专为转售而取得的子公司不受此限

终止经营应当代表一项独立的主要业务或一个单独的主要经营地区，或者是拟对一项独立的主要业务或一个单独的主要经营地区进行处置的一项相关联计划的一部分。并非所有处置组都符合终止经营定义中的规模条件，企业需要运用职业判断加以确定。当然，如果企业主要经营一项业务或主要在一个地理区域内开展经营，企业的一个主要产品或服务线就可能满足终止经营定义中的规模条件。对于专为转售而取得的子公司，该准则对其规模不做要求，只要是单独区分的组成部分且满足时点要求，即构成终止经营。有些专为转售而取得的重要的合营企业或联营企业，

也可能因为符合终止经营定义中的规模等条件而构成终止经营。

3. 终止经营应当满足一定的时点要求，即已处置或者已经划分为持有待售类别

（1）**已经处置**，包括已经出售和结束使用（如关停或报废等）。多数情况下，如果组成部分的所有资产和负债均已处置，产生收入和发生成本的来源消失，这时确定组成部分"处置"的时点是较为容易的。但在有些情况下，组成部分的资产仍处于出售或报废过程中，仍可能发生清理费用，企业需要根据实际情况判断组成部分是否已经处置从而符合终止经营的定义。

（2）**已经划分为持有待售类别**。有些情况下，企业对一项独立的主要业务或一个单独的主要经营地区进行处置的一项相关联计划可能会持续数年，组成部分中的资产组（或资产组组合）可能无法同时满足持有待售类别的划分条件。企业可随着处置计划的进行，对满足持有待售类别划分条件且构成终止经营的部分进行会计处理。

## 二、例题点津

**【例题1·多选题】** 下列项目中，不属于终止经营的有（　　）。

A. 甲公司在全国拥有 500 家规模相同的零售门店，甲公司决定将其位于某市的 8 家零售门店中的 1 家门店出售，并于 2×20 年 10 月 27 日与乙公司正式签订了转让协议

B. 乙集团拥有一家经营药品批发业务的子公司 A 公司，药品批发构成乙集团的一项独立的主要业务，目前 A 公司在全国各个城市设立了营业网点，由于经营不善，乙集团决定停止 A 公司的所有业务，至 2×20 年 10 月 27 日，已处置了 A 公司所有存货并辞退了所有员工，但仍有一些债权等待收回，部分营业网点门店的租约尚未到期，仍需支付租金费用

C. 丙集团正在关闭其主要从事放贷业务的子公司 B 公司，自 2×20 年 2 月 1 日起，B 公司不再贷出新的款项，但仍会继续收回未结贷款的本金和利息，直到原设定的贷款期结束

D. 丁公司决定关闭从事工程承包业务的 W 分部，要求 W 分部在完成现有承包合同后不再承接新的承包合同

【答案】ACD

【解析】选项 A，不代表一项独立的主要业务或一个单独的主要经营地区，不属于终止经营；选项 B，主要业务终止，属于终止经营；选项 C 和选项 D，业务未完结，不属于终止经营。

**【例题2·判断题】** 某药业集团决定停止其药业分销子公司 A 的所有业务，2×20 年 12 月 31 日，该公司应处理所有存货、辞退所有员工。但尚有一些债权有待收回，部分网点门店的租约尚未到期。该情形构成了终止经营。（　　）

【答案】√

【解析】收回债权、处置租约等尚未结算的未来交易并不构成上述业务的延续，因此，符合终止经营的定义。

## 2 终止经营的列报

### 一、考点解读

企业应当在利润表中分别列示**持续经营损益**和**终止经营损益**。

1. 持续经营损益

下列不符合终止经营定义的持有待售的非流动资产或处置组所产生的相关损益，应当在利润表中作为持续经营损益列报：

（1）企业初始计量或在资产负债表日重新计量持有待售的非流动资产或处置组时，因账面价值高于其公允价值减去出售费用后的净额而确认的资产减值损失。

（2）后续资产负债表日持有待售的非流动资产或处置组公允价值减去出售费用后的净额增加，因恢复以前减记的金额而转回的资产减值损失。

（3）持有待售的非流动资产或处置组的处置损益。

2. 终止经营损益

终止经营的相关损益应当作为终止经营损益列报，列报的终止经营损益应当包含整个报告期间，而不仅包含认定为终止经营后的报告期间。相关损益具体包括：

（1）终止经营的经营活动损益，如销售商品、提供服务的收入、相关成本和费用等。

（2）企业初始计量或在资产负债表日重新

计量符合终止经营定义的持有待售的处置组时，因账面价值高于其公允价值减去出售费用后的净额而确认的资产减值损失。

（3）后续资产负债表日符合终止经营定义的持有待售处置组的公允价值减去出售费用后的净额增加，因恢复以前减记的金额而转回的资产减值损失。

（4）终止经营的处置损益。

（5）终止经营处置损益的调整金额，可能引起调整的情形包括：最终确定处置条款，如与买方商定交易价格调整额和补偿金；消除与处置相关的不确定因素，如确定卖方保留的环保义务或产品质量保证义务；履行与处置相关的职工薪酬支付义务等。

提示 （1）企业在处置终止经营的过程中可能附带产生一些增量费用，如果不进行该项处置就不会产生这些费用，企业应当将这些增量费用作为终止经营损益列报。

（2）企业还应当在附注中披露终止经营的相关信息。

## 二、例题点津

**【例题1·多选题】** 下列关于终止经营的列报表述中正确的有（　　）。

A. 不符合终止经营定义的持有待售的非流动资产或处置组，其减值损失和转回金额及处置损益应当作为持续经营损益列报

B. 企业应当在利润表中分别列示持续经营损益和终止经营损益

C. 划分为持有待售的资产产生的损益，应作为终止经营损益列报

D. 终止经营不再满足持有待售类别划分条件的，无须调整可比会计期间的终止经营损益

【答案】AB

【解析】不符合终止经营定义的持有待售的非流动资产或处置组，其减值损失和转回金额及处置损益应当作为持续经营损益列报，选项C错误；终止经营不再满足持有待售类别划分条件的，原来作为终止经营损益列报的信息重新作为可比会计期间的持续经营损益列报，选项D错误。

# 本章考点巩固练习题

## 一、单项选择题

1. 下列关于持有待售类别的说法中，正确的是（　　）。

A. 持有待售的非流动资产不计提折旧、摊销和减值

B. 与持有待售类别相关的出售费用包括中介费用、财务费用、所得税等

C. 不再继续划分为持有待售类别的，应当按照划分为持有待售类别前的账面价值减去假定不划分为持有待售类别情况下本应确认的折旧、摊销或减值金额与可收回金额孰高确定账面价值

D. 对于拟出售的非流动资产或处置组，企业应当在划分为持有待售类别前考虑进行减值测试

2. 下列关于持有待售非流动资产和处置组的说法中，不正确的是（　　）。

A. 企业主要通过出售而非持续使用一项非流动资产或处置组收回其账面价值的，应当将其划分为持有待售类别

B. 企业不应当将拟结束使用而非出售的非流动资产或处置组划分为持有待售类别

C. 企业专为转售而取得的非流动资产或处置组，在取得日满足"预计出售将在一年内完成"的规定条件，且短期内很可能满足持有待售类别的其他划分条件的，企业应当在取得日将其划分为持有待售类别

D. 处置组，是指一项交易中作为整体通过出售或其他方式一并处置的一组资产，与负债无关

3. 下列各项资产，应划分为持有待售资产的是（　　）。

A. A公司于2×21年1月1日取得一项不需安装的管理用设备，同时与M公司签订一项不可撤销的协议，约定于5年后向M公司出

售该设备

B. B公司停止使用一条生产线，准备在一年内将其对外出售，但尚未找到意向买家

C. C公司于2×21年2月1日与N公司签订不可撤销的协议，约定于当年8月1日向N公司出售一台闲置的生产设备

D. D公司正在与W公司进行谈判协商，以寻求在1年内向W公司出售一栋闲置厂房，但双方尚未就该事项签订书面合同

4. 甲公司计划出售一项专利权，该专利权于2×23年7月1日被划分为持有待售资产，公允价值为1 000万元，预计出售费用为10万元。该专利权购买于2×21年1月1日，原值为1 500万元，无残值，预计使用寿命为10年，采用直线法摊销，取得时已达到预定用途。不考虑其他因素，该持有待售资产2×23年7月1日应计提减值准备的金额为（　）万元。

A. 0　　　　B. 500
C. 135　　　D. 115

5. 2×20年9月，甲公司经董事会决定处置部分生产线。2×20年12月31日，甲公司与乙公司签订某生产线出售合同。合同约定，该项交易自合同签订之日起8个月内完成，如果因不可抗力因素取消合同，主动提出取消的一方应向对方赔偿损失200万元。该生产线出售价格为1 500万元。甲公司该生产线2×20年末账面价值为1 500万元，预计拆除、运送等费用为10万元。2×21年4月25日，因乙公司所在行业市场状况恶化，乙公司提出取消合同并支付了赔偿款。不考虑其他因素，下列关于甲公司对于上述事项的会计处理中，正确的是（　）。

A. 自2×20年10月起对拟处置的生产线停止计提折旧

B. 2×20年资产负债表中该生产线列报金额为1 500万元

C. 2×21年5月，无须对该生产线计提折旧

D. 2×21年收到的乙公司赔偿款200万元确认为营业外收入

6. 甲公司某项非流动资产在被划分为持有待售前的账面价值为1 200万元，后续因其他原因不满足持有待售类别的划分条件，如果没有

被划分为持有待售的非流动资产，该项资产在此期间应计提折旧金额为100万元，当日，该项资产的公允价值为1 250万元，处置费用100万元，预计未来现金流量现值为1 210万元。不考虑其他因素，当日该项非流动资产的账面价值是（　）万元。

A. 1 150　　　B. 1 210
C. 1 200　　　D. 1 100

## 二、多项选择题

1. 非流动资产或处置组划分为持有待售，应当同时满足的条件有（　）。

A. 可立即出售
B. 出售极可能发生
C. 已经出售
D. 已经管理层批准

2. 2×23年3月1日，甲公司购入非关联方乙公司的全部股权，支付价款2 000万元。购入该股权之前，甲公司的管理层已经作出决议，一旦购入乙公司，将在一年内将其出售给丙公司，乙公司在当前状况下即可立即出售，甲公司尚未与丙公司议定转让价格。3月1日，乙公司股权的公允价值为2 000万元，甲公司预计还将为出售该子公司支付10万元的出售费用。3月31日，甲公司与丙公司签署股权转让合同，约定转让价格为2 020万元，甲公司预计还将支付15万元的出售费用。不考虑其他因素，下列各项关于甲公司会计处理的表述中，正确的有（　）。

A. 3月1日，确认长期股权投资入账价值2 000万元

B. 3月1日，确认持有待售资产入账价值1 990万元

C. 3月1日，确认资产减值损失10万元

D. 3月31日，转回资产减值损失15万元

3. 下列关于划分为持有待售类别后的计量中，正确的有（　）。

A. 如果后续资产负债表日持有待售的非流动资产公允价值减去出售费用后的净额增加的，以前减记的金额应当予以恢复，并在划分为持有待售类别后确认的资产减值损失金额内转回，转回金额计入当期损益

B. 企业在资产负债表日重新计量持有待售的

非流动资产时，其账面价值低于公允价值减去出售费用后的净额的，应当将账面价值减记至公允价值减去出售费用后的净额，减记的金额确认为资产减值损失，计入当期损益

C. 持有待售的处置组中负债的利息和其他费用应当继续予以确认

D. 持有待售的非流动资产不应计提折旧或摊销

4. 2×22 年 11 月 3 日，A 公司董事会决议向 C 公司出售其所持有的对子公司 B 公司股权投资的 20%，并于 2×22 年 12 月 5 日与 C 公司就该事项签订了一项不可撤销的股权转让合同。该合同约定，A 公司应于 2×23 年 6 月 30 日之前将该合同履行完毕。售价为 6 000 万元，如一方违约，需向另一方支付违约金 600 万元。该合同履行完毕后，A 公司将仅对 B 公司具有重大影响。截至 2×22 年末，双方尚未实际履行该合同。不考虑其他因素，则下列说法中正确的有（　　）。

A. A 公司应于 2×22 年 11 月 3 日将其持有的对 B 公司的股权投资全部转入持有待售资产

B. A 公司应于 2×22 年 12 月 5 日将其持有的对 B 公司的股权投资全部转入持有待售资产

C. A 公司在 2×22 年末编制合并财务报表时，应在合并财务报表中将 B 公司的资产和负债列为持有待售类别

D. A 公司在 2×22 年末不应将 B 公司纳入合并范围

## 三、判断题

1. 企业对持有待售资产计提的减值准备在以后期间不允许转回。　　（　　）

2. A 超市销售集团公司在全国有 400 家门店，A 将位于 B 市的 10 家门店中的一家 C 门店出售，并于 2×21 年 7 月 20 日与甲企业正式签订了转让协议，假设该 C 门店符合持有待售类别的划分条件，该种情形构成 A 的终止经营。（　　）

3. 如果持有待售资产账面价值高于其公允价值减去出售费用后的净额，企业应当将账面价值减记至公允价值减去出售费用后的净额，减记的金额确认为信用减值损失，同时计提

持有待售资产减值准备。　　　　（　　）

## 四、计算分析题

甲公司为增值税一般纳税人，2×20 年至 2×23 年发生的与 A 设备相关的交易如下：

资料一：2×20 年 12 月 15 日，甲公司以银行存款购入不需要安装的 A 设备，增值税专用发票上注明的金额为 800 万元，增值税税额为 104 万元，A 设备当日运抵甲公司并投入管理部门使用。

资料二：A 设备采用年限平均法计提折旧，预计使用寿命 10 年，预计净残值为 0。2×21 年 12 月 31 日，A 设备可收回金额为 630 万元，经评估，A 设备适用的折旧方法不变，预计尚可使用年限为 9 年。

资料三：2×22 年 12 月 31 日，甲公司与乙公司签署一项不可撤销的转让协议，拟在 4 个月内将 A 设备以 495 万元转让，预计出售费用为 5 万元。该设备满足划分为持有待售类别的其他条件。

资料四：2×23 年 3 月 30 日，A 设备完成转让，实际发生出售费用 5 万元，相关手续已办妥，当日乙公司收到甲公司开出的增值税专用发票，注明价款为 495 万元，增值税税额为 64.35 万元，甲公司已收到乙公司银行转账。

本题不考虑其他因素（答案中的金额单位用万元表示）。

**要求：**

（1）编制 2×20 年 12 月 15 日甲公司购入 A 设备相关的会计分录。

（2）计算甲公司 2×21 年和 2×22 年应计提折旧的金额。

（3）编制 2×22 年 12 月 31 日 A 设备划分为持有待售类别时的会计分录。

（4）计算 2×22 年 12 月 31 日持有待售的 A 设备应计提减值的金额，并编制相关会计分录。

（5）编制 2×23 年 3 月 30 日持有待售的 A 设备完成转让时的相关会计分录。

# 本章考点巩固练习题参考答案及解析

## 一、单项选择题

1. 【答案】D

【解析】持有待售的非流动资产不计提折旧、摊销，发生减值时，需要计提减值准备；与持有待售类别相关的出售费用不包括财务费用和所得税；不再继续划分为持有待售类别的，应当按照假定不划分为持有待售类别情况下进行调整后的金额与可收回金额孰低确定账面价值。

2. 【答案】D

【解析】处置组，是指在一项交易中作为整体通过出售或其他方式一并处置的一组资产，以及在该交易中转让的与这些资产直接相关的负债，选项D不正确；其余选项正确。

3. 【答案】C

【解析】选项A，并未准备在一年内出售，不符合持有待售的条件；选项B，没有明确的出售目标，也没有签订不可撤销的转让协议，不符合持有待售的条件；选项D，没有签订不可撤销的转让协议，因此不符合持有待售的条件。

4. 【答案】C

【解析】该专利权被划分为持有待售资产时公允价值 – 预计出售费用 = 1 000 – 10 = 990（万元）。

2×23 年 7 月 1 日划分为持有待售资产前的账面价值 = 1 500 – 1 500/10 × 2.5 = 1 125（万元），故应计提的减值准备金额为 1 125 – 990 = 135（万元）。

5. 【答案】D

【解析】甲公司应当自签订合同时起将固定资产划分为持有待售类别，持有待售固定资产不再计提折旧，因此自 2×21 年 1 月起对拟处置的生产线停止计提折旧，选项A错误；2×20 年资产负债表中该生产线列报金额 = 1 500 – 10 = 1 490（万元），选项B错误；2×21 年 4 月合同取消，表明固定资产不再满足持有待

售类别划分的条件，甲公司应当停止将其划分为持有待售类别，并按固定资产处理原则计提折旧，所以 2×21 年 5 月需要对该生产线计提折旧，选项C错误；2×21 年收到的乙公司赔偿款 200 万元确认为营业外收入，选项D正确。

6. 【答案】D

【解析】企业非流动资产不再继续划分为持有待售类别的计量应当按照以下两者孰低计量：

（1）划分为持有待售类别前的账面价值，按照假定不划分为持有待售类别情况下本应确认的折旧、摊销或减值等进行调整后的金额，即 1 100 万元（1 200 – 100）；

（2）可收回金额，即 1 210 万元［公允价值减处置费用净额 = 1 250 – 100 = 1 150（万元），与预计未来现金流量现值 1 210 万元孰高］，选项D正确；

选项A错误，误按公允价值减处置费用后的净额计量；选项B错误，误按非流动资产可收回金额计量；选项C错误，误按非流动资产被划分为持有待售类别前的账面价值计量。

## 二、多项选择题

1. 【答案】AB

【解析】非流动资产或处置组划分为持有待售类别，应当同时满足下列条件：（1）可立即出售；（2）出售极可能发生。选项A、B正确。

2. 【答案】BC

【解析】乙公司是甲公司专为转售而取得的子公司，在取得日满足"预计出售将在一年内完成"的规定条件，且短期内很可能满足划分为持有待售类别的其他条件（当前状况下即可立即出售、已作出决议、获得确定的购买承诺），甲公司应在取得日将其划分为持有待售类别。

3 月 1 日，乙公司不划分为持有待售类别情

况下的初始计量金额为 2 000 万元，当日公允价值减去出售费用后的净额为 1 990 万元（2 000 – 10），按照两者孰低计量。

甲公司相关会计分录如下：

借：持有待售资产——长期股权投资
　　　　　　　　　　　 19 900 000
　　资产减值损失　　　 100 000
　　贷：银行存款　　　 20 000 000

3 月 31 日，甲公司持有的乙公司的股权公允价值减去出售费用后的净额为 2 005 万元（2 020 – 15），账面价值为 1 990 万元，以两者孰低计量，甲公司无须进行会计处理。综上所述，选项 B 和选项 C 当选。

3.【答案】ACD

【解析】企业在资产负债表日重新计量持有待售的非流动资产时，其账面价值高于公允价值减去出售费用后的净额的，应当将账面价值减记至公允价值减去出售费用后的净额，减记的金额确认为资产减值损失，计入当期损益，同时计提持有待售资产减值准备。选项 B 不正确，选项 A、C、D 正确。

4.【答案】BC

【解析】选项 D，在 A 公司和 C 公司实际履行合同之前，A 公司仍能够控制 B 公司，因此 A 公司在 2×22 年末应将 B 公司纳入合并范围。

# 三、判断题

1.【答案】×

【解析】企业在资产负债表日重新计量时，持有待售资产的公允价值减去出售费用后的净额增加，以前减记的金额应当予以恢复，并在划分为持有待售类别后确认的资产减值损失金额内转回，转回金额计入当期损益。

2.【答案】×

【解析】此项不构成一项独立的主要业务或一个单独的主要经营地区。

3.【答案】×

【解析】持有待售资产计提减值时，应该借记资产减值损失。

# 四、计算分析题

【答案】

(1) 2×20 年 12 月 15 日：

借：固定资产　　　　　　　 800
　　应交税费——应交增值税（进项税额）
　　　　　　　　　　　　　 104
　　贷：银行存款　　　　　 904

(2) 2×21 年应计提的折旧 = 800 ÷ 10 = 80（万元）。

则 2×21 年 12 月 31 日 A 设备的账面价值 = 800 – 80 = 720（万元），高于其可收回金额 630 万元，发生减值 90 万元，后续应当以减值后的金额计提折旧。

2×22 年应计提的折旧 = 630 ÷ 9 = 70（万元）。

(3) 由于该设备自 2×22 年 12 月 31 日满足划分为持有待售类别的条件，自此不再计提折旧，故"累计折旧"科目的余额 = 80 + 70 = 150（万元）；累计计提的减值准备 = 90（万元）。

会计分录如下：

借：固定资产清理　　　　　 560
　　累计折旧　　　　　　　 150
　　固定资产减值准备　　　 90
　　贷：固定资产　　　　　 800

借：持有待售资产　　　　　 560
　　贷：固定资产清理　　　 560

(4) 2×22 年 12 月 31 日，应计提减值的金额 = 560 – (495 – 5) = 70（万元）。

应编制的会计分录为：

借：资产减值损失　　　　　 70
　　贷：持有待售资产减值准备　 70

(5) 2×23 年 3 月 30 日：

借：资产处置损益　　　　　 5
　　贷：银行存款　　　　　 5

借：银行存款　　　　　 559.35
　　持有待售资产减值准备　 70
　　贷：持有待售资产　　　 560
　　资产处置损益　　　　　 5
　　应交税费——应交增值税（销项税额）　　　 64.35

# 第二十一章　企业合并与合并财务报表

## 考情分析

本章在考试中属于非常重要的章节，主要考试题型为客观题和主观题，历年考试分数在 18 分左右。

## 教材变化

2024 年教材将"企业合并"与"财务报告"合并为一章，删除了基本概述内容，主要考查企业合并的会计处理与合并财务报表的调整、抵销分录的编制。

## 考点提示

本章应重点学习的内容有：同一控制下企业合并的会计处理；非同一控制下企业合并的会计处理；合并财务报表的调整、抵销分录的编制。

## 本章考点框架

企业合并与合并财务报表
- 企业合并的会计处理
  - 同一控制下企业合并的会计处理
  - 非同一控制下企业合并的会计处理
- 合并财务报表的编制
  - 合并资产负债表的编制
  - 母公司对子公司长期股权投资与子公司所有者权益之间的抵销
  - 内部债权和债务的抵销
  - 内部商品交易的抵销
  - 内部固定资产交易的抵销
  - 合并现金流量表的编制
  - 合并现金流量表中有关少数股东权益项目的反映

# 考点解读及例题点津

## 第一单元　企业合并的会计处理

### 1 同一控制下企业合并的会计处理

#### 一、考点解读

（一）同一控制下控股合并的会计处理

1. 长期股权投资的确认和计量

母公司在投资时，要按照"被合并方所有者权益账面价值×持股比例"作为其股权投资的入账金额。

（1）以支付资产或承担债务作为合并对价的：

借：长期股权投资［按"被合并方所有者权益账面价值×持股比例"］

　　应收股利［按"享有被投资企业已宣告但尚未发放的现金股利润"］

　　资本公积→盈余公积→未分配利润（依次冲减）［若为借方差额］

　　贷：有关资产或负债科目［按账面价值］

　　　　资本公积［若为贷方差额］

（2）以发行权益性证券作为合并对价的：

借：长期股权投资［按"被合并方所有者权益账面价值×持股比例"］

　　资本公积→盈余公积→未分配利润（依次冲减）［若为借方差额］

　　贷：股本［按股票面值总额］

　　　　资本公积［若为贷方差额］

提示　如果被合并方本身编制合并财务报表的，被合并方的账面所有者权益应当以其在最终控制方合并财务报表中的账面价值为基础确定。

2. 合并日合并财务报表的编制（见表21-1）

表21-1　　　　　　　　　　合并日合并财务报表的编制

| 合并资产负债表 | （1）被合并方的有关资产、负债应以其账面价值并入合并财务报表。合并方与被合并方在合并日及以前期间发生的交易，应作为内部交易进行抵销。<br>（2）在合并资产负债表中，对于被合并方在企业合并前实现的留存收益（盈余公积和未分配利润之和）中归属于合并方的部分，应按以下原则，自合并方的资本公积（资本溢价或股本溢价）转入盈余公积和未分配利润：<br>①确认企业合并形成的长期股权投资后，合并方账面资本公积（资本溢价或股本溢价）贷方余额大于被合并方在合并前实现的留存收益中归属于合并方的部分，在合并资产负债表中，应将被合并方在合并前实现的留存收益中归属于合并方的部分自资本公积转入盈余公积和未分配利润。在合并工作底稿中：<br>借：资本公积<br>　　贷：盈余公积<br>　　　　未分配利润<br>②确认企业合并形成的长期股权投资后，合并方账面资本公积（资本溢价或股本溢价）贷方余额小于被合并方在合并前实现的留存收益中归属于合并方的部分的，在合并资产负债表中，应以合并方资本公积（资本溢价或股本溢价）的贷方余额为限，将被合并方在企业合并前实现的留存收益中归属于合并方的部分自资本公积转入盈余公积和未分配利润。在合并工作底稿中：<br>借：资本公积<br>　　贷：盈余公积<br>　　　　未分配利润<br>因合并方的资本公积（资本溢价或股本溢价）余额不足，被合并方在合并前实现的留存收益中归属于合并方的部分在合并资产负债表中未予全额恢复的，合并方应当在报表附注中对这一情况进行说明 |
|---|---|

续表

| | |
|---|---|
| 合并利润表 | 合并利润表时，应当将被合并方自合并当期期初至报告期期末的收入、费用、利润纳入合并利润表，而不是从合并日开始纳入合并利润表，同时应当对比较报表的相关项目进行调整。发生同一控制下企业合并的当期，合并方在合并利润表中的净利润项下应单列其中；被合并方在合并前实现的净利润项目，反映合并当期期初至合并日自被合并方带入的损益 |
| 合并现金流量表 | 合并现金流量表。合并方在编制合并日现金流量表时，应当将被合并方自合并当期期初至报告期期末的现金流量纳入合并现金流量表，同时应当对比较报表的相关项目进行调整 |

（二）同一控制下的吸收合并的会计处理

这种情形下，被合并方已不复存在，合并方只需记录所付出的代价与所收到的对价即可。会计分录如下：

借：接收的被合并方的各种资产［被合并方的账面价值］

资本公积→盈余公积→未分配利润（依次冲减）［若为不利差额］

贷：接收的被合并方的各种负债［被合并方账面价值］

各种对价（如现金/非现金资产/负债/股本面值）［按其账面价值］

资本公积［若为有利差额］

## 二、例题点津

【例题1·单选题】2×23年3月10日，甲公司以发行自身普通股3 000万股（每股面值1元，每股公允价值5.2元）为对价自母公司处取得乙公司80%的股权。合并日，甲公司的资本公积为5 000万元。乙公司可辨认净资产在集团最终控制方的账面价值为10 000万元，其中股本为3 000万元、资本公积为1 000万元、盈余公积为2 000万元、未分配利润为4 000万元；乙公司可辨认净资产的公允价值为12 000万元。下列有关企业合并的表述中，不正确的是（　　）。

A. 该项合并为同一控制下的企业合并

B. 合并日长期股权投资的初始投资成本为8 000万元

C. 合并日甲公司个别报表确认资本公积5 000万元

D. 合并日甲公司确认商誉6 000万元

【答案】D

【解析】该项合并属于同一控制下的企业

合并。

合并时分录：

借：长期股权投资——乙公司
　　　　　　　　　　　　　　8 000

贷：股本　　　　　　　3 000

资本公积——股本溢价 5 000

故选项A、B、C正确；同一控制下的企业合并不会产生新的商誉，选项D错误。

【例题2·单选题】在同一控制下的企业合并下，关于合并报表编制的叙述中正确的是（　　）。

A. 企业合并形成母子公司关系的，母公司只需编制合并日的合并资产负债表、合并利润表

B. 合并资产负债表中被合并方的各项资产、负债，应当按其公允价值计量

C. 被合并方在合并前实现的净利润，只需在附注中进行披露

D. 合并利润表应当包括参与合并各方自合并当期期初至合并日所发生的收入、费用和利润

【答案】D

【解析】选项A，企业合并形成母子公司关系的，母公司应当编制合并日的合并资产负债表、合并利润表和合并现金流量表；选项B，合并资产负债表中被合并方的各项资产、负债，应当按其账面价值计量；选项C，被合并方在合并前实现的净利润，应当在合并利润表中单列项目反映。

【例题3·多选题】甲公司2×21年发生下列交易或事项：（1）以账面价值为18 200万元的土地使用权作为对价，取得同一集团内乙公司100%股权，合并日乙公司净资产在最终控制方合并报表中的账面价值为12 000万元；（2）为解决现金困难，控股股东代甲公司缴纳税款4 000万元；（3）为补助甲公司当期研发投入，

取得与收益相关的政府补助 6 000 万元；（4）控股股东将自身持有的甲公司 2% 股权赠与甲公司 10 名管理人员并立即行权。不考虑其他因素，与甲公司有关的交易或事项中，会引起其 2×21 年所有者权益中资本性项目发生变动的有（　　）。

A. 大股东代为缴纳税款

B. 取得与收益相关的政府补助

C. 控股股东对管理人员的股份赠与

D. 同一控制下企业合并取得乙公司股权

【答案】ACD

【解析】选项 B，取得与收益相关的政府补助，用于补偿以后期间发生的支出，应当在收到时计入递延收益，在以后期间分期摊销计入当期损益，不影响所有者权益中资本性项目的金额；选项 D，同一控制下企业合并，合并方付出的代价与收到的对价一律按照账面价值计算，差额计入股东权益。

## 2 非同一控制下企业合并的会计处理

### 一、考点解读

非同一控制下的企业合并，是指参与合并各方**在合并前后不受同一方或相同的多方**最终控制的合并交易。

非同一控制下的企业合并的基本处理原则**是购买法**。

1. 会计处理原则

（1）购买方对于企业合并成本与确认的被购买方可辨认净资产公允价值份额的差额，应视情况分别处理：

①企业合并成本**大于**合并中取得的被购买方可辨认净资产公允价值份额的差额，应确认为商誉。视企业合并方式不同，控股合并情况下，该差额是指合并财务报表中应列示的**商誉**；吸收合并情况下，该差额是购买方在其账簿及个别财务报表中应确认的商誉。

商誉在确认以后，持有期间不要求摊销，企业应当按照《企业会计准则第 8 号——资产减值》的规定对其进行减值测试，对于可收回金额低于账面价值的部分，计提减值准备。

②企业合并成本**小于**合并中取得的被购买方可辨认净资产公允价值份额的差额，应**计入合并当期损益**。

企业合并准则中要求该种情况下，要对合并中取得的资产、负债的公允价值、作为合并对价的非现金资产或发行的权益性证券等的公允价值进行复核，复核结果表明所确定的各项可辨认资产和负债的公允价值确定是恰当的，应将企业合并成本低于取得的被购买方可辨认净资产公允价值份额之间的差额，计入合并当期的营业外收入，并在财务报表附注中予以说明。

在吸收合并的情况下，上述企业合并成本小于合并中取得的被购买方可辨认净资产公允价值的差额，应计入合并当期购买方的个别利润表；在控股合并的情况下，上述差额应体现在合并当期的合并利润表中。

（2）在合并工作底稿中按照调整分录进行公允价值调整后，购买方所付出的代价（即"长期股权投资"项目）与所得到的对价（母公司享有的子公司净公允价值）已经全部陈列在合并工作底稿上，这样就可以进行抵销处理了。

对于非同一控制下的控股合并，母公司应当编制购买日的合并资产负债表，因企业合并取得的被购买方各项可辨认资产、负债及或有负债应当以公允价值列示。母公司的合并成本与取得的子公司可辨认净资产公允价值份额的差额，作为商誉或负商誉进行处理。

2. 非同一控制下的控股合并的会计处理

此情形下，在母公司（购买方）的个别财务报表中，控股合并是**作为长期股权投资核算**的。会计准则要求，购买方应当按照公允价值计量合并成本。在合并日，母公司需要在合并工作底稿中编制抵销分录。

若通过转让资产或承担负债的方式完成合并，则购买方在**购买日**确定合并成本的会计分录如下：

借：长期股权投资［按企业合并成本］

应收股利［按享有被投资企业已宣告但尚未发放的现金股利或利润］

管理费用［发生的直接相关费用］

营业外支出［付出代价的公允价值与账面价值的差额］

贷：作为代价的有关资产或负债科目［账面价值］

营业外收入［付出代价的公允价值与账面价值的差额］

若通过发行股票的方式完成合并，则购买方在购买日确定合并成本的会计分录如下：

借：长期股权投资［按所发行股票的公允价值］

贷：股本［按所发行股票的面值］

资本公积——股本溢价［按差额］

3. 非同一控制下的吸收合并的会计处理

这种情形下，被合并方已不复存在，合并方只需记录所付出的代价与所收到的对价即可，不存在合并财务报表的问题。也就是说，购买方编制会计分录，在自己的账簿和个别财务报表中确认商誉或负商誉。

购买方在购买日确定合并成本的会计分录如下：

借：长期股权投资［按企业合并成本］

营业外支出［付出代价的公允价值与账面价值的差额］

贷：作为对价的有关资产或负债科目［账面价值］

营业外收入［付出代价的公允价值与账面价值的差额］

购买方在购买日以公允价值接受被购买方的资产和负债，其会计分录如下：

借：取得的被购买方各项可辨认资产科目［按公允价值］

商誉（或贷：营业外收入）［按正商誉（或负商誉）］

贷：长期股权投资［按企业合并成本］

取得的被购买方各项可辨认负债及或有负债［按公允价值］

## 二、例题点津

【例题1·单选题】下列关于非同一控制下企业合并会计处理的表述中，错误的是（　　）。

A. 合并中发生的各项直接费用计入当期损益

B. 以实际取得对被购买方控制权的日期确定购买日

C. 合并财务报表中合并成本高于合并取得的可辨认净资产账面价值份额的差额作为商誉

D. 合并财务报表中合并成本低于合并取得的可辨认净资产公允价值份额的差额计入当期损益

【答案】C

【解析】合并财务报表中合并成本高于合并取得的可辨认净资产公允价值份额的差额作为商誉，选项C错误。

【例题2·判断题】非同一控制下的企业合并成本小于合并中取得的被购买方可辨认净资产公允价值的份额部分，在吸收合并和控股合并中，应体现在合并当期的合并利润表中。（　　）

【答案】×

【解析】在吸收合并的情况下，上述企业合并成本小于合并中取得的被购买方可辨认净资产公允价值份额的差额，应计入购买方的合并当期的个别利润表；在控股合并的情况下，上述差额应体现在合并当期的合并利润表中，不影响购买方的个别利润表。

【例题3·计算题】2×20年9月，甲公司与乙公司控股股东P公司签订协议，约定以发行甲公司股份为对价购买P公司持有的乙公司60%股权。协议同时约定：评估基准日为2×20年9月30日，以该基准日经评估的乙公司股权价值为基础，甲公司以每股9元的价格发行本公司股份作为对价。乙公司全部权益（100%）于2×20年9月30日的公允价值为18亿元，甲公司向P公司发行1.2亿股，交易完成后，P公司持有股份占甲公司全部发行在外普通股股份的8%。上述协议分别经交易各方内部决策机构批准并于2×20年12月20日经监管机构核准。

甲公司于2×20年12月31日向P公司发行1.2亿股，当日甲公司股票收盘价为每股9.5元（公允价值）；交易各方于当日办理了乙公司股权过户登记手续，甲公司对乙公司董事会进行改组。改组后乙公司董事会由7名董事组成，其中甲公司派出5名，对乙公司实施控制。当日，乙公司可辨认净资产公允价值为18.5亿元（有关可辨认资产、负债的公允价值与账面价值相同）。

该项交易中，甲公司以银行存款支付法律、评估等中介机构费用1 200万元。

要求：判断甲公司合并乙公司的类型，说明理由。如为同一控制下企业合并，计算确定该项交易中甲公司对乙公司长期股权投资的成本；如为非同一控制下企业合并，确定该项交易中甲公司的企业合并成本，计算应确认商誉的金额；编制甲公司取得乙公司60%股权的相关会计分录。

【答案】甲公司对乙公司的合并属于非同一控制下企业合并。

理由：甲公司与乙公司、P公司在本次重组交易前不存在关联关系。

甲公司对乙公司的企业合并成本 = 12 000 × 9.5 = 114 000（万元）

应确认商誉 = 114 000 − 185 000 × 60% = 3 000（万元）

借：长期股权投资　　　　114 000
　　贷：股本　　　　　　　　12 000
　　　　资本公积　　　　　102 000
借：管理费用　　　　　　　1 200
　　贷：银行存款　　　　　　1 200

# 第二单元　合并财务报表的编制

## 1 合并资产负债表的编制

### 一、考点解读

（一）合并财务报表编制程序

（1）编制合并工作的原则为：以**个别财务报表**为基础、一体性、重要性。

（2）前期准备事项包括：统一母子公司的**会计政策**；统一母子公司的**资产负债表日及会计期间**；对子公司以外币表示的财务报表进行**折算**；收集编制合并财务报表的相关资料。

（3）编制程序包括：设置合并工作底稿；过入数据；编制调整分录和抵销分录；计算合并财务报表各项目的合并数额；填列合并财务报表。

提示 母公司向子公司出售资产（顺流交易）所发生的未实现内部交易损益，应当全额抵销"归属于母公司所有者的净利润"；子公司向母公司出售资产（逆流交易）所发生的未实现内部交易损益，应当按照母公司对该子公司的分配比例在"归属于母公司所有者的净利润"和"少数股东损益"之间分配抵销；子公司之间出售资产所发生的未实现内部交易损益，应当按照母公司对出售方子公司的分配比例在"归属于母公司所有者的净利润"和"少数股东损益"之间分配抵销。因此，如果属于逆流交易，还需按照少数股东在未实现内部交易损益中所占份额（考虑所得税影响）抵销少数股东权益：

借：少数股东权益
　　贷：少数股东损益

（二）调整分录的编制

1. 对子公司的个别财务报表进行调整

（1）同一控制下企业合并中取得的子公司。对于属于**同一控制下**企业合并中取得的子公司的个别财务报表，如果不存在与母公司会计政策和会计期间不一致的情况，则**不需要对**该子公司的个别财务报表进行调整，只需要**抵销内部交易**对合并财务报表的影响即可。

（2）对于**非同一控制下**企业合并中取得的子公司，除应考虑会计政策及会计期间的差别，需要对子公司的个别财务报表进行调整外，还应当根据母公司在购买日设置的备查簿中**登记**的该子公司有关可辨认资产、负债及或有负债等的公允价值，对子公司的个别财务报表进行调整，使子公司的个别财务报表反映为在购买日公允价值基础上确定的可辨认资产、负债及或有负债等在本期资产负债表日应有的金额。

提示 需要进行两个调整：第一，调整购买日公允价值和账面价值的差额；第二，固定资产计提折旧的问题，合并前是按固定资产的账面价值为基础提取折旧，合并后要按照固定资产的公允价值为基础计提折旧，它们之间的差额需要调整。

2. 调整分录（假设购买日公允价值大于账面价值）

（1）第1年：

①将子公司的资产或负债账面价值调整为公允价值：

借：固定资产、无形资产、存货等
　　贷：资本公积（购买日资产公允价值 − 账面价值）

②调整子公司个别财务报表中的净利润：

借：管理费用（补提的折旧、摊销）
　　营业成本等（补计销售成本）
　　　贷：固定资产——累计折旧
　　　　　无形资产——累计摊销
　　　　　存货等

（2）以后年度：

①借：固定资产、无形资产、存货等
　　　贷：资本公积

②借：未分配利润——年初（至本期期初
　　　　对固定资产折旧额的累计调整额）
　　　管理费用
　　　贷：固定资产——累计折旧等

③借：未分配利润——年初（至年初累计
　　　　调整金额）
　　　营业成本等
　　　贷：存货等

3. 按照权益法调整对子公司的长期股权投资

将长期股权投资成本法核算的结果调整为权益法核算的结果。

（1）投资当年：

①调整被投资单位盈利（亏损相反）。

借：长期股权投资（调整后子公司当期的
　　净利润×母公司持股比例）
　　　贷：投资收益

②调整被投资单位分派现金股利。

借：投资收益
　　　贷：长期股权投资

③调整子公司除净损益以外所有者权益的其他变动。

借：长期股权投资
　　　贷：资本公积——本年
　　　　　其他综合收益——本年

（2）连续编制合并财务报表：

①调整以前年度被投资单位盈利。

借：长期股权投资
　　　贷：未分配利润——年初

②调整被投资单位以前年度分派现金股利。

借：未分配利润——年初
　　　贷：长期股权投资

③调整被投资单位当年分派现金股利。

借：投资收益
　　　贷：长期股权投资

④调整子公司除净损益以外所有者权益的其他变动。

借：长期股权投资
　　　贷：资本公积——年初、本年
　　　　　其他综合收益——年初、本年

**提示**　在合并工作底稿中，将对子公司的长期股权投资由成本法改为权益法，其调整分录与个别财务报表中成本法改为权益法的"追溯调整"思路一致。差别在于成本法改权益法，此处只调表不调账。此外，要综合考虑购买日子公司可辨认净资产公允价值与账面价值的差额和母子公司之间未实现内部交易损益（逆流交易）对权益法下长期股权投资和投资收益确认金额的影响。

## 二、例题点津

**【例题1·单选题】** 甲公司2×21年1月1日以银行存款2 000万元购入乙公司80%的有表决权股份，合并当日乙公司可辨认净资产公允价值（等于其账面价值）为2 200万元，甲公司与乙公司在合并前不存在关联方关系。2×21年5月6日乙公司宣告分派2×20年度利润200万元。2×21年度乙公司实现净利润400万元。不考虑其他因素影响，则甲公司在2×21年末编制合并财务报表调整分录时，长期股权投资按权益法调整后的余额为（　　）万元。

A. 2 000　　　　　　B. 2 360

C. 1 920　　　　　　D. 2 160

**【答案】** D

**【解析】** 2×21年度编制合并财务报表时，长期股权投资按权益法调整后的余额 = 2 000 - 200 × 80% + 400 × 80% = 2 160（万元）。

**【例题2·多选题】** 母公司在编制合并财务报表前，对子公司所采用会计政策与其不一致的情形进行的下列会计处理中正确的有（　　）。

A. 按照子公司的会计政策另行编报母公司的财务报表

B. 要求子公司按照母公司的会计政策另行编报子公司的财务报表

C. 按照母公司自身的会计政策对子公司财务报表进行必要的调整

D. 按照子公司的会计政策对母公司自身财务报表进行必要的调整

**【答案】** BC

【解析】编制财务报表前，应当尽可能地统一母公司和子公司的会计政策，统一要求子公司所采用的会计政策与母公司会计政策保持一致，选项B、C正确。

**【例题3·判断题】**子公司持有母公司的长期股权投资，应当视为企业集团的库存股。（    ）

**【答案】**√

**【解析】**合并财务报表准则规定，子公司持有母公司的长期股权投资，应当视为企业的库存股，作为所有者权益减项，在合并资产负债表中所有者权益项目下"减：库存股"项目列示。本题表述正确。

## 2  母公司对子公司长期股权投资与子公司所有者权益之间的抵销

### 一、考点解读

1. 母公司对子公司长期股权投资与子公司所有者权益的抵销

借：股本（子公司期末数）
　　资本公积（子公司经调整后的期末数）
　　盈余公积（子公司期末数）
　　未分配利润——年末（调整后子公司未分配利润的期末数）
　　商誉（长期股权投资的金额大于应享有子公司可辨认净资产公允价值份额的差额）
贷：长期股权投资（母公司对子公司的长期股权投资按权益法调整后的期末数）
　　少数股东权益（子公司可辨认净资产公允价值总额×少数股权比例）

提示（1）在非同一控制下的企业合并才出现"商誉"，如果母公司对子公司长期股权投资的金额小于子公司可辨认净资产公允价值份额的差额，当年贷记："营业外收入"，以后年度贷记："未分配利润——年初"。另外，考生可以通过单独计算出来的商誉来验证抵销分录是否正确。

（2）子公司持有母公司的长期股权投资，应当视为企业集团的库存股，作为所有者权益的减项，在合并资产负债表中所有者权益项目下以"减：库存股"项目列示；对于子公司持有母公司股权所确认的投资收益应当进行抵销处理；子公司将所持有的母公司股权以公允价值计量的，应同时冲销子公司累计确认的公允价值变动。子公司相互之间持有的长期股权投资，应当比照母公司对子公司的股权投资的方法，将长期股权投资与其对应的子公司所有者权益中所享有的份额相互抵销。

2. 母公司对子公司、子公司相互之间持有对方长期股权投资的投资收益的抵销

提示（1）年初未分配利润＋本年实现利润＝本年利润分配＋年末未分配利润

（2）年初未分配利润＋（母公司投资收益＋少数股东损益）＝［提取盈余公积＋对所有者（或股东）的分配］＋年末未分配利润

借：投资收益（子公司的净利润×母公司持股比例）
　　少数股东损益（子公司的净利润×少数股东持股比例）
　　未分配利润——年初（子公司年初未分配利润）
贷：提取盈余公积（子公司本期提取的盈余公积）
　　对所有者（或股东）分配（子公司利润分配数）
　　未分配利润——年末（子公司年末未分配利润）

### 二、例题点津

**【例题1·单选题】**甲公司是乙公司的母公司，持有乙公司80%有表决权的股份。合并日，乙公司各项可辨认资产、负债的账面价值与公允价值均相等。2×23年12月31日，甲公司合并资产负债表中少数股东权益项目的金额为1 050万元，2×23年乙公司发生净亏损6 500万元，其他综合收益增加1 000万元，不存在需调整的内部交易未实现损益。不考虑其他因素，2×23年12月3日，甲公司合并资产负债表中少数股东权益项目列报的金额是（    ）万元。

A. 0  　　　　　　　　B. −50
C. 450  　　　　　　　D. −250

**【答案】**B

**【解析】**2×23年12月31日，甲公司合并

资产负债表中少数股东权益项目列报的金额 = $1\,050 - 6\,500 \times (1 - 80\%) + 1\,000 \times (1 - 80\%) = -50$（万元），选项 B 正确。

**【例题 2·多选题】**甲公司 $2 \times 21$ 年 1 月 1 日购入乙公司 80% 股权，能够对乙公司的财务和经营决策实施控制。除乙公司外，甲公司无其他子公司。$2 \times 21$ 年度，乙公司按照购买日可辨认净资产公允价值为基础持续计算实现的净利润为 5 000 万元，无其他所有者权益变动。$2 \times 21$ 年末，甲公司合并财务报表中少数股东权益为 1 800 万元。$2 \times 22$ 年度，乙公司按购买日可辨认净资产公允价值为基础计算的净亏损为 11 000 万元，无其他所有者权益变动。$2 \times 22$ 年末，甲公司个别财务报表中所有者权益总额为 20 000 万元。下列各项关于甲公司 $2 \times 21$ 年度和 $2 \times 22$ 年度合并财务报表列报的表述中，正确的有（　　）。

A. $2 \times 21$ 年度少数股东损益为 1 000 万元

B. $2 \times 22$ 年 12 月 31 日少数股东权益为 0

C. $2 \times 22$ 年 12 月 31 日股东权益总额 14 800 万元

D. $2 \times 22$ 年 12 月 31 日归属于母公司的股东权益为 15 200 万元

**【答案】**ACD

**【解析】**选项 A，$2 \times 21$ 年少数股东损益 = $5\,000 \times 20\% = 1\,000$（万元）；选项 B，$2 \times 22$ 年少数股东权益 = $1\,800 - 11\,000 \times 20\% = -400$（万元）；选项 C，$2 \times 22$ 年 12 月 31 日股东权益总额 = $-400 + 15\,200 = 14\,800$（万元）；选项 D，$2 \times 22$ 年 12 月 31 日归属于母公司的股东权益 = $20\,000 + (5\,000 - 11\,000) \times 80\% = 15\,200$（万元）。

**【例题 3·判断题】**合并财务报表中，少数股东权益项目的列报金额不能为负数。（　　）

**【答案】**×

**【解析】**在合并财务报表中少数股东权益可以出现负数。

## 3 内部债权和债务的抵销

### 一、考点解读

基本抵销分录：

借：债务类项目

　　贷：债权类项目

1. 内部应收账款与应付账款的抵销处理

（1）初次编制合并财务报表时的抵销处理。

①借：应付账款

　　　贷：应收账款

②借：应收账款——坏账准备

　　　贷：信用减值损失

**提示** 在做坏账准备的抵销处理时，分录中一定要写"应收账款——坏账准备"，不可以直接写"坏账准备"，因为报表中没有"坏账准备"项目，只能通过调整"应收账款"项目来反映和实现。

③借：所得税费用

　　　贷：递延所得税资产

**提示** 在债权人个别财务报表中，由于坏账准备的计提使得应收账款的账面价值小于其计税基础，产生可抵扣暂时性差异，确认递延所得税资产；在合并财务报表中，抵销应收账款和坏账准备时，相应抵销递延所得税资产。

（2）连续编制合并财务报表时的抵销处理。

①借：应付账款

　　　贷：应收账款（期末账面余额）

②借：应收账款——坏账准备（期初累计计提的）

　　　贷：未分配利润——年初

③借：应收账款——坏账准备（本期补提的）

　　　贷：信用减值损失

或：借：信用减值损失（本期冲减的）

　　　　贷：应收账款——坏账准备

**提示** 债权计提坏账准备的抵销原则：先抵销期初数，再抵销期初数和期末数的差额。

④借：未分配利润——年初

　　　贷：递延所得税资产

⑤借：所得税费用

　　　贷：递延所得税资产（本期冲减坏账准备的，在借方）

2. 债权投资与应付债券的抵销

借：应付债券（期末摊余成本）

　　投资收益（借方差额）

　　贷：债权投资（期末摊余成本）

　　　　财务费用（贷方差额）

## 二、例题点津

**【例题1·多选题】** 甲公司为乙公司的母公司，且均为增值税一般纳税人，销售商品适用的增值税税率为13%，所得税税率为25%，所得税均采用资产负债表债务法核算。2×21年末，甲公司应收乙公司账款为200万元，坏账准备计提比例为2%，则甲公司编制2×21年度合并财务报表工作底稿时应编制的抵销分录有（　　）。

A. 借：应付账款　　　　　　200
　　贷：应收账款　　　　　　　　200
B. 借：应收账款——坏账准备　4
　　贷：信用减值损失　　　　　　4
C. 借：递延所得税资产　　　　1
　　贷：所得税费用　　　　　　　1
D. 借：所得税费用　　　　　　1
　　贷：递延所得税资产　　　　　1

**【答案】** ABD

**【解析】** 对于内部债权债务，子公司个别报表中计提了坏账准备，确认递延所得税资产，合并报表中需要将其抵销，因此选项C错误。

### 4 内部商品交易的抵销

#### 一、考点解读

**1. 当期内部购进商品的抵销处理**

（1）假设全部实现对外销售，那么要完全抵销当期内部存货销售收入。

借：营业收入（内部收入）
　　贷：营业成本（内部成本）

（2）未完全实现对外销售，形成了期末存货，那么要抵销期末存货的未实现内部损益。

借：营业成本
　　贷：存货（期末存货中未实现内部销售利润）

**提示** 期末抵销存货价值中包含的未实现内部销售利润时，如果各批存货的毛利率不等，则还应考虑发出存货的计价方法（如先进先出法等）。

（3）当期存货跌价准备抵销。

借：存货——存货跌价准备
　　贷：资产减值损失

**提示** 存货跌价准备的抵销应从合并主体的角度判断存货跌价准备的计提与否。如果计提的存货跌价准备小于内部未实现利润，则计提的存货跌价准备据实抵销；如果高于内部未实现利润的，则只能抵销相当于未实现内部销售利润的数额，即以未实现内部销售利润为限进行抵销。

（4）所得税影响。

借：所得税费用
　　贷：递延所得税资产

**提示** 所得税影响的金额可以简化为：抵销分录中存货贷方发生额与借方发生额的差额乘以所得税税率。

**2. 连续编制合并财务报表时的抵销处理**

（1）未实现内部销售损益抵销。

①借：未分配利润——年初（假定本期对外售出）
　　贷：营业成本

②借：营业收入（假定本期全部对外售出）
　　贷：营业成本

③借：营业成本
　　贷：存货（包含的未实现内部销售利润）

（2）存货跌价准备的抵销。

①借：存货——存货跌价准备
　　贷：未分配利润——年初

②借：营业成本（因销售结转跌价准备的调整）
　　贷：存货——存货跌价准备

③借：存货——存货跌价准备
　　贷：资产减值损失

或：借：资产减值损失
　　　贷：存货——存货跌价准备

（3）所得税影响。

递延所得税资产的期末余额 = 期末存货中未实现内部销售利润 × 所得税税率

将其和期初数比较，得出本期应确认或转回的递延所得税资产。

①借：递延所得税资产
　　贷：未分配利润——年初

②借：所得税费用
　　贷：递延所得税资产

## 二、例题点津

【例题 1·单选题】2×21 年 10 月 12 日，甲公司向其子公司乙公司销售一批商品，不含增值税的销售价格为 1 000 万元，增值税税额为 160 万元，款项尚未收到；该批商品成本为 600 万元（未计提存货跌价准备），至当年 12 月 31 日，乙公司已将该批商品对外销售 80%，不考虑其他因素，甲公司在编制 2×21 年 12 月 31 日合并资产负债表时，"存货"项目应抵销的金额为（　　）万元。

A. 480　　　　　　B. 80

C. 400　　　　　　D. 320

【答案】B

【解析】甲公司在编制 2×21 年 12 月 31 日合并资产负债表时，"存货"项目应抵销的金额为未实现的内部销售损益，即抵销的金额 =（1 000 - 600）×（1 - 80%）= 80（万元）。

【例题 2·判断题】母公司编制合并报表时，应将非全资子公司向其出售资产所发生的未实现内部交易损益全额抵销归属于母公司所有者的净利润。（　　）

【答案】×

【解析】子公司向母公司出售资产，属于递流交易，编制合并财务报表时，合并报表逆流交易的未实现内部交易损益应按照母公司持股比例抵减归属于母公司所有者的净利润。

【例题 3·判断题】无论是顺流交易还是递流交易，都应在合并报表中调整少数股东损益和少数股东权益。（　　）

【答案】×

【解析】逆流交易影响子公司个别报表中的净利润，合并报表成本法改为权益法计算的子公司按购买日（或合并日）公允价值为基础持续计算的净利润中含有这部分未实现的净利润，即母公司投资收益与子公司利润分配抵销分录中所反映的少数股东损益是含有子公司未实现利润的，但从合并报表角度不能确认这部分未实现的利润，所以在合并报表中要调整少数股东损益和少数股东权益。顺流交易未实现净利润与少数股东投资者无关，因此不会调整少数股东损益和少数股东权益。

## 5 内部固定资产交易的抵销

### 一、考点解读

1. 当期内部交易的固定资产的抵销处理

(1) 将本期购入的固定资产原价中**未实现**的内部销售利润抵销。

①借：营业收入（本期内部固定资产交易产生的收入）

　　贷：营业成本（本期内部固定资产交易产生的销售成本）

　　　　固定资产——原价（本期购入的固定资产原价中未实现内部销售利润）

②一方的固定资产，另一方购入后仍作为固定资产：

借：资产处置收益

　　贷：固定资产——原价

(2) 将本期多提折旧抵销。

借：固定资产——累计折旧（本期多提折旧）

　　贷：管理费用等

(3) 所得税影响。

借：递延所得税资产

　　贷：所得税费用

提示 (1) 对于涉及的增值税是不能抵销的，题目中若是给出了含税（增值税）金额，一定要注意转换为不含税金额；

(2) 在内部交易购进资产过程中发生的运杂费和安装费等是不能抵销的；

(3) 对于内部交易形成的资产：当月增加的固定资产，当月不提折旧；当月增加的无形资产，当月开始摊销；

(4) 递延所得税的金额可以简化为抵销分录中的固定资产项目贷方发生额减去借方发生额的差额乘以所得税税率。

2. 连续编制合并财务报表时的抵销处理

(1) 借：未分配利润——年初

　　　　贷：固定资产——原价（期初固定资产原价中未实现内部销售利润）

(2) 借：固定资产——累计折旧（期初累计多提折旧）

　　　　贷：未分配利润——年初

（3）借：固定资产——累计折旧（本期多提折旧）
　　　　贷：管理费用等
（4）借：递延所得税资产
　　　　贷：未分配利润——年初
（5）借：所得税费用
　　　　贷：递延所得税资产

## 二、例题点津

【例题1·单选题】2×22年3月，母公司以1 000万元的价格（不含增值税）将其生产的设备销售给其全资子公司作为管理用固定资产核算，款项已收到。母公司该设备的生产成本为600万元，未计提存货跌价准备。子公司购入该设备后立即投入使用，并对其采用年限平均法计提折旧，该设备预计使用年限为10年，预计净残值为零。假定不考虑所得税等其他因素影响，则编制2×22年合并财务报表时，因该设备相关的未实现内部销售利润的抵销而影响合并净利润的金额为（　　）万元。

A. 30　　B. 370　　C. 400　　D. 360

【答案】B

【解析】因该项设备相关的未实现内部销售利润的抵销影响2×22年合并净利润的金额=（1 000－600）－（1 000－600）/10×9/12=370（万元）。

## 6 合并现金流量表的编制

### 一、考点解读

提示　站在集团角度，现金流入必须是由集团外部流到集团内部；现金流出也必须是由集团内部流到集团外部。现金流量表抵销的原则是：

借：现金流出项目
　　贷：现金流入项目

编制合并现金流量表时需要进行抵销处理的项目，主要有：

（1）母公司与子公司、子公司相互之间当期以现金投资或收购股权增加的投资所产生的现金流量；

（2）母公司与子公司、子公司相互之间当期取得投资收益收到的现金与分配股利、利润或偿付利息支付的现金；

（3）母公司与子公司、子公司相互之间以现金结算债权与债务所产生的现金流量；

（4）母公司与子公司、子公司相互之间当期销售商品所产生的现金流量；

（5）母公司与子公司、子公司相互之间处置固定资产、无形资产和其他长期资产收回的现金净额与购建固定资产、无形资产和其他长期资产支付的现金等。

### 二、例题点津

【例题1·单选题】2×21年12月5日，甲公司向其子公司乙公司销售一批商品，不含增值税的销售价格为2 000万元，增值税税额为320万元，款项已收存银行；该批商品成本为1 600万元，不考虑其他因素，甲公司在编制2×21年度合并现金流量表时，"销售商品、提供劳务收到的现金"项目应抵销的金额为（　　）万元。

A. 1 600　　B. 1 940
C. 2 000　　D. 2 320

【答案】D

【解析】甲公司在编制2×21年度合并现金流量表时，"销售商品、提供劳务收到的现金"项目应抵销的金额为内部交易发生的现金流量，金额=2 000+320=2 320（万元）。

【例题2·多选题】下列属于母子公司合并现金流量表应抵销的项目有（　　）。

A. 母公司与子公司、子公司相互之间当期销售商品所产生的现金流量

B. 当期取得投资收益收到的现金与分配现金股利支付的现金

C. 以现金结算债权与债务产生的现金流量

D. 企业集团内部处置固定资产收回的现金与购建固定资产支付的现金

【答案】ABCD

【解析】四个选项都属于。

## 7 合并现金流量表中有关少数股东权益项目的反映

### 一、考点解读

对于子公司与少数股东之间发生的现金流入和现金流出，从整个企业集团来看，也影响到其整体的现金流入和流出数量的增减变动，必须在

合并现金流量表中予以反映。

（1）对于子公司的少数股东增加在子公司中的权益性资本投资，在合并现金流量表中应当在"筹资活动产生的现金流量"之下的"吸收投资收到的现金"项目下设置"其中：子公司吸收少数股东投资收到的现金"项目反映。

（2）对于子公司向少数股东支付现金股利或利润，在合并现金流量表中应当在"筹资活动产生的现金流量"之下的"分配股利、利润或偿付利息支付的现金"项目下单设"其中：子公司支付给少数股东的股利、利润"项目反映。

（3）对于子公司的少数股东依法抽回在子公司中的权益性投资，在合并现金流量表应当在"筹资活动产生的现金流量"之下的"支付其他与筹资活动有关的现金"项目反映。

## 二、例题点津

**【例题1·单选题】**下列各项目中，在合并现金流量表中不反映的是（　　）。

A. 子公司吸收少数股东投资收到的现金

B. 子公司向其少数股东支付的现金股利

C. 子公司吸收母公司投资收到的现金

D. 子公司依法减资向少数股东支付的现金

**【答案】**C

**【解析】**子公司与少数股东之间发生的现金流入和现金流出，从整个企业集团来看，也影响到其整体的现金流入和现金流出数量的增减变动，必须在合并现金流量表中予以列示。子公司吸收母公司投资收到的现金属于集团内部现金流入和现金流出，在合并现金流量表中不反映，选项C正确。

**【例题2·单选题】**甲公司持有乙公司60%有表决权的股份，能对乙公司实施控制。2×22年度，甲公司收到乙公司发放的现金股利48万元，甲公司个别现金流量表中"取得投资收益收到的现金"项目的列报金额为300万元，乙公司个别现金流量表中"取得投资收益收到的现金"项目的列报金额为90万元。不考虑其他因素，甲公司2×22年度合并现金流量表中"取得投资收益收到的现金"项目的列报金额为（　　）万元。

A. 306　　　　　　　　B. 342

C. 354　　　　　　　　D. 390

**【答案】**B

**【解析】**母公司编制合并现金流量表时，与子公司之间产生的现金流量应当抵销。本题中"甲公司收到乙公司发放现金股利48万元"应抵销，甲公司2×22年度合并现金流量表中"取得投资收益收到的现金"项目的列报金额 = 300 + 90 - 48 = 342（万元）。

# 本章考点巩固练习题

## 一、单项选择题

1. 下列关于同一控制下的企业合并的说法中正确的是（　　）。

A. 参与合并的企业在合并前后均受同一方或相同的多方最终控制且该控制是暂时性的

B. 受同一方或相同的多方最终控制一般为1年以上（含1年）

C. 因为国企同受国家控制，所以国企之间的合并均为同一控制下企业合并

D. 同一控制下企业合并的过程中会产生新的商誉

2. 甲、乙公司均为丙公司出资设立的子公司。甲公司以银行存款300万元及一项账面价值590万元、公允价值600万元的无形资产为对价，自丙公司处取得乙公司80%的股权，能够对乙公司实施控制，另以银行存款50万元支付与合并相关的审计费。合并当日，乙公司在最终控制方合并财务报表中的净资产账面价值为1 200万元。不考虑其他因素，下列关于甲公司该股权投资在个别报表的会计处理正确的是（　　）。

A. 确认资产处置损益10万元

B. 确认管理费用50万元

C. 确认盈余公积70万元

D. 长期股权投资的入账价值为890万元

3. 下列关于非同一控制下的企业合并的说法中正确的是（　　）。

A. 购买方在购买日应当按照合并中取得的被购买方各项可辨认资产、负债的账面价值确定其入账价值

B. 企业合并成本与取得被购买方可辨认净资产公允价值的差额，应确认为商誉

C. 对于所有非同一控制下的企业合并，编表方应当在母公司资产负债表中确认商誉

D. 对于控股合并，企业合并成本小于合并中取得的被购买方可辨认净资产公允价值份额的差额，在购买日合并资产负债表中调整盈余公积和未分配利润

4. 甲公司于2×22年1月1日投资500万元购入乙公司80%股权，能够对其实施控制，当日乙公司可辨认净资产公允价值为500万元，账面价值400万元，其差额是由一项无形资产导致的。合并前甲、乙公司没有关联方关系，不考虑其他因素，购买日甲公司合并财务报表应确认的商誉金额为（　　）万元。

A. 100　　　　　　　B. 180

C. 200　　　　　　　D. 0

5. A公司为一家规模较小的上市公司，B公司为某大型未上市的企业。为实现资源的优化配置，A公司2×19年1月1日向B公司原股东向增发1 500万股本企业普通股以取得B公司全部的2 000万股普通股。当日，A公司每股股票的公允价值为20元，B公司每股股票的公允价值为15元。合并前，A公司和B公司的股本金额分别为500万元和2 000万元。假定不考虑其他因素，该项业务中购买方合并成本为（　　）万元。

A. 16 000　　　　　　B. 24 998.38

C. 30 000　　　　　　D. 10 000

6. 甲公司是乙公司的母公司，2×23年10月1日，乙公司将一批成本为200万元的库存商品以300万元的价格出售给甲公司，甲公司当年对外售出该库存商品的40%。2×23年12月31日，甲、乙公司个别资产负债表中存货项目的列报金额分别为2 000万元、1 000万元。不考虑其他因素，2×23年12月31日，甲公司合并资产负债表中存货项目的列报金额是（　　）万元。

A. 2 900　　　　　　B. 3 000

C. 2 960　　　　　　D. 2 940

7. 甲公司拥有乙和丙两家子公司，2×22年6月15日，乙公司将其产品以市场价格销售给丙公司，售价为800万元，销售成本为680万元。丙公司购入后作为管理用固定资产并于当月投入使用。预计尚可使用10年，采用年限平均法计提折旧，预计净残值为零。假定不考虑增值税和所得税的影响，甲公司在编制2×22年合并资产负债表时，应调减"未分配利润"项目年末金额为（　　）万元。

A. 120　　　　　　　B. 680

C. 126　　　　　　　D. 114

8. 甲公司拥有乙公司80%的有表决权股份，能够控制乙公司财务和经营决策。2×21年6月1日，甲公司将本公司生产的一批产品出售给乙公司，售价为1 000万元，成本为800万元。至2×21年12月31日，乙公司已对外售出该批存货的80%。不考虑其他因素，则2×21年合并财务报表中因乙公司对外出售该批存货应确认的营业成本为（　　）万元。

A. 640　　　　　　　B. 160

C. 800　　　　　　　D. 200

9. 甲公司2×21年1月1日从集团外部取得乙公司80%股份，能够对乙公司实施控制。2×21年甲公司实现净利润2 000万元；乙公司实现净利润为600万元，按购买日公允价值持续计算的净利润为580万元。2×21年12月31日乙公司结存的从甲公司购入的资产未实现内部销售净利润为60万元，2×21年12月31日甲公司结存的从乙公司购入的资产未实现内部销售净利润为80万元。2×21年甲公司合并利润中应确认的归属于母公司的净利润为（　　）万元。

A. 2 600　　　　　　B. 2 440

C. 2 340　　　　　　D. 2 352

10. B公司为A公司的全资子公司，且A公司无其他子公司，B公司2×21年实现净利润500万元，提取盈余公积50万元，宣告分配现金股利150万元，2×21年A公司个别利润表中确认投资收益470万元，不考虑其他因素，2×21年A公司合并利润表中"投资收益"项目应列示的金额是（　　）万元。

A. 320　　　　　　　B. 630

C. 500　　　　　　　D. 480

11. 乙公司作为甲公司的非全资子公司。不考虑其他因素，下列各项交易或事项中，影响甲公司合并资产负债表中少数股东权益项目的是（　　）。

A. 甲公司将一批成本为 50 万元的存货以 80 万元的价格出售给乙公司，至年末乙公司尚未对外出售

B. 甲公司对一笔应收乙公司款项计提 20 万元的信用减值损失

C. 甲公司将一批成本为 60 万元的存货出售给乙公司，至年末乙公司对外出售 60%

D. 乙公司将一项账面价值为 200 万元的固定资产以 300 万元的价格出售给甲公司，甲公司作为管理用固定资产核算

12. 甲公司通过发行自身 1 000 万股股票取得乙公司 80% 的股权。股票当日收盘价为每股 8 元，每股面值 1 元。当日乙公司可辨认净资产公允价值 9 000 万元，账面价值 8 000 万元。甲公司和乙公司在此项交易前不存在关联关系。甲公司在合并财务报表中应确认的商誉是（　　）万元。

A. 800　　　　　　　B. 1 600

C. 1 000　　　　　　D. 0

13. 关于财务报表项目金额间的相互抵销，下列项目表述中错误的是（　　）。

A. 一组类似交易形成的利得和损失以净额列示，不属于抵销

B. 资产或负债项目按扣除备抵项目后的净额列示，不属于抵销

C. 非日常活动产生的损益应当以同一交易或一组类似交易形成的收入扣减费用后的净额列示，不属于抵销

D. 甲公司可以将应收乙公司账款与应付丙公司账款按差额列示资产或负债

14. 甲公司为乙公司的母公司。2×21 年 12 月 3 日，甲公司向乙公司销售一批商品，增值税专用发票上注明的销售价款为 800 万元，增值税税额为 104 万元，已收 200 万元，其余至 2×21 年末尚未收回；该批商品成本为 600 万元。假定不考虑其他因素，甲公司在编制 2×21 年度合并现金流量表时，"销售

商品、提供劳务收到的现金"项目应抵销的金额是（　　）万元。

A. 200　　　　　　　B. 800

C. 914　　　　　　　D. 600

15. 甲公司 2×22 年 1 月 1 日从集团外部取得乙公司 80% 股份，能够对乙公司实施控制。2×22 年乙公司实现净利润为 500 万元，按购买日公允价值持续计算的净利润为 400 万元。2×22 年 12 月 31 日，甲公司结存的从乙公司购入的资产中包含的未实现内部销售利润为 50 万元。不考虑其他因素，2×22 年甲公司合并利润表中应确认的少数股东损益为（　　）万元。

A. 80　　　　　　　B. 90

C. 70　　　　　　　D. 100

## 二、多项选择题

1. 下列关于企业合并会计处理的表述中，不正确的有（　　）。

A. 同一控制下企业合并中需确认被合并方原有的商誉

B. 同一控制下企业合并中需要确认新的商誉

C. 非同一控制下企业合并中发生的合并费用应全部计入合并成本

D. 非同一控制下企业合并通过多次交易分步实现的合并成本应为每一单项交易成本之和

2. 下列有关商誉的表述中，正确的有（　　）。

A. 非同一控制下的控股合并中，购买方个别财务报表不确认商誉，但合并财务报表中可能产生商誉

B. 同一控制下的企业合并中，合并对价的账面价值大于取得被合并方账面净资产的份额部分，合并方应当确认为商誉

C. 非同一控制下的吸收合并中，企业合并成本大于被合并方可辨认净资产公允价值份额的部分，购买方应当确认为商誉

D. 企业合并所形成的商誉，至少应当于每年年度终了进行减值测试

3. 同一控制下的企业合并在编制合并日合并财务报表时，下列做法正确的有（　　）。

A. 被合并方的有关资产、负债应按其自身财务报表中的账面价值并入合并财务报表

B. 合并利润表应包含合并方及被合并方自设

立以来至合并日实现的净利润

C. 合并现金流量表应包含合并方及被合并方自合并当期期初至合并日产生的现金流量

D. 合并双方在合并当期发生的交易，应当按照合并财务报表的有关原则进行抵销

4. 2×22 年 12 月 1 日，甲公司以 7 000 万元取得非关联方乙公司 60% 的股权，能够对乙公司实施控制，当日乙公司可辨认净资产公允价值为 9 000 万元。2×23 年 12 月 31 日，甲公司又以公允价值为 2 000 万元的固定资产作为对价（该固定资产原值 1 800 万元，已计提折旧 200 万元），自乙公司少数股东取得乙公司 15% 股权，自购买日至 2×23 年 12 月 31 日，乙公司实现净利润经调整后的金额为 1 000 万元，无其他所有者权益变动事项。不考虑所得税及其他因素，下列会计处理中正确的有（　　）。

A. 甲公司在个别报表中应确认资产处置收益 400 万元

B. 甲公司合并资产负债表中应确认商誉的金额为 1 500 万元

C. 甲公司个别报表中长期股权投资为 9 000 万元

D. 合并报表中应减少资本公积 500 万元

5. 编制合并财务报表，应当遵循的原则包括（　　）。

A. 一体性原则

B. 重要性原则

C. 谨慎性原则

D. 以个别财务报表为基础编制

6. 相对于个别财务报表，下列各项中，仅属于企业合并财务报表项目的有（　　）。

A. 投资收益　　　　B. 少数股东损益

C. 债权投资　　　　D. 少数股东权益

7. 长江公司系甲公司的母公司，2×22 年 3 月 30 日，长江公司向甲公司销售一件产品，销售价格为 1 000 万元，增值税税额为 130 万元，账面价值为 800 万元，相关款项已收存银行。甲公司将购入的该产品作为管理用固定资产核算（增值税进项税额可抵扣），并于当日投入使用，预计使用寿命为 10 年，预计净残值为零，采用年限平均法计提折旧。不考虑其他因素，长江公司编制 2×22 年合并

财务报表时，对于该项内部交易的抵销分录处理正确的有（　　）。

A. 抵销营业收入 1 000 万元

B. 抵销管理费用 15 万元

C. 抵销固定资产 185 万元

D. 抵销营业成本 800 万元

8. 同一控制下企业合并在编制合并报表时，由于一体化存续原则影响的报表项目有（　　）。

A. 长期股权投资　　B. 资本公积

C. 盈余公积　　　　D. 未分配利润

9. 下列各项中，企业编制合并财务报表时，需要进行抵销处理的有（　　）。

A. 母公司和子公司之间的债权与债务

B. 母公司应收子公司货款计提的坏账准备

C. 子公司向母公司销售商品价款中包含的未实现内部销售利润

D. 母公司对子公司长期股权投资与其对应的子公司所有者权益中所享有的份额

## 三、判断题

1. 因购买少数股权而新取得的长期股权投资的成本，低于其按照新增持股比例计算应享有子公司自购买日开始持续计算的净资产的份额的，其差额应调整合并财务报表中的资本公积。（　　）

2. 企业合并过程中，为进行企业合并而支付的审计费用、评估费用、法律服务费用等，应当于发生时计入长期股权投资成本。（　　）

3. 在非同一控制下的控股合并中，购买方应将合并成本大于合并中取得的被购买方可辨认净资产公允价值份额的差额，在购买方合并财务报表中确认为商誉。（　　）

4. 虽然本期期末无内部应收账款，但在合并报表编制时也可能存在内部应收账款计提坏账准备抵销的问题。（　　）

5. 对于属于非同一控制下企业合并中取得的子公司的个别财务报表，如果不存在与母公司会计政策和会计期间不一致的情况，则不需要对该子公司的个别财务报表进行调整，只需要抵销内部交易对合并财务报表的影响即可。（　　）

6. 在合并财务报表中，子公司少数股东分担的当期亏损超过了少数股东在该子公司期初所

有者权益中所享有的份额的（即发生超额亏损），应以少数股东权益金额为限确认少数股东承担的金额，不应当冲减少数股东权益，少数股东权益不可以为负数。（ ）

7. 合并财务报表只抵销母子公司之间的内部交易，不涉及子公司相互之间发生的内部交易。（ ）

8. 母公司在报告期内处置子公司时，该子公司从期初到处置日的收入和费用不应纳入母公司的合并利润表。（ ）

9. 合并财务报表是以个别报表为基础编制的。（ ）

10. 子公司持有母公司的长期股权投资，在合并财务报表中应抵销子公司长期股权投资与母公司所有者权益。（ ）

11. 对于子公司的少数股东依法抽回在子公司中的权益性投资，在合并现金流量表中应当在"筹资活动产生的现金流量"之下的"支付其他与筹资活动有关的现金"项目反映。（ ）

12. 子公司少数股东以货币资金对子公司增加权益性投资，母公司在合并现金流量表中应将该现金流入分类为投资性活动产生的现金流量。（ ）

## 四、计算分析题

1. 甲公司 2×23 年度有关交易或事项如下：
甲公司 2×23 年 1 月 1 日发行 1 000 万股普通股（每股面值 1 元，市价 8 元），从其母公司处购入乙公司 60% 股权，并于当日对乙公司实施控制。股权转让协议约定，如果乙公司 2×23 年度经审计的净利润高于 2 000 万元，甲公司需另外向母公司支付乙公司实现的净利润与 2 000 万元的差额。2×23 年 1 月 1 日，甲公司估计乙公司 2×23 年度预计能实现净利润 2 100 万元。甲公司以银行存款支付发行股票的佣金 50 万元，及企业合并相关的法律咨询费 30 万元。

2×23 年 1 月 1 日，乙公司在最终控制方合并财务报表中的所有者权益的账面价值为 9 000 万元，其中，股本 2 400 万元，资本公积 3 500 万元，盈余公积 1 500 万元，未分配利润 1 600 万元。

2×22 年 12 月 31 日，甲公司的资本公积（股本溢价）的余额为 3 000 万元。不考虑税费及其他因素。

**要求：**

（1）计算甲公司购入乙公司的合并成本。

（2）编制 2×23 年 1 月 1 日甲公司个别财务报表中对乙公司投资的会计分录。

（3）编制 2×23 年 1 月 1 日甲公司合并财务报表中的调整抵销分录。

2. 2×21 年度甲公司与长期股权投资、合并财务报表有关的资料如下：

资料一：1 月 1 日，甲公司以 36 000 万元的银行存款作为对价取得了乙公司 70% 有表决权的股份。乙公司股东变更登记手续及董事会改选工作已于当日完成。交易前，甲公司与乙公司不存在关联方关系且不持有乙公司任何股份；交易后，甲公司能够对乙公司实施控制并将持有的乙公司股份作为长期股权投资核算，当日，乙公司可辨认净资产的公允价值和账面价值均为 50 000 万元，其中股本 25 000 万元，资本公积 12 000 万元，盈余公积 5 000 万元，未分配利润 8 000 万元。

资料二：12 月 1 日，甲公司向乙公司销售 A 产品一台，销售价格为 6 000 万元，销售成本为 4 800 万元；乙公司当日收到后作为管理用固定资产并于当月投入使用，该固定资产预计使用年限为 5 年，预计净残值为零，采用年限平均法计提折旧，12 月 31 日，甲公司尚未收到上述款项，对其计提坏账准备 180 万元；乙公司未对该固定资产计提减值准备。

资料三：2×21 年度，乙公司实现的净利润为零，未进行利润分配，所有者权益无变化。

其他相关资料：

（1）甲、乙、丙公司均以公历年度作为会计年度，采用相同的会计政策。

（2）假定不考虑增值税、所得税及其他因素。（不要求编制与合并现金流量表相关的抵销分录）

**要求：**

（1）编制甲公司取得乙公司股份的会计分录。

（2）计算甲公司在 2×21 年 1 月 1 日编制合并财务报表时应确认的商誉。

（3）逐笔编制甲公司 2×21 年度合并财务报

表相关的抵销分录（不要求编制与合并现金流量表相关的抵销分录）。

3. 2×22年至2×23年，甲公司对乙公司进行股权投资的相关交易或事项如下：

资料一：2×22年1月1日，甲公司以银行存款2 300万元从非关联方取得乙公司70%的有表决权股份，能够对乙公司实施控制。当日，乙公司可辨认净资产的账面价值为3 000万元，各项可辨认资产、负债的公允价值与其账面价值均相同。本次投资前，甲公司不持有乙公司股份且与乙公司不存在关联方关系。甲公司和乙公司的会计政策、会计期间均相同。

资料二：2×22年3月10日，乙公司宣告分派现金股利300万元。2×22年4月1日，甲公司按其持股比例收到乙公司发放的现金股利并存入银行。

资料三：2×22年4月10日，乙公司将其生产成本为45万元的A产品以60万元的价格销售给甲公司，款项已收存银行。甲公司将购入的A产品作为存货进行核算。2×22年12月31日，甲公司该批A产品的80%已对外出售。

资料四：2×22年度乙公司实现净利润500

万元。

资料五：2×23年3月1日，甲公司将所持乙公司股份全部对外出售给非关联方，所得价款2 600万元存入银行。

其他资料：

（1）甲公司以甲、乙公司个别财务报表为基础编制合并财务报表，不需要编制与合并现金流量表相关的抵销分录。

（2）本题不考虑增值税、企业所得税等相关税费及其他因素。

**要求：**

（1）编制甲公司2×22年1月1日取得乙公司70%股权时的会计分录，并计算购买日的商誉。

（2）分别编制甲公司2×22年3月10日在乙公司宣告分派现金股利时和4月1日收到现金股利时的会计分录。

（3）编制2×22年12月31日与存货内部交易相关的抵销分录。

（4）分别计算2×22年12月31日合并资产负债表中少数股东权益的金额和2×22年度合并利润表中少数股东损益的金额。

（5）编制甲公司2×23年3月1日出售乙公司股份的相关会计分录。

# 本章考点巩固练习题参考答案及解析

## 一、单项选择题

1.【答案】B

【解析】选项A，同一控制下的企业合并中受到的控制应当是非暂时性的；选项C，通常情况下，同一控制下的企业合并是指发生在同一企业集团内部企业之间的合并。同受国家控制的企业之间发生的合并，不应仅仅因为参与合并各方在合并前后均受国家控制而将其作为同一控制下的企业合并；选项D，同一控制下企业合并不同于非同一控制下企业合并，不会产生新的商誉，只可能确认之前已有的商誉。

2.【答案】B

【解析】选项A，根据题意，甲公司取得乙公司的股权属于同一控制下的企业合并，甲公司支付的各项合并对价应按其账面价值转出，不产生处置损益；选项D，长期股权投资的入账价值＝合并日被合并方在最终控制方合并财务报表中的可辨认净资产账面价值×持股比例＋最终控制方收购被合并方时形成的商誉（若有）＝1 200×80%＋0＝960（万元）；选项C，长期股权投资的入账价值960万元与合并对价账面价值890万元（300＋590）之间的差额70万元应调整资本公积而非盈余公积；选项B，合并方发生的审计、法律服务、评估咨询等中介费用应于发生时直接计入当期损益（管理费用），选项B当选。

甲公司相关会计分录如下：

借：长期股权投资　　　　　　960

　　贷：银行存款　　　　　　　300

　　　　无形资产　　　　　　　590

　　　　资本公积——股本溢价　　70

借：管理费用　　　　　　　　　50

　　贷：银行存款　　　　　　　　50

3.【答案】D

【解析】选项A，购买方在购买日应当按照合并中取得的被购买方各项可辨认资产、负债的公允价值确定其入账价值；选项B，企业合并成本与取得被购买方可辨认净资产公允价值的差额，应确认为商誉或计入当期损益；选项C，通过控股合并形式达成的非同一控制下的企业合并，编表方不应当在母公司资产负债表而应当在合并资产负债表中确认商誉；选项D说法正确，对于非同一控制下的企业合并，如果购买成本小于可辨认净资产的公允价值，差额在合并报表中应该作为营业外收入。但编制购买日的合并报表时，不需要编制合并利润表（因为非同一控制下的合并子公司合并后产生的利润才计入合并利润表），所以此差额没有利润表可以记录，只能调整盈余公积和未分配利润。方法是编制合并抵销分录的时候，将子公司调整后的所有者权益与母公司长期股权投资抵销，产生的贷方差额计入盈余公积和未分配利润。

4.【答案】A

【解析】合并商誉 = 合并成本 - 被合并方可辨认净资产公允价值 × 持股比例 = 500 - 500 × 80% = 100（万元）。

5.【答案】D

【解析】合并后B公司原股东持有A公司和B公司组成的合并报告主体的股权比例 = 1 500/（500 + 1 500）× 100% = 75%，对A公司形成控制，因此该业务属于反向购买，B公司为会计上的购买方，虚拟增发的普通股股数 = 2 000/75% - 2 000 = 666.67（万股），合并成本 = 666.67 × 15 = 9 999.99 ≈ 10 000（万元）。

6.【答案】D

【解析】2×23年12月31日，甲公司合并资产负债表中存货项目的列报金额 = 2 000 + 1 000 - （300 - 200）× 60% = 2 940（万元），

选项D正确。

7.【答案】D

【解析】编制2×22年合并资产负债表时，因内部交易应调减"未分配利润"项目的年末金额 = （800 - 680）- （800 - 680）÷ 10 × 6/12 = 114（万元）。

8.【答案】A

【解析】2×21年合并财务报表中应确认的营业成本 = 800 × 80% = 640（万元）。不会有内部销售损益。

9.【答案】C

【解析】2×21年少数股东损益 = （580 - 80）× 20% = 100（万元），合并净利润 = 2 000 + 580 - 60 - 80 = 2 440（万元），归属于母公司的净利润 = 2 440 - 100 = 2 340（万元）。

10.【答案】A

【解析】A公司个别利润表中确认的投资收益 - 合并报表中投资收益 = 470 - 150 = 320（万元）。合并报表中处理如下：

（1）将子公司长期股权投资调整为权益法：

借：长期股权投资　　　　　　500

　　贷：投资收益　　　　　　　500

借：投资收益　　　　　　　　150

　　贷：长期股权投资　　　　　150

（2）母公司确认的投资收益与子公司未分配利润的抵销处理为：

借：投资收益　　　　　　　　500

　　贷：提取盈余公积　　　　　　50

　　　　对所有者（或股东）的分配

　　　　　　　　　　　　　　　150

　　　　未分配利润——年末　　300

11.【答案】D

【解析】逆流交易影响子公司净利润，需要调整少数股东损益和少数股东权益；顺流交易不影响子公司净利润，不需要调整少数股东损益和少数股东权益，故选项D正确。

提示：只要子公司不是全资子公司，在母子公司之间发生逆流交易，均需要调整少数股东损益和少数股东权益。此处的交易包括内部发生的所有交易，不仅限于内部存货交易。

12.【答案】A

【解析】企业合并成本 = 1 000 × 8 = 8 000

（万元），合并中取得乙公司可辨认净资产公允价值 $=9\,000 \times 80\% = 7\,200$（万元），合并商誉 $=8\,000 - 7\,200 = 800$（万元）。

**13.【答案】D**

**【解析】** 甲公司应收乙公司账款与应付丙公司账款相互抵销会掩盖交易的实质，因此不得相互抵销。

**14.【答案】A**

**【解析】** "销售商品、提供劳务收到的现金"项目应抵销的金额为已收到的款项200万元。

**15.【答案】C**

**【解析】** 少数股东损益 $=400 \times 20\% - 50 \times 20\% = 70$（万元）。

## 二、多项选择题

**1.【答案】BCD**

**【解析】** 同一控制下的企业合并中不产生新的商誉，但被合并方在企业合并前账面上原已确认的商誉应作为合并中取得的资产确认，选项A正确，选项B错误；非同一控制下企业合并进行过程中发生的各项直接相关费用应于发生时费用化计入当期损益，选项C错误；非同一控制下企业合并通过多次交换分步实现的合并成本为购买日之前持有的被购买方的股权于购买日的公允价值与购买日新购入股权所支付对价的公允价值之和，选项D错误。

**2.【答案】ACD**

**【解析】** 选项B，同一控制下的企业合并中，合并对价的账面价值大于取得被合并方账面净资产的份额部分，合并方应当调整资本公积，资本公积不足冲减的，调整留存收益。

**3.【答案】CD**

**【解析】** 选项A，被合并方的有关资产、负债应以其账面价值并入合并财务报表，这里的账面价值是指被合并方的有关资产、负债（包括最终控制方收购被合并方而形成的商誉）在最终控制方财务报表中的账面价值；选项B，合并利润表应包含合并方及被合并方自合并当期期初至合并日实现的净利润；选项C、D正确。

**4.【答案】ACD**

**【解析】** 选项A，甲公司在个别报表中应确认

资产处置收益 $=2\,000 - (1\,800 - 200) = 400$（万元）；

选项B，甲公司合并资产负债表中应确认商誉的金额 $=7\,000 - (9\,000 \times 60\%) = 1\,600$（万元）；

选项C，甲公司个别报表中长期股权投资 $=7\,000 + 2\,000 = 9\,000$（万元）；

选项D，因购买少数股权新取得的长期股权投资与按照新增持股比例计算应享有子公司自购买日或合并日开始持续计算的净资产份额之间的差额，应当调整母公司个别财务报表中的资本公积（资本溢价或股本溢价），资本公积不足冲减的，调整留存收益。

本题中应调整合并报表中资本公积的金额 $=2\,000 - (9\,000 + 1\,000) \times 15\% = 500$（万元），选项D正确。

**5.【答案】ABD**

**【解析】** 编制合并财务报表应当遵循下列原则和要求：（1）以个别财务报表为基础编制；（2）一体性原则；（3）重要性原则。

**6.【答案】BD**

**【解析】** 合并报表中，少数股东对子公司的净资产享有份额，所以少数股东权益及少数股东损益仅存在于合并报表中，选项B、D正确。

**7.【答案】ABCD**

**【解析】** 正确处理：①抵销营业收入1 000万元；②抵销营业成本800万元；③抵销管理费用 $=(1\,000 - 800) \div 10 \times 9/12 = 15$（万元）；④抵销固定资产 $=200 - 15 = 185$（万元）。

相关会计分录如下：

借：营业收入　　　　　　　　1 000
　　贷：营业成本　　　　　　　　　800
　　　　固定资产——原价　　　　　200
借：固定资产——累计折旧
　　（200/10×9/12）15
　　贷：管理费用　　　　　　　　　　15

**8.【答案】BCD**

**【解析】** 一体化存续原则是恢复子公司在集团内实现的留存收益。

具体的分录为：

借：资本公积
　　贷：盈余公积

未分配利润

9.【答案】ABCD

【解析】以上均需要进行抵销处理。

## 三、判断题

1.【答案】√

【解析】母公司购买子公司的少数股权，在合并报表中属于权益性交易，购买子公司少数股权的交易日，母公司新取得长期股权投资的成本，低于按持股比例计算应享有的子公司自购买日开始持续计算的净资产份额时，差额应调增合并报表中的资本公积。

2.【答案】×

【解析】为进行企业合并而支付的审计费用、评估费用、法律服务费用等，应当于发生时计入管理费用。

3.【答案】√

4.【答案】√

【解析】无论本期是否有内部应收账款计提坏账准备，前期坏账准备仍需抵销。

5.【答案】×

【解析】非同一控制下的企业合并需要对子公司的个别财务报表进行调整，以使子公司的个别财务报表反映为在购买日公允价值基础上确定的可辨认资产、负债及或有负债在本期资产负债表日的金额。

6.【答案】×

【解析】在合并财务报表中，子公司少数股东分担的当期亏损超过了少数股东在该子公司期初所有者权益中所享有的份额的（即发生超额亏损），其余额应当冲减少数股东权益，即少数股东权益可以为负数。

7.【答案】×

【解析】对于子公司相互之间发生的内部交易，在编制合并财务报表时也需要进行抵销处理。

8.【答案】×

【解析】母公司在报告期内处置子公司以及业务，应当将该子公司以及业务期初至处置日的收入、费用、利润纳入合并利润表。

9.【答案】√

【解析】合并财务报表以纳入合并范围的个别财务报表为基础，可以说是客观性原则的具体体现。

10.【答案】×

【解析】合并报表准则规定，子公司持有母公司的长期股权投资，应当视为企业集团的库存股，作为所有者权益的减项，在合并资产负债表所有者权益项目下以"减：库存股"项目列示。

11.【答案】√

12.【答案】×

【解析】对于子公司的少数股东增加在子公司中的权益性投资，在合并现金流量表中应当在"筹资活动产生的现金流量"下反映。

## 四、计算分析题

1.【答案】（1）甲公司购入乙公司的合并成本 = 9 000×60% = 5 400（万元）。

（2）2×23年1月1日甲公司个别财务报表中对乙公司投资的会计分录为：

借：长期股权投资　　　　　　5 400
　　贷：股本　　　　　　　　　1 000
　　　　资本公积——股本溢价　4 250
　　　　银行存款　　　　　　　　50
　　　　预计负债（2 100 – 2 000）100

借：管理费用　　　　　　　　　30
　　贷：银行存款　　　　　　　　30

（3）2×23年1月1日甲公司合并财务报表中的调整抵销分录：

借：股本　　　　　　　　　　2 400
　　资本公积　　　　　　　　3 500
　　盈余公积　　　　　　　　1 500
　　未分配利润　　　　　　　1 600
　　贷：长期股权投资　　　　　5 400
　　　　少数股东权益
　　　　　　　（9 000×40%）3 600

借：资本公积　　　　　　　　1 860
　　贷：盈余公积（1 500×60%）900
　　　　未分配利润（1 600×60%）960

2.【答案】

（1）2×21年1月1日：

借：长期股权投资　　　　　36 000
　　贷：银行存款　　　　　　36 000

（2）甲公司在2×21年1月1日编制合并财务报表时应确认的商誉 = 36 000 – 50 000×

70% =1 000（万元）。

（3）①内部交易固定资产抵销：

借：营业收入　　　　　　　6 000

　　贷：营业成本　　　　　　　　4 800

　　　　固定资产——原价　　　　1 200

②内部应收款项抵销：

借：应付账款　　　　　　　6 000

　　贷：应收账款　　　　　　　　6 000

借：应收账款——坏账准备　180

　　贷：信用减值损失　　　　　　180

③长期股权投资与子公司所有者权益抵销：

借：股本　　　　　　　　25 000

　　资本公积　　　　　　12 000

　　盈余公积　　　　　　 5 000

　　未分配利润　　　　　 8 000

　　商誉　　　　　　　　 1 000

　　贷：长期股权投资　　　　　36 000

　　　　少数股东权益

　　　　（50 000×30%）15 000

3.【答案】

（1）商誉 =2 300 -3 000×70% =200（万元）。

2×22 年 1 月 1 日：

借：长期股权投资　　　　　2 300

　　贷：银行存款　　　　　　　　2 300

（2）2×22 年 3 月 10 日：

借：应收股利　（300×70%）210

　　贷：投资收益　　　　　　　　210

2×22 年 4 月 1 日：

借：银行存款　　　　　　　210

　　贷：应收股利　　　　　　　　210

（3）2×22 年 12 月 31 日合并报表内部交易抵销：

借：营业收入　　　　　　　60

　　贷：营业成本　　　　　　　　60

借：营业成本　　　　　　　 3

　　贷：存货

　　　　［（60 -45）×（1 -80%）］3

借：少数股东权益　　　　　0.9

　　贷：少数股东损益　（3×30%）0.9

（4）2×22 年 12 月 31 日合并资产负债表中少数股东权益 =［3 000 +净利润500 -分红300 -（60 -45）×（1 -80%）］×30% =959.1（万元）。

2×22 年 12 月 31 日合并资产负债表中少数股东损益 =［500 -（60 -45）×（1 -80%）］×30% =149.1（万元）。

（5）2×23 年 3 月 1 日：

借：银行存款　　　　　　　2 600

　　贷：长期股权投资　　　　　　2 300

　　　　投资收益　　　　　　　　 300

# 第二十二章 会计政策、会计估计变更和差错更正

## 考情分析

本章属于一般重要章节，考试题型主要为单项选择题、多项选择题和判断题，每年平均分数在 3 分左右。

## 教材变化

2024 年本章教材内容无实质性变化。

## 考点提示

本章重点是：追溯调整法、追溯重述法和未来适用法的概念及应用，会计政策变更的会计处理，会计估计变更的会计处理，前期差错更正的会计处理。

## 本章考点框架

会计政策、会计估计变更和差错更正
- 会计政策变更及其条件
  - 会计政策的概念
  - 会计政策变更的概念及条件
  - 不属于会计政策变更的情形
- 会计政策变更的会计处理
  - 会计政策变更的会计处理方法
  - 追溯调整法的应用
  - 未来适用法的具体应用
- 会计估计变更的概念及会计处理
  - 会计估计变更的概念
  - 会计估计变更的会计处理
- 会计政策变更与会计估计变更的划分
- 前期差错更正的会计处理
  - 前期差错更正的分类
  - 前期差错更正的会计处理

# 考点解读及例题点津

## 第一单元　会计政策变更及其条件

### 1 会计政策的概念

#### 一、考点解读

**会计政策**，是指企业在会计确认、计量和报告中所采用的原则、基础和会计处理方法。

**会计原则**包括一般原则和特定原则，会计政策所指的会计原则是指某一类会计业务的核算所应遵循的特定原则，而不是笼统地指所有的会计原则。例如，借款费用是费用化还是资本化，即属于特定会计原则。可靠性、相关性、实质重于形式等属于会计信息质量要求，是为了满足会计信息质量要求而制定的原则，是统一的、不可选择的，不属于特定原则。

**会计基础**包括会计确认基础和会计计量基础。可供选择的会计确认基础包括权责发生制和收付实现制。会计计量基础主要包括历史成本、重置成本、可变现净值、现值和公允价值等。由于我国企业应当采用权责发生制作为会计确认基础，不具备选择性，所以会计政策所指的会计基础，主要是会计计量基础（即计量属性）。

**具体会计处理方法**，是指企业根据国家统一的会计准则制度允许选择的、对某一类会计业务的具体处理方法作出的具体选择。例如，《企业会计准则第1号——存货》允许企业在先进先出法、加权平均法和个别计价法之间对发出存货实际成本的确定方法作出选择，这些方法就是具体会计处理方法。

#### 二、例题点津

【例题1·判断题】我国企业的会计确认基础具备选择性。（　　）

【答案】×

【解析】我国企业应当采用权责发生制作为

会计确认基础，不具备选择性。

### 2 会计政策变更的概念及条件

#### 一、考点解读

（一）会计政策变更的概念

会计政策变更，是指企业对**相同的交易或事项**由原来采用的会计政策**改用另一会计政策**的行为。企业的会计政策一经确定，不得随意变更。

提示 如果以前期间会计政策的**运用**是**错误**的，则属于**前期差错**，应按**前期差错更正**的规定进行处理。

（二）会计政策变更的条件

满足下列条件之一的，企业可以变更会计政策：

（1）**法律**、**行政法规**或国家统一的**会计准则制度**等要求变更。

这种情况是指，按照法律、行政法规以及国家统一的会计准则制度的规定，要求企业采用新的会计政策。在这种情况下，企业应按规定改变原会计政策，采用新的会计政策。例如，政府补助准则在2017年修订实施以后，对财政贴息采用新的会计政策进行处理；再如，采用新收入准则的企业，应在履行了合同履约义务，即在客户取得相关商品控制权时确认收入。

（2）会计政策的变更能够提供**更可靠**、**更相关**的会计信息。

这种情况是指，由于经济环境、客观情况的改变，使企业原来采用的会计政策所提供的会计信息，已不能恰当地反映企业的财务状况、经营成果和现金流量等情况。在这种情况下，应改变原有会计政策，按新的会计政策进行核算，以对外提供更可靠、更相关的会计信息。

提示 （1）需要注意的是，除法律、行政法规或者国家统一的会计准则制度等要求变更会计政策应当按照规定执行和披露外，企业因满足上述第二条的条件变更会计政策时，必须有充分、合理的证据表明其变更的合理性，并说明变更会计政策后，能够提供关于企业财务状况、经营成果和现金流量等更可靠、更相关会计信息的理由。

（2）对会计政策的变更，应经股东大会或董事会等类似机构批准。如无充分、合理的证据表明会计政策变更的合理性或者未经股东大会等类似机构批准擅自变更会计政策的，或者连续、反复地自行变更会计政策的，视为滥用会计政策，应按照前期差错更正的方法进行处理。

## 二、例题点津

**【例题1·单选题】** 下列各项中，属于会计政策变更的是（　　）。

A. 投资性房地产的后续计量模式由成本模式改为公允价值模式

B. 应收账款坏账准备计提比例的变化

C. 将使用寿命确定的无形资产摊销年限由10年变成8年

D. 将固定资产的净残值率由10%改为7%

**【答案】** A

**【解析】** 选项A是指相同的交易或事项由原来采用的会计政策改用另一会计政策的行为，符合会计政策变更的概念；选项B、C、D均属于会计估计变更。

## 3 不属于会计政策变更的情形

### 一、考点解读

以下各项不属于会计政策变更：

（1）本期发生的交易或者事项与以前相比具有本质差别而对其采用新的会计政策。

（2）对初次发生的或不重要的交易或者事项采用新的会计政策。

提示 因为增资引起的长期股权投资核算方法由成本法改为权益法，需要追溯调整，但不属于会计政策变更。当持股比例不发生变动，但按照规定由权益法核算改为成本法核算时，这属于同一性质的事项采用不同的会计处理方法，才属

于会计政策变更的情况。

## 二、例题点津

**【例题1·多选题】** 下列关于会计政策及其变更的表述中，正确的有（　　）。

A. 变更会计政策能够更好地反映企业的财务状况和经营成果

B. 变更会计政策表明以前会计期间采用的会计政策存在错误

C. 会计政策涉及会计原则、会计基础和会计处理方法

D. 本期发生的交易或事项与前期相比具有本质差别而采用新的会计政策，属于会计政策变更

**【答案】** AC

**【解析】** 会计政策变更并不意味着以前会计政策是错误的，而是采用变更后的会计政策会使得会计信息更加具有可靠性和相关性，选项B错误；本期发生的交易或事项与前期相比具有本质差别而采用新的会计政策，不属于会计政策变更，选项D错误。

**【例题2·多选题】** 下列各项中，不属于会计政策变更的情形有（　　）。

A. 发出存货的计量由先进先出法变更为移动加权平均法

B. 第一次签订建造合同，按照履约进度确认收入

C. 债券投资由以摊余成本计量的金融资产重分类为以公允价值计量且其变动计入当期损益的金融资产

D. 投资性房地产的后续计量由成本模式变更为公允价值模式

**【答案】** BC

**【解析】** 对初次发生的或不重要的交易或事项采用新的会计政策，不属于会计政策变更，选项B不属于；债券投资由以摊余成本计量的金融资产重分类为以公允价值计量且其变动计入当期损益的金融资产，属于本期发生的交易或者事项与以前相比具有本质差别而采用新的会计政策，因此，选项C不属于会计政策变更。

**【例题3·判断题】** 企业因追加投资导致长期股权投资的核算由权益法转为成本法的，应当作为会计政策变更进行处理。（　　）

**【答案】** ×

【解析】因追加投资导致长期股权投资的核算由权益法转为成本法的，应作为企业当期新事项进行处理。

# 第二单元 会计政策变更的会计处理

## 1 会计政策变更的会计处理方法

### 一、考点解读

发生会计政策变更时，有两种会计处理方法，即追溯调整法和未来适用法。

（1）企业依据法律、行政法规或者国家统一的会计准则制度等的要求变更会计政策的，应当按照国家相关规定执行。

（2）确定会计政策变更对列报前期影响数不切实可行的，应当从可追溯调整的最早期间期初开始应用变更后的会计政策。

（3）在当期期初确定会计政策变更对以前各期累积影响数不切实可行的，应当采用未来适用法处理。

### 二、例题点津

【例题1·判断题】会计政策变更可以采用追溯调整法和未来适用法两种方法进行会计处理，采用哪种会计处理方法，应根据具体情况确定。（  ）

【答案】√

【解析】会计政策变更，有两种会计处理方法，即：追溯调整法和未来适用法。（1）法律、法规要求而发生的变更，如果规定了会计处理方法，应按规定的方法处理；如果未规定会计处理方法，应采用追溯调整法进行会计处理。（2）为使会计信息更相关、更可靠而发生的变更，应采用追溯调整法进行会计处理。（3）无论何种情形发生会计政策变更，如果累积影响数不能合理确定，则可以采用未来适用法进行会计处理，但应披露无法确定累积影响数的原因。

## 2 追溯调整法的应用

### 一、考点解读

追溯调整法是指对某项交易或事项变更会计政策，视同该项交易或事项初次发生时即采用变更后的会计政策，并以此对财务报表相关项目进行调整的方法。

（一）计算会计政策变更累积影响数

（1）根据新的会计政策重新计算受影响的前期交易或事项。

（2）计算两种会计政策下的差异（税前差异）。

（3）计算差异的所得税影响金额。

提示 会计政策变更的追溯调整不会影响以前年度应交所得税的变动，也就是说不会涉及应交所得税的调整；但追溯调整时如果涉及暂时性差异，则应考虑递延所得税的调整，这种情况应考虑前期所得税费用的调整。

（4）计算确定前期中每一期的税后差异。

（5）计算会计政策变更的累积影响数。

提示 计算累积影响数涉及税前、所得税、税后三个阶段。

（二）进行相关的会计处理（编制调整分录）

（1）先看作"当年"的正常业务处理。

（2）资产负债表项目正常填写（要根据不同政策变更确定用什么账户）；利润表项目直接替换为"利润分配——未分配利润"。

提示 会计政策变更涉及损益调整的事项通过"利润分配——未分配利润"科目核算，本期发现前期重要差错和资产负债表日后调整事项涉及损益调整的通过"以前年度损益调整"科目核算。

（3）所涉及的利润分配均使用"利润分配——未分配利润"账户。

（4）追溯调整时，不考虑股利或利润的分配，只调整盈余公积。

（5）涉及所得税问题：不调整"应交税费——应交所得税"科目；如果涉及暂时性差异的，通过调整"递延所得税资产或负债"科目，一般调整前期所得税费用。

（6）会计分录。

①调整减少累积影响数：

借：利润分配——未分配利润（累积影响数）
　　递延所得税资产（所得税影响额）
　　　贷：相关资产或负债科目

借：盈余公积
　　　贷：利润分配——未分配利润

②调整增加累积影响数：

借：相关资产或负债科目
　　　贷：利润分配——未分配利润
　　　　　递延所得税负债（所得税影响额）

借：利润分配——未分配利润
　　　贷：盈余公积

（三）调整会计报表的相关项目

（1）资产负债：调整变更当期相关项目的"年初数"。

（2）利润表：调整变更当期相关项目的"上年数"。

提示 只能调整变更当期相关项目上一年的影响数，不能按合计数调整。

（3）所有者权益变动表：调整"会计政策变更"当期"盈余公积"和"未分配利润"的"本年金额"和"上年金额"栏。

（4）变更当期相关项目的期末数，以调整后的金额为基础确定。

## 二、例题点津

【例题1·单选题】甲公司于2×21年12月11日购入一台不需安装的设备并投入使用。该设备入账价值为2 000万元，设备采用年数总和法计提折旧（税法规定采用平均年限法），折旧年限为4年（与税法规定一致），预计净残值为零（与税法规定一致）。该企业从2×23年1月开始执行38项具体会计准则，将所得税核算方法由应付税款法变更为资产负债表债务法。同时该项固定资产改按年限平均法计提折旧。该企业适用的所得税税率为25%，不考虑其他因素，则该企业政策变更的累积影响数为（　　）万元。

A. −75　　　　　　　B. 75

C. 300　　　　　　　D. 225

【答案】B

【解析】所得税的核算方法由应付税款法变更为资产负债表债务法属于会计政策变更，应追溯调

整。按照资产负债表债务法，2×22年末，该项固定资产的账面价值＝2 000 − 2 000 × 4 ÷ 10 = 1 200（万元），计税基础＝2 000 − 2 000 ÷ 4 = 1 500（万元），产生可抵扣暂时性差异300万元，应确认递延所得税资产75万元，会减少所得税费用，增加留存收益，故累积影响数的金额为75万元。

## 3 未来适用法的具体应用

### 一、考点解读

未来适用法是指将变更后的会计政策应用于变更日及以后发生的交易或者事项，或者在会计估计变更当期和未来期间确认会计估计变更影响数的方法。

提示 在未来适用法下，不需要计算会计政策变更产生的累积影响数，也无须重编以前年度的财务报表。

### 二、例题点津

【例题1·单选题】甲公司发出存货按先进先出法计价。2×23年1月1日将发出存货由先进先出法改为月末一次加权平均法。2×23年初A材料账面余额等于账面价值40 000元，数量为50千克。2×23年1月10日、20日分别购入A材料600千克、350千克，单价分别为850元、900元，1月25日领用A材料500千克。甲公司采用未来适用法对该项会计政策变更进行会计处理，则2×23年1月31日A材料的账面余额是（　　）元。

A. 450 000　　　　　B. 432 500

C. 425 000　　　　　D. 400 000

【答案】B

【解析】月末加权平均法下，2×23年1月31日A材料的单位成本＝（40 000 + 600 × 850 + 350 × 900）÷（50 + 600 + 350）= 865（元/千克）；2×23年1月31日A材料的账面余额＝（50 + 600 + 350 − 500）× 865 = 432 500（元）。

【例题2·多选题】下列各项中，应采用未来适用法进行会计处理的有（　　）。

A. 会计估计变更

B. 本期发现前期重要差错

C. 难以对某项变更区分为会计政策变更或会计估计变更

D. 政府补助会计处理方法由总额法改为净额法

【答案】ACD

【解析】选项B，应采用追溯重述法进行处理。选项A、C、D均正确。

# 第三单元　会计估计变更的概念及会计处理

## 1 会计估计变更的概念

### 一、考点解读

（一）会计估计的概念

会计估计，是指企业对其结果不确定的交易或事项以最近可利用的信息为基础所作的判断。

（二）会计估计变更的概念

会计估计变更，是指由于资产和负债的当前状况及预期经济利益和义务发生了变化，从而对资产或负债的账面价值或者资产的定期消耗金额进行调整。

提示　如果以前期间的会计估计是错误的，则属于前期差错，按前期差错更正的规定进行会计处理；考生要学会正确区分会计估计变更和前期差错更正。

### 二、例题点津

【例题1·单选题】自2×22年1月1日起，企业对其确认为无形资产的某项非专利技术按照5年的期限进行摊销，由于替代技术研发进程的加快，2×23年1月，企业将该无形资产的剩余摊销年限缩短为2年，这一变更属于（　　）。

A. 会计政策变更

B. 会计估计变更

C. 前期差错更正

D. 本期差错更正

【答案】B

【解析】该项无形资产变更摊销年限，属于会计估计变更，选项B正确。

【例题2·多选题】下列项目中，属于会计估计变更的有（　　）。

A. 根据新得的信息，将某一已使用的电子设备的使用年限由6年改为4年

B. 将固定资产按直线法计提折旧改为年数总和法计提折旧

C. 母公司对子公司的长期股权投资由权益法改为成本法

D. 将应收账款的坏账提取比例由2%改为3%

【答案】ABD

【解析】选项C属于会计政策变更。

【例题3·多选题】下列各项中，属于企业会计估计的有（　　）。

A. 劳务合同履约进度的确定

B. 投资性房地产后续计量模式的确定

C. 金融资产预期信用损失金额的确定

D. 存货可变现净值的确定

【答案】ACD

【解析】选项B，属于会计政策变更。

【例题4·多选题】下列各项中，属于会计估计的有（　　）。

A. 固定资产预计使用寿命的确定

B. 无形资产预计残值的确定

C. 投资性房地产采用公允价值计量

D. 收入确认时合同履约进度的确定

【答案】ABD

【解析】投资性房地产的后续计量模式属于会计政策。

## 2 会计估计变更的会计处理

### 一、考点解读

企业对会计估计变更应当采用未来适用法处理。

（1）如果会计估计的变更仅影响变更当期，有关估计变更的影响应于当期确认。

（2）如果会计估计的变更既影响变更当期又影响未来期间，有关估计变更的影响在当期及以后各期确认。会计估计变更的影响数应计入变更当期与前期相同的项目中。

（3）企业难以对某项变更区分为会计政策变更或会计估计变更的，应当将其作为会计估计变更处理。

## 二、例题点津

【例题1·单选题】2×18年12月1日，甲公司购入一台设备供管理部门使用，原价为5 000万元，预计使用年限为10年，预计净残值为500万元，采用直线法计提折旧，与税法规定一致。2×23年1月1日考虑到技术进步因素，将原预计的使用年限改为8年，净残值改为200万元，该公司的所得税税率为25%。则对于上述会计估计变更不正确的表述是（　　）。

A. 2×23年会计估计变更后计提的折旧为750万元

B. 对2×23年净利润的影响为225万元

C. 因会计估计变更而确认的递延所得税资产为75万元

D. 因会计估计变更而确认的递延所得税负债为75万元

【答案】D

【解析】变更前累计已计提折旧＝（5 000 - 500）÷10×4 = 1 800（万元），2×23年会计估计变更后计提折旧＝（5 000 - 1 800 - 200）÷4 = 750（万元）。2×23年末固定资产账面价值＝5 000 - 1 800 - 750 = 2 450（万元）；计税基础＝5 000 - （5 000 - 500）÷10×5 = 2 750（万元）；可抵扣暂时性差异＝300万元；递延所得税资产＝300×25% = 75（万元）。对2×23年净利润的影响＝（750 - 450）×75% = 225（万元）。

【例题2·多选题】甲公司2×23年发生或发现的下列交易或事项中（均具有重大影响），会影响其2×23年期初未分配利润的有（　　）。

A. 发现2×22年将应计入在建工程的利息

费用30万元计入财务费用

B. 发现应在2×22年确认为资本公积的30万元计入了2×22年的营业外收入

C. 2×23年1月1日将某项固定资产的折旧年限由10年改为5年

D. 自2×23年1月1日起将坏账准备的计提方法由应收账款余额百分比法改为账龄分析法

【答案】AB

【解析】选项C、D，均为会计估计变更，采用未来适用法处理，不影响2×23年期初未分配利润。

【例题3·多选题】下列会计事项中，可能会影响企业期初留存收益的有（　　）。

A. 因固定资产折损严重，其折旧年限由5年改为3年

B. 发现上年度财务费用少计1 000万元

C. 研究开发项目总支出的56万元在上年度将费用化部分计入当期损益，本年度将符合资本化条件的部分确认为无形资产

D. 盘盈一项重置价值为50万元的固定资产

【答案】BD

【解析】选项A，固定资产折旧年限的变更属于会计估计变更，应该采用未来适用法处理，不影响期初的留存收益；选项B，上年度财务费用少计1 000万元，属于重要前期差错，应该采用追溯重述法，会影响当期期初留存收益；选项C，将符合资本化条件的部分确认为无形资产，借记"无形资产"，贷记"研发支出—资本化支出"，不影响期初留存收益；选项D，固定资产的盘盈应该按照前期差错相关的规定进行会计处理，会影响当期期初留存收益。

# 第四单元　会计政策变更与会计估计变更的划分

## 一、考点解读

1. 会计政策变更与会计估计变更的划分基础（见表22 - 1）

表22 - 1

| 标准 | 内容 |
| --- | --- |
| 以会计确认是否发生变更作为判断基础 | 一般地，对会计确认的指定或选择是会计政策，其相应的变更是会计政策变更。会计确认、计量的变更一般会引起列报项目的变更 |

续表

| 标准 | 内容 |
|---|---|
| 以计量基础是否发生变更作为判断基础 | 一般地，对计量基础的指定或选择是会计政策，其相应的变更是会计政策变更 |
| 以列报项目是否发生变更作为判断基础 | 一般地，对列报项目的指定或选择是会计政策，其相应的变更是会计政策变更。当然，在实务中，有时列报项目的变更往往伴随着会计确认的变更或者相反 |

注：根据会计确认、计量基础和列报项目所选择的、为取得与该项目有关的金额或数值所采用的处理方法，不是会计政策，而是会计估计，其相应的变更是会计估计变更。

2. 划分会计政策变更和会计估计变更的方法

（1）分析并判断该事项是否涉及会计确认、计量基础选择或列报项目的变更。

（2）当至少涉及其中一项划分基础变更的，该事项是会计政策变更。

（3）不涉及这些划分基础变更时，该事项可以判断为会计估计变更。

## 二、例题点津

【例题1·单选题】下列关于会计政策变更或会计估计变更的说法中，错误的是（　　）。

A. 甲企业根据固定资产使用情况，将原采用的双倍余额递减法改为用直线法计提折旧，该事项属于会计估计变更

B. 乙商业企业在前期将商品采购费用列入营业费用，后根据准则规定将采购费用列入成本，该事项属于会计估计变更

C. 丙企业面对市场情况发生变化，所采用的确定公允价值的方法变更，是会计估计变更

D. 丁企业在前期将某内部研发项目开发阶段的支出计入当期损益，而当期根据准则规定将其确认为无形资产，该变更属于会计政策变更

【答案】B

【解析】选项B的列报项目发生了变化，所以该变更是会计政策变更。

# 第五单元　前期差错更正的会计处理

## 1 前期差错更正的分类

### 一、考点解读

（一）不重要的前期差错的会计处理

（1）对于**不重要的**前期差错，企业无须调整财务报表相关项目的**期初数**，但应调整**发现差错当期**与前期相同的相关项目的金额。

（2）属于**影响损益**的，应**直接计入**本期与上期相同的净损益项目。

（二）重要的前期差错的会计处理

（1）对于**重要的**前期差错，如果能够**合理确定**前期差错累积影响数，则重要的前期差错的更正应采用**追溯重述法**。

（2）如果确定前期差错累积影响数**不切实可行**，可以从**可追溯重述的最早期间**开始调整留存

收益的期初余额，并对财务报表**其他相关项目**的期初余额一并进行调整，也可以采用**未来适用法**。

（3）重要的前期差错的调整结束后，还应调整**发现年度**财务报表的年初数和上年数。

①在编制比较财务报表时，对于**比较财务报表期间**的重要的前期差错，应调整各该期间的净损益和其他相关项目。

②对于**比较财务报表期间以前的重要的**前期差错，应调整比较财务报表**最早期间**的期初留存收益，财务报表其他相关项目的数字也应一并调整。

其中，追溯重述法是指在发现前期差错时，**视同**该项前期差错**从未发生过**，从而对财务报表相关项目进行调整的方法。前期差错累积影响数是指前期差错发生后对差错期间**每期净利润的影响数之和**。

提示　先计算正确额与原错误额之间的累积

影响数（净利润差额），再调账、调表、披露。

## 二、例题点津

**【例题1·多选题】**下列各项业务的会计处理中，正确的有（　　）。

A. 因相关经济利益的实现方式发生改变，变更无形资产摊销方法

B. 由于客户财务状况改善，该公司将坏账准备的计提比例由原来的5%降为1%

C. 由于产品销路不畅，产品销售收入减少，固定费用相对过高，该公司将固定资产折旧方法由年数总和法改为平均年限法

D. 由于银行提高了借款利率，当期发生的财务费用过高，故该公司将超出财务计划的利息暂作资本化处理

**【答案】**AB

**【解析】**选项C、D属于人为调节利润，会计处理不正确，需要进行差错更正。

**【例题2·多选题】**企业针对当期发现的前期重要差错，可能采取的会计处理方法有（　　）。

A. 追溯重述法　　　B. 未来适用法

C. 红字更正法　　　D. 追溯调整法

**【答案】**AB

**【解析】**本期发现前期重要差错，如果能够合理确定前期差错的累积影响数，应采用追溯重述法；如果确定前期差错的累积影响数不切实可行，可以从可追溯重述的最早期间开始调整留存收益的期初余额，并对财务报表其他相关项目的期初余额一并进行调整，也可以采用未来适用法。

## 2 前期差错更正的会计处理

### 一、考点解读

（一）账务处理

1. 改错

（1）资产负债表类账户直接调整；

（2）损益类账户通过"以前年度损益调整"科目核算。

提示 改错要领：相同的不考虑，正确的保留，错误的反过来，凡是涉及损益的先用"以前年度损益调整"科目替换，之后再将该科目

余额转入"利润分配——未分配利润"科目。

2. 所得税费用的调整

（1）税法确认。会计与税法规定一致：调整"应交税费——应交所得税"科目。

①调增利润时，调增所得税费用：

借：以前年度损益调整

　　贷：应交税费——应交所得税

②调减利润时，调减所得税费用：

借：应交税费——应交所得税

　　贷：以前年度损益调整

（2）税法不确认。会计与税法规定不一致，如果涉及暂时性差异的，通过调整"递延所得税资产或负债"，一般调整前期所得税费用。

①调增利润时，调增所得税费用：

借：以前年度损益调整——所得税费用

　　贷：递延所得税负债（或递延所得税资产）

②调减利润时，调减所得税费用：

借：递延所得税资产（或递延所得税负债）

　　贷：以前年度损益调整——所得税费用

提示 在考试时，若考题已经明确假定了会计调整业务是否调整所得税，必须按题目要求去做。若考题未做任何假定，则按上述原则进行会计处理。

3. 将"以前年度损益调整"科目的余额转入利润分配

借或贷：以前年度损益调整

　　贷或借：利润分配——未分配利润

4. 考虑税后分配的问题，即提取或冲销盈余公积

借或贷：盈余公积

　　贷或借：利润分配——未分配利润

（二）调整财务报表

（1）资产负债表：调整发现当年报表相关项目的年初数；

（2）利润表：调整发现当年报表相关项目的"上期金额"栏；

（3）所有者权益变动表：调整"前期差错更正"行"盈余公积"和"未分配利润"的"本年金额"和"上年金额"栏。

### 二、例题点津

**【例题1·单选题】**2023年12月31日，甲

公司发现应自 2022 年 12 月开始计提折旧的一项固定资产从 2023 年 1 月才开始计提折旧，导致 2022 年度管理费用少记 200 万元，被认定为重大差错，税务部门允许调整 2023 年度的应交所得税。甲公司适用的企业所得税税率为 25%，无其他纳税调整事项，甲公司利润表中的 2022 年度净利润为 500 万元，并按 10% 提取了法定盈余公积，不考虑其他因素，甲公司更正该差错时应将 2023 年 12 月 31 日资产负债表未分配利润项目年初余额调减（    ）万元。

A. 15    B. 50    C. 135    D. 150

【答案】C

【解析】甲公司更正该差错时应将 2023 年 12 月 31 日资产负债表未分配利润项目年初余额调减 = 200 ×（1 − 25%）×（1 − 10%）= 135（万元）。

**【例题 2 · 多选题】** 2 × 23 年 12 月 31 日，甲公司发现 2 × 21 年 12 月收到投资者投入的一项行政管理用固定资产尚未入账，投资合同约定该固定资产价值为 1 000 万元（与公允价值相同）。预计使用年限为 5 年，预计净残值为零，采用年限平均法计提折旧。甲公司将漏记该固定资产事项认定为重要的前期差错。不考虑其他因素，下列关于该项会计差错更正的会计处理表述中，正确的有（    ）。

A. 增加 2 × 23 年度管理费用 200 万元

B. 增加固定资产原价 1 000 万元

C. 增加累计折旧 400 万元

D. 减少 2 × 23 年初留存收益 200 万元

【答案】ABCD

【解析】该项重要的前期差错的账务处理如下：

借：固定资产　　　　　　　1 000
　　贷：实收资本等　　　　　　　1 000
借：以前年度损益调整——管理费用
　　　　　　　　　（1 000/5）200
　　贷：累计折旧　　　　　　　　200
借：管理费用　　　　　　　　200
　　贷：累计折旧　　　　　　　　200
借：盈余公积　　（200 × 10%）20
　　利润分配——未分配利润 180
　　贷：以前年度损益调整——管理费用
　　　　　　　　　　　　　　　200

综上，选项 A、B、C、D 均正确。

# 本章考点巩固练习题

## 一、单项选择题

1. 下列各项关于会计政策的选择与运用的表述中，说法不正确的是（    ）。

A. 企业应在国家统一的会计准则制度规定的会计政策范围内选择适用的会计政策

B. 会计政策涉及会计原则、会计基础和具体会计处理方法

C. 会计政策应当保持前后各期的一致性，不得变更

D. 企业在会计核算中所采用的会计政策，通常应在报表附注中加以披露

2. 下列各项中，属于企业会计政策变更的是（    ）。

A. 将建造合同的履约进度由 50% 变更为 55%

B. 将固定资产的折旧方法由年数总和法变更为工作量法

C. 将无形资产的预计使用寿命由 8 年变更为 5 年

D. 将存货的计价方法由先进先出法变更为个别计价法

3. 关于会计政策变更的累积影响数，下列说法不正确的是（    ）。

A. 计算会计政策变更累积影响数时，不需要考虑利润或股利的分配

B. 如果提供可比财务报表，则对于比较财务报表可比期间以前的会计政策变更累积影响数，应调整比较财务报表最早期间的期初留存收益

C. 如果提供可比财务报表，则对于比较财务报表期间的会计政策变更，应调整各该期间净损益各项目和财务报表其他相关项目

D. 累积影响数的计算不需要考虑所得税影响

4. 下列各项中，应采用追溯调整法进行会计处理的是（　　）。

A. 政府补助会计处理方法由总额法改为净额法

B. 投资性房地产后续计量由成本模式改为公允价值模式

C. 固定资产由于未来经济利益预期消耗方式发生变化而改变折旧方法

D. 使用寿命不确定的无形资产改为使用寿命有限的无形资产

5. 甲公司发出存货采用先进先出法计价，期末存货按成本与可变现净值孰低计价。2×23年1月1日将发出存货由先进先出法改为移动加权平均法。2×23年初存货账面余额等于账面价值为40 000元、数量为50千克，2×23年1月、2月分别购入材料600千克、350千克，单价分别为850元、900元，3月5日领用400千克，用未来适用法处理该项会计政策变更，则2×23年第一季度末该存货的账面余额为（　　）元。

A. 540 000　　　　　B. 467 500

C. 510 000　　　　　D. 519 000

6. 甲公司2×23年实现净利润500万元，该公司2×23年发生和发现的下列交易或事项中，会影响其年初未分配利润的是（　　）。

A. 因客户资信状况改善将应收账款坏账准备计提比例由20%改为5%

B. 发现2×23年少计提折旧费用0.1万元

C. 为2×22年售出的设备提供售后服务发生支出50万元

D. 发现2×22年少计财务费用300万元，金额重大

7. 甲公司适用的所得税税率为25%，并按10%提取法定盈余公积。2×23年初对某栋以经营租赁方式租出办公楼的后续计量由成本模式改为公允价值模式。该办公楼2×23年初账面原值为7 600万元，已计提折旧400万元，未发生减值，变更日的公允价值为9 000万元。该办公楼在变更日的计税基础与其原账面价值相同。甲公司变更日应调整期初留存收益的金额为（　　）万元。

A. 0　　　　　　　B. 1 800

C. 450　　　　　　D. 1 350

8. 甲公司2×22年度的财务报告于2×23年3月31日经批准对外报出。该公司在2×23年6月份发现：2×22年末库存钢材账面余额为310万元。经检查，该批钢材在2×22年末的预计售价为300万元，预计销售费用和相关税金为10万元，甲公司此前未计提存货跌价准备。甲公司2×23年12月31日资产负债表中存货项目年初数应调减（　　）万元。

A. 15　　　　　　　B. 13.5

C. 0　　　　　　　D. 20

9. 甲公司2×23年12月31日发现2×22年度多计管理费用100万元，并进行了企业所得税申报，甲公司适用企业所得税税率为13%，并按净利润的10%提取盈余公积。假设甲公司2×22年度企业所得税申报的应纳税所得额大于零，则下列甲公司对此项重要前期差错进行更正的会计处理中正确的是（　　）。

A. 调增2×23年初未分配利润78.3万元

B. 调增2×23年当期未分配利润67.5万元

C. 调减2×23年度当期管理费用100万元

D. 调增2×23年初盈余公积10万元

10. 甲公司2023年12月31日发现2022年度多计管理费用150万元，并进行了企业所得税申报，甲公司适用企业所得税税率为25%，并按净利润的10%提取盈余公积。假设甲公司2022年度企业所得税申报的应纳税所得税额大于零，则下列甲公司对此项重要前期差错进行更正的会计处理中正确的是（　　）。

A. 调减2023年度当期管理费用150万元

B. 调增2023年当期未分配利润112.5万元

C. 调增2023年初未分配利润101.25万元

D. 调减2023年初未分配利润101.25万元

11. 下列各项关于前期会计差错的表述中，正确的是（　　）。

A. 对于不重要的前期差错，企业不需调整财务报表相关项目的期初数和发现当期与前期相同的相关项目

B. 对于重要的前期差错，企业必须采用追溯重述法进行调整

C. 重要的前期差错调整结束后，仅需调整发现年度财务报表的年初数

D. 不重要的前期差错，是指不足以影响财

务报表使用者对企业财务状况、经营成果和现金流量做出正确判断的会计差错

## 二、多项选择题

1. 关于企业会计政策的选择和运用，下列说法中不正确的有（　　）。

   A. 实务中某项交易或者事项的会计处理，具体准则或应用指南未作规范的，企业可根据自身情况对该事项或交易做出任何处理

   B. 企业应在国家统一的会计制度规定的会计政策范围内选择适用的会计政策

   C. 会计政策应当保持前后各期的一致性

   D. 会计政策所指的会计原则包括一般原则和特定原则

2. 下列各项中，属于会计政策变更的有（　　）。

   A. 将发出存货的计价方法由先进先出法变更为加权平均法

   B. 将投资性房地产的后续计量由成本模式变更为公允价值模式

   C. 将无形资产的预计使用寿命由 7 年变更为 4 年

   D. 将固定资产的折旧方法由双倍余额递减法变更为年限平均法

3. 下列交易或事项中，可能会影响企业期初留存收益的有（　　）。

   A. 因出售部分投资，长期股权投资由成本法核算改为权益法核算

   B. 本期发现前期重大差错

   C. 研究开发项目总支出的 200 万元在上年度将费用化部分计入当期损益，本年度将符合资本化条件的部分确认为无形资产

   D. 盘盈一项重置价值为 10 万元的固定资产

4. 甲公司适用的所得税税率为 25%，按净利润的 10% 提取法定盈余公积。甲公司 2×23 年 1 月 1 日起将管理用 A 设备的使用年限由 10 年缩短至 7 年，A 设备账面原值为 800 万元，预计净残值为零，已经使用 3 年，变更后仍采用年限平均法计提折旧，假设上述设备原折旧方法、使用年限及净残值与税法一致。有关该项变更的说法中正确的有（　　）。

   A. 该项变更属于会计估计变更

   B. 该设备 2×23 年计提折旧 140 万元

   C. 该项变更使 2×23 年产生可抵扣暂时性差

异 60 万元

   D. 该项变更使 2×23 年净利润减少 45 万元

5. 在采用追溯调整法时，下列需要考虑的因素有（　　）。

   A. 会计政策变更导致损益变化而应补分的股利

   B. 会计政策变更后资产的变动

   C. 会计政策变更导致所得税费用变动

   D. 会计政策变更导致留存收益的变动

6. 下列各项会计处理方法中，无需重编以前年度会计报表的有（　　）。

   A. 发现不重要的前期差错

   B. 会计估计变更

   C. 会计政策变更无法确定以前各期累积影响数

   D. 重要的前期差错无法确定前期差错累积影响数

7. 2×21 年 12 月 31 日，甲公司收到投资者投入的一批原材料，投资合同约定该批原材料的价值为 1 000 万元（与公允价值相同），由于人员交替该笔业务未进行账务处理。2×22 年 9 月 15 日，该批原材料出售 40%，已确认收入，由于该批原材料的成本信息缺失，未进行成本结转的相关账务处理。2×23 年 11 月 15 日，原材料剩余 60% 全部出售，已确认收入，但未进行成本结转。2×23 年 12 月 15 日，经审计认定相关事项属于重要前期差错，当月进行追溯重述，甲公司每年均按 10% 的比例计提盈余公积。不考虑其他因素，下列各项有关该事项的会计处理表述中，正确的有（　　）。

   A. 2×23 年 12 月 31 日原材料项目金额为零

   B. 增加 2×23 年营业成本 600 万元

   C. 减少 2×23 年初盈余公积 40 万元

   D. 减少 2×23 年末未分配利润 360 万元

## 三、判断题

1. 对会计政策的变更，应经股东大会或董事会等类似机构批准。　　　　　（　　）

2. 确定会计政策变更累积影响数时，应考虑由于会计政策变更使以前期间净利润变化而需要分派的股利。　　　　　　（　　）

3. 企业变更固定资产的预计使用年限时，应对

以前年度已计提折旧金额进行追溯调整。
（　　）

4. 对于前期差错，应调整财务报表相关项目的期初数。（　　）

5. 企业发现上一会计年度接受捐赠收到的一项固定资产尚未入账，该固定资产盘盈应按照前期差错更正进行会计处理。（　　）

## 四、计算分析题

1. 甲公司采用成本模式对投资性房地产进行后续计量，相关经济业务如下：

资料一：2020 年 12 月 31 日，购入一栋写字楼用于对外出租，初始入账成本 5 000 万元，预计使用寿命为 50 年，预计净残值为零，采用年限平均法计提折旧（与税法规定的原则一致）。同日，甲公司将其出租给乙公司使用，租赁开始日为 2021 年 1 月 1 日。

资料二：2023 年 12 月 31 日，由于房地产交易市场成熟，能够持续可靠地取得该写字楼的公允价值，甲公司决定对该投资性房地产采用公允价值模式进行后续计量，当日，甲公司该栋写字楼的公允价值为 6 000 万元。

资料三：甲公司按净利润的 10% 提取盈余公积，采用资产负债表债务法核算所得税，适用的所得税税率为 25%，且未来期间保持不变。假定 2021 年、2022 年均未取得其公允价值。同时假定 2023 年已经完成结账工作，本年利润已经结转完毕。

其他资料：不考虑其他因素的影响。

要求：根据上述资料，编制甲公司相关业务的会计分录，并对财务报表进行调整。

2. 甲公司为增值税一般纳税人，甲公司 2×23 年发生如下事项：

（1）2×20 年 1 月 1 日以银行存款 500 万元购

入一项管理用专利权，预计使用年限为 5 年，无残值，采用直线法摊销。2×22 年末甲公司预计该项无形资产的可收回金额为 150 万元，因此计提资产减值准备 50 万元。

甲公司 2×22 年度计提减值准备后该无形资产原预计使用年限、净残值、摊销方法均不变。因市场变化，甲公司预计该无形资产将不能给企业带来未来经济利益，于 2×23 年 12 月 31 日将该无形资产账面价值 150 万元全部转入资产减值损失。

（2）2×23 年 2 月 1 日，甲公司停止自用一栋办公楼，并与乙公司（非关联公司）签订租赁协议，将其租赁给乙公司使用，租赁开始日为 2×23 年 2 月 1 日。2×23 年 2 月 1 日，甲公司将该办公楼从固定资产转为投资性房地产核算，并采用公允价值模式进行后续计量。该办公楼 2×23 年 2 月 1 日的账面价值为 800 万元，公允价值为 1 000 万元，2×23 年 12 月 31 日的公允价值为 1 100 万元。2×23 年 12 月 31 日，甲公司将上述办公楼列示为投资性房地产 1 100 万元，并在 2×23 年确认 300 万元公允价值变动收益。

（3）2×23 年甲公司存在一项待执行合同，为 2×23 年 11 月签订的，以每辆 10 万元的价格销售 100 辆 A 型汽车。购买方已经预付定金 150 万元，若甲公司违约需双倍返还定金。甲公司尚未生产汽车，也未购入原材料，但由于成本上升，甲公司预计每台汽车成本为 11 万元。甲公司选择执行合同，确认资产减值损失和存货跌价准备 100 万元。

要求：根据上述资料，不考虑增值税等其他因素，判断甲公司会计处理是否正确并说明理由；若不正确，请作为当期差错进行更正处理。

# 本章考点巩固练习题参考答案及解析

## 一、单项选择题

1.【答案】C

【解析】会计政策应当保持前后各期的一致

性，会计政策一经确定，不得随意变更，而非"不得变更"，满足以下条件之一的，企业可以变更会计政策：（1）法律、行政法规或者国家统一的会计制度等要求变更；（2）会计政策变更能够提供更可靠、更相关的会计信息。

2.【答案】D

【解析】选项A、B、C，属于会计估计变更。

3.【答案】D

【解析】累积影响数的计算需要考虑所得税影响。

4.【答案】B

【解析】选项A，属于会计政策变更，但应采用未来适用法进行会计处理；选项B，属于会计政策变更，应采用追溯调整法进行会计处理；选项C和D，属于会计估计变更，不进行追溯调整。

5.【答案】D

【解析】单位成本 = $(40\,000 + 600 \times 850 + 350 \times 900) \div (50 + 600 + 350) = 865$（元/千克），$2 \times 23$ 年第一季度末该存货的账面余额 = $(50 + 600 + 350 - 400) \times 865 = 519\,000$（元）。

6.【答案】D

【解析】选项D，属于前期重大会计差错，需要采用追溯重述法进行调整，因此会影响年初未分配利润。选项A，属于会计估计变更，采用未来适用法，不影响年初未分配利润；选项B、C，属于本年度发生的正常事项，不影响年初未分配利润。

7.【答案】D

【解析】变更日投资性房地产的账面价值为 $9\,000$ 万元，计税基础为 $7\,200$ 万元。应该确认的递延所得税负债 = $1\,800 \times 25\% = 450$（万元）。

借：投资性房地产——成本　9 000
　　投资性房地产累计折旧　400
　　贷：投资性房地产　　　　7 600
　　　　递延所得税负债　　　450
　　　　盈余公积　　　　　　135
　　　　利润分配——未分配利润
　　　　　　　　　　　　　1 215

8.【答案】D

【解析】$2 \times 22$ 年12月31日存货可变现净值 = $300 - 10 = 290$（万元），应计提存货跌价准备 = $310 - 290 = 20$（万元），甲公司 $2 \times 23$ 年12月31日资产负债表中存货项目年初数应调减20万元。

9.【答案】A

【解析】调增 $2 \times 23$ 年初未分配利润的金额 = $100 \times (1 - 13\%) \times (1 - 10\%) = 78.3$（万元）。

10.【答案】C

【解析】多计的管理费用150万元属于重要的前期差错，影响损益的，应将其对损益的影响数调整发现差错当期的期初留存收益。故需要调增2023年初未分配利润的金额 = $150 \times (1 - 25\%) \times (1 - 10\%) = 101.25$（万元），选项C正确。

11.【答案】D

【解析】不重要的前期差错，是指不足以影响财务报表使用者对企业财务状况、经营成果和现金流量做出正确判断的前期差错。(1) 对于不重要的前期差错，企业无须调整财务报表相关项目的期初数，但应调整发现当期与前期相同的相关项目，(2) 属于影响损益的，应直接计入本期与上期相同的净损益项目，选项A错误，选项D正确；
重要的前期差错，如果能够合理确定前期差错累积影响数，则对重要的前期差错更正时应当采用追溯重述法；重要的前期差错调整结束后，还应调整发现年度财务报表的年初数和上年数，选项B、C错误。

二、多项选择题

1.【答案】AD

【解析】实务中某项交易或者事项的会计处理，具体准则或应用指南未作规范的，应当根据基本准则规定的原则、基础和方法进行处理，待作出具体规定时，从其规定。所以选项A的说法是不正确的；会计政策涉及会计原则、会计基础和具体的会计处理方法，会计政策所指的会计原则是指某一类会计业务的核算所应遵循的特定原则，不包括一般原则，所以选项D的说法不正确。

2.【答案】AB

【解析】选项C、D属于会计估计变更。

3.【答案】ABD

【解析】选项C，将符合资本化条件的部分确认为无形资产，借记"无形资产"科目，贷记"研发支出——资本化支出"科目，不影响期初留存收益。

4.【答案】ABCD

【解析】固定资产预计使用年限的改变属于会计估计变更，选项 A 正确；按照变更后的年限，2×23 年应计提折旧额 = (800 - 800/10 × 3)/(7 - 3) = 140（万元），选项 B 正确；按照税法规定 2×23 年应计提折旧额 = 800/10 = 80（万元），2×23 年产生可抵扣暂时性差异 = 140 - 80 = 60（万元），选项 C 正确；该项变更减少 2×23 年净利润的金额 = 60 × (1 - 25%) = 45（万元），选项 D 正确。

5.【答案】BCD

【解析】会计政策变更采用追溯调整法处理时，不需要考虑应补分的股利。

6.【答案】ABC

【解析】对于不重要的前期差错，企业无须调整财务报表相关项目的期初数，但应调整发现当期与前期相同的相关项目；对于会计估计变更以及无法确定以前各期累积影响数的会计政策变更，应采用未来适用法进行会计核算，不调整以前期间的报告结果。故选项 A、B、C 正确；如果确定前期差错累积影响数不切实可行，可以从可追溯重述的最早期间开始调整留存收益的期初余额，并对财务报表其他相关项目的期初余额一并进行调整，也可以采用未来适用法。故选项 D 错误。

7.【答案】ABCD

【解析】本题属于差错更正，应该采用追溯重述法的会计处理方式。应当编制的会计分录为：

借：原材料　　　　　　　　　1 000
　　贷：实收资本（股本）　　　　1 000
借：以前年度损益调整——其他业务成本
　　　　　　　　（1 000 × 40%）400
　　其他业务成本
　　　　　　　　（1 000 × 60%）600
　　贷：原材料　　　　　　　　1 000
借：盈余公积　　　（400 × 10%）40
　　利润分配——未分配利润
　　　　　　　　（400 × 90%）360
　　贷：以前年度损益调整　　　　400

故对比上述分录，选项 A、B、C、D 均正确。

## 三、判断题

1.【答案】√

2.【答案】×

【解析】会计政策变更的累积影响数，是对变更会计政策所导致的对净利润的累积影响，以及由此导致的对利润分配及未分配利润的累积影响金额，不包括分配的利润或股利。

3.【答案】×

【解析】企业变更固定资产预计使用年限属于会计估计变更，应当采用未来适用法处理，不追溯调整以前年度计提的折旧金额。

4.【答案】×

【解析】对于不重要的前期差错，应调整发现差错当期与前期相同的相关项目的金额，不要求调整财务报表相关项目的期初数。

5.【答案】√

【解析】盘盈固定资产属于重要的前期差错，应通过"以前年度损益调整"科目核算。

## 四、计算分析题

1.【答案】

（1）2020 年 12 月 31 日购入写字楼时：

借：投资性房地产　　　　　　5 000
　　贷：银行存款　　　　　　　5 000

（2）2021 年 1 月 1 日至 2022 年 12 月 31 日计提折旧时：

借：其他业务成本　　　　　　　200
　　贷：投资性房地产累计折旧　　200

投资性房地产年折旧额 = 5000 ÷ 50 = 100（万元），2021 年和 2022 年折旧额合计 = 100 × 2 = 200（万元）。

（3）2023 年计提折旧时：

借：其他业务成本　　　　　　　100
　　贷：投资性房地产累计折旧　　100

（4）2023 年 12 月 31 日后续计量模式转换时：

公允价值模式计量的投资性房地产账面价值为 6 000 万元，计税基础 = 5 000 - 300 = 4 700（万元），故资产账面价值大于其计税基础，形成应纳税暂时性差异，

应确认递延所得税负债 = (6 000 - 4 700) × 25% = 325（万元）；

应调增盈余公积的金额 = (6 000 - 4 700) × (1 - 25%) × 10% = 97.5（万元）；

应调增利润分配的金额 = (6 000 - 4 700) × (1 - 25%) × 90% = 877.5（万元）。

借：投资性房地产——成本　6 000
　　投资性房地产累计折旧　300
　　贷：投资性房地产　　　　　　5 000
　　　　递延所得税负债　　　　　 325
　　　　盈余公积　　　　　　　　97.5
　　　　利润分配——未分配利润 877.5

2.【答案】

(1) 事项 (1) 的处理不正确。理由：无形资产在 2×23 年度仍处于使用状态，2×23 年要进行摊销，2×23 年 12 月 31 日无形资产因市场变化将不能给企业带来未来经济利益时，应将无形资产账面价值转入营业外支出。

专利权在 2×22 年末减值后账面价值为 150 万元，2×23 年度应计提的摊销额 = 150 ÷ (5−3) = 75（万元），甲公司应将 2×23 年度结转前账面价值 75 万元（150−75）转入营业外支出。

更正分录为：

借：无形资产减值准备　　　　　150
　　贷：资产减值损失　　　　　　　150
借：管理费用　　　　　　　　　　75
　　贷：累计摊销　　　　　　　　　　75
借：营业外支出　　　　　　　　　75

无形资产减值准备　　　　　　　50
累计摊销　（500/5×3+75）375
　　贷：无形资产　　　　　　　　500

(2) 事项 (2) 的处理不正确。理由：转换日投资性房地产公允价值 1 000 万元大于非投资性房地产账面价值 800 万元的差额 200 万元应计入其他综合收益，后续公允价值变动 100 万元（1 100−1 000）应计入公允价值变动损益。

更正分录为：

借：公允价值变动损益　　　　　200
　　贷：其他综合收益　　　　　　　200

(3) 事项 (3) 的处理不正确。理由：甲公司应选择违约金与执行合同亏损较低者确认为损失，若不执行合同损失违约金 150 万元，执行合同损失金额 = 11×100 − 10×100 = 100（万元），故应选择执行合同，基于原材料尚未购入，存货尚未生产，则应确认预计负债和营业外支出 100 万元。

更正分录为：

借：存货跌价准备　　　　　　　100
　　贷：资产减值损失　　　　　　　100
借：营业外支出　　　　　　　　100
　　贷：预计负债　　　　　　　　　100

# 第二十三章　资产负债表日后事项

## 考情分析

从近几年出题情况看，本章在考试中处于较为重要的地位，平均分数在 10 分左右，本章内容在各种题型中均可能进行考核，客观题主要考核调整事项与非调整事项的区分、调整事项的相关账务处理原则等；同时经常与前期差错更正、或有事项、收入等知识相结合在主观题进行考核。

## 教材变化

2024 年本章教材内容无实质性变化。

## 考点提示

本章重点是：资产负债表日后事项的概念及涵盖的期间，资产负债表日后事项的内容，资产负债表日后调整事项的会计处理，资产负债表日后非调整事项的会计处理原则和方法。

## 本章考点框架

资产负债表日后事项
- 资产负债表日后事项概述
- 资产负债表日后调整事项
  - 资产负债表日后调整事项处理原则
  - 资产负债表日后调整事项的具体会计处理方法
- 资产负债表日后非调整事项的会计处理
  - 资产负债表日后非调整事项的会计处理原则
  - 资产负债表日后非调整事项的具体会计处理方法

# 考点解读及例题点津

## 第一单元　资产负债表日后事项概述

### **1** 资产负债表日后事项的概念、涵盖期间及内容

#### 一、考点解读

**（一）资产负债表日后事项的概念**

资产负债表日后事项是指资产负债表日至财务报告批准报出日之间发生的有利或不利事项。

（1）资产负债表日是指会计年度末和会计中期期末。其中，年度资产负债表日是指公历12月31日；中期资产负债表日是指各会计中期期末。

（2）财务报告批准报出日是指董事会或类似机构批准财务报告报出的日期。

（3）资产负债表日后事项包括有利事项和不利事项。

（4）资产负债表日后事项不是在这个特定期间内发生的全部事项，而是与资产负债表日存在状况有关的事项，或虽然与资产负债表日存在状况无关，但对企业财务状况具有重大影响的事项。

**（二）资产负债表日后事项涵盖的期间**（见图23-1）

资产负债表日后事项所涵盖的期间是自资产负债表日次日起至财务报告批准报出日止的一段时间。

财务报告批准报出以后、实际报出之前又发生与资产负债表日后事项有关的事项，并由此影响财务报告对外公布日期的，应以董事会或类似机构再次批准财务报告对外公布的日期为截止日期。

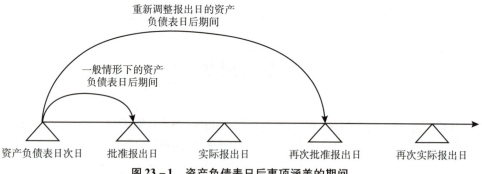

**图23-1　资产负债表日后事项涵盖的期间**

**（三）资产负债表日后事项的内容**

资产负债表日后事项包括：资产负债表日后调整事项和资产负债表日后非调整事项。

1. 调整事项

（1）资产负债表日后调整事项是指对资产负债表日已经存在的情况提供了新的或进一步证据的事项。

提示　区分调整事项的要领：日前存在、日后证实、重大影响。

（2）资产负债表日后调整事项通常包括以下几项：

①资产负债表日后诉讼案件结案，法院判决证实了企业在资产负债表日已经存在现时义务，需要调整原先确认的与该诉讼案件相关的预计负

债，或确认一项新负债；

②资产负债日后取得确凿证据，表明某项资产在资产负债日发生了减值或者需要调整该项资产原先确认的减值金额；

③资产负债表日后进一步确定了资产负债表日前购入资产的成本或售出资产的收入；

④资产负债表日后发现了财务报表舞弊或差错。

2. 非调整事项

（1）资产负债表日后非调整事项是指表明资产负债表日后发生的情况的事项。

（2）以下是资产负债表日后非调整事项：

①资产负债表日后发生重大诉讼、仲裁、承诺；

②资产负债表日后资产价格、税收政策、外汇汇率发生重大变化；

③资产负债表日后因自然灾害导致资产发生重大损失；

④资产负债表日后发行股票和债券以及其他巨额举债；

⑤资产负债表日后资本公积转增资本；

⑥资产负债表日后发生巨额亏损；

⑦资产负债表日后发生企业合并或处置子公司；

⑧资产负债表日后，企业利润分配方案中拟分配的以及经审议批准宣告发放的股利或利润。

提示 （1）资产负债表日后董事会提出的股利分配属于非调整事项，不用作账务处理，在报表附注中披露；

（2）资产负债表日后股东大会通过的现金股利分配方案要作账务处理，属于当年的利润分配，为非调整事项；

（3）区分非调整事项的关键：日前不存在、日后新发生。

对资产负债表日后事项，若在资产负债表日已经存在，则属于调整事项；反之，则属于非调整事项。

提示 （1）同一性质的事项可能是调整事项，也可能是非调整事项，这取决于该事项表明的情况是在资产负债表日还是资产负债表日以前已经存在或发生，还是在资产负债表日后才发生的。

（2）资产负债表日至财务报告批准报出日之间存货售价发生波动的，如有确凿证据表明其对资产负债表日存货已经存在的情况提供了新的证据，应当作为调整事项进行处理；否则，作为非调整事项处理。

## 二、例题点津

【例题1·单选题】甲上市公司2022年的年度财务报告于2023年2月20日编制完成，所得税汇算清缴日为2023年4月15日，注册会计师完成年度财务报表审计工作并签署审计报告的日期为2023年4月16日，董事会批准财务报告对外公布的日期为2023年4月17日，财务报告实际对外公布的日期为2023年4月23日，股东大会召开日期为2023年5月10日。则甲公司2022年度的资产负债表日后事项涵盖的期间为（　　）。

A. 2023年1月1日至2023年4月15日

B. 2023年1月1日至2023年4月16日

C. 2023年1月1日至2023年4月17日

D. 2023年1月1日至203年4月23日

【答案】C

【解析】资产负债表日后事项所涵盖的期间是自资产负债表日次日起至财务报告批准报出日止的一段时间。故应是到董事会批准财务报告对外公布的日期，即2023年4月17日。

【例题2·多选题】在资产负债表日后至财务报告批准报出日前发生的下列事项中，属于资产负债表日后调整事项的有（　　）。

A. 因汇率发生重大变化导致企业持有的外币资金出现重大汇兑损失

B. 发现报告年度重要会计差错

C. 董事会通过利润分配方案

D. 某主要客户在报告年度发生重大火灾，需要大额补提报告年度应收该客户账款的坏账准备

【答案】BD

【解析】选项A、C属于资产负债表日后非调整事项。

【例题3·多选题】甲公司2×23年发生的下列各项资产负债表日后事项中，属于调整事项的有（　　）。

A. 外汇汇率发生重大变化导致外币存款出现巨额汇兑损失

B. 因火灾导致原材料发生重大损失

C. 发现 2×22 年确认的存货减值损失出现重大差错

D. 2×22 年 12 月已全额确认收入的商品因质量问题被全部退回

【答案】CD

【解析】选项 A，外汇汇率发生重大变化导致外币存款出现巨额汇兑损失，属于资产负债表日后非调整事项；选项 B，因火灾导致原材料发生重大损失，属于资产负债表日后非调整事项。

【例题 4·多选题】下列各项企业资产负债表日后事项中，属于非调整事项的有（      ）。

A. 发现报告年度的财务报表重要差错

B. 将资本公积转增资本

C. 因火灾导致厂房毁损

D. 发行债券

【答案】BCD

【解析】选项 A 属于资产负债表日后调整事项。

【例题 5·多选题】企业在报告年度资产负债表日后期间发生的下列事项中，属于资产负债表日后非调整事项的有（      ）。

A. 资产负债表日后期间发生的超额亏损

B. 报告年度的未决诉讼在日后期间判决生效

C. 报告年度以前发生的销售在日后期间因产品质量问题发生退回

D. 溢价发行债券

【答案】AD

【解析】选项 B、C 均属于调整事项。

# 第二单元　资产负债表日后调整事项

## 1 资产负债表日后调整事项处理原则

### 一、考点解读

资产负债表日后发生的调整事项，应当如同资产负债表所属期间发生的事项一样，作出相关账务处理，并对资产负债表日已经编制的财务报表进行调整。

（一）账务处理

（1）涉及损益的事项，通过"以前年度损益调整"科目来核算，不涉及损益的，直接调整相关科目。

提示 视同日后事项在报告期末（上年年末）已发生，然后进行相应的会计处理。所有损益类科目用"以前年度损益调整"科目替代即可。

（2）所得税费用的调整。

涉及损益的调整事项在企业所得税方面应按税收有关法律法规要求进行处理，可能会调整报告年度应纳税所得额、应纳所得税税额，也可能会调整本年度（即报告年度的次年）应纳所得税税额。

（3）涉及利润分配调整的事项，直接在"利

润分配——未分配利润"科目核算。不涉及损益及利润分配的事项，调整相关科目。

（二）财务报表的调整

（1）报告年度财务报表相关项目的期末数或本年发生数。

①资产负债表：年末数。

②利润表：本年数。

③所有者权益变动表：本年金额。

提示 （1）资产负债表中的货币资金项目和现金流量表正表不作调整，因为资产负债表日后发生的现金收付事项属于本期的事项，不属于资产负债表日后事项。

（2）企业因资产负债表日后发生的调整事项所涉及现金流入或流出，为了平衡会计报表，可以通过相关的往来项目（如其他应收款、其他应付款）进行反映；资产负债表日后调整事项所涉及的现金流入或流出作为发生年度的现金流入或流出，反映在发生年度的现金流量表以及资产负债表的货币资金项目内。

（2）当期编制的财务报表相关项目的期初数或上年数。

（3）经过上述调整后，如果涉及报表附注内容的，还应当作出相应调整。

## 二、例题点津

**【例题1·单选题】**企业对资产负债表日后调整事项进行会计处理时，下列报告年度财务报表项目中，不应调整的是（　　）。

A. 损益类项目

B. 应收账款项目

C. 货币资金项目

D. 所有者权益类项目

**【答案】**C

**【解析】**资产负债表日后调整事项中涉及的货币资金，是本年度的现金流量，不影响报告年度的货币资金项目，所以不能调整报告年度资产负债表的货币资金项目。

**【例题2·单选题】**资产负债表日至财务报告批准报出日之间发生的调整事项在进行调整处理时，不能调整的是（　　）。

A. 利润表

B. 资产负债表

C. 现金流量表正表

D. 所有者权益变动表

**【答案】**C

**【解析】**本题考核日后调整事项账务处理时对报表的调整。现金流量表正表本身不调整，但现金流量表补充资料的相关项目应进行调整，调整后并不影响经营活动现金流量的总额。

## 2 资产负债表日后调整事项的具体会计处理方法

### 一、考点解读

（一）资产负债表日后诉讼案件结案，法院判决证实了企业在资产负债表日已经存在<u>现时义务</u>，需要<u>调整原先确认</u>的与该诉讼案件相关的<u>预计负债</u>，或确认一项<u>新负债</u>

1. 确认应支付的赔款

（1）借：以前年度损益调整——营业外支出

　　　　贷：其他应付款（也可能在借方）

借：预计负债

　　贷：其他应付款

（2）支付赔款（该事项属于本年度事项）。

借：其他应付款

　　贷：银行存款

**提示**　资产负债日后发生的<u>现金的收付</u>业务属于<u>本期</u>的事项，不能调整报告年度资产负债表的货币资金项目和现金流量表各项目的数字。

2. 调整递延所得税

借：以前年度损益调整——所得税费用

　　贷：递延所得税资产

**提示**　在实务中，<u>并不直接</u>调整<u>报告年度</u>的<u>应交所得税</u>，而是先在报告年度报表中确认一项递延所得税资产，待本年年末再将该递延所得税资产转回，调整本年度的应交所得税。

3. 调整应交所得税

借：应交税费——应交所得税

　　贷：以前年度损益调整——所得税费用

4. 结转"以前年度损益调整"科目余额

借：利润分配——未分配利润（也可能在贷方）

　　贷：以前年度损益调整

5. 调整利润分配有关数字

借：盈余公积（也可能在贷方）

　　贷：利润分配——未分配利润

**提示**　资产负债表日后调整事项涉及预计负债时：

（1）如果企业<u>不再上诉、赔款已经支付</u>，应继续确认新产生的递延所得税资产或者调减原已确认的递延所得税资产；

（2）如果企业<u>决定上诉</u>，不能确认"其他应付款"，应增加或减少预计负债，继续确认新产生的递延所得税资产或者调减原已确认的递延所得税资产；

（3）涉及<u>对外担保</u>的预计负债，其实际支付时如果税法也不允许扣除，则不产生暂时性差异，不确认递延所得税资产。

（二）资产负债表日后取得<u>确凿证据</u>，表明某项资产在资产负债表日已经发生了<u>减值</u>，或需要调整该项资产原已确认的减值金额

1. 补提减值准备

借：以前年度损益调整——（信用减值损失等）

　　贷：×××准备（也可能在借方）

2. 调整所得税费用

借：递延所得税资产（也可能在贷方）

　　贷：以前年度损益调整——所得税费用

3. 结转"以前年度损益调整"科目的余额

借：利润分配——未分配利润（也可能在贷方）

    贷：以前年度损益调整

4. 调整利润分配有关数字

借：盈余公积（也可能在贷方）

    贷：利润分配——未分配利润

（三）资产负债表日后进一步确定了资产负债表日前购入资产的成本或售出资产的收入

1. 确认销售退回

（1）调整销售收入。

借：以前年度损益调整——主营业务收入
    应交税费——应交增值税（销项税额）

    贷：应收账款

提示 若销售商品时已收到货款，销货退回时也已退款，则有关会计分录如下：

借：以前年度损益调整——主营业务收入
    应交税费——应交增值税（销项税额）

    贷：其他应付款

同时：

借：其他应付款

    贷：银行存款

（2）调整销售成本。

借：库存商品

    贷：以前年度损益调整——主营业务成本

2. 调整所得税费用

（1）按要求调整报告年度应纳税所得额和应纳税税额的，应调整报告年度的应纳税所得额，调整报告应交税费及所得税费用。

借：应交税费——应交所得税

    贷：以前年度损益调整——所得税费用

（2）按要求调整本年度应纳税所得额和应纳所得税税额的，应调整报告年度会计报表的收入、成本等；但按照税法规定，在此期间的销售退回所涉及的应交所得税，应作为本年度的纳税调整事项。

借：递延所得税资产

    贷：以前年度损益调整——所得税费用

3. 将"以前年度损益调整"科目的余额转入未分配利润

借：利润分配——未分配利润

    贷：以前年度损益调整——本年利润

4. 因净利润减少，调减盈余公积

借：盈余公积——法定盈余公积

    贷：利润分配——未分配利润

（四）资产负债表日后发现了财务报表舞弊或差错

这一事项是指资产负债表日至财务报告批准报出日之间发生的属于资产负债表期间或以前期间存在的财务报表舞弊或差错。这种舞弊或差错应当作为资产负债表日后调整事项，调整报告年度的年度财务报告或中期财务报告相关项目的数字。

提示 考生要将该部分知识点与上一章"前期差错更正"联系起来复习。

## 二、例题点津

【例题1·单选题】甲公司2×22年度财务报告于2×23年4月20日经批准对外公布。下列各项甲公司发生的交易或事项中，应据以调整甲公司2×22年度财务报表的是（　　　）。

A. 2×23年2月21日，发行可转换公司债券

B. 2×23年3月28日，决定处置全资子公司

C. 2×23年1月10日，因质量问题被客户退回2×22年已确认收入的商品

D. 2×23年4月25日，发生火灾并造成重大损失

【答案】C

【解析】资产负债表日后调整事项，通常包括下列各项：（1）资产负债表日后诉讼案件结案，法院判决证实了企业在资产负债表日已经存在现时义务，需要调整原先确认的与该诉讼案件相关的预计负债，或确认一项新负债；（2）资产负债表日后取得确凿证据，表明某项资产在资产负债表日发生了减值或者需要调整该项资产原先确认的减值金额；（3）资产负债表日后进一步确定了资产负债表日前购入资产的成本或售出资产的收入；（4）资产负债表日后发现了财务报告舞弊或差错。故选项C正确。

【例题2·多选题】甲公司于2×22年8月18日销售给乙公司的一批商品形成应收账款117万元，款项未收。甲公司于2×22年末针对此应收账款提取了10%的坏账准备。由于乙公司长期经营不善于2×23年2月14日破产，预计甲公司的应收账款只能收回70%。上述事项对2×22年度财务报表项目产生的影响有（　　　）。

A. 递延所得税资产增加 5.85 万元

B. 坏账准备增加 23.4 万元

C. 应收账款减少 23.4 万元

D. 应交税费减少 5.85 万元

【答案】ABC

【解析】资产负债表日后调整事项应当编制的会计分录为：

借：以前年度损益调整
　　[117×(30%－10%)] 23.4
　　贷：坏账准备 23.4

借：递延所得税资产
[117×(30%－10%)×25%] 5.85
　　贷：以前年度损益调整 5.85

借：利润分配——未分配利润
[(23.4－5.85)×90%] 15.795
　　盈余公积 1.755
　　贷：以前年度损益调整 17.55

根据上述分录，选项 A、B 正确，坏账准备属于应收账款的备抵科目，增加的坏账准备应调减应收账款 23.4 万元，故选项 C 正确；选项 D，递延所得税资产增加 5.85 万元，所得税费用项目减少 5.85 万元，故选项 D 错误。

**【例题 3·多选题】** 甲公司适用的企业所得税税率为 25%，预计未来期间适用的企业所得税税率不会发生变化且能够产生足够的应纳税所得额用以抵减可抵扣暂时性差异，其 2×22 年度财务报表批准报出日为 2×23 年 4 月 15 日。2×23 年 2 月 10 日，甲公司调减了 2×22 年计提的坏账准备 100 万元，该调整事项发生时，企业所得税汇算清缴尚未完成。不考虑其他因素，上述调整事项对甲公司 2×22 年度财务报表项目产生的影响有（　　）。

A. 递延所得税资产减少 25 万元

B. 所得税费用增加 25 万元

C. 应交税费增加 25 万元

D. 应收账款增加 100 万元

【答案】ABD

【解析】资产负债表日后期间发生的调整事项，相应账务处理为：

借：坏账准备 100
　　贷：以前年度损益调整——信用减值
　　　　损失 100

借：以前年度损益调整——所得税费用
　　　　　　　　　　　　　　　　　　25
　　贷：递延所得税资产 25

综上，应调整减少递延所得税资产项目 25 万元，调整增加所得税费用项目 25 万元。坏账准备属于应收账款的备抵科目，冲减的坏账准备调整增加应收账款项目金额 100 万元。选项 A、B、D 正确。

# 第三单元　资产负债表日后非调整事项的会计处理

## 1 资产负债表日后非调整事项的会计处理原则

### 一、考点解读

资产负债表日后非调整事项与资产负债表日存在状况无关，不应当调整资产负债表日财务报表。但有的事项重大，如不加以说明，将会影响财务报告使用者作出正确估计和决策，因此，应在附注中加以披露。

资产负债表日后非调整事项的主要例子有：

（1）资产负债表日后发生的重大诉讼、仲裁、承诺；（2）资产负债表日资产价格、税收政策、外汇汇率发生重大变化；（3）资产负债表日后因自然灾害导致资产发生重大损失；（4）资产负债表日后发行股票和债券以及其他巨额举债；（5）资产负债表日后资本公积转增资本；（6）资产负债表日后发生巨额亏损；（7）资产负债表日后发生企业合并或处置子企业；（8）资产负债表日后企业利润分配方案中拟分配的以及经审议批准宣告发放的股利或利润。

### 二、例题点津

**【例题 1·多选题】** A 公司 2×22 年度财务报告于 2×23 年 2 月 20 日批准报出。公司发生的下列事项中，必须在其 2×22 年度会计报表附注中披露的有（　　）。

A. 2×23 年 1 月 10 日，因决策失误发生巨额亏损

B. 2×23 年 1 月 20 日，公司遭受火灾造成存货重大损失 6 000 万元

C. 2×23 年 1 月 30 日，发现上年应计入管理费用的 40 万元职工薪酬误计入在建工程

D. 2×23 年 2 月 1 日，向某公司投资 8 000 万元，从而持有该公司 85% 的股份

【答案】ABD

【解析】选项 A、B、D，属于资产负债表日后非调整事项，需要披露；选项 C，属于资产负债表日后调整事项，应调整报告年度的报表，不需要披露。

【例题 2·多选题】下列关于资产负债表日后事项的表述中，正确的有（　　）。

A. 影响重大的资产负债表日后非调整事项应在附注中披露

B. 对资产负债表日后调整事项应当调整资产负债表日财务报表有关项目

C. 资产负债表日后事项包括资产负债表日至财务报告批准报出日之间发生的全部事项

D. 判断资产负债表日后调整事项的标准在于该事项对资产负债表日存在的情况提供了新的或进一步的证据

【答案】ABD

【解析】资产负债表日后事项，是指资产负债表日至财务报告批准报出日之间发生的有利或不利事项，而非全部事项，选项 C 错误。

## ② 资产负债表日后非调整事项的具体会计处理办法

### 一、考点解读

（1）资产负债表日后发生的非调整事项，应当在报表附注中披露每项重要的资产负债表日后非调整事项的性质、内容及其对财务状况、经营成果的影响；无法作出估计的，应当说明原因。

（2）资产负债表日后，企业利润分配方案中拟分配的以及经审议批准宣告发放的股利或利润，不会使企业在资产负债表日形成现时义务，

不确认为资产负债表日的负债，但应当在附注中单独披露。

### 二、例题点津

【例题 1·多选题】下列各项关于企业资产负债表日后事项会计处理的表述中，正确的有（　　）。

A. 重要的非调整事项应当在报告年度财务报表附注中披露

B. 调整事项涉及损益的，应调整报告年度利润表相关项目的金额

C. 发生在报告年度企业所得税汇算清缴后涉及损益的调整事项，不应调整报告年度的应纳税所得额

D. 调整事项涉及现金收支的，应调整报告年度资产负债表的货币资金项目的金额

【答案】ABC

【解析】资产负债表日后事项如涉及现金收支项目，均不调整报告年度资产负债表的货币资金项目和现金流量表正表各项目数字，选项 D 错误。

【例题 2·判断题】资产负债表日至财务报告批准报出日之间，股东大会批准了董事会拟订的股利分配方案，企业应将该事项作为资产负债表日后调整事项处理。（　　）

【答案】×

【解析】资产负债表日至财务报告批准报出日之间，股东大会批准了董事会拟订的股利分配方案，企业应将该事项作为资产负债表日后非调整事项。

【例题 3·判断题】企业在资产负债表日至财务批准报出日之间发生巨额经营亏损时，应对资产负债表日的财务报表相关项目进行调整。（　　）

【答案】×

【解析】企业在资产负债表日后发生巨额亏损与资产负债表日存在状况无关，不应当调整资产负债表日的财务报表，但会对企业报告期以后的财务状况和经营成果产生重大影响，应当在财务报表附注中及时披露该事项，以便为投资者或其他财务报告使用者作出正确决策提供信息。

# 本章考点巩固练习题

## 一、单项选择题

1. A公司2×22年度财务报告经董事会批准对外公布的日期为2×23年4月30日，该公司2×23年1月1日至4月30日之间发生的下列各事项中，属于调整事项的是（　　）。
   A. 因债务人2×23年2月遭受重大自然灾害，导致A公司一项巨额应收账款无法收回
   B. 2×23年1月1日，A公司以资本公积转增资本
   C. 2×23年2月1日，A公司就一项重大资产重组交易作出承诺
   D. 2×23年4月1日有新证据表明一批存货在2×22年12月31日的可变现净值已低于其成本

2. A公司2×22年度财务报告批准报出日为2×23年4月20日，下列发生的各交易或事项中，属于资产负债表日后非调整事项的是（　　）。
   A. 2×23年3月20日发现上年度重大会计差错
   B. 2×23年2月15日因自然灾害导致资产发生重大损失
   C. 2×23年5月1日发生巨额举债
   D. 2×23年5月1日资产负债表日后处置子公司

3. 甲公司2×22年度财务报告于2×23年1月10日编制完成，董事会批准对外报出的日期为2×23年3月28日，实际报出日为2×23年3月31日。甲公司2×22年10月向乙公司出售原材料，售价为5 000万元，不考虑增值税等相关税费，根据销售合同，乙公司应在收到原材料后3个月内付款。至2×22年12月31日，乙公司尚未付款。2×22年12月31日甲公司依据掌握的资料判断，乙公司发生了财务困难，从而对该项债权计提了30%的坏账准备。2×23年2月1日，乙公司遭受重大火灾，导致甲公司最终80%的应收账款无法收回。则甲公司2×22年度财务报表中，该项债权的账面价值为（　　）万元。

   A. 5 000　　　　　　B. 3 500
   C. 800　　　　　　　D. 4 000

4. 2×22年11月份甲公司与乙公司签订一项供销合同，由于甲公司未按合同发货，致使乙公司发生重大经济损失。甲公司2×22年12月31日在资产负债表中的"预计负债"项目反映了500万元的赔偿款。2×23年2月10日（财务报告批准报出日为3月31日，所得税汇算清缴日为5月31日）经法院判决，甲公司需偿付乙公司经济损失600万元。甲公司不再上诉，赔偿款已支付。甲公司适用的所得税税率为25%。则关于甲公司该事项的会计处理，下列表述正确的是（　　）。
   A. 调减应交所得税150万元
   B. 调减营业外支出100万元
   C. 冲减递延所得税资产25万元
   D. 冲减银行存款600万元

5. 甲公司适用的企业所得税税率为25%，预计未来期间适用的企业所得税税率不会发生变化且能够产生足够的应纳税所得额用以抵减可抵扣暂时性差异，其2×22年度财务报表批准报出日为2×23年4月10日。2×23年3月1日，甲公司补提2×22年的坏账准备100万元，该调整事项发生时，企业所得税汇算清缴尚未完成。不考虑其他因素，上述调整事项对甲公司2×22年度财务报表项目产生的影响正确的是（　　）。

   A. 递延所得税资产减少25万元
   B. 所得税费用增加25万元
   C. 应交税费增加12.5万元
   D. 应收账款减少100万元

6. 甲公司为增值税一般纳税人，所得税采用资产负债表债务法核算，适用的所得税税率为25%，年度财务报告批准报出日为次年4月30日。2×23年2月15日甲公司完成了2×22年度所得税汇算清缴工作。则甲公司2×23年1月1日至4月30日发生的下列事项中，属于2×22年度资产负债表日后调整事项的

是（　　）。

A. 2×23 年 1 月 30 日发现 2×22 年末在建工程余额 200 万元，于 2×22 年 6 月已达到预定可使用状态但尚未转入固定资产

B. 2×23 年 3 月持有的外国国债因外汇汇率发生变动，价格下降 200 万元

C. 2×23 年 4 月 10 日发生严重火灾，损失一栋仓库，价值 100 万元

D. 2×23 年 4 月 18 日企业宣告分配现金股利

7. 甲公司 2×22 年度财务报告批准报出日为 2×23 年 4 月 20 日，2×23 年 4 月 1 日，甲公司收到债务人丁公司破产清算组偿还的货款 5 万元，已收存银行，甲公司与丁公司的债权债务就此结清。2×22 年 12 月 31 日，甲公司对丁公司该笔所欠货款 20 万元计提的坏账准备余额为 12 万元。甲公司按照净利润的 10% 提取法定盈余公积。本题不考虑增值税、企业所得税等相关税费及其他因素。下列会计处理中，不正确的是（　　）。

A. 借：以前年度损益调整——信用减值损失　　　　　　　　　　　　　3

　　　贷：坏账准备　　　　　　　　3

B. 借：以前年度损益调整——信用减值损失　　　　　　　　　　　　　5

　　　贷：坏账准备　　　　　　　　5

C. 借：盈余公积　　　　　　　　　0.3
　　　利润分配——未分配利润
　　　　　　　　　　　　　　　　2.7

　　　贷：以前年度损益调整——信用减值损失　　　　　　　　　3

D. 借：坏账准备　　　　　　　　　15

　　　贷：应收账款　　　　　　　　15

## 二、多项选择题

1. 甲公司 2×22 年度财务报告于 2×23 年 3 月 31 日批准报出，甲公司因违约于 2×22 年 10 月被乙公司起诉，该项诉讼在 2×22 年 12 月 31 日尚未判决，甲公司认为很可能败诉，预计赔偿的金额为 200 万元，将其确认为预计负债。2×23 年 3 月 12 日，法院判决甲公司需要赔偿乙公司的经济损失为 190 万元，甲公司和乙公司均服从法院判决，同时甲公司向乙公司支付 190 万元。甲公司关于上述事项会计处理的表述中正确的有（　　）。

A. 与乙公司的诉讼案件结案属于资产负债表日后调整事项

B. 对于诉讼事项，应在 2×22 年资产负债表中调减预计负债 200 万元

C. 该事项使 2×22 年利润总额减少 190 万元

D. 该事项应调减 2×22 年资产负债表中货币资金项目 190 万元

2. 关于资产负债表日后事项，下列说法中正确的有（　　）。

A. 资产负债表日后期间发生的调整事项如涉及现金收支项目的，不调整报告年度现金流量表正表各项目数字

B. 对资产负债表日后事项中的调整事项，涉及损益的事项，通过"以前年度损益调整"科目核算，然后将"以前年度损益调整"科目的余额转入"利润分配——未分配利润"科目

C. 资产负债表日后期间发生的"已证实资产发生减损"，可能是调整事项，也可能是非调整事项

D. 资产负债表日后事项中的调整事项，对不利事项，应当调整报告年度财务报表相关项目数字；对有利事项，则不作调整

3. 企业发生的资产负债表日后调整事项，通常包括（　　）。

A. 资产负债表日后进一步确定了资产负债表日前购入资产的成本或售出资产的收入

B. 资产负债表日后取得确凿证据，表明某项资产在资产负债表日发生了减值或者需要调整该项资产原先确认的减值金额

C. 资产负债表日后发生巨额亏损

D. 资产负债表日后发现了财务报表舞弊或差错

4. 2×22 年 11 月 11 日甲公司向乙公司销售一批产品，形成应收账款 1 160 万元，12 月 10 日甲公司得知乙公司发生严重财务困难，于当年年末按预计信用损失法对应收账款计提 50% 坏账准备。2×23 年 1 月 31 日甲公司得知乙公司因财务困难严重已资不抵债，预计仅能够收回应收账款的 10%。甲公司 2×22 年度财务报告批准报出日为 2×23 年 3 月 19 日。根据税法规定实际发生坏账损失时可以税前扣除，甲公司适用所得税税率为 25%。

不考虑其他因素，下列各项会计处理中正确的有（　　）。

A. 借：以前年度损益调整——信用减值损失
　　　　　　　　　　　　　　464
　　　贷：坏账准备　　　　　464

B. 借：所得税费用　　　　　116
　　　贷：应交税费——应交所得税
　　　　　　　　　　　　　　116

C. 借：递延所得税资产　　　116
　　　贷：以前年度损益调整——所得税费用
　　　　　　　　　　　　　　116

D. 借：应交税费——应交所得税
　　　　　　　　　　　　　　116
　　　贷：递延所得税负债　　116

5. 甲公司 2×22 年度的财务报告批准报出日为 2×23 年 3 月 30 日。资产负债表日后期间两笔应收款出现如下情况：（1）2×23 年 1 月 30 日接到通知，债务人 A 企业宣告破产，其所欠甲公司账款 400 万元预计只能收回 30%。甲公司在 2×22 年 12 月 31 日以前已被告知 A 企业资不抵债，面临破产，并已经计提坏账准备 80 万元。（2）2×23 年 3 月 15 日，甲公司收到 B 企业通知，被告知 B 企业于 2×23 年 2 月 13 日发生火灾，预计所欠甲公司的 300 万元货款全部无法偿还。不考虑其他因素，下列说法中正确的有（　　）。

A. 事项（1）属于资产负债表日后调整事项

B. 事项（2）属于资产负债表日后非调整事项

C. 应调减 2×22 年 12 月 31 日资产负债表"应收账款"项目 200 万元

D. 应调增 2×22 年利润表"信用减值损失"项目 280 万元

6. 甲公司因产品质量问题被客户起诉至人民法院，至 2×22 年 12 月 31 日人民法院尚未作出判决。甲公司咨询法律顾问认为很可能支付赔偿金，金额在 180 万~240 万元之间，并且该区间每个金额发生概率相同，随后甲公司确认了预计负债 180 万元。2×23 年 2 月 10 日经注册会计师审计发现甲公司因产品质量诉讼确认的预计负债金额不合理，责令甲公司进行更正。假定甲公司 2×22 年财务报告于 2×23 年 3 月 15 日批准报出，按照净利润的 10% 计提法定盈余公积。不考虑其他因素，

则下列说法中正确的有（　　）。

A. 甲公司于 2×22 年计提的预计负债属于会计差错

B. 甲公司应调整增加 2×23 年预计负债 30 万元

C. 甲公司应调整增加报告年度的预计负债 30 万元

D. 甲公司因该事项应调整减少盈余公积 3 万元

7. 下列各项关于资产负债表日后调整事项的会计处理表述中，不正确的有（　　）。

A. 资产负债表日后调整事项均不得调整"应交税费——应交所得税"

B. 资产负债表日后调整事项涉及损益类科目的调整应通过"利润分配"科目核算

C. 资产负债表日后调整事项产生暂时性差异的，满足递延所得税确认条件应确认递延所得税资产或递延所得税负债

D. 资产负债表日后调整事项仅需对报告年度相关项目的期末数和本年发生数进行调整

## 三、判断题

1. 董事会或类似机构批准财务报告对外公布的日期，与实际对外公布日之间发生的与资产负债表日后事项有关的事项，由此影响财务报告对外公布日期的，应以董事会或类似机构首次批准财务报告对外公布的日期为截止日期。　　　　　　　　　　　　（　　）

2. 企业在报告年度资产负债表日至财务报告批准报出日之间发生销售并退货的业务，应作为调整事项进行处理。　　　（　　）

3. 资产负债表日后期间涉及报告年度所属期间的销售退回发生于报告年度所得税汇算清缴之前，应调整报告年度利润表的收入、成本等，并相应调整报告年度的应纳税所得额及报告年度应缴纳的所得税等。　（　　）

4. 资产负债表日后期间发现以前期间的会计差错，但是金额很小，应将其作为非调整事项处理。　　　　　　　　　（　　）

5. 资产负债表日后期间发生的非调整事项，如果是不利事项应在财务报告中披露，但有利事项无须披露。　　　　　（　　）

## 四、计算分析题

甲公司为增值税一般纳税人，适用的增值税

税率为13%，适用的所得税税率为25%，按净利润的10%计提盈余公积。甲公司与收入有关的资料如下：

(1) 2×22年3月10日，甲公司向乙公司销售一批商品，不含增值税的销售价格为2 000万元，增值税税额为260万元，该批商品成本为1 600万元，未计提存货跌价准备，该批商品已发出，满足收入确认条件。4月10日，乙公司在验收该批商品时发现其外观有瑕疵，甲公司同意按不含增值税的销售价格给予10%的折让，红字增值税专用发票上注明的价款为200万元，增值税税额为26万元。5月10日，甲公司收到丙公司支付的款项2 034万元。

(2) 2×23年1月10日，因产品质量问题，甲公司收到丙公司退回的一批商品，红字增值税专用发票上注明的价款为400万元，增值税税额为52万元，该批商品系2×22年12月10日售出，销售成本为320万元，已于当日全部确认为收入，款项尚未收到，未计提坏账准备，甲公司2×22年度财务报告批准报出日为2×23年3月10日，2×22年度所得税汇算清缴于2×23年4月30日完成。

除上述资料外，不考虑其他因素。

**要求：**

(1) 根据资料 (1)，编制甲公司相关业务的会计分录。

(2) 根据资料 (2)，判断该事项是否属于资产负债表日后调整事项，如为调整事项，编制相应的会计分录。

("应交税费"科目要求写出明细科目及专栏名称；答案中的金额单位用万元表示。)

## 五、综合题

甲公司系增值税一般纳税人，适用的企业所得税税率为25%，按净利润的10%计提法定盈余公积，甲公司2×22年所得税汇算清缴于2×23年2月20日完成，2×22年财务报告批准报出日为2×23年3月15日，未来期间能够产生足够的应纳税所得额用于抵减可

抵扣暂时性差异。2×22年至2×23年，甲公司发生的相关交易或事项如下：

资料一：2×22年11月1日，甲公司以银行存款450万元购入一批商品，并已验收入库，采用实际成本法核算。2×23年2月1日，该批商品因火灾全部毁损。

资料二：2×22年12月1日，甲公司收到法院通知。由于未能按期履行销售合同被乙公司起诉。2×22年12月31日，案件尚未判决，甲公司预计败诉的可能性为75%，预计的赔偿金额区间为70万~100万元，且该区间内每个金额发生的可能性大致相同。

资料三：2×23年2月10日，法院对乙公司起诉甲公司案件作出判决。甲公司被判赔偿乙公司90万元，双方均表示不再上诉，当日，甲公司以银行存款向乙公司支付赔款。

资料四：2×23年3月1日，甲公司股东大会审议通过2×22年度股利分配方案，决定以公司2×22年末总股本为基数，每10股配送0.5元，共分派现金股利2 500万元。

本题不考虑除企业所得税以外的税费及其他因素。

**要求：**

(1) 判断甲公司2×23年2月1日商品毁损是否属于2×22年资产负债表日后调整事项，如果为调整事项，编制相关会计分录，如果为非调整事项，简要说明理由。

(2) 计算甲公司2×22年12月31日应确认的预计负债金额，并分别编制甲公司确认预计负债和相关递延所得税的会计分录。

(3) 判断甲公司2×23年2月10日收到法院判决是否属于2×22年资产负债表日后调整事项，如果为调整事项，编制相关会计分录，如果为非调整事项，简要说明理由。

(4) 判断甲公司2×23年3月1日审议通过股权分配方案是否属于2×22年资产负债表日后调整事项，如果为调整事项，编制相关会计分录，如果为非调整事项，简要说明理由。

## 本章考点巩固练习题参考答案及解析

### 一、单项选择题

1.【答案】D
【解析】选项 A、B、C 均与资产负债表日的存在状况无关，均属于非调整事项。

2.【答案】B
【解析】选项 A 发生于资产负债表日后期间，在资产负债表日或以前已经存在，属于日后调整事项；选项 B 发生于资产负债表日后期间，在资产负债表日或者以前尚未存在，属于非调整事项；选项 C、D 不属于资产负债表日后期间。

3.【答案】B
【解析】乙公司发生火灾这一事实是在甲公司资产负债表日后期间才发生的，因此导致甲公司应收款项坏账损失比例发生变动属于非调整事项，应收债权的账面价值仍然维持资产负债表日的账面价值，即 ＝5 000×(1－30%) ＝3 500 (万元)。

4.【答案】A
【解析】资产负债表日存在的诉讼事项在资产负债表日后期间结案的，应作为资产负债表日后调整事项处理，涉及损益的通过"以前年度损益调整"科目核算，并且不调整货币资金项目。调整分录为：

借：以前年度损益调整——营业外支出
　　　　　　　　　　　　　　　　　100
　　预计负债　　　　　　　　　　　500
　　　贷：其他应付款　　　　　　　　　600
借：以前年度损益调整——所得税费用
　　　　　　　　　　　　　　　　　125
　　　贷：递延所得税资产
　　　　　　　　　　 (500×25%) 125
借：应交税费——应交所得税
　　　　　　　　　　 (600×25%) 150
　　　贷：以前年度损益调整　　　　　150
借：其他应付款　　　　　　　　　　600
　　　贷：银行存款　　　　　　　　　　600

注：此分录不调整 2×22 年财务报表，实际支付的赔偿款应该作为当期事项进行核算。

5.【答案】D
【解析】资产负债表日后期间发生的调整事项，相应账务处理为：

借：以前年度损益调整——信用减值损失
　　　　　　　　　　　　　　　　　100
　　　贷：坏账准备　　　　　　　　　　100
借：递延所得税资产　　　　　　　　　25
　　　贷：以前年度损益调整——所得税费用
　　　　　　　　　　　　　　　　　　25

综上，应调整增加递延所得税资产项目 25 万元，调整减少所得税费用项目 25 万元。坏账准备属于应收账款的备抵科目，增加的坏账准备调整减少应收账款项目 100 万元。选项 D 正确。

6.【答案】A
【解析】资产负债表日后发生重大外汇汇率变动、自然灾害导致资产重大损失、经审议批准宣告分配现金股利等属于资产负债表日后非调整事项，选项 B、C、D 不正确。

7.【答案】B
【解析】由于 2×22 年 12 月 31 日已经计提的坏账准备为 12 万元，则应收账款账户余额为 8 万元，然而实际只收到 5 万元货款，故应当补提坏账准备 3 万元。选项 A 正确，选项 B 错误。

### 二、多项选择题

1.【答案】ABC
【解析】法院已结案的诉讼项目赔偿额与原确认的预计负债有差异，应作为资产负债表日后调整事项处理，选项 A 正确；因该事项已结案，所以应将原确认的预计负债冲回，选项 B 正确；考虑调整事项后确认的营业外支出为 190 万元，使利润总额减少 190 万元，选项 C 正确；该事项应调增 2×22 年资产负债表中其他应付款项目 190 万元，不应调整 2×22 年资产负债表中的货币资金项目，选项 D 错误。

2. 【答案】ABC

【解析】选项 D，资产负债表日后事项中的调整事项，无论是有利事项还是不利事项，均应当调整报告年度财务报表相关项目数字。

3. 【答案】ABD

【解析】选项 C 属于日后非调整事项。

4. 【答案】AC

【解析】2×23 年 1 月 31 日甲公司得知乙公司因财务困难严重已资不抵债，预计仅能够收回应收账款的 10%，属于资产负债表日后调整事项，应当编制的会计分录为：

（1）补提坏账准备。

应补提的坏账准备 = 应计提的坏账准备 − 已计提的坏账准备 = 1 160 × （1 − 10%）− 1 160 × 50% = 464（万元）

借：以前年度损益调整——信用减值损失

　　　　　　　　　　　　　　464

　　贷：坏账准备　　　　　　464

（2）确认递延所得税影响。

借：递延所得税资产

　　　　（464 × 25%）116

　　贷：以前年度损益调整——所得税费用

　　　　　　　　　　　　　　116

（3）结转"以前年度损益调整"余额。

借：盈余公积、未分配利润

　　　　（464 − 116）348

　　贷：以前年度损益调整　348

5. 【答案】ABC

【解析】应收 A 企业款项，在资产负债表日之前就存在相关减值迹象，资产负债表日后期间又取得进一步证据而对报告年度处理进行调整的事项，选项 A 正确；应收 B 企业款项，在资产负债表日之后才发生减值迹象，属于资产负债表日后非调整事项，选项 B 正确；应调减对 A 企业的应收账款账面价值，调增信用减值损失的金额 = 400 × （1 − 30%）− 80 = 200（万元），选项 C 正确，选项 D 不正确。

6. 【答案】ACD

【解析】甲公司未按照合理估计的金额确认预计负债属于前期差错，选项 A 正确；日后期间发现的前期差错应当调整报告年度的报表项目，故甲公司应调整 2×22 年的预计负债

金额 = （180 + 240）/2 − 180 = 30（万元），选项 B 错误，选项 C 正确；甲公司因该事项应调整减少盈余公积的金额 = 30 × 10% = 3（万元），选项 D 正确。

甲公司会计处理如下：

借：以前年度损益调整——营业外支出

　　　　　　　　　　　　　　30

　　贷：预计负债　　　　　　30

借：利润分配——未分配利润　27

　　盈余公积　　　　　　　　3

　　贷：以前年度损益调整　　30

7. 【答案】ABD

【解析】选项 A，资产负债表日后调整事项涉及所得税的，如果税法允许调整当期所得税，可以调整"应交税费——应交所得税"；选项 B，资产负债表日后事项涉及损益类科目的调整应该通过"以前年度损益调整"科目核算；选项 D，资产负债表日后调整事项需对报告年度相关项目的期末数和本期发生数进行调整，以及当期编制财务报表相关项目的期初数和上年数进行调整。

## 三、判断题

1. 【答案】×

【解析】董事会或类似机构批准财务报告对外公布的日期，与实际对外公布日之间发生的与资产负债表日后事项有关的事项，由此影响财务报告对外公布日期的，应以董事会或类似机构再次批准财务报告对外公布的日期为截止日期。

2. 【答案】×

【解析】报告年度资产负债表日前销售的商品，资产负债表日后期间退回，才属于调整事项。

3. 【答案】√

【解析】该说法正确。

4. 【答案】×

【解析】资产负债表日后期间发现的以前期间的会计差错，无论金额是否重大，都应作为调整事项处理。

5. 【答案】×

【解析】资产负债表日后期间发生的重要的非调整事项，有利事项和不利事项均应在财务

报表附注中披露。

## 四、计算分析题

【答案】

(1) 2×22 年 3 月 10 日：

借：应收账款　　　　　　　2 260
　　贷：主营业务收入　　　　　2 000
　　　　应交税费——应交增值税（销项税额）
　　　　　　　　　　　　　　　　260
借：主营业务成本　　　　　1 600
　　贷：库存商品　　　　　　　1 600

2×22 年 4 月 10 日：

借：主营业务收入　　　　　　200
　　应交税费——应交增值税（销项税额）
　　　　　　　　　　　　　　　　26
　　贷：应收账款　　　　　　　226

2×22 年 5 月 10 日：

借：银行存款　　　　　　　2 034
　　贷：应收账款　　　　　　　2 034

(2) 该销售退回发生在财务报告批准报出日之前，并且是对资产负债表日之前存在的事项作出进一步说明，所以属于资产负债表日后调整事项。

借：以前年度损益调整——主营业务收入
　　　　　　　　　　　　　　　　400
　　应交税费——应交增值税（销项税额）
　　　　　　　　　　　　　　　　52
　　贷：应收账款　　　　　　　452
借：库存商品　　　　　　　　320
　　贷：以前年度损益调整——主营业务成本
　　　　　　　　　　　　　　　　320
借：应交税费——应交所得税
　　　　　[(400－320)×25%] 20
　　贷：以前年度损益调整——所得税费用
　　　　　　　　　　　　　　　　20
借：利润分配——未分配利润
　　　　　　　(400－320－20) 60
　　贷：以前年度损益调整　　　　60
借：盈余公积　　　　(60×10%) 6
　　贷：利润分配——未分配利润　　6

## 五、综合题

【答案】

(1) 甲公司 2×23 年 2 月 1 日商品毁损不属于 2×22 年资产负债表日后调整事项。

理由：因资产负债表日后才发生火灾导致资产发生重大损失，属于日后非调整事项。

(2) 甲公司 2×22 年 12 月 31 日应确认的预计负债金额＝(70＋100)/2＝85（万元）。

借：营业外支出　　　　　　　85
　　贷：预计负债　　　　　　　85
借：递延所得税资产　　　　21.25
　　贷：所得税费用　　　　　21.25

(3) 甲公司 2×23 年 2 月 10 日收到法院判决属于 2×22 年资产负债表日后调整事项。

借：预计负债　　　　　　　　85
　　以前年度损益调整　　　　　5
　　贷：其他应付款　　　　　　90
借：其他应付款　　　　　　　90
　　贷：银行存款　　　　　　　90
借：以前年度损益调整　　　21.25
　　贷：递延所得税资产　　　21.25
借：应交税费——应交所得税
　　　　　　　(90×25%) 22.5
　　贷：以前年度损益调整　　22.5
借：盈余公积　　　　　　　0.375
　　利润分配——未分配利润3.375
　　贷：以前年度损益调整
　　　　　　　　　　　　　　3.75

(4) 甲公司 2×23 年 3 月 1 日审议通过股权分配方案不属于 2×22 年资产负债表日后调整事项。

理由：资产负债表日后，企业利润分配方案中拟分配的以及经审议批准宣告发放的股利或利润，均属于日后非调整事项。

# 第二十四章 政府会计

## 考情分析

本章内容以前年度考试试卷所占比重一般，分值保持在 3 分左右。题型一般为单项选择题、多项选择题和判断题，通常不涉及计算分析题及综合题。

## 教材变化

2024 年本章教材内容有变动，变动内容主要有：删除了第二节中第九部分"PPP 项目合同"全部内容。

## 考点提示

本章主要包括两部分内容：第一部分为政府会计概述，这部分内容涵盖的概念性的知识点较多，需要掌握政府会计核算模式、政府会计要素及其确认和计量等内容，复习中注重结合财务会计的对比来理解政府会计的特点；第二部分主要围绕行政事业单位会计特定业务的核算展开，需要掌握行政事业单位财政拨款收支业务、非财政拨款收支业务、预算结转结余及分配业务、净资产业务、受托代理业务和部分重要资产、负债等特定业务的会计处理，复习中注意掌握财务会计与预算会计的"平行记账"账务处理。

本章内容繁琐且复杂，会计处理方法与前面章节的处理大相径庭，涉及的会计科目名称也有所不同，需要特殊记忆，注意不要与之前的会计处理混淆。

# 本章考点框架

政府会计
├─ 政府会计概述
│  ├─ 政府会计核算模式
│  ├─ 政府会计要素及其确认和计量
│  └─ 政府决算报告和财务报告
└─ 行政事业单位会计特定业务的会计核算
   ├─ 行政事业单位会计核算的基本特点
   ├─ 财政拨款收支业务
   ├─ 非财政拨款收支业务
   ├─ 预算结转结余及分配业务
   ├─ 净资产业务
   ├─ 资产业务
   ├─ 负债业务
   ├─ 受托代理业务
   └─ 部门（单位）合并财务报表

# 考点解读及例题点津

## 第一单元　政府会计概述

### 1 政府会计核算模式

#### 一、考点解读

政府会计由预算会计和财务会计构成，实行"双功能、双基础、双报告"的核算模式，在此核算模式下，行政事业单位应当对预算会计和财务会计进行平行记账。政府会计的核算主要体现在预算会计与财务会计的适度分离与相互衔接，如表24-1所示。

表24-1　　　　　　　　　预算会计与财务会计适度分离与相互衔接

| | | | |
|---|---|---|---|
| 适度分离 | 双功能 | 预算会计 | 预算收入、预算支出与预算结余三个要素 |
| | | 财务会计 | 资产、负债、净资产、收入和费用五个要素 |
| | 双基础 | 收付实现制 | 以现金的实际收付为标志来确定本期收入和支出的会计核算基础 |
| | | 权责发生制 | 以取得收取款项的权利或支付款项的义务为标志来确定本期收入和费用的会计核算基础 |
| | 双报告 | 决算报告 | 以收付实现制为基础，以预算会计核算生成的数据为准 |
| | | 财务报告 | 主要以权责发生制为基础，以财务会计核算生成的数据为准 |
| 相互衔接 | 单位对于纳入部门预算管理的现金收支业务，在采用财务会计核算的同时应当进行预算会计核算；对于其他业务，仅需进行财务会计核算。这是平行记账的基本规则 | | |

第二十四章

## 二、例题点津

**【例题 1·单选题】**下列关于政府会计核算模式的说法中,错误的是( )。

A. 预算会计实行收付实现制(国务院另有规定的,从其规定),财务会计实行权责发生制

B. 政府财务报告的编制主要以权责发生制为基础,以预算会计核算生成的数据为准

C. 预算会计通过预算收入、预算支出与预算结余三个要素,对政府会计主体预算执行过程中发生的全部预算收入和全部预算支出进行会计核算

D. 财务会计通过资产、负债、净资产、收入和费用五个要素,对政府会计主体发生的各项经济业务或者事项进行会计核算

**【答案】**B

**【解析】**政府财务报告的编制主要以权责发生制为基础,以财务会计核算生成的数据为准,选项 B 错误。

**【例题 2·单选题】**政府会计核算模式中的"双报告"包括( )。

A. 决算报告和财务报告

B. 部门综合报告和财政总报告

C. 部门报告和单位报告

D. 财务报告和管理报告

**【答案】**A

**【解析】**政府会计由预算会计和财务会计构成,实行"双功能、双基础、双报告"的核算模式,其中"双报告",指政府会计主体应当编制决算报告和财务报告。政府决算报告的编制主要以收付实现制为基础,以预算会计核算生成

的数据为准;政府财务报告的编制主要以权责发生制为基础,以财务会计核算生成的数据为准。

**【例题 3·判断题】**政府单位对于纳入部门预算管理的现金收支业务在采用财务会计核算的同时应当进行预算会计核算。( )

**【答案】**√

**【例题 4·判断题】**政府会计主体应当以财务会计核算生成的数据为基础编制政府决算报告。( )

**【答案】**×

**【解析】**政府会计主体应当以预算会计核算生成的数据为基础编制政府决算报告,以财务会计核算生成的数据为基础编制政府财务报告。

## 2 政府会计要素及其确认和计量

### 一、考点解读

政府会计要素包括预算会计要素和财务会计要素,如图 24-1 所示。

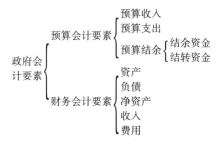

图 24-1　政府会计要素

(一)政府预算会计要素(见表 24-2)

表 24-2　　　　　　　　　　　政府预算会计要素

| 要素 | | 概念及分类 |
| --- | --- | --- |
| 预算收入 | | 预算收入是指政府会计主体在预算年度内依法取得的并纳入预算管理的现金流入。预算收入一般在实际收到时予以确认,以实际收到的金额计量 |
| 预算支出 | | 预算支出是指政府会计主体在预算年度内依法发生并纳入预算管理的现金流出。预算支出一般在实际支付时予以确认,以实际支付的金额计量 |
| 预算结余 | | 预算结余是指政府会计主体预算年度内预算收入扣除预算支出后的资金余额,以及历年滚存的资金余额 |
| | 结余资金 | 结余资金是指年度预算执行终了,预算收入实际完成数扣除预算支出和结转资金后剩余的资金 |

续表

| 要素 | | 概念及分类 |
|---|---|---|
| 预算结余 | 结转资金 | 结转资金是指预算安排项目的支出年终尚未执行完毕或者因故未执行，且下年需要按原用途继续使用的资金 |

提示 注意基于收付实现制把握预算收支的核算，强调"实际收到时"和"实际支付时"分别予以确认。

（二）政府财务会计要素

1. 资产

（1）资产的定义、类别及确认条件（见表24-3）。

表24-3　　　　资产定义、类别及确认条件的具体内容

| 资产项目 | 具体内容 |
|---|---|
| 定义 | 指政府会计主体过去的经济业务或者事项形成的，由政府会计主体控制的，预期能够产生服务潜力或者带来经济利益流入的经济资源。<br>（1）服务潜力是指政府会计主体利用资产提供公共产品和服务以履行政府职能的潜在能力。<br>（2）经济利益流入表现为现金及现金等价物的流入，或者现金及现金等价物流出的减少 |
| 类别 | 政府会计主体的资产按照流动性，分为流动资产和非流动资产。<br>（1）流动资产是指预计在1年内（含1年）耗用或者可以变现的资产，包括货币资金、短期投资、应收及预付款项、存货等。<br>（2）非流动资产是指流动资产以外的资产，包括固定资产、在建工程、无形资产、长期投资、公共基础设施等 |
| 确认条件 | （1）与该经济资源相关的服务潜力很可能实现或者经济利益很可能流入政府会计主体；<br>（2）该经济资源的成本或者价值能够可靠地计量 |

（2）资产的计量属性（见表24-4）。

表24-4　资产的计量属性

| 计量属性 | 计量依据 |
|---|---|
| 历史成本 | 资产按照取得时支付的现金金额或者支付对价的公允价值计量 |
| 重置成本 | 资产按照现在购买相同或者相似资产所需支付的现金金额计量 |
| 现值 | 资产按照预计从其持续使用和最终处置中所产生的未来净现金流入量的折现金额计量 |
| 公允价值 | 资产按照市场参与者在计量日发生的有序交易中，出售资产所能收到的价格计量 |
| 名义金额 | 无法采用历史成本、重置成本、现值和公允价值计量属性的，采用名义金额（即人民币1元）计量 |

提示 政府会计主体在对资产进行计量时，一般应当采用历史成本。采用重置成本、现值、公允价值计量的，应当保证所确定的资产金额能够持续、可靠计量。

2. 负债

（1）负债的定义、类别及确认条件（见表24-5）。

表24-5　负债定义、类别及确认条件的具体内容

| 负债项目 | 具体内容 |
|---|---|
| 定义 | 负债是指政府会计主体过去的经济业务或者事项形成的，预期会导致经济资源流出政府会计主体的现时义务。<br>提示 未来发生的经济业务或者事项形成的义务不属于现时义务，不应当确认为负债 |

续表

| 负债项目 | 具体内容 |
| --- | --- |
| 类别 | 政府会计主体的负债按照流动性，分为流动负债和非流动负债。<br>(1) 流动负债是指预计在 1 年内（含 1 年）偿还的负债，包括短期借款、应付短期政府债券、应付及预收款项、应缴款项等。<br>(2) 非流动负债是指流动负债以外的负债，包括长期借款、长期应付款、应付长期政府债券等 |
| 确认条件 | 符合政府负债定义的义务，在同时满足以下条件时，确认为负债：<br>(1) 履行该义务很可能导致含有服务潜力或者经济利益的经济资源流出政府会计主体；<br>(2) 该义务的金额能够可靠地计量 |

(2) 负债的计量属性（见表 24-6）。

**表 24-6 负债的计量属性**

| 计量属性 | 计量依据 |
| --- | --- |
| 历史成本 | 负债按照因承担现时义务而实际收到的款项或者资产的金额，或者承担现时义务的合同金额，或者按照为偿还负债预期需要支付的现金计量 |
| 现值 | 负债按照预计期限内需要偿还的未来净现金流出量的折现金额计量 |
| 公允价值 | 负债按照市场参与者在计量日发生的有序交易中，转移负债所需支付的价格计量 |

**提示** 政府会计主体在对负债进行计量时，一般应当采用历史成本。采用现值、公允价值计量的，应当保证所确定的负债金额能够持续、可靠计量。

3. 净资产

净资产是指政府会计主体资产扣除负债后的净额，其金额取决于资产和负债的计量。

4. 收入

收入的定义及确认条件如表 24-7 所示。

**表 24-7 收入定义及确认条件的具体内容**

| 收入项目 | 具体内容 |
| --- | --- |
| 定义 | 收入是指报告期内导致政府会计主体净资产增加的、含有服务潜力或者经济利益的经济资源的流入 |
| 确认条件 | (1) 与收入相关的含有服务潜力或者经济利益的经济资源很可能流入政府会计主体；<br>(2) 含有服务潜力或者经济利益的经济资源流入会导致政府会计主体资产增加或者负债减少；<br>(3) 流入金额能够可靠地计量 |

5. 费用

费用的定义及确认条件如表 24-8 所示。

**表 24-8 费用定义及确认条件的具体内容**

| 费用项目 | 具体内容 |
| --- | --- |
| 定义 | 报告期内导致政府会计主体净资产减少的、含有服务潜力或者经济利益的经济资源的流出 |
| 确认条件 | (1) 与费用相关的含有服务潜力或者经济利益的经济资源很可能流出政府会计主体；<br>(2) 含有服务潜力或者经济利益的经济资源流出会导致政府会计主体资产减少或者负债增加 |

## 二、例题点津

**【例题 1·多选题】** 下列各项中，属于政府会计中预算会计要素的有（ ）。

A. 预算收入　　　　B. 预算支出

C. 预算结余　　　　D. 净资产

**【答案】** ABC

**【解析】** 预算会计要素包括预算收入、预算支出和预算结余，选项 A、B、C 正确；财务会计要素包括资产、负债、净资产、收入和费用，净资产属于财务会计核算的要素之一，选项 D 错误。

**【例题 2·多选题】** 下列各项中，属于政府会计中的资产计量属性的有（ ）。

A. 历史成本　　　　B. 公允价值

C. 可变现净值　　D. 名义金额

【答案】ABD

【解析】政府会计主体在对资产进行计量时，可采用的计量属性有历史成本、重置成本、现值、公允价值和名义金额，选项 A、B、D 正确。

**【例题 3 · 判断题】** 结余资金按照权责发生制随时进行确认。(　　)

【答案】×

【解析】结余资金是指年度预算执行终了，预算收入实际完成数扣除预算支出和结转资金后剩余的资金。

**【例题 4 · 判断题】** 结余资金是指预算安排项目的支出年终尚未执行完毕或者因故未执行，且下年需要按原用途继续使用的资金。(　　)

【答案】×

【解析】结余资金是指年度预算执行终了，预算收入实际完成数扣除预算支出和结转资金后剩余的资金，题干中描述的是结转资金。

## 3 政府决算报告和财务报告

### 一、考点解读

1. 政府决算报告

政府决算报告是综合反映政府会计主体年度预算收支执行结果的文件。政府决算报告的目标是向决算报告使用者提供与政府预算执行情况有关的信息，综合反映政府会计主体预算收支的年度执行结果，有助于决算报告使用者进行监督和管理，并为编制后续年度预算提供参考和依据。

政府决算报告应当包括决算报表和其他应当在决算报告中反映的相关信息和资料。预算会计报表是决算报表的主要信息来源，至少包括预算收入支出表、预算结转结余变动表和财政拨款预算收入支出表。决算报告、决算报表、预算会计报表的关系如图 24－2 所示。

- 政府决算报告
  - 决算报表
    - 预算会计报表
      - 预算收入支出表
      - 预算结转结余变动表
      - 财政拨款预算收入支出表
    - 其他信息
  - 其他相关信息和资料

**图 24－2　政府决算报告的组成**

2. 政府财务报告

政府财务报告是反映政府会计主体某一特定日期的财务状况和某一会计期间的运行情况和现金流量等信息的文件。

政府财务报告的目标是向财务报告使用者提供与政府财务状况、运行情况和现金流量等有关的信息，反映政府会计主体公共受托责任履行情况，有助于财务报告使用者作出决策或者进行监督和管理。

政府财务报告的分类如图 24－3 所示。

- 政府财务报告
  - 按内容分类
    - 财务报表
      - 会计报表
        - 资产负债表
        - 收入费用表
        - 净资产变动表
      - 附注
    - 其他相关信息和资料
  - 按编制主体分类
    - 政府部门财务报告
    - 政府综合财务报告

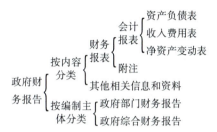

**图 24－3　政府财务报告的分类**

### 二、例题点津

**【例题 1 · 单选题】** 反映政府会计主体某一特定日期的财务状况和某一会计期间的运行情况和现金流量等信息的文件是（　　）。

A. 政府决算报告

B. 财政拨款预算收入支出表

C. 政府财务报告

D. 预算收入支出表

【答案】C

【解析】政府财务报告是反映政府会计主体某一特定日期的财务状况和某一会计期间的运行情况和现金流量等信息的文件。

**【例题 2 · 多选题】** 下列项目中，属于政府决算报告的有（　　）。

A. 财政拨款预算收入支出表

B. 收入费用表

C. 净资产变动表

D. 预算收入支出表

【答案】AD

【解析】根据《政府会计制度》规定，预算会计报表至少包括预算收入支出表、预算结转结余变动表和财政拨款预算收入支出表。

# 第二单元　行政事业单位会计特定业务的会计核算

## 1 行政事业单位会计核算的基本特点

### 一、考点解读

行政事业单位财务会计的原理和方法与企业会计基本一致，但与企业会计不同的是，行政事业单位会计核算应当具备财务会计与预算会计双重功能，实现财务会计与预算会计适度分离并相互衔接，全面、清晰反映单位财务信息和预算执行信息。行政事业单位会计核算的基本特点如表24-9所示。

表24-9　　　　　　　　　　行政事业单位会计核算的基本特点

| 双重功能 | 财务会计 | 预算会计 |
| --- | --- | --- |
| 会计要素 | 资产、负债、净资产、收入、费用 | 预算收入、预算支出和预算结余 |
| 反映内容 | 财务状况、运行情况等 | 单位预算收支执行情况 |
| 会计等式 | 资产 - 负债 = 净资产<br>收入 - 费用 = 本期盈余 | 预算收入 - 预算支出 = 预算结余 |
| 科目设置 | 按照收入类科目和费用类科目进行设置，其中收入类包括"财政拨款收入""事业收入"等11个科目，费用类包括"业务活动费用""单位管理费用"等8个科目 | 设置"资金结存"科目，并在此科目下设置"零余额账户用款额度""货币资金""财政应返还额度"三个明细科目。年末预算收支结转后"资金结存"科目借方余额与预算结转结余科目贷方余额相等 |

提示　(1) 行政事业单位对于纳入部门预算管理的现金收支业务，在采用财务会计核算的同时应当进行预算会计核算；对于其他业务，仅需进行财务会计核算。

(2) 对于单位受托代理的现金以及应上缴财政的现金所涉及的收支业务，仅需要进行财务会计处理，不需要进行预算会计处理。

### 二、例题点津

【例题1·多选题】下列会计等式中不正确的有（　　）。

A. 收入 - 费用 = 本期盈余

B. 收入 - 费用 = 预算结余

C. 预算收入 - 预算支出 = 本期盈余

D. 预算收入 - 预算支出 = 预算结余

【答案】BC

【解析】单位财务会计恒等式：收入 - 费用 = 本期盈余。本期盈余经分配后最终转入净资产。

单位预算会计恒等式：预算收入 - 预算支出 = 预算结余。

【例题2·多选题】事业单位发生的下列业务中既需要进行预算会计记账，也需要进行财务会计记账的有（　　）。

A. 接受捐赠的货币资金

B. 收到财政授权支付到账通知书

C. 支付代扣代缴的个人所得税

D. 不涉及现金收支的业务

【答案】ABC

【解析】对于不涉及现金收支的业务，仅需要进行财务会计处理，不需要进行预算会计处理。

【例题3·判断题】对于单位受托代理的现金以及应上缴财政的现金所涉及的收支业务，需要同时进行财务会计处理和预算会计处理。（　　）

【答案】×

【解析】对于单位受托代理的现金以及应上缴财政的现金所涉及的收支业务，仅需要进行财务会计处理，不需要进行预算会计处理。

## 2 财政拨款收支业务

### 一、考点解读

财政拨款收支业务是绝大多数单位的主要业务，"财政拨款（预算）收入"科目核算单位从同级财政部门取得的各类财政拨款。

（1）实行国库集中支付的政府单位，财政资金的支付方式包括财政直接支付和财政授权支付。具体账务处理如表24－10所示。

表24－10　　　　　　　　　　　财政拨款收支业务的账务处理

| | 业务或事项 | 财务会计 | 预算会计 |
|---|---|---|---|
| 直接支付方式 | 收到相关支付凭证时 | 借：业务活动费用/单位管理费用/库存物品等<br>贷：财政拨款收入 | 借：行政支出、事业支出等<br>贷：财政拨款预算收入 |
| | 年末本年度预算指标数大于当年实际支付数的金额 | 借：财政应返还额度——财政直接支付<br>贷：财政拨款收入 | 借：资金结存——财政应返还额度<br>贷：财政拨款预算收入 |
| | 下年度使用以前年度财政直接支付额度支付款项时 | 借：业务活动费用/单位管理费用/库存物品等<br>贷：财政应返还额度——财政直接支付 | 借：行政支出/事业支出等<br>贷：资金结存——财政应返还额度 |
| 授权支付方式 | 收到相关支付凭证时 | 借：零余额账户用款额度<br>贷：财政拨款收入 | 借：资金结存——零余额账户用款额度<br>贷：财政拨款预算收入 |
| | 按规定支用额度时 | 借：业务活动费用/单位管理费用/库存物品等<br>贷：零余额账户用款额度 | 借：行政支出、事业支出等<br>贷：资金结存——零余额账户用款额度 |
| | 年末本年度预算指标数大于额度下达数的，根据未下达的用款额度 | 借：财政应返还额度<br>贷：财政拨款收入 | 借：资金结存——财政应返还额度<br>贷：财政拨款预算收入 |
| | 年末根据代理银行提供的对账单作注销额度处理 | 借：财政应返还额度<br>贷：零余额账户用款额度 | 借：资金结存——财政应返还额度<br>贷：资金结存——零余额账户用款额度 |
| | 下年初额度恢复和下年初收到财政部门批复的上年末未下达零余额账户用款额 | 借：零余额账户用款额度<br>贷：财政应返还额度 | 借：资金结存——零余额账户用款额度<br>贷：资金结存——财政应返还额度 |

（2）在部分实行预算管理一体化的地区和部门，国库集中支付不再区分财政直接支付和财政授权支付，单位的会计处理与财政直接支付方式下类似，不再使用"零余额账户用款额度"科目，"财政应返还额度"科目和"资金结存——财政应返还额度"科目不再设置"财政直接支付""财政授权支付"明细科目。具体账务处理如表24－11所示。

**表24-11** 实行预算管理一体化的国库集中支付账务处理

| 业务或事项 | 财务会计 | 预算会计 |
|---|---|---|
| 收到的国库集中支付凭证及相关原始凭证 | 借：库存物品/固定资产/业务活动费用/单位管理费用/应付职工薪酬等<br>贷：财政拨款收入（使用本年度预算指标）或财政应返还额度（使用以前年度预算指标） | 借：行政支出、事业支出等<br>贷：财政拨款预算收入（使用本年度预算指标）或资金结存——财政应返还额度（使用以前年度预算指标） |
| 年末，根据财政部门批准的本年度预算指标数大于当年实际支付数的差额中允许结转使用的金额 | 借：财政应返还额度<br>贷：财政拨款收入 | 借：资金结存——财政应返还额度<br>贷：财政拨款预算收入 |
| | 提示 同级财政国库集中支付结余不再按权责发生制列支的，相关单位年末不进行上述账务处理 | |

## 二、例题点津

**【例题1·单选题】** 在财政授权支付方式下，事业单位支付办公费用时在预算会计中会计核算正确的是（　　）。

A. 借：单位管理费用
　　　贷：零余额账户用款额度

B. 借：事业支出
　　　贷：零余额账户用款额度

C. 借：事业支出
　　　贷：资金结存——零余额账户用款额度

D. 借：单位管理费用
　　　贷：财政拨款预算收入

**【答案】** C

**【解析】** 当单位按规定支用额度时，按照实际支用的额度应该编制的预算会计账务处理如下：

借：事业支出
　　贷：资金结存——零余额账户用款额度

**【例题2·单选题】** 2×24年1月10日，甲行政单位以恢复的上年度财政直接支付额度向乙公司采购一台价款为3万元的办公设备并立即投入使用，并于1月15日收到财政直接支付入账通知书。不考虑其他因素，甲行政单位对上述业务进行会计处理的下列各项表述中，错误的是（　　）。

A. 在财务会计中增加固定资产3万元

B. 在财务会计中增加财政拨款收入3万元

C. 在预算会计中减少资金结存3万元

D. 在预算会计中增加行政支出3万元

**【答案】** B

**【解析】** 相关分录如下：

财务会计：

借：固定资产　　　　　　　　　　3
　　贷：财政应返还额度　　　　　　　3

同时，预算会计：

借：行政支出　　　　　　　　　　3
　　贷：资金结存——财政应返还额度
　　　　　　　　　　　　　　　　3

**【例题3·多选题】** 财政资金的支付方式包括（　　）。

A. 财政直接支付

B. 单位直接支付

C. 财政授权支付

D. 单位授权支付

**【答案】** AC

**【解析】** 实行财政拨款收支的政府单位，财政资金的支付方式包括财政直接支付和财政授权支付。

**【例题4·多选题】** 2×24年2月15日，某事业单位以财政授权支付的方式支付印刷费20 000元。财会部门根据有关凭证，应编制的分录为（　　）。

A. 借：业务活动费用　　　20 000
　　　贷：零余额账户用款额度
　　　　　　　　　　　　　　20 000

B. 借：事业支出　　　　　20 000

　　　　贷：零余额账户用款额度
　　　　　　　　　　　　　20 000

　　C. 借：业务活动费用　20 000
　　　　　贷：银行存款　　　　20 000

　　D. 借：事业支出　　　20 000
　　　　　贷：资金结存——零余额账户用款
　　　　　　　额度　　　　　　20 000

【答案】AD

【解析】本题目考核的是零余额账户用款额度的平行记账，按规定支用额度时，需要财务会计和预算会计同时进行登记。选项 A 为财务会计处理，选项 D 为预算会计处理。

【例题 5·多选题】2×23 年 12 月 31 日，甲行政单位财政直接支付指标数与当年财政直接支付实际支出数之间的差额为 30 万元。2×24 年 1 月 1 日，财政部门恢复了该单位的财政直接支付额度。2×24 年 1 月 20 日，该单位以财政直接支付方式购买一批办公用品（属于上年预算指标数），支付给供应商 10 万元。不考虑其他因素，甲行政单位对购买办公用品的下列会计处理表述中，正确的有（　　　）。

　　A. 增加库存物品 10 万元
　　B. 减少财政应返还额度 10 万元
　　C. 减少资金结存 10 万元
　　D. 增加行政支出 10 万元

【答案】ABCD

【解析】相关分录如下：

财务会计：

借：库存物品　　　　　　　10
　　贷：财政应返还额度——财政直接支付
　　　　　　　　　　　　　　10

同时，预算会计：

借：行政支出　　　　　　　10
　　贷：资金结存——财政应返还额度
　　　　　　　　　　　　　　10

【例题 6·判断题】对于实行预算管理一体化的地区和部门，国库集中支付不再区分财政直接支付和财政授权支付，会计处理同财政授权支付方式，采用"零余额账户用款额度"科目进行核算。（　　　）

【答案】×

【解析】在部分实行预算管理一体化的地区和部门，国库集中支付不再区分财政直接支付和财政授权支付，单位的会计处理与财政直接支付方式下类似，不再使用"零余额账户用款额度"科目，"财政应返还额度"科目和"资金结存——财政应返还额度"科目不再设置"财政直接支付""财政授权支付"明细科目。

## 3 非财政拨款收支业务

### 一、考点解读

单位的收支业务除了财政拨款收支业务之外，还包括事业活动、经营活动等形成的收支。下面主要对事业（预算）收入、捐赠（预算）收入和支出的核算进行说明。

（一）事业（预算）收入

事业收入是指事业单位开展专业业务活动及其辅助活动实现的收入，不包括从同级财政部门取得的各类财政拨款。其账务处理如表 24－12 所示。

表 24－12　　　　　　　　　事业（预算）收入的账务处理

| 收入方式 | 业务或事项 | 财务会计 | 预算会计 |
|---|---|---|---|
| 财政专户返还方式 | 实现应上缴财政专户事业收入时 | 借：银行存款/应收账款<br>　　贷：应缴财政款 | — |
| | 向财政专户上缴款项时 | 借：应缴财政款<br>　　贷：银行存款 | — |
| | 收到财政专户返还事业收入时 | 借：银行存款<br>　　贷：事业收入 | 借：资金结存——货币资金<br>　　贷：事业预算收入 |

续表

| 收入方式 | 业务或事项 | 财务会计 | 预算会计 |
|---|---|---|---|
| 预收款方式 | 收到预收款项时 | 借：银行存款<br>　贷：预收账款 | 借：资金结存——货币资金<br>　贷：事业预算收入 |
| | 以合同完成进度确认事业收入时 | 借：预收账款<br>　贷：事业收入 | — |
| 应收款方式 | 根据合同完成进度计算本期应收款项 | 借：应收账款<br>　贷：事业收入 | — |
| | 实际收到款项时 | 借：银行存款<br>　贷：应收账款 | 借：资金结存——货币资金<br>　贷：事业预算收入 |
| 其他方式 | 按实际收到金额 | 借：银行存款/库存现金<br>　贷：事业收入 | 借：资金结存——货币资金<br>　贷：事业预算收入 |

提示 （1）事业活动中涉及增值税业务的，事业收入按照实际收到的金额扣除增值税销项税之后的金额入账，事业预算收入按照实际收到的金额入账。
（2）事业单位对于因开展专业业务活动及其辅助活动取得的非同级财政拨款收入，应当通过"事业收入"和"事业预算收入"下的"非同级财政拨款"明细科目核算；对于其他非同级财政拨款收入，应当通过"非同级财政拨款收入"科目核算

（二）捐赠（预算）收入和支出

捐赠收入指单位接受其他单位或者个人捐赠取得的收入，包括现金捐赠和非现金捐赠收入。捐赠预算收入指单位接受的现金资产。捐赠（预算）收入和支出的账务处理如表24-13所示。

表24-13　　　　　　　捐赠（预算）收入和支出的账务处理

| 项目 | 业务或事项 | 财务会计 | 预算会计 |
|---|---|---|---|
| 捐赠（预算）收入 | 接受捐赠货币资金 | 借：银行存款/货币资金<br>　贷：捐赠收入 | 借：资金结存——货币资金<br>　贷：其他预算收入——捐赠预算收入 |
| | 接受捐赠存货、固定资产等非现金资产 | 借：库存物品/固定资产<br>　贷：银行存款<br>　　　捐赠收入 | 借：其他支出<br>　贷：资金结存——货币资金 |
| 捐赠（支出）费用 | 捐赠现金资产 | 借：其他费用<br>　贷：银行存款/库存现金 | 借：其他支出<br>　贷：资金结存——货币资金 |
| | 捐赠库存物品、固定资产等非现金资产 | 将资产账面价值转入"资产处置费用"科目 | 未支付相关费用的不作账务处理 |

## 二、例题点津

【例题1·单选题】关于捐赠（预算）收入和支出，下列表述中正确的是（　　）。

A. 对于事业单位接受的非现金资产，发生的相关税费在预算会计中记入"其他费用"科目

B. 对于事业单位接受的非现金资产，发生的相关税费在财务会计中计入非现金资产成本

C. 对于事业单位接受的非现金资产，按照名义金额入账时，发生的相关税费在财务会计中计入非现金资产成本

D. 捐赠预算收入指单位接受的现金捐赠和

非现金捐赠收入

【答案】B

【解析】对于事业单位接受的非现金资产，发生的相关税费，在预算会计中记入"其他支出"科目，在财务会计中计入非现金资产成本，选项A错误；选项B正确；对于事业单位接受的非现金资产，按照名义金额入账时，发生的相关税费在财务会计中记入"其他费用"科目，选项C错误；捐赠预算收入指单位接受的现金资产，选项D错误。

**【例题2·单选题】** 关于非财政拨款收支业务中的预算收入，下列说法正确的是（    ）。

A. 事业收入是指事业单位开展专业业务活动及其辅助活动实现的收入，不包括从同级政府财政部门取得的各类财政拨款

B. 事业收入是指事业单位开展专业业务活动及其辅助活动实现的收入，包括从同级政府财政部门取得的各类财政拨款

C. 单位在预算会计中应当设置"事业收入"科目，采用收付实现制核算

D. 单位在财务会计中应当设置"事业预算收入"科目，采用权责发生制核算

【答案】A

【解析】事业收入是指事业单位开展专业业务活动及其辅助活动实现的收入，不包括从同级政府财政部门取得的各类财政拨款。为了核算事业收入，单位在预算会计中应当设置"事业预算收入"科目，采用收付实现制核算；在财务会计中应当设置"事业收入"科目，采用权责发生制核算。

**【例题3·单选题】** 下列各项关于科研事业单位有关业务或事项会计处理的表述中，正确的是（    ）。

A. 开展技术咨询服务收取的劳务费（不含增值税）在预算会计下确认为其他预算收入

B. 年度终了，根据本年度财政直接支付预算指标数大于本年财政直接支付实际支出数的金额，确认为其他预算收入

C. 财政授权支付方式下年度终了根据代理银行提供的对账单核对无误后注销零余额账户用款额度的余额并于下年初恢复

D. 涉及现金收支的业务采用预算会计核算，不涉及现金收支的业务采用财务会计核算

【答案】C

【解析】科研事业单位对开展技术咨询服务收取的劳务费在预算会计下应确认为事业预算收入，选项A错误；年末本年度财政直接支付预算指标数大于当年财政直接支付实际支出数的金额，预算会计确认财政拨款预算收入，选项B错误；单位对于纳入部门预算管理的现金收支业务，在采用财务会计核算的同时应当进行预算会计核算，不纳入部门预算管理的现金收支业务，比如收到应缴财政款项，只进行财务会计核算，不进行预算会计核算，选项D错误。

**【例题4·单选题】** 下列各项中，事业单位预算会计应通过"事业（预算）收入"科目核算的是（    ）。

A. 从同级政府其他部门取得的横向转拨财政款

B. 开展专业业务活动取得的收入

C. 从同级财政部门取得的经费拨款

D. 从同级政府财政部门取得的各类财政拨款

【答案】B

【解析】事业收入是指事业单位开展专业业务活动及其辅助活动实现的收入，不包括从同级财政部门取得的各类财政拨款。选项A、C、D都属于从同级财政部门取得的财政拨款。

**【例题5·判断题】** 对于单位接受捐赠的非现金类资产，如存货、固定资产等，在预算会计中将发生的相关税费和运输费等计入相应的存货和固定资产科目。（    ）

【答案】×

【解析】在预算会计中应当记入"其他支出"科目。

借：其他支出

  贷：资金结存——货币资金

## 4 预算结转结余及分配业务

### 一、考点解读

单位在预算会计中应当严格区分财政拨款结转结余和非财政拨款结转结余。财政拨款结转结余不参与事业单位的结余分配，单独设置"财政拨款结转"和"财政拨款结余"科目核算。非财政拨款结转结余通过设置"非财政拨款结转""非财政拨款结余""专用结余""经营结

余""非财政拨款结余分配"等科目核算。

（一）财政拨款结转结余

1. 财政拨款结转的核算

"财政拨款结转"科目核算单位取得的同级财政拨款结转资金的调整、结转和滚存情况。

2. 财政拨款结余的核算

"财政拨款结余"科目核算单位取得的同级财政拨款项目支出结余资金的调整、结转和滚存情况。

财政拨款结转结余的具体账务处理如表 24－14 所示。

**表 24－14**　　　　　　　　**财政拨款结转结余的账务处理**

| 项目 | 业务或事项 | 预算会计 | 财务会计 |
|---|---|---|---|
| 财政拨款结转的核算 | 年末归集本年收支 | 借：财政拨款预算收入（按本年发生额）<br>　贷：财政拨款结转——本年收支结转<br>借：财政拨款结转——本年收支结转<br>　贷：各项支出（财政拨款支出）等<br>　　（按本年发生额） | — |
| | 从其他单位调入财政拨款结转资金 | 借：资金结存——财政应返还额度、零余额账户用款额度、货币资金<br>　贷：财政拨款结转——归集调入 | 借：零余额账户用款额度<br>　　财政应返还额度等<br>　贷：累计盈余 |
| | 按规定上缴（或注销）财政拨款结转资金、向其他单位调出财政拨款结转资金 | 借：财政拨款结转——归集上缴、归集调出<br>　贷：资金结存——财政应返还额度、零余额账户用款额度、货币资金 | 借：累计盈余<br>　贷：零余额账户用款额度<br>　　财政应返还额度等 |
| | 因会计差错等事项调整以前年度财政拨款结转资金 | 借：资金结存——财政应返还额度、零余额账户用款额度、货币资金<br>　贷：财政拨款结转——年初余额调整<br>（方向可能相反） | 借：以前年度盈余调整<br>　贷：零余额账户用款额度<br>　　银行存款等<br>（方向可能相反） |
| | 经财政部门批准对财政拨款结余资金改变用途 | 借：财政拨款结余——单位内部调剂<br>　贷：财政拨款结转——单位内部调剂 | — |
| | 年末，冲销有关明细科目余额 | 借：财政拨款结转——本年收支结转、年初余额调整、归集调入、归集调出、归集上缴、单位内部调剂<br>　贷：财政拨款结转——累计结转<br>　　（方向可能相反） | — |
| | 年末，按照有关规定将符合财政拨款结余性质的项目余额转入财政拨款结余 | 借：财政拨款结转——累计结转<br>　贷：财政拨款结余——结转转入 | — |
| 财政拨款结余的核算 | 年末，按照有关规定将符合财政拨款结余性质的项目余额转入财政拨款结余 | 借：财政拨款结转——累计结转<br>　贷：财政拨款结余——结转转入 | — |

续表

| 项目 | 业务或事项 | 预算会计 | 财务会计 |
|---|---|---|---|
| 财政拨款结余的核算 | 经财政部门批准对财政拨款结余资金改变用途 | 借：财政拨款结余——单位内部调剂<br>贷：财政拨款结转——单位内部调剂 | — |
| | 上缴财政拨款结余资金或注销财政拨款结余资金额度 | 借：财政拨款结余——归集上缴<br>贷：资金结存——财政应返还额度、零余额账户用款额度、货币资金 | 借：累计盈余<br>贷：零余额账户用款额度<br>财政应返还额度 |
| | 因会计差错等事项调整以前年度财政拨款结余资金 | 借：资金结存——财政应返还额度、零余额账户用款额度、货币资金<br>贷：财政拨款结转——年初余额调整<br>（方向可能相反） | 借：以前年度盈余调整<br>贷：零余额账户用款额度<br>银行存款等<br>（方向可能相反） |
| | 年末，冲销有关明细科目余额 | — | 借：财政拨款结余——归集上缴、年初余额调整、单位内部调剂、结转转入——累计结转<br>贷：财政拨款结余——累计结余<br>（方向可能相反） |

**（二）非财政拨款结转结余**

1. 非财政拨款结转的核算

非财政拨款结转资金是指单位除财政拨款收支、经营收支以外的各非同级财政拨款专项资金收入与其相关支出相抵后剩余滚存的、须按规定用途使用的结转资金。

2. 非财政拨款结余的核算

非财政拨款结余指单位历年滚存的非限定用途的非同级财政拨款结余资金，主要为非财政拨款结余扣除结余分配后滚存的金额。

3. 专用结余的核算

专用结余是指事业单位按照规定从非财政拨款结余中提取的具有专门用途的资金。"专用结余"科目核算专用结余资金的变动和滚存情况。

4. 经营结余的核算

"经营结余"科目核算事业单位本年度经营活动收支相抵后余额弥补以前年度经营亏损后的余额。

5. 其他结余的核算

"其他结余"科目核算单位本年度除财政拨款收支、非同级财政专项资金收支和经营收支以外各项收支（不包括使用专用结余的支出）相抵后的余额。

6. 非财政拨款结余分配的核算

"非财政拨款结余分配"科目核算事业单位本年度非财政拨款结余分配的情况和结果。

非财政拨款结转结余的具体账务处理如表 24-15 所示。

表 24-15 **非财政拨款结转结余的账务处理**

| 项目 | 业务或事项 | 预算会计 | 财务会计 |
|---|---|---|---|
| 非财政拨款结转的核算 | 年末，收支结转 | 借：事业预算收入、上级补缴预算收入、非同级财政拨款预算收入、其他预算收入<br>贷：非财政拨款结转——本年收支结转<br>借：非财政拨款结转——本年收支结转<br>贷：行政支出、事业支出、其他支出<br>（各非财政拨款专项资金支出） | — |

续表

| 项目 | 业务或事项 | 预算会计 | 财务会计 |
|---|---|---|---|
| 非财政拨款结转的核算 | 从科研项目预算收入中提取项目管理费或间接费时 | 借：非财政拨款结转——项目间接费用或管理费<br>贷：非财政拨款结余——项目间接费用或管理费 | 借：单位管理费用<br>贷：预提费用——项目间接费用或管理费 |
| | 因会计差错更正等事项调整非财政拨款结转资金的 | 借：资金结存——货币资金<br>贷：非财政拨款结转——年初余额调整（或相反方向） | 借：银行存款等<br>贷：以前年度盈余调整（或相反方向） |
| | 按照规定缴回非财政拨款结转资金的 | 借：非财政拨款结转——缴回资金<br>贷：资金结存——货币资金 | 借：累计盈余<br>贷：银行存款等 |
| | 年末，冲销有关明细科目余额 | 借：非财政拨款结转——年初余额调整/项目间接费用或管理费/缴回资金/本年收支结转<br>贷：非财政拨款结转——累计结转（或相反方向） | — |
| | 年末，将留归本单位使用的非财政拨款专项（项目已完成）剩余资金转入非财政拨款结余 | 借：非财政拨款结转——累计结转<br>贷：非财政拨款结余——结转转入 | — |
| 非财政拨款结余的核算 | 年末，将留归本单位使用的非财政拨款专项（项目已完成）剩余资金转入非财政拨款结余 | 借：非财政拨款结转——累计结转<br>贷：非财政拨款结余——结转转入 | — |
| | 实际缴纳企业所得税 | 借：非财政拨款结余——累计结余<br>贷：资金结存——货币资金 | 借：其他应缴税费——单位应交所得税<br>贷：银行存款等 |
| | 因会计差错更正等事项调整非财政拨款结余资金的 | 借：资金结存——货币资金<br>贷：非财政拨款结余——年初余额调整（或相反方向） | 借：银行存款等<br>贷：以前年度盈余调整（或相反方向） |
| | 年末，冲销有关明细科目余额 | 借：非财政拨款结余——年初余额调整/项目间接费用或管理费/结转转入<br>贷：非财政拨款结余——累计结转（或相反方向） | — |
| | 年末，事业单位进行余额结转 | 借：非财政拨款结余——累计结余<br>贷：非财政拨款结余分配（或相反方向） | — |
| | 年末，行政单位进行余额结转 | 借：非财政拨款结余——累计结余<br>贷：其他结余（或相反方向） | — |

续表

| 项目 | 业务或事项 | 预算会计 | 财务会计 |
|---|---|---|---|
| 专用结余的核算 | 根据规定从本年度非财政拨款结余或经营结余中提取专用基金的，按提取金额 | 借：非财政拨款结余<br>　贷：专用结余 | — |
| | 根据规定使用从非财政拨款结余或经营结余中提取的专用基金时，按使用金额 | 借：事业支出等（使用专用结余）<br>　贷：资金结存——货币资金 | — |
| | 年末将有关预算支出中使用专用结余的本年发生额转入专用结余 | 借：专用结余<br>　贷：事业支出等 | — |
| 经营结余的核算 | 期末，事业单位根据经营预算收入本期发生额结转本期经营收支 | 借：经营预算收入<br>　贷：经营结余 | — |
| | 根据经营支出本期发生额（不包括使用专用结余的支出） | 借：经营结余<br>　贷：经营支出 | — |
| | 年末，"经营结余"科目如为借方余额，为经营亏损，不予结转。如为贷方余额，将余额结转入"非财政拨款结余分配"科目 | 借：经营结余<br>　贷：非财政拨款结余分配 | — |
| 其他结余的核算 | 年末，行政单位进行余额结转 | 借：其他结余<br>　贷：非财政拨款结余——累计结余 | — |
| | 年末，事业单位进行余额结转 | 借：其他结余<br>　贷：非财政拨款结余分配 | — |
| 非财政拨款结余分配的核算 | 年末，事业单位根据有关规定提取专用基金的，按照提取的金额 | 借：非财政拨款结余分配<br>　贷：专用结余<br>借：非财政拨款结余<br>　贷：非财政拨款结余分配 | 借：本年盈余分配<br>　贷：专用基金 |

## 二、例题点津

**【例题1·单选题】** 2×23 年 A 事业单位因会计差错更正等事项调增非财政拨款结转资金 20 万元，以下论断不正确的是（　　）。

A. 非财政拨款结转增加 20 万元

B. 银行存款增加 20 万元

C. 资金结存增加 20 万元

D. 以前年度损益调整增加 20 万元

【答案】D

【解析】预算会计：

借：资金结存——货币资金　　20

　　贷：非财政拨款结转——年初余额调整

　　　　（或相反方向）　　　　20

财务会计：

借：银行存款等　　　　　　20

　　贷：以前年度盈余调整　　　　20

选项D，在政府财务会计中应使用"以前年度盈余调整"科目。

**【例题2·多选题】** 某事业单位2×23年实际缴纳所得税100万元，以下论断正确的有（　　）。

A. 非财政拨款结余增加100万元

B. 资金结存减少100万元

C. 应交税费减少100万元

D. 银行存款减少100万元

**【答案】** BD

**【解析】** 预算会计：

借：非财政拨款结余——累计结余

　　　　　　　　　　　　　　100

　　贷：资金结存——货币资金　100

财务会计：

借：其他应缴税费——单位应交所得税

　　　　　　　　　　　　　　100

　　贷：银行存款等　　　　　　100

选项A，非财政拨款结余可以类比企业财务会计中的利润类账户进行理解，贷方记增加，借方记减少。选项C，政府财务会计中使用"其他应交税费"科目核算所得税。

**【例题3·多选题】** 下列各项关于科研事业单位有关业务或事项会计处理的表述中，不正确的有（　　）。

A. 涉及现金收支的业务采用预算会计核算，不涉及现金收支的业务采用财务会计核算

B. 开展技术咨询服务收取的劳务费（不含增值税）在预算会计下确认为其他预算收入

C. 年度终了，根据本年度财政直接支付预算指标数与本年财政直接支付实际支出数的差额，确认为其他预算收入

D. 财政授权支付方式下年度终了根据代理银行提供的对账单核对无误后注销零余额账户用款额度的余额并于下年初恢复

**【答案】** ABC

**【解析】** 选项A的表述过于片面，例如上述提取专用结余就不涉及现金收支，但需要采用预算会计核算；选项B应确认为事业预算收入；选项C应确认为财政拨款预算收入，而非其他预算收入。

**【例题4·多选题】** 甲事业单位按照财政授权方式收支财政拨款资金。2×23年12月，该单位接受上级单位调入财政拨款资金80万元，应作的会计分录有（　　）。

A. 借：零余额账户用款额度

　　　　　　　　　　　　800 000

　　贷：累计盈余　　　　800 000

B. 借：零余额账户用款额度

　　　　　　　　　　　　800 000

　　贷：累计结余　　　　800 000

C. 借：资金结存——零余额账户用款额度

　　　　　　　　　　　　800 000

　　贷：财政拨款结转——归集调入

　　　　　　　　　　　　800 000

D. 借：资金结存——零余额账户用款额度

　　　　　　　　　　　　800 000

　　贷：财政拨款结余——归集调入

　　　　　　　　　　　　800 000

**【答案】** AC

**【解析】** 单位按规定从其他单位调入财政拨款结转资金时，按照实际调入资金，在预算会计中借记"资金结存——零余额账户用款额度、货币资金"科目，贷记"财政拨款结转——归集调入"科目；同时，在财务会计中借记"零余额账户用款额度""财政应返还额度"科目，贷记"累计盈余"科目。

**【例题5·判断题】** 预算结余是指政府会计主体预算年度内预算收入扣除预算支出后的资金余额。（　　）

**【答案】** ×

**【解析】** 预算结余是指政府会计主体预算年度内预算收入扣除预算支出后的资金余额，以及历年滚存的资金余额。

**【例题6·判断题】** 单位的财政拨款结转结余参与事业单位的结余分配。（　　）

**【答案】** ×

**【解析】** 单位在预算会计中应该严格区分财政拨款结转结余和非财政拨款结转结余。财政拨款结转结余不参与事业单位的结余分配。

## 5 净资产业务

### 一、考点解读

净资产的来源主要包括累计实现的盈余和无

偿调拨的净资产。在日常核算中，单位应当在财务会计中设置"累计盈余""专用基金""无偿调拨净资产""权益法调整"和"本期盈余""本期盈余分配""以前年度盈余调整"等科目。

净资产业务账务处理如表 24 – 16 所示。

表 24 –16　　　　　　　　　　　　净资产业务的账务处理

| 业务或事项 | | 预算会计 | 财务会计 |
|---|---|---|---|
| 本期盈余及本年盈余分配 | 年末，单位应当将"本期盈余"科目余额转入本年盈余分配 | — | 借：本期盈余<br>　　贷：本年盈余分配 |
| | 根据有关规定从本年度非财政拨款结余或经营结余中提取专用基金的 | — | 借：本年盈余分配（按照预算会计下计算的提取金额）<br>　　贷：专用基金<br>借：累计盈余<br>　　贷：本年盈余分配 |
| 专用基金 | 年末事业单位根据有关规定从本年度非财政拨款结余或经营结余中提取专用基金的 | 借：非财政拨款结余分配<br>　　贷：专用结余 | 借：本年盈余分配<br>　　贷：专用基金 |
| 无偿调拨净资产 | 取得无偿调入的非现金资产等 | 借：其他支出<br>　　贷：资金结存 | 借：库存物品、长期股权投资、固定资产等科目<br>　　贷：零余额账户用款额度、银行存款等科目<br>　　　　无偿调拨净资产（差额） |
| | 经批准无偿调出非现金资产 | 借：其他支出<br>　　贷：资金结存 | 借：无偿调拨净资产<br>　　固定资产累计折旧、无形资产累计摊销<br>　　贷：库存物品、长期股权投资、固定资产等科目<br>借：资产处置费用<br>　　贷：零余额账户用款额度、银行存款等科目 |
| | 年末，单位应将"无偿调拨净资产"科目余额转入累计盈余 | — | 借记或贷记：无偿调拨净资产<br>　贷记或借记：累计盈余 |
| 权益法调整 | 年末，按照被投资单位除净损益和利润分配以外的所有者权益变动应享有（或应分担）的份额 | — | 借：长期股权投资——其他权益变动<br>　　贷：权益法调整（或相反方向） |
| | 处置长期股权投资时，按照原计入净资产的相应部分金额 | — | 借：权益法调整<br>　　贷：投资收益 |
| 以前年度盈余调整 | 单位对相关事项调整后 | — | 借：累计盈余<br>　　贷：以前年度盈余调整（或相反方向） |

续表

| | 业务或事项 | 预算会计 | 财务会计 |
|---|---|---|---|
| 累计盈余 | 年末，将"本年盈余分配"科目的余额转入累计盈余 | — | 借：本年盈余分配（或贷记）<br>　贷：累计盈余（或借记） |
| | 将"无偿调拨净资产"科目的余额转入累计盈余 | — | 借：无偿调拨净资产（或贷记）<br>　贷：累计盈余（或借记） |

> **提示**　按照规定上缴、缴回、单位间调剂结转结余资金产生的净资产变动额，以及对以前年度盈余的调整金额，也通过"累计盈余"科目核算

## 二、例题点津

【例题1·单选题】2×23年12月1日，甲事业单位从乙事业单位无偿调入一项专利权，该专利权在乙事业单位的账面原价为100万元，累计摊销金额为20万元。在该专利权调入过程中，甲事业单位支付了2万元的过户登记费。不考虑其他因素，甲事业单位该专利权的初始入账金额为（　　）万元。

　A. 102　　　　　　　B. 80

　C. 82　　　　　　　D. 100

【答案】C

【解析】甲事业单位该专利权的初始入账金额＝调出方账面价值（100－20）＋相关税费2＝82（万元），选项C正确。

财务会计：

　借：无形资产　　　　　　　　82

　　　贷：银行存款等　　2（相关税费）

　　　　无偿调拨净资产　　　　80

同时，预算会计：

　借：其他支出　　　2（相关税费）

　　　贷：资金结存　　　　　　　2

【例题2·多选题】下列各项中，属于事业单位净资产的有（　　）。

　A. 本期盈余

　B. 专用基金

　C. 累计盈余

　D. 无偿调拨净资产

【答案】ABCD

【解析】单位财务会计中净资产的来源主要包括累计实现的盈余和无偿调拨的净资产。净资产设置"累计盈余""专用基金""无偿调拨

净资产""权益法调整"和"本期盈余""本年盈余分配""以前年度盈余调整"等科目进行核算。

【例题3·计算题】甲单位为事业单位，其涉及财政拨款的收支业务通过财政授权支付方式结算。2×23年度，甲单位发生的有关经济业务或事项如下：2×23年5月5日，甲单位接受其他事业单位无偿调入物资一批，根据调出单位提供的相关凭证注明，该批物资在调出方的账面价值为300万元，甲单位经验收合格后入库。物资调入过程中甲单位以银行存款支付了运输费20万元。

要求：不考虑其他因素，根据上述资料，编制甲单位2×23年度相关的会计分录。

【答案】

财务会计：

　借：库存物品　　　　　　　　320

　　　贷：银行存款　　　　　　　20

　　　　无偿调拨净资产　　　　300

预算会计：

　借：其他支出　　　　　　　　20

　　　贷：资金结存——货币资金　20

单位按照规定取得无偿调入的非现金资产时，承担运费的一方，需要对运费部分同时做财务会计分录和预算会计分录。

财务会计：

　借：非现金资产（相关资产在调出方的账面价值加相关税费、运输费等）

　　　贷：零余额账户用款额度、银行存款等（调入过程中发生的归属于调入方的相关费用）

　　　　无偿调拨净资产（差额）

预算会计：

借：其他支出（调入方实际发生的费用金额）
　　贷：资金结存

## 6 资产业务

### 一、考点解读

**（一）固定资产**

固定资产是指单位为满足自身开展业务活动或其他活动需要而控制的，使用年限超过 1 年（不含 1 年）、单位价值在规定标准以上，并在使用过程中基本保持原有物质形态的资产。

经批准在境外购买具有所有权的土地，作为固定资产，通过"固定资产"科目核算；单位应当在"固定资产"科目下设置"境外土地"明细科目，进行相应明细核算。

具体账务处理如表 24 – 17 所示。

表 24 – 17　固定资产业务的账务处理

| 业务或事项 | 预算会计 | 财务会计 |
|---|---|---|
| 购入不需安装的固定资产验收合格时 | 借：行政支出、事业支出、经营支出等<br>　贷：财政拨款预算收入、资金结存 | 借：固定资产（按照确定的固定资产成本）<br>　贷：财政拨款收入、零余额账户用款额度、应付账款、银行存款等 |
| 融资租赁取得的固定资产 | 借：行政支出、事业支出、经营支出等<br>　贷：财政拨款预算收入、资金结存 | 借：固定资产——融资租入固定资产（不需安装）或在建工程（需安装）<br>　贷：长期应付款（按照租赁协议或者合同确定的租赁付款额）<br>　　财政拨款收入、零余额账户用款额度、银行存款等（按照支付的运输费、途中保险费、安装调试费等金额） |
| 对固定资产计提折旧 | 单位应当按月对固定资产计提折旧，下列固定资产除外：（1）文物和陈列品；（2）动植物；（3）图书、档案；（4）单独计价入账的土地；（5）以名义金额计量的固定资产。<br>单位应当根据相关规定以及固定资产的性质和使用情况，合理确定固定资产的折旧年限。因改建、扩建等原因而延长固定资产使用年限的，应当重新确定固定资产的折旧年限。<br>单位盘盈、无偿调入、接受捐赠以及置换的固定资产，应当考虑该项资产的新旧程度，按照其尚可使用的年限计提折旧 | |

**（二）长期股权投资**

长期股权投资是指事业单位取得的持有时间超过 1 年（不含 1 年）的债权和股权性质的投资。具体账务处理如表 24 – 18 所示。

表 24 – 18　长期股权投资的账务处理

| 业务或事项 | | 财务会计 | 预算会计 |
|---|---|---|---|
| 取得长期股权投资 | 以现金取得的长期股权投资 | 借：长期股权投资——成本/长期股权投资应收股利[实际支付价款中包含的已宣告但尚未发放的股利或利润]<br>　贷：银行存款等[实际支付的价款] | 借：投资支出[实际收到的价款]<br>　贷：资金结存——货币资金 |

| | 业务或事项 | 财务会计 | 预算会计 |
|---|---|---|---|
| 取得长期股权投资 | 收到已宣告但尚未发放的股利或利润时 | 借：银行存款<br>　　贷：应收股利 | 借：资金结存——货币资金<br>　　贷：投资支出等 |
| | 以现金以外的其他资产置换取得长期股权投资 | 借：长期股权投资<br>　　固定资产累计折旧<br>　　无形资产累计摊销<br>　　资产处置费用（借方差额）<br>　　贷：固定资产/无形资产<br>　　　　银行存款<br>　　　　其他应交税费<br>　　　　其他收入（贷方差额） | 借：其他支出［支付的相关税费］<br>　　贷：资金结存 |
| | 以未入账的无形资产取得的长期股权投资 | 借：长期股权投资<br>　　资产处置费用（借方差额）<br>　　贷：银行存款<br>　　　　其他应交税费<br>　　　　其他收入（贷方差额） | 借：其他支出［支付的相关税费］<br>　　贷：资金结存 |
| 持有长期股权投资期间 | 成本法下 被投资单位宣告发放现金股利或利润时 | 借：应收股利<br>　　贷：投资收益 | — |
| | 成本法下 收到被投资单位发放的现金股利或利润时 | 借：银行存款<br>　　贷：应收股利 | 借：资金结存——货币资金<br>　　贷：投资预算收益 |
| | 权益法下 被投资单位实现净利润的，按照其份额 | 借：长期股权投资——损益调整<br>　　贷：投资收益 | — |
| | 权益法下 被投资单位发生净亏损的，按照其份额 | 借：投资收益<br>　　贷：长期股权投资——损益调整 | — |
| | 权益法下 被投资单位发生净亏损，但以后年度又实现净利润的，按规定恢复确认投资收益的 | 借：长期股权投资——损益调整<br>　　贷：投资收益 | — |
| | 权益法下 被投资单位宣告发放现金股利或利润的，按照其份额 | 借：应收股利<br>　　贷：长期股权投资——损益调整 | — |
| | 权益法下 收到现金股利或利润时 | 借：银行存款<br>　　贷：应收股利 | 借：资金结存——货币资金<br>　　贷：投资预算收益 |
| | 权益法下 被投资单位除净损益和利润分配以外的所有者权益变动时，按照其份额 | 借：长期股权投资——其他权益变动<br>　　贷：权益法调整<br>或<br>借：权益法调整<br>　　贷：长期股权投资——其他权益变动 | — |
| | 权益法下 事业单位处置长期股权投资时 | 借：权益法调整<br>　　贷：投资收益<br>或<br>借：投资收益<br>　　贷：权益法调整 | — |

（三）公共基础设施

1. 含义及分类

公共基础设施属于政府单位为满足社会公共需要而控制的资产。这类资产是政府单位以管理方式控制的、供社会公众使用的经济资源。

公共基础设施是指政府单位为满足社会公共需求而控制的，同时具有以下特征的有形资产：

（1）是一个有形资产系统或网络的组成部分；

（2）具有特定用途；

（3）一般不可移动。

公共基础设施主要包括市政基础设施、交通基础设施、水利基础设施和其他公共基础设施（如表 24 – 19 所示）。独立于公共基础设施、不构成公共基础设施使用不可缺少组成部分的管理维护用房屋建筑物、设备、车辆等，应当确认为固定资产。

**表 24 – 19　公共基础设施的具体内容**

| 分类 | 具体内容 |
| --- | --- |
| 市政基础设施 | 如城市道路、桥梁、隧道、公交场站、路灯、广场、公园绿地、室外公共健身器材，以及环卫、排水、供水、供电、供气、供热、污水处理、垃圾处理系统等 |
| 交通基础设施 | 如公路、航道、港口等 |
| 水利基础设施 | 如大坝、堤防、水闸、泵站、渠道等 |
| 其他公共基础设施 | — |

2. 确认主体及方式

（1）确认主体。

通常情况下，公共基础设施应当由按规定对其负有管理维护职责的政府单位予以确认。

①多个政府单位共同管理维护的公共基础设施，应当由对该资产负有主要管理维护职责或者承担后续主要支出责任的政府单位予以确认。

②分为多个组成部分由不同政府单位分别管理维护的公共基础设施，应当由各个政府单位分别对其负责管理维护的公共基础设施的相应部分予以确认。

③负有管理维护公共基础设施职责的政府单位通过政府购买服务方式委托企业或其他会计主体代为管理维护公共基础设施的，该公共基础设施应当由委托方予以确认。

（2）确认方式。

公共基础设施的各组成部分具有不同使用年限或者以不同方式提供公共产品或服务，适用不同折旧率或折旧方法且可以分别确定各自原价的，应当分别将各组成部分确认为该类公共基础设施的一个单项公共基础设施。在购建公共基础设施时，能够分清购建成本中的构筑物部分与土地使用权部分的，应当将其中的构筑物部分和土地使用权部分分别确认为公共基础设施；不能分清购建成本中的构筑物部分与土地使用权部分的，应当整体确认为公共基础设施。

3. 账务处理

为了核算公共基础设施，政府单位应当设置"公共基础设施"和"公共基础设施累计折旧（摊销）"科目。其账务处理与固定资产基本相同。

（四）政府储备物资

1. 含义及分类

政府储备物资是指政府单位为满足实施国家安全与发展战略、进行抗灾救灾、应对公共突发事件等特定公共需求而控制的，同时具有下列特征的有形资产：

（1）在应对可能发生的特定事件或情形时动用；

（2）其购入、存储保管、更新（轮换）、动用等由政府及相关部门发布的专门管理制度规范。

政府储备物资包括战略及能源物资、抢险抗灾救灾物资、农产品、医药物资和其他重要商品物资，通常情况下由政府单位委托承储单位存储。

2. 确认主体

通常情况下，政府储备物资应当由按规定对其负有行政管理职责的政府单位予以确认。

（1）相关行政管理职责由不同政府单位行使的政府储备物资，由负责提出收储计划的政府单位予以确认。

（2）对政府储备物资不负有行政管理职责但接受委托具体负责执行其存储保管等工作的政府单位，应当将受托代储的政府储备物资作为受托代理资产核算。

**3. 账务处理**

为了核算政府储备物资，政府单位应当设置"政府储备物资"科目，根据需要可在该科目下设置"在库""发出"等明细科目。具体账务处理如表 24-20 所示。

表 24-20 政府储备物资的账务处理

| 业务或事项 | | 财务会计 | 预算会计 |
|---|---|---|---|
| 取得政府储备物资 | 购入 | 借：政府储备物资<br>　贷：财政拨款收入/零余额账户用款额度/应付账款/银行存款等 | 借：行政支出/事业支出<br>　贷：财政拨款预算收入/资金结存 |
| | 接受捐赠 | 借：政府储备物资<br>　贷：捐赠收入<br>　　财政拨款收入/零余额账户用款额度/银行存款［捐入方承担的相关税费］ | 借：其他支出［捐入方承担的相关税费］<br>　贷：财政拨款预算收入/资金结存 |
| | 无偿调入 | 借：政府储备物资<br>　贷：无偿调拨净资产<br>　　财政拨款收入/零余额账户用款额度/银行存款［调入方承担的相关税费］ | 借：其他支出［调入方承担的相关税费］<br>　贷：财政拨款预算收入/资金结存 |
| 发出政府储备物资 | 无须收回的 | 借：业务活动费用<br>　贷：政府储备物资［账面余额］ | — |
| | 需要或预期可收回的 | 发出物资时：<br>借：政府储备物资——发出<br>　贷：政府储备物资——在库<br>按照规定的质量验收标准收回物资时：<br>借：政府储备物资——在库［收回物资的账面余额］<br>　业务活动费用［未收回物资的账面余额］<br>　贷：政府储备物资——发出 | — |
| | 无偿调拨 | 借：无偿调拨净资产<br>　贷：政府储备物资［账面余额］ | — |
| | 对外销售（按照规定物资销售收入纳入本单位预算的） | 借：业务活动费用<br>　贷：政府储备物资<br>借：银行存款/应收账款等<br>　贷：事业收入等<br>借：业务活动费用<br>　贷：银行存款等［发生的相关费用］ | 借：资金结存［收到的销售价款］<br>　贷：事业预算收入等<br>借：行政支出/事业支出<br>　贷：资金结存［支付的相关税费］ |
| | 对外销售（按照规定物资销售收入扣除相关税费后上缴财政的） | 借：资产处置费用<br>　贷：政府储备物资<br>借：银行存款等［收到的销售价款］<br>　贷：银行存款［发生的相关费用］<br>　　应缴财政款 | — |

## 二、例题点津

【例题1·单选题】下列各项中，事业单位当月应该计提折旧的是（　　）。

A. 当月无偿调入的未提足折旧的专用设备

B. 当月购买的大型植物盆栽

C. 以名义金额计量的固定资产

D. 单独计价入账的土地

【答案】A

【解析】事业单位应当按月对固定资产计提折旧，下列固定资产除外，（1）文物和陈列品；（2）动植物；（3）图书、档案；（4）单独计价入账的土地；（5）以名义金额计量的固定资产，选项 B、C、D 错误。

【例题 2·单选题】2×22 年 1 月 1 日，甲事业单位以银行存款 2 000 万元取得乙公司 40% 的有表决权股份，采用权益法核算。2×22 年度乙公司实现净利润 500 万元，2×23 年 3 月 1 日乙公司宣告发放现金股利 200 万元，3 月 20 日支付现金股利，2×23 年度乙公司发生亏损 100 万元，不考虑其他因素，则 2×23 年 12 月 31 日长期股权投资账面余额为（　　）万元。

A. 2 200　　　　B. 2 000
C. 2 120　　　　D. 2 080

【答案】D

【解析】政府主体在取得长期股权投资时，应当按照实际成本作为初始投资成本，在持有期间通常采用权益法核算。所以 2×23 年 12 月 31 日长期股权投资账面余额 = 2 000 +（500 - 200 - 100）×40% = 2 080（万元）。本题的会计分录如下（分录中的数字单位为万元）：

（1）2×22 年 1 月 1 日取得股权时，在财务会计中：

借：长期股权投资——投资成本
　　　　　　　　　　　　　2 000
　　贷：银行存款　　　　2 000

同时，在预算会计中：

借：投资支出　　　　　　2 000
　　贷：资金结存——货币资金　2 000

（2）2×22 年实现净利润时，在财务会计中：

借：长期股权投资——损益调整
　　　　　　　　（500×40%）200
　　贷：投资收益　　　　　　200

（3）2×23 年 3 月 1 日宣告发放股利时，在财务会计中：

借：应收股利　　（200×40%）80
　　贷：长期股权投资——损益调整80

（4）2×23 年 3 月 20 日收到股利时，在财务会计中：

借：银行存款　　　　　　　80

　　贷：应收股利　　　　　　　80

同时，在预算会计中：

借：资金结存——货币资金　80
　　贷：投资预算收益　　　　80

（5）2×23 年度乙公司发生亏损，在财务会计中：

借：投资收益　　（100×40%）40
　　贷：长期股权投资——损益调整40

【例题 3·单选题】对外销售政府储备物资并按照规定将销售净收入上缴财政的，应当将取得销售价款时大于所承担的相关税费后的差额确认为（　　）。

A. 业务活动费用
B. 资产处置费用
C. 应缴财政款
D. 其他收入

【答案】C

【解析】对外销售政府储备物资并按照规定将销售净收入上缴财政的，应当将取得销售价款时大于所承担的相关税费后的差额确认为应缴财政款。

【例题 4·多选题】下列各项中，属于被投资单位发生除净损益和利润分配以外的所有者权益变动时，事业单位应当进行的账务处理有（　　）。

A. 借：权益法调整
　　　贷：长期股权投资
B. 借：损益调整
　　　贷：长期股权投资
C. 借：长期股权投资
　　　贷：权益法调整
D. 借：长期股权投资
　　　贷：损益调整

【答案】AC

【解析】被投资单位发生除净损益和利润分配以外的所有者权益变动的，事业单位应当按照应享有或应分担的份额，借记或贷记"权益法调整"科目，贷记或借记"长期股权投资——其他权益变动"科目。

【例题 5·多选题】12 月 16 日，某事业单位购入一台不需安装就能投入使用的群众健身专业设备，取得的增值税专用发票上注明的设备价款为 300 000 元，增值税税额为 48 000 元。款项通过单位零余额账户支付。财会部门应编制的会计分录为（　　）。

A. 借：公共基础设施　　　　300 000
　　　应交增值税——应交税金（进项税
　　　额）　　　　　　　　　48 000
　　　　贷：零余额账户用款额度
　　　　　　　　　　　　　348 000

B. 借：其他支出　　　　　　348 000
　　　　贷：资金结存——货币资金
　　　　　　　　　　　　　348 000

C. 借：固定资产　　　　　　300 000
　　　应交增值税——应交税金（进项税
　　　额）　　　　　　　　　48 000
　　　　贷：零余额账户用款额度
　　　　　　　　　　　　　348 000

D. 借：事业支出　　　　　　348 000
　　　　贷：资金结存——货币资金
　　　　　　　　　　　　　348 000

【答案】AB

【解析】本题考核的是购买公共基础设施的账务处理。

【例题6·多选题】下列项目中，属于公共基础设施特点的有（　　）。

A. 是一个有形资产系统或网络的组成部分
B. 具有特定用途
C. 一般不可移动
D. 主要用于满足社会公共需求

【答案】ABCD

【解析】公共基础设施是指行政事业单位为满足社会公共需求而控制的，同时具有以下特征的有形资产：是一个有形资产系统或网络的组成部分；具有特定用途；一般不可移动。

【例题7·判断题】对于没有相关凭据且未经资产评估的公共基础设施，行政事业单位应对其采用名义金额计量。（　　）

【答案】×

【解析】没有相关凭据可供取得、也未经资产评估的，其成本应比照同类或类似资产的市场价格加上相关税费等确定。

【例题8·计算题】2×23年6月12日，甲学校经批准购入一批教学器材，取得的增值税专用发票上注明的设备价款为300 000元，增值税税额为39 000元，该学校以银行存款支付了相

关款项，同时本月末，学校财务部门计提业务部门本月固定资产折旧20 000元。

要求：不考虑其他因素，根据上述资料，编制甲学校相关的会计分录。

【答案】

（1）购买教学器材：

财务会计：

借：固定资产　　　　　　　300 000
　　应交增值税——应交税金（进项税额）
　　　　　　　　　　　　　39 000
　　　贷：银行存款　　　　339 000

预算会计：

借：事业支出　　　　　　　339 000
　　　贷：资金结存——货币资金
　　　　　　　　　　　　　339 000

（2）当月计提折旧：

借：业务活动费用　　　　　20 000
　　　贷：固定资产累计折旧　20 000

【例题9·计算题】甲事业单位出售某机器设备，账面余额为500 000元，已提折旧100 000元，出售价款为200 000元，当日上缴财政专户，发生处置费用800元，以库存现金支付。

要求：根据上述资料，编制甲单位相关的会计分录。

【答案】

（1）出售机器设备：

财务会计：

借：资产处置费用　　　　　400 000
　　固定资产累计折旧　　　100 000
　　　贷：固定资产　　　　500 000

（2）发生处置费用：

财务会计：

借：银行存款　　　　　　　200 000
　　　贷：应缴财政款　　　199 200
　　　　　库存现金　　　　　　800

## 7 负债业务

### 一、考点解读

（一）应缴财政款与应付职工薪酬

应缴财政款指单位取得或应收的按照规定应当上缴财政的款项，包括应缴国库的款项和应缴财政专户的款项。

应付职工薪酬是指按照有关规定应付给职工（含长期聘用人员）及为职工支付的各种薪酬，包括基本工资、国家统一规定的津贴补贴、规范津贴补贴（绩效工资）、改革性补贴、社会保险费（如职工基本养老保险费、职业年金、基本医疗保险费等）、住房公积金等。

具体账务处理如表24-21所示。

**表24-21　应缴财政款及应付职工薪酬的账务处理**

| 业务或事项 | | | 预算会计 | 财务会计 |
|---|---|---|---|---|
| 应缴财政款 | 单位取得或应收按照规定应缴财政的款项时 | | — | 借：银行存款、应收账款等<br>贷：应缴财政款 |
| | 单位上缴应缴财政的款项时 | | — | 借：应缴财政款<br>贷：银行存款 |
| 应付职工薪酬 | 计算确认当期应付职工薪酬 | 从事专业及其辅助活动人员的职工薪酬 | — | 借：业务活动费、单位管理费用<br>贷：应付职工薪酬 |
| | | 应由在建工程、加工物品、自行研发无形资产负担的职工薪酬 | — | 借：在建工程、加工物品、研发支出<br>贷：应付职工薪酬 |
| | | 从事专业及其辅助活动以外的经营活动人员的职工薪酬 | — | 借：经营费用<br>贷：应付职工薪酬 |
| | | 因解除与职工的劳动关系而给予的补偿 | — | 借：单位管理费<br>贷：应付职工薪酬 |
| | 从职工薪酬中代扣款项 | 代扣代缴个人所得税 | — | 借：应付职工薪酬——基本工资<br>贷：其他应交税费——个人所得税 |
| | | 代扣社会保险费和住房公积金 | — | 借：应付职工薪酬——基本工资<br>贷：应付职工薪酬——社会保险费/住房公积金 |
| | | 代扣为职工垫付的水电费、房租等费用 | — | 借：应付职工薪酬——基本工资<br>贷：其他应收款等 |
| | 向职工支付工资、津贴补贴等薪酬，或按规定缴纳职工社会保险费和住房公积金时 | | 借：行政支出、事业支出、经营支出等<br>贷：财政拨款预算收入、资金结存 | 借：应付职工薪酬<br>贷：财政拨款收入、零余额账户用款额度、银行存款等 |

**（二）借款**

借款是事业单位从银行或其他金融机构等借入的款项。事业单位应当在与债权人签订借款合同或协议并取得举借资金时，按照借款本金确认负债。事业单位为了核算借款，应当在财务会计下设置"短期借款""长期借款""应付利息"等科目，在预算会计下设置"债务预算收入"科目和"债务还本支出"科目。

### 1. 取得借款

事业单位借入各种短期、长期借款时，应当按照实际借入的本金金额，在财务会计中：

借：银行存款

　　贷：短期借款/长期借款——本金

同时在预算会计中：

借：资金结存——货币资金

　　贷：债务预算收入

### 2. 计提借款利息

事业单位应当按照借款本金和合同或协议约定的利率按期计提借款利息。

（1）为购建固定资产等工程项目借入的专门借款的利息。

事业单位为购建固定资产等工程项目借入专门借款的，对于发生的专门借款利息，应当按照借款利息减去尚未动用的借款资金产生的利息收入后的金额，属于工程项目建设期间发生的，计入工程成本；不属于工程项目建设期间发生的，计入当期费用。工程项目建设期间是指自工程项目开始建造起至交付使用时止的期间。

> **提示** 工程项目建设期间发生非正常中断且中断时间连续超过3个月（含3个月）的，事业单位应当将非正常中断期间的借款费用计入当期费用。如果中断是使工程项目达到交付使用所必需的程序，则中断期间所发生的借款费用仍应计入工程成本。

（2）其他借款的利息。

事业单位除工程项目专门借款以外的其他借款计提的利息，应当计入当期费用。

按期计提其他借款利息时，按照计算确定应支付的利息金额，在财务会计中：

借：其他费用

　　贷：应付利息［短期借款利息，分期付息、到期还本长期借款利息］/长期借款——应计利息［到期一次还本付息的长期借款利息］

待实际支付短期借款利息或分期支付长期借款利息时，在财务会计中：

借：应付利息

　　贷：银行存款

同时，在预算会计中：

借：其他支出

　　贷：资金结存——货币资金

### 3. 偿还借款

事业单位偿还各项短期、长期借款时，应当按照偿还的借款本金，在财务会计中：

借：短期借款/长期借款——本金

　　长期借款——应计利息［按照到期一次还本付息长期借款的利息］

　　贷：银行存款［按照还款总金额］

同时在预算会计中：

借：债务还本支出［按照支付的本金金额］

　　其他支出［按照支付的利息金额］

　　贷：资金结存——货币资金［按照支付总金额］

## 二、例题点津

**【例题1·判断题】** 事业单位按照国家税法等有关规定应当缴纳的各种税费，通过"应缴财政款"科目核算。（　　）

**【答案】** ×

**【解析】** 单位按照国家税法等有关规定应当缴纳的各种税费，通过"应交增值税""其他应交税费"科目核算，不通过"应缴财政款"科目核算，单位应缴财政款是指单位取得的或者应收的按照规定应当上缴财政的款项，包括应缴国库的款项和应缴财政专户的款项。

**【例题2·计算题】** 甲单位为事业单位，其涉及财政拨款的收支业务通过财政授权支付方式结算。2×23年度，甲单位发生的有关经济业务或事项如下：

2×23年度，甲单位为开展专业业务活动及其辅助活动的人员发放工资600万元，津贴250万元，奖金100万元，代扣代缴个人所得税30万元；另支付其他相关费用800万元。

要求：根据上述资料，编制甲单位2×23年度与预算会计相关的会计分录（金额以万元表示）。

**【答案】**

（1）实际支付职工薪酬：

借：事业支出

　　　　（600＋250＋100－30）920

　　贷：资金结存——零余额账户用款额度

　　　　　　　　　　　　　　　920

（2）上缴代扣的个人所得税时：

借：事业支出　　　　　　　　　30

贷：资金结存——零余额账户用款额度
　　　　　　　　　30

（3）支付其他相关费用：

借：事业支出　　　　　800

　　贷：资金结存——零余额账户用款额度
　　　　　　　　　800

**【例题 3·计算题】** 某事业单位 1 月 1 日向银行借入期限为 1 年的借款 200 000 元，借款利率 8%，按季计提利息，年末用银行存款归还本金和利息。

要求：编制相关会计分录。

**【答案】**

（1）取得借款：

借：银行存款　　　200 000

　　贷：短期借款　　　　200 000

在预算会计中：

借：资金结存——货币资金
　　　　　　　200 000

　　贷：债务预算收入　　200 000

（2）季末计提利息：

借：其他费用　　　　4 000

　　贷：应付利息　　　　4 000

（3）年末还本付息：

借：应付利息　　　　16 000

　　短期借款　　　200 000

　　贷：银行存款　　　216 000

借：债务还本支出　　200 000

　　其他支出　　　　16 000

　　贷：资金结存——货币资金
　　　　　　　216 000

## 8 受托代理业务

### 一、考点解读

受托代理资产是指政府单位接受委托方委托管理的各项资产，包括受托指定转赠的物资、受托存储保管的物资和罚没物资等。政府单位对受托代理资产**不拥有控制权**，因此受托代理资产并不符合基本准则所规定的资产的定义及确认标准，但为了全面核算和反映政府单位的经济业务，政府单位应当设置**"受托代理资产""受托代理负债"**科目，对受托代理业务进行核算。具体账务处理如表 24-22 所示。

**表 24-22**　　　　　　受托代理业务的账务处理

| 业务或事项 | 财务会计 | 预算会计 |
|---|---|---|
| 接受时 | 借：受托代理资产<br>　　贷：受托代理负债 | — |
| 交付受赠人或按委托人要求发出委托存储保管的物资时 | 借：受托代理负债<br>　　贷：受托代理资产 | — |
| 委托人不再收回时 | 借：库存物品/固定资产等<br>　　贷：其他收入 | — |
| 按照规定处置罚没物资时 | 借：受托代理负债<br>　　贷：受托代理资产<br>处置时取得款项的：<br>借：银行存款等<br>　　贷：应缴财政款 | — |

提示 政府单位收到的受托代理资产为**现金和银行存款**的，不通过"受托代理资产"科目核算，应当通过"库存现金""银行存款"科目进行核算。

### 二、例题点津

**【例题 1·判断题】** 政府单位对受托代理资产为银行存款的应当通过"受托代理资产"科

目核算。（　　）

【答案】×

【解析】政府单位收到的受托代理资产为现金和银行存款的，不通过"受托代理资产"科目核算，应当通过"库存现金""银行存款"科目进行核算。

【例题2·判断题】政府单位接受委托人委托存储保管或需要转赠给受赠人的物资，其成本按照有关凭据注明的金额确定。（　　）

【答案】√

## 9　部门（单位）合并财务报表

### 一、考点解读

部门（单位）合并财务报表是指以政府部门（单位）本级作为合并主体，将部门（单位）本级及其合并范围内全部被合并主体的财务报表进行合并后形成的，反映部门（单位）整体财务状况与运行情况的财务报表。

合并范围及程序如表24－23所示。

表24－23　　　　合并财务报表的合并范围与合并程序

| 合并范围 | 应纳入部门（单位）合并财务报表的 | (1) 部门（单位）所属的未纳入部门预决算管理的事业单位；<br>(2) 部门（单位）所属的纳入企业财务管理体系执行企业类会计准则制度的事业单位；<br>(3) 财政部规定的应当纳入部门（单位）合并财务报表范围的其他会计主体 |
| --- | --- | --- |
|  | 不纳入部门（单位）合并财务报表范围的 | (1) 部门（单位）所属的企业，以及所属企业下属的事业单位；<br>(2) 与行政机关脱钩的行业协会商会；<br>(3) 部门（单位）财务部门按规定单独建账核算的会计主体，如工会经费、党费、团费和土地储备资金、住房公积金等资金（基金）会计主体；<br>(4) 挂靠部门（单位）的没有财政预算拨款关系的社会组织以及非法人性质的学术团体、研究会等 |
| 合并程序 | 部门（单位）合并资产负债表 | 以部门（单位）本级和其被合并主体符合上述有关编制基础和统一会计政策要求的个别资产负债表或合并资产负债表为基础，在抵销内部业务或事项对合并资产负债表的影响后，由部门（单位）本级合并编制。编制时，需要抵销的内部业务或事项包括部门（单位）本级和其被合并主体之间、被合并主体相互之间的债权（含应收款项坏账准备，下同）、债务项目，以及其他业务或事项对部门（单位）合并资产负债表的影响 |
|  | 部门（单位）合并收入费用表 | 以部门（单位）本级和其被合并主体符合上述有关编制基础和统一会计政策要求的个别收入费用表或合并收入费用表为基础，在抵销内部业务或事项对合并收入费用表的影响后，由部门（单位）本级合并编制。编制时，需要抵销的内部业务或事项包括部门（单位）本级和其被合并主体之间、被合并主体相互之间的收入、费用项目 |

### 二、例题点津

【例题1·多选题】下列各项中，应纳入政府部门合并财务报表范围的有（　　）。

A. 与本部门没有财政预算拨款关系的挂靠单位

B. 纳入本部门预决算管理的行政事业单位和社会组织

C. 与本部门脱钩的行业协会

D. 本部门所属未纳入预决算管理的事业单位

【答案】BD

【解析】不纳入部门（单位）合并财务报表范围的有：（1）部门（单位）所属的企业，以及所属企业下属的事业单位；（2）与行政机关脱钩的行业协会商会；（3）部门（单位）财务部门按规定单独建账核算的会计主体，如工会经费、党费、团费和土地储备资金、住房公积金等资金（基金）会计主体；（4）挂靠部门（单位）的没有财政预算拨款关系的社会组织以及非法人性质的学术团体、研究会等。故选项 A、C 不纳入合并财务报表范围。

**【例题 2·多选题】** 在报告期内，被合并主体发生的下列变动中，不影响合并资产负债表的期初数的情况有（　　）。

A. 被合并主体因划转纳入合并范围

B. 被合并主体因划转不再纳入合并范围

C. 被合并主体撤销

D. 被合并主体收到无偿调拨的净资产

**【答案】** ABCD

**【解析】** 对于在报告期内因划转而纳入合并范围的被合并主体，合并主体应当将其报告期内的收入、费用项目金额包括在本期合并收入费用表的本期数中，合并资产负债表的期初数不作调整。对于在报告期内因划转而不再纳入合并范围的被合并主体，其报告期内的收入、费用项目金额不包括在本期合并收入费用表的本期数中，合并资产负债表的期初数不作调整。在报告期内，被合并主体撤销的，其期初资产、负债和净资产项目金额应当包括在合并资产负债表的期初数中，其期初至撤销日的收入、费用项目金额应当包括在本期合并收入费用表的本期数中，其期初至撤销日的收入、费用项目金额所引起的净资产变动金额应当包括在合并资产负债表的期末数中。被合并主体收到无偿调拨的净资产属于正常运营期间的事项，无须调整期初余额。

# 本章考点巩固练习题

## 一、单项选择题

1. 下列关于政府会计核算的表述中，不正确的是（　　）。

A. 政府会计应当实现财务会计与预算会计双重功能

B. 财务会计核算实行权责发生制，预算会计核算实行收付实现制（国务院另有规定的，从其规定）

C. 单位对于现金收支业务，在采用财务会计核算的同时应当进行预算会计核算

D. 财务会计要素包括资产、负债、净资产、收入和费用，预算会计要素包括预算收入、预算支出和预算结余

2. 政府会计中，主要反映和监督预算收支执行情况的是（　　）。

A. 财务会计　　　　B. 管理会计

C. 审计　　　　　　D. 预算会计

3. 政府会计主体在对资产进行计量时，一般应当采用（　　）。

A. 重置成本　　　　B. 现值

C. 公允价值　　　　D. 历史成本

4. 行政事业单位收入确认的条件不包括（　　）。

A. 与收入相关的含有服务潜力或者经济利益的经济资源很可能流入政府会计主体

B. 含有服务潜力或者经济利益的经济资源流入会导致政府会计主体资产增加或者负债减少

C. 流入金额能够可靠地计量

D. 与收入相关的风险和报酬已经转移至政府会计主体

5. 单位需要在进行财务会计处理的同时进行预算会计处理的业务是（　　）。

A. 纳入部门预算管理的现金收支业务

B. 计提设备折旧

C. 受托代理现金收支业务

D. 应上缴财政的现金收支业务

6. 下列各项中，政府会计主体采用财务会计核算的同时应当进行预算会计核算的是（　　）。

A. 支付应缴财政款

B. 事业单位采用财政直接支付方式支付水费

C. 计提固定资产折旧

D. 收到受托代理的现金

7. 在财政直接支付方式下，年末，根据本年度财政直接支付预算指标数与当年财政直接支付实际支付数的差额所作的财务会计分录为（　　）。

A. 借记"财政应返还额度"科目，贷记"财政拨款预算收入"科目

B. 借记"资金结存——财政应返还额度"科

目，贷记"财政拨款收入"科目

C. 借记"财政应返还额度"科目，贷记"财政拨款收入"科目

D. 借记"应缴财政款"科目，贷记"财政拨款预算收入"科目

8. 下列各项中，在财政直接支付方式下，事业单位收到"财政直接支付入账通知书"时，财务会计核算应贷记的会计科目是（　　）。

　　A. 经营收入　　　　B. 其他收入

　　C. 事业收入　　　　D. 财政拨款收入

9. 在财政授权支付方式下，事业单位按规定实际支用额度时，根据实际支付的金额，财务会计应贷记的科目为（　　）。

　　A. 银行存款

　　B. 零余额账户用款额度

　　C. 资金结存——零余额账户用款额度

　　D. 财政应返还额度

10. 2×23年1月，某事业单位启动一项科研项目，当年收到上级主管部门拨付的非财政专项资金2 000万元，为该项目发生了事业支出1 850万元，12月项目结项，经上级主管部门批准，该项目的结余资金留归事业单位使用。假定不考虑其他因素，年末，该事业单位应转入"非财政拨款结余"科目金额的是（　　）万元。

　　A. 150　　　　　　B. 2 000

　　C. 1 850　　　　　D. 0

11. 关于行政事业单位会计核算，下列项目中错误的是（　　）。

　　A. 行政事业单位会计核算应当具备财务会计与预算会计双重功能

　　B. 年末应将财政拨款结转的余额全部转入财政拨款结余

　　C. 事业收入不包括从同级政府财政部门取得的各类财政拨款

　　D. 年末预算收支结转后"资金结存"科目借方余额与预算结转结余科目贷方余额相等

12. 单位对外捐赠固定资产等非现金资产的，在财务会计中应当将资产的账面价值转入（　　）科目。

　　A. 资产处置费用　　B. 待处理财产损溢

　　C. 固定资产清理　　D. 营业外支出

13. 甲事业单位于2×23年1月5日以银行存款

180万元与乙企业共同成立丙有限责任公司（假定相关的产权手续于当日办理完毕）。丙公司注册资本为300万元，甲单位股权比例为60%，能够决定丙公司财务和经营政策，2×23年丙公司全年实现净利润100万元，假定无其他权益变动，不考虑其他因素，下列甲事业单位处理不正确的是（　　）。

　　A. 甲事业单位应于2×23年1月5日确认长期股权投资180万元

　　B. 甲事业单位应对该项投资采用成本法核算

　　C. 甲事业单位应对该项投资采用权益法核算

　　D. 甲事业单位应于2×23年12月31日确认投资收益60万元

14. 下列有关公共基础设施和政府储备物资核算的说法，不正确的是（　　）。

　　A. 公共基础设施和政府储备物资属于行政事业单位控制的经管（即经手管理）资产

　　B. 对外销售政府储备物资并按照规定将销售净收入上缴财政的，无须进行会计处理

　　C. 对外销售政府储备物资并将销售收入纳入单位预算统一管理的，应当将发出物资的账面余额计入业务活动费用，将实现的销售收入计入当期收入

　　D. 公共基础设施的各组成部分具有不同使用年限或者以不同方式提供公共产品或服务，适用不同折旧率或折旧方法且可以分别确定各自原价的，应当分别将各组成部分确认为该类公共基础设施的一个单项公共基础设施

## 二、多项选择题

1. 下列各项中，属于政府预算会计要素的有（　　）。

　　A. 预算结余　　　　B. 预算收入

　　C. 净资产　　　　　D. 预算费用

2. 政府会计主体在对资产和负债进行计量时，均可采用的计量属性包括（　　）。

　　A. 重置成本　　　　B. 现值

　　C. 公允价值　　　　D. 历史成本

3. 下列各项中，属于事业单位非流动负债的有（　　）。

A. 应缴款项　　　　B. 长期应付款

C. 预收款项　　　　D. 应付长期政府债券

4. 下列各项关于政府会计的表述中，不正确的有（　　）。

　　A. 政府财务报告分为政府部门财务报告和政府综合财务报告

　　B. 政府财务报告的编制以收付实现制为基础

　　C. 政府财务会计要素包括资产、负债、净资产、收入、成本和费用

　　D. 政府财务报告包括政府决算报告

5. 年末，行政事业单位本年度财政授权支付预算指标数大于零余额账户用款额度下达数的应作的会计分录有（　　）。

　　A. 借记"财政应返还额度"科目，贷记"财政拨款收入"科目

　　B. 借记"零余额账户用款额度"科目，贷记"财政拨款收入"科目

　　C. 借记"资金结存——财政应返还额度"科目，贷记"财政拨款预算收入"科目

　　D. 借记"应缴财政款"科目，贷记"财政拨款预算收入"科目

6. 甲事业单位不属于实行预算管理一体化的地区。2×22 年 12 月 31 日，该事业单位直接支付指标数与当年财政直接支付实际支出数之间的差额为 100 万元。2×23 年 1 月 1 日，财政部门恢复了该单位的财政直接支付额度 100 万元；2×23 年 1 月 10 日，该事业单位用上年预算指标数以财政直接支付方式购买一批办公用品，支付供应商 8 万元，同时收到了"财政直接支付入账通知书"。不考虑其他因素，下列各项关于甲事业单位会计处理的表述中，不正确的有（　　）。

　　A. 2×23 年 1 月 1 日财政部门恢复财政直接支付额度时，无须进行会计处理

　　B. 2×22 年 12 月 31 日直接支付指标数与当年财政直接支付实际支出数的差额 100 万元，在预算会计下应确认为事业支出

　　C. 2×22 年 12 月 31 日直接支付指标数与当年财政直接支付实际支出数的差额 100 万元，在财务会计下应确认为行政支出

　　D. 2×23 年 1 月 10 日收到财政直接支付入账通知书时，在财务会计下应确认行政支出 8 万元

7. 关于经营结余、其他结余及非财政拨款结余分配的核算，下列项目中正确的有（　　）。

　　A. 年末，事业单位应将"其他结余"科目余额转入"非财政拨款结余分配"科目

　　B. 年末，事业单位应将"经营结余"科目余额转入"非财政拨款结余分配"科目

　　C. 根据有关规定提取专用基金的，按照提取的金额，在预算会计中通过"专用结余"科目核算

　　D. 根据规定使用从非财政拨款结余或经营结余中提取的专用基金时，按照使用金额，借记"专用结余"科目，贷记"资金结存——货币资金"科目

8. 某事业单位 2×23 年度收到财政部门批复的 2×22 年末未下达零余额账户用款额度 500 万元，下列会计处理中，正确的有（　　）。

　　A. 贷记"资金结存——财政应返还额度"科目 500 万元

　　B. 借记"资金结存——零余额账户用款额度"科目 500 万元

　　C. 贷记"财政应返还额度"科目 500 万元

　　D. 借记"零余额账户用款额度"科目 500 万元

9. 下列各项资产中，其初始成本不能采用名义金额计量的有（　　）。

　　A. 政府储备物资

　　B. 投资和公共基础设施

　　C. 陈列品

　　D. 保障性住房

10. 关于事业单位借款业务的会计处理，下列表述中正确的有（　　）。

　　A. 事业单位借入各种短期、长期借款时，应当按照实际借入的本金金额，在财务会计中借记"银行存款"科目，贷记"短期借款""长期借款——本金"科目

　　B. 事业单位借入的专门借款利息符合资本化条件的，应将其予以资本化计入相关资产成本

　　C. 事业单位取得借款时应将取得的款项计入债务预算收入中核算

　　D. 事业单位支付借款利息时预算会计中应计入事业支出核算

11. "受托代理资产"科目核算行政事业单位接

受委托方委托管理的各项资产，这类资产主要包括（　　）。

A. 受托代理的现金

B. 受托指定转赠的物资

C. 罚没物资

D. 受托存储保管的物资

12. 下列各项中，属于政府会计中事业单位合并财务报表体系组成部分的有（　　）。

A. 合并资产负债表

B. 附注

C. 合并收入费用表

D. 合并利润表

## 三、判断题

1. 政府财务会计要素包括资产、负债、净资产、收入和支出。　　　　　　　（　　）

2. 政府决算报告和财务报告均以权责发生制为基础，以财务会计核算生成的数据为准。　　　　　　　　　　　　　　（　　）

3. 对于应上缴财政的现金收支业务，在进行财务会计处理的同时，还需要进行预算会计处理。　　　　　　　　　　　（　　）

4. 单位设置"零余额账户用款额度"科目，核算实行国库集中支付的单位在财政直接支付方式下，根据财政部门批复的资金使用计划收到的零余额账户用款额度。（　　）

5. 单位接受非现金捐赠，应当同时确认捐赠收入和捐赠预算收入。　　　　　（　　）

6. 部分实行预算管理一体化的地区和部门，国库集中支付按照财政直接支付方式进行。　　　　　　　　　　　　　　（　　）

7. 政府会计对文物和陈列品应按月计提折旧。　　　　　　　　　　　　　　　（　　）

8. 政府储备物资应当由持有或者负责保管的行政事业单位予以确认。　　　　（　　）

9. 对政府储备物资不负有行政管理职责但接受委托具体负责执行其存储保管等工作的行政事业单位，同样应当将受托代储的政府储备物资作为政府储备物资核算。（　　）

10. 事业单位工程项目建设期间发生中断且中断时间连续超过3个月（含3个月）的，事业单位应当将中断期间的借款费用计入当期费用。　　　　　　　　　　　　　（　　）

11. 如果转赠物资的委托人取消了对捐赠物资的转赠要求，且不再收回捐赠物资，那么可以将转赠物资转为单位的存货、固定资产等并确认为其他收入。　　　　　　　　　（　　）

12. 部门（单位）合并财务报表的合并范围一般应当以控制为基础予以确定。　（　　）

## 四、计算分析题

1. 甲单位为事业单位，乙单位为行政单位。2×22年度和2×23年度，甲单位和乙单位发生的有关经济业务或事项如下：

资料一：2×22年10月10日，甲单位根据经过批准的部门预算和用款计划，向同级财政部门申请支付第三季度水费200万元。10月20日，财政部门经审核后，以财政直接支付方式向自来水公司支付了甲单位的水费200万元。10月25日，甲单位收到了"财政直接支付入账通知书"。

资料二：2×22年12月31日，乙单位财政直接支付预算指标数大于当年财政直接支付实际支出数的金额为100万元。2×23年初，财政部门恢复了乙单位的财政直接支付额度。2×23年1月15日，乙单位以财政直接支付方式购买一批办公用物资（属于上年预算指标数），支付给供应商80万元价款，假定不考虑相关税费。

除上述资料外，不考虑其他因素。

要求：

（1）根据上述资料一，编制甲单位与财务会计和预算会计有关的会计分录。

（2）根据上述资料二，编制乙单位与财务会计和预算会计有关的会计分录。

2. 甲事业单位报经批准于2×22年1月1日以持有的固定资产作价投资乙单位，取得乙单位30%股权，甲事业单位该固定资产账面余额为100万元，累计摊销10万元，评估价值200万元。甲事业单位能够参与乙单位的财务和经营政策决策，2×22年乙单位全年实现净利润30万元。2×23年3月2日，乙单位宣告向股东分派利润10万元，5月1日，乙单位实际向股东支付了利润10万元，2×23年乙单位全年实现净利润50万元。假定不考虑税费等其他因素。

**要求：**

（1）根据资料，编制该事业单位 2×22 年相关的会计分录（金额以万元表示）。

（2）根据资料，编制该事业单位 2×23 年相关的会计分录（金额以万元表示）。

3. 甲单位为事业单位，其涉及财政拨款的收支业务通过财政授权支付方式结算，2023 年度，甲单位发生有关经济业务或事项如下：

（1）2023 年 3 月 15 日，甲单位根据经过批准的部门预算和用款计划，向同级财政部门申请财政授权支付用款额度 2 000 万元。4 月 8 日，财政部门经审核后，以财政授权支付方式下达了 1 800 万元用款额度。4 月 10 日，甲单位收到相关支付凭证。

（2）2023 年 5 月 5 日，甲单位接受其他事业单位无偿调入物资一批，根据调出单位提供的相关凭证注明，该批物资在调出方的账面价值为 300 万元，甲单位经验收合格后入库，物资调入过程中甲单位以银行存款支付了运输费 20 万元。

（3）2023 年度，甲单位为开展专业业务活动及其辅助活动的人员发放工资 600 万元，津贴 250 万元，奖金 100 万元，代扣代缴个人所得税 30 万元。

除上述所给资料外，不考虑其他因素。

**要求：**

分别根据资料（1）到资料（3），编制甲单位预算会计和财务会计的相关会计分录。

# 本章考点巩固练习题参考答案及解析

## 一、单项选择题

1.【答案】C

【解析】单位对于纳入部门预算管理的现金收支业务，在采用财务会计核算的同时应当进行预算会计核算，选项 C 错误。

2.【答案】D

【解析】预算会计通过预算收入、预算支出与预算结余三个要素，对政府会计主体预算执行过程中发生的全部预算收入和全部预算支出进行会计核算，主要反映和监督预算收支执行情况。

3.【答案】D

【解析】政府会计主体在对资产进行计量时，一般应当采用历史成本。

4.【答案】D

【解析】收入的确认应当同时满足以下条件：一是与收入相关的含有服务潜力或者经济利益的经济资源很可能流入政府会计主体；二是含有服务潜力或者经济利益的经济资源流入会导致政府会计主体资产增加或者负债减少；三是流入金额能够可靠地计量。

5.【答案】A

【解析】单位对于纳入部门预算管理的现金收支业务，在采用财务会计核算的同时应当进行预算会计核算；对于其他业务，仅需进行财务会计核算。对于单位受托代理的现金以及应上缴财政的现金所涉及的收支业务，仅需要进行财务会计处理，不需要进行预算会计处理。

6.【答案】B

【解析】在预算会计中，事业单位采用财政直接支付方式支付水费应借记"事业支出"科目，贷记"财政拨款预算收入"科目；同时，在财务会计中借记"单位管理费用"科目，贷记"财政拨款收入"。

7.【答案】C

【解析】在财政直接支付方式下，年末，根据本年度财政直接支付预算指标数与当年财政直接支付实际支付数的差额，借记"财政应返还额度——财政直接支付"科目，贷记"财政拨款收入"科目。

8.【答案】D

【解析】在财政直接支付方式下，单位在收到"财政直接支付入账通知书"时，按照通知书中直接支付的金额，在财务会计中借记"库存物品"等科目，贷记"财政拨款收入"科目，选项 D 正确。

9.【答案】B

【解析】在财政授权支付方式下事业单位实际支用额度时，根据实际支付的金额在预算会计中借记"事业支出"等科目，贷记"资金结存——零余额账户用款额度"科目；在财务会计中借记"库存物品、固定资产、应付职工薪酬"等科目，贷记"零余额账户用款额度"科目，选项B正确。

10.【答案】A

【解析】该事业单位应转入"非财政拨款结余"科目金额＝2 000－1 850＝150（万元）。

11.【答案】B

【解析】财政拨款结转资金当中，只有符合财政拨款结余性质的项目余额才转入财政拨款结余，而非全部转入财政拨款结余。

12.【答案】A

【解析】单位对外捐赠库存物品、固定资产等非现金资产的，在财务会计中应当将资产的账面价值转入"资产处置费用"科目，如未支付相关费用，预算会计则不作账务处理。

13.【答案】B

【解析】长期股权投资在持有期间，通常应当采用权益法进行核算。事业单位无权决定被投资单位的财务和经营政策或无权参与被投资单位的财务和经营政策决策的，应当采用成本法进行核算。故甲事业单位应对该项投资采用权益法核算，选项B错误。

14.【答案】B

【解析】对外销售政府储备物资并按照规定将销售净收入上缴财政的，应当将取得销售价款大于所承担的相关税费后的差额确认为应缴财政款，选项B错误。

## 二、多项选择题

1.【答案】AB

【解析】政府预算会计要素包括：预算收入、预算支出和预算结余。

2.【答案】BCD

【解析】政府资产的计量属性主要包括历史成本、重置成本、现值、公允价值和名义金额；政府负债的计量属性主要包括历史成本、现值和公允价值。

3.【答案】BD

【解析】政府会计主体的负债按照流动性，分为流动性负债和非流动性负债。流动性负债包括短期借款、应付短期政府债券、应付职工薪酬、应付及预收款项、应缴款项等。非流动负债包括长期借款、长期应付款、应付长期政府债券等。

4.【答案】BCD

【解析】政府财务报告主要分为政府部门财务报告和政府综合财务报告，不包括政府决算报告；选项A正确，选项D不正确；政府财务报告的编制主要以权责发生制为基础，选项B不正确；政府财务会计要素包括资产、负债、净资产、收入和费用，选项C不正确。

5.【答案】AC

【解析】年末，行政事业单位本年度财政授权支付预算指标数大于零余额账户用款额度下达数的，根据未下达的用款额度，在财务会计中借记"财政应返还额度"科目，贷记"财政拨款收入"科目；同时在预算会计中借记"资金结存——财政应返还额度"科目，贷记"财政拨款预算收入"科目。

6.【答案】BCD

【解析】2×22年12月31日

预算会计：

借：资金结存——财政应返还额度　　100

　　贷：财政拨款预算收入　　100

财务会计：

借：财政应返还额度——财政直接支付　　100

　　贷：财政拨款收入　　100

所以选项B、C错误；2×23年恢复财政直接支付额度后，甲事业单位无须进行账务处理，选项A正确。

2×23年1月10日以财政支付方式发生实际支出时：

预算会计：

借：事业支出　　8

　　贷：资金结存——财政应返还额度8

财务会计：

借：库存物品　　8

　　贷：财政应返还额度——财政直接支付　　8

故选项 D 错误。

7.【答案】ACD

【解析】年末，事业单位应将"经营结余"科目贷方余额转入"非财政拨款结余分配"科目，借方余额不结转，选项 B 错误。

8.【答案】ABCD

【解析】下年度收到财政部门批复的上年末未下达零余额账户用款额度时，在预算会计中：

借：资金结存——零余额账户用款额度

500

贷：资金结存——财政应返还额度

500

同时在财务会计中：

借：零余额账户用款额度 500

贷：财政应返还额度 500

9.【答案】ABD

【解析】对于投资和公共基础设施、政府储备物资、保障性住房等资产而言，其初始成本只能按照前三个层次进行计量，不能采用名义金额计量，选项 A、B、D 正确。

10.【答案】ABC

【解析】事业单位支付借款利息时预算会计中应计入其他支出核算，选项 D 错误。

11.【答案】BCD

【解析】受托代理资产是指行政事业单位接受委托方委托管理的各项资产，包括受托指定转赠的物资、受托存储保管的物资和罚没物资等，选项 B、C、D 正确；行政事业单位收到的受托代理资产为现金和银行存款的，应通过"库存现金""银行存款"科目核算，不通过"受托代理资产"科目核算，选项 A 错误。

12.【答案】ABC

【解析】本题考查政府会计合并财务报表的构成。政府会计中合并财务报表至少由合并资产负债表、合并收入费用表和附注组成，合并利润表不属于政府会计合并财务报表组成部分。因此，本题的正确答案为选项 A、B、C。

## 三、判断题

1.【答案】×

【解析】政府财务会计要素包括资产、负债、净资产、收入和费用。

2.【答案】×

【解析】政府会计主体应当编制决算报告和财务报告。政府决算报告的编制主要以收付实现制为基础，以预算会计核算生成的数据为准。政府财务报告的编制主要以权责发生制为基础，以财务会计核算生成的数据为准。

3.【答案】×

【解析】对于应上缴财政的现金收支业务，由于不纳入部门预算管理，也只进行财务会计处理，不需要进行预算会计处理。

4.【答案】×

【解析】财政授权支付方式下，通过"零余额账户用款额度"科目核算。

5.【答案】×

【解析】捐赠预算收入是指单位所接受的现金资产，应同时在财务会计和预算会计中对该事项进行确认。

6.【答案】×

【解析】部分实行预算管理一体化的地区和部门，国库集中支付不再区分财政直接支付和财政授权支付。

7.【答案】×

【解析】下列固定资产不计提折旧：（1）文物和陈列品；（2）动植物；（3）图书、档案；（4）单独计价入账的土地；（5）以名义金额计量的固定资产。

8.【答案】×

【解析】政府储备物资应当由按规定对其负有行政管理职责的行政事业单位予以确认。

9.【答案】×

【解析】通常情况下，政府储备物资应当由按规定对其负有行政管理职责的行政事业单位予以确认。（1）相关行政管理职责由不同行政事业单位行使的政府储备物资，由负责提出收储计划的行政事业单位予以确认。（2）对政府储备物资不负有行政管理职责但接受委托具体负责执行其存储保管等工作的行政事业单位，应当将受托代储的政府储备物资作为受托代理资产核算。

10.【答案】×

【解析】事业单位工程项目建设期间发生非正常中断且中断时间连续超过 3 个月（含 3

个月）的，事业单位应当将非正常中断期间的借款费用计入当期费用。如果中断是使工程项目达到交付使用所必需的程序，则中断期间所发生的借款费用仍应计入工程成本。

11.【答案】√

【解析】转赠物资的委托人取消了对捐赠物资的转赠要求，且不再收回捐赠物资的，应当将转赠物资转为单位的存货、固定资产等，同时确认其他收入。

12.【答案】×

【解析】部门（单位）合并财务报表的合并范围一般应当以财政预算拨款关系为基础予以确定。

## 四、计算分析题

1.【答案】

（1）10月25日，甲单位收到"财政直接支付入账通知书"时，财务会计：

借：单位管理费用　　　　　　200
　　贷：财政拨款收入　　　　　　200

同时，预算会计：

借：事业支出　　　　　　　　200
　　贷：财政拨款预算收入　　　　200

（2）①2×22年12月31日补记指标，财务会计：

借：财政应返还额度——财政直接支付
　　　　　　　　　　　　　　100
　　贷：财政拨款收入　　　　　　100

同时，预算会计：

借：资金结存——财政应返还额度
　　　　　　　　　　　　　　100
　　贷：财政拨款预算收入　　　　100

②2×23年1月15日使用上年预算指标购买办公用物资，财务会计：

借：库存物品　　　　　　　　80
　　贷：财政应返还额度——财政直接支付
　　　　　　　　　　　　　　80

同时，预算会计：

借：行政支出　　　　　　　　80
　　贷：资金结存——财政应返还额度
　　　　　　　　　　　　　　80

2.【答案】

（1）2×22年1月甲事业单位以固定资产取

得长期股权投资：

借：长期股权投资——成本　　200
　　固定资产累计折旧　　　　10
　　贷：固定资产　　　　　　　100
　　　　其他收入　　　　　　　110

2×22年12月31日确认对乙单位的投资收益：

借：长期股权投资——损益调整　9
　　贷：投资收益　　　　　　　　9

（2）2×23年3月2日确认乙单位宣告分派利润中应享有的份额：

借：应收股利　　　　　　　　3
　　贷：长期股权投资——损益调整　3

宣告分派股利后，长期股权投资的账面余额=200+9-3=206（万元）。

2×23年5月1日，实际收到乙单位发放的股利：

借：银行存款　　　　　　　　3
　　贷：应收股利　　　　　　　　3

同时：

借：资金结存——货币资金　　3
　　贷：投资预算收益　　　　　　3

2×23年12月31日，确认对乙单位的投资收益：

借：长期股权投资——损益调整
　　　　　　　　　（50×30%）15
　　贷：投资收益　　　　　　　　15

3.【答案】

资料（1）：

预算会计：

借：资金结存——零余额账户用款额度
　　　　　　　　　　　　　　1 800
　　贷：财政拨款预算收入　　　1 800

财务会计：

借：零余额账户用款额度　　1 800
　　贷：财政拨款收入　　　　　1 800

资料（2）：

预算会计：

借：其他支出　　　　　　　　20
　　贷：资金结存　　　　　　　　20

财务会计：

借：库存物品　　　　　　　　320
　　贷：银行存款　　　　　　　　20
　　　　无偿调拨净资产　　　　300

资料（3）：

预算会计：

实际支付职工薪酬时：

借：事业支出　　　　　　　920

　　贷：资金结存——零余额账户用款额度

　　　　　　　　　　　　　　920

上缴代扣的个人所得税时：

借：事业支出　　　　　　　30

　　贷：资金结存——零余额账户用款额度

　　　　　　　　　　　　　　30

财务会计中：

①计算应付职工薪酬时：

借：业务活动费用　　　　　950

　　贷：应付职工薪酬　　　　　　950

②代扣个人所得税时：

借：应付职工薪酬　　　　　30

　　贷：其他应交税费——应交个人所得税

　　　　　　　　　　　　　　30

③实际支付职工薪酬：

借：应付职工薪酬　　　　　920

　　贷：零余额账户用款额度　　920

④上缴代扣的个人所得税时：

借：其他应交税费——应交个人所得税

　　　　　　　　　　　　　　30

　　贷：零余额账户用款额度　　30

# 第二十五章　民间非营利组织会计

## 考情分析

本章在考试中经常以客观题的形式出现，容易得分，所占分值不高，历年考题中平均分值2分，属于不太重要的章节。

## 教材变化

2024年本章教材内容有变动，变动内容主要有：
（1）删除了第一节中"民间非营利组织的概念和特征"内容。
（2）删除了第一节中"民间非营利组织会计的概念"内容。
（3）删除了第一节中"民间非营利组织会计核算的基本原则"内容。

## 考点提示

作为《中级会计实务》科目的最后一个章节，内容较为简单，主要讲述民间非营利组织特定业务的会计核算。考生在复习中需要掌握民间非营利组织的会计要素，重点掌握民间非营利组织捐赠收入、受托代理业务、业务活动成本、净资产等特定业务的会计核算；还需要熟悉民间非营利组织会计的特点。在复习本章内容时注意知识点的对比，理解记忆。

## 本章考点框架

民间非营利组织会计
- 民间非营利组织会计概述
  - 民间非营利组织会计的特点
  - 民间非营利组织的会计要素
  - 民间非营利组织财务会计报告的构成
- 民间非营利组织特定业务的核算
  - 捐赠收入的核算
  - 受托代理业务的核算
  - 业务活动成本的核算
  - 净资产的核算

# 考点解读及例题点津

## 第一单元  民间非营利组织会计概述

### 1 民间非营利组织会计的特点

#### 一、考点解读

民间非营利组织会计的主要特点包括：

（1）以权责发生制为会计核算基础。

（2）在采用历史成本计价的基础上，引入公允价值计量基础。

（3）会计要素不包括所有者权益和利润，而是设置了净资产这一要素。

#### 二、例题点津

**【例题1·多选题】**下列各项中，属于民间非营利组织会计的计量基础的有（    ）。

A. 历史成本

B. 公允价值

C. 现值

D. 名义金额

**【答案】** AB

**【解析】**民间非营利组织会计在采用历史成本计价的基础上，引入了公允价值计量基础。

**【例题2·判断题】**民间非营利组织会计应当采用收付实现制作为会计核算基础。（    ）

**【答案】** ×

**【解析】**《民间非营利组织会计制度》明确规定，民间非营利组织会计核算采用权责发生制。

### 2 民间非营利组织的会计要素

#### 一、考点解读

1. 会计要素的划分与会计等式

（1）会计要素的划分。

民间非营利组织的会计要素划分为反映财务状况的会计要素和反映业务活动情况的会计要素。其中反映财务状况的会计要素包括资产、负债和净资产；反映业务活动情况的会计要素包括收入和费用。

（2）会计等式。

资产－负债＝净资产（反映财务状况的会计要素）

收入－费用＝净资产变动额（反映业务活动情况的会计要素）

2. 反映财务状况的会计要素

（1）资产：是指过去的交易或者事项形成并由民间非营利组织拥有或者控制的资源，该资源预期会给民间非营利组织带来经济利益或者服务潜力，包括流动资产、长期投资、固定资产、无形资产和受托代理资产等。

（2）负债：是指过去的交易或者事项形成的现时义务，履行该义务预期会导致含有经济利益或者服务潜力的资源流出民间非营利组织，包括流动负债、长期负债和受托代理负债等。

（3）净资产：是指民间非营利组织的资产减去负债后的余额，包括限定性净资产和非限定性净资产。

3. 反映业务活动情况的会计要素

（1）收入：是指民间非营利组织开展业务活动取得的、导致本期净资产增加的经济利益或者服务潜力的流入，包括捐赠收入、会费收入、提供服务收入、政府补助收入、投资收益、商品销售收入等主要业务活动收入和其他收入。

（2）费用：是指民间非营利组织为开展业务活动所发生的、导致本期净资产减少的经济利益或者服务潜力的流出，包括业务活动成本、管理费用、筹资费用和其他费用等。

## 二、例题点津

【例题1·多选题】下列各项中,属于民间非营利组织会计要素的有(    )。

A. 收入

B. 费用

C. 利润

D. 净资产

【答案】ABD

【解析】民间非营利组织的会计要素包括资产、负债、净资产、收入和费用。

【例题2·多选题】下列关于民间非营利组织的会计等式中,正确的有(    )。

A. 资产 – 负债 = 所有者权益

B. 资产 – 负债 = 净资产

C. 收入 – 费用 = 利润

D. 收入 – 费用 = 净资产变动额

【答案】BD

【解析】由于民间非营利组织资源提供者既不享有组织的所有权,也不取得经济回报,因此,其会计要素不应包括所有者权益和利润,而是设置了净资产这一要素,故选项B、D正确。

### 3 民间非营利组织财务会计报告的构成

### 一、考点解读

(1)民间非营利组织的会计报表至少应当包括资产负债表、业务活动表和现金流量表三张基本报表。

(2)民间非营利组织还应当编制会计报表附注,在会计报表附注中侧重披露编制会计报表所采用的会计政策、已经在会计报表中得到反映的重要项目的具体说明和未在会计报表中得到反映的重要信息的说明等内容。

### 二、例题点津

【例题1·多选题】下列各项中,属于民间非营利组织会计报表的有(    )。

A. 资产负债表

B. 业务活动表

C. 现金流量表

D. 净资产变动表

【答案】ABC

【解析】《民间非营利组织会计制度》规定,民间非营利组织的会计报表至少应当包括资产负债表、业务活动表和现金流量表三张基本报表,同时民间非营利组织还应当编制会计报表附注,在会计报表附注中侧重披露编制会计报表所采用的会计政策、已经在会计报表中得到反映的重要项目的具体说明和未在会计报表中得到反映的重要信息的说明等内容,选项A、B、C正确;净资产变动表属于政府会计报表,选项D错误。

【例题2·判断题】民间非营利组织无须编制会计报表附注。(    )

【答案】×

【解析】民间非营利组织需要编制三张基本会计报表外,还应当编制会计报表附注。

# 第二单元　民间非营利组织特定业务的核算

### 1 捐赠收入的核算

### 一、考点解读

(一)捐赠收入的概念

1. 捐赠的相关概念

表25–1列示了捐赠的定义、特征、捐赠方式和判断等相关概念及内容。

表 25 – 1　　　　　　　　　　　　　　　捐赠相关概念

| 项目 | 具体内容 |
|------|---------|
| 定义 | 是指某个单位或个人（捐赠人）自愿地将现金或其他资产无偿地转让给另一单位或个人（受赠人），或者无偿地清偿或取消该单位或个人（受赠人）的负债 |
| 特征 | （1）捐赠是无偿转让资产或者清偿或取消负债，属于非交换交易 |
| | （2）捐赠是自愿地转让资产或者清偿或取消负债，从而将捐赠与纳税、征收罚款等其他非交换交易区分开 |
| | （3）捐赠交易中资产或劳务的转让不属于所有者的投入或向所有者的分配 |
| 方式 | （1）作为受赠人，接受其他单位或个人的捐赠 |
| | （2）作为捐赠人，对其他单位或个人作出捐赠 |
| 判断 | （1）应当将捐赠与受托代理业务等类似交易区分开 |
| | （2）可能某项交易的一部分属于捐赠交易，另一部分属于其他性质的交易 |
| | （3）应当将政府补助收入与捐赠收入区分开，分别核算和反映 |

2. 捐赠收入相关概念

表 25 – 2 列示了捐赠收入相关概念及内容。

表 25 – 2　　　　　　　　　　　　　　　捐赠收入相关概念

| 项目 | | 具体内容 |
|------|------|---------|
| 捐赠收入 | 定义 | 是指民间非营利组织接受其他单位或者个人捐赠所取得的收入。<br>提示 民间非营利组织应当区分捐赠与捐赠承诺 |
| 捐赠承诺 | 定义 | 是指捐赠现金或其他资产的书面协议或口头约定等 |
| | 确认 | 由于捐赠承诺不满足非交换交易收入的确认条件，民间非营利组织对于捐赠承诺，不应予以确认，但可以在会计报表附注中作相关披露 |
| 劳务捐赠 | 定义 | 捐赠人自愿地向受赠人无偿提供劳务。<br>提示 劳务捐赠是捐赠的一种 |
| | 确认 | 民间非营利组织对于其接受的劳务捐赠，不予确认，但应当在会计报表附注中作相关披露 |

（二）捐赠收入金额的确定

捐赠收入金额的确定如表 25 – 3 所示。

表 25 - 3                                  捐赠收入金额的确定

| 业务或事项 | 金额确定 |
|---|---|
| 接受捐赠的现金资产 | 应当按照实际收到的金额入账 |
| 接受捐赠的非现金资产 | 应当按照以下方法确定其入账价值：<br>（1）如果捐赠方提供了有关凭据（如发票、报关单、有关协议等）的，应当按照凭据上标明的金额作为入账价值。如果凭据上标明的金额与受赠资产公允价值相差较大，受赠资产应当以其公允价值作为其入账价值。<br>（2）如果捐赠方没有提供有关凭据的，受赠资产应当以其公允价值作为入账价值 |
| | 公允价值的确定顺序：<br>（1）如果同类或者类似资产存在活跃市场的，应当按照同类或者类似资产的市场价格确定公允价值。<br>（2）如果同类或类似资产不存在活跃市场，或者无法找到同类或者类似资产的，应当采用合理的计价方法确定资产的公允价值 |

（三）捐赠收入的核算

民间非营利组织对于捐赠收入，应按照捐赠人对捐赠资产是否设置了限制，分别按照限定性收入和非限定性收入进行核算。

捐赠收入的具体核算如表 25 - 4 所示。

表 25 - 4                                  捐赠收入的核算

| 项目 | 内容 |
|---|---|
| 限制设置 | 捐赠人对捐赠资产的使用设置了时间限制或者（和）用途限制，则确认的相关捐赠收入为限定性捐赠收入 |
| | 如果捐赠方对捐赠资产的使用没有设置时间限制或用途限制，则确认的相关捐赠收入为非限定性捐赠收入 |
| 科目设置 | 设置"捐赠收入"科目，并按照捐赠收入是否存在限制，在"捐赠收入"科目下设置"限定性收入"和"非限定性收入"明细科目分别核算限定性捐赠收入和非限定性捐赠收入 |
| 账务处理 | 接受捐赠时，按照应确认的金额：<br>借：现金/银行存款/短期投资/存货/长期股权投资/长期债权投资/固定资产/无形资产等<br>　　贷：捐赠收入——限定性收入（或捐赠收入——非限定性收入） |
| | 存在需要偿还全部或部分捐赠资产或者相应金额的现时义务：<br>借：管理费用<br>　　贷：其他应付款 |
| | 限定性捐赠收入的限制解除：<br>借：捐赠收入——限定性收入<br>　　贷：捐赠收入——非限定性收入 |
| | 期末结转：<br>借：捐赠收入——限定性收入<br>　　贷：限定性净资产<br>借：捐赠收入——非限定性收入<br>　　贷：非限定性净资产 |

## 二、例题点津

【例题1·多选题】下列各项中，民间非营利组织不应确认捐赠收入的有（　　）。

A. 接受志愿者无偿提供的劳务

B. 收到捐赠人未限定用途的物资

C. 收到捐赠人的捐赠承诺

D. 收到捐赠人限定了用途的现金

【答案】AC

【解析】民间非营利组织接受的劳务捐赠，不确认为捐赠收入，选项A符合题意；捐赠承诺不满足非交换交易收入的确认条件，民间非营利组织对于捐赠承诺不予确认捐赠收入，选项C符合题意。

【例题2·判断题】民间非营利组织应当及时确认所接受的债券、股票、产品、设备、无形资产以及劳务，但对于捐赠承诺不应予以确认。（　　）

【答案】×

【解析】劳务捐赠是捐赠的一种，即捐赠人自愿地向受赠人无偿提供劳务。民间非营利组织对于其接受的劳务捐赠，不予确认，但应当在会计报表附注中作相关披露。

【例题3·判断题】民间非营利组织对于捐赠承诺，应作为捐赠收入予以确认。（　　）

【答案】×

【解析】由于捐赠承诺不满足非交换交易收入的确认条件，民间非营利组织对于捐赠承诺不应予以确认。

【例题4·判断题】接受捐赠的非现金资产，必须以其公允价值作为入账价值。（　　）

【答案】×

【解析】接受捐赠的非现金资产，应当按照以下方法确定其入账价值：（1）如果捐赠方提供了有关凭据的，应当按照凭据上标明的金额作为入账价值；（2）如果捐赠方没有提供有关凭据的，或者凭据上标明的金额与受赠资产公允价值相差较大的，受赠资产应当以其公允价值作为入账价值。

【例题5·判断题】甲基金会与乙企业签订一份协议，约定乙企业通过甲基金会向丙希望小学捐款30万元，甲基金会在收到乙企业汇来的捐赠款时应确认捐赠收入。（　　）

【答案】×

【解析】甲基金会在该事项中起到中间作用，该事项属于受托代理业务，甲基金会在收到乙企业汇来的捐赠款时应借记"银行存款——受托代理资产"等科目，贷记"受托代理负债"科目，不确认捐赠收入。

## 2 受托代理业务的核算

### 一、考点解读

（一）受托代理业务的概念

受托代理业务是指民间非营利组织从委托方收到受托资产，并按照委托人的意愿将资产转赠给指定的其他组织或者个人的受托代理过程。

提示 民间非营利组织本身在此业务活动过程中只是起中介作用，没有权力改变上述资产的用途或者变更受益人。

（1）民间非营利组织接受委托方委托从事受托代理业务而收到的资产即为受托代理资产。

（2）民间非营利组织因从事受托代理业务、接受受托代理资产而产生的负债即为受托代理负债。

（二）受托代理业务的界定

受托代理业务是指有明确的转赠或者转交协议，或者虽然无协议但同时满足以下条件的业务：

（1）民间非营利组织在取得资产的同时即产生了向具体受益人转赠或转交资产的现时义务，不会导致自身净资产的增加。

提示 在受托代理业务中，民间非营利组织并不是受托代理资产的最终受益人，只是代受益人保管这些资产，对于资产以及资产带来的收益不具有控制权。

（2）民间非营利组织仅起到中介而非主导发起作用，帮助委托人将资产转赠或转交给指定的受益人，并且没有权力改变受益人，也没有权力改变资产的用途。

提示 在受托代理业务中，受托代理资产的受益人是由委托人具体指定的，民间非营利组织没有变更的权力。

（3）委托人已明确指出了具体受益人个人的姓名或受益单位的名称，包括从民间非营利组织提供的名单中指定一个或若干个受益人。

（三）受托代理业务的核算

1. 会计科目设置

（1）"受托代理资产"核算民间非营利组织接受委托方委托从事受托代理业务而收到的资产；"受托代理资产"科目的期末借方余额，反映民间非营利组织期末尚未转出的受托代理资产价值。

（2）"受托代理负债"科目核算民间非营利

组织从事受托代理业务、接受受托代理资产而产生的负债；"受托代理负债"科目的期末贷方余额，反映民间非营利组织尚未清偿的受托代理负债。

2. 会计处理

（1）受托代理资产入账价值的确定。

受托代理资产的入账价值应当比照接受捐赠资产确定，具体情况如表25－5所示。

表 25－5　　　　　　　　　　　　　受托代理资产入账价值的确定

| 受托代理资产的情形 | | 受托代理资产入账价值的确定 |
| --- | --- | --- |
| 受托代理资产为现金、银行存款或其他货币资金的 | | 应当按照实际收到的金额作为受托代理资产的入账价值 |
| 受托代理资产为非现金资产的 | 委托方提供了有关凭据 | 应当按照凭据上标明的金额作为入账价值 |
| | 凭据上标明的金额与受托代理资产的公允价值相差较大的 | 应当按照其公允价值作为入账价值 |
| | 委托方没有提供有关凭据的 | 应当按照其公允价值作为入账价值 |

（2）受托代理业务的账务处理。

受托代理业务的具体账务处理如表25－6所示。

表 25－6　　　　　　　　　　　　　受托代理业务的具体账务处理

| 业务或事项 | 账务处理 |
| --- | --- |
| 收到受托代理资产时 | 借：受托代理资产<br>　　贷：受托代理负债 |
| | 取得受托代理资产为现金、银行存款或其他货币资金的，则：<br>借：现金——受托代理资产<br>　　银行存款——受托代理资产<br>　　其他货币资金——受托代理资产<br>　　贷：受托代理负债 |
| 转赠或者转出受托代理资产时 | 借：受托代理负债<br>　　贷：受托代理资产 |
| | 转赠或者转出受托代理资产为现金、银行存款或其他货币资金的，则：<br>借：受托代理负债<br>　　贷：现金——受托代理资产<br>　　　　银行存款——受托代理资产<br>　　　　其他货币资金——受托代理资产 |

提示 收到的受托代理资产如果为货币资金，可以不通过"受托代理资产"科目核算，而在"现金""银行存款""其他货币资金"科目下设置"受托代理资产"明细科目进行核算。

## 二、例题点津

**【例题 1·单选题】**民间非营利组织发生的下列业务中，不影响其资产负债表净资产项目列报金额的是（　　）。

A. 收到个人会员缴纳的当期会费

B. 收到甲公司捐赠的款项

C. 收到现销自办刊物的款项

D. 收到乙公司委托向丙学校捐赠的款项

**【答案】**D

**【解析】**民间非营利组织收到乙公司委托向丙学校捐赠的款项，属于受托代理业务，收到时借记"现金"或"银行存款"科目，贷记"受托代理负债"科目，在资产负债表中，资产和负债同时增加，净资产＝资产－负债，所以不影响净资产项目列报的金额，选项 D 正确。

**【例题 2·多选题】**下列关于民间非营利组织受托代理资产入账价值确定的说法，正确的有（　　）。

A. 若为现金、银行存款或其他货币资金，应当按照实际收到的金额作为受托代理资产的入账价值

B. 若为短期投资、存货、固定资产等非现金资产，应按照收到的非现金资产的公允价值作为受托代理资产的入账价值

C. 若为短期投资、存货、固定资产等非现金资产，应按照委托方提供的有关凭据上标明的金额作为受托代理资产的入账价值

D. 若为短期投资、存货、固定资产等非现金资产，若捐赠方没有提供有关凭据的，应按照收到的非现金资产的公允价值作为受托代理资产的入账价值

**【答案】**AD

**【解析】**如果受托代理资产为短期投资、存货、长期投资、固定资产和无形资产等非现金资产，应当视不同情况确定其入账价值：如果委托方提供了有关凭据（如发票、报关单、有关协议等），应当按照凭据上标明的金额作为入账价值，如果凭据上标明的金额与受托代理资产的公允价值相差较大，受托代理资产应当以公允价值作为入账价值；如果捐赠方没有提供有关凭据的，受托代理资产应当按照其公允价值作为入账价值，选项 B、C 错误。

**【例题 3·多选题】**2×23 年 12 月 10 日，甲基金会按照与乙企业签订的一份捐赠协议，向乙企业指定的一所贫困小学捐赠电脑 50 台，每台电脑的账面价值是 5 000 元。该基金会收到乙企业捐赠的电脑时进行的下列会计处理中，正确的有（　　）。

A. 确认固定资产

B. 确认受托代理资产

C. 确认捐赠收入

D. 确认受托代理负债

**【答案】**BD

**【解析】**乙企业在该项业务中，只是起到中介人的作用，收到受托代理资产时，应该确认受托代理资产和受托代理负债。

**【例题 4·判断题】**民间非营利组织对其受托代理的非现金资产，如果资产凭据上标明的金额与其公允价值相差较大，应以其公允价值作为入账价值。（　　）

**【答案】**√

**【解析】**受托代理资产，如果凭证上标明的金额与其公允价值相差较大的，应当以公允价值作为其入账价值。

## 3 业务活动成本的核算

### 一、考点解读

（一）业务活动成本的概念

业务活动成本是指民间非营利组织为了实现其业务活动目标、开展某项活动或者提供服务所发生的费用。

（二）业务活动成本的核算

1. 会计科目的设置

"业务活动成本"科目的借方反映当期业务活动成本的实际发生额。在会计期末，应当将该科目当期借方发生额转入"非限定性净资产"科目，期末结转后该科目应无余额。

（1）从事的项目、提供的服务或者开展的业务比较单一，可以将相关费用全部归集在"业务活动成本"科目下进行核算。

（2）从事的项目、提供的服务或者开展的业务种类较多，应当在"业务活动成本"科目下设置相应的明细科目，分项目、服务或者业务大类进行明细核算。

（3）某些费用是属于业务活动、管理活动和筹资活动等共同发生的，而且不能直接归属于某一类活动，应将这些费用按照合理的方法在各项活动中进行分配。

（4）接受政府提供的专项资金补助，可以在"政府补助收入——限定性收入"科目下设置"专项补助收入"进行核算；同时，在"业务活动成本"科目下设置"专项补助成本"，归集当期为专项资金补助项目发生的所有费用。

2. 会计处理

民间非营利组织发生的业务活动成本，应当按照其发生额计入当期费用。

（1）发生业务活动成本时：

借：业务活动成本
　　贷：现金、银行存款、存货、应付账款等

（2）会计期末，将"业务活动成本"科目的余额转入"非限定性净资产"科目：

借：非限定性净资产
　　贷：业务活动成本

## 二、例题点津

【例题1·单选题】某基金会将 20 000 元转赠给多所贫困地区的小学，并发生了 2 000 元的管理费用，下面关于该事项的账务处理正确的是（　　）。

　　A. 借：业务活动成本　　22 000
　　　　　　贷：银行存款　　　　22 000

　　B. 借：管理费用　　　　22 000
　　　　　　贷：银行存款　　　　22 000

　　C. 借：业务活动成本　　20 000
　　　　　　管理费用　　　　2 000
　　　　　　贷：银行存款　　　　22 000

　　D. 借：管理费用　　　　22 000
　　　　　　贷：业务活动成本　　22 000

【答案】C

【解析】民间非营利组织的业务活动成本核算的是直接成本和直接费用。直接成本是指为某一业务活动项目或种类而直接发生的、应计入当期费用的相关资产成本；直接费用是指直接为业务活动发生的、应计入当期费用的费用，如直接人工费、直接广告费、直接运输费、直接相关税费等。故选项C正确。

【例题2·多选题】下列关于民间非营利组织业务活动成本的说法中，正确的有（　　）。

A. 业务活动成本是指民间非营利组织为了实现其业务活动目标、开展某项目活动或者提供服务所发生的费用

B. 会计期末，应当将"业务活动成本"科目当期借方发生额转入"限定性净资产"科目，期末结转后该科目应无余额

C. 如果民间非营利组织从事的项目、提供的服务或者开展的业务种类较多，应当在"业务活动成本"项目下分项目、服务或者业务大类进行核算和列示

D. 如果民间非营利组织的某些费用是属于业务活动、管理活动和筹资活动等共同发生的，而且不能直接归属于某一类活动，则应当将这些费用按照合理的方法在各项活动中进行分配

【答案】ACD

【解析】在会计期末，应当将"业务活动成本"科目当期借方发生额转入"非限定性净资产"科目，期末结转后该科目应无余额，选项B错误。

## 4 净资产的核算

### 一、考点解读

（一）净资产的分类

1. 分类

按照是否受到限制，民间非营利组织的净资产分为限定性净资产和非限定性净资产。

（1）限定性净资产。资产或者资产所产生的经济利益（如资产的投资收益和利息等）的使用受到资产提供者或者国家有关法律、行政法规所设置的时间限制或（和）用途限制，由此形成的净资产即为限定性净资产。

提示 国家有关法律、行政法规对净资产的使用直接设置限制的，该受限制的净资产也应作为限定性净资产。

（2）非限定性净资产。除限定性净资产之外的其他净资产应作为非限定性净资产。

2. 限制

（1）时间限制，是由资产提供者或者国家有关法律、行政法规要求民间非营利组织在收到资产后的特定时期之内或特定日期之后使用该项

资产，或者对资产的使用设置了永久限制。

（2）用途限制，是指资产提供者或者国家有关法律、行政法规要求民间非营利组织将收到的资产用于某一特定的用途。

（二）注册资金的核算

执行《民间非营利组织会计制度》的社会团体、基金会、民办非企业单位（社会服务机构）设立时取得的注册资金，应当直接计入净资产。

注册资金取得时的核算：

（1）注册资金使用受到时间限制或用途限制的，在取得时直接计入限定性净资产。

（2）注册资金的使用没有受到时间限制和用途限制的，在取得时直接计入非限定性净资产。

> **提示** 社会团体、基金会、社会服务机构变更登记注册资金属于自愿采取的登记事项变更，并不引起资产和净资产的变动，无须进行会计处理。

（三）期末限定性净资产的核算

1. 会计科目设置

民间非营利组织应当设置"限定性净资产"科目核算本单位的限定性净资产，并可根据本单位的具体情况和实际需要，在"限定性净资产"科目下设置相应的二级科目和明细科目。

2. 会计处理

期末，民间非营利组织应当将当期限定性收入的贷方余额转为限定性净资产。

借：捐赠收入——限定性收入

　　政府补助收入——限定性收入

　　贷：限定性净资产

（四）期末非限定性净资产的核算

1. 会计科目设置

民间非营利组织应当设置"非限定性净资产"科目来核算本单位的非限定性净资产，并

可以根据本单位的具体情况和实际需要，在"非限定性净资产"科目下设置相应的二级科目和明细科目。

2. 会计处理

期末，结转非限定性收入和成本费用项目。

（1）期末结转非限定性收入。期末，将各收入类科目所属"非限定性收入"明细科目的余额转入"非限定性净资产"科目：

借：捐赠收入——非限定性收入

　　会费收入——非限定性收入

　　提供服务收入——非限定性收入

　　政府补助收入——非限定性收入

　　商品销售收入——非限定性收入

　　投资收益——非限定性收入

　　其他收入——非限定性收入

　　贷：非限定性净资产

（2）期末结转成本费用。将各成本费用科目的余额转入"非限定性净资产"科目：

借：非限定性净资产

　　贷：业务活动成本

　　　　管理费用

　　　　筹资费用

　　　　其他费用

（五）净资产的重分类

1. 会计处理

如果限定性净资产的限制已经解除，应当对净资产进行重新分类，将限定性净资产转为非限定性净资产。

借：限定性净资产

　　贷：非限定性净资产

2. 金额的确定

民间非营利组织应当区分限制解除的不同情况，确定将限定性净资产转为非限定性净资产的金额。非限定性净资产金额的确定具体情况如表25-7所示。

表25-7　　　　　　　　　　　　　　　非限定性净资产金额的确定

| 情形 | 金额的确定 |
| --- | --- |
| 收到资产后的特定时期之内使用该项资产而形成的限定性净资产 | 应当在相应期间之内按照实际使用的相关资产金额转为非限定性净资产 |

续表

| 情形 | 金额的确定 |
|---|---|
| 收到资产后的特定日期之后使用该项资产而形成的限定性净资产 | 应当在该特定日期全额转为非限定性净资产 |
| 设置用途限制而形成的限定性净资产 | 应当在使用时按照实际用于规定用途的相关资产金额转为非限定性净资产。其中：<br>(1) 对固定资产、无形资产仅设置用途限制的，应当自取得该资产开始，按照计提折旧或计提摊销的金额，分期将相关限定性净资产转为非限定性净资产。<br>(2) 在处置固定资产、无形资产时，应当将尚未重分类的相关限定性净资产全额转为非限定性净资产 |
| 在特定时期之内或特定日期之后将限定性净资产用于特定用途 | 应当在相应期间之内或相应日期之后按照实际用于规定用途的相关资产金额转为非限定性净资产。<br>(1) 要求在收到固定资产、无形资产后的某个特定时期之内将该项资产用于特定用途的，应当在该规定时期内，对相关限定性净资产金额按期平均分摊，转为非限定性净资产。<br>(2) 要求在收到固定资产、无形资产后的某个特定日期之后将该项资产用于特定用途的，应当在特定日期之后，自资产用于规定用途开始，在资产预计剩余使用年限内，对相关限定性净资产金额按期平均分摊，转为非限定性净资产。<br>**提示** 与限定性净资产相关的固定资产、无形资产，应当按照制度规定计提折旧或计提摊销 |
| 撤销对限定性净资产所设置限制的 | 应当在撤销时全额转为非限定性净资产 |

**提示** 有些情况下，资源提供者或者国家法律、行政法规会对以前期间未设置限制的资产增加时间限制或用途限制，应将非限定性净资产转入限定性净资产。

## 二、例题点津

**【例题1·单选题】** 下列各项中，不会影响民间非营利组织限定性净资产的是（　　）。

A. 民间非营利组织董事会所作的限定性决策的捐赠资产

B. 行政法规设置使用限制的净资产

C. 捐赠者设置使用时间的捐赠资产

D. 捐赠者限制使用用途的捐赠资产

**【答案】** A

**【解析】** 本题考查净资产。民间非营利组织的董事会、理事会或类似权力机构对净资产的使用所作的限定性决策、决议或拨款限额等，属于民间非营利组织内部管理上对资产使用所作的限制，不属于所界定的限定性净资产，因为这种限制是该组织可以自行决定撤销或变更的，选项A符合题意；如果资产或者资产所产生的经济利益（如资产的投资收益和利息等）的使用受到资产提供者或者国家有关法律、行政法规所设置的时间限制或（和）用途限制，由此形成的净资产即为限定性净资产。国家有关法律、行政法规对净资产的使用直接设置限制的，该受限的净资产也应作为限定性净资产，选项B、C、D不符合题意。

**【例题2·多选题】** 甲小学是一所捐资举办的公益性学校。2×23年6月，甲小学发生的下列各项业务活动中，将增加其限定性净资产的有（　　）。

A. 收到政府部门实拨的教学设备采购补助款50万元

B. 收到用于学校科研竞赛奖励的现金捐款10万元

C. 收到捐赠的一批价值为5万元的学生用助听器

D. 收到被指定用于学生午餐补贴的现金捐款 100 万元

【答案】ABCD

【解析】限定性净资产是指资产或者资产所产生的经济利益（如资产的投资收益和利息等）的使用受到资产提供者或者国家有关法律、行政法规所设置的时间限制或（和）用途限制，由此形成的净资产。选项 A、B、C、D 均为由资产提供者设置了用途限制的净资产，增加了限定性净资产。

【例题 3·多选题】甲非营利性民办学校 2×23 年 6 月 30 日，接受了一项固定资产捐赠，价值 120 万元，捐赠人要求该学校将这项固定资产用作办公楼，不得出售或挪为他用。甲学校在收到捐赠的固定资产时，应编制的会计分录有（　　）。

A. 借记"固定资产"120 万元，贷记"捐赠收入——限定性收入"120 万元

B. 借记"固定资产"120 万元，贷记"限定性净资产"120 万元

C. 借记"捐赠收入——限定性收入"120

万元，贷记"限定性净资产"120 万元

D. 借记"限定性净资产"120 万元，贷记"捐赠收入——限定性收入"120 万元

【答案】AC

【解析】收到捐赠时：

借：固定资产　　　　　　1 200 000
　　贷：捐赠收入——限定性收入
　　　　　　　　　　　　　1 200 000

同时，将捐赠收入结转到限定性净资产：

借：捐赠收入——限定性收入
　　　　　　　　　　　　　1 200 000
　　贷：限定性净资产　　　1 200 000

因此，选项 A、C 正确。

【例题 4·判断题】限定性净资产可重分类为非限定性净资产，非限定性净资产不可以重分类为限定性净资产。（　　）

【答案】×

【解析】限定性净资产可重分类为非限定性净资产，非限定性净资产也可以重分类为限定性净资产。

# 本章考点巩固练习题

## 一、单项选择题

1. 下列报表中，民间非营利组织的会计报表中不包括的是（　　）。
   A. 所有者权益变动表
   B. 业务活动表
   C. 现金流量表
   D. 资产负债表

2. 对于因无法满足捐赠所附条件而必须退还给捐赠人的部分捐赠款项，民间非营利组织应将该部分需要偿还的款项确认为（　　）。
   A. 管理费用　　　　B. 筹资费用
   C. 其他费用　　　　D. 业务活动成本

3. 关于捐赠收入，下列表述中不正确的是（　　）。
   A. 对于因无法满足捐赠所附条件而必须退还给捐赠人的部分捐赠款项，民间非营利组织

应将该部分需要偿还的款项确认为管理费用
   B. 捐赠属于非交换交易的一种
   C. 捐赠是无偿地转让资产或者清偿或取消债务
   D. 捐赠交易中资产或劳务的转让属于所有者的投入或向所有者的分配

4. 下列各项关于民间非营利组织接受捐赠会计处理的表述中，正确的是（　　）。
   A. 捐赠承诺应确认为捐赠收入
   B. 劳务捐赠应确认为捐赠收入
   C. 收到指定具体受益人的捐赠资产，应确认为限定性捐赠收入
   D. 如果捐赠方没有提供有关凭据，受赠的非现金资产应以其公允价值作为入账价值

5. 关于民间非营利组织特定业务的核算，下列说法中正确的是（　　）。
   A. 捐赠收入均属于限定性收入
   B. 对于捐赠承诺，不应予以确认

C. 对于劳务捐赠，不予以确认，也无须在报表中披露

D. 一次性收到会员缴纳的多期会费时，应当在收到时将其全部确认为会费收入

6. 关于民间非营利组织的受托代理业务的核算，下列表述中不正确的是（　　）。

A. "受托代理负债"科目的期末贷方余额，反映民间非营利组织尚未清偿的受托代理负债

B. 如果捐赠方没有提供受托代理资产有关凭据的，受托代理资产应当按照其公允价值作为入账价值

C. 在转赠或者转出受托代理资产时，应当按照转出受托代理资产的账面余额，借记"受托代理负债"科目，贷记"受托代理资产"科目

D. 收到的受托代理资产即使为现金或银行存款的，也必须通过"受托代理资产"科目进行核算

7. 2×23 年 12 月 10 日，甲民间非营利组织按照与乙企业签订的一份捐赠协议，向乙企业指定的一所贫困小学捐赠 1 000 册爱心图书，甲民间非营利组织收到乙企业捐赠的图书时进行的下列会计处理中，错误的是（　　）。

A. 确认受托代理负债

B. 确认受托代理资产

C. 按照乙企业提供的凭据上标明的金额（与公允价值相近）作为入账价值

D. 确认固定资产

8. 下列关于"业务活动成本"科目的表述中，不正确的是（　　）。

A. 借方反映当期业务活动成本的实际发生额

B. 期末结转后该科目仍有余额

C. 期末将该科目借方发生额转入"非限定性净资产"科目

D. 发生业务活动成本时，借记该科目

9. 2×23 年 10 月 10 日，某民办学校获得一笔200 万元的政府补助收入，政府规定该补助用于资助贫困学生，至 2×23 年 12 月 31 日该笔支出尚未发生。对于该事项的核算，下列说法中错误的是（　　）。

A. 该笔收入在 12 月 31 日要转入到限定性净资产

B. 该笔收入因为规定了资金的使用用途，属

于限定性收入

C. 该笔收入属于非交换交易收入

D. 该笔收入在 12 月 31 日要转入到非限定性净资产

10. 某民间非营利组织 2×23 年初"限定性净资产"科目贷方余额为 400 万元。2×23 年末有关科目贷方余额如下："捐赠收入——限定性收入"400 万元、"政府补助收入——限定性收入"180 万元，本期由限定性净资产转为非限定性净资产 50 万元。不考虑其他因素，2×23 年末民间非营利组织限定性净资产的期末余额为（　　）万元。

A. 880　　　　　　　B. 580

C. 530　　　　　　　D. 930

11. 下列各账户中，余额期末应转入限定性净资产的是（　　）。

A. 提供服务收入——非限定性收入

B. 会费收入——限定性收入

C. 捐赠收入——非限定性收入

D. 非限定性净资产

12. 下列关于民间非营利组织的净资产的说法中，不正确的是（　　）。

A. 按照净资产是否受到限制，民间非营利组织净资产分为限定性净资产和非限定性净资产

B. 限定性净资产的限制解除，应当对净资产进行重分类，将限定性净资产转为非限定性净资产

C. 社会团体、基金会、社会服务机构设立时取得的注册资金，应当直接全部计入非限定性净资产

D. 理事会等或类似权力机构对净资产的使用所作的限定性决策，不属于所界定的限定性净资产

## 二、多项选择题

1. 下列关于民间非营利组织会计的说法中，不正确的有（　　）。

A. 会计核算的基础是收付实现制

B. 反映业务活动情况的要素是收入和支出

C. 会计计量的基础只能采用实际成本

D. 民间非营利组织财务会计报告包括资产负债表、利润表和现金流量表三张基本报表，

以及会计报表附注和财务情况说明书

2. 下列各项中，属于民间非营利组织会计要素的有（　　）。

    A. 资产            B. 负债

    C. 利润            D. 预算收入

3. 下列各项中，属于民间非营利组织应确认为捐赠收入的有（　　）。

    A. 接受劳务捐赠

    B. 接受有价证券捐赠

    C. 接受办公用房捐赠

    D. 接受货币资金捐赠

4. 关于民间非营利组织特定业务的核算，下列说法不正确的有（　　）。

    A. 对于捐赠承诺，不应予以确认，但可以在会计报表附注中作相关披露

    B. 捐赠收入均属于限定性收入

    C. 捐赠承诺满足非货币交易收入的确认条件，应予以确认

    D. 对于劳务捐赠，不予以确认，也无须在报表中披露

5. 2×23 年 12 月 25 日，甲民间非营利组织按照与乙企业签订的一份捐赠协议，向乙企业指定的一所贫困小学捐赠电脑 100 台，该组织收到乙企业捐赠的电脑时进行的下列会计处理中，正确的有（　　）。

    A. 确认固定资产

    B. 确认受托代理资产

    C. 确认受托代理负债

    D. 确认捐赠收入

6. 下列关于民间非营利组织的受托代理业务，表述正确的有（　　）。

    A. 在受托代理业务中，民间非营利组织没有权力改变受益人和受托代理资产的用途

    B. 转赠受托代理资产时，应按照转出金额贷记"受托代理负债"科目

    C. 收到受托代理资产，其入账价值应当比照接受捐赠资产确定

    D. 收到的受托代理资产如果为现金、银行存款或者其他货币资金，可以不通过"受托代理资产"科目核算，而在"现金""银行存款""其他货币资金"科目下设置"受托代理资产"明细科目核算

7. 2×23 年 11 月 2 日，某民办学校获得一笔 150 万元的政府补助收入用于资助贫困学生，该补助在 2×23 年 12 月 10 日按拨款部门的规定资助给了贫困学生。对于该事项的核算，下列说法中正确的有（　　）。

    A. 该笔收入属于限定性收入

    B. 该笔收入属于交换交易收入

    C. 该笔收入在 12 月 10 日转为非限定性收入

    D. 该笔收入在 12 月 31 日应转入限定性净资产

8. 下列关于净资产重分类的表述中正确的有（　　）。

    A. 对于因资产提供者要求在收到资产后的特定日期之内使用该项资产而形成的限定性资产，应在特定日期全额转为非限定性净资产

    B. 对于因资产提供者设置用途限制而形成的限定性净资产，应当在使用时按照实际用于规定用途的相关资产金额转为非限定性净资产

    C. 对固定资产、无形资产仅设置用途限制的，应当自取得该资产开始，按照计提折旧或计提摊销的金额，分期将相关限定性净资产转为非限定性净资产

    D. 资产提供者撤销对限定性净资产所设置限制的，应当在撤销时全额转为非限定性净资产

## 三、判断题

1. 民间非营利组织对其受托代理的非现金资产，如果资产凭据上标明的金额与其公允价值相差较大，应以该资产凭据上标明的金额作为入账价值。　　　　　　　　　　　（　　）

2. 民间非营利组织的资源提供者享有该组织有关资产出售、转让、处置以及清算时剩余财产的分配权。　　　　　　　　　　　（　　）

3. 如果限定性捐赠收入的限制在确认收入的当期得以解除，应在限制得以解除时，将该项捐赠收入直接转入非限定性净资产。（　　）

4. 民间非营利组织本身在受托代理业务中起到捐赠人的作用。　　　　　　　　　（　　）

5. 民间非营利组织从事按照等价交换原则销售商品、提供服务等交换交易时，由于所获得的收入大于交易成本而积累的净资产，通常属于限定性净资产。　　　　　　（　　）

6. 民间非营利组织净资产是指民间非营利组织

的资产减去负债后形成的限定性净资产。

（　　）

7. 注册资金的使用没有受到时间限制和用途限制的，在取得时直接计入限定性净资产。

（　　）

8. 民间非营利组织的限定性净资产的限制即使已经解除，也不应当对净资产进行重新分类。

（　　）

# 本章考点巩固练习题参考答案及解析

## 一、单项选择题

1.【答案】A

【解析】本题考查民间非营利组织财务会计报告的构成。民间非营利组织的会计报表至少应当包括资产负债表、业务活动表和现金流量表三张基本报表，除此之外，还应当编制会计报表附注。本题的答案为选项A。

2.【答案】A

【解析】对于接受的附条件捐赠，如果存在需要偿还全部或部分捐赠资产或者相应金额的现时义务时（比如因无法满足捐赠所附条件而必须将部分捐赠款退还给捐赠人时），按照需要偿还的金额，借记"管理费用"科目，贷记"其他应付款"等科目，选项A正确。

3.【答案】D

【解析】捐赠交易中资产或劳务的转让不属于所有者的投入或向所有者的分配，选项D不正确。

4.【答案】D

【解析】由于捐赠承诺不满足非交换交易收入的确认条件，民间非营利组织对于捐赠承诺，不应予以确认，但可以在会计报表附注中作相关披露，选项A错误；民间非营利组织对于其接受的劳务捐赠，不予确认，但应当在会计报表附注中作相关披露，选项B错误；收到指定具体受益人的捐赠资产属于受托代理业务，应确认受托代理资产，选项C错误。

5.【答案】B

【解析】选项A，如果捐赠人没有对捐赠资产设置限制，则属于非限定性收入；选项C，

对于劳务捐赠，不予以确认，但应在会计报表中披露；选项D，一次性收到多期会费时，属于预收的部分，应计入预收账款，不应全部确认为收到当期的会费收入。

6.【答案】D

【解析】收到的受托代理资产如果为现金或银行存款的，可以不通过"受托代理资产"科目核算，而在"现金""银行存款"科目下设置"受托代理资产"明细科目进行核算。

7.【答案】D

【解析】甲民间非营利组织在该项业务当中，只是起到中介人的作用，应作为受托代理业务核算，收到受托代理资产时，应该确认受托代理资产和受托代理负债，不能确认为固定资产，选项D错误。

8.【答案】B

【解析】期末结转后该科目应无余额。

9.【答案】D

【解析】因该笔政府补助收入收到时规定了其用途，且期末并未解除限制，因此期末要将限定性收入结转到限定性净资产，选项D错误。

10.【答案】D

【解析】本题考查限定性净资产的核算。民间非营利组织在期末需要将当期限定性收入贷方余额转为限定性净资产，因此该民间非营利组织在2×23年末限定性净资产余额 = 400 + (400 + 180) − 50 = 930（万元）。

11.【答案】B

【解析】期末，民间非营利组织应当将当期限定性收入的贷方余额转为限定性净资产，即将各收入科目中所属的限定性收入明细科目的贷方余额转入"限定性净资产"科目的

贷方，选项 B 正确。

12.【答案】C

【解析】执行《民间非营利组织会计制度》的社会团体、基金会、社会服务机构设立时取得的注册资金，应当直接计入净资产。注册资金的使用受到时间限制或用途限制的，在取得时直接计入限定性净资产；其使用没有受到时间限制和用途限制的，在取得时直接计入非限定性净资产，选项 C 不正确。

## 二、多项选择题

1.【答案】ABCD

【解析】民间非营利组织会计核算的基础是权责发生制；反映业务活动情况的要素是收入和费用，民间非营利组织不设置支出要素；对于一些特殊的交易事项引入了公允价值等计量基础；民间非营利组织不编制利润表。选项 A、B、C、D 的说法都不正确。

2.【答案】AB

【解析】民间非营利组织的会计要素包括资产、负债、净资产、收入和费用。

3.【答案】BCD

【解析】对于民间非营利组织接受的劳务捐赠不予确认，但应当在会计报表附注中作相关披露，选项 A 不正确。

4.【答案】BCD

【解析】本题考查民间非营利组织特定业务的处理。捐赠收入不满足非交换交易收入的确认条件，不予以确认，但可以在会计报表附注中作相关披露，因此选项 A 正确，选项 C 错误；如果捐赠人没有对捐赠资产设置限制，则属于非限制性收入，选项 B 错误；劳务捐赠是捐赠人自愿地向受赠人无偿提供劳务，民间非营利组织对于劳务捐赠不予以确认，但应当在会计报表附注中作出相关披露，选项 D 错误。因此，本题的答案为选项 B、C、D。

5.【答案】BC

【解析】甲民间非营利组织在该项业务当中，只是起到中介人的作用，应作为受托代理业务核算，收到受托代理资产时，应该确认受托代理资产和受托代理负债。

6.【答案】ACD

【解析】在转赠或者转出受托代理资产时，应当按照转出受托代理资产的账面余额，借记"受托代理负债"科目，贷记"受托代理资产"科目，选项 B 错误。

7.【答案】AC

【解析】该笔收入是政府补助收入，具有限定用途，属于限定性收入，选项 A 正确；政府补助收入属于非交换交易收入，选项 B 错误；因补助已经实现用途，应在实现时转入"政府补助收入——非限定性收入"科目，在期末时转入非限定性净资产，选项 C 正确，选项 D 错误。

8.【答案】BCD

【解析】对于因资产提供者要求在收到资产后的特定时期之内使用该项资产形成的限定性净资产，应当在相应期间之内按照实际使用的相关资产金额转为非限定性净资产；对于因资产提供者要求在收到资产后的特定日期之后使用该项资产而形成的限定性净资产，应当在该特定日期全额转为非限定性净资产。

## 三、判断题

1.【答案】×

【解析】民间非营利组织对其受托代理的非现金资产，如果资产凭据上标明的金额与其公允价值相差较大，应以该资产的公允价值作为入账价值。

2.【答案】×

【解析】本题考查民间非营利组织的特征，民间非营利组织的资源提供者不享有该组织所有权，这一特征强调资金或者其他资源提供者在将资源投入到民间非营利组织后不再享有相关所有者权益，如与所有者权益有关的资产出售、转让、处置权以及清算时剩余财产的分配权等。

3.【答案】×

【解析】如果限定性捐赠收入的限制在确认收入的当期得以解除，应在该限制得以解除时，将其转为非限定性捐赠收入。

4.【答案】×

【解析】民间非营利组织本身在受托代理业务

中只是起到中介人的作用，该说法错误。

5.【答案】×

【解析】民间非营利组织从事按照等价交换原则销售商品、提供服务等交换交易时，由于所获得的收入大于交易成本而积累的净资产，通常也属于非限定性净资产（除非资产提供者或国家法律、行政法规对资产的这些收入设置了限制）。

6.【答案】×

【解析】民间非营利组织净资产是指民间非营利组织的资产减去负债后的余额，包括限定

性净资产和非限定性净资产。

7.【答案】×

【解析】注册资金使用受到时间限制或用途限制的，在取得时直接计入限定性净资产；注册资金的使用没有受到时间限制和用途限制的，在取得时直接计入非限定性净资产。

8.【答案】×

【解析】民间非营利组织的限定性净资产的限制即使已经解除，也应当对净资产进行重新分类。